TEORIA DA JURISDIÇÃO INTERNACIONAL

AUTORIA
RAIMUNDO ITAMAR LEMOS FERNANDES JÚNIOR

LTr®

TEORIA DA JURISDIÇÃO INTERNACIONAL

2023

LTr Editora Ltda.

Rua Jaguaribe, 571
CEP 01224-003
São Paulo, SP — Brasil
Fone (11) 2167-1101
www.ltr.com.br
Maio, 2023

Produção Gráfica e Editoração Eletrônica: RLUX
Projeto de capa: DANILO REBELLO
Impressão: EDIÇÕES LOYOLA

Versão impressa — LTr 6378.1 — ISBN 978-65-5883-194-5
Versão digital — LTr 9883.3 — ISBN 978-65-5883-195-2

Dados Internacionais de Catalogação na Publicação (CIP)
(Câmara Brasileira do Livro, SP, Brasil)

Fernandes Júnior, Raimundo Itamar Lemos
Teoria da jurisdição internacional / Raimundo Itamar Lemos Fernandes Júnior. — São Paulo : LTr, 2023.

Bibliografia.
ISBN 978-65-5883-194-5

1. Direito internacional — Jurisdição 2. Jurisdição (Direito internacional) 3. Relações internacionais I. Título.

23-135138 CDU-341

Índice para catálogo sistemático:

1. Direito internacional 341

Inajara Pires de Souza — Bibliotecária — CRB PR-001652/O

A Itamar Filho, Maria, Ana e Davi, meus filhos: dádivas de Deus.

Agradecimentos

Durante o período em que escrevi este trabalho, grande parte dele estive em Portugal, sozinho, sem a família. Indubitavelmente, na solidão por muito tempo, contei com o auxílio de Deus, através de Jesus Cristo, a quem agradeço, em primeiro lugar, por toda a inspiração, força e proteção para chegar até aqui.

Minha gratidão à Scarlett, minha mulher, pelo amor e estímulo inquebrantáveis, pela sua voz motivadora, que me levou a ultrapassar obstáculos intransponíveis. Aos meus pais, Itamar, paraense que mora no Piauí, e Maria (*in memoriam*), registro o meu preito de gratidão pelo investimento, em todas as esferas da minha vida, sem o qual não concluiria esta obra. A Evaldo e Maria, que de Teresina-PI prestaram-me auxílio imprescindível, em horas decisivas nesse percurso. Eles são especiais.

Ao Prof. Dr. Georgenor de Sousa Franco Filho, meu orientador de Mestrado, meu mentor no magistério, nas letras jurídicas e na magistratura, a quem devo, precipuamente, a publicação deste trabalho. Meu reconhecimento. Os agradecimentos são extensivos à Dra. Beatriz Casemiro Costa, Diretora da LTr, pela confiança depositada.

Sou grato ao Prof. Dr. Rui Manuel Moura Ramos, pelas muitas horas dedicadas à minha orientação para escrever a tese de Doutoramento que é a base deste livro. Por intermédio dos diálogos mantidos, pude pensar este trabalho, escrevê-lo linha por linha e chegar às conclusões alcançadas. Minha gratidão, assim, ao muito estimado Prof. Dr. Rui Manuel Moura Ramos, pelos ensinamentos, paciência, dedicação ao ministério docente e pela densa obra no cuidado de gerações de juristas, que continua, em favor do desenvolvimento da doutrina internacional publicista e internacional privatista. Meu especial agradecimento aos Professores Doutores da Universidade de Coimbra, em particular: Jónatas Machado, Pedro Gonçalves, Francisco António Ferreira de Almeida, Rui Marcos, Jorge Manuel Coutinho de Abreu e Santos Justo, pelas aulas para o aperfeiçoamento teórico do autor. Sou muito grato à colega de Doutoramento, Profa. Natália de Almeida Moreno, por importantes colaborações durante o curso. Nas pessoas desses Professores, quanto ao presente livro, registro: "*ad Conimbrigensem Universitatem studiorum lusitanorum gentium matrem offertum*".

Agradeço aos Desembargadores do Tribunal Regional do Trabalho da 8ª Região, com sede em Belém-PA, pelo espírito público e incentivo à formação de magistrados. Aos Professores Doutores da Universidade Federal do Pará, José Heder Benatti e Jane Felipe Beltrão, pelo apoio no alcance de fontes bibliográficas fundamentais.

Principais abreviaturas

AUE	Ato Único Europeu
CADH	Convenção Americana de Direitos Humanos
CAN	Comunidade Andina de Nações
CDM	Convenção das Nações Unidas sobre o Direito do Mar
CEDH	Convenção Europeia dos Direitos do Homem
CEE	Comunidade Econômica Europeia
CCI	Câmara de Comércio Internacional
CIDH	Corte Interamericana de Direitos Humanos
DUDH	Declaração Universal dos Direitos do Homem
EFTA	Associação Europeia de Livre Comércio
ICSID	Centro Internacional para Resolução de Conflitos sobre Investimento
MERCOSUL	Mercado Comum do Sul
OECD	Organização para a Cooperação e Desenvolvimento Econômico
OEA	Organização dos Estados Americanos
OIT	Organização Internacional do Trabalho
OMC	Organização Mundial do Comércio
ONU	Organização das Nações Unidas
OSC	Órgão de Solução de Controvérsias da Organização Mundial do Comércio
SDN	Sociedade das Nações
STF	Supremo Tribunal Federal
TCE	Tratado que institui a Comunidade Europeia
TCEE	Tratado que institui a Comunidade Econômica Europeia
TEDH	Tribunal Europeu dos Direitos do Homem
TFUE	Tratado sobre o Funcionamento da União Europeia
TIDM	Tribunal Internacional do Direito do Mar
TIJ	Tribunal Internacional de Justiça
TJUE	Tribunal de Justiça da União Europeia
TPR	Tribunal Permanente de Revisão do Mercosul
TPJI	Tribunal Permanente de Justiça Internacional
TUE	Tratado da União Europeia
UNIDROIT	Instituto Internacional para a Unificação do Direito Privado
UE	União Europeia

Sumário

Prefácio

A magistratura é um sacerdócio ao qual poucos conseguem se dedicar com tanto afinco e boa vontade, porque exige demais do ser humano no seu mister de tentar minimamente distribuir justiça. Do outro lado, o pesquisador deve desdobrar-se no sentido de descobrir novos rumos do estudo e descortinar novos horizontes para o conhecimento. As pessoas que se dedicam a essas duas atividades são verdadeiramente abençoadas.

Conheço o jovem e brilhante juiz e jurista brasileiro RAIMUNDO ITAMAR LEMOS FERNANDES JÚNIOR desde quando veio para o Pará, aprovado em 1º lugar em concurso público para ingresso na magistratura trabalhista de carreira, no ano 1994. Acompanho desde então sua trajetória de sucessos sucessivos. Encontrei-o como presidente da então única Vara do Trabalho de Marabá e constatei a correção de sua atividade no desempenho da judicatura. Removido para Belém, a pedido, veio presidir a 4ª Vara do Trabalho de Belém, que no passado eu também havia presidido. Sua caminhada alcançou o ápice com sua promoção, por merecimento, em 2021, para Desembargador do E. Tribunal Regional do Trabalho da 8ª Região, onde somos pares, com ele sempre se destacando pelos votos sensatos e as considerações juridicamente adequadas.

Fora a magistratura, dedica-se à pesquisa, tendo sido meu orientando no Mestrado na Universidade da Amazônia (UNAMA), quando obteve o grau de Mestre das Relações Sociais, com excelente defesa da dissertação *O direito processual do trabalho à luz do princípio constitucional da razoável duração*, posteriormente publicado, em 2008, pela sempre conceituada LTr Editora de São Paulo.

Agora, esta tese doutoral, intitulada TEORIA DA JURISDIÇÃO INTERNACIONAL, é trazida a público depois de sua brilhante defesa na secular Faculdade de Direito da Universidade de Coimbra, em Portugal, sob a orientação do Prof. Dr. Rui Manuel Gens de Moura Ramos, que deu o título de Doutor em Direito Público ao Dr. ITAMAR FERNANDES, que é, a um só tempo, um ser abençoado: magistrado de escol e pesquisador incansável.

Em apertada síntese, este é RAIMUNDO ITAMAR LEMOS FERNANDES JÚNIOR.

E esta obra? Esta *Teoria da Jurisdição Internacional* é, como referi linhas acima, sua tese doutoral, defendida em Coimbra, e apresenta ao longo de algumas centenas de páginas importantes reflexões sobre jurisdição, em todas as fases da história, de épocas remotas ao feudalismo, como demonstra no capítulo 1, tratando das sociedades primitivas, dos mesopotâmicos, egípcios, hebreus, gregos e romanos, para apontar a herança da Antiguidade quanto à jurisdição. Na Idade Média, a jurisdição é apreciada em vários matizes inclusive a feudalização e centralização, a organização judiciária, a dominação tradicional e o legado do feudalismo.

Em seguida, o capítulo 2 cuida da jurisdição e sua importância para a formação do Estado, para a sua Constituição e para a regulação da economia. Trata do desenvolvimento jurídico-político a partir da jurisdição e do surgimento do Estado. Começa pela formação do Estado Nacional, e discorre sobre o entrelaçamento dos estamentos e o envolver político, a importância do Direito Romano e escrito nessa formação, além da progressiva racionalização do poder, da importância do monopólio da coação física pelo centro de poder e da evolução do exercício da função legislativa na Baixa Idade Média até a modernidade. Indo além, comenta sobre o antigo regime francês e o Estado Nacional português e sua importância para o futuro Estado brasileiro. Tece exame sobre jurisdição e o Estado Nacional, inclusive o europeu, acerca do sentimento nacional e o momento do surgimento do Estado Nacional, tratando dos seus aspectos estamental e absolutista. Passa para a jurisdição e sua importância para a formação do Estado Constitucional. É nesse item que examina o caminho para o Estado Constitucional, cuidando de John Locke e o ideário do Estado Constitucional e Montesquieu e a assunção do Estado Constitucional, com o Estado da separação dos poderes. Segue tratando da independência da jurisdição, da importância da jurisdição para a formação e consolidação do Estado Constitucional. Em seguida, aborda o Estado Regulador com a sua formação histórica e importância atual, analisando a separação dos poderes e a regulação e o Estado Regulador e a jurisdição.

Prossegue no capítulo 3 tratando do papel da jurisdição na estruturação da Sociedade Internacional. Em dezessete itens, o autor discorre sobre jurisdição, relações internacionais, cooperação e Direito Internacional. Examina a jurisdição internacional na Antiguidade clássica grega e da romana e a República Christiana. Assinala a lenta aproximação entre os povos, através do incipiente sistema de relações comerciais e das relações internacionais. Comenta a Paz de Vestfália, as ideias internacionalistas, os tribunais do mar e a intensificação das relações entre as nações para solucionar litígios individuais. Avança do Tratado de Versalhes ao término da II Grande Guerra e o Tribunal Permanente de Justiça Internacional (referindo à antiga Corte Permanente de Justiça Internacional da Sociedade das Nações). Cuida do delicado tema do acesso à jurisdição por estrangeiros, jurisdição consular e atos judiciais concertados relacionados a interesses privados praticados por Estados distintos que favoreceram à evolução da sociedade internacional. Chega à Organização das Nações Unidas (ONU) e ao Tribunal Internacional de Justiça (que é a Corte Internacional de Justiça da Haia). Examina o princípio da cooperação judiciária e suas modalidades, inclusive horizontal, transjudicial e internacional. Encerra este capítulo tratando de cooperação e integração.

O capítulo 4 desta excelente obra cuida da jurisdição em domínios específicos da estruturação da sociedade internacional. Importantes temas são abordados como: a relevância da jurisdição internacional para o surgimento e proteção de direitos, a liberdade dos mercadores, a Lex Mercatoria e a jurisdição no âmbito do comércio internacional entre privados, a jurisdição no comércio internacional na resolução de conflitos entre Estados no Órgão de Solução de Controvérsias da Organização Mundial do Comércio (OMC), a liberdade nos mares e o Tribunal Internacional do Direito do Mar, fruto de uma das mais importantes convenções internacionais do mundo moderno (a de Montego Bay de 1982), e a liberdade de trabalho e a Organização Internacional do Trabalho (OIT), cujo papel sempre é expressivo para a garantia da dignidade do trabalhador. Comenta sobre direitos individuais, destacando o papel da ONU e os Tribunais europeu e americano dos direitos humanos, o direito ambiental e a jurisdição internacional. Em seguida, examina o Estado Regulador Internacional e a jurisdição, apreciando esse aspecto na regulação internacional privada e sua importância para o livre comércio, para formação e proteção dos direitos individuais, sociais e do meio ambiente, e para a regulação no plano internacional.

O capítulo 5 percorre a jurisdição inter-regional, chamando-o de *A importância da jurisdição para a formação das estruturas do poder*. Nesse capítulo, vale ressaltar o cuidado com que se examina a integração regional na União Europeia, desde os tempos iniciais da CECA, CEE e EURATOM até chegar à supranacionalização obtida especialmente com o reconhecimento da Corte de Justiça da União, observando, nesse aspecto, também o acesso dos particulares à justiça para a aplicação do Direito comunitário.

No que se refere à América, a obra percorre o Mercosul, a Comunidade Andina de Justiça, o Sistema de Integração Centro-Americana — SICA, a Comunidade do Caribe e o Tratado entre México, Estados Unidos e Canadá, com os mecanismos e instrumentos de solução de controvérsias existentes.

A obra se encerra no capítulo 6, intitulado *A jurisdição e a unidade jurídico-política internacional*, quando seu autor cuida de temas de alta relevância para a matéria estudada ao longo de sua tese, a saber: a formação da jurisdição no plano internacional e suas perspectivas, a jurisdição internacional e a formação do sistema jurídico-político global, os espaços, setores e matérias em que estão a se formar na jurisdição internacional, incluindo nesse tópico o comércio privado transnacional, a cooperação judiciária, a formação supranacional da jurisdição, a atuação da ONU e a regulação privada e pública de determinadas atividades.

Prossegue o autor examinando a tentativa de unidade através da ordem jurídica, a unidade do ordenamento jurídico em uma visão plural, a visão funcionalista, e também na perspectiva de Luhmann do Direito Internacional e na de Teubner do Direito Global. Após, percorre aspectos de *soft law* e *hard law*, a unidade em rede e do poder em rede pela jurisdição.

Precisa mais? Acredito que esta obra está completa e os brasileiros estão de parabéns por ter um compatriota como seu autor, oferecendo variadas perspectivas de exame da matéria, o que torna este livro um singular exemplo de pesquisa para a bibliografia luso-brasileira.

Congratulo-me com o Dr. ITAMAR FERNANDES JÚNIOR, que também se dedica ao magistério superior, onde transmite o brilho de sua inteligência e talento a seus muitos discípulos, e comigo mesmo pela honra de prefaciar novamente mais uma obra formidável de sua lavra.

Parabéns à LTr Editora por dar ao público esta obra que vem ocupar lugar de destaque nas estantes dos estudiosos de nossa terra e para além-mar.

Belém, 11 de junho de 2022.

GEORGENOR DE SOUSA FRANCO FILHO

Desembargador do Trabalho de carreira do TRT da 8ª Região, Doutor em Direito Internacional pela Faculdade de Direito da Universidade de São Paulo, Doutor Honoris Causa e Professor Titular de Direito Internacional e do Trabalho da Universidade da Amazônia, Presidente Honorário da Academia Brasileira de Direito do Trabalho, Membro da Academia Iberoamericana de Derecho del Trabajo y de la Seguridad Social, Membro da Academia Paraense de Letras, da Academia Paraense de Letras Jurídicas e da Asociación Iberoamericana de Derecho del Trabajo y de la Seguridad Social.

Apresentação

A obra de Raimundo Itamar Lemos Fernandes Júnior que ora se oferece ao público brasileiro baseia-se na tese de doutoramento que o Autor defendeu em maio de 2020 na Faculdade de Direito da Universidade de Coimbra, e da qual tive ocasião de ser orientador.

O seu objecto é constituído pelo relevo do exercício regular da actividade judicativa para a solução de controvérsias na sociedade internacional, nela incluídos os casos em que esse exercício não é levado a cabo por entidades integradas numa organização investida de poder público, mas por privados a quem é reconhecida tal capacidade (como ocorre na arbitragem). Ciente da importância que há-de ser reconhecida a esta função nas sociedades internas, o Autor procura determinar aquela que lhe cabe na complexa sociedade internacional dos nossos dias, levando para o efeito a cabo uma extensa indagação em que procura situar o aparecimento e a evolução da jurisdição na vida internacional, nas suas diversas formas. E, mais do que isso, tentando surpreender em que medida tal função se revela essencial para a construção dessa sociedade como realidade unitária, o que a seu ver confirmaria a importância por ela também assumida nos mais diversos contextos de agregação social.

É, na verdade, a relevância que o Autor reconhece ao momento jurisdicional que o leva a considerar, num primeiro capítulo, o lugar da jurisdição nas fórmulas jurídico-políticas anteriores ao Estado, das sociedades primitivas às diversas civilizações que foram marcando o evoluir da organização social, salientando a propósito o que de específico existiu nas formas pelas quais aquela se manifestou, na Mesopotâmia como no Egipto, no mundo hebraico como nas realidades colectivas mais aperfeiçoadas onde, posteriormente, quer a cultura grega quer a organização romana vieram a desenvolver-se. O trajecto a este respeito percorrido fá-lo sublinhar os aspectos particulares que esta função foi revestindo ao longo do tempo, permitindo-lhe atentar na sedimentação progressiva de algumas características importantes. O que ocorre ao longo de um percurso que termina com a consideração do papel e da estruturação da função jurisdicional na sociedade medieval em que a fragmentação do poder levou a que ela apresentasse características específicas.

Após esta abordagem em que o pendor histórico se manifesta muito claramente, o Autor trata num segundo capítulo a importância da jurisdição no quadro do Estado, o seu lugar na Constituição e, em particular, na regulação da economia. Analisa para o efeito o surgimento do que classifica como Estado Nacional, realçando os diversos elementos com relevância para o seu aparecimento, mas detendo-se em especial na jurisdição, que em diversos quadrantes reputa ter sido essencial para a afirmação da respectiva unidade. Dá depois especial relevo à afirmação da jurisdição no Estado Constitucional — que se identifica como um Estado de separação de poderes, analisando a doutrina, essencial a este respeito, de Locke e Montesquieu —, e salienta quer a necessidade da sua independência quer o seu papel na formação e consolidação desta forma de Estado. Finalmente, dedica ainda uma particular atenção ao Estado Regulador, procedendo à respectiva caracterização e sublinhando algumas das especificidades que a afirmação desta nova realidade política trouxe tanto no plano da separação dos poderes como no da efectivação da função jurisdicional.

Depois deste tratamento da jurisdição no quadro estadual, o Autor considera então o seu lugar na estruturação da sociedade internacional, dedicando-lhe o capítulo III da sua obra. Procede uma vez mais a uma análise histórica, atentando nas relações entre os diversos poderes cuja afirmação tem lugar no seio daquela sociedade, e detendo-se em particular nas características apresentadas pela função jurisdicional ao longo do desenvolvimento da sociedade internacional. Salienta, a propósito, determinados aspectos do acesso dos particulares à jurisdição consular e a outras instâncias que se revestiram de alguma importância na sociedade internacional, para se referir em seguida à estruturação que a jurisdição assumiu ao ser exercida por instâncias dotadas de carácter permanente, sobretudo após a Segunda Guerra Mundial, e à importância alcançada pela cooperação das jurisdições nacionais, tanto em geral como no caso específico da União Europeia.

No capítulo IV o Autor aborda a importância da jurisdição em domínios específicos da estruturação da sociedade internacional, desde o seu lugar na garantia do estabelecimento do comércio jurídico entre privados (com a *lex mercatoria*) à resolução de conflitos no interior de organizações adrede criadas (como a Organização Mundial do Comércio) e à garantia de certas liberdades também através de órgãos jurisdicionais que assumiram essa função. Menciona a este propósito os casos do Tribunal Internacional do Direito do Mar (para a liberdade dos mares), das instâncias da Organização Internacional do Trabalho (para a liberdade de trabalhar), e dos tribunais regionais europeu e americano como de estruturas da ONU (para a protecção dos direitos humanos), aludindo ainda à protecção, também neste plano, do direito do ambiente. Enfim, dedica também algumas considerações à regulação internacional, salientando a importância da que é exercida por entidades privadas, e considerando também aqui as suas relações com a jurisdição.

Reconhecendo a especial relevância dos fenómenos de integração económica e política, o Autor trata depois, no capítulo V, a importância que a jurisdição assume na formação das estruturas supranacionais de poder. Insere este último fenómeno no quadro das experiências de integração regional, oferecendo-nos a propósito uma breve referência à União Europeia e sobretudo ao seu Tribunal de Justiça. Salienta o papel que lhe foi reservado e que ele viria a assumir naquela organização, sem esquecer no entanto o lugar sistemicamente aí reconhecido às jurisdições nacionais na aplicação do direito comunitário (e, depois, da União) e os problemas do acesso dos particulares às instâncias jurisdicionais criadas pelos tratados que instituíram estas organizações, para concluir com uma reflexão sobre a importância da jurisdição no processo de integração. E depois, no universo americano, ocupa-se do Mercosul e da evolução que o processo inicial de solução de controvérsias aí sofreu até à criação do actual Tribunal Permanente de Revisão, da Comunidade Andina, que cedo foi dotada de um Tribunal de Justiça segundo o modelo das Comunidades Europeias, e do Sistema de Integração Centro-Americano (SICA), em que avulta igualmente uma Corte Centro-Americana de Justiça, não esquecendo também, ainda que tratando-se agora apenas de um acordo de livre-comércio, de mencionar o sistema do Tratado Norte-Americano de Livre Comércio (*NAFTA*) e o *Dispute Settlement Resolution* nele estabelecido, para referir a importância que em todos estes casos a jurisdição teve nos processos de integração.

Com este desenvolvimento, o Autor chega como que naturalmente ao capítulo VI do seu trabalho, que dedica ao papel da jurisdição na criação do que designa como "unidade jurídico-política internacional". De algum modo sistematizando reflexões anteriores, procura esboçar um quadro dos contributos da jurisdição para a formação de um sistema jurídico-político global, salientando os domínios em que a jurisdição internacional se tem vindo a afirmar (comércio internacional e cooperação judiciária), e referindo ainda quer as experiências de supranacionalidade, quer os exemplos mais típicos de criação de jurisdições universais com competências gerais ou específicas, quer os casos de regulação de certas actividades. Na perspectiva da construção da referida unidade, salienta que ela se pode tentar através da criação de uma ordem jurídica, recordando a matriz kelseniana, mas refere também que aquela é susceptível de uma concepção plural, na esteira de Bobbio, entre outros, para dar um especial destaque à construção funcionalista de Luhmann e à sua visão do Direito Internacional, bem como à concepção de um Direito Global, cara a Teubner, que lhe dá ensejo para alguns desenvolvimentos sobre a noção e a importância da *soft law*. Enfim, a influência dos contributos destes últimos autores leva-o a apontar para uma construção daquela unidade a partir de um sistema em que as diferentes jurisdições se encontrariam em rede, sem recorrer ao estabelecimento de relações hierárquicas, mas favorecendo as relações de mútua colaboração entre elas.

Dotada de um relevante conjunto de referências bibliográficas e jurisprudenciais assim como de um resumo das principais conclusões do presente trabalho, a obra dá conta da multiplicidade das preocupações do seu Autor, assim como da dimensão da indagação que a este respeito ele entendeu levar a cabo. É, pois, sob este prisma que cremos que deve ser analisada, num estádio em que a maturação da sociedade internacional torna algo prematura, no nosso entender, a formulação de uma teoria da jurisdição exercida no seu seio, a sua contribuição para uma melhor compreensão do relevo, esse sim inescapável, já assume, na actualidade, pela jurisdição internacional, como do papel que indubitavelmente lhe cabe na vertebração, que se antevê cada vez mais intensa, daquela sociedade.

Coimbra, junho de 2022.

RUI MANUEL MOURA RAMOS[1]

---

(1) Professor Catedrático da Universidade de Coimbra (Portugal), em que tem regido disciplinas de Direito Internacional Privado e Direito Internacional Público. Foi *directeur de cours* na Academia de Direito internacional da Haia (1984). Foi professor convidado na Universidade de Paris II (1994-1995) e no *Institut Universitaire International* no Luxemburgo (1999-2002). Foi delegado do Governo Português junto à Comissão das Nações Unidas para o Direito do Comércio Internacional (CNUDCI) e ao Comitê sobre a Nacionalidade do Conselho da Europa. É membro do Instituto Internacional para a Unificação do Direito Privado (UNIDROIT). Foi Juiz no Tribunal de Primeira Instância das Comunidades Europeias (1995-2003) e do Tribunal Constitucional Português (2003-2012), do qual foi presidente (2007-2012). Integra o *Board of Advisors* do *The Columbia Journal of European Law*, e é redator da Revista de Legislação e de Jurisprudência e membro do Conselho de Redação de Temas de Integração. (Nota acrescentada pelo autor do presente livro)

Introdução

A) Premissa terminológica

A jurisdição é essencial para a paz e o existir da sociedade e do Estado, que não se concebe sem ela. Em verdade, é fundamental para o desenvolvimento social e econômico e para o alcance dos seus objetivos sociais.[2] Para transitar no estudo da jurisdição no período antes da existência do Estado Nacional ou mesmo onde o Estado não exerce o seu poder — e.g., no plano internacional, há que se ter um pouco do sentido original da expressão *jurisdictio*, que vem de *jus dicere*, a função de dizer o Direito, de declarar o Direito, em conjunto com outro aspecto da função de julgar, na sua origem, no Direito Romano, já que cabia a um juiz privado, o *iudex* (o juiz), em princípio não versado em Direito, emitir a *sententia*. A autoridade pública (*praetor*) afirmava qual era a lei (norma jurídica) aplicável à controvérsia, que era decidida pelo *iudex*. Praticamente, o magistrado apenas chancelava a atuação deste.[3]

E o que é jurisdição? *CANOTILHO* define a jurisdição (*jurisdictio, jus dicere*), como a atividade exercida pelos juízes, destinada "à revelação, extrinsecação e aplicação do direito num caso concreto".[4] Ao tratar do tema, *MIRANDA* conceitua a função jurisdicional como sendo aquela em que se efetua a declaração do direito; por meio da qual se alcança a decisão de questões jurídicas, seja em concreto, perante situações de vida, seja em abstrato, e que é, em princípio, atribuída a órgãos específicos, os tribunais, formados por juízes.[5] Em uma síntese bem apertada, a função jurisdicional, para *KELSEN*, é a exercida por órgãos judiciais para decidir uma controvérsia.[6]

A Constituição brasileira, em seu art. 5º, XXXV, preceitua que "a lei não excluirá da apreciação do Poder Judiciário lesão ou ameaça a direito". A Constituição portuguesa, no Capítulo 1 do Título V, em seu art. 202º, n. 1, ao tratar da função jurisdicional, dispõe que "os tribunais são os órgãos de soberania com competência para administrar a justiça em nome do povo" e, no mesmo artigo, n. 4, prescreve que a lei poderá institucionalizar instrumentos e formas de composição não jurisdicionais de conflitos.

No presente estudo, a expressão jurisdição significa a função de solucionar litígios em harmonia com uma certa ordem jurídica nacional, internacional, ou de Direito Regulador, seja por órgãos judiciais ou não, públicos ou privados, desde que reconhecida a juridicidade do seu exercício, no plano estatal, internacional etc. É, assim, a função de julgar, dada de forma regular, seja no Estado, na Sociedade Internacional, na regulação etc., para a resolução de uma controvérsia.

Assim, no termo jurisdição, que se utilizará nesse trabalho, serão incluídos os equivalentes jurisdicionais, que, embora não exercidos por autoridades judiciárias, i.e., por não ser integrantes do Poder Judiciário do Estado ou de órgão judiciário público internacional, conduzem, sob certas condições, ao mesmo resultado, a saber: à composição definitiva da lide.[7]

---

(2) Montesquieu fala da importância da jurisdição — dos juízes, em maior ou menor extensão —, o número deles (juízes), para o desenvolvimento do comércio. In: MONTESQUIEU. *Do espírito das leis*. São Paulo: Martin Claret, 2010. p. 169 e 348.

(3) Sobre isto, ver: SANTOS JUSTO, A. *Breviário de direito privado romano*. Coimbra: Coimbra Editora, 2010. p. 139-140; e FERRAZ JUNIOR, Tércio Sampaio. *Introdução ao estudo do direito*: técnica, decisão, dominação. São Paulo: Atlas, 1990. p. 35.

(4) CANOTILHO, J. J. Gomes. *Direito constitucional e teoria da Constituição*. 7. ed. Coimbra: Almedina, 2010. p. 645.

(5) MIRANDA, Jorge. *Teoria do Estado e da Constituição*. 4. ed. Rio de Janeiro: Forense, 2015. p. 363.

(6) KELSEN, Hans. *Teoria geral do direito e do Estado*. São Paulo: Martins Fontes, 1990. p. 267.

(7) CARNEIRO, Athos Gusmão. *Jurisdição e competência*. 18. ed. São Paulo: Saraiva, p. 78.

Nesse sentido, a temática dos meios de resolução de conflitos é relevantíssima para o Direito Internacional contemporâneo[8], em especial porque tem como um de seus pilares o princípio da solução pacífica dos litígios, envolvendo sujeitos para além dos Estados. Para isso, existem mecanismos devidamente caracterizados juridicamente, tendo os Estados ou os envolvidos na disputa, em princípio, a liberdade de conformá-los,[9] dependendo do espaço jurídico-político em que o conflito se desenvolva.

Sabe-se que os meios pacíficos de resolução de litígios internacionais são os mais variados, desde os autocompositivos, dentre eles os político-diplomáticos, até os heterocompositivos, como a arbitragem e os tribunais internacionais. No Direito Internacional, têm se desenvolvido, grandemente, os chamados meios judiciais de resolução de litígios, nada obstante o recurso a eles ainda seja incipiente,[10] quando comparados os espaços nacionais e internacionais, já que naqueles os sistemas heterônomos são utilizados mais intensamente na solução dos litígios, recorrendo-se a órgãos judiciais como fórmula comum na resolução de controvérsias.

Ensina *RAMOS:* "com a crescente complexidade das relações comerciais internacionais, surgem organismos privados (normalmente associações de produtores ou de comerciantes)", que constituem, então, certos órgãos para solucionar os litígios emergentes ou o simples desacordo na interpretação das normas que estabeleceram (*Lex Mercatoria*). Assim, a corporação internacional dos agentes do comércio internacional criava os próprios órgãos "de apreciação e julgamento cujas decisões eram em princípio geralmente acatadas. Na falta de tal cumprimento, a comunidade em questão, não dispondo embora de poderes de *imperium*, possuía meios de sancionar de modo efetivo os comportamentos que violavam as normas existentes".[11]

Em muitos Estados, no plano do Direito Nacional, hodiernamente, também se fala em meios não judiciais de soluções de controvérsias — métodos adequados ou alternativos de resolução de conflitos (MASC) ou ADR — *alternative means of dispute resolution*, o que pode ser tema bastante espinhoso, diante de princípios constitucionais tidos por alguns como inflexíveis, como o do monopólio da jurisdição pelo Judiciário. Nada obstante, o Direito de cada nação está a fazer um percurso também no sentido de adotar os métodos mais comuns de solução de controvérsias do Direito Internacional: os não judiciais, como a arbitragem, não sujeitos às barras dos órgãos judiciais de Direito Internacional Público, aos tribunais internacionais.

Com base nos compêndios de Teoria Geral do Estado, História do Direito, Direito Romano etc., sabe-se que, no início da humanidade e durante muito tempo, as controvérsias eram solucionadas pela autotutela (as denominadas criminais pela vingança privada); depois, passaram a ser dirimidas por árbitros; a seguir, compostas de um modo misto (pretor estatal que declarava o direito a ser aplicado ao final do processo e árbitro privado, que conduzia o processo e prolatava a sentença) e, por último, a ser analisadas por Juízes oficiais — de início, autoridades administrativas e, mais tarde, do Judiciário. Contudo, a jurisdição seria, para a quase unanimidade dos juristas, um fenômeno moderno, que só pode ser bem definida com o monopólio da função de julgar, então chamada como jurisdicional, pelo Estado, o que teria surgido com a assunção do Estado Nacional.

---

(8) A partir daqui, nesse tópico, segue-se bem de perto o nosso: FERNANDES JÚNIOR, Raimundo Itamar Lemos. *Os meios pacíficos de resolução de litígios, o Tratado entre México, Estados Unidos e Canadá (T-MEC) e a* Online Dispute Resolution (ODR). In: MONACO, Gustavo Ferraz de Campos; LOULA, Maria Rosa. *Direito internacional e comparado*: trajetória e perspectivas, v. II — Homenagem ao professor catedrático Rui Manuel Moura Ramos — Direito Constitucional, Direito da Nacionalidade, Direito Internacional Público e Direito Europeu. São Paulo: Quartier Latin, 2021. p. 451-474.

(9) Arts. 2º, § 4º, e 33º da Carta da ONU e art. 279º da CDM. In: MACHADO, Jónatas. *Direito internacional.* 4. ed. Coimbra: Coimbra Editora, 2013. p. 669.

(10) Ob. cit., p. 678-9.

(11) RAMOS, Rui Manuel de Moura. *Direito internacional privado e Constituição* — introdução a uma análise das suas relações. Coimbra: Coimbra Editora, 1994. p. 91.

A evolução sobredita não foi linear, passando por avanços e recuos. Assim, os hoje sucedâneos jurisdicionais, chamados métodos alternativos de solução de controvérsias, já foram, por muito tempo da história humana, as principais formas de solução de conflitos. Em verdade, as únicas, já que não havia Poder Judiciário. Nas sociedades em que as disputas eram solucionadas de modo racional, na Antiguidade Oriental, nas quais não eram adotados os duelos ou os ordálios, como em Israel, cada aldeia tinha os seus conselhos, em que a solução das controvérsias era alcançada, em geral, por acordo, nos quais as próprias partes, diretamente ou com a ajuda de terceiro, se entendiam. Os envolvidos e os anciãos tratavam o assunto na porta dos núcleos urbanos até esgotá-lo, chegando-se a um convencimento mútuo na solução da lide.

Sem dúvida, essa representação significou um avanço na configuração da função de julgar, já que na visão anterior (e mesmo depois, na Idade Média) os julgamentos eram norteados por fatores místicos. Claro que o evolver dessa fórmula, mesmo em Israel, terminou por desaguar em um modelo de submissão dos conflitos aos juízes, que eram árbitros (particulares; não oficiais) reconhecidos pela sociedade, os quais lançavam suas decisões em um processo em que partes e testemunhas eram ouvidas, sendo o litígio tratado à luz de um Direito superior, que estava acima de todos e era irrevogável, a Lei de Deus, prevista na Bíblia, sob o império da qual os líderes nacionais e os juízes estavam.[12] Contudo, a possibilidade de submissão aos conselhos de anciãos e à tentativa de entendimento direto das partes estava sempre presente.

Para *BRITO*, "a heterocomposição tem sido entendida como o ponto de chegada de uma longa evolução dos sistemas compositivos, na exata medida em que com ela o poder compositivo foi retirado das mãos das partes para ser entregue a uma parte imparcial, que tem de agir com base numa ética da imparcialidade". Em sua análise, "no quadro dessa evolução, a heterocomposição surge inicialmente como um sistema de composição privada".[13]

Ao adotar-se o monopólio da jurisdição pelo Estado, contudo, tal estágio pareceu representar uma evolução no trato da função de julgar, que teria saído do âmbito privado e social para o

---

(12) A existência de uma lei superior ao governante, em Israel, nos tempos de Davi, leva a doutrina a considerar como sendo este momento importante, na proto-história dos direitos humanos, a apontar para o Estado de Direito, que seria conquistado com a Revolução Francesa. Sobre a proto-história dos direitos humanos, que começou "nos séculos XI e X a. C., quando se instituiu, sob Davi, o reino unificado de Israel, tendo como capital Jerusalém", COMPARATO afirma que, diferentemente de todos os reinos do passado e de sua época, o rei Davi estabeleceu, "pela primeira vez na história da humanidade", um sistema político em que "os governantes não criam o direito para justificar o seu poder, mas submetem-se a princípios e normas editados por uma autoridade superior". In: COMPARATO, Fabio Konder. *A afirmação histórica dos direitos humanos*. 4. ed. São Paulo: Saraiva, 2005. p. 40. Vários autores acentuam a importância do Direito Judaico, em especial no tema da organização da função de julgar, como DOLINGER e TIBURCIO, mencionando autores que, no curso da história, destacaram este Direito, a saber: "Bartolus de Saxoferato, no século XIV; Grotius, no século XVII; Montesquieu e Blackstone, no século XVIII; Oliver Holmes, no século XIX, fazem várias referências ao direito judaico, mas ninguém se equipara a John Selden (1584-1654) que escreveu vasta obra sobre o direito judaico baseada em acurada pesquisa". DOLINGER e TIBURCIO apontam outros autores que tratam do assunto, como Ernst Renan, Woodrow Wilson, Vinogradoff, Henry James Sumner Maine, Jean Gaudemet, Ebert Vianna Chamoun e Jorge Medeiros da Silva. Segundo os autores citados, mesmo que seja considerada a Justiça comum israelita como tendo sido fundada por Moisés, antes havia prática da arbitragem e da conciliação, como se vê nos episódios de Abraão e Ló, Abraão e o Rei Abimeleque e de Jacó e Labão. Mesmo na lei de Moisés, ao lado da expressão juiz, também se utilizada do verbete árbitro, para definir determinados julgamentos que poderiam ser realizados por equidade. In: DOLINGER, Jacob e TIBURCIO, Carmen. *Direito internacional privado* (Parte Especial) — arbitragem comercial internacional. Rio de Janeiro: Renovar, 2003. p. 3-10. MACHADO, também a esse respeito, diz: "As descrições relevantes encontram-se no Antigo Testamento, a Bíblia Hebraica, apontada para o estabelecimento de relações com outros povos baseadas num sólido código ético universal, assente nos valores da verdade, justiça e da paz, que não na força das armas". In: MACHADO, Jónatas. Ob. cit., p. 59.

(13) BRITO, Wladimir. *Teoria geral do processo*. Coimbra: Almedina, 2019. p. 35. Nessa esteira, "há dois sistemas distintos de resolução de conflitos, o autónomo e o heterónomo, e que, tendo em atenção a parcialidade ou a imparcialidade do sujeito activo no processo compositivo: a) o primeiro, sistema autónomo, pode ser constituído por dois tipos de composição de pretensões, a saber: o de autotutela e o de autocomposição; b) o segundo, sistema heterônimo, pode ser constituído pela heterotutela e pela heterocomposição". In: BRITO, Wladimir. Ob. cit., p. 26.

público. Entretanto, atualmente, quando são examinados modelos desenvolvidos de Estado, como os de matriz anglo-saxônica, em que são bastante utilizados meios não judiciais de solução de controvérsias, são tantas as disputas solucionadas extrajudicialmente que há uma cultura de resolução de conflitos fora do Judiciário.

Em Direito brasileiro, sempre foram aceitos tais métodos de resolução de controvérsias: os não judiciários, sendo cabível a solução por intermédio da mediação (método de solução em que um terceiro neutro facilita as negociações para que as partes alcancem um acordo); da conciliação (mecanismo em que um terceiro neutro aproxima as partes, propondo opções para a composição do litígio); e por meio da arbitragem (em que um terceiro não oficial do Estado decide, por opção dos interessados). A primeira Constituição brasileira (1824), no art. 161, definia que "sem fazer constar, que se tem intentado o meio da reconciliação, não se começará Processo algum". E no art. 160 estava previsto que "nas cíveis, e nas penais civilmente intentadas, poderão as partes nomear Juízes Árbitros. Suas sentenças serão executadas sem recurso, se assim o convencionarem as mesmas partes".

Nessa esteira, a natureza dos meios de resolução não judicial de litígio é um tema assaz controvertido na doutrina, a depender do método específico analisado — mediação, conciliação ou arbitragem (necessária ou voluntária). Por outro lado, a definição de um meio de resolução não judicial de litígio com uma certa natureza pode ser realizada de forma mais uníssona dependendo do espaço em que é analisado, se no nacional ou no internacional. No espaço nacional, até uma certa altura, tinha-se a tendência de definir, e.g., a arbitragem voluntária como tendo natureza contratual, sendo que a exigência de homologação judicial, para alguns, impedia o reconhecimento da sua natureza como jurisdicional. O compreender jurisdicional da arbitragem também tem sido afetado em face da aplicação, sem temperamentos, do princípio do monopólio da jurisdição pelo Poder Judiciário. Contudo, a exigência de homologação pelo Judiciário praticamente não mais existe nos dias de hoje quanto à arbitragem realizada no espaço nacional.(14) Os ordenamentos jurídicos nacionais consideram, ou tendem a considerar, a decisão arbitral como sentença, executável da mesma forma que os títulos executivos judiciais. Este modo de regulamentação da arbitragem pelos ordenamentos jurídicos de cada Estado influi consideravelmente no alcance da natureza jurídica do instituto pela doutrina.(15)

MACHADO, em obra de Direito Internacional Público, após abordar a negociação, os bons ofícios, a mediação e a conciliação, que define como meios não jurisdicionais de resolução de litígios internacionais, classifica a arbitragem como um meio jurisdicional. Segundo ele, "diferentemente do que se passa com os referidos meios de resolução pacífica de conflitos, a arbitragem conduz à definição jurídica da solução de uma controvérsia. Trata-se de um mecanismo jurisdicional ou, para alguns autores, quase-jurisdicional".(16)

Abordando a arbitragem no plano internacional, *CARAMELO* afirma que 154 Estados das Nações Unidas são signatários da Convenção de Nova Iorque de 1958 acerca da arbitragem, obrigando-se ao regime de reconhecimento e de execução de sentenças arbitrais estrangeiras. Tal convenção se aplica às sentenças arbitrais proferidas em qualquer desses Estados estrangeiros, tornando obrigatório o seu reconhecimento e o dar-lhe força executiva. Com isso, a arbitragem

(14) RUBINO-SAMMARITANO, analisando o Direito Italiano, após acurada reflexão sobre a natureza jurídica da arbitragem, afirma: "La teoria dell´estraneità alla giurisdizione avrebbe potuto trovare qualche aggancio quando, prima dell´omologa, la decisione arbitrale non produceva alcun effetto. Tuttavia a seguito della riforma l´impugnabilità immediata della decisione arbitrale fa sì — ad avviso di chi scrive — che essa sin dal momento della sua emissione sia già nell´alveo della giurisdizione ordinaria quale procedimento speciale". In: RUBINO-SAMMARITANO, Mauro. Il Diritto Dell´Arbitrato. 3. ed. Milão: CEDAM, 2002. p. 61.

(15) Sobre a oscilação a respeito da compreensão da natureza jurídica da arbitragem no decorrer da história, se contratual ou jurisdicional, ver: BARRAL, Welber. Arbitragem e jurisdição. In: CASELLA, Paulo B (Coord.). *Arbitragem, lei brasileira e praxe jurisdicional*. 2. ed. São Paulo: LTr, p. 166-7.

(16) MACHADO, Jónatas. Ob. cit., p. 681.

passou a ser o método de resolução de litígios amplamente predominante no campo das relações comerciais internacionais. Tal relevância das decisões arbitrais no comércio internacional mostra que este método "não tem paralelo, nem sequer remoto, no que concerne às decisões dos tribunais estaduais",[17] sujeitas estas, em geral, a um burocrático processo de reconhecimento, a depender de tratados, em geral, bilaterais, ou da aplicação do princípio da reciprocidade. Sobre a arbitragem internacional nas relações comerciais, acresça-se que, atualmente, cerca de noventa por cento dos contratos internacionais contêm convenções de arbitragem.[18]

Sobre o tema da natureza jurídica da arbitragem internacional, *DOLINGER* e *TIBURCIO*, em obra de Direito Internacional Privado, dizem que este instituto de solução de controvérsias é, em princípio, autônomo e independente, uma vez que não vinculado à jurisdição estatal, podendo estar sujeito a algum sistema jurídico interno ou estar submetido ao Direito Internacional ou, ainda, a ambos igualmente, ou às suas próprias regras. Os autores mencionados discorrem sobre quatro teorias que explicam a natureza jurídica da arbitragem, vinculando-se à quarta, a saber: (1) teoria jurisdicional (jurisdicionalista) — a jurisdição não seria monopólio do Estado, cabendo a este regular as arbitragens, equiparando-as com as atividades do juiz, sendo que as decisões arbitrais não precisam ser homologadas para a produção de efeitos entre as partes; (2) teoria contratual (privatista) — a jurisdição é manifestação da soberania e monopólio do Estado, sendo que a arbitragem se origina da vontade das partes, dela dependendo o seu prosseguimento: as partes escolhem se desejam a arbitragem, elegem os árbitros, definem o lugar da sede do tribunal arbitral e o procedimento a ser adotado, pouco importando as leis locais; (3) teoria mista (jurisdicional/contratual) — a arbitragem se origina da vontade das partes e depende, em regra, de uma lei estatal para execução da decisão arbitral, necessitando, para desenvolver-se, de um sistema jurídico ao qual se vincule, para reconhecimento, sendo dele dependente; e (4) teoria autônoma — a arbitragem internacional tem fundamento e se desenvolve com base nas suas próprias regras.[19]

A maior parte da doutrina define a natureza jurídica da arbitragem como jurisdicional ou como mista (híbrida), em que nesta o matiz jurisdicional está, também, presente, como diz *JARROSSON*, "*conventionelle par son origine, juridictionnelle par sa fonction*",[20]ou contratual na sua gênese, mas jurisdicional em seu desenvolvimento.[21] No Direito inglês e nos Estados de

---

(17) CARAMELO, António Sampaio. *O reconhecimento e execução de sentenças arbitrais estrangeiras*. Coimbra: Almedina, 2016. p. 7-10. Sobre o conceito de arbitragem estrangeira (arbitragem localizada no estrangeiro), ver: RAMOS, Rui Manuel de Moura Ramos. *A arbitragem estrangeira e reconhecimento de sentenças arbitrais estrangeiras no novo direito português de arbitragem*. In: CORREA, Fernando Alves; SILVA, João Calvão da; ANDRADE, José Carlos Vieira de; CANOTILHO, José Joaquim Gomes; COSTA, José Manuel M. Cardoso da (Orgs.). *Estudos em homenagem a António Barbosa de Melo*. Coimbra: Almedina, 2013. p. 842-5. Sobre reconhecimento de sentenças estrangeiras proferidas no Judiciário, em especial quanto à aplicação da Convenção de Bruxelas, ver: RAMOS, Rui Manuel de Moura. A Convenção de Bruxelas sobre competência judiciária e execução de decisões: sua adequação à realidade juslaboral. In: *Revista de Direito e de Estudos Sociais*, ano XXXVIII, jan./dez.— 1996, n. 1-2-3-4, p. 3-44. Ver também: RAMOS, Rui Manuel de Moura. The new EC rules on jurisdiction and the recognition and enforcement of jugements. In: RAMOS, Rui Manuel de Moura. *Estudos de direito internacional privado e de direito processual civil internacional*. Coimbra: Coimbra Editora, 2007, v. II, p. 7-38.

(18) GOUVEIA, Mariana França. *Curso de resolução alternativa de litígios*. 3. ed. Coimbra: Almedina, 2019. p. 34. BERNARDINI, a respeito da *giurisdizione arbitrale*, fala na difusão da arbitragem internacional, afirmando que há "*la grandíssima difusione su scala internazionale di tale mecanismo di risoluzione delle controversie*". In: BERNARDINI, Piero. *L´Arbitrato Internazionale*. 2. ed. Roma: Giuffrè, 1994. p. 22.

(19) DOLINGER, Jacob; TIBURCIO, Carmen. Ob. cit., p. 94-7.

(20) JARROSSON, Charles. *La notion d´arbitrage*. Paris: *Librairie Generale de Droit et de Jurisprudence*, 1987. p. 5.

(21) Sobre a natureza da arbitragem no comércio internacional, REDFERN e HUNTER ensinam: "L´arbitrage commercial international est hybride. Il commence par un accord privé entre les parties. Il continue par une procedure privée dans laquelle la volonté des parties a une importante majeure puis il se termine par une sentence qui a une force et effet juridiquement contraignants et que les tribunaux de la plupart de pays du monde pourront faire exécuter pourvu qu´elle remplisse les conditions appropriéss. Ce process privé a un effet public, mis en oeuvre grâce au soutien des autorité publiques de chaque Etat tel qu´il est prévu par sa propre législation". In: REDFERN, Alan e HUNTER, Martin. *Droit et pratique de l´arbitrage commercial international*. 2. ed. Paris: LGDJ, 1991. p. 7.

tradição do *common law*, é natural atribuir à arbitragem a natureza jurisdicional, sendo chamada, comumente, de *arbitrator jurisdiction*, discutindo-se os limites desta jurisdição. Nesse viés, o árbitro recebe delegação e, mesmo para os que consideram a arbitragem como um ramo do Direito Privado, o Estado empresta seus próprios poderes coercitivos para reforçar o processo arbitral nos pontos de fragilidade.[22] Na França, também se fala da *mission juridictionnelle* da arbitragem.[23]

Analisando a arbitragem em suas generalidades, *VICENTE* afirma que é um modo de resolução de litígios caracterizado pela subtração aos tribunais integrados na organização judiciária do Estado da competência, e pela sua atribuição a uma ou mais pessoas para reger o procedimento, cuja decisão pode ser conferida a mesma eficácia das sentenças judiciais. Na arbitragem privada, segundo o autor mencionado, estão incluídas tanto a voluntária, "em que a competência jurisdicional dos árbitros se funda numa convenção das partes", como a necessária — em que os poderes do "juízo arbitral decorrem de uma disposição legal, que impõe a obrigação de submeter a árbitros certos litígios". Para ele, não é a convenção, fonte da competência decisória dos árbitros, o elemento distintivo da arbitragem, já que a competência dos tribunais comuns pode fundar-se em pacto atributivo da jurisdição, não assumindo esta, por isso, a natureza de juízo arbitral. A verdadeira nota característica da arbitragem privada "reside antes na circunstância de se tratar de uma forma de administração da justiça por meros particulares", presente, segundo o autor referido, tanto na voluntária como na obrigatória/necessária.[24]

Segundo *SCHIZZEROTO*, os mais antigos publicistas, desde o século XIX, atribuíram caráter jurisdicional à arbitragem, considerando que a fonte do poder jurisdicional é única, seja para os árbitros, seja para os juízes ordinários.[25] A corrente jurisdicional (processualista, na Itália) teve em *MORTARA* um de seus principais propagadores.[26] Para ele, a convenção arbitral é um negócio de direito privado que produz efeitos processuais, escorado na lei, que consente às partes recorrerem ao poder jurisdicional através dos árbitros. Nesse sentido, "*l'ufficio giurisdizionale degli arbitri è conferito dal beneplácito dello stato, non dela volontà delle parti*".[27]

Adotando uma posição eclética (mista/híbrida), *MEDINA* e *MERCHAN* refutam que a jurisdição dos árbitros seja um negócio privado, mas também não admitem seja assimilada à atribuída aos órgãos do Estado, compreendendo-a como *sui generis*: uma jurisdição convencional. A arbitragem teria a natureza processual, pois é atribuída ao árbitro função jurisdicional, igualando seu objetivo, e equiparando o árbitro ao juiz e a decisão arbitral à resolução judicial ou sentença declarativa.[28]

Para *DOLINGER* e *TIBURCIO*, a tese jurisdicionalista é majoritária na doutrina no Brasil.[29] O árbitro tem poderes, inclusive, para decidir sobre sua própria competência. A sua decisão é

---

(22) MUSTILL, Michael J. e BOYD, Stewart C. *The law and practice of commercial arbitration in England*. 2. ed. London and Edinburgh: Butterworths, 1989. p. 6-7.

(23) GALVADA, Christian; LEYSSA, Claude Lucas de. *L'Arbitrage*. Paris: Dalloz, 1993. p. 17. Os autores mencionados fazem a comparação entre a *justice arbitrale et justice étatique*. In: Ob. cit., p. 17-8.

(24) VICENTE, Dário Moura. *Da arbitragem comercial internacional*. Coimbra: Coimbra Editora, 1990. p. 27-8.

(25) SCHIZZEROTTO, Gianni. *Dell'arbitrato*. 2. ed. Milão: Giufrè, 1982. p. 26.

(26) MORTARA, Ludovico. *Comentario dal códice e delle leggi di procedura civille*. Milão: Casa Editrice Dottor Francesco Vallardi, 1923, v. III, p. 52.

(27) RUBINO-SAMARITANO, Mauro. *Il Diritto dell'arbitrato*. Milão: CEDRAN, 2002. p. 27-8.

(28) MEDINA, José Mª Chilón; MERCHAN, José Fdº Merino. *Tratado de arbitraje privado interno e internacional*. Madri: Civitas, 1978. p. 92-100.

(29) DOLINGER, Jacob; TIBURCIO, Carmen. Ob. cit., p. 94. DOLINGER E TIBURCIO asseguram: "Os publicistas reconhecem a natureza jurisdicional do juízo arbitral, e são, atualmente, no Brasil, a maioria, notadamente após o advento da Lei n. 9.307/96, que conferiu exequibilidade à sentença arbitral, independentemente de homologação judicial. São representados por Carlos Alberto Carmona, das Boas Relações entre os Juízes e os Árbitros, Revista do Advogado 5/18 (1997); Sálvio de Figueiredo Teixeira, Arbitragem como Meio de Solução de Conflitos no Âmbito do Mercosul e a Imprescindibilidade da Corte Comunitária, Revista Jurídica 236/24 (1997); Humberto Theodoro Júnior, A Arbitragem como Meio de Solução de Controvérsias, Revista Síntese de Direito Civil e Processo Civil 2/05 (1997);

considerada sentença, chamada de título executivo judicial executável da mesma forma que a sentença judicial, não sendo precisa a sua homologação em sede judicial, para produzir efeitos entre as partes. No exemplo brasileiro, o árbitro é considerado pela lei como "juiz de fato e de direito" (arts. 18 e 31 da Lei n. 9.307/96). Caso uma das partes signatárias da convenção arbitral vá ao Judiciário, sem submeter a questão antes ao Juízo arbitral, desrespeitando-se a convenção previamente entabulada no contrato, o juiz estatal, quando provocado, determinará o cumprimento da cláusula compromissória e, por conseguinte, que a lide seja julgada nas vias da arbitragem.(30) No Brasil, os árbitros podem deferir medidas cautelares, a serem executadas no Juízo ordinário.

O debate em torno da natureza jurídica, com as suas divergências doutrinárias e jurisprudenciais entre as correntes contratualista e jurisdicionalista, não é de conteúdo, pois não altera as regras de Direito positivo sobre a arbitragem dos diversos sistemas jurídicos estatais nem de Direito Internacional. Até mesmo contratualistas, como *PALLIERI*, constatam que todas as legislações têm os mesmos princípios fundamentais sobre a arbitragem, o que afastaria um conflito de qualificações. Mesmo contratualistas têm entendido que a arbitragem permanece circunscrita a dois institutos: (1) o contrato privado — com os mesmos efeitos de todo ato privado; e (2) a sentença arbitral — que produz efeitos de um ato jurisdicional(31) (ainda que não seja um ato judicial), não mais necessitando, em geral, no plano interno (arbitragens nacionais), de intervenção de um juiz estatal, para produzir efeitos entre as partes.

Deste modo, ao chegar à conclusão de que a arbitragem é uma jurisdição convencional, a teoria híbrida parece abrir caminho para a compreensão *lato sensu* da jurisdição como um fenômeno plurívoco, que transcende as noções de público e privado, nacional e internacional, voluntário e obrigatório, judicial e extrajudicial, tradicional e alternativo, autônomo e vinculado. O que deve estar presente é a resolução legítima do litígio, com o reconhecimento da decisão como válida em um determinado sistema jurídico de resolução de litígios.

Deste modo, os sucedâneos jurisdicionais, como tendência, parecem estar sendo integrados em um sistema de justiça nos Estados e até mesmo em outros âmbitos.(32) Nesse sentido, ainda que muitos não os considerem jurisdicionais, trazem implicações importantes na jurisdição. *GOUVEIA* informa que, recentemente, Alemanha e Itália estabeleceram a obrigatoriedade da mediação como fase na resolução do litígio — antes da judicial.(33)

Regulando certos aspectos da mediação em matéria civil e comercial, para adoção nos Estados que integram a União Europeia, através de medidas que a transponham ao ordenamento jurídico interno, a Diretiva 2008/52/CE do Parlamento Europeu e do Conselho dispõe que mediação é: "processo estruturado, independente da sua designação ou do modo como lhe é feita referência, através do qual duas ou mais partes em litígio procuram voluntariamente alcançar um acordo sobre resolução do seu litígio com a assistência de um mediador. Este processo pode ser iniciado pelas partes, sugerido ou ordenado por um tribunal ou imposto pelo direito de um Estado membro".

A lei de introdução à ZPO, na Alemanha, em disposição introduzida em 1999, permitiu que os diversos Estados-membros adotassem sistemas de mediação obrigatória, antecedendo

---

Pedro Batista Martins, Arbitragem Através dos Tempos: Obstáculos e Preconceitos a sua Implementação no Brasil até o Advento da Lei n. 9.307/96; José Maria Rossani Garcez (Coord.), A Arbitragem na era da Globalização, p. 38-39 (1997)". In: Ob. cit., p. 94-5. No mesmo sentido, BERALDO afirma que "a tese majoritária na doutrina é a jurisdicionalista". In: BERALDO, Leonardo de Faria. *Curso de arbitragem nos termos da Lei n. 9.307/96*. São Paulo: Atlas, 2014. p. 5.

(30) BERALDO, Leonardo de Faria. Ob. cit., p. 5.

(31) MERCADANTE, Araminta de Azevedo. Arbitragem comercial internacional: características. In: MERCADANTE, Araminta de Azevedo e MAGALHÃES, José Carlos. *Solução e prevenção de litígios internacionais*. São Paulo: Necin Projeto CAPES, 1998. p. 28-9.

(32) A respeito ver: GOUVEIA, Mariana França. Ob. cit., p. 62-71.

(33) GOUVEIA, Mariana França. Ob. cit., p. 62.

aos processos judiciais. Para os tribunais alemães, tal previsão representa um pressuposto processual ou uma condição de admissibilidade da ação. De início, caso as partes não passassem antes pela mediação, o órgão judicial sanava o vício, suspendendo a instância, reencaminhando as partes para a mediação. O Supremo Tribunal Alemão (BGH), todavia, decidiu que não seria possível a sanação da exceção dilatória, pois a lei exige mediação antes da propositura da ação. Na Itália, também se regulamentou a mediação obrigatória quanto a vários tipos de litígios.(34)

A mesma questão foi colocada nos Estados Unidos. Os tribunais têm decidido que o direito de acesso à justiça não é negado com a obrigatoriedade da mediação prévia, exigindo-se, no entanto, que não sejam criados obstáculos desarrazoados de acesso ao tribunal, como custos e demora excessivos, falta de imparcialidade e de independência do mediador e ausência de proteção do conteúdo das sessões, por meio da confidencialidade.

Ao analisar a constitucionalidade da obrigatoriedade da mediação no sistema português, em que tal meio é facultativo, *GOUVEIA* assegura que "num sistema ideal, os meios de resolução de litígios seriam alternativos entre si. Em função do tipo de conflito, as partes deveriam ser reencaminhadas para o meio que melhor o resolvesse". Para ela, todos os mecanismos seriam alternativos entre si e obrigatórios em conjunto, o que seria "um sistema ideal, na lógica dos tribunais multi-portas". Ao instituir-se a obrigatoriedade da mediação, não se estaria dificultando o exercício dos direitos pelos cidadãos, mas aproximando "a Justiça ao cidadão". Não seria, deste modo, inconstitucional, a obrigatoriedade da mediação pré-judicial, que não é proibida, assim, pela Constituição portuguesa. Tal procedimento "imposto ao utente de justiça se integra precisamente no direito de acesso à justiça".(35)

Para além dessa tendência de integração da mediação no sistema de justiça, quanto a vários tipos de litígios, como no sistema alemão, italiano e americano, nota-se que a decisão alcançada pelas partes, na mediação, tende a ser considerada, também, com a mesma força executiva das sentenças judiciais. Em verdade, a Diretiva 2008/52/CE do Parlamento Europeu e do Conselho, em seu art. 6º, trata da executoriedade dos acordos obtidos pela via da mediação, prevendo que os Estados devem "garantir que o conteúdo de um acordo reduzido a escrito seja declarado executório". Na França, não há obrigatoriedade de homologação. No caso português, o acordo proveniente da mediação pode se tornar em sentença com a homologação judicial, ou até mesmo "sem homologação, se preencher os requisitos do art. 9º. LM. Mas para além destas há outras formas de conferir força executiva a um acordo obtido em mediação".(36)

Por tudo isso, reitera-se, no termo jurisdição, que se utilizará nesse trabalho, estão incluídos os equivalentes jurisdicionais, os quais, embora não exercidos perante autoridades judiciárias — por não serem integrantes do Poder Judiciário do Estado ou de órgão judiciário público internacional —, conduzem, sob certas condições, ao mesmo resultado, à composição definitiva da lide.

B) O objeto do presente estudo

Feita a premissa de ordem terminológica, indaga-se: E sob o ponto de vista internacional, qual a importância da função jurisdicional? Estudar a jurisdição internacional e formular uma teoria que demonstre ser a jurisdição essencial para o desenvolvimento e, quiçá, ser o passo decisivo para o advento de uma unidade jurídico-política internacional é o escopo do trabalho que se segue.

---

(34) Ob. cit., p. 65-6. GOUVEIA acrescenta fundamentos para a tese de não ser inconstitucional a obrigatoriedade da submissão dos litígios à mediação prévia, citando a decisão do Tribunal Constitucional português que considerou constitucional a arbitragem necessária, quando há previsão legal. Para ela, muito menos inconstitucional seria a mediação obrigatória, pois o recurso aos tribunais estaria sempre assegurado, sendo apenas dilatado no tempo. In: Ob. cit., p. 70.

(35) Ob. cit., p. 66-7.

(36) GOUVEIA, Mariana França. Ob. cit., p. 87-8. No mesmo sentido, ver: ALMEIDA, Francisco Manuel Lucas Ferreira de. *Direito processual civil*. 3. ed. Coimbra: Almedina, 2019, v. I, p. 210.

As raízes para esse arcabouço estão no processo histórico — na história da humanidade. Em verdade, as sociedades primitivas, o surgimento das cidades, o Império Romano, a Idade Média e os momentos seguintes da história humana, cruciais para o evolver jurídico-político, levam a crer que essa formulação de unidade do poder não se deu, quando se observa o que se chegou até aqui, nem se dará sem a jurisdição.

A função jurisdicional, assim, afigurar-se-ia como uma fórmula jurídica fundamental para a própria coexistência humana não de hoje, mas de há muito tempo, mesmo antes do aparecimento do Estado. Ao que se contempla, desde priscas eras, o homem desenvolveu a organização dessa função, a qual se configura como um dos elementos fundamentais a permitir o desenvolvimento da sociedade, antes mesmo do aparecimento de outras funções essenciais — executivas e legislativas, ou da existência de órgãos que as aglutinassem.

A organização da solução dos conflitos, seu modo, em cada momento histórico, parece possibilitar o evolver social, quando o homem, em sociedade, passa a resolver os litígios que transcendiam o ambiente doméstico. Determinadas matérias passaram a ser preocupação de aglomerados sociais maiores, como as aldeias — conjuntos de clãs ou gens. A solução de determinados litígios, que as experiências antigas mostraram que levavam a conflitos sangrentos entre clãs, passou a ser fundamental, o que pode ter conduzido a uma definição de assuntos tratados por conselhos compostos por representantes de comunidades distintas que se juntavam para a solução dessas questões conflituosas. Esse modelo de desenvolvimento social, a partir da organização da função jurisdicional, garantia a paz entre aldeias e tribos distintas. De maneira que, ao lado de uma definição das normas jurídicas pelos costumes, a função jurisdicional foi sendo desenhada cedo na história da humanidade, definida desde tempos remotos.[37]

Por outro lado, quando vieram à lume os primeiros documentos legislativos, muito embora não se tenha feito praticamente qualquer menção às funções legislativas e executivas, tratou-se de forma clara da função jurisdicional e, em muitos casos, foram veiculadas regras sobre juízes, procedimento e, até mesmo, a respeito de órgãos judiciais recursais.

A história da humanidade, com o crescimento dos núcleos urbanos, acompanhou um incremento constante da função jurisdicional, o que pode ser bem exemplificado em Roma. Nos períodos remotos, a figura do *rex* servia, exatamente, para a solução dos conflitos. O rei não tinha autoridade para legislar ou para governar (executar leis), mas para resolver conflitos entre clãs ou gens. Em verdade, não havia um rei apenas em uma dada sociedade, mas vários, que desenvolviam funções, em geral, jurisdicionais, de acordo com a competência que lhes era atribuída pelo costume e, muitas vezes, exercendo sua magistratura por um ano.

Os romanos foram, passo a passo, estatizando a função jurisdicional e, com a expansão do Império, ao envolverem outros povos, foram, ao mesmo tempo, preservando estruturas jurisdicionais das sociedades dominadas. Deste modo, as causas de interesse do Império eram examinadas por seus pretores, ao passo que as matérias em que o interesse era das comunidades locais, estas deveriam, em princípio, resolvê-las. A jurisdição auxiliou para uma melhor convivência, em que os povos dominados parecem ter sido harmonizados com a preservação de estruturas jurisdicionais tradicionais.

---

(37) Embora faltasse Direito formal, predominando os princípios materiais na administração e na conciliação dos litígios, o patriarca decidia segundo princípios da "justiça do Cadi", por exemplo, preso à tradição, por um lado, e, por outro, conforme pontos de vista juridicamente informais e irracionais de equidade e justiça em cada caso particular, e com "consideração pessoal", a predominar uma combinação de princípios ético-sociais e utilitário-sociais. Assim, WEBER traça a distinção entre a justiça da aldeia oriental, em oposição à justiça pessoal burocrática. A respeito, ver: WEBER, Max. *Sociologia*. São Paulo: Ática, 2003. p. 131-4.

Com a Idade Média e a deterioração da unidade do poder jurídico-político, em que a figura de um grande legislador ou executor de leis era praticamente inexistente no Ocidente, a fragmentação do poder remeteu a sociedade para épocas remotas. O recuo da organização das fórmulas políticas conduziu as sociedades a organizarem-se em feudos, nos quais, em um sistema econômico quase doméstico, o senhor feudal funcionava como um pai de família, com poderes, em geral, sobre um pequeno território e sobre as pessoas que nele habitavam, exercendo-os de forma até certo ponto tirânica.

Esse modo de ser do exercício do poder, e, por conseguinte, da jurisdição, em que a autoridade maior, de fato, era o senhor feudal, o qual tinha a supremacia sobre os servos, em pequenas unidades territoriais, parece ter impedido o desenvolvimento político-jurídico na Idade Média. Contudo, é ainda na Idade Média que vai ter início o processo de unidade do poder. E essa unidade afigura-se, também aqui, através da jurisdição. É que, na Idade Média, o "soberano" não conseguia alcançar todo o território de seu domínio por intermédio de mecanismos jurídicos que permitissem essa evolução. Em um determinado momento, inicia-se a integração da jurisdição, antes das demais funções essenciais do poder. Nesse sentido, a função jurisdicional se integrou aos poucos e, gradativamente, auxiliando na unidade do poder do rei.

A unidade foi se intensificando, passo a passo, no evolver histórico, até que, com o absolutismo, fenômeno jurídico-político que se universalizou na Europa Ocidental, as funções legislativas e executivas passaram a ser enfeixadas de modo claro na pessoa do rei. A função jurisdicional integrada, como se verá adiante, teve importante papel para a unidade das outras funções essenciais do Estado. Se foi possível pacificar os conflitos em um sistema jurisdicional, seria possível generalizar as condutas almejadas através de leis e executá-las, e, claro, se as leis passaram a ser de todo o reino, tornaram-se desnecessárias as múltiplas fontes de regramento de condutas.

As feições das funções jurisdicionais permaneceram praticamente as mesmas — alcançadas no final da Idade Média, sendo que tais atividades eram realizadas pelos órgãos jurisdicionais e, em determinadas situações, o rei intervinha, nos casos chamados relevantes.

Ao que parece, dentro do absolutismo,[(38)] o que também se irá falar à frente, a função jurisdicional foi, cada vez mais, ganhando em independência quanto às demais funções essenciais do Estado — a legislativa e a executiva, que permaneceram centralizadas na pessoa do rei. Por óbvio, esta independência era relativa, uma vez que o rei, no absolutismo, não estava sujeito, praticamente, a nada.[(39)] Contudo, a separação, a existência e a constituição de uma Justiça (órgão), que, em princípio, exercia a jurisdição, eras claras, de modo que, entre os cidadãos, assim funcionava e era vista.

Com o fim do absolutismo, o Estado Constitucional foi erigido. O parlamento recebeu a atribuição de legislar, que saiu das mãos do rei. Ademais, aprimorou-se a função jurisdicional. Em verdade, os direitos de liberdade, considerados de primeira geração ou dimensão, foram

---

(38) No sistema português, Hespanha aponta: "Note-se que, nesta altura, já tinham sido incorporadas na jurisdição real, em 1790 e 1792, as jurisdições dos donatários". Houve, assim, "retorno" da jurisdição ao rei, o que marca, por certo, o absolutismo. In: HESPANHA, António Manuel. História das Instituições: Épocas medieval e moderna. Coimbra: Almedina, 1982. p. 299. Uma característica do absolutismo foi o primado da legislação. In: MARCOS, Rui Manuel de Figueiredo. *O modo setecentista de julgar em Portugal*: uma reflexão em torno do valor dos precedentes judiciais no passado e no presente. In: o perfil do juiz na tradição ocidental. Coimbra: Almedina, 2009. p. 125. Este fato levou à mudança na formação jurídica, como é enfatizado por MARCOS, quanto a Portugal. In: MARCOS, Rui Manuel de Figueiredo. *A História do Direito e o seu ensino na Escola de Coimbra*. Coimbra: Almedina, 2008. p. 47.

(39) LOCKE, John. *Segundo tratado sobre o governo*. São Paulo: Martins Fontes, 1998. p. 73. Nas palavras de LOCKE: "Entre um súdito e outro, concederão, haverá medidas, leis e juízes que lhes garantam uma certa paz e segurança; mas, quanto ao soberano, este deve ser absoluto, acima de tais circunstâncias, uma vez que tem poder absoluto para causar dano ou malefício".

salvaguardados nos ordenamentos jurídicos europeus ocidentais. Contudo, representariam uma mera folha de papel se o Judiciário independente inexistisse.

Assim sendo, a conquista dos direitos de primeira dimensão representa exatamente a limitação do poder do Estado, que deixou de ser absolutista e passou a ter uma função jurisdicional independente e através da qual o cidadão poderia exigir que o próprio monarca respeitasse a lei. Enfim, ele também estava submetido ao primado da lei e, agora, poderia ser responsabilizado.

Deste modo, com a estrutura jurisdicional já separada — independente, haveria o primado da lei no sentido moderno, com a efetividade da jurisdição como garantia das garantias: a lei não seria uma mera declaração. Destarte, se antes, na origem da humanidade, a função jurisdicional se desenhou para permitir a existência de aglomerados humanos maiores com a pacificação dos conflitos intersubjetivos, a desaguar, depois, em uma organização social que exigia normas mais gerais e lógicas, e a um poder central para executar estas normas, com o Estado Constitucional, a jurisdição vai permitir que a sociedade venha a se desenvolver por ela mesma, sem as peias do poder político, que, no Estado absolutista, norteava este desenvolvimento quase que somente em favor do rei e de seus interesses. O Estado Constitucional passa a ser um garantidor da liberdade, sobretudo em razão da existência da jurisdição qualificada pela separação e independência quanto às demais funções essenciais do Estado.

A jurisdição, portanto, delineia-se como uma fórmula jurídica essencial, dentro do sistema estatal, para permitir que o homem, no território do Estado, possa empreender livremente, sem que o rei o impeça. A liberdade vai possibilitar o relacionar e vai alargar os horizontes, a conduzir o homem a pretender ultrapassar fronteiras, para comerciar, para ir e vir, para prestar serviços e cambiar conhecimentos, não obstante estas iniciativas já existissem, desde a Idade Média, em que a liberdade, pela jurisdição, já havia sido concretizada para alguns comerciantes, guardadas as devidas proporções.

A conquista da burguesia no território nacional, a permitir a liberdade de ir e vir e de trocas, impulsionou o homem para outros espaços, para outros países, sendo necessária, por consequência, a expansão daqueles direitos de liberdade. Deste modo, a Europa Ocidental teve, em grande parte de seu território, em vários territórios de seus Estados, a adoção do sistema de liberalismo econômico. Nestas nações, o comércio cresceu e, por conseguinte, as relações entre os Estados, que precisaram de um sistema jurídico a permitir a garantia desse modelo econômico.

O desenvolvimento da cooperação judiciária internacional parece responder a este passo no andar da humanidade, a trazer as garantias mínimas necessárias nas relações privadas que precisem, por algum motivo, ultrapassar as fronteiras nacionais. A cooperação judiciária, principalmente pelo reconhecimento de sentenças, surge como um passo fundamental para que as relações privadas, em especial as comerciais, tivessem algum reconhecimento além das fronteiras de um determinado território estatal, o que, certamente, por necessária segurança jurídica, vai favorecer o incremento do comércio entre as nações. Assim, a cooperação judiciária internacional surge, inicialmente, por um costume internacional, antes da existência de qualquer órgão legislativo ou executivo internacional.

Especialmente em solo europeu ocidental, este costume termina por gerar um dever de cooperação judiciária[40] entre os Estados europeus, o que deu maiores possibilidades para a intensificação do comércio, circulação de valores, de bens e de pessoas. Não obstante o inicial caráter de

---

(40) RAMOS fala sobre momento importante desse processo: "The adoption and the entry into force of the new EC rules on jurisdiction and enforcement of judgements reveals the deepening of cooperation on civil matters among Eropean Union countries that was made possible by the entry into force of Amsterdam Treaty". In: RAMOS, Rui Manuel Moura. The new EC rules on jurisdicition and the recognition and enforcement of judgements. In: *Estudos de Direito Internacional Privado e de Direito Processual Internacional*. Coimbra: Coimbra Editora, 2007. p. 10.

comitas gentium (international comity), tornou-se lugar comum, na Europa Ocidental, o reconhecimento e o cumprimento de decisões judiciais de um Estado em outro.

A abertura das fronteiras para o comércio e circulação de pessoas vai trazer implicações várias, a exigir que a cooperação judicial signifique uma estruturação conjunta dos aparelhos estatais, a maior parte deles ligados à jurisdição, para que este modo de ser europeu ocidental, vinculado à liberdade de ir e vir e de trocas, não traga, juntamente, uma instabilização em consequência da prática de crimes e de outros ilícitos. Este evolver termina por conduzir a uma jurisdição europeia mais concertada, por um lado em uma cooperação judiciária reforçada e, por outro, pela criação de um tribunal comum.

Igualmente, estruturas jurisdicionais de vários Estados vão se tornando comunitárias ou supranacionais, ao mesmo tempo em que continuam com o seu caráter de jurisdição interna, e se cria um tribunal supranacional para garantir, mais ainda, as liberdades e permitir que não se impeça o desenvolvimento concertado sob o ponto de vista econômico e social, o que se deu na União Europeia. Também aqui, o Tribunal, hoje denominado de Tribunal de Justiça da União Europeia, surge, desde o começo da estruturação supranacional, como um órgão de jurisdição nos padrões clássicos, antes de terem sido organizadas as demais funções essenciais de poder — legislativas e executivas — em formas tradicionais, com caráter permanente. Conquanto existentes desde o início, as funções executivas e normativas tinham, no período inicial, uma feição intergovernamental. Todavia, a estrutura jurisdicional cedo se formou em padrões clássicos, enfeixada no Tribunal de Justiça da inicial Comunidade Europeia do Carvão e do Aço, sendo esta estrutura desenvolvida em termos ainda mais amplos e eficazes, como se verá adiante.

Este sistema de proteção da liberdade, em solo europeu, também se dá com a criação de tribunal internacional para garantir esta liberdade, ou melhor, estes direitos, ainda em uma extensão territorial maior que a da União Europeia, embora tratando, praticamente, dos direitos humanos de primeira dimensão: o Tribunal Europeu dos Direitos do Homem (TEDH), que surgiu antes mesmo de qualquer órgão legislativo permanente no espaço por ele jurisdicionado. Também na América, a Corte Interamericana de Direitos Humanos apareceu antes da existência de qualquer órgão legislativo ou executivo comum. Por sua vez, as Cortes internacionais ligadas à Organização das Nações Unidas ou reconhecidas como tendo jurisdição internacional, mesmo que com restrição quanto à matéria, surgiram antes da existência de órgãos executivos ou legislativos internacionais permanentes.

Inegável que o mundo assiste a um aumento do número de cortes internacionais, ao mesmo tempo em que cresce o respeito às decisões nacionais no plano internacional. Esse desenvolvimento jurisdicional está sensivelmente mais adiantado que o de órgãos executivos e legislativos globais. Do mesmo modo, cresce a submissão voluntária de Estados ou de seu empresariado a tribunais arbitrais internacionais, para serem aceitos nas relações comerciais privadas ou públicas globais. Também, para que recebam investimentos privados internacionais.[41]

Organizações jurisdicionais, públicas ou privadas (tribunais arbitrais), voltadas ao comércio ou aos negócios em escala global, são criadas e incrementadas. A necessidade de regular muitos setores econômicos pode conduzir à criação de estruturas judiciais paralelamente. Para cada setor regulado, um órgão jurisdicional. Uma tendência? Mais à frente, poderão ser lançadas luzes sobre esse tema.

---

(41) Em verdade, o FMI tem exigido mudanças no Judiciário dos Estados, para que faça investimento, pugnando que haja um reforço das instituições, "nomeadamente a organização de um poder judicial estável e equitativo". In: BRASSEUL, Jacques. *História económica do mundo*: das origens aos *subprimes*. 2. ed. Lisboa: Texto & grafia, 2014. p. 410.

Com efeito, a unidade do poder jurídico-político, sob o ponto de vista internacional, que se analisará, a ser alcançada, quem sabe, um dia, parece que terá que principiar pela jurisdição. Contudo, essa unidade se afigura como plural. Este aparente paradoxo há que ser abordado por uma teorização a respeito desse assunto, a qual também é objeto do presente trabalho.

A reflexão sobre a jurisdição, em especial a jurisdição internacional, com a formulação de uma teoria que demonstre ou aponte os sinais de que a unidade do poder jurídico-político se inicia com a jurisdição, e que o poder político internacional também está alcançando a sua unidade a partir da jurisdição internacional, revela-se importante, para a compreensão desse processo.

Há, assim, a necessidade de sistematização de uma teoria da jurisdição, em especial da jurisdição internacional, de modo a demonstrar que a jurisdição é fundamental para a gênese da unidade do poder jurídico-político internacional. Em particular nos países de língua portuguesa, em áreas de interesse e pesquisa que, antes de simplesmente teorizar sobre as características da jurisdição, dos órgãos a que é atribuída, ou perquirir a natureza das funções essenciais do Estado e a presença e configuração das mesmas no plano internacional, ainda não se desenvolveu estudo de aspectos históricos, peculiaridades e características que se ponham a demonstrar a jurisdição como uma pedra de toque ou mola propulsora do surgimento do Estado e, também, da unidade jurídico-política internacional.

Ademais, embora com um aparente vazio da nomogênese jurídica internacional, há um lento desenvolvimento de um arcabouço jurídico regulador em plano global, que parece crescer em conjunto com fórmulas jurisdicionais. A arbitragem internacional, sobretudo em questões comerciais, veicula um modelo de flexibilização do conhecido sistema de unidade jurisdicional tradicional e traz a lume uma pluralidade de órgãos jurisdicionais (arbitrais) que produzem, pela sua jurisprudência, um costume internacional em aspectos relevantes, o que pode redundar em sistematizações escritas, as quais, posteriormente, venham a se tornar a regulação internacional de um determinado tema. Este funcionar parece estar rumando para um patamar mais unificado por setores econômicos e, em especial, no tema da concorrência.

Analisar-se-á em que grau e situações a jurisdição se apresenta como importante para a existência de um poder regulador de feição internacional, mediante a perquirição da evolução do tema, com base em dados históricos, da análise da regulação nacional atual e do exame de aspectos supranacionais e internacionais da matéria, envolvendo a jurisdição no Estado regulador ou na regulação internacional da concorrência ou de outros setores da economia. Por conseguinte, procurar-se-á teorizar e sistematizar os possíveis pontos capazes de demonstrar que a jurisdição é fundamental também para a existência da regulação no plano internacional.

Igualmente, enfocar-se-á a compreensão da jurisdição em um modelo plural, em que ordens jurisdicionais se sobrepõem e se interpenetram, em uma pluralidade de ordens normativas e órgãos, em rede, o que está a caracterizar o modelo atual de desenvolvimento do Direito Internacional e que poderá conduzir à unidade jurídico-política internacional.

A análise da União Europeia, em cotejo com a de outros sistemas de integração na América, fornece subsídios teóricos, com enfoque na importância da jurisdição e com repercussões para o mercado e para a sociedade sob o ponto de vista internacional. Trata-se de um protótipo (o da União Europeia), a nosso ver, um modelo, para o mundo, ainda que embrionário.

Ademais, para além da componente teórica, necessárias mudanças hão de ocorrer no Direito Internacional, para que haja uma melhoria efetiva e significativa da qualidade das relações privadas e públicas internacionais, bem como na aplicabilidade dos direitos humanos, sendo fundamental, para isso, a criação e ampliação de órgãos jurisdicionais internacionais, para dar verdadeira garantia a direitos e possibilitar o incremento das relações jurídicas privadas e públicas, a conduzir ao desenvolvimento dos povos. Só há confiança, segurança e certeza jurídicas com a existência de órgãos jurisdicionais que favoreçam o acesso das pessoas físicas e coletivas, para o deslinde dos conflitos existentes ou que venham a existir, que entravam ou possam entravar o desenvolvimento social, de modo estável.

Por certo, examinar as instâncias jurisdicionais privadas, seja quando estas recebem atribuições do poder público ou a arbitragem comum (em geral ligada a instituições privadas), bem como as instâncias jurisdicionais, mesmo que públicas, mas integradas por uma magistratura mais técnica (formada com outros conhecimentos técnicos ou tecnológicos) que jurídica, revela-se como uma necessidade, a apontar para o futuro, em que a jurisdição expresse, legitimamente, o controle de legalidade (regrativo e principiológico) dos litígios, em especial dos provenientes da sociedade e do mercado sob o ponto de vista global, a evoluir de acordo com os problemas que lhe são postos, com instrumentos, mecanismos, medidas e ferramentas hábeis, harmonizados e adequados, sob o ponto de vista formal e da natureza das condutas a que se pretende controlar a legalidade.

Não resta dúvida que se ressalta, hoje, a importância e a tênue conexão que a forma e a operatividade institucional têm com o regular e eficiente funcionamento da sociedade, haja vista que interagem com diversos fatores, inclusive econômicos. Nesse diapasão, a jurisdição, caso não bem definida (adequação), pode prejudicar todo o desenrolar social, inclusive o do mercado.

A jurisdição que favoreça o desenvolvimento social, com a pacificação dos conflitos, e, ao mesmo tempo, que esteja em harmonia com as funcionalidades, características e dinâmicas da sociedade, é desencadeadora de confiança, estabilidade e propulsora de correção de falhas, a trazer menos riscos para o desenvolvimento e a possibilitar a implementação de inovações, sobretudo a permitir o incremento institucional, através de novas fórmulas de nomogênese jurídica e de gestão social.

Deste modo, o desenho de uma função jurisdicional responsiva aos desideratos de desenvolvimento das relações sociais e econômicas, mais modelada ainda ao comportamento, às pessoas, ao ambiente institucional amplo em que opera, às diferentes lógicas das relações e de suas finalidades, ao desenvolver do regime normativo, e adaptável às mudanças, sobretudo quando se fala em jurisdição internacional, afigura-se em vários quadrantes.

A diminuição do monopólio estatal ou público da jurisdição dentro dos Estados, em ordens jurídicas supranacionais ou internacionais, revela a importância na ênfase nesses modelos jurisdicionais e em ferramentas outras, desenvolvidas e operadas por agentes não-governamentais, a contribuir para o atingimento dos objetivos e missões que envolvem uma interação mais harmônica entre Estados, mercado e sociedade e aponta para mais possibilidades sob a ótica internacional.

Esta jurisdição, que surge quase que espontaneamente no ambiente privado internacional ou, ao que parece, também no meio das agências reguladoras, delineia-se para permitir os ajustes necessários à efetividade e à boa qualidade da prestação jurisdicional, caracterizada pela descentralização e pluralidade de instrumentos e agentes, a ensejar uma maior eficiência quando comparada a outros modelos jurisdicionais.

C) O plano da obra

Tendo em vista a concretização dos objetivos propostos, para a consecução desse trabalho, foram utilizados e unidos subsídios de diversos matizes do Direito, sobretudo históricos e dogmáticos.

Assim, analisar-se-á, no primeiro capítulo, a jurisdição no curso da história, desde as sociedades primitivas, passando pela proto-história dos direitos humanos e pelo medievo, para responder à pergunta: como se forma a jurisdição no curso da história?

Com a abordagem da formação do Estado nacional e de sua subsequente configuração como Estado Constitucional, no segundo capítulo, procurar-se-á responder às questões: qual a importância da jurisdição para a formação do Estado Nacional? A jurisdição influenciou no surgimento das demais funções jurídico-políticas do Estado? Como e quando a jurisdição se torna independente das demais funções essenciais do Estado? Abordar-se-á, neste capítulo, também, o desenvolvimento da jurisdição no Direito Regulador. Analisar-se-á a existência da jurisdição nos ambientes regulatórios e suas implicações, com o objetivo de alcançar resposta à indagação: como se tem formado a jurisdição no Direito Regulador? O Estado está sendo aperfeiçoado por intermédio de um novo aspecto da jurisdição, dentro do chamado Estado Regulador da economia?

A seguir, no terceiro capítulo, procurar-se-á deslindar as primeiras fórmulas de contato entre os Estados, sob o ponto de vista da jurisdição, destacando-se a cooperação judiciária e como esta foi se desenvolvendo para a aproximação das jurisdições nacionais.

Na sequência, no quarto capítulo, examinar-se-á se a jurisdição teve e tem influência na proteção internacional dos direitos humanos, analisando-se a formação histórica destes no plano internacional e sua salvaguarda, como fundamental para sua existência, por meio dos tribunais internacionais, no intuito de responder à pergunta: qual o papel da jurisdição para a formação dos direitos humanos no plano internacional?

No capítulo 5, analisar-se-á a função jurisdicional nos sistemas de integração supranacional, para responder à indagação: qual a importância da jurisdição para a formação das estruturas supranacionais de poder?

O capítulo 6 enfocará a jurisdição e a unidade jurídico-política internacional. A jurisdição conduz a esta unidade? O pluralismo da jurisdição, inclusive por múltiplos órgãos, públicos, privados e mistos, traz prejuízo à evolução da jurisdição e para a unidade do poder? Serão abordadas as inter-relações e algumas nuances dos tribunais internacionais, para responder às questões propostas. Ademais, verificar-se-á de que modo a jurisdição está se formando e influenciando para que surjam órgãos executivos ou legislativos globais. Procurar-se-á explicar por que os tribunais internacionais permanentes, em geral, surgiram primeiro que qualquer instância legislativa e executiva internacional, pelo menos nos parâmetros clássicos, e se há um processo de expansão da jurisdição internacional capaz de desencadear ou auxiliar a unidade precitada.

A tese proposta pretende contribuir com a supressão de uma lacuna acadêmica do estudo da jurisdição internacional, uma vez que se faz necessário, de modo mais claro e coeso, abordar a gênese da jurisdição e sua importância para a unidade jurídico-política internacional. A produção literária referente à jurisdição não enfoca, a nosso ver, pelo menos em estudos de língua portuguesa, a conexão entre sua gênese e seu provável nexo com a formação da unidade do poder no plano internacional.

Em última instância, almeja-se auxiliar para uma melhor compreensão da jurisdição, a partir do conhecimento de sua origem, desenvolvimento histórico e implicações na formação do Estado nacional e constitucional, bem como sua importância para a formação da unidade do poder jurídico-político global.

A sistematização de importantes pontos, essenciais e acessórios, da jurisdição, sobretudo da internacional, conhecendo a função jurisdicional em diversos quadrantes, para alcançar conclusões jurídicas sobre sua gênese e implicações, será desenvolvida a seguir. A construção de uma teoria da origem da jurisdição e da unidade do poder na esfera internacional, perpassando pela feitura de análise da jurisdição em várias direções, inclusive no campo da regulação internacional, indicará, quiçá, um caminho que as fórmulas jurídico-políticas internacionais poderão percorrer. Com isso, acredita-se contribuir para a consolidação de um arcabouço teórico sobre a gênese da jurisdição e da unidade jurídico-política internacional que traga algum avanço ao estudo científico sobre esta temática. Nesse sentido, a teoria da jurisdição que se desenvolverá a seguir não se destina à formulação de um arcabouço teórico definitivo da jurisdição na sociedade internacional, mas de uma teoria da gênese da jurisdição internacional e das implicações desta para o surgimento da unidade jurídico-política internacional.

CAPÍTULO 1

A jurisdição nas fórmulas jurídico-políticas anteriores ao Estado

1.1. As sociedades primitivas e a função de julgar

Predomina, em doutrina, o entendimento de que, nos primórdios, na resolução das lides humanas, a decisão do mais forte era a regra, prevalecendo a autotutela. O conflito individual era resolvido pela força, de maneira que se impunha ao mais fraco o resultado desejado pelo mais forte. Foi assim solucionada, na narração da Bíblia, a desavença entre Caim e Abel, em que o primeiro não aceitou cumprir a regra do ritual de sacrifícios a Deus e, ao descumpri-la, resolveu matar Abel, o qual observara o ritual corretamente. Teria sido Caim, segundo o dizer veterotestamentário, aquele que edificou a primeira cidade.[42] Conforme o escrito bíblico, o segundo conflito de interesses narrado também foi solucionado com o assassínio do ofensor, por Lameque, filho de Caim.[43]

Contudo, antes de se debruçarem sobre a solução de conflitos, os autores debatem sobre a vida do homem em sociedade, na sociedade primitiva. O homem é um animal social, segundo *Aristóteles*. Para ele, o homem sem clã, sem lar, é desprezível. O estagirita sustenta que o homem não é apenas gregário, mas social, pois só ele tem a natureza de indicar o justo e o injusto, a possuir o sentimento do bem e do mal.[44] Para *Hobbes*, o homem, no estado de natureza, é egoísta e inclinado a agredir os outros, em face de sua insaciedade, o que, nesse estado, condena-o a viver solitário, de forma animalesca e breve, em uma permanente guerra de todos contra todos.[45]

Em que pese a conclusão de alguns contratualistas[46], predomina nas ciências sociais o pensamento que parece convergir no entendimento de que, desde sempre, os homens vivem em sociedade — ideia de sociedade natural. Mesmo os que divergem sobre desde quando o homem

---

(42) In: Gn 4.17. O texto bíblico chama esta cidade de Enoque.

(43) In: Gn 4. 8-16.

(44) ARISTÓTELES. *Política*. 2. ed. Brasília: UNB,1988. p. 15.

(45) HOBBES, Thomas. *Leviatã ou matéria, forma e poder de um estado eclesiástico e civil*. São Paulo: Martin Claret, 2014. HOBBES aborda o assunto especialmente na Parte I, Capítulo XVII — Das causas, da geração e da definição de um Estado. A respeito, HOBBES diz: "Conferir toda a força e o poder a um homem, ou a uma assembleia de homens, que possa reduzir as diversas vontades, por pluralidade de votos, a uma só vontade, é o único caminho para instituir um poder comum, capaz de defender a todos das invasões estrangeiras e das injúrias que uns possam fazer aos outros, garantindo-lhes, assim, segurança suficiente para que, mediante seu próprio trabalho e graças ao fruto da terra, possam alimentar-se e viver satisfeitos; isso equivale a dizer: é preciso designar um homem ou uma assembleia de homens para representar a todos...". In: HOBBES, Thomas. Ob. cit., p. 141. Sobre a opinião de Hobbes, ver DALLARI, Dalmo. *Elementos de Teoria Geral do Estado*. 32. ed. São Paulo: Saraiva, 2013. p. 24-5. DALLARI afirma que, para Hobbes, quanto ao homem, por ser dotado de igualdade, "...cada um vive constantemente temeroso de que o outro venha tomar-lhe os bens ou causar-lhe algum mal, pois todos são capazes disso".

(46) Diferentemente pensa LOCKE, para quem "...o estado natural tem uma lei de natureza para governá-lo, que a todos obriga; e a razão, que é essa lei, ensina a todos os homens que a consultem, por serem iguais e independentes, que nenhum deles deve prejudicar a outrem na vida, na saúde, na liberdade ou nas posses". In: LOCKE, John. *Segundo tratado sobre o governo*. 2. ed. São Paulo: Martin Claret, 2006. p. 24. ROUSSEAU, por sua vez, assevera que "a mais antiga de todas as sociedades e a única natural é a família. Mesmo assim os filhos só estão ligados ao pai enquanto precisam dele para sobreviver. Tão logo cessa tal necessidade, esse vínculo natural se dissolve. Os filhos, isentos de obediência que devem ao pai, o pai, isento dos cuidados que deve aos filhos, voltam a ser igualmente independentes. Se continuam unidos, não é mais naturalmente, mas voluntariamente, e a própria família só se mantém por convenção". In: ROUSSEAU, Jean-Jacques. *O contrato social*. Porto Alegre: L & M, 2011. p. 24.

convive em família (para alguns, o homem, por muito tempo, na pré-história[47], viveu em hordas) concluem que o ser humano sempre viveu em sociedade.[48]

Todavia, dados paleontológicos e paleoetnológicos parecem não ser suficientes para lançar luz sobre as sociedades humanas na pré-história e os etnólogos entram em cena para trazer os elementos presentes nas chamadas sociedades selvagens contemporâneas[49], nas regiões boreais (esquimós, iakoutes, tchuktehis etc.), equatoriais (congos, melanésios, australianos, vedas do Ceilão, mincópios de Andaman, aborígenes da Índia Central), populações nômades (quirguizes, turcomanos, árabes da Argélia); sedentários (mois da Indochina, cabilas, ossetos do Cáucaso, sudaneses, polinesianos); povos estacionários do subcontinente indiano e do extremo oriente; e populações indígenas da América.[50]

Em que pese a concordância da vida gregária, bem como sobre o modo de vida no período paleolítico, até cerca de 10.000 anos atrás, provavelmente com instrumentos e ferramentas feitos a partir de pedaços de ossos e pedras e com a primeira divisão do trabalho, em que, talvez, homens se dedicassem à caça e pesca e as mulheres à colheita de frutos e cereais silvestres (ao que também se chama apenas de divisão de tarefas, e não de trabalho[51]), pouco se sabe sobre os seus costumes, que possa conduzir à compreensão da sociedade humana no paleolítico, que não seja enfocado, sobretudo, pelos estudos das sociedades primitivas de hoje, consideradas estacionárias. Os indígenas isolados na América do Sul, por exemplo, que vivem da caça e pesca e da colheita de frutos, parecem comprovar que os povos que não conheciam a escrita, nem o metal, viviam em grupos que solucionavam seus conflitos, em geral, por meio da separação do infrator do meio social, bem como, em face da gravidade do delito ou da insubmissão à sociedade, à punição por meio das mais variadas formas de vingança privada ou coletiva.

Estes traços, ainda encontrados hoje em determinados povos indígenas que usam instrumentos de pedra e de madeira[52], levam a crer que não havia, nas sociedades pré-históricas do paleolítico, julgamentos por juízes, mesmo que leigos ou sacerdotes, sobretudo das questões não penais.[53]

---

(47) A expressão pré-história é questionável. BLOCH afirma que não há sociedade fora da história. In: BLOCH, Marc. *Introdução à História*. Lisboa: Europa-América, 1997.

(48) O instinto de sociabilidade, nesse viés, é inato. Nesse sentido: ARISTÓTELES. Ob. cit., p. 15; e CÍCERO, Marco Túlio. *Da República*: Livo Primeiro, XXVI. In: <http://ebooksbrasil.org/elibris/darepublica.html>. Acesso em: 12 set. 2018.

(49) Está-se no campo do chamado Direito Arcaico: o Direito das sociedades de tipo arcaico — "e entre elas compreendemos também as sociedades "primitivas" ainda existentes que apresentem as características correspondentes — fundamentam-se no princípio do parentesco". In: LUHMANN, Niklas. *Sociologia do Direito I*. Rio de Janeiro: Tempo Brasileiro, 1985. p. 184. LUHMANN, utilizando-se de manancial teórico da História do Direito e da Etnologia do Direito, com base em uma perspectiva histórica e de comparação cultural, classifica o Direito em: Direito Arcaico — povos sem escrita; Direito Antigo — primeiras civilizações urbanas; e Direito Moderno — sociedades posteriores às Revoluções Francesa e Americana. Ver também: PINTO, Cristiano Paixão Araújo. Direito e sociedade no Oriente antigo. In: WOLKER, Antonio Carlos (org.). *Fundamentos de História do Direito*. 2. ed. Belo Horizonte: Del Rey, 2002. p. 33.

(50) GROPPALI, Alexandre. *Doutrina do Estado*. São Paulo: Saraiva, 1953. p. 29.

(51) HESPANHA, António Manuel. Ob. cit., p. 61.

(52) Em sua carta, de 1500, Pero Vaz de Caminha descreve os indígenas do primeiro contato português, no descobrimento do Brasil, já assim, sem metais e, praticamente, sem agricultura, salvo a cultura da mandioca. In: A Carta de Pero Vaz de Caminha. Ministério da Cultura — Fundação Biblioteca Nacional — Departamento Nacional do Livro. In: <http://objdigital.bn.br>. Acesso em: 28 nov. 2015. Sobre uma etnografia mais recente dos indígenas da Amazônia, no início do século XX, que demonstra que as condições eram as mesmas referidas na Carta de Pero Vaz de Caminha, ver: TASTEVIN, Constant. Coletânea de textos. In: FAULHABER, Priscila; MONSERRAT, Ruth (Orgs.). *Tastevin e a etnografia indígena*. Petrópolis: FINEP, 1987.

(53) HESPANHA fala que, diferentemente do que muitos contratualistas pensam, os homens desde as sociedades primitivas pré-históricas convivem em sociedade de um modo bastante regrado, nas quais o direito (consuetudinário) abrange os pormenores da vida familiar, em que o indivíduo encontra-se numa emaranhada rede de direitos e deveres. O autor aponta a proibição do incesto como uma regra já deste tempo. Ademais, afirma que, com base em Platão, a literatura grega já informa que no extremo ocidental do Mediterrâneo, em meio ao povo chamado

Nas mais graves — penais, estas eram solucionadas pela vingança privada[54] ou coletiva, com a morte, abandono ou expulsão do infrator. Nas sociedades pré-históricas em que os homens eram nômades e viviam da caça e pesca, ao que parece, a solução dos conflitos se dava muito por fragmentação do grupo. Sem apego à propriedade, por razões óbvias, o litígio levava ao abandono do "rebelde" à sua própria sorte ou à fuga, para evitar sanções de acordo com os costumes do grupo, e, muitas vezes, à morte. O excluído tentaria sua sorte em outro grupo, poderia voltar depois de um tempo de exclusão e ser aceite novamente ou morrer diante das intempéries.

No período neolítico (até cerca de 5.000 anos a.C.), que se inicia com a revolução agrícola, os arqueólogos indicam que, provavelmente, um clima mais seco e, por vezes, árido, na região hoje chamada Curdistão e Iraque, exigiu uma maior participação da mulher no trabalho, a criar animais e a cultivar cereais até então silvestres. Nesse período, com a sedentarização, surgem as aldeias e, em um determinado momento, as cidades, e se inicia, provavelmente, há sete mil anos, o uso de metais, inclusive do bronze.

No neolítico, *Bouzon* assegura que pesquisas arqueológicas na região da Baixa Mesopotâmia (escavações) comprovaram[55] que a comunidade aldeã neolítica era organizada de maneira bastante simples. Os chefes das diferentes famílias que constituíam a aldeia tinham o poder decisório (anciãos). Na aldeia neolítica, as atividades, inclusive as não diretamente ligadas à produção de alimentos, como a tecelagem e a cerâmica, eram realizadas pelas famílias, que eram, sobretudo, unidades produtoras de alimentos. Essa economia, designada de economia do tipo *oikos* (sumério = casa), era, essencialmente, de subsistência, baseada na reciprocidade.[56]

Também aqui as sociedades estacionárias de hoje podem iluminar a compreensão, por meio do estudo de povos em situações semelhantes nos dias atuais ou, ainda que extintos, que foram pesquisados por historiadores ou etnólogos no tempo em que ainda existiam. Assim, certos povos sedentários, como povos indígenas da América do Sul, trazem elementos que demonstram o recurso a meios de solução de conflitos que não a mera vingança privada sem a submissão do infrator a um juiz (chefe ou sacerdote, ou a um conselho). Um processo costumeiro tribal de análise da situação, para a posterior aplicação da pena, parece ser a regra, ainda que tal exame seja feito, praticamente, de imediato à ocorrência do fato.

Em verdade, a sedentarização leva a uma convivência necessária entre as pessoas da aldeia. O modo de vida sedentário exclui, praticamente, as hipóteses frequentes de divisões, com a saída, expulsão ou fuga do infrator e suas famílias para a exploração de outras áreas da floresta, para caçar ou pescar, distanciando-se do grupo que integravam (forma de solução do problema no

---

Atlantes, reis-juízes aplicavam o direito, sendo que o juiz também se confundia com o sacerdote. In: Ob. cit., p. 66-7.

(54) KELSEN afirma que, na origem da sociedade, esta "não conhece outras sanções que as religiosas, ou seja, as que emanam de uma entidade sobre-humana. Apenas mais tarde, pelo menos dentro do grupo mais estreito, aparecem, lado a lado com as sanções transcendentais, as sanções socialmente imanentes, ou seja, organizadas, sanções a serem executadas por um indivíduo determinado pela ordem social de acordo com as disposições dessa ordem. Nas relações entre diferentes grupos, a vingança de sangue aparece bem cedo como uma reação socialmente organizada contra um dano considerado injustificado e atribuível a um membro de um grupo alienígena. O grupo do qual parte essa reação é uma comunidade baseada numa relação de sangue. A reação é induzida pelo medo da alma da pessoa assassinada. Aparentemente, esta última não pode se vingar de seu assassino, caso ele pertença a um grupo alienígena. Portanto, ele compele seus parentes a executar a vingança. A sanção organizada socialmente desse modo é ela própria garantida por uma sanção transcendental. Os que fracassam em vingar a morte de seu parente na pessoa do assassino estrangeiro e de seu grupo são ameaçados com doença e morte pela alma do homem assassinado. Ao que tudo indica, a vingança de sangue é a mais antiga sanção socialmente organizada". In: KELSEN, Hans. *Teoria geral do direito e do Estado*. São Paulo: Martins Fontes, 1990. p. 23-4.

(55) BOUZON, Emanuel. Propriedade e economia na antiga Babilónia até ao império de Hammurabi. In: *Revista do Instituto Oriental da Universidade de Lisboa*, 2003, n. 13, p. 27. O autor menciona que existe abundante documentação encontrada nas escavações, com um grande número de tábuas de argila.

(56) Ob. cit., p. 27-8.

paleolítico ou em sociedades nômades estacionárias). O homem sedentário dá mais valor à posse, à propriedade, ao mundo construído pelo homem, ainda que rudimentar, o que, em verdade, lhe dá identidade. Assim, as pessoas, nas aldeias, não estão mais, em geral, dispostas a tomar atitudes meramente violentas — sem uma decisão que legitime a sanção — contra os seus membros, pois o ato de mera violência conduz a outro de igual matiz. Nas sociedades primitivas de caçadores, em regra se resolvia o conflito com a separação. Nas primitivas sedentárias, havia uma maior complexidade, exigindo um comportamento social diferente no trato dos conflitos.(57)

Nas sociedades agrícolas, as primeiras instituições jurídicas começam a definir a existência de juízes e, de uma certa forma, de um procedimento, em cada lugar e tempo da história. Em torno do sacerdote ou de um chefe, que, em geral, também era guia espiritual, o grupo se harmonizava e se unia, ao observar regras costumeiras, repetidas de geração em geração, as quais, quando rompidas, conduziam à atuação do juiz (ou de um conselho) e à solução dos litígios. A tradição legitimava a organização social, por meio de um equilíbrio obtido por um modo de proceder que conduzia à pacificação da sociedade. Quando este sistema costumeiro era desrespeitado, a ordem era mantida através de julgamento dos infratores.

Com a organização da sociedade em famílias patriarcais e estas em clãs, os conflitos eram resolvidos dentro de casa, pelos *paterfamilias*. A justiça familiar ou gentílica, como bem definiu *Groppali*, não assumiu a forma específica de vingança.(58) Caso ultrapassassem o limite do lar, os conflitos eram solucionados por meio de sacerdote ou conselho de anciãos (sacerdotes — conjunto de *paterfamilias*), uma vez que a religião era baseada na própria casa (o *paterfamilias* também era o guia espiritual). Quando ultrapassavam os interesses de uma família, as reuniões para julgamento ocorriam à porta da cidade, na frente de templos ou em algum lugar costumeiro.

Este sistema, quiçá, surgiu ainda no período neolítico, antes mesmo da escrita. É o que parecem revelar os achados arqueológicos na Mesopotâmia e as sociedades contemporâneas estacionárias(59), ágrafas. Como exemplo bem conhecido, os povos indígenas(60) da América do Sul, sobretudo do Brasil, em que se vê a solução de litígios por meio de Conselhos(61) integrados

---

(57) SHIRLEY, Robert Weaver. *Antropologia jurídica*. São Paulo: Saraiva, 1987. p. 40. No mesmo sentido: PINTO, Cristiano Paixão Araújo. Ob. cit., p. 44.

(58) GROPPALI, Alexandre. Ob. cit., p. 83.

(59) A expressão "estacionária" não é bem vista em antropologia, que considera toda sociedade dinâmica. O art. 215 da Constituição Federal brasileira define que as populações indígenas são parte integrante do processo civilizatório nacional, juntamente com os afro-brasileiros e outros grupos étnicos que formam a nação brasileira.

(60) A palavra "indígena" é uma expressão oficial do Direito brasileiro, é a mais usada e hoje preferível para se referir aos "índios", já que esta expressão parece ter sido atribuída, originalmente, aos habitantes das Índias e não aos povos tradicionais da América. A respeito, o art. 22 da Constituição Federal brasileira, que prescreve: "Compete privativamente à União legislar sobre: ... XVII — populações indígenas". Não obstante, a Constituição brasileira também usa a expressão "índios" (art. 20, XI).

(61) Sobre a solução de conflitos, por exemplo, entre os guaranis, um dos maiores povos indígenas da América Latina, com ramificações em países como Brasil, Argentina e Paraguai, MACHADO diz o seguinte: "o direito e a justiça se apresentavam diante do caso, para dirimi-lo; isso ocorria nos *aty guassu*..." (grande conselho), "...convocado toda vez que ocorria um desequilíbrio na harmonia do convívio social. Os preceitos desse ordenamento gravitam em torno do ser guarani, por isso a melhor tradução do termo Direito é a expressão *nhande repy*. Assim, o delito quase sempre não era outra coisa senão uma transgressão ao preceito religioso e o juízo é de cunho holístico... Sempre houve, no sistema jurídico indígena, procedimentos com medidas inibidoras e os procedimentos com medidas punitivas. O primeiro ficava no âmbito do fuxico, que, ridicularizando o indivíduo, o inibe; o segundo nasce com a sentença prolatada no *aty guassu*, mas poderia ser ditada pelo conselho do *tekoha*..." (local onde se pratica o modo certo de se viver) "...caso fosse de menor potencial ofensivo [...]. A instância na qual ocorre a aplicação do Direito é chamada de *Aty Guassu* (grande assembleia); ordenamento jurídico originado nos mitos, na religião e nos princípios que norteiam o modo de vida e a relação do guarani com a natureza. É aqui nominado de ordenamento jurídico-religioso-político [...]. Ocorrendo uma ruptura no círculo da convivência, quando o equilíbrio era ameaçado pelo ato de alguém, pondo em risco a segurança e a paz, em razão da não observação dos princípios religiosos, convocava-se o *Aty Guassú Nhande Repy* [...]. Ao final, julgado o caso de acordo com o juízo de valor guarani, prola-

pelos anciãos ou pelos considerados mais sábios. *Machado* afirma que o conselho dos anciãos ou o conselho dos chefes de família grande dos povos guaranis constitui uma instância cujas deliberações

---

tada e cumprida a sentença, se recompõe o rompimento havido no círculo do equilíbrio, através dos preceitos religiosos concretizados no *aty guassu*; é a esfera do juízo holístico. Não se quer apenar o infrator, o causador do delito, espera-se recompor o equilíbrio no círculo das forças terrenas e espirituais [...]. É nesse tempo jurídico (que pode ser equiparado à fase de instrução do processo judicial), que é lembrado a todos do *tekoha* o que é ser um verdadeiro guarani, a importância de conhecer, respeitar e não violar os preceitos advindos do mito, da religião, a razão de se levar em conta os tabus, a importância do significado dos atos ali praticados, o porquê de estar acontecendo esse *aty guassu*. No desenrolar do ritual holístico, o poder da palavra assopra as cinzas do esquecimento, reavivando as brasas da memória viva guarani. A ruptura vai ser restaurada por meio dos preceitos jurídicos ditados pela religião. Entre os atos que ensejam o desequilibro estão: o estupro, incesto, rapto de mulheres, adultério, feitiçaria, homicídio, danos à propriedade privada ou comunal, injúria aos líderes, revelação de segredos rituais e outros [...]. A instância onde se realiza este julgamento é uma grande assembleia da qual participam todos os membros adultos da comunidade, para deliberarem acerca da forma mais adequada de restaurar o equilíbrio rompido. A ele acorrem lideranças e membros de outras comunidades guarani. Várias audiências se sucedem, com o pronunciamento de discursos possuidores de elementos sagrados e fórmulas rituais, os cânticos que fazem referência às normas de vida correta e aos valores comunitários. Neste sentido, o caráter religioso no *aty guassu* corresponde a um dispositivo acionado diante de uma anormalidade identificada pelos guaranis[...]. A função do julgamento é mais ampla que a aplicação da lei em si, além de medir o dano gerado pelo delito, com a apresentação de provas, depoimentos de testemunhas, dos envolvidos e dos familiares da vítima, cria-se um *locus* de recordação das fórmulas precisas dos valores da comunidade e se renova o pacto social e místico. Quando se estabelece um castigo a partir do julgamento, alcançam-se dois propósitos: a solução imediata do conflito e a reconciliação da comunidade com os espíritos protetores. Estas recomposições das dimensões sociais e religiosas concretizam o *teko katu marangatu* (a verdadeira forma de viver)". In: MACHADO, Almires Martinms. *De Direito indigenista a Direitos indígenas*: desdobramento da arte do enfrentamento. Dissertação. Belém: UFPA, 2009. p. 37-64. No mesmo sentido, sobre a organização da função de julgar dos guaranis na Argentina, utilizando-se a expressão *aty Guassu*, MOREIRA assegura que o julgamento é: "una liturgia que conecta los dos mundos: el sagrado y el profano; b) las penas más graves eran aplicadas generalmente con equivalente medida, aunque existían alternativas como la suspensión de la pena o que sus ejecutores se rehúsen a cumplir-la. Las penas más leves eran discernidas como trabajo comunitario; c) la asamblea de juicio se realizaba mediante una reunión donde participaba toda la comunidad del lugar del hecho, las máximas autoridades religiosas políticas; d) no existían jueces o tribunales como los conocemos, pero sin funciones judiciales; en los conflictos menores el cacique resolvía sumariamente, en los casos graves debía convocarse una asamblea; la participación colectiva no se traduce en un ejercicio del poder mediante el sufragio, ya que la aplicación de la sanción solamente podía ser decidida por las máximas autoridades; e) no se conocía la pena de prisión, aunque el condenado podría ser objeto de una vigilancia discreta y constante hasta haber cumplido la totalidad de las obligaciones impuestas o luego de haber padecido la pena aplicada con el azote". Nada obstante, MOREIRA afirma que a administração da justiça própria tem diminuído gradualmente, com a perda da característica coletiva dos procedimentos, com a imposição de mecanismos judiciais estranhos e, hoje, praticamente, a justiça indígena se restringe a questões domésticas ou crimes de menor potencial, como o roubo, atuando a justiça estatal no caso de homicídio. In: MOREIRA, Manoel. *La cultura jurídica guarani*. Buenos Aires: Antropofagia, 2005. p. 114-5. Estes exemplos demonstram a tolerância do Estado brasileiro ou argentino, ou mesmo uma existência à margem do direito posto nesses julgamentos, nos dias atuais. No caso brasileiro, há previsão, no inciso XXXV do art. 5º da Constituição Federal, proibindo que cidadãos, dentre os quais se incluem, por óbvio, os de origem indígena, tenham excluída do Judiciário a apreciação de qualquer lesão ou ameaça a direito. Contudo, no Basil, há caso que demonstra uma certa pluralidade: o chamado Caso Basílio, em que a Justiça brasileira considerou que a aplicação de pena pela comunidade indígena Macuxi ao índio Basílio Alves Salomão, pela prática de homicídio, o isentou da imposição de pena pelo Direito estatal. Levado a júri popular pela Justiça brasileira, em maio de 2000, Basílio foi absolvido. O fundamento de sua absolvição não foi a ausência de materialidade ou a não comprovação da autoria, pois consta da decisão que Basílio desferiu o golpe de arma branca que causou a morte da vítima, mas o fato de Basílio ter sido julgado e condenado antes segundo os costumes de sua comunidade indígena, o que foi considerado suficiente para isentá-lo de pena no julgamento realizado pela Justiça Federal brasileira. Sobre a pena aplicada muitos anos antes do julgamento pela Justiça estatal brasileira, sabe-se que: "Os Tuxauas reuniram-se, discutiram e decidiram o destino de Basílio: o desterro, durante o qual Basílio ficaria privado da companhia de seus familiares e privado de iniciativa própria, sujeitando-se às ordens de outrem, sob o regime de trabalhos forçados e sem direito a possuir bens e a exercer os direitos de membro do grupo". In: SOUZA, Estella Libardi de. *Povos indígenas e o Direito à diferença*: do colonialismo jurídico à pluralidade de Direitos. Trabalho apresentado no Grupo de Trabalho. 4 — Diversidade, Identidades e Culturas Latino-americanas no Congresso Internacional de Pluralismo Jurídico e Direitos Humanos, realizado na Universidade Federal de Santa Catarina, Florianópolis, nos dias 20 a 22 de agosto de 2008. No site: <http://egov.ufsc.br/portal/sites/default/files/anexos/33234-42224-1-PB.pdf>. Acesso em: 12 set. 2015.

auxiliam na resolução de problemas do cotidiano, no estabelecimento das compensações pelas perdas sofridas (roubo, furto, negligência, feitiço) e nas indenizações devidas (fogo provocado, animais mortos na lavoura, trocas não cumpridas), para evitar vinganças futuras.[62] Da mesma forma, estudos do século XIX revelam, sobre povos indígenas norte-americanos, como os cheyennes.[63]

Engels também menciona a existência desses conselhos entre os iroqueses norte-americanos, que tinham o encargo de manter relações, quando houvesse necessidade, entre tribos distintas.[64] E esta fórmula se capilarizava nas unidades menores de organização dos iroqueses. Como diz *Engels*, e aqui parece que as pesquisas de *Osco* vão também nessa direção, é comum no meio indígena americano em geral essa forma de julgamento. *Engels* diz que, dos laços de sangue na *gens*, nasceu a obrigatoriedade da vingança, reconhecida integralmente pelos iroqueses. Se um estranho matava um dos membros da *gens*, todos os outros estavam obrigados a vingá-lo. Procurava-se, primeiro, uma mediação. A seguir, a *gens* do assassino se reunia em conselho e fazia propostas de solução pacífica à *gens* da vítima, oferecendo, quase sempre, a expressão do seu pesar e alguns valiosos presentes. Se estes fossem aceitos, o assunto estava encerrado. Em caso contrário, a *gens* ofendida designava um ou mais vingadores, cujo dever era perseguir e matar o assassino, não havendo, em geral, oposição da *gens* em que habitava o ofensor. Se isto acontecia, a *gens* deste último não tinha qualquer direito a queixar-se — estavam acertadas as contas.[65]

Engels acrescenta que a *gens* tinha um conselho que decidia o preço de sangue ou a vingança pelo assassinato de um membro da *gens*, quando o ofensor era integrante da mesma *gens* da vítima. Mais à frente, falando da tribo como um conjunto de *gens*, complementa que, se, na tribo, se cometia um homicídio, e o assassino e a vítima pertenciam à mesma fratria (conjunto de *gens* de origem comum), a *gens* ofendida apelava frequentemente para as suas *gens* irmãs, que celebravam um conselho de fratria e se dirigiam à outra fratria como corporação, com o objetivo de que por esta fosse igualmente convocado um conselho para se resolver o assunto. Neste caso, a fratria aparece como a *gens* primitiva, e com muito maiores probabilidades de êxito que a *gens* sozinha, "sua filha, mais débil".[66]

---

(62) OSCO, analisando a administração da justiça no meio dos Aymarás na Bolívia, afirma que se o problema a solucionar estiver no âmbito da menor justiça, resolve-se mediante conciliação e arbitragem entre as partes, para a resolução de delitos menores, que sucedem no âmbito privado (justiça menor) e não alteram a ordem coletiva. As sanções implicam em multa em dinheiro e se fixam mediante a assinatura de atas de boa conduta, quase sempre antecipando uma multa alta em caso de reincidência. Se o conflito pertence à alta justiça (justiça maior), aplica-se diretamente a sentença determinada por consenso na assembleia comunal. OSCO diz: "El derecho indígena se inscribe en una trilogia de fundamentos imperativamente imbricados: sanción moral, sanción social y sanción jurídica, que en sus niveles de justicia mayor y menor presentan eficacia jurídica por voluntad de la Assemblea General, como principal órgano soberano del ayllu o la marca. Esta es una instituición jurídica superior, especializada en conocer los delitos mayores o jach´a jucha, como el robo, asesinato, adulterio o otros; y aplicar la pertinente sanción mayor o jach´a justicia. Igualmente, instituye el nivel de justicia menor o jisk´a justicia sujeito al control de las autoridades, como instancias delegadas para la administración de delitos menores o jisk´a jucha, o resolución de conflitos entre privados". In: OSCO, Marcelo Fernandez. La ley del ayllu: justicia de acuerdos. In: Tinkazos — *Revista Bolivariana de Ciencias Sociales*. Bogotá, junho de 2001, n. 9, p. 15. Cabe destacar que há, na Constituição da Bolívia em vigor, dispositivo que define a prevalência da jurisdição indígena na resolução de conflitos no respectivo território (art. 308, 8), o que não ocorre no Brasil e na Argentina, por exemplo. In: BELTRÃO, Jane Felipe; OLIVEIRA, Assis da Costa. Povos indígenas e cidadania: inscrições constitucionais como marcadores sociais da diferença na América Latina. In: *Revista de Antropologia*, São Paulo, USP, 2010, v. 53, n. 2, p. 731.

(63) SHIRLEY, Robert Weaver. Ob. cit., p. 48.

(64) ENGELS, Friederich. *A origem da família, da propriedade privada e do Estado*. São Paulo: Centauro, 2002. p. 93. ENGELS informa que nas tribos norte-americanas não foi encontrado qualquer chefe (sachen) com poder executivo nos moldes do Direito ocidental, na classificação de Montesquieu. In: Ob. cit., p. 94.

(65) ENGELS, Friederich. Ob. cit., p. 88.

(66) Ob. cit., p. 89 e 91.

Claro que no final do neolítico, se os representantes das famílias também fossem líderes espirituais[(67)], as reuniões de julgamento na aldeia ou de aldeias ou tribos em conjunto as congregavam também, formando um conselho, na aldeia mais constante e entre aldeias ou tribos de forma circunstancial, por meio do qual questões de interesse comum eram julgadas, solucionando-se os conflitos.[(68)] Com isso, as comunidades eram harmonizadas, havia paz e se possibilitava o crescimento econômico, ampliando-se o grupo, a permitir a formação, em um dado momento, das cidades.

Nas cidades[(69)], em face da religião comum, os *paterfamilias* se reuniam, sob a coordenação de um líder espiritual que de algum modo ganhava proeminência no grupo, que foi chamado de rei. Esta figura, provavelmente, surgiu para participar da dirimição de conflitos que ultrapassavam os limites das aldeias que se reuniam em cidade. Corrobora este entendimento a origem etimológica da expressão *king*, *v. g.*, que não deriva de soberano, mas de juiz sagrado, que dirimia conflitos. Dependendo da gravidade do litígio, o rei apenas coordenava o Conselho dos Anciãos ou o Grande Conselho, que decidia as questões mais importantes para a comunidade. O sistema de organização da função de julgar, portanto, vai possibilitar que a sociedade fique mais poderosa politicamente, a permitir que o agrupamento social cresça sem maiores cismas ou conflitos internos sangrentos, a evitar a fragmentação.

O respeito aos costumes, às crenças e às tradições era essencial para a sobrevivência do grupo e a sua inobservância levava à necessidade de restauração da situação violada. De início, em respeito aos princípios religiosos. Acreditava-se (e ainda se acredita, em algumas sociedades) que o mundo espiritual se levantaria contra a sociedade, caso não houvesse restauração.[(70)] Era a comunidade diretamente, a própria vítima ou sua família quem executava a decisão, dependendo da extensão do ilícito.

Certamente, de início, apenas as questões que transcendiam em importância ao ambiente doméstico eram levadas, obrigatoriamente, ao Conselho, ante a repercussão social do ilícito, evitando-se a fragmentação do grupo social. As questões menores, que ultrapassavam os limites da família ou do clã, eram postas voluntariamente pelos interessados à solução daqueles que tinham, pela tradição, a competência para tal. Submetido à decisão desse árbitro tradicional, um sábio ou

(67) Este tipo de dominação é chamado por WEBER de tradicional, em que a obediência decorre da dignidade da pessoa do senhor, santificada pela tradição. A violação da tradição põe em risco o domínio, o qual repousa exclusivamente na santidade das ordens do senhor, daí o dever de fidelidade, inculcado pela educação e pelo hábito. Os litígios são resolvidos com base em princípios, de equidade ética material, da justiça ou da utilidade prática, sem nada de caráter formal. A dominação patriarcal é o tipo mais puro de dominação tradicional. A associação doméstica é a célula reprodutora das relações tradicionais de domínio. Falta direito formal, predominando os princípios materiais na administração e na conciliação dos litígios. O patriarca decide segundo princípios da "justiça do Cadi" (islâmico), preso à tradição, por um lado, e, por outro, conforme pontos de vista juridicamente informais e irracionais de equidade e justiça em cada caso particular, e com "consideração pessoal", a predominar uma combinação de princípios ético-sociais e utilitário-sociais, que não se enquadra na rigidez jurídica formal. Assim, WEBER traça a distinção entre a justiça da aldeia oriental, em oposição à justiça pessoal burocrática. A respeito, ver: WEBER, Max. *Sociologia*. São Paulo: Ática, 2003. p. 131-4.

(68) LOPES, José Reinaldo de Lima. *O Direito na história*: lições introdutórias. São Paulo: Max Limonard, 2002. p. 30. LOPES afirma que a Bíblia traz em seu bojo o modelo de justiça oriental, a justiça das aldeias de cunho familiar patriarcal. In: Ob. cit., p. 16.

(69) COULANGES assegura que a expressão cidade deriva de *civitas* e significa uma associação (laço) religiosa e política das famílias e das tribos. *Civitas*, portanto, é algo vinculado a um sentimento e a um pacto. In: COULANGES, Fustel. *A cidade antiga*. São Paulo: Martin Claret, 2009. p. 150.

(70) GROPPALI afirma que os homens primitivos acreditavam que os espíritos, quanto às ações dos vivos, estavam "prontos para vinganças e punições, como mortes imprevistas, epidemias, carestias etc., que se acreditam consequência da ira". In: GROPPALI. Alexandre. Ob. cit., p. 76. No mesmo sentido, GILISSEN, John. *Introdução histórica ao Direito*. Lisboa: Fundação Calouste Gulbenkian, 1986. p. 35. Daí a necessidade de restauração, como se vê em MACHADO, o qual mostra que os povos indígenas, em especial os guaranis brasileiros, ainda hoje assim acreditam. In: Ob. cit., p. 52.

ancião, ou a um conjunto deles, em geral a decisão era cumprida voluntariamente, a pena de sanções comunitárias, como a difamação do infrator, ou a vingança privada da vítima ou de sua família.

Claro que este modelo não foi único, mas parece ter sido o fio condutor para as sociedades mais desenvolvidas juridicamente que foram surgindo. Com o equacionamento dessa função, permitiu-se, como se disse, a expansão econômica e o agrupamento de mais pessoas, mitigando-se a barbárie do ambiente interno, o que, provavelmente, permitiu o surgimento e crescimento das primeiras cidades.

Gilissen afirma que os vestígios pré-históricos, não obstante permitam ao especialista a reconstrução, de uma maneira aproximativa, da evolução militar, social, econômica e artística de certos agrupamentos sociais, não fornecem indicativos úteis de suas instituições. Do mesmo modo, o chamado estudo das sobrevivências — instituições ou aspectos que parecem vir de tempos imemoriáveis e perduram nos dias atuais[(71)], ou a reconstituição do Direito de um povo do passado pelo estudo de vestígios encontrados em escritos a eles posteriores mas que lhes fizeram referências, também não são tão confiáveis assim, criticando-se as tentativas de reconstituição. Para ele, estas reconstituições são muito hipotéticas. Por outro lado, o autor mencionado assegura que o método decorrente do estudo dos povos que vivem atualmente em um estado arcaico de organização social e política, e que não conhecem a escrita ainda, ou que não a conheciam em uma época relativamente recente, apresenta certos perigos, pois o contato desses povos com os europeus revela que não se pode encontrar primitivo em estado puro.[(72)]

Em verdade, não obstante haja dúvidas sobre o Direito, e até mesmo da existência dele, nas sociedades pré-históricas, bem como de sua origem, com a subjacente conclusão, para muitos, de que tudo é hipotético nesse período, é provável que, mesmo em sociedades acéfalas, em que não haja qualquer chefe, a figura do juiz ou de alguém que se lhe assemelhe já se encontrava presente.

O exemplo conhecido é o da sociedade Infugao, definida como um povo sem chefe. Nessa sociedade, todavia, há uma função, a única de cunho jurídico, que extrapola o limite familiar, o *monkaem*. Trata-se de um árbitro ou mediador, que não é ligado à religião ou ao Estado. Ele é pago pelas famílias para a solução de conflitos. Apesar de não tomar uma decisão direta na solução do conflito, faz uso de métodos para convencer os envolvidos, inclusive ordálios, os quais persuadem os litigantes a aceitarem a solução que propõe ou a chegarem a uma solução consensual.[(73)]

Não resta dúvida que, mesmo antes da escrita, já existiam sociedades com razoável desenvolvimento jurídico, como exemplo, os maias e os incas na América. Ademais, o fato de haver, hoje, povos com sistemas jurídicos sem qualquer complexidade também demonstra que o critério cronológico revela-se, talvez, frágil. Por isso, *Luhmann*, em razão de sua teoria, classifica o Direito arcaico como o encontrado em sociedades menos complexas, inclusive atuais, em que praticamente não se faz presente a diferenciação de processos, de sistemas de interação, realizados para a seleção das decisões jurídicas. Assim, não existem os procedimentos, como sistemas sociais orientados para um fim, aos quais são atribuídas funções especiais de elaboração de decisões vinculativas, com a institucionalização de processos realmente decisórios, o que somente vai apa-

(71) GROPPALI menciona que uma das principais fontes de estudo nesse tema são as chamadas sobrevivências, uma fonte indireta, que o autor exemplifica como o exame do "...*mir* russo, do *almenden* suíço, da *partecipanze* italiana, que representam os últimos vestígios da propriedade coletiva, que, em tempos, prevaleceu...". In: GROPPALI, Alexandre. Ob. cit., p. 32. GILISSEN, por sua vez, alerta: "... se tentou reconstruir o antigo direito germânico com o auxílio em escritos posteriores às migrações germanas para a Europa no século V, ou o mais antigo Direito Romano com o auxílio dos vestígios por ele deixados nos escritos da época clássica da história jurídica de Roma. Estas reconstruções são muito hipotéticas; é como se tentássemos reconstruir o direito dos séculos XVI e XVII, ou seja, da época de Carlos V ou de Luís XVI, com o auxílio de vestígios que dele encontramos hoje no nosso direito". In: GILISSEN, John. Ob. cit., p. 32.

(72) Ob. cit., p. 32.

(73) SHIRLEY, Robert Weaver. Ob. cit., p. 51.

recer quando o sistema político definiu-se, a seu ver, de forma separada de outros sistemas sociais, em especial do sistema de parentesco. Sua classificação do Direito baseia-se, portanto, na observação para a detecção da existência ou não de processos decisórios de cunho jurídico e se eles se referem apenas à aplicação do Direito ou também à legislação. O decisivo, em sua distinção, não é o aspecto cronológico, mas o grau relativo de desenvolvimento.(74)

O princípio do parentesco limita essas sociedades de Direito arcaico a uma complexidade relativamente reduzida e que, no essencial, não pode ser ampliada, mas apenas repetida. Nas disputas jurídicas, não se pode olvidar quem são os envolvidos, quanto aos seus antepassados, propriedades, prestígio e séquito. A estrutura social e a distribuição do poder são o apoio da função da arbitragem e da pacificação dos conflitos, em face da proximidade do Direito com o poder: o Direito está em contato direto com os processos elementares de sua formação, o que pode, a qualquer momento, esvaziá-lo ou multiplicá-lo em razão de expectativas concretas. Assim, a norma não tem uma vigência absoluta, havendo uma relativa facilidade de a vindita ou a pena de morte ser resgatada pela compra. O Direito não resulta em uma alternativa forçosa do tipo certo/errado, tudo/nada.(75)

No entanto, nota-se que estas características são comuns em povos sem escrita, não obstante haja exceções, como as já mencionadas. Os registros arqueológicos de povos antigos, já com a escrita, revelam o Direito de povos que têm alguma ligação histórica com o Direito Ocidental. Assim, o Direito de povos do Crescente Fértil influenciou o Direito dos hititas, que teria, por seu turno, inspirado alguns institutos do Direito grego. Da mesma forma, o Direito egípcio também, de algum modo, influenciou o Direito grego e o Direito romano.(76)

Não se nega, por outro lado, que os romanos sempre afirmaram que receberam a tradição do pensamento grego e que há quem diga que os romanos foram à Grécia para buscar elementos nas leis de Sólon para a prática legislativa em Roma. Ademais, a cultura mesopotâmica influenciou Abraão (nascido em Ur), iniciador do povo hebreu, do qual advém Jesus, sendo certo que os padrões judaico-cristãos repercutiram grandemente no Direito Romano, o qual refletiu, como influência solar, em todo o Direito europeu continental e nos países latino-americanos e, também, embora não com a mesma intensidade, no Direito dos povos anglo-saxônicos, valendo ressaltar que os países europeus e americanos, quase todos, sofreram grande influência do cristianismo, baseado nas ideias de Jesus, um judeu. Esta é a razão de serem tratados, nos itens seguintes, os povos mesopotâmicos, egípcio, hebreu, romano e grego, que, de alguma forma, são os povos que originaram a cultura ocidental e guardam, de alguma maneira, relação entre si.(77)

O percurso histórico, que se continuará adiante, quiçá revele aspectos do poder jurídico-político na história que importam para a análise principal desse trabalho, sobre jurisdição.

1.2. Os mesopotâmicos e as várias justiças

Na chamada Idade do Gelo, grande parte da Europa, da Ásia e da América do Norte encontravam-se cobertas por gelo impenetrável e, na calota polar, existiam gigantescas geleiras, o que

---

(74) LUHMANN, Niklas. Ob. cit., p. 167-184.
(75) Ob. cit., p. 186.
(76) GILISSEN, John. Ob. cit., p. 32.
(77) ARENDT menciona o sentimento romano, de herdeiros da tradição do pensamento grego. In: ARENDT, Hannah. *Entre o passado e o futuro*. 6. ed. São Paulo: Perspectiva, 2009. p. 52-3. Por outro lado, há uma lenda que diz que os romanos foram, antes da Lei das XII Tábuas, até Atenas, pesquisar a Lei de Sólon, aprendendo a arte de legislar. In: LOPES, José Reinaldo de Lima. *O Direito na história*: lições introdutórias. São Paulo: Max Limonard, 2002. p. 40. GILLISEN diz ver nos hititas "um elo de ligação entre os direitos mesopotâmicos e os direitos gregos". In: Ob. cit., p. 62. O referido autor também assegura que o Direito egípcio exerceu "considerável influência sobre o desenvolvimento dos direitos helenísticos e romanos". In: Ob. cit., p. 56.

provocava que o nível dos oceanos fosse mais baixo que o atual e as temperaturas 11,5 graus, em média, mais baixas que as de hoje. Provavelmente, entre 15.000 a 10.000 a.C., grandes mudanças climáticas afetaram a Europa, com o recuo da camada de gelo até a Escandinávia e Norte da Rússia. Em algumas regiões, a vegetação provavelmente ficou mais pujante, animais se multiplicaram e os homens cresceram em número. A região do Crescente Fértil se destacou nessa época — a faixa de terra estendida da atual Jordânia até a Ásia Menor, e ao longo dos rios Tigre e Eufrates, até alcançar o Golfo Pérsico — e passou a ser banhada por chuvas sazonais que eram provocadas pelo encontro das massas de ar quente e úmido vindas do Mediterrâneo, em face do recuo das geleiras, com as frentes frias originadas nas montanhas em volta. As chuvas nas encostas mais baixas das estepes provocaram a formação de campos de cereais silvestres — o Crescente Fértil, em uma região em que pastavam o carneiro, a gazela, o boi e o burro selvagem. Os homens, aos poucos, começaram a domesticar os animais e, no passo seguinte, houve a substituição da simples colheita dos cereais silvestres pelas espécies mais cultiváveis. Com as primeiras lavouras, modificou-se o modo de agregação, com o surgimento dos acampamentos mais permanentes.[(78)]

Não há, entretanto, consenso entre os historiadores na definição de qual terá sido a primeira cidade do mundo. Ao que parece, em um determinado momento da história, os homens uniram-se em cidades. *Aristóteles* diz que o homem tem uma tendência natural para criar cidades. Estas são uma criação natural, pois o homem é um animal social (*zoon politikon*).[(79)] O sentido da palavra usada na obra aristotélica, de fato, é de animal político, o que denota política de governo.

As primeiras cidades, segundo os estudiosos, surgiram na Mesopotâmia. A maior parte dos historiadores afirma que as primeiras cidades apareceram na região chamada de Crescente Fértil (mais propriamente na Baixa Mesopotâmia). Foi nessa região que afloraram as cidades de Eridu, Badtibita, Sippar, Larak, Shuruppak, Quish, Akshak, Nippur, Adab, Umma, Lagash, Uruk, Larsa e Ur, na Mesopotâmia designada de Suméria.[(80)] A primeira civilização com desenvolvimento urbano, nessa ótica, foi a suméria, constituída na região entre os rios Tigre e Eufrates, entre 4.500 e 3.750 a.C., território do atual Iraque. Os povos que viveram nesse período deixaram, pelo que se sabe, a primeira escrita da humanidade, a cuneiforme.

Estudos arqueológicos, baseados em escavações feitas no sítio de Teil Obeid (4500-3500 a.C), revelam os vestígios da primeira organização protourbana[(81)] que se tem notícia, a qual deve ter começado a existir pela metade do quarto milênio a.C.[(82)]

Em verdade, para se chegar a essa organização, a sociedade mesopotâmica passou por uma longa evolução. Como se disse acima, a economia, inicialmente, era totalmente baseada em unidades familiares e sem qualquer especialização. O direito de propriedade das terras era das famílias (*gens*). A paz conquistada permitiu a formação das aldeias e o contato entre as aldeias levou ao desenvolvimento da economia, para a produção de alimentos, em uma escala mais extensa, tendo em vista as intempéries, o que possibilitou o aparecimento de técnicas de irrigação nas planícies de aluvião da Baixa Mesopotâmia e levou a um aumento considerável na produção.

---

(78) DOBERSTEIN, Arnoldo Walter. *O Egito antigo*. Porto Alegre: EDIPUCRS, 2010. p. 17.

(79) ARISTÓTELES. Ob. cit., p. 15.

(80) PINTO, Cristiano Paixão de Araújo. Ob. cit., p. 35. PINTO afirma que "A Mesopotâmia antiga corresponde, de modo geral, ao atual Iraque, com algumas incursões pelas nações hoje designadas Turquia (antiga Ásia Menor), Irã e Arábia Saudita". In: Ob. cit., p. 38.

(81) COULANGES explica que, para os antigos, *civitas* e *urbs* não eram sinônimas. *Civitas* era o vínculo religioso e político que unia as pessoas. *Urbs* era o lugar da reunião, o domicílio e, sobretudo, o santuário dessa associação. Assim, "constroem-se algumas casas, é uma aldeia: aos poucos o número de casas vai aumentando, é uma urbe; e a gente se une, se for o caso, para cercá-la de um fosso e de uma muralha. Entre os antigos, a urbe não se formava ao longo de muito tempo, pelo lento aumento do número de homens e de construções. Fundava-se a urbe de uma vez, inteira, num só dia". In: COULANGES, Fustel de. Ob. cit., p. 150.

(82) BOUZON, Emanuel. Propriedade e economia na antiga Babilónia até ao Império de Hammurabi. In: *Revista do Instituto Oriental da Universidade de Lisboa*, n. 13, p. 28.

O incremento produtivo atraiu grupos migratórios que vieram estabelecer-se no aluvião mesopotâmico, causando pressões demográficas e provocando, passo a passo, a necessidade de uma maior estratificação social dentro da comunidade aldeã. E esta necessidade de maior estratificação social levou, paulatinamente, à passagem da sociedade comunitária para uma sociedade mais estratificada, o que parece ter sido a característica do quarto milênio.[83]

O excedente da produção incrementa a divisão do trabalho, com o labor dos artesãos e o surgimento das primeiras atividades de serviços — os sacerdotes. A incipiente cidade é ligada à organização do ritmo da atividade econômica essencial, o cultivo do solo. Essa revolução, chamada revolução neolítica, ocorrida em meados do IV milênio a.C., trouxe em seu bojo a difusão da cultura do arroz, soja e milho, a escrita, o artesanato profissional, a metalurgia e uma complexa organização social, quando comparada com a sociedade aldeã. O controle das águas conduz a trabalhos de infraestrutura e de canalização, realizados sob uma organização coordenada por um centro de poder. A necessidade de matéria-prima e os excedentes de produção conduzem às trocas, ao comércio externo, às importações e exportações.[84]

Entre 3500 e 3100, acentua-se o processo de urbanização, com o aparecimento de centros dominados pelo templo, construído no centro do núcleo urbano e cercado de aldeias produtoras de alimentos. Uruk torna-se um importante centro urbano, com uma área de cerca de 400 hectares e uma população de mais ou menos quarenta mil pessoas. A urbanização trouxe um processo de especialização profissional. A sociedade passou a integrar-se de especialistas e produtores de alimento. A estratificação social se intensifica e consolida-se a urbanização, em que as antigas comunidades rurais neolíticas perderam a sua homogeneidade e autossuficiência. A cidade não era mais um complemento da vida do campo, mas passou a haver uma relação hierarquizada, em que as aldeias se tornaram dependentes ou subordinadas, tributárias das cidades, incorporadas ao sistema de produção da cidade-estado. Tudo isso exigiu a criação de novos centros decisórios para governar a cidade-estado, os quais estavam ligados aos templos.[85]

O centro de poder passou a estar, portanto, no templo da cidade-estado. A produção para ele fluía. Para ele, também vinham as contribuições e tributos (*in natura*, pois ainda não havia moeda) que eram armazenados nos silos e depósitos, iniciando-se o processo de redistribuição. O sistema *oikos* de economia das comunidades rurais do período neolítico continuava, mas a cidade-estado era gerida como um grande *oikos* (casa grande), dirigida a partir do templo.[86]

Nesse sentido, a sociedade mesopotâmica, organizada em famílias, tinha a liderança do *paterfamilias*. Em cada aldeia, formou-se o conselho de anciãos, que pacificava conflitos transcendentes do ambiente familiar e, com o tempo, passou a organizar a distribuição da produção entre as famílias. Com a paz entre aldeias, foi se ampliando o conselho, que passou a ser de aldeias vizinhas, também pacificando conflitos que transbordavam o ambiente de uma aldeia, e distribuindo o produto da terra. Depois, estabeleceu-se um conselho que se reunia e se fixava em uma região urbana — a maior demanda de questões exigiu a permanência e aproximação — em que se edificou o templo, cujo conselho passou a tomar decisões dos conflitos mais importantes da sociedade — transcendo as aldeias, e tratando de outras questões relativas à infraestrutura, bem como sobre a produção e a organização do trabalho. *Pari passu*, os integrantes desse conselho, como *paterfamilias*, também lideravam espiritualmente e, consequentemente, no templo, atuavam

(83) É BOUZON quem explica: "Agora, com as novas técnicas, uma área de dois quilômetros quadrados podia abrigar seis habitantes, enquanto que numa economia baseada na caça e recolha de alimentos eram necessários cerca de 26.000 hectares para um grupo de dez habitantes. In: BOUZON, Emanuel. Ob. cit., p. 27.

(84) BRASSEUL, Jacques. *História Económica do mundo*: das origens aos subprimes. Lisboa: Texto & Grafia, 2010. p. 45-6.

(85) BOUZON, Emanuel. Ob. cit., p. 29.

(86) Ob. cit., p. 29.

como sacerdotes, passando a ter essa autoridade sobre todo o povo e não apenas sobre uma família ou uma aldeia determinada. Com o tempo, passou a existir a figura do sumo sacerdote, que morava em um palácio, também localizado na região urbana. A evolução desse processo, por uma questão lógica, levou, como se disse, à fixação na cidade dos membros do conselho (necessidade de aproximação), agora urbano, sendo certo que a classe dirigente se sucede, ao que parece, por hereditariedade, de maneira que a liderança termina por se prolongar por um sistema de filiação, o que também conduz a uma certa separação, passo a passo, do palácio em relação ao templo.

É provável que, aos poucos, em face do acúmulo de bens (gêneros alimentícios e animais) pelo templo, em razão das doações ou tributos dos pais de família, o templo tenha passado a negociar o excedente, com a aquisição de propriedades — terras. Estudos arqueológicos revelaram grandes domínios templários. A documentação do período de Djemdet-Nasr demonstra a existência de dois tipos de terras templárias: o campo que tinha a produção destinada às necessidades dos dirigentes — que chegaram a atingir cerca de 80% do total das terras templárias; e o campo de sustento — cerca de 20%: parcelas de terra atribuídas aos altos funcionários a título de sustento.(87) Não obstante, persistia a propriedade privada coletiva das famílias (*gens*) situadas no campo, lideradas pelos pais de família, predominando o regime de terras fracionadas e a pequena propriedade.(88)

Com o sumo sacerdote ou sob a liderança de uma figura de proeminência entre os pais de família que moravam na cidade e dirigiam o conselho urbano, surgiu a instituição do palácio (a residência do sumo sacerdote, em princípio). É que o conselho de pais de família que se fez permanente e residindo no mesmo local, criando-se o templo e surgindo o centro urbano, pelo seu modo de ser, ao que parece, trouxe em si a necessidade do pai de família entre os pais de família, o sumo sacerdote.

O palácio também passou a ser um grande proprietário fundiário, para a exploração de novas terras. Estas instituições — templo e palácio — eram fundamentais para garantir à sociedade o crescimento do sistema de irrigação artificial, o que exigia uma certa centralização da produção.(89) Pouco a pouco, o palácio foi acumulando terras e ganhou proeminência sobre o templo.

A análise da abundante documentação mesopotâmica(90) mostrou que, no terceiro milênio, os grandes proprietários fundiários da região eram as grandes instituições — templo e palácio, que também eram os grandes produtores de alimentos e controlavam a economia. A evolução da urbanização e o aumento da população exigiu mais áreas de produção, com o crescimento das terras irrigadas e a construção de novos canais de irrigação. Estes trabalhos só podiam ser empreendidos pelas grandes instituições, em especial, a partir de um determinado momento, pelo palácio, que, aos poucos, por ser dirigido por um sumo sacerdote ou por uma figura considerada uma espécie de deus, passou a ter proeminência, tanto por acúmulo fundiário, como de legitimidade, por questões de tradição.(91)

Assim, a partir do período sargônico, o palácio assume a liderança política e econômica. Torna-se, cada vez mais, o grande proprietário de campos produtivos, de rebanhos e passa a controlar a exploração de recursos naturais.(92) Como já foi dito acima, toda a vida econômica da aldeia neolítica realizava-se dentro da grande família, o elemento estrutural básico da economia babilônica desde o fim do quarto milênio até o começo do segundo milênio. Com a urbanização, diante des-

(87) BOUZON, Emanuel. Ob. cit., p. 29.
(88) BRASSEUL, Jacques. Ob. cit., p. 47.
(89) BOUZON, Emanuel. Ob. cit., p. 29.
(90) Constam mais de trinta e cinco mil textos de caráter legal, administrativo e epistolar. In: Ob. cit., p. 36-7.
(91) Ob. cit., p. 43-4.
(92) Ob. cit., p. 43.

se poderio econômico, as possibilidades econômicas dos pequenos produtores eram limitadas, já que este sistema econômico trazia em si o domínio da produção de alimentos e também da criação de animais, o que é comprovado pelos documentos arqueológicos encontrados — inúmeras listas de rações distribuídas entre trabalhadores rurais do poder central, as quais demonstram que a maior parte da população ativa era diretamente dependente dele, sendo que o sistema se fortalecia com o usufruto de terras por funcionários.[93]

A assunção de um líder que passou a ser considerado o próprio deus, não mais um representante da divindade, como os sacerdotes[94], permitiu que a autoridade tradicional, que continuou por gerações, fosse ainda mais centralizada. O rei era o maior proprietário fundiário, com grandes rebanhos e controlando o sistema de irrigação artificial. O palácio, o grande empregador, termina por fazer toda a população girar em torno de si, por dependência econômica, a ponto de, em tempo de crises econômicas, o rei ter que intervir com seus decretos, com um papel moderador, pacificando a sociedade e regulamentando a economia.[95]

Cada cidade-estado procurava expandir-se e se impor politicamente em um território, surgindo os Impérios (federação de cidades[96]) do Crescente Fértil, que tiveram, em si, várias sociedades, já que esses Impérios organizaram-se em torno de cidades e submetiam ao seu domínio outras cidades e o campo em volta. Havia uma divisão entre cidade e campo (sociedades tribais, de clãs, de famílias) e, neste, entre agricultura e pastoreio, cada qual compondo uma sociedade até certo ponto diferente e até mesmo com a função de dirimir conflitos subjetivos organizada de modo distinto.[97]

A cidade traz, para o campo, ao mesmo tempo liberdade e opressão. Liberdade dos inimigos externos e pacificação dos conflitos internos. Opressão, por meio de tributos e de valores sociais, até certo ponto, diferentes. As funções de proteger e de pacificar desempenhadas pelo Império em nada afetavam a convivência harmônica com as comunidades submetidas, as quais, em geral, viviam de acordo com as suas próprias regras costumeiras, inclusive o modo de justiça rural, realizada por meio dos sábios e anciãos ou por conselho deles.[98]

Contudo, convivia, com este sistema local de justiça, uma função de julgar conflitos que se relacionassem com a paz e a segurança gerais. A justiça real (do palácio) era baseada em alguma memória escrita e dependia, até certo ponto, de uma sabedoria acumulada por um corpo de funcionários. Para a civilização mesopotâmica, o Direito e a justiça (função de julgar) eram fundamentais. Ao lado da criação dos mais antigos códigos de leis conhecidos: Ur-Nammu (2100 a. C.); Lipit-Ištar (1930 a.C.); Leis de Ešnunna (1800 a.C.); e o Código de Hamurabi[99] (1750 a.C.), os tabletes cuneiformes encontrados registram processos que demonstram uma organização especial da função de julgar e sua importância para a estruturação daquela sociedade. Em verdade, o próprio Código de Hamurabi, como se vê no texto ao final da Introdução, já mostra a importância da função de julgar para os mesopotâmicos.

Hamurabi, no epílogo de seu Código, afirma: "Para que o forte não oprima o fraco, para fazer justiça ao órfão e à viúva, para proclamar o direito do país em Babel [...], para fazer direito

(93) BOUZON, Emanuel. Ob. cit., p. 37.
(94) O exemplo inicial foi Sargão. In: Ob. cit., p. 34.
(95) As coleções de Direito cuneiforme mostram este papel do rei. In: Ob. cit., p. 42.
(96) LOPES, José Reinaldo de Lima. Ob. cit., p. 31.
(97) Ob. cit., p. 30.
(98) Ob. cit., p. 31.
(99) O Código de Hamurabi representou o último estágio do Direito Cuneiforme, garantindo uma maior precisão das regras, pois escrito, mas representando, quando comparado com outros tempos, um maior rigor nas penas e na sua aplicação. In: KOROSEC, Victor. Le code de Hammurabi et les droits antérieurs. Bruxelles. Revue Internationale des droits de l´antiquité. 3ª série, tome VIII, 1961. p. 27.

aos oprimidos, escrevi minhas preciosas palavras em minha estela e coloquei-a diante de minha estátua de rei da justiça".[100] Na lei, como se disse, havia uma definição da função jurisdicional, com a solução dos litígios por julgamentos.

As jurisdições locais (das demais cidades vinculadas à cidade dominante), mesmo ligadas às autoridades centrais, como se fez menção, não perderam totalmente sua independência decisória frente ao poder do imperador, ainda que em períodos de intensificação da centralização política.[101] O sistema de organização da função de julgar não a atribuía exclusivamente a juízes profissionais. O chefe de família tinha parcela dessa função em suas mãos, ante o caráter patriarcal dessa sociedade, a exercê-la no âmbito doméstico, a julgar seus dependentes em questões cíveis e penais, mas não dispunha do direito sobre a vida. Os juízes, no entanto, eram profissionais do Direito, letrados, e que, provavelmente, frequentaram a escola de escribas, cujo centro de aperfeiçoamento se situava em Nippur. Os magistrados não eram remunerados, mas recebiam presentes das partes.[102]

O Conselho de Anciãos também podia atuar para julgar litígios de Direito Público e Privado.[103] Além disso, oficiais administrativos, governadores de província e o próprio rei também poderiam intervir em litígios, de acordo com o grau de impacto da controvérsia na sociedade, muito embora a competência do rei se relacionasse mais à matéria administrativa, aos crimes de sangue e às causas políticas.

A expressão tribunal, como um local de julgamento, não existia e as sessões eram realizadas, comumente, na porta de um edifício administrativo ou religioso, em espaços abertos e com audiências públicas. O exercício da jurisdição durava enquanto estivessem reunidos os magistrados. A jurisdição era laica. A instrução processual era realizada no local, por comissões, e a decisão era tomada por autoridade superior. Não havia hierarquia judiciária, nem apelação, mas o rei sempre poderia intervir, reexaminando a decisão.[104] Ao que parece, chegou a existir uma forma de Ministério Público que funcionava por épocas, sendo conhecida a figura do acusador público. Há, também, tablete que mostra a atuação de advogado ou figura similar.

Iniciava-se o procedimento com as partes negociando diretamente entre si. Realizada a composição pelos interessados, era redigida oficialmente em tablete, que também servia para retratar o processo verbal ou a conclusão de um ato legal, diante de testemunhas. Não havendo entendimento, o litígio era posto ao tribunal. As partes, novamente, arrazoavam. A seguir, as testemunhas e as partes eram interrogadas individualmente. O ônus da prova, em geral, era do acusador. O não comparecimento pessoal da parte ou de seu representante conduzia à sentença, independentemente da participação dos interessados. Os juízes poderiam solicitar o parecer de especialistas antes da decisão.[105]

Ao longo de três milênios aproximadamente, essa região, berço dos sumérios, acadianos, babilônicos, assírios, medos e persas, alcançou um patamar de desenvolvimento jurídico a ponto de ter juízes e tribunais que resolviam controvérsias por meio de decisões que eram inteiramente seguidas em toda a extensão do reino a que se destinavam.[106]

---

(100) BOUZON, Emanuel. *O Código de Hamurabi*. Petrópolis: Vozes, 2000. p. 222.

(101) POZZER, Katia Maria Paim. O Exercício do Direito na Mesopotâmia antiga. In: <http://tjrs.jus.br/export/poder_judiciario/historia/memorial_do_poder_judiciario/memorial_judiciario_gaucho/revista_justica_e_historia/issn_1676-5834/v2n3/doc/02-Katia_Pozzer.pdf>, p. 1. Acesso em: 7 ago. 2015.

(102) Ob. cit.

(103) Ob. cit.

(104) PINTO, Cristiano Paixão Araújo. Ob. cit., p. 51.

(105) POZZER, Katia Maria Paim. Ob. cit.

(106) PINTO, Cristiano Paixão de Araújo. Ob. cit., p. 44

Contudo, ao que parece, bem antes dos Códigos que começaram a surgir a partir de 2100 a.C. — ou seja, da atividade legislativa (os quais regularam a atividade do juiz), a função de julgar já existia, a permitir o exame dos casos concretos com base nos costumes. Em verdade, os autores apontam que os códigos teriam compilado os precedentes judiciais ou os julgamentos típicos e definido as regras com base nos julgados aparentemente repetitivos ou nos costumes, reduzidos a escrito. Os códigos, portanto, eram ensinamentos que indicavam o caminho para os juízes.(107)

Como se sabe, os mesopotâmicos eram propícios às trocas e é provável que tenham tido os primeiros banqueiros, com a prática do depósito remunerado e do empréstimo com juros.(108) Com trocas variadas e comércio externo, desenvolveram entrepostos, casas de comércio e o sistema de caravanas. Havia liberdade no domínio econômico, o que fez desenvolver um quadro jurídico de proteção às trocas.(109) Os costumes não condenavam o livre-comércio. O quadro jurídico protetivo foi se desenvolvendo aos poucos(110) e uma versão mais acabada se consolidou no chamado Código de Hamurabi, com o reconhecimento e proteção do direito de propriedade, disseminação dos contratos escritos em tabuinhas de argila, a dar segurança aos contratantes. Por certo, o quadro jurídico do Direito Privado desenvolveu mais ainda o sistema de juízes ou árbitros para decidir os conflitos privados.

Com efeito, já nessa fase da história, vê-se a estruturação da função de julgar passando por mudanças, em especial quanto à sua organização e aos conflitos a que se propunha a solucionar. De início, com o surgimento das cidades, a justiça era assim distribuída: (1) familiar — o *paterfamilias* julgava as questões no seio familiar; (2) local, do campo, quando o conflito ultrapassava os interesses de uma família, voltada a dirimir conflitos na aldeia, por anciãos, sábios ou conselhos por eles formados, ou mesmo para solucionar os conflitos entre pastores e agricultores; (3) da cidade, aplicada na solução de conflitos entre comunidades e entre estas e os funcionários do Império (sátrapras). Com o desenvolvimento das trocas e o surgimento das regras de Direito Privado pertinentes, a justiça da cidade não só resolve os conflitos relativos às questões de família — órfãos e viúvas, mas também se destina aos litígios envolvendo questões patrimoniais relativas às trocas, bem como aos conflitos maiores, que repercutiam na pacificação da sociedade.

Em verdade, o Direito arcaico meramente baseado em laços familiares, em razão do parentesco, vai evoluindo até que, num dado momento da história de determinados povos, termina por alcançar um padrão tribal, que ainda parece remeter aos ancestrais comuns, mas estes antepassados já são mais distantes na linhagem familiar. A fase do Conselho de Anciãos, na qual os clãs parecem estar unidos apenas por esta autoridade (o conselho), demonstra uma justiça na aldeia ou entre aldeias, que também descendem de um mesmo ancestral bastante lembrado. Com a cidade, estes ancestrais remontam à sua fundação e a presença da escrita traz uma maior complexidade

(107) Ob. cit., p. 46. No mesmo sentido, GILISSEN, John. Ob. cit., p. 61; e CARDOSO, Ciro Flamarion. *Antiguidade oriental*: política e religião. São Paulo: Contexto, 1997. p. 29.

(108) BRASSEUL, Jacques. Ob. cit., p. 47.

(109) Ob. cit., p. 46.

(110) O chamado Código de Ur-Nammu (cerca de 2040 a.C.), anterior ao de Hamurabi, revela uma tendência a diminuir o rigorismo do Direito Penal, a conduzir o Direito a prever multas em determinados ilícitos, a saber: "Col. VIII. Um cidadão fracturou um pé ou uma mão a outro cidadão durante uma rixa pelo que pagará 10 siclos de prata. Se um cidadão atingiu outro com uma arma e lhe fracturou um osso, pagará uma mina de prata. Se um cidadão cortou o nariz a outro cidadão com objeto pesado pagará dois terços de mina". Já na lei de Esnunna (1930 a.C), além de prever o dever do depositário de indenizar no caso de desaparecimento do bem, também define: "Se um cão é conhecido como perigoso, e se as autoridades da Porta preveniram o seu proprietário e este não vigia o seu cão, e o cão morde um cidadão e causa a sua morte, o proprietário do cão deve pagar dois terços de uma mina de prata". Não obstante, a chamada Lei de Talião estava presente no Código de Hamurabi, *v. g.*: "196. Se alguém vazou um olho de um homem livre, ser-lhe-á vazado o olho". In: GILISSEN, John. Ob. cit., p. 64-5.

ao sistema, em que o Direito deixa de ser arcaico e passa a uma nova fase, a do Direito escrito, na classificação de *Luhmann* acima mencionada, Direito antigo. Trata-se de um novo estilo de Direito.(111)

Após a evolução da sociedade sentida ainda no neolítico, a formação da cidade na Mesopotâmia se deu no termo de um processo lento de destribalização. A tradição, mediante a transmissão oral (memória da elite governante), não foi suficiente para garantir a congruência dos padrões sociais almejados, e a escrita cuneiforme, designada pela forma de cunha, com aspectos ideográficos e fonéticos bastante avançados quando comparados com as representações pictográficas ou com indicações de mera quantidade, auxiliou grandemente na organização das cidades sumérias, em sua administração e na facilitação do relacionar-se em uma sociedade mais complexa, em que o comércio já se fazia presente, também facilitado por condições geográficas, com o desenvolvimento da navegação nos grandes rios Tigre e Eufrates. Essa sociedade, aberta a trocas materiais e ao intercâmbio de experiências, inclusive políticas, é mais dinâmica e complexa. Para ela, um novo Direito surgiu, com a edição de leis gerais (os códigos), escritas, e com a definição legal da função de julgar.(112)

Ao que parece, o poder de julgar determinadas causas, atribuído ao rei e a alguns de seus oficiais, conduziu à construção de uma certa unidade entre as cidades-estados, dada não só em razão da segurança interna e externa, mas, sobretudo, por uma prática de solução de conflitos que evitava as divisões internas, em especial nos conflitos que transcendiam os interesses tribais ou particulares.

Contudo, o sistema político mesopotâmico ainda era bastante fragmentado. O próprio nome cidade-estado já demonstra isso. É que as cidades tinham um alto grau de independência entre si. Cada uma tinha um governante, órgãos políticos próprios e até mesmo exércitos diferentes. As cidades: (1) Ur, Uruk, Lagash e Larsa na Suméria; (2) Kutha, Kish e Borsipa na Babilônia; (3) Esnunna e Sippar na Acádia; (4) Nínive, Assusr e Nuzi na Assíria — possuíam soberanos e divindades próprios.(113)

Deste modo, não obstante esta grande fragmentação, a função de julgar determinadas causas, dada ao imperador, parece ter permitido uma certa unidade de todo o Império, que subsistia diante de tantas diferenças linguísticas e culturais. O conselho, inicialmente para fazer justiça, gerou, pela sua legitimidade, a função de distribuir alimentos. A seguir, o conselho veio a se reproduzir na cidade, com estes mesmos aspectos. O sumo sacerdote, depois o imperador, surge como a pessoa que decide casos mais difíceis e, pela sua legitimidade, passa a ser o líder para a distribuição dos bens e expansão da cidade. Por último, por tradição, para legitimar o seu poder de decisão em casos mais difíceis(114), a autoridade do imperador passa a ser a do próprio deus, irrefutável e, por isso, irrevogável, ao editar leis ou decidir. Ao mesmo tempo em que o imperador unifica o reino com as suas decisões dos casos difíceis, o reino também é pacificado e, por essa razão, unido, com a continuidade da justiça tradicional local e regional, para os casos do cotidiano — as comunidades decidem as suas questões do dia a dia.

---

(111) Sobre essa classificação, cabe refletir acerca do alerta feito por PINTO, no sentido de mostrar a impossibilidade, na análise, de adoção do critério puramente cronológico, uma vez que há sociedades que dominaram a escrita em períodos remotos (*v. g.*, mesopotâmicos) e outras que permaneceram organizas em tribos ou clãs (bárbaros e germânicos) por toda a antiguidade e aqueles que até hoje estão organizados com base no padrão do parentesco. PINTO, Cristiano Paixão Araújo. Ob. cit., p. 33.

(112) Ob. cit., 36-7.

(113) Ob. cit., p. 41.

(114) A Bíblia traz um exemplo do funcionamento da justiça na Babilônia, sede de um dos Impérios mais importantes, por épocas, na Mesopotâmia. No livro de Daniel, o rei Nabucodonosor distribuiu o poder por 120 sátrapras para julgarem os casos difíceis (da competência real), sendo que os mais difíceis ainda seriam da competência de três príncipes e ao rei competiria apenas os casos que estes não conseguissem solucionar. In: Dn 6. 1-2.

No Egito, como se verá a seguir, desenvolver-se-á uma forma de organização jurídico-política de Direito antigo mais centralizada, que desenvolve um aspecto relevante em matéria de organização da função de julgar.

1.3. Os egípcios — unidade e duplo grau de jurisdição

Como se disse acima, com o fim da Idade do Gelo, as águas recuaram em parte da superfície terrestre, trazendo mudanças climáticas em muitas regiões, inclusive no Nordeste da África, no qual o Egito iria se formar. Assim, é provável que, por volta de 10.000 a.C., o Nilo, depois de ter sido um vasto lago interior, tenha se restringido, como consequência de adaptação ao novo clima, ao seu leito atual. Os habitantes da região, pela escassez de água, tiveram que se concentrar nas margens do Nilo. Ao que parece, nesse período, a base da economia transitou da caça para a produção de alimentos. Os egípcios de então habitavam um vale cheio de pântanos, com caniçais e baixios deixados pela corrente do Nilo, no qual havia abundância de peixes, aves, hipopótamos e crocodilos.(115)

Nos primórdios da ocupação, os habitantes do vale do Nilo domesticavam animais e dedicavam-se ao cultivo de plantas nativas, distribuídos em famílias. Em certo momento, iniciou-se no Egito a seleção e o cultivo de grãos, dando-se início a uma das mais importantes revoluções tecnológicas da humanidade, logo em seu alvorecer — a revolução agrícola. Esses grupos formaram aldeias que, em face dos interesses comuns, foram se juntando em unidades independentes chamadas nomos. A civilização egípcia surgiu simultaneamente (ou pelo menos em período aproximado) à mesopotâmica. Existem achados arqueológicos na localidade de Hierakonpolis que apontam que, por volta de 3800-3700 a.C., já havia uma sociedade complexa no Egito.(116) Desde cedo, cada nomo passou a ter um líder proeminente, o nomarca, que acumulava as funções de líder militar e juiz. Os nomos, muitas vezes, reuniam-se para a feitura de tarefas, como a construção de barragens e obras hidráulicas de interesse comum. Na medida em que a população cresceu, houve guerra entre os nomos, em disputa pela posse das terras mais férteis. No término dos conflitos, que provavelmente duraram séculos, os vencedores dominaram os vencidos, com a formação de dois reinos: O Baixo Egito, no delta do Nilo; e o Alto Egito, no vale do Nilo. Em 3200 a.C., as guerras prosseguiram, agora entre os dois reinos, sendo que o Alto Egito terminou por conquistar o Baixo, unificando os dois reinos, com a assunção do primeiro faraó e a fundação da primeira dinastia.

Estudos arqueológicos não localizaram compilações de leis egípcias. Todavia, o Direito egípcio é conhecido por meio de documentos arqueológicos que trazem em seu bojo contratos, testamentos, decisões judiciárias e atos administrativos. As leis escritas, contudo, devem ter existido, pois os documentos encontrados fazem remissão a elas, *v. g.*, ao Código de Bócoris, da cidade marítima de Sais (720 a. C.).(117)

A tradição jurídica egípcia era pautada por uma noção denominada *Maât*, que era um objetivo a ser atingido inclusive pelos reis, no sentido de se alcançar um equilíbrio. Nos julgamentos, o escopo principal era fazer com que as duas partes saíssem do tribunal satisfeitas, o que representava a verdadeira justiça. Ao que parece, esse sentimento, que parte da justiça realizada na resolução de casos concretos, deveria também conduzir o rei na feitura de suas leis.(118)

Na fase do Império, uma monarquia unitária e centralizada se forma. Desenvolveu-se um rigoroso sistema hierárquico, a evitar perdas, a lidar com a escassez, com as dificuldades climáticas

---

(115) DOBERSTEIN, Arnoldo Walter. *O Egito antigo*. Porto Alegre: EDIPUCRS, 2010. p. 17.
(116) Ob. cit., p. 11.
(117) GILISSEN, John. Ob. cit., p. 53.
(118) Ob. cit., p. 53.

e o isolamento geográfico. A economia é estática, as trocas limitadas, o trabalho é organizado coletivamente, a posse de tudo era da organização política — pessoas (empregados vitalícios de faraó, recebendo em gêneros), animais, produção, minas etc. Tudo era dirigido por um grupo de pessoas em favor do faraó.(119)

Contudo, os historiadores negam haver uma evolução linear do Direito egípcio. Assim, no Antigo Império, predominou a centralização do poder nas mãos do rei; a partir da quinta dinastia, o regime senhorial; depois, renasce a centralização; a seguir, novo período senhorial; após, o poder novamente se centraliza; e, por último, há a ocupação persa, a qual permite subsistir parcialmente este sistema jurídico.(120)

Examinando-se a evolução histórica egípcia, verifica-se que o Direito Privado se desenvolveu mais nos períodos de centralização política. Foi nessas fases em que também evolveu o sistema de justiça.

Não há, quanto ao Egito, a mesma riqueza de documentos judiciais que há da Mesopotâmia. Ademais, a função julgadora, nas origens da sociedade egípcia, também não possui boa definição a partir dos achados arqueológicos. As informações provenientes dos vestígios arqueológicos referem-se às Dinastias Menfitas (2686-2181 a.C). Nessa fase, o faraó não só ditava o Direito (as leis), como estava no topo da organização judiciária egípcia, sendo o seu supremo juiz. A maior parte dos documentos já revelam o Egito Antigo em um momento de centralização do poder, com o faraó sendo considerado a própria divindade. Nada obstante, o faraó também delegava a função de julgar ao vizir. Na verdade, nessa época já havia tribunal, sendo certo que foi no Egito antigo que os tribunais surgiram como tais.(121) A organização egípcia era minuciosa, sendo que o território do Egito era dividido em quarenta e duas circunscrições administrativas (os antigos nomos), e os governadores, em suas circunscrições, exerciam, em nome do faraó, funções administrativas e judiciárias. Existiam também tribunais regionais nas capitais dessas circunscrições administrativas, dotados de jurisdição sobre o território da circunscrição. Ao lado da jurisdição regional, havia funcionários de elevada categoria que integravam um tribunal local e examinavam o contencioso fiscal, em razão da centralização do poder e da importância dada à arrecadação de impostos. Além disso, um tribunal real especial para proteção das tumbas e dos seus tesouros parece ter existido, também em face da relevância desse tema para os egípcios. O processo desenvolvia-se por meio de procedimento escrito. Nesse tempo, parece que esta sociedade já entrara no estágio da vingança pública, retirando-se dos clãs e dos familiares da vítima o direito de se vingar.(122)

Sobre o ato de julgar e as características do julgador, documentos arqueológicos revelam que o juiz egípcio, no século XVIII a.C., tinha a obrigação de proceder segundo a lei e os regulamentos, ouvindo o queixoso e dando a cada um o seu direito, de forma fundamentada e convincente, pena de se concluir que o direito não foi dado — o que era uma desonra. O juiz só permanecia na função de julgador se cumprisse estas prescrições e não devia julgar de acordo com os desejos, mas de acordo com as conhecidas leis a aplicar.(123)

---

(119) BRASSEUL, Jacques. Ob. cit., p. 48.

(120) GILISSEN, John. Ob. cit., p. 56.

(121) Sobre o papel do vizir no Egito Antigo, ver: TEHÉODORIDÈS, Aristide. Le rôle du vizir dans la stèle juridique de Karnak. Bruxeles. Revue Internationale des droits de l´antiquité. 3ª série, tome IX, 1962, p. 49-135.

(122) LIMA FILHO, Acácio Vaz de. Organização política, jurídica e social do Egito Antigo no antigo Império. In: *Revista da Faculdade de Direito da Universidade de São Paulo*, v. 104, p. 39-70, jan./dez. 2009.

(123) Eis o texto encontrado, intitulado Instrução dada ao Vizir Rekmara: "Quando um queixoso vem do Alto ou do Baixo Egipto, ...é a ti que cumpre cuidar que tudo seja feito segundo a lei, que tudo seja feito segundo os regulamentos que lhe dizem respeito, fazendo com que cada um tenha o seu direito. Um vizir deve (viver) com o rosto destapado...Para o vizir a segurança é agir segundo a regra, dando resposta ao queixoso. Aquele que é julgado não deve dizer: Não me foi dado o meu direito. Não afastes nenhum queixoso, sem ter acolhido a sua palavra. Quando um queixoso vem queixar-se a ti, não recuses uma única palavra do que ele diz; mas, se o deves mandar embora,

A forma de unificação do Egito, com a aglutinação dos nomos em dois reinos e destes em um só, e o posterior aproveitamento das circunscrições dos antigos nomos como regiões para a definição da atuação do vizir, parece revelar um poder mais centralizado que o da Mesopotâmia. Por óbvio, a geografia egípcia facilitou essa unificação, uma vez que as áreas habitadas se encontravam nas margens do Nilo, o que facilitava o acesso e a comunicação entre as diversas regiões. Por outro lado, o isolamento egípcio parece ter favorecido um olhar para dentro de si, com poucas influências externas e menos sujeito a invasões, buscando uma saída própria para as encruzilhadas históricas, sem maiores diversidades, como na Mesopotâmia. A falta de registros arqueológicos não permite esmiuçar a passagem da formação da autoridade da família para a aldeia, dessa para o nomos e do nomos para os reinos e desse para o reino unificado. Todavia, sabe-se que os nomarcas eram juízes e líderes militares. Estes nomarcas chegaram a dirigir pequenas monarquias, já possuindo, quiçá, um caráter divinal. As estruturas apenas se transplantaram para níveis maiores sobre faixas maiores de territórios. O aproveitamento das circunscrições conduziu a uma capilarização que observou veios históricos, percorridos pela tradição no julgar, dirimir conflitos e obter a legitimidade para definir a distribuição do alimento coletivamente produzido, uma vez que os nomarcas já trabalhavam com sistemas de irrigação para a produção coletiva dos cereais.

Essa capilarização, em razão da vinculação dos vizires a Faraó, que também era o supremo juiz, parece ter permitido a existência de uma corte que representava o segundo grau de jurisdição[124], em um sistema dúplice, que permite o local/regional, em harmonia com o poder central.

O sistema de organização dirigida era comum, com uma estratificação hierárquica e burocrática. A tradição era o pilar da sociedade, em que os ofícios eram passados, obrigatoriamente, de pai para filho. A ordem que surge, em face da legitimação tradicional, revela-se como a única possível, o que reduz os custos de aplicação das regras pelo poder central, pois se trata da única ordem possível e somente ela pode trazer a harmonia.[125] A crença, em face das intempéries, conduz a um respeito irrestrito ao sistema, em que Faraó incorporou o maior e mais importante personagem, face a crença em sua divindade. O desrespeito a ele e ao seu sistema, acreditava-se, poderia produzir escassez.

Diante do vácuo documental para demonstrar cabalmente essa evolução, parece que no item seguinte se poderá ter mais algum esclarecimento acerca do Direito da sociedade egípcia. É que os hebreus, que nasceram no Egito e nele viveram por cerca de 400 anos regidos pelo Direito egípcio, dele saíram e continuariam, de algum modo, por ele influenciados. Segundo o relato bíblico, a lei dos israelitas foi editada por Deus, que revelou a Moisés um sistema futuro em que haveria um rei[126] e regiões (tribos) no território de Israel. Não obstante, esse sistema (reino)

---

deves fazê-lo de modo que ele entenda por que o mandas embora. Atenta no que se diz: o queixoso gosta ainda mais que se preste atenção ao que ele diz do que ver a sua queixa atendida. Atenta em que se espera o exercício da Justiça na maneira de ser de um vizir. Atenta em o que é a lei justa, segundo o deus (Râ). Atenta no que se diz do escriba do vizir: Escriba de Maât (a Justiça) é (o seu nome). A sala onde dás audiência, é a sala das Duas Justiças, que se julga e quem distribui a Justiça perante os homens é o vizir. Atenta, um homem mantém-se na sua função, quando ele julga as causas conforme as instruções que lhe são dadas, e é feliz o homem que age conforme ao que lhe é prescrito. Mas não faças aquilo que desejas nas causas em que as leis a aplicar são conhecidas, pois acontece ao presunçoso que o Mestre a ele prefere o temente. Que tu possas agir conforme estas instruções que te são dadas". In: GILISSEN, John, p. 56-7.

(124) TEIXEIRA FILHO, Manoel Antônio. *Sistema dos recursos trabalhistas*. 8. ed. São Paulo: LTr, 1995. p. 37. TEIXEIRA FILHO assegura que "posteriormente à vigésima primeira dinastia, as cidades egípcias de Heliópolis, Mênfis e Tebas passaram a contar com tribunais compostos de sacerdotes, a quem se cometia o ofício de julgar (secretamente, aliás); acima deles havia, em Tebas, uma Corte Suprema, constituída de trinta membros, cuja competência era para conhecer, em grau de recurso, as causas cíveis decididas pelos órgãos inferiores. Em que pese à existência dessa organização judiciária, o rei podia, a seu livre-arbítrio, avocar qualquer feito para reexaminá-lo, modificando, se fosse o caso, o julgamento anterior". In: Ob. cit., p. 37-8.

(125) BRASSEUL, Jacques. Ob. cit., p. 48-9.

(126) In: Dt 17. 14-20. Diz o versículo 14: "Quando entrares na terra que te dá o Senhor, teu Deus, e a possuíres, e nela habitares, e disseres: Estabelecerei sobre mim um rei, como todas as nações que se acham em redor de mim".

somente se efetivaria mais de quatrocentos anos depois da saída do Egito. Todavia, Israel surge, originariamente, ao conquistar a terra de Canaã, com suas doze regiões, em que os juízes exerciam suas atividades de julgar o povo, resolvendo os seus conflitos e organizando-o para as guerras com os inimigos externos. Há, ao que parece, uma semelhança da organização de cada tribo de Israel com a organização dos nomos no Egito. Os juízes têm poder judicial e militar, o que também os assemelha com os nomarcas. Ademais, a autoridade dos juízes é dada por Deus. Os nomarcas egípcios deveriam ser considerados divindades ou representá-las, para a legitimação do poder e maior respeito às decisões.

1.4. Os hebreus — a unidade nacional pela jurisdição

Os documentos escritos históricos mais antigos à disposição da humanidade indicam, como se disse, a criação das primeiras cidades na Mesopotâmia, embora não se negue a existência concomitante da civilização egípcia, um pouco mais rurícula. É nessa região (Mesopotâmia), com base na Bíblia, que Abraão nasceu, em Ur.(127)

No registro bíblico, faz-se referência a um conflito entre os trabalhadores de Abraão e os de Ló, já que a terra em que estavam não era suficiente para todos. A solução do litígio se deu por autocomposição, decidindo-se que um ficaria com as terras da esquerda e o outro com as da direita.(128) Também no Livro do Gênesis há relato de um episódio em que Abraão reclama que os servos de Abimeleque lhe tomaram à força um poço. Ao resolverem eles mesmos o litígio, Abraão recebeu de volta o poço de Berseba e efetuou o seu pagamento com um certo número de animais.(129) Mais à frente, vê-se, em Harã, território mesopotâmico, Jacó, neto de Abraão, a solucionar diretamente com Labão, seu sogro, conflito de interesses com dois matizes: familiar e trabalhista. Jacó decidira ir embora, não trabalhar mais em Harã e levar junto suas esposas (filhas de Labão) e filhos e tudo o que tinha amealhado naquele período em que morou com Labão. Ao final, concordou-se (Labão e Jacó) na saída de Jacó, que rumou para a terra de Canaã — Israel, com família e bens.(130)

Dentro da família, a figura do patriarca desempenhava a função de juiz na solução dos litígios. Como exemplo, a resolução do conflito entre Sara e Hagar. Abraão decidiu expulsar Ismael, seu filho, e Hagar, sua concubina e mãe de Ismael, de seu lar, acolhendo o pedido de Sara, sua mulher, salvaguardando os direitos de Isaque como seu legítimo herdeiro. Este modo de solução de conflitos na família, por meio da figura do patriarca ou *paterfamilias*, foi muito comum em toda a antiguidade, inclusive na antiguidade clássica, como se verá à frente.

Em verdade, no ambiente externo à família, predominava a autotutela e, como forma secundária, a autocomposição, enquanto no seio familiar o *paterfamilias* julgava as mais variadas questões que surgissem. Em Roma, como se verá abaixo, eram assim solucionados os conflitos no período arcaico: no seio da família, pelo *paterfamilias*; na sociedade, pela autotutela ou pela autocomposição.

Depois que Israel saiu do Egito e passou a ser um povo nômade no deserto, a contar, quiçá, com cerca de dois milhões de pessoas, as referências a julgamentos e forma de julgar estão mencionadas nos seguintes textos bíblicos, nas palavras de Moisés: "quando tem alguma questão, vem a mim, para que eu a julgue entre um e outro e lhes declare os estatutos de Deus e suas leis". Mais adiante, o relato bíblico mostra que Moisés, fadigado pelo exercício cumulativo de funções, em especial a de julgar as lides do povo, como, até então, o único juiz, descentralizou o julgamento

(127) In: Gn 11. 31.
(128) In: Gn 13. 9.
(129) In: Gn 21. 30.
(130) In: Gn 31. 43-55.

das questões existentes naquela sociedade, seguindo o conselho de seu sogro, Jetro, para homens que não fossem avarentos, ou seja, que não se vendessem ao decidir, tendo sido colocados "chefes de mil, chefes de cem, chefes de cinquenta e chefes de dez; para que julguem este povo em todo tempo. Toda causa grave trarão a ti, mas toda causa pequena eles mesmos julgarão".(131)

O povo hebreu desenvolveu a tradição, desde cedo, de recorrer a juízes, para a solução dos conflitos, proibindo-se, em geral, a autotutela. Ao que parece, esses julgadores continuavam sendo pessoas do povo, embora fossem figuras respeitadas de sua sociedade, a maioria anciãos. Legitimados carismaticamente por Moisés, no início, esse modo de solução de conflitos se tornou senso comum nos séculos seguintes em Israel.

Depois que o povo hebreu conquistou um território onde se assentou, as chamadas doze tribos se distribuíram sem ter um poder Executivo e um Legislativo bem delineados. Por séculos, depois que o legislador e líder de libertação do cativeiro egípcio, Moisés, falecera, a organização política de Israel foi baseada unicamente na liderança dos juízes, que julgavam as questões que lhes eram postas, algumas delas de relevância para toda a nação israelense. E assim eram chamados: juízes. Os julgamentos tinham grande eficácia, uma vez que Moisés deixou a regra de que aquele que não respeitasse a decisão do juiz deveria ser morto.(132)

Havia uma definição, até certo ponto clara, do processo, para a obtenção da decisão, sendo certo que a prova testemunhal somente era válida quando duas testemunhas demonstrassem os fatos alegados, havendo especial pena para a testemunha falsa, que assumia o lugar do condenado injustamente: "vida por vida, olho por olho, dente por dente, mão por mão, pé por pé".(133)

O livro dos Juízes, o sexto livro do Velho Testamento, traz em seu bojo a história dos juízes, que retrata um percurso histórico de vários séculos. Na sequência bíblica, tem-se o livro de Rute, que menciona que a história nele narrada se deu no tempo em que os juízes julgavam em Israel. No capítulo 4 do livro de Rute, à porta da cidade, há um julgamento sobre uma causa de família, para decidir se Boaz tinha direito de se casar com Rute, o que foi confirmado por dez anciãos.(134) O livro bíblico seguinte, o de Samuel, fala, talvez, do maior dos juízes de Israel — na fase dos juízes. O relato bíblico diz que Samuel julgou Israel e que, todos os anos, ele fazia uma volta, passando por Betel, Gilgal e Mispa, "e julgava Israel em todos esses lugares", o que demonstra que as principais questões da nação israelense, nesse período, eram julgadas nesses centros, onde funcionavam, ao que parece, tribunais.(135)

Essa história, a dos juízes, só termina quando o povo reivindica um rei e é atendido por Samuel(136), com a escolha de Saul, o primeiro rei de Israel. Para os israelitas, passaram-se cerca de 350 anos entre a morte de Moisés e o início do reinado, com Saul — a fase dos reis.

---

(131) In: Ex 18, 16. Os deveres dos juízes eram: não perverter o julgamento do pobre; não aceitar a falsa acusação; não matar o inocente e justo; não justificar o ímpio; não aceitar suborno; não oprimir o forasteiro. In: Ex 20. 6-9. Os deveres são reiterados no livro de Deuteronômio, também atribuído a Moisés, que deixou o mandamento de que fossem constituídos juízes em todas as cidades, com os seguintes deveres: "...que julguem as causas do povo com reto juízo. Não torcerás a justiça, não farás acepção de pessoas, nem tomarás suborno; porque o suborno cega os olhos dos sábios e subverte a causa dos justos. A justiça seguirás, somente a justiça, para que vivas e possuas em herança a terra que te dá o Senhor, teu Deus". In: Dt 16. 18-20.

(132) In: Dt 17.12. Em verdade, a justiça pelas próprias mãos era vedada. Quando as pessoas não se entendiam, deveriam levar o caso a Juízo. A regra está em Ex 22.9, a saber: "Em todo caso de transgressão, seja a respeito de boi, ou de jumento, ou de ovelhas, ou de vestidos, ou de qualquer coisa perdida em que alguém disser que é sua, a causa de ambas as partes será levada perante os juízes; aquele a quem os juízes condenarem pagará o dobro ao seu próximo".

(133) In: Dt 19. 14-21. Com destaque no texto: parte do versículo 21.

(134) Segundo LOPES, a Bíblia conserva algo que, provavelmente, existiu em todo o Oriente: a justiça das aldeias de cunho familiar patriarcal. In: LOPES, José Reinaldo de Lima. Ob. cit., p. 30.

(135) In: 1 Sm 7. 15-16.

(136) In: 1 Sm 8. 4-7. Eis o texto: "Então todos os anciãos de Israel se congregaram e vieram a Samuel em Ramá, e disseram-lhe: ...Constitui-nos, pois, agora, um rei sobre nós, para que ele nos julgue, como o têm todas as nações.

Não obstante os juízes de Israel terem personalidades carismáticas, os mais importantes também sacerdotes, como Eli e Samuel, os quais detinham poderes de liderança sobre exércitos, a sua função de julgador era permanente. As outras atribuições seculares eram exercidas de tempos a tempos, de acordo com a necessidade da nação e a reivindicação das tribos. Com Saul, tem início a fase dos reis, consolidada com Davi, com a proclamação de Jerusalém como a capital do Reino de Israel.

Os juízes continuavam atuando. O que mudou no reinado, quanto à função de julgar, foi que o juiz principal deixou de ser um mero juiz, para ser o rei, que era o sumo julgador das causas mais difíceis, sem ser um sacerdote. Registre-se que, no tempo dos juízes, existiam os juízes nas tribos e, ao mesmo tempo, havia um juiz nacional, que decidia as principais questões. Todavia, com o rei, este não se confundia mais com a pessoa do sacerdote e era responsável pela liderança na guerra, de modo mais claro. Contudo, acumulava, como já se disse, a função de sumo julgador. Emblemático, no tempo dos reis de Israel, o julgamento formulado pelo rei Salomão, quanto ao caso que lhe foi posto envolvendo duas mulheres que almejavam do rei a declaração de quem era a mãe de uma criança.(137) No entanto, a função de julgar, sobremaneira, permanecia com os juízes nas aldeias e cidades de Israel e, eventualmente, o rei exercia este poder, em determinadas causas, as chamadas mais difíceis. Os juízes continuavam a ser pessoas do povo, não remuneradas, recebendo presentes, esporadicamente, pelo seu trabalho.(138)

A atividade jurisdicional somente foi organizada, estatalmente, no reinado de Josafá, o sétimo rei. Há o seguinte registro bíblico a respeito(139):

> Estabeleceu juízes no país, em todas as cidades fortificadas, de cidade em cidade. Disse aos juízes: Vede que não julgais da parte do homem, e sim da parte do Senhor, e no julgardes, ele está convosco. Agora, pois, seja o temor do Senhor convosco; tomai cuidado e fazei-o, porque não há no Senhor, nosso Deus, injustiça, nem imparcialidade, nem aceita suborno. Também, depois de terem voltado para Jerusalém, estabeleceu aí Josafá alguns dos levitas, e dos sacerdotes, e dos cabeças das famílias de Israel para julgarem da parte do Senhor e decidirem as sentenças contestadas. Assim, andai no temor do Senhor, com fidelidade e inteireza de coração.

Esta organização, ao que parece, serviu mais para afirmar a imparcialidade dos juízes e sua independência, bem como para definir uma organização com dois graus de jurisdição e diminuir, mais ainda, a função jurisdicional do rei.

Porém esta palavra pareceu mal aos olhos de Samuel, quando disseram: Dá-nos um rei, para que nos julgue. E Samuel orou ao Senhor. E disse o Senhor a Samuel: Ouve a voz do povo em tudo quanto te dizem, pois não têm rejeitado a ti, antes a mim me têm rejeitado, para eu não reinar sobre eles. Conforme a todas as obras que fizeram desde o dia em que os tirei do Egito até ao dia de hoje, a mim me deixaram e a outros deuses serviram, assim também fazem a ti. Agora, pois, ouve à sua voz, porém protesta-lhes solenemente e declara-lhes qual será o costume do rei que houver de reinar sobre eles. E falou Samuel todas as palavras do Senhor ao povo, que lhe pedia um rei. E disse: Este será o costume do rei que houver de reinar sobre vós: ele tomará os vossos filhos e os empregará nos seus carros e como seus cavaleiros, para que corram aditante dos seus carros. E os porá por príncipes de mil e de cinquenta; para que lavrem a sua lavoura, façam a sua colheita, fabriquem as suas armas de guerra e os petrechos de seus carros. Ele tomará as vossas filhas para perfumistas, cozinheiras e padeiras. E tomará o melhor das vossas terras, das vossas vinhas, dos vossos olivais e os dará aos seus servos. As vossas sementes e as vossas vinhas, ele dizimará, para dar aos seus eunucos e aos seus servos. Também os vossos servos, as vossas servas, os vossos melhores moços e os vossos jumentos, ele tomará, e os empregará no seu trabalho. Dizimará o vosso rebanho e vós lhe servireis de servos. Então naquele dia clamareis por causa do vosso rei, que vós houverdes escolhido; mas o Senhor não ouvirá naquele dia. Porém o povo não quis ouvir a voz de Samuel e disse: Não, mas haverá sobre nós um rei. E nós também seremos como todas as outras nações; o nosso rei nos julgará, sairá adiante de nós e fará as nossas guerras. Ouvindo, pois, Samuel todas as palavras do povo, as repetiu ao Senhor. Então o Senhor disse a Samuel: Dá ouvidos à sua voz e constitui-lhes rei".

(137) In: 1 Re 3. 16-28.

(138) In: 1 Sm 9. 7.

(139) In: 2 Cr 19. 5-9.

Ao que se vê, pelo exemplo de Israel, proibiu-se a autotutela, em regra, definindo-se o exercício da função jurisdicional, que se dava, em geral, no seio da sociedade, por juízes não profissionais. Depois de muito tempo, quase seiscentos anos, a função jurisdicional foi melhor definida pelo rei, com o aprimoramento de sua independência e fixação de um segundo grau de jurisdição.

Ao lado da exigência da imparcialidade do julgador, o Direito hebreu parece ter trazido importante contributo à construção monumental do Direito, quando consagrou o duplo grau de jurisdição de forma clara, muito embora tenha sido influenciado, ao que parece, pelo Direito egípcio.

O desenho feito por Moisés parece demonstrar a formação da justiça a partir das famílias, clãs, tribos e por todo Israel, o que configura um padrão que lança luzes, em razão de sua definição em documento escrito, sobre os tempos remotos e sobre as construções que se seguirão, mesmo que não tenha havido um contato maior entre os hebreus e os gregos ou romanos.

Em verdade, o povo hebreu, como se disse, iniciou com Abraão, que veio da Mesopotâmia, e se aperfeiçoou com Moisés, formado nas ciências do Egito. Ao que se nota, o povo hebreu condensa a prática judicial dos pais de família, dos oficiais, dos conselhos, dos tribunais e do supremo julgador, revelando traços dos sistemas mesopotâmico e egípcio e apontando elementos que parecem ter-se universalizado, espontaneamente, entre as civilizações antigas. A seguir, ver-se-á como se deu o desenrolar da função jurisdicional na Europa, a começar dos gregos.

1.5. Os gregos — a jurisdição laica

Não obstante os textos existentes demonstrarem que tanto Esparta como Atenas tenham deixado duas fundamentais contribuições comuns ao Direito Ocidental, a saber: a laicização[(140)] do Direito e a ideia de que os mesmos homens que fizeram as leis podem revogá-las[(141)], os documentos históricos trazem um manancial maior de informações da estruturação jurídico-política mais propriamente de Atenas, em que se formou um importante sistema jurídico, a partir do século VIII a.C., com os seus desdobramentos nos séculos seguintes.

Coulanges assegura que os dados históricos de Atenas chegaram até nós de tal maneira que permitem com nitidez afirmar como se formou a cidade. Em sua origem, a Ática estava dividida em famílias. Não havia a cidade, mas cada família, rodeada de seus ramos mais jovens e de seus clientes, que ocupavam um cantão e vivia, em relação às demais, numa independência absoluta, cada uma tendo o seu próprio deus, o seu altar, e possuindo aquele que liderava o culto, uma espécie de rei. Essas famílias patriarcais (clãs) tinham, assim, uma liderança hereditária que exercia o sacerdócio e era o juiz. As necessidades, provavelmente, aproximaram esses "grupinhos" (palavra de *Coulanges*), que foram, aos poucos, unindo-se em grupos de quatro, cinco ou seis pequenos grupos. Em geral, essa união também levava a um culto comum, com a escolha de uma divindade (ancestral comum). Essas associações resultaram em quatro burgos. Esse processo continuou de modo que houve uma união de todos os burgos da planície de Maratona, do Pirei, de Falera. Havia uma centena de pequenos centros de poder, que foi reduzida a doze confederações, momento em que a população da Ática passou do estágio da família patriarcal para uma sociedade um pouco mais extensa, em que o líder mais proeminente era Cécropo, o chefe de uma das doze unidades. Todavia, as outras 11 unidades tinham o seu próprio chefe (rei).[(142)]

---

(140) Não obstante COULANGES fale, em sua obra, sobre a importância do culto, tanto no ambiente doméstico, como nos outros círculos sociais mais amplos, como na *gens*, na fratria e na tribo, em que a religião funcionava como uma instância legitimadora e de unidade. O processo que se seguiu com os gregos era baseado mais na racionalidade e não numa suposta ação de forças mágicas em um homem. Nesse sentido, o Direito era laico, em especial depois do surgimento das cidades.

(141) LOPES, José Reinaldo de Lima. Ob. cit., p. 33.

(142) COULANGES, Fustel de. *A cidade antiga*. São Paulo: Martin Claret, 2009. p. 145-7.

Muitas gerações se passaram, contudo, o grupo de Cécropo (o ancestral deles mais influente, que passou a denominá-los) foi aumentando sua proeminência. Há registro histórico de que houve luta sangrenta contra os Eumólpidas de Elêuses, com a submissão desses. O penedo dos cecrópidas, no qual se desenvolveu o culto de Atena, terminou por ter supremacia sobre os outros 11 grupos, e, sob a liderança de Teseu, o culto a Atena foi adotado por todos, embora cada cantão conservasse um culto local. O modelo confederativo adotado na cidade já estava presente na formação das unidades menores. Com a unificação, cada um dos cantões conservou os seus juízes (reis de tribos) e o direito de reunirem-se, conquanto acima desses centros de poder locais houvesse também um da cidade.(143)

A formação da cidade deu-se com base em um pacto de religião comum. Este pacto, ou este compromisso, selou a paz e fez os homens livres e os grupos menores por ele integrados aceitarem a unidade. Segundo *Coulanges*, uma crença é obra do espírito humano, mas o homem não é livre para modificá-la à vontade. O culto a um antepassado reuniu a família, que reuniu grupos de famílias, que reuniu cantões, que se uniram em cidade, também para cultuar algo comum, agora, um deus que transcendeu o limite dos ancestrais. Essa crença, a partir do culto ao ancestral comum, com as primeiras preces, a primeira ideia de dever e de moral, repercutiu no Direito grego, com a propriedade estabelecida, a ordem de sucessão definida, o direito privado e as regras de organização doméstica. Com o desenvolvimento e expansão da paz, com a correspondente associação, as mesmas regras descobertas em família foram sendo aplicadas, sucessivamente, à fratria, à tribo e à cidade, cada uma com o seu respectivo deus. A hierarquia de crença trouxe consigo a hierarquia de associação.(144)

As primeiras cidades gregas foram, assim, formadas por confederação de pequenas sociedades. Ora, uma vez encontrada a organização municipal nos moldes finais, esse processo não foi mais necessário para as novas cidades, que não surgiram, a maior parte, a partir de então, com base nesse árduo e demorado caminho. Por certo, este ocorreu, muitas vezes, de forma inversa, quando um chefe, saindo de uma cidade já constituída, fundou outra, constituindo-a com base na imagem da cidade que deixara, dividindo, na nova cidade, o povo em tribos e fratrias, com altares e rituais definidos.(145)

No que se refere a Atenas, as famílias foram se unindo em fratrias(146), as fratrias em tribos e estas se uniram formando a cidade. Não se pode olvidar nesse processo a figura da *gens*, uma instituição antiga, presente tanto na Grécia como em Roma e encontrada entre os índios norte-americanos. *Engels* diz que as famílias se uniam em *gens*, estas em fratrias: "...cada *gens* tornava a se cindir em duas ou mais, que, desde então, apareciam, cada uma delas, como uma *gens* particular, ao passo que a *gens* primitiva, que abrange todas as *gens*-filhas, continua existindo como fratria". O processo formativo foi, então, segundo ele, o seguinte: várias *gens* formam uma fratria, e várias fratrias uma tribo. Este evolver termina por resultar nas primeiras cidades.

Coulanges diz que foi na *gens* que o culto ao antepassado começou. Cada *gens* tinha um culto especial, realizando sacrifícios comuns. O culto era perpetuado de geração em geração, sendo dever deixar um filho para dar continuidade a ele. O lugar do culto era sobre o túmulo do ancestral comum. A *gens* também tinha suas festas e o túmulo comum para enterro de seus mortos. Nenhum estranho poderia ser sepultado nesse túmulo.

Não havia nenhuma ligação mais estreita que a dos membros de uma *gens*, sendo que a *gens* inteira responderia pela dívida de um de seus membros. Era a *gens* que resgatava o prisioneiro,

(143) COULANGES, Fustel de. Ob. cit., p. 147.
(144) Ob. cit., p. 147-8.
(145) Ob. cit., p. 149.
(146) ENGELS, Friederich. Ob. cit., p. 90-1.

que pagava multa pelo condenado e sustentava o seu membro, caso ele se tornasse magistrado, até mesmo em um nível social de organização mais elevado. Um membro da *gens* não tinha o direito de acusar outro perante a justiça da cidade, porque havia justiça dentro da própria *gens*. Cada *gens* tinha o seu próprio juiz, que, ao mesmo tempo, era sacerdote e comandante militar. Na Grécia, o chefe de cada *gens* ganhou o nome de arconte.

É fundamental registrar que a definição de família para os gregos correspondia à definição de *gens*. Assim, a *gens*, para eles, não era uma associação de famílias, mas a própria família. *Coulanges* assegura que, quando comparadas as instituições políticas dos árias do Oriente com as do Ocidente, não há quase nenhuma analogia. Todavia, quando as instituições domésticas são comparadas, nota-se que as famílias eram constituídas com base nos mesmos princípios na Grécia e na Índia. Assim, independentemente das línguas faladas desde o Ganges até o Tibre, os princípios de formação da família foram os mesmos. *Coulanges* conclui que o berço dessa formação cultural deve ter sido a Ásia Central. Assim, essa família tem "a sua justiça interna, acima da qual não há nenhuma a que se possa apelar".(147)

Como se disse acima, com as associações — unidades familiares em *gens*, *gens* em fratrias, fratrias em tribos e destas entre si, houve a necessidade de fundar a urbe — o local dessa reunião. A primeira preocupação do fundador era escolher o lugar. Os gregos consultavam o oráculo de Delfos. Com a definição, faziam o sacrifício de um animal e acendiam um fogo, utilizado para a purificação.

Os gregos acreditavam que, com isso, saía toda mancha moral, o que preparava o povo para a fundação. Esta forma comum fez com que os autores antigos narrassem, quanto a todas as urbes, sempre o nome do fundador e a data da fundação, porque a urbe não podia perder a lembrança da cerimônia sagrada que assinalara o seu nascimento, com a celebração, ano a ano, de seu aniversário, com um sacrifício. Assim, para eles, havia uma forma de contrato entre os deuses e os habitantes da urbe.

A formação da cidade tinha, pois, um personagem essencial, o fundador, o homem que, em sua origem, executou o ato religioso fundamental, com preces, ritos e invocação dos deuses, para que a cidade passasse a existir, colocando na lareira o fogo sagrado que deveria arder para sempre na nova cidade.

A partir de então, o respeito a esse homem era algo sagrado, pois, enquanto vivo, era o pai da cidade e o autor do culto comum, e, depois de morto, era o antepassado comum para todas as gerações que se sucediam. A cidade, com essa tradição, torna-se um lar familiar. A lembrança desse primeiro pai perpetuava-se com o fogo da lareira que ele acendera e deveria ser mantido de geração em geração.(148)

Formada a partir das famílias, lideradas patriarcalmente, a existência da cidade deslocou, paulatinamente, o centro da vida da família para a *polis*. Inicialmente, a solução de conflitos era realizada inteiramente dentro de casa pelo *paterfamilias*. A palavra *pater* é a mesma em grego, latim e sânscrito. Na origem, o título de *pater* poderia ser dado a um homem que não tivesse filhos, que não fosse casado ou que não tivesse a idade de sê-lo, não estando ligado, o verbete, à paternidade. Na linguagem religiosa, era aplicado aos deuses; na linguagem jurídica, era atribuído a todo aquele que tivesse um culto em terras. Ademais, os poetas o empregam para honrar alguém e os escravos, ao seu senhor. Subjaz do termo o sentido de autoridade, potência e dignidade majestosa. A palavra *rex* era sinônima de *pater*. Esta palavra passou a ser aplicada na família por

---

(147) COULANGES, Fustel de. Ob. cit., p. 114-126.

(148) KARAVITES fala que esses homens, em determinados lugares, passavam a ser heróis e, com o tempo, eram considerados deuses, protetores das cidades. In: KARAVITES, Peter. *Diplomatic envoys in the homeric world*. Bruxelles. Revue Internationale des droits de l´antiquité. 3ª série, tome XXXIV, 1987. p. 46.

um fato marcante: o líder familiar (pai biológico) passou a ser venerado e todos estavam ligados a ele como um pontífice. Ele era, ao mesmo tempo, chefe religioso, senhor da propriedade e juiz. A justiça aplicada em casa não poderia ser alterada nem mesmo na cidade. As mulheres e os filhos estavam sujeitos à autoridade judicial do pai, com todas as sanções aplicáveis nas mãos dele, sendo suas decisões inapeláveis. A sua autoridade, todavia, não era uma potência arbitrária, pois era baseada nas crenças, das quais vinham as regras que se impunham a ele mesmo. Proceder, segundo elas, era praticar a justiça e trazer a paz à família.[(149)]

Sob o ponto de vista do indivíduo, cada homem fazia parte ao mesmo tempo de quatro sociedades distintas, três das quais, historicamente, surgiram antes da cidade. Cada um é membro de uma *gens*, de uma fratria, de uma tribo e da cidade. O ingresso em cada uma não se faz ao mesmo tempo, mas em tempos diversos, em uma escalada. Quando criança, é admitido na família, por uma cerimônia religiosa que se dá dez dias após o nascimento. Alguns anos depois, também com uma cerimônia religiosa, passa a integrar a fratria. Com 16 ou 18 anos de idade, é admitido na cidade, em que há uma nova cerimônia, em que o admitido pronuncia um juramento pelo qual se compromete em respeitar a religião da cidade, sendo que, no dia seguinte, participa de um culto público, tornando-se cidadão.[(150)]

A *gens*, como uma unidade familiar formada em torno do patriarca, tinha a justiça, em cada aldeia, realizada por ele, como descrito acima. O conjunto delas, como já se disse, levava ao conselho das aldeias, de fratrias. A reunião dessas levava ao conselho da tribo. O conjunto de tribos se unia em cidade, também em uma fórmula confederativa. Essa confederação, em cada centro de poder, tinha como propósito principal, sob o ponto de vista jurídico, os julgamentos que tinham repercussão em mais de uma coletividade. Esse conselho "confederativo" era formado pelos juízes das aldeias respectivas — os pais de família.

Em verdade, os conselhos das cidades, que surgiram para trazer a paz, sob uma forma de confederação, em geral resolviam o conflito por um entendimento, pela composição dos litígios, em que o acordo era a regra. Não havendo um consenso, admitia-se, em geral, a vingança por parte da unidade prejudicada.

Inexistindo a confederação, o conflito que transcendia o espaço de um centro de poder — *gens*, fratria ou tribo, era resolvido pela guerra ou conflito entre famílias, *gens*, fratrias ou tribos. A solução desses conflitos, inclusive quando não se chegava a um consenso sobre a solução, era realizada pela vingança privada, o que se consubstanciava em uma fonte de sangrentos conflitos entre *gens*, fratrias ou tribos. A cidade, aos poucos, exigiu que a visão da solidariedade de sangue ou tradicional fosse superada. O espaço público suscitava essa mudança. Assim é que as Leis de Drácon (621 a.C.) põem fim a essa solidariedade familiar e impõem o necessário recurso aos tribunais nas disputas entre *gens*, fratrias ou tribos. Passa a ser da cidade a competência para manter a paz e decidir esses conflitos.[(151)]

O direito e o dever de perseguir o assassino nos tribunais cabiam, no início dessas instituições, primeiro, aos parentes mais próximos; depois, aos membros da *gens* e, por último, aos membros da fratria da vítima.[(152)]

Primitivamente, como assinala *Engels*, a autoridade permanente era o Conselho (Boulê), formado pelos chefes da *gens*. Com o aumento do número delas, o Conselho passou a ser formado por indivíduos eleitos (mais à frente, na história grega, este Conselho vai se transformar no Senado)[(153)],

---

(149) COULANGES, Fustel de. Ob. cit., p. 98-106.
(150) Ob. cit., p. 144-5.
(151) LOPES, José Reinaldo de Lima. Ob. cit., p. 36-41.
(152) ENGELS, Friederich. Ob. cit., p. 103.
(153) Ob. cit., p. 106.

representando as tribos. Ao redor do Conselho, vai se formar a Assembleia. Provavelmente, em razão do modelo adotado, com o tempo, muitos pais de família deixaram de integrar o Conselho, formando-se a Assembleia, composta de todos os cidadãos — os pais de família. É que, de início, o Conselho era de todos os pais de família, depois, dos representantes por eles eleitos. Com o aumento da população, a diferença numérica entre representantes e representados foi aumentando.

A Assembleia, portanto, passou a ser a instância em que todos os cidadãos participavam, para as deliberações mais importantes, inclusive judiciais. Os cidadãos eram os livres, ou seja, os pais de família. Para o grego, ser livre era ser liberto das necessidades vitais, praticadas no seio da família — *gens*, em que mulheres, crianças e escravos ficavam, dentro da propriedade familiar gentílica, cuidando da produção, trabalhando para a sobrevivência dos habitantes da casa (*oikia*). O pai de família, em casa, comandava as atividades de todos, sozinho. Livre das necessidades da vida desenvolvidas no lar, ele poderia fazer política e ser um *zoon politikon*. Na Assembleia, ele, portanto, poderia praticar a ação política, havendo igualdade, pois estava entre seus iguais, que também tinham as suas necessidades vitais supridas e, por isso, possuíam as condições de participar da *vita activa*.[(154)] O cidadão grego (pai de família, em princípio) não aceitava, ele mesmo, realizar o trabalho braçal[(155)] — *animal laborans*, que era reservado ao seio da família. Com o decorrer do tempo, estas atividades também passaram a ser realizadas na *polis*, o que era uma afronta ao cidadão grego, que não admitia exercer nem mesmo a atividade militar profissional ou outras atividades físicas, preferindo a mendicância.[(156)]

Cidadão, em Atenas, era o pai de família, o que significa dizer que, enquanto vivo ele, os filhos e descendentes não eram cidadãos. Morto o pai, o filho mais velho exercia a função de *paterfamilias* e liderava a *gens*. Ao mesmo tempo, ele participava da *polis*, na Assembleia.

O líder máximo da *polis*, uma espécie de coordenador, até então, era o *basileu*, que tinha atribuições militares, religiosas e judiciais. O *basileu* integrava o conselho. Suas funções eram fixas e limitadas e ele, provavelmente, era eleito por seus pares do Conselho, e não tinha poder governamental no sentido atual da palavra.[(157)] Trata-se de modo de organização gentílico, que iria, aos poucos, ser superado na organização política grega.[(158)]

Assim, na época heroica, as instituições eram: assembleia, conselho e basileu. O aprimoramento do comércio, a compra e venda da terra, a crescente divisão do trabalho entre agricultura e os ofícios manuais, comércio e navegação vão trazer uma certa confusão entre os membros das *gens*, fratrias e tribos, haja vista que nelas fixaram residência pessoas estranhas, mesmo sendo gregos. Tal alteração na composição dos habitantes trouxe um certo desequilíbrio na organização gentílica. Este processo terminou por fazer com que Atenas não fosse apenas a sede da confederação de tribos, mas, em alguns aspectos, o centro de poder, a começar pela necessidade de solução de conflitos de um modo mais efetivo, em razão da contextura social diferenciada exigir. Foram, a partir de então, consideradas, em desarmonia com a mera organização social em *gens*-fratrias e tribos, três classes sociais: os eupátridas — nobres; os geômoros — agricultores; e os demiurgos — artesãos.

---

(154) ARENDT, Hannah. *A condição humana*. 11 ed. São Paulo: 2010. p. 15.

(155) PLATÃO defendia a abstenção dessas atividades, para ele primitivas. In: PLATÃO. *A República*. Belém: UFPA, 2000. p. 364.

(156) ENGELS, Friederich. Ob. cit., p. 120-1.

(157) Os gregos não conheceram um poder executivo supremo. In: ENGELS, Friederich. Ob. cit., p. 120.

(158) Ob. cit., p. 108-9. Até chegar nessa figura mencionada por ENGELS, MORGAN assegura que cada *gens* passou a ter a proeminência de um arconte em seu conselho. Com a organização em tribo, a figura proeminente era o *phylo-basileus*, que estava investido de jurisdição criminal em casos de assassinato. MORGAN diz que "as funções sacerdotais e judiciais próprias do cargo de basileus explicam a importância que ele assumiu nos períodos lendário e histórico. Mas nem por isso é menos impróprio o nome de "rei" utilizado tão frequentemente como sinônimo de basileus...". In: MORGAN, Lewis H. *A sociedade primitiva*. Lisboa: Editorial Presença, 1973, v. I, p. 268 e 285.

Em Sólon, o sistema muda de uma forma mais clara. Mesmo a tribo continuando a ser a base do sistema social grego, os cidadãos foram separados em quatro classes, de acordo com a propriedade e a produção de cada um. Para integrar as três primeiras classes, a produção mínima deveria ser, respectivamente, quinhentos, trezentos e cento e cinquenta *medimnos* de grãos (um *medimno* — mais ou menos quarenta e um litros). A quarta classe era formada pelos que possuíam menos terra ou mesmo não a possuíam. A diferença entre as classes, basicamente, conduzia à exclusão dos integrantes da quarta classe do exercício de funções públicas, embora pudessem usar da palavra e votar nas assembleias. Aos poucos, muitos cidadãos atenienses não pertenciam a qualquer *gens*.[(159)]

Com o passar do tempo, os órgãos judiciais vão aumentando em número, sendo que as funções judiciais da Assembleia e do Conselho vão diminuindo, repassadas a outros órgãos representativos. A prática forense, por óbvio, vai se desenvolver em uma sociedade que não estabeleceu, *a priori*, cursos jurídicos. Com efeito, embora os gregos não tenham tido uma classe de juristas, não existindo um treinamento jurídico, escolas de juristas e o ensino do Direito, as escolas de retórica, dialética e filosofia ensinavam a argumentação, que vai ter uso forense ou semiforense.[(160)] O logógrafo, redator de discursos forenses, conhecia a técnica jurídica, mas longe se situava do conhecimento jurídico dos jurisconsultos romanos. A argumentação nos tribunais era realizada por leigos e os juízes também eram leigos, no sentido moderno da expressão.[(161)]

Após o evolver das instituições, no decorrer dos séculos[(162)], no ano 509 a.C, o sistema ignorou as quatro velhas tribos baseadas nas *gens* e nas fratrias, organizando os cidadãos pelo seu local de residência — não se dividia mais o povo, mas o território. Nesse sistema, destacaram-se as seguintes instituições: (1) a Assembleia (*ekklesia*) — composta por cerca de 40 mil cidadãos, que se reuniam em praça pública (ágora), com atribuições legislativas, executivas e judiciais — reunia-se periodicamente, mas não funcionava permanentemente; (2) o Conselho (boulê), composto por 500 cidadãos (50 por tribo), tinha as suas atividades contínuas, com funcionamento o ano inteiro, de auxiliar a Assembleia, preparar textos para sua discussão e votação, assegurar a execução adequada do que fosse aprovado, fiscalizar a administração pública, negociar com outras nações e receber seus representantes, tomar prestação de contas de magistrados, investigar as acusações de alta traição e examinar os futuros conselheiros e magistrados; (3) a pritania, que era exercida pelos prítanes, os quais compunham o comitê diretor do Conselho, era exercida por um grupo de cinquenta que integrava o Conselho a cada mês do ano, sucedendo-se a representação de cada tribo em sua gestão; (4) o epistatês, escolhido diariamente por sorteio, o qual só poderia exercer tal mister uma vez, atuava como presidente do Conselho e da Assembleia e era o guardião das chaves dos templos (tesouros) e dos arquivos; (5) os estrategos, em número de dez, eleitos pela Assembleia, comandavam o exército, distribuíam o imposto da guerra, dirigiam a polícia e a defesa da *polis*, convocavam assembleias extraordinárias, assistiam sessões secretas do Conselho e, no exterior, eram embaixadores e negociavam tratados; (6) os magistrados, eleitos pela Assembleia por um ano, com a reeleição proibida, participavam de sorteios para o exercício de suas funções e integravam vários tipos de magistraturas, em geral agrupadas por colegiados de dez, sendo o grupo mais importante chamado de arcontes, e tinham como atribuições principais as de instruir processos, tutelar viúvas e órfãos, dirigir os cultos e exercer funções municipais, sobretudo de inspeção de mercados, do sistema de águas e de medidas.[(163)]

---

(159) ENGELS, Friederich. Ob. cit., p. 118.

(160) LOPES, José Reinaldo de Lima. Ob. cit., p. 34.

(161) Não obstante, nos tribunais gregos, a produção da prova era importante, em especial a prova testemunhal. In: SOUBIE, André. Bruxelles. Les preuves dans les plaidoyers des orateurs atiques. Revue Internationale des droits de l'antiquité. 3ª série, tome XXXII, 1985. p. 125.

(162) Em especial depois das reformas com as leis de Clístenes. In: ENGELS, Friederich. Ob. cit., p. 119.

(163) SOUZA, Raquel de. O Direito Grego Antigo. In: WOLKMER, Antonio Carlos (Organizador). *Fundamentos de História do Direito*. 2. ed. Belo Horizonte: Del Rey, 2002. p. 85-7.

Dentre os arcontes, eram escolhidos aqueles que iriam dirigir as Grandes Donisíacas, instruir os processos e presidir cerimônias fúnebres de cidadãos mortos em combate. O arconte rei (basileu) tinha funções religiosas e presidia os tribunais do Areópago. Seis arcontes eram presidentes de tribunais e, a partir do século IV a.C., passaram a revisar e coordenar anualmente as leis. Os outros magistrados, considerados secundários, cuidavam da execução das sentenças de morte e das inspeções.[(164)]

Para os gregos de Atenas, cabia ao povo, como detentor da soberania, a administração da justiça e a resolução dos conflitos. As instituições judiciárias eram populares, com ausência de profissionalismo. A justiça grega pode ser classificada em criminal e civil. O Areópago julgava os casos de homicídios premeditados ou voluntários, de incêndios e de envenenamento. O tribunal dos Efetas era composto de quatro tribunais especiais: o Pritaneu, o Paládio, o Delfínio e o Freatis. Cada um deles era integrado por 51 pessoas e tinham como competência principal julgar os casos de homicídios involuntários ou desculpáveis enviados pelo Areópago.[(165)]

Por sua vez, a justiça civil era aplicada pelos juízes dos *demos*, em número de 30 e, mais tarde, 40. Eles resolviam rapidamente os litígios que não ultrapassassem cerca de 20 dias de salário (10 dracmas) e, em casos com valores maiores, passou a ser obrigatória a atuação dos árbitros, a partir de 403 a.C.[(166)] Em verdade, nas questões cíveis em geral, era admitida a solução por árbitros, escolhidos pelos litigantes, fora dos tribunais e do conhecimento público. A solução era alcançada de forma negociada e econômica, sem a possibilidade de recurso. Com o valor do pedido acima de 10 dracmas, a escolha de árbitros públicos era obrigatória, em um processo sentenciado pelo árbitro e recorrível para a Heliaia.[(167)]

Nesse matiz cível, a Heliaia era o tribunal que permitia a solução da maior parte dos processos por júris populares. Seis mil heliastas se reuniam para julgar, partilhados em grupos de cidadãos, que julgavam. O sistema dos sorteios evitava o suborno de jurados, sendo o primeiro sorteio, com um maior número de prováveis jurados, realizado na manhã do dia do julgamento e o segundo, com a definição do júri, no próprio local do julgamento, na Ágora ou no Odeon.[(168)]

Ademais, existiam os juízes dos tribunais marítimos (*nautodikai*), os quais examinavam as causas relacionadas ao comércio e à marinha mercante, bem como os litígios relativos a acusações de estrangeiros que usurpavam o título de cidadão.[(169)]

A resposta nos tribunais era sempre sim e não, culpado ou inocente. Inexistia órgão público de acusação. Não havia execução judicial, sendo certo que o queixoso, ao receber o julgamento favorável, encarregava-se de executá-lo ele mesmo.[(170)] Os órgãos judiciais sempre funcionavam na cidade. A sessão do tribunal ocorria junto a um altar e começava com um sacrifício.[(171)]

Não obstante a organização social grega ter se modificado consideravelmente, com a superação da organização em torno das *gens*, a influência moral, as concepções e as ideias tradicionais da

---

(164) SOUZA, Raquel de. Ob. cit., p. 87-8.
(165) Ob. cit., p. 88-9.
(166) LOPES, José Reinaldo de Lima. Ob. cit., p. 38
(167) SOUZA, Raquel de. Ob. cit, p. 89. Na Grécia, havia regramento, para os juízes quanto ao seu proceder ético, sendo vedado o receber suborno para julgar, embora com pena bem mais branda para o infrator do que no Direito Mesopotâmico acima mencionado. No caso do recebimento de suborno, o juiz infrator estava sujeito à sanção pecuniária, havendo que pagar quantia equivalente a dez vezes o valor da condenação prevista em sua sentença prolatada mediante prebenda. In: MACDOWELL, Douglas. Athenian laws about bribery. Revue Internationale des droits de l´antiquité. 3ª série, tome XXX, 1983. p. 58.
(168) SOUSA, Raquel. Ob. cit., p. 89-90.
(169) Ob. cit., p. 90.
(170) LOPES, José Reinaldo de Lima. Ob. cit., p. 37-8.
(171) COULANGES, Fustel de. Ob. cit., p. 181.

época gentílica ainda repercutiam na vida de Atenas por muito tempo.[172] Em verdade, o ateniense trazia em si uma formação voltada para as realizações, de modo que seus feitos fossem admirados não só pelos contemporâneos, mas também pela posteridade.

A ação de um ancestral comum marcara a vida do homem grego, no culto da casa, da fratria, da tribo e da cidade. As suas ações, como cidadãos (*polis* é o conjunto de cidadãos, não o lugar), eram no sentido de que mesmo os menos tangíveis e mais efêmeros produtos do homem, os feitos e as histórias que deles resultam deveriam ser imperecíveis.[173] Para isso, a ação política é a única atividade que constitui a parte pública do mundo comum a todos, um local para haver essa perpetuação comum, uma memória eterna dos feitos humanos.

Os muros que rodeavam a cidade eram sua organização física. As regras organizavam fisionomicamente a cidade, para que as gerações futuras pudessem vê-la sem uma descaracterização, sendo preservada a sua identidade.[174]

A paz, contudo, precede este modo de vida, que só é alcançado pela existência da estrutura judicial. Deste modo, a confederação surgiu para garantir este mínimo de justiça entre as tribos, dando um tratamento igualitário entre os seus integrantes. Em verdade, os pais de família pactuantes abriram mão de um suposto estado de imunidade, para aceitar a submissão, no espaço da confederação, à deliberação do Conselho. A estrutura judicial surgiu para permitir que a justiça fosse feita na *polis*, independentemente de qual fosse a tribo, a fratria ou a *gens* do infrator. A existência dessa garantia, inicialmente com o pacto confederativo do Conselho, já permitia esse transitar comum, essa segurança para a convivência entre os líderes das *gens* e, depois, entre esses líderes como cidadãos da *polis*, já agora com a existência do tribunal. E, mais à frente, ante o caráter eclético da sociedade, para a aceitação, coexistência e harmonia com os novos cidadãos que não foram admitidos pela sua origem familiar, mas que tinham iguais direitos. Os tribunais e juízos foram ampliados para permitir essa harmonia, de modo que todos os cidadãos tivessem acesso a esses órgãos, tendo resolvidas as suas desavenças cíveis e criminais.

A convivência entre iguais vai exigir uma justiça que atue imparcialmente, objetivamente, haja vista que os atores envolvidos na lide são iguais — pais de família (cidadãos). Não há como existir, nesse sentido, uma justiça semelhante à da *gens*, em que o pai de família atuava monocraticamente, através de um juízo de equidade.

Essa prática forense conduziu a decisões que harmonizavam a vida privada e terminaram por levar à atuação na Assembleia para a feitura de leis, mais próprias para tratar iguais. Em verdade, ao que parece, os costumes não eram mais totalmente aceitáveis, ou pelo menos inaplicáveis na *polis*. Eles regiam uma sociedade de *gens*, não a uma associação de iguais. Para essa, a lei[175], com regras gerais.

Nada obstante, como já se disse, os gregos não conheceram uma estrutura de poder executivo como a estrutura moderna desse poder. O *basileu* era um coordenador. Em tempo de guerra, era o chefe militar, com poderes extremos. Contudo, passada a guerra, ele era um cidadão comum a exercer um cargo importante, mas sem maiores poderes, salvo o de juiz, integrante do Conselho e o de sacerdote, realizando os sacrifícios.

A lei, em Atenas, era, principalmente, o resultado do trabalho do homem livre na Assembleia. Aqui, os gregos, como se disse de início, trouxeram grande contributo à evolução das fórmulas

---

(172) ENGELS, Friederich. Ob. cit., p. 120.

(173) ARENDT, Hannah. Ob. cit., p. 247.

(174) Ob. cit., p. 247.

(175) A lei tinha um papel pedagógico fundamental entre os gregos. No sentido platônico ideal, deveria ser um verdadeiro educador dos cidadãos. In: JAEGUER, Werner. *Paideia* — a formação do homem grego. São Paulo: Martins Fontes, 1995. p. 1300.

jurídico-políticas. Não obstante as autoridades em geral exercerem sacerdócio e realizarem sacrifícios aos deuses em razão de suas funções e como parte de seus ofícios, a lei e o resultado do trabalho das autoridades eram fruto da razão humana e poderiam ser revogados ou mudados. Assim, o sagrado inspirava o trabalho, mas este não era produto da divindade como algo irrefutável, imutável. Ao contrário, a vida coletiva era dinâmica nesse sentido.

Contudo, ao que parece, a religião dos gregos foi por eles levada demasiadamente a sério, a ponto de impedir uma unidade política maior que a da cidade-estado. Como se disse, cada cidade tinha o seu deus. Era comum o deus de uma cidade ser inimigo do deus da outra, o que gerava um fosso intransponível entre elas. Por certo, essa tradição bloqueou que alianças maiores fossem feitas, salvo em caráter excepcional, de modo que o entendimento religioso de cada cidade não possibilitou, em princípio, unidades maiores. A divisão entre as cidades estava firmada pelo hábito, pelo interesse, pelo ódio geracional, o que impedia que se voltasse atrás. A possibilidade de associação era mínima. Ou uma cidade cessava de existir, com a morte de seus habitantes pela vencedora da guerra, ou se assinava um tratado de paz e a cidade vencida continuava independente.[(176)] A genética da cidade — a *gens*, o deus da cidade etc. — tudo isso exigia que uma cidade só existia quando a sua composição permanecia. A derrota da cidade e de seus cidadãos era a derrota de seu deus e o fim daquele povo. Quando as crenças gregas desapareceram, era tarde demais para a experiência grega ter gerado outras fórmulas políticas mais extensas em territórios.[(177)]

1.6. Os romanos — a justiça oficial

A cidade de Roma, a urbe romana, foi, segundo COULANGES, originariamente fundada no cimo do Palatino.[(178)] Nele se situaram os homens vindos da Alba, organizados em sociedade, distribuídos em *gens*, em cúrias (fratrias de dez *gens*) e tribos. Sobre o Palatino se eleva uma urbe religiosa, em estilo semelhante ao grego. A cidade foi fundada em uma cerimônia em que foi oferecido, por Rômulo, um sacrifício. Depois da purificação e preparação do povo com o fogo, a fumaça e o sacrifício, em uma cerimônia preliminar, ele cavou um pequeno fosso em forma circular, jogou uma porção de terra que trouxe da urbe de Alba, juntamente com os seus companheiros — o homem só poderia deslocar-se levando consigo o seu solo e de seus avoengos.

O lançamento da terra encerrava também a alma de seus antepassados, iniciando-se o culto, que deveria ser perpétuo e zelado pelos descendentes. Rômulo colocou ali o altar e a lareira (da cidade), acendendo o fogo. A urbe, então, levantou-se ao redor dessa lareira, como a casa se elevava ao redor da lareira doméstica. Rômulo, de cabeça coberta e com traje sacerdotal, serve-se de uma relha de cobre para traçar a área da urbe, em um ritual. Utiliza-se de um arado arrastado por um touro e uma vaca brancos. Os companheiros caminham atrás, em silêncio. A partir daí, nenhum

---

(176) COULANGES, Fustel de. Ob. cit., p. 220-1.

(177) Existiram confederações de cidades na Grécia, que levaram, no processo histórico, a uma maior unidade entre as cidades. São as chamadas *anfictionias*, que surgiram observando o mesmo princípio religioso, gerando um culto comum e um santuário, bem como a participação em jogos sagrados. Como exemplo, a dos beócios, que oferecia um culto a Atena Itônia; a dos aqueus, a Deméter Panaqueia. A conferação das Cíclades, na ilha de Delos; as cidades da Argólia, em Calânria; também a *anfictionia* das Termópilas. In: Ob. cit., p. 226. GLOTZ também trata desse assunto, falando que o perigo levou a um maior intercâmbio entre as cidades gregas e a alguma unificação. In. GLOTZ, Gustave. *A cidade grega*. São Paulo: Difel, 1980. p. 289.

(178) Sobre o valor da versão histórica que conta, COULANGES diz sobre a fundação de Roma por Rômulo: "Sobre o modo como essa urbe foi fundada, a antiguidade abunda em informações; encontramo-las em Dionísio de Halicarnasso, que as colhia nos autores mais antigos do que ele; encontramo-las em Plutarco, nos Fastos de Ovídio, em Tácito, em Catão, o Velho, que consultara os velhos anais, e sobretudo em dois outros escritores que nos devem inspirar grande confiança, o erudito Varrão e o culto Vérrio Flaco, que Festo em parte nos conservou, ambos muito eruditos acerca das antiguidades romanas, amigos da verdade, nem um pouco crédulos, e bons conhecedores das regras da crítica histórica. Todos esses escritores nos transmitiram lembranças da cerimônia religiosa que marcara a fundação de Roma, e não temos o direito de rejeitar tantos testemunhos". In: Ob. cit., p. 151.

estrangeiro poderia penetrar nesse espaço. Para que os locais possam entrar e sair, são feitos alguns intervalos na terra, chamados *portae*: as portas da urbe. Em seguida, as muralhas são elevadas sobre o traçado. A recordação desse ritual de fundação era feita de ano em ano, com a festa do Natal de Roma, na qual se oferecia um sacrifício, e, por essa razão, terminou, a fundação, por ser registrada por vários autores da antiguidade. Rômulo, depois de morto, passou a ser adorado e a ter sacerdotes. Os romanos antigos acreditavam que os próprios deuses haviam indicado o local da fundação. A urbe era, portanto, um santuário. O povo romano até hoje celebra a festa da sua fundação, no dia 21 de abril.(179)

Não havia nada que os romanos se apegassem mais do que a memória da fundação de Roma. Fazia parte da religião. Assim como integrava a religião a memória do local do qual vieram os fundadores. Deste modo, Eneias era considerado o primeiro fundador de Roma. Em verdade, Eneias fundara Lavínio, de onde saíram os albanos, dos quais descendem os romanos. A Eneida conta que Eneias veio de Troia para a Itália, atravessou o mar, dirigiu-se para o Lácio, trazendo o fogo de sua cidade.(180)

Com Rômulo, fixaram-se inicialmente, no local, cem *gens* latinas, reunidas em uma tribo. Logo, uma tribo sabina de cem *gens* também chegou ao local e, após, uma tribo composta de elementos diversos também de cem *gens* instalou-se na região. Cada cúria era composta de dez *gens*: eram trinta cúrias no total. *ENGELS* afirma que a *gens* romana era idêntica à grega.(181) Como assegura *COULANGES*, Rômulo acolheu, como era comum na fundação das urbes, todos os que se apresentaram. Contudo, os aventureiros sem domicílio não habitavam a urbe, mas foram postos em um recinto, situado em um lugarejo, ou subúrbio, uma espécie de asilo, onde cabanas foram construídas sem regra, ao pé do monte Capitolino.(182)

ENGELS e *COULANGES* concordam que a formação de Roma também se deu com base na figura do *paterfamilias* e da *gens*. A religião na família e o culto aos ancestrais em Roma eram semelhantes ao de Atenas. Como já se disse acima, os romanos adotaram o pensamento grego como tradição.

Após Rômulo, que enfeixava em si todas as funções sacerdotais, veio Numa, que previu que os seus sucessores, em razão da ocupação com as guerras, nem sempre poderiam cuidar dos sacrifícios. Ele instituiu os Flâmines para substituírem os reis quando estes estivessem ausentes de Roma. Havia um ritual na posse do rei. Ele era conduzido ao cume do monte Capitolino, sentado em um trono de pedra, com o rosto voltado para o sul, seguindo-se o ritual religioso de confirmação. O rei passava a ser o chefe supremo da religião, chefe militar e sumo juiz da cidade. Em Roma, a figura do grande pai de família da cidade, o rei, conduziu à vitaliciedade, embora não houvesse sucessão hereditária.

Na república, os chamados magistrados, embora com mandatos anuais, também realizavam um sacerdócio religioso no exercício de seu mister, fazendo sacrifícios. Usavam coroas, poderiam até ter o título de rei, prítane ou arconte, designações que, em certos lugares e por épocas, foram usadas como palavras sinônimas.(183)

Trezentos anos depois da fundação, os laços gentílicos ainda eram fortíssimos em Roma. De dez cúrias se compunha uma tribo. Em Roma, desenvolveram-se três tribos, as quais formavam, em conjunto, o povo romano — *populus romanus.* (184)

---

(179) COULANGES, Fustel de. Ob. cit., p. 152-7.

(180) Ob. cit., p. 158-9.

(181) ENGELS, Friederich. Ob. cit., p. 123.

(182) COULANGES, Fustel de. Ob. cit., p. 151.

(183) Ob. cit., p. 190-200. ENGELS afirma: "a palavra latina *rex* é a celto-irlandesa *righ* e a gótica *reiks*. Significa o mesmo que antigamente o *furst* alemão (quer dizer em inglês *first*, em dinamarquês *förste*, isto é: primeiro), chefe de *gens* ou de tribo". In: ENGELS, Friederich. Ob. cit., p. 130.

(184) ENGELS, Friederich. Ob. cit., p 129.

O Senado (de *senex*, velho — conselho dos anciãos) era o órgão que reunia os chefes das trezentas *gens* — os *paterfamilias*. O seu conjunto era a nobreza gentílica, que representa os patrícios (do latim *patricius*; descendentes de *pater*), que pretendiam exclusividade no Senado e nos demais cargos públicos. Segundo se conta, desde o princípio, Rômulo constituiu o Senado com os mesmos privilégios do patriarcado. Esse Conselho se reunia para decidir sobre as questões mais importantes, em caráter preliminar, o que seria, no caso das leis novas, depois decidido pela Assembleia (*comitia curiata* — comício das cúrias). Na Assembleia, o povo se reunia agrupado por cúrias e estas por *gens*, sendo que cada cúria tinha um voto na decisão das questões postas à apreciação. Os comícios das cúrias apreciavam as leis, elegiam os altos funcionários, inclusive o rei, declaravam a guerra e, como Tribunal Supremo, julgavam as apelações às sentenças de morte contra cidadão romano.(185)

O *rex* não era um monarca absoluto. Ele era um chefe militar, sumo sacerdote e presidente de certos tribunais. Pessoalmente, não tinha qualquer poder sobre ninguém, salvo no exercício de suas atribuições predefinidas. *ENGELS* afirma que, assim como os gregos na época heroica, os romanos, no tempo dos reis, viviam numa democracia baseada na *gens*, nas fratrias e nas tribos.(186)

Em Roma, nos primeiros tempos, o não cumprimento de uma obrigação patrimonial resultava em uma mera *vindicta privata*.(187) Na época da monarquia, as soluções dos conflitos eram examinadas no âmbito de cada família, pelo *paterfamilias*. Ultrapassados os limites familiares, as questões eram resolvidas por meio da autotutela. É provável que o rei, no período da monarquia, que transcorreu entre 753 e 510 a.C., só interviesse diretamente ou por quem ele designasse em questões de traição ou de morte de um homem livre(188), atuando com o seu *imperium*. O Conselho também funcionava, muito excepcionalmente, conciliando desavenças, que não as citadas, que fossem consideradas graves e transcendessem aos limites da *gens* e que fossem, voluntariamente, postas a ele, que as resolvia por consenso. Caso contrário, havendo dissenso, a controvérsia era devolvida à autotutela.

Fora do âmbito da família, a violação de um direito conduzia, em geral, à reação com o recurso à força para a obtenção da satisfação que o direito deveria proporcionar. O sistema da autotutela ou autodefesa era a regra, a permitir que a vítima exercesse a vingança. Em geral, não havia qualquer recurso a um juiz e a autotutela trazia em si o gérmen da injustiça, pela sua desproporção, como diz SANTOS JUSTO. Por isso, cedo surge a preocupação em fixar-lhe limites.(189) Foi aí que se passou a delimitar e precisar as faculdades do credor, a impedir a sua atuação arbitrária. Esta evolução, da *vindicta privada* pura e simples para a *manus iniectio* (execução pessoal), vai se dar dentro da época arcaica, iniciada em 753 a.C., ano de fundação de Roma, segundo a tradição, mas em um momento histórico que não se tem por preciso.(190)

Em verdade, provavelmente já na fase da República (510 a.C.), inicia-se uma ordenação processual em que o magistrado (oficial — pretor) intervém. Todavia, não para solucionar a lide, mas para impedir a justiça privada sem limites. Assim, passou a ser obrigatório, no caso de conflito, ir-se, primeiro, ao magistrado, que impunha a celebração de pactos e prescrevia multas em substituição da vingança. A seguir, recorria-se obrigatoriamente à arbitragem, sendo o conflito solucionado por um juiz privado, escolhido pelas partes, ou nomeado pelo magistrado — caso demandante e demandado não chegassem a um consenso sobre o nome.(191)

---

(185) ENGELS, Friederich. Ob. cit., p. 130.

(186) Ob. cit., p. 130-1.

(187) JUSTO, A. Santos. A execução — pessoal e patrimonial (Direito Romano). In: *O Direito*. Ano 125, n. 3/4 (jul./dez. 1993), p. 280.

(188) JUSTO, A. Santos. *Breviário de direito privado romano*. Coimbra: Coimbra Editora, 2010. p. 60.

(189) JUSTO, A. Santos. *Direito romano* — Parte Geral. Coimbra: Coimbra Editora, 2000. p. 234.

(190) Ob. cit., p. 234. Aqui, SANTOS JUSTO assegura que a regra de submissão do litígio primeiro ao magistrado passou a ser clara com a Lei das XII Tábuas, de meados do século V a.C.

(191) Ob. cit., p. 235.

É o sistema chamado *ordo iudiciorum privatorum*, que percorreu a época arcaica (até 130 a.C.) e parte da clássica. Os cidadãos submetiam os litígios aos magistrados, que se limitavam a declarar (*ius dicere)* se o demandante tinha ou não o direito de levar o caso a um juiz privado, fixando os limites da controvérsia e dizendo qual o direito aplicável, em tese, em caso de sucesso da demanda. O magistrado, portanto, presidia a primeira fase, chamada *in iure*. Após ouvir as partes, concedia ou denegava a ação solicitada, que se baseava em um contrato arbitral, em que as partes concordavam em se submeter à decisão de um juiz privado. Em seguida, vinha a fase *apud iudicem*, presidida por um juiz privado, um cidadão, que produzia e apreciava a prova, e proferia a sentença (*sententia*), condenando ou absolvendo o demandado, a declarar se o autor tinha ou não direito a ser satisfeito.(192)

Em caso de declaração do direito pelo juiz em favor do autor, aí sim estaria autorizado a executar a sentença na própria pessoa do demandado. Em verdade, na fase *in iure*, a confissão do devedor também poderia redundar em uma solução da lide, sem a necessidade da fase seguinte. Tanto em caso de sentença, como de confissão *in iure*, descumprida a obrigação reconhecida no prazo de 30 (trinta) dias, dava-se azo ao credor iniciar o processo executivo — *legis actio per manus iniectionem* (execução pessoal). Assim, o credor conduzia o devedor novamente à presença do pretor, cumprindo um ritual formal, e, a partir daí, era-lhe deferida a *manus iniectio*, por meio de um *addictio* (decreto), em que se concedia ao autor o direito de apoderar-se da pessoa do demandado, levando-o a cárcere privado, que não poderia passar de 60 (sessenta dias). Se a dívida não fosse repactuada, remida com o trabalho do devedor ou paga nesse prazo, o credor poderia reduzir o devedor à condição de escravo, vendê-lo até no estrangeiro e, sendo vários os credores, o devedor poderia ser morto e o seu cadáver esquartejado.(193)

Este primitivo processo judicial oficial apenas controlou e dirigiu a justiça privada, uma vez que os romanos acreditavam que a autotutela era um direito natural.(194) A *manus iniectio* (execução pessoal) foi atenuada pela *Lex Poetelia Papiria de nexis*, provavelmente de 326 a.C., ao proibir que o executado fosse amarrado durante o cárcere e ao permitir a libertação de quem jurasse pagar.(195)

Com efeito, a *Lex Aebutia*, promulgada entre os anos de 149 e 126 a.C., encerra o período arcaico e inicia o clássico, adotando-se, gradativamente, as fórmulas — processo *per formulas*. Contudo, o sistema do *ordo iudiciorum privatorum* permaneceu como regra, ou seja, o magistrado público apenas autorizava o processamento do feito pelo juiz privado. Com as fórmulas, o processo passou a se pautar pelo procedimento escrito, o que não se dava no período arcaico, no qual o procedimento era totalmente oral. Terminada a fase *in iure*, o pretor entregava ao demandante a fórmula, um documento escrito, uma pequena tábua de madeira, em que se estabelecia a *litis contestatio,* com o nome do juiz privado que iria presidir a outra fase.

No período clássico, foram diminuídos os solenismos do sistema da *legis actionis* (período arcaico) e desapareceu a execução *per manus iniectionem*. No novo processo (*agere per formulas*), após os 30 (trinta) dias, não cumprida a sentença condenatória ou a *confessio in iure*, o autor teria que ingressar com a *actio iudicati*, a qual tinha a tramitação igual a qualquer ação declarativa. Contudo, obtida nova sentença condenatória, o pretor autorizava o credor a apoderar-se do demandado.(196)

Em verdade, por bastante tempo o sistema da *legis actionis* conviveu com o *per formulas*, todavia, foi, gradativamente, caindo em desuso e, ao final, por ele substituído. No entanto, um modo de proceder já existente desde a monarquia, de modo excepcional, a *cognitio extra ordinem*, aos poucos, vai ganhando impulso. Passo a passo, vão aumentando as hipóteses em que o magistrado

---

(192) JUSTO, A. Santos. *Breviário de direito privado romano*. Ob. cit., p. 139-140.
(193) JUSTO, A. Santos. *A execução* — pessoal e patrimonial (Direito Romano). Ob. cit., p. 279-280.
(194) JUSTO, A. Santos. *Direito romano* — Parte Geral. Coimbra: Coimbra Editora, 2000. p. 235.
(195) JUSTO, A. Santos. *A execução* — pessoal e patrimonial (Direito Romano). Ob. cit., p. 281.
(196) JUSTO, A. Santos. Ob. cit., p. 282.

poderia ele mesmo fazer a prova dos fatos e solucionar diretamente os litígios, por meio de um *decretum*, escorado no seu *imperium*, sem a participação do juiz privado.[197]

Aquilo que era excepcional generaliza-se com Diocleciano, e, no século III d.C., já no Império, na fase pós-clássica do Direito Romano, passa a ser o único processo.[198] Deste modo, o processo termina por ganhar cunho estatal, publicístico, e por extinguir-se o *ordo iudiciorum privatorum*, que configurava o processo como privado, baseado num compromisso arbitral (*legis actio per iudicis arbitrive postulationem*). A intervenção pública agora consubstancia-se em um processo que, diferentemente do contrato arbitral que desaguava numa decisão irrecorrível, dava-se diante de uma autoridade pública, sujeito a recurso para um magistrado superior.

E este caráter não se perdia mesmo quando o magistrado, em um dado momento dessa evolução, ainda delegava a instrução processual ou algumas faculdades processuais, pois, no final, continuaria com ele presente o *imperium*, por meio do qual o magistrado verificava os fatos alegados, considerava-os ou não como verdadeiros e proferia a respectiva sentença.[199] Em regra, houve a publicização do processo, agora regido pelo Direito Público, que se inicia perante o juiz público — funcionário do Estado, em que a parte requerente a ele expõe os fatos, que manda citar o réu para se defender e, em seguida, ele mesmo, em geral, colhe as provas e profere a sentença, sujeita a recurso, também para autoridade pública superior.

A autotutela passou a ser uma exceção, a ponto de, na *Lex Iulia de vi publica et privata*, ter-se previsto a punição do credor que agia com violência para obtenção de seu crédito, com a perda desse direito e, mais adiante, em um decreto de Marco Aurélio, ampliou-se o conceito penal de violência da *Lex Iulia*, para incluir em seu bojo a atuação violenta do credor para obter o seu direito creditício sem recorrer à *actio* adequada.[200] Assim, a execução patrimonial passou a ser a regra, mesmo quando o devedor não se esforçasse para pagar a dívida. A execução pessoal passou a ser uma forma subsidiária[201], a que o credor recorria quando o devedor não tivesse bens e, nessa fase, já no período pós-clássico, a prisão do devedor, no caso de não ter bens, dava-se em prisão pública, sendo vedado o direito de manter o devedor em cárcere privado.

Desde a lei das XII Tábuas, na tábua IX, ficou registrada, em Roma, a necessidade de imparcialidade do juiz. Fixou-se que, "se um juiz ou árbitro indicado pelo magistrado receber dinheiro para julgar a favor de uma das partes em prejuízo de outrem, que seja morto". A *Lex Cornelia Repetundarum*, de 82 a.C., trouxe reforço a este princípio. A partir de então, tanto a corrupção passiva como a concussão do juiz eram puníveis, já que previstos como delitos.[202]

Em verdade, a construção jurídica dos romanos trouxe inumeráveis contribuições para o desenvolvimento jurídico da humanidade, dentre elas a definição de que, no campo das obrigações, o direito do credor só surge quando se reconhece uma ação por meio da qual se pode exigir efetivamente a responsabilidade do devedor. Como se vê, concebeu-se o *ius* sob o ponto de vista processual, sendo o Direito Romano entendido, sobretudo na época clássica, como um sistema de *actiones*.[203]

Essa importante compreensão permitiu que o desenvolvimento da organização da sociedade ultrapassasse o sistema das famílias e das *gens*. No sistema das famílias e *gens*, o *ius* (o direito) antecedia à ação, reconhecendo-se ao *paterfamilias* a *potestas* sobre pessoas e coisas a ele sujeitas. Em uma sociedade mais complexa, como a romana se tornou, a compreensão da ação antes do direito

---

(197) JUSTO, A. Santos. *Direito romano* — Parte Geral. Coimbra: Coimbra Editora, 2000. p. 268.
(198) JUSTO, A. Santos. *Breviário de direito privado romano*. Ob. cit., p. 146.
(199) JUSTO, A. Santos. *Direito romano* — Parte Geral. Coimbra: Coimbra Editora, 2000. p. 268.
(200) Ob. cit., p. 236.
(201) JUSTO, A. Santos. *A execução* — pessoal e patrimonial (Direito Romano). Ob. cit., p. 289.
(202) VENTURINE, Carlo; FUENTESCA, Maragarita. *El juez en Roma*: funciones y responsabilidad. Madrid: Fundación Coloquio Jurídico Europeo, 2010. p. 19.
(203) JUSTO, A. Santos. *Direito romano* — Parte Geral. Coimbra: Coimbra Editora, 2000. p. 237.

permitiu o desenvolvimento social e a organização da sociedade para além das *gens*, pois, por meio dessa construção jurídica, primeiro se definiu a solução dos litígios, lançando para uma instância de julgamento a dirimição das controvérsias e o reconhecimento dos direitos, afastando-se a barbárie e permitindo-se o viver harmonicamente em sociedade. Pertencentes a *gens* distintas, o primeiro ponto era neutralizar o conflito, sem admitir a vingança privada. O segundo, tão importante quanto esse, era deixar em suspenso o direito, enquanto a ação perdurasse, haja vista que se estava num patamar civilizatório fora da família, em que não havia, em princípio, uma figura suficientemente idônea para declarar o direito primariamente e com a confiabilidade do *paterfamilias*. Este modelo trouxe a legitimidade necessária para a resolução do conflito em um ambiente estranho ao familiar. Assim, a ação se constitui numa das ideias fundamentais do sistema jurídico. Com ela, neutraliza-se o dissenso, submetendo-se a uma regra: o processo, do qual emanaria o direito *a posteriori*.

Em um sistema em que o direito não era codificado — assim permaneceu por quatorze séculos[(204)], o qual teve o seu Direito Privado baseado nos costumes, na jurisprudência e na prática das ações, que lhe davam a necessária evolução, rumou-se para permitir que a solução dos conflitos se desse por meio de um sistema caracterizado pela imparcialidade, com um incremento paulatino no sentido de lhe dar confiabilidade.

1.7. A herança da Antiguidade quanto à jurisdição

Na antiguidade, seja na oriental ou na clássica, grandes contributos foram deixados, como monumentais obras jurídicas, para a humanidade. Na Mesopotâmia, seus impérios — assírio, babilônico, medo e persa — traziam em seu bojo nações inteiras, com línguas distintas, que eram aglutinadas com a conservação de suas estruturas jurisdicionais, veiculando um princípio de pluralidade jurídica quanto à jurisdição, já em épocas remotas.

Os egípcios, em que pese a sua contextura social mais homogênea quanto a aspectos linguísticos, chegaram a constituir uma fórmula jurídico-política mais unitária e trouxeram uma estrutura jurisdicional mais complexa, em que havia, em princípio, a possibilidade de recorrer, o que representa, ao que parece, um meio maior de unificação e uniformidade jurídico-política.

O povo hebreu deixou um legado fundamental para a história do Direito, sob o viés da história da jurisdição. A unidade jurídico-política de Israel, claramente, foi obtida por meio dos juízes. Eles tinham o papel de pacificar Israel, ou seja, julgar os conflitos mais importantes, garantindo, assim, a unidade nacional, por meio do alcance da paz. Não houve, por muitos séculos, rei. Não obstante, Israel se considerava uma unidade, mesmo coexistindo em doze tribos, que tinham nas figuras carismáticas dos juízes o ponto de unificação nacional. O Direito vigente era o mesmo, consubstanciado no Pentateuco. O juiz proeminente em cada época julgava os casos mais importantes das tribos. O povo se considerava um só povo. Essa unidade foi alcançada por meio da jurisdição, sob o ponto de vista jurídico-político.

Na Grécia, em especial em Atenas, a figura da confederação aparece para possibilitar o início do processo de unificação do poder. Com ela, instâncias vão surgindo, com atribuições jurisdicionais sobretudo. A cidade-estado foi um exemplo claro disso, em que a unidade alcançada se consubstanciou na configuração de um Conselho, o qual tinha, em tempo que não fosse de guerra com as demais cidades, uma função essencial de pacificar os conflitos que ultrapassassem os limites de cada uma de suas tribos.

Em Roma, não obstante a similitude de sua formação inicial com a das cidades gregas, em face do caráter gentílico, desenvolve-se um arcabouço jurídico bem delineado, que vai impactar o mundo jurídico a partir de então: as categorias processuais — ação, processo e juiz imparcial de cunho estatal.

---

(204) JUSTO, A. Santos. Ob. cit., p. 20.

Não se pode olvidar que Roma parece ter seguido o receituário dos impérios orientais do Crescente Fértil, que conservavam a jurisdição local quase que totalmente intacta, em sua composição, funcionamento e Direito, mesmo que tenham modificado o desempenho do poder, com a implantação dos governadores, ou tetrarcas.

O julgamento de Jesus Cristo, muito bem narrado nos Evangelhos, demonstra a coexistência, nos povos dominados, de, pelo menos, dois tribunais: o romano (pretório) e o local. A figura de Pôncio Pilatos, ao se dirigir ao *pretorium* (tal expressão latina está no original grego do Novo Testamento) para o julgamento de Jesus, mostra que os casos mais graves eram dirimidos pelo governador da província, como, *v.g.*, de alta traição, motim ou sedição. As pessoas da nação dominada que praticassem tais atos eram processadas e condenadas no Pretório do território sob a dominação romana. Contudo, os casos que consubstanciassem questões locais eram entregues ao julgamento das autoridades do lugar, para a jurisdição nativa. Pôncio Pilatos quis encaminhar a solução do caso de Jesus Cristo ao Sinédrio, mas, diante da recusa em receber a matéria e do pedido de um julgamento com base em acusações falsas de que Jesus estava conspirando contra César, terminou decidindo pelo julgamento no pretório, com jurados da população judaica.

Este modo de proceder também pode ser visto quando da prisão de Paulo, em que o governador quis deixá-lo sob a jurisdição local ou libertá-lo, mas, como o povo estava em polvorosa, em uma sublevação, sentiu-se obrigado a deslocar o litígio para sua jurisdição que, embora romana, destinava-se ao julgamento de casos envolvendo atos de sedição ou situações análogas, ou seja, que repercutissem na manutenção da ordem. Dando fim à discussão competencial, Paulo apelou para a jurisdição típica de Roma, pois era cidadão romano e, por isso, foi enviado para julgamento em Roma.

Além desse traço, que já estava presente nos impérios mesopotâmicos, o da convivência com ordens jurídicas locais (para questões não conflitantes com o Direito do Império Romano) e suas jurisdições, o sistema jurídico romano trouxe uma mudança de mentalidade quando comparado com o grego. Registrou-se que os povos gregos e romanos tinham crenças que fundamentavam o próprio regime social, que lhe davam a unidade. Em geral, as mudanças ocorreram por força do enfraquecimento dessas crenças. Isso se deu, claramente, na Grécia. Some-se a isso que, na Grécia, o interesse da maioria das pessoas — os escravos, clientes e estrangeiros — passou a estar em desacordo com a ordem dominante. As cidades gregas não resistiram a essa mudança de mentalidade (da ordem jurídica baseada na *gens*), que causou revoluções e, por fim, a extinção do sistema político grego da antiguidade clássica, muito adequado a pequenas localidades e, também por isso, frágil.

Os romanos, por sua vez, se engrandeceram por terem se firmado na ideia de fundação, que levou à expansão da cidadania por largo espaço territorial, na formação do Império. O grego olhava para o núcleo — a *gens*; o romano para longe, com a ideia fixa na fundação de Roma. Fundar nova cidade ou expandir o poder era levar à frente essa ideia.

Os gregos tinham um sistema político baseado no matiz pessoal, obtido por meio das filiações e integração em *gens*, fratria, tribo e cidade. Nascia com essa vinculação e morria com ela. Onde quer que ele estivesse ou fosse, ele era integrante de uma unidade baseada na família — a sua *gens*, a sua fratria, a sua tribo e a sua cidade.

Roma, como se disse, por sua vez, tinha a marca da expansão da cidade (*civitas*)[(205)]. A fundação de Roma tinha que ser levada à frente. Para os povos, Roma não era uma cidade estrangeira. Para os sabinos, Roma era uma cidade sabina. Para os etruscos, uma cidade etrusca. Os gregos nela se reconheciam.[(206)] *Arendt* ensina que a fundação de Roma, única e irrepetível — a qual, segundo

(205) MIRANDA, Jorge. *Teoria geral do Estado*. 4. ed. Rio de Janeiro: Forense, 2015. p. 14.
(206) COULANGES, Fustel. Ob. cit., p. 388.

ela, é e sempre será a Cidade Eterna — é o fundamento de toda a história romana[207] e, diga-se, do espírito de criação, de expansão, de levar adiante, o que representava uma sagrada inspiração, segundo *Cícero*[208] e, por conseguinte, inspirava a ação de levar à frente, em outro lugar distante, a ideia romana, em uma constante expansão.

A doutrina cristã minou o Império Romano.[209] Primeiro, porque todos os homens, para o cristianismo, tinham o mesmo valor. Segundo, porque o imperador deixou de ser deus, o que abalou crenças que ajudavam a legitimar o poder, inclusive a da ideia de fundação. Em verdade, a fundação que interessava, a partir de então, era outra: Jesus Cristo. O ato de fundação, a morte de Jesus na cruz, agora legitimava a atuação das pessoas, não mais qualquer aspecto ligado a um imperador deus ou a uma cidade eterna.

A separação entre domínio secular e domínio espiritual, por outro lado, se intensificava, o que, por certo, enfraqueceu a unidade do Império Romano. A dicotomia em Roma era o público *versus* o privado; no cristianismo, o espiritual *versus* o secular. A unidade do império, baseada nos seus fundamentos principais ruiu. Os cristãos, antes cidadãos do império romano, não tinham mais a ideia de conquistar mais territórios, mas simplesmente de levar a Palavra de Jesus às pessoas, independentemente de conquistas territoriais maiores. O cristianismo também acelerou o fim da organização do trabalho baseada na escravidão. Todos eram cristãos, o que exigia um mínimo de dignidade para todos os homens cristãos.

Sem conquistas e com a diminuição dos escravos, o poder central romano sente a necessidade de cobrar mais impostos e os habitantes locais concluem ser melhor a vida sem o Império, sendo mais vantajosa a direção localizada do que por um centro longínquo e oneroso.

Com efeito, não se nega que a proto-história[210] dos direitos humanos é encontrada nessa fase da história humana, desde a antiguidade oriental até a antiguidade clássica. Não resta dúvida que, em Davi, em Israel, quando este rei unificou as doze tribos em torno de si, decretou a sua vinculação a uma lei que ele não editara, que foi dada, segundo a fé judaica, diretamente por Deus a Moisés. O rei também estava debaixo da lei e não poderia, ele próprio, revogá-la.

Por outro lado, a convivência de ordens jurídicas distintas sob o ponto de vista da jurisdição, estabelecida pelos mesopotâmicos; a possibilidade de recorrer existente no Direito Egípcio; a unidade política dos judeus obtida por meio da figura dos juízes; a liberdade e igualdade políticas dos gregos;[211] e o processo público romano, em suma, as instituições dos romanos, certamente trouxeram elementos da obra humana que seguramente vão alcançar novos desdobramentos mais adiante, na edificação jurídica da humanidade.

---

(207) ARENDT, Hannah. *A promessa da política*. 3. ed. Rio de Janeiro: Difel, 2010. p. 95.

(208) CÍCERO, Marco Túlio. *Da República*, Livro Quinto, I. In: <http://ebooksbrasil.org/elibris/darepublica.html>. Acesso em: 12 set. 2018. A respeito: FERNANDES, Scarlett. O respeito ao princípio da dignidade humana na evolução do trabalho do homem. Dissertação de mestrado. Belém: UNAMA, 2012. p. 80.

(209) MIRANDA, Jorge. Ob. cit., p. 14.

(210) Sobre a proto-história dos direitos humanos, que começou "nos séculos XI e X a.C., quando se instituiu, sob Davi, o reino unificado de Israel, tendo como capital Jerusalém", COMPARATO afirma que, diferentemente de todos os reinos do passado e de sua época, o rei Davi estabeleceu, "pela primeira vez na história da humanidade", um sistema político em que "os governantes não criam o direito para justificar o seu poder, mas submetem-se a princípios e normas editados por uma autoridade superior". Em Atenas, mais adiante na marcha histórica, já no século VI a.C., as instituições democráticas foram criadas, tendo sido desenvolvidas, ainda mais tarde, na República Romana. In: COMPARATO, Fabio Konder. *A afirmação histórica dos direitos humanos*. 4. ed. São Paulo: Saraiva, 2005. p. 40.

(211) COULANGES alerta, assim como muitos outros autores, que "é, pois, um erro singular entre todos os erros humanos ter crido que nas cidades antigas o homem gozasse de liberdade. Ele nem sequer tinha ideia dela. Não acreditava que pudesse haver direito em relação à cidade e seus deuses". COULANGES alerta também que "os antigos não conheciam, portanto, nem a liberdade da vida privada, nem a liberdade de educação, nem a liberdade religiosa. A pessoa humana não valia muito diante dessa autoridade santa e quase divina chamada pátria...". In: COULANGES, Fustel de. Ob. cit., p. 238-9.

Nada obstante, em face da fragmentação do Império Romano, causada, sobretudo, como se viu, por ideias novas (o cristianismo), a humanidade ingressa em um período longo da história, que é decantado como obscuro — a Idade Média, mas que parece ter sido fundamental para o lançamento das luzes que recaíram sobre a humanidade em épocas posteriores.

1.8. A Idade Média e a jurisdição

1.8.1. *Gens* e famílias nucleares

Os germanos estavam organizados em *gens* desde o tempo da migração dos povos e assim se estabeleceram mesmo nas províncias conquistadas dos romanos. Esta organização era chamada pelo Direito consuetudinário *alamane* como genealogia. A expressão grega *genos* e a latina *gens* correspondem ao gótico *kuni* e ao meio-alto-alemão *kunne*. O mesmo se dava, provavelmente, com os termos noruegueses (*kona, kuna*), com os burgundos e os langobardos (*fara*). Do gótico, do qual veio a palavra *gens* para o alemão — *kunne*, terminou por advir a palavra *kuning* (*köning*) — rei, que significa chefe de *gens* ou de tribo. Tanto para os germanos, como entre os mexicanos e os gregos, a ordem da batalha era integrada por corporações gentílicas.

Na origem, o sistema de organização dos germanos possuía o conselho dos chefes (príncipes) que decidia assuntos menos importantes. O conselho preparava a decisão dos temas mais relevantes para a votação das assembleias. O chefe do conselho (rei) tinha poucos poderes, sendo que ele deveria influir, sobretudo, pelo exemplo. O verdadeiro poder era da assembleia, presidida pelo rei ou chefe da tribo. Esta assembleia também era a corte de justiça, resolvendo as questões relacionadas à traição contra o povo e a vícios antinaturais. O chefe, mesmo nos primitivos tribunais germânicos, apenas dirigia o processo e fazia o interrogatório. A sentença era pronunciada pela coletividade. Ao tempo de César, surgiram as confederações de tribos, sendo que algumas tinham reis. Em verdade, em geral, as tribos alemãs reunidas em povos tinham a mesma composição que as dos gregos da época heroica e as dos romanos do tempo dos reis.[(212)]

Os povos germanos, povos das margens do Reno, em 180 a.C., eram integrados por cerca de 6 milhões de pessoas, nelas contadas as situadas ao longo dos montes Cárpatos, até a foz do Danúbio. Fixando-se na Germânia, a população cresceu rapidamente e começou a expandir-se por territórios, até conquistarem a Britânia.

No final do século V d.C., o Império Romano, débil e exaurido, estava exposto às invasões germanas. Em uma região em que os povos falavam um latim corrompido, que tomou o lugar de antigas línguas nacionais (gauleses, iberos, lígures, nórdicos), em especial na bacia do Mediterrâneo, todos tinham sido convertidos em romanos. A administração e o Direito Romano, no final do Império, dissolveram as antigas uniões gentílicas e a independência local ou nacional, pois houve, ao fim, a concessão da almejada cidadania romana a todos os habitantes livres do Império.

Não obstante as antigas fronteiras naturais ainda se fizessem sentir nos antigos territórios independentes da Itália, Gália e Espanha, não havia, em lugar algum, a força necessária para formar nas nações os elementos que conduzissem a uma real unidade jurídico-política. Não havia capacidade para resistir a invasões, quanto mais para ter o poder suficiente para o surgimento de uma realidade jurídico-política nova. Todos aqueles povos tinham como único vínculo de coesão o Império Romano e este estava em decomposição. Até Roma tinha se tornado, de fato, província e os seus imperadores estavam sediados em cidades como Constantinopla, Treves e Milão.[(213)]

---

(212) ENGELS, Friederich. Ob. cit., p. 135-149.
(213) Ob. cit., p. 151-5.

A extinção do regime das *gens* entre os romanos, em um ponto mais distante da história, e a depauperização do Império, mais proximamente, conduziram muitas pessoas livres, em especial donos de pequenas propriedades, a alienarem seus bens para senhores mais aquinhoados, em busca de proteção, recebendo o usufruto vitalício das propriedades. É que os mandatários de Roma, como os funcionários, magistrados e usurários, estavam a agir com violência na obtenção de recursos junto às pessoas comuns, sob o manto do antigo Império. A tendência de se juntar a um senhor a quem entregavam a terra, o que era feito por comunidades inteiras, conduziu, no século IV, a que imperadores proibissem essa prática por decreto.[214]

Com a invasão dos germanos, dois terços das terras do Império Romano foram repartidas entre eles. O Ocidente românico foi, em sua maior parte, dividido em reinos governados por dinastias germânicas. A partilha observou a ordem estabelecida na *gens*. Quanto mais tempo passou, com a fixação da *gens* no campo, mais se confundiram germanos e romanos, o que fez adaptar-se o caráter familiar da organização dos germanos ao aspecto formativo territorial. A *gens* degenerou-se na marca, embora tenham permanecido alguns de seus traços. A marca era uma organização territorial presente no norte da França, na Inglaterra, Alemanha e Escandinávia. Os vínculos consanguíneos, característicos nas *gens*, perderam importância, em parte pela degeneração de seus órgãos na tribo e no povo, em face da conquista do território anteriormente ocupado no Império.

Acrescente-se que há um outro aspecto importante nessa desfiguração das *gens*. Os reis germanos e seus povos se converteram ao cristianismo. Essas conversões trouxeram consigo o aumento da importância da Igreja, que já era grande junto ao remanescente românico. Em verdade, a atuação da Igreja, sobretudo sociocultural, reconhecida pelos reis, também minou a influência organizatória da sociedade em *gens*. A organização tribal germana, baseada em linhagem agnática, não estava de acordo com os conceitos da Igreja. Esta não concordava com práticas existentes entre os germanos, a partir das *gens*, que tinham como um dos fatores de união do povo o culto pagão a ancestrais comuns, enterrados nas áreas em que moravam, o que lhes acentuava o vínculo, mas contrariava o pensamento cristão.

Essa quebra organizacional — com a diminuição da organização social por meio das *gens* — fez com que a sociedade organizada em grandes grupos de parentes passasse a se estruturar em famílias menores baseadas em uniões voluntárias e individuais entre homens e mulheres. Este tipo de sociedade, diferente das demais sobre o globo à época, trouxe para os europeus uma liberdade muito maior em dispor de suas terras, o que era dificultado, até então, pois se exigia a permissão de um sem número de parentes. O individualismo cedo se impregnou nessa sociedade, cabendo ao indivíduo decidir sobre casamento, propriedade e outras questões pessoais. Surgiu, pois, o individualismo na família, bem antes de qualquer desenvolvimento político dessa ideia. Os indivíduos, portanto, passam a poder fazer contratos entre si — o mais central deles o casamento, a permitirem o ingresso em diferentes formas de relacionamento social. Na Inglaterra, por exemplo, já no século XI, as mulheres tinham o direito de manter e alienar propriedades livremente e vendê-las a pessoas fora da família.[215] Esse individualismo, bem mais visível em solo inglês, não deixou de existir na parte continental.

Bloch acentua que o sangue era a base da organização social europeia até antes da ascensão do feudalismo. Houve o desaparecimento dessas linhagens agnáticas na época feudal. Passou a ser comum os sobrenomes das mães nos filhos, que, agora, eram da família do pai e da mãe, e não

(214) ENGELS, Friederich. Ob. cit., p. 155-6.

(215) A ideia que se desenvolvia, individualista, estava longe do direito das *gens*. Em verdade, o poder do chefe da *gens*, em geral o parente mais velho ou pai, na família agnática, tinha tradição rigorosa nesse sistema, fortalecendo o poder dos ascendentes e garantindo a unidade da parentela. Por exemplo, na Grécia antiga era possível o pai forçar o divórcio das filhas, o que reforçava a autoridade na parentela. In: ROSIVACH, Vincent J. Aphairesis and apoleipsis: a study of sources. *Revue Internationale des droits de l´antiquité*. 3ª série, tome XXXI, 1984. p. 222.

só do primeiro. As famílias nucleares passaram a existir. Os laços de parentesco não eram mais a única fonte de solidariedade social. O feudalismo surgiu como alternativa a esses laços.

A Igreja impôs, culturalmente, segundo *Fukuyama*, a extinção da forma padrão de formação do grupo social existente, que era endógamo, no qual havia constantemente casamentos entre primos. Este foi sendo deixado de lado, promovendo-se a exogamia. Também, abandonou-se a prática do levirato(216), em que as viúvas casavam-se, obrigatoriamente, com o irmão solteiro mais velho do falecido. Proibiu-se o divórcio e o concubinato (em que se objetivava, sobretudo, uma nova oportunidade de procriação), e o casamento haveria de ser monogâmico. Muito embora algumas dessas práticas não fossem vedadas pela Bíblia (levirato e divórcio), a Igreja as proibiu. Parece que a Igreja pretendia atrair as pessoas para fora dos grupos de parentes(217) e diminuir a unidade ou a coesão em famílias mais numerosas, maior com o levirato e o casamento entre primos, que eram generalizados para que o patrimônio continuasse na mesma parentela sempre. Em uma sociedade em que a expectativa de vida era de cerca de 35 anos, a adoção dos padrões propugnados pela Igreja fez com que as estratégias de herança entre parentes fossem diminuídas, ao mesmo tempo em que aumentavam as doações voluntárias para o clero, o que se consubstanciava também quando as mulheres podiam dispor mais de seus bens, muitas vezes em favor da Igreja. Tal prática teria solapado o princípio da descendência unilinear. Com isso, a Igreja tornara-se proprietária de 1/3 das terras produtivas da França no final do século VII. Este poder terminou por levar a Igreja a ser um participante independente na política medieval. As mudanças trazidas pelo cristianismo tiveram um impacto grande na organização tribal na Europa Ocidental. Menos de três gerações após as conversões, alemães, noruegueses e húngaros, por exemplo, tiveram a sua estrutura de parentesco dissolvida.(218)

1.8.2. Laços de dependência

Como se disse acima, no início da invasão, os germanos tinham que organizar as províncias, mas os povos romanos não podiam ser absorvidos nas corporações gentílicas, também em razão da mistura dos povos, o que gerava incompatibilidades. A solução foi colocar os órgãos das *gens* germanas como os órgãos do antigo Império, para exercerem a administração. Assim, o chefe da *gens* foi colocado como chefe de um povo em um determinado território. Os francos, por exemplo, estavam unidos para a invasão com um supremo comandante militar. Este converteu a propriedade do povo em domínio real e concedeu parte dela às pessoas de seu séquito — guarda militar pessoal, subcomandantes, gauleses romanizados (pela sua sabedoria) e outros favoritos do rei. Assim, assentaram-se as bases da nobreza nova.(219)

As dificuldades econômicas impossibilitaram a estruturação do poder em outras bases, levando os reis a expandirem o domínio pelas armas. O controle da terra pelo rei, portanto, fazia-se pelo vínculo que tinha com os seus guerreiros transformados em senhores de terras. Essa autoridade deu alguma coesão, realçada pela presença de supervisores, amigos e servidores de confiança, que asseguravam o pagamento de tributos, a prestação de serviços e a punição dos que resistiam.

---

(216) O levirato era uma prática antiga. Os mesopotâmios, tidos, por muitos, como a civilização mais antiga, já o praticava. In: ZISKIND, Jonathan R. Legal rules on incest in the ancient near east. *Revue Internationale des droits de l´antiquité*. 3ª série, tome XXXV, 1988. p. 83-5.

(217) O texto bíblico em que se basearam, parece ser este: "Aquele que amar o pai ou a mãe mais do que a mim, não é digno de mim; e aquele que amar o filho ou filha mais do que a mim, não é digno de mim". In: Mateus, 10.37. O texto bíblico é citado por FUKUYAMA. In: FUKUYAMA, Francis. *As origens da ordem política*. Rio de Janeiro, 2013. p. 266.

(218) In: FUKUYAMA, Francis. Ob. cit., p. 257-267. Ressalte-se que a evolução do Direito Romano mostra que a propriedade passou a ser negociada com muita liberdade. In: MENTXAKA, Rosa. Praedia rustica — praedea urbana: consideraciones sobre los critérios distintivos en el derecho romano clássico. Bruxelles. *Revue Internationale des droits de l´antiquité*. 3ª série, tome XXXIII, p. 149 e ss.

(219) ENGELS, Friederich. Ob. cit., p. 157.

O pagamento de todos vinha do serviço na terra e dos bens nela produzidos, da qual condes e duques também retiravam o seu sustento, bem como a autoridade central. Os primeiros guerreiros germanos, em verdade, eram, por natureza, agricultores e, de posse de mais terras, assumiam poderes policiais e judiciários, sendo, da mesma forma, responsáveis por conter as invasões externas.(220)

O conselho dos chefes foi substituído pelo dos que rodeavam assiduamente o rei. A debilidade do poder real era sensível e havia constantes usurpações dos nobres. Com Carlos Magno, estabeleceram-se também os condes, designados para as comarcas com funções hereditárias.

Nesse quadro, quebrado o sistema gentílico pelos dois fatores mencionados: influência da Igreja e inadequação das *gens* ante a união entre os povos germanos e românicos, o feudalismo surgiu como uma alternativa, para possibilitar a almejada solidariedade social; uma alternativa aos laços de parentesco.(221) O problema principal, diante da inexistência da coesão ante a extinção do poder tribal, foi a insegurança generalizada. Foi aí que institucionalizou-se a associação dos homens por juramentos, criando-se um vasto sistema de relações pessoais.(222) Costumes concordantes francos, anglo-saxões e escandinavos atestam sua origem germânica.

A fragilidade do sistema fez com que, cinquenta anos depois da morte de Carlos Magno, os francos fossem derrotados pelos normandos, aumentando a insegurança, o que intensificou mais ainda o processo: homens procuravam chefes e vice-versa. O feudalismo, uma regulação carolíngia, caracterizou-se, precipuamente, pelos laços de dependência (sua maior característica), por ser uma vasta rede hierarquizada de sujeições camponesas e de fidelidades militares. Os camponeses — servos — estavam sujeitos aos seus senhores, que, por sua vez, eram vassalos, ou seja, fieis a seus senhores. Estes faziam parte da classe dos cavaleiros — a classe de chefes ou guerreiros pesadamente armados. Assim, como diz *Bloch*, a sociedade feudal tinha o vínculo humano característico formado com o elo entre o subordinado e o chefe mais próximo; de escalão em escalão, os nós assim formados se uniam, criando cadeias infinitamente ramificadas. Nesse sistema, a terra era importante para remunerar homens e permitir essa cadeia. A terra era algo que não se esgotava e permitia, em conjunto com o fator humano relacional, que o sistema feudal subsistisse como modelo econômico, de modo que os senhores feudais preferiam adquirir terras do que joias ou coisas preciosas, que não se renovavam e não poderiam girar a roda feudal.(223)

E como se dava a aliança vassálica, realizada entre cavaleiros? Dois homens ficavam frente a frente, um no intuito de servir e o outro no de aceitar, com o desejo de ser o chefe. O candidato a vassalo unia as mãos e as colocava nas mãos do futuro senhor, o que simbolizava submissão, pronunciando, após, palavras de confirmação da sujeição. O gesto era seguido, muitas vezes, pela genuflexão do vassalo. Era comum, também, os dois, após, beijarem-se na boca, o que simbolizava o acordo e a amizade entre ambos. A cerimônia era chamada de homenagem. O vassalo também era chamado de homem de boca e mãos de seu senhor ou de recomendado. Depois, em face do cristianismo, seguia-se um segundo ato, religioso, em que o novo vassalo jurava ser fiel ao seu senhor, o que se chamava de fé. Com o ritual, estava criada a relação vassálica, sob o seu duplo aspecto de dependência e proteção, sendo que o vínculo deveria durar o tempo da vida dos participantes. Com a morte de um, o filho do falecido tinha que participar de novo ritual, para que houvesse novo vínculo vassálico. A vassalagem era a forma de dependência das classes superiores, da vocação guerreira.(224) O gesto servia para concluir contratos de proteção.

---

(220) ELIAS, Norbert. *O processo civilizador*: formação do Estado e civilização. Rio de Janeiro: Zahar, 1993, v. 2, p. 23.

(221) FUKUIAMA, Francis. Ob. cit., p. 264.

(222) BLOCH, Marc. *A sociedade feudal*. Lisboa: Edições 70, 2009. p. 180.

(223) Ob. cit., p. 516-7.

(224) Ob. cit., p. 178-180.

1.8.3. Feudalização e centralização

Na verdade, a estrutura de poder trazia em si uma tensão constante, a qual engendrava uma sequência típica de eventos que, em geral, repetiam-se muitas vezes. Os investidos como senhores de uma área tornavam-se independentes do poder central quanto ao sustento e proteção. A partir desse quadro, qualquer demonstração de fraqueza do poder central levava a uma ação do centro de poder local, no sentido de demonstrar mais independência. Assim, no decorrer dos tempos na Idade Média, os duques e chefes locais constituíam um perigo para o poder central. Para enfrentá-los, os reis ou príncipes substituíam os governantes locais por seus próprios amigos, parentes ou servidores, mas, pouco a pouco, o roteiro anterior se repetia: os antigos representantes do poder central passavam a controlar o poder local como se a região fosse propriedade hereditária de sua família. Ademais, as condições militares, econômicas e de transporte também faziam o rei delegar a outros indivíduos poderes sobre parte de seu território. Essas doações permitiam manter as forças reais em suas proximidades mais coesas e fortes. Qualquer indício de fragilidade levava ao incremento de forças centrífugas e pequenos "reis" surgiam.[225]

Em especial no Império Germânico, forças descentralizadoras fizeram reemergir a preponderância do poder local, vencendo as forças centrípetas. *Elias* diz que as forças locais terminavam por preponderar, em razão desta tendência estar enraizada na estrutura dessa sociedade, o que levava a uma convergência de interesses entre os altos dignatários eclesiásticos e seculares, a minar, por séculos, o poder da autoridade central.[226]

Nessa época, o que contava era o poder familiar e o território, sendo certo que o poder disponível ao rei era correspondente às propriedades de sua família. Esta era a base concreta do poder régio. Se os senhores locais tinham mais posses, então o seu poder era maior que o do rei. Fora dos seus territórios familiares, o rei recebia, em princípio, os emolumentos eclesiásticos. Quase nada além disso ia para os cofres reais, até porque diminuía, com o tempo, a importância do rei como chefe militar para impedir a invasão dos inimigos — já contidos — ou para conquistar novos territórios — com a fixação de todos os guerreiros, torna-se desnecessária a expansão. Assim, na parte franca ocidental, cedo desintegrou-se o domínio real, com a transformação em territórios independentes. A desnecessidade do rei para a defesa e para a conquista acelerou a desintegração, pois nada havia, além dessas justificativas, que pudesse manter a estrutura social. O domínio do rei era, de fato, pouco mais do que o do seu território.[227]

No término desse processo, a França era uma união de territórios independentes, cujo poder era definido hereditariamente, em territórios que antes tinham sido sujeitos ao rei. Os reis residiam em seu próprio domínio, pouco viajavam fora das fronteiras de seu ducado, quase não eram visitados, sendo praticamente inexistentes as correspondências e a corte não era transferida para a terra de seus vassalos. Antes, era até certo ponto comum essa transferência, para a realização de julgamentos nas sedes dos maiores vassalos. Pode-se dizer que havia uma confederação frouxa, que dava um equilíbrio provisório. No Império Germânico, não obstante um período de poder concentrado nas mãos da autoridade central, o centro social de gravidade moveu-se cada vez mais na direção dos centros locais de poder, que se consolidaram e impediram, durante séculos, a formação de um forte poder central. Com o tempo, mesmo eventuais alianças militares para repelir o inimigo comum não impediram a desintegração. A força descentralizadora era cada vez maior.[228]

---

(225) ELIAS, Norbert. Ob. cit., p. 25-8.

(226) Ob. cit., p. 29.

(227) ELIAS afirma que, na parte franca oriental, por ter estado mais exposta a ataques e ameaças de tribos estrangeiras, o rei reemergia constantemente como chefe militar, em guerras travadas em aliança com várias tribos para a proteção de terras; além de ter sido útil, por mais tempo, para a conquista de mais terras, que depois ele (o rei) distribuía. In: Ob. cit., p. 31.

(228) ELIAS, Norbert. Ob. cit., p. 32.

A sociedade, nesse tempo, teve duas fases: a primeira, a dos reis como chefe de exército, voltada à expansão, com o poder mais centralizado e uma atuação secundária como árbitro supremo ou juiz de regiões internas; a segunda, a dos reis que não exerciam liderança militar, por desnecessidade em face da paz nas fronteiras. Aqui, há também o desmoronamento de sua função de supremo juiz. Os governos locais têm uma mínima ou nenhuma dependência do rei. Essa foi a tendência marcante no desenvolvimento social germânico e francês.

Esse processo de feudalização revelou como o poder político estava entrelaçado com uma estrutura econômica específica, muito sedimentada em razão das condições de transporte medievais, que não permitiam a administração de um extenso império. Pelo contrário, acentuou-se a formação das autarquias políticas locais, em sociedades baseadas na economia de trocas.

Com efeito, sob o ponto de vista do povo, a situação de penúria econômica e de insegurança levou a nova onda de busca de proteção, à semelhança dos antigos colonos romanos, com a transferência de terras para a nova nobreza ou para a Igreja. O senhor feudal, por conseguinte, as entregava em arrendamento aos antigos proprietários, sob diversas formas de pagamento. A liberdade individual foi se findando aos poucos, estabelecendo-se a servidão. Quatro séculos depois, a economia latifundiária romana, com base no trabalho escravo, foi substituída pela economia sediada no trabalho servil.(229)

Os traços da constituição gentílica dos germanos, que os romanos perderam por completo, foram transplantados e degenerados na Alemanha, Inglaterra e norte da França, no sistema político feudal, nas marcas, em que um trabalho baseado na servidão mitigada representava uma evolução quando comparado ao sistema anterior, baseado no trabalho escravo.(230)

Todavia, como se disse acima, essa organização gentílica impura vai sofrer mutações no decorrer da Idade Média. Aos poucos, a contextura social passa a ser representada mais e mais por unidades isoladas, havendo a gradual dissolução das unidades tribais, com a fusão de guerreiros germânicos com membros da classe superior galo-românica, bem como com a dispersão de guerreiros por grandes áreas. Os indivíduos, por não disporem de outra maneira para se defenderem contra os socialmente mais poderosos, precisavam da ajuda de guerreiros, a quem davam terras ou prestavam serviços em troca de proteção. Esta dependência individual era estabelecida, como se falou acima, sob juramento, entre um guerreiro e outro, em que o parceiro de mais alta classe, possuidor de maior área de terra, mediante esta aliança, passava a ser o senhor e parceiro do mais fraco, o vassalo. O sistema se reproduzia, quando este mais fraco, em face de circunstâncias que o exigiam, tomava, sob sua proteção, guerreiros ainda mais fracos em troca de serviços. Era a forma de se protegerem uns dos outros.(231)

O contraste da organização social com a constituição gentílica vai conduzir à sua dissolução e ao surgimento de novos agrupamentos e novas formas de integração, com uma tendência à individualização em relação à unidade tribal e, em parte, também em relação à unidade familiar. Em verdade, o juramento feudal era a conclusão de uma aliança protetora entre guerreiros individuais, pela qual se confirmava, sacralmente, essa relação individual entre o guerreiro que dava a terra e proteção e o outro que lhe prestava serviços. Na primeira fase desse processo, o rei participava, como se disse, distribuindo terras, sem prestar qualquer serviço, salvo uma possível proteção contra agentes externos. Na base da pirâmide, o servo simplesmente prestava serviços ou pagava tributos. No início, os ocupantes dos degraus intermediários tinham essa dupla face: possuíam — e poderiam distribuir terras — e tinham capacidade de proteger os que estivessem em situação a eles inferior na hierarquia; estes prestavam serviços aos seus superiores. Contudo, o processo de

---

(229) ELIAS, Norbert. Ob. cit., p. 36-7.
(230) ENGELS, Friederich. Ob. cit., p. 158-160.
(231) ELIAS, Norbert. Ob. cit., p. 60-1.

feudalização mudou essa rede de dependências, como se disse, uma vez que os grandes passaram a depender mais dos serviços de seus vassalos, que estes da proteção de seus senhores. Cada vez mais a sociedade se dirigia para a menor unidade de organização, a qual tinha a maior importância: cada pedaço de terra sustentava seu proprietário.[232]

A sociedade que, inicialmente, foi formada com base na hierarquia dos guerreiros — originariamente, servidores do rei —, aos poucos, muda neste aspecto, sendo que os guerreiros tornaram-se proprietários independentes da terra que lhes fora confiada e os títulos nobiliárquicos, antes vinculados aos serviços, transmutaram-se em designações relativas a posições na escala social correspondentes ao tamanho da propriedade e ao poder militar. Dessa maneira, como exemplo, o território franco do ocidente desintegrou-se, nos séculos X e XI, num sem número de domínios cada vez menores. Barões, viscondes e *seigneurs* controlavam suas terras a partir de seus castelos, como pequenos governantes.[233]

A terra, assim, foi sendo fragmentada, como se fez menção. Os superiores na hierarquia passaram a depender mais dos que prestavam serviços, sendo o pagamento realizado com terras, que não eram mais conquistadas, o que levou, pouco a pouco, à diminuição dos domínios dos superiores na hierarquia feudal. Assim, nem reis, nem duques, nem todas as graduações abaixo conseguiram impedir que seus servidores se tornassem os donos independentes de seus feudos, que passaram a ser transmitidos, também, hereditariamente. Essa tendência foi apontando para um sistema de oportunidades fechadas. Aos poucos, a contextura social era representada mais e mais de unidades isoladas, havendo a gradual dissolução das unidades tribais, com a união de guerreiros germânicos com membros da classe superior galo-românica, bem como com a dispersão de guerreiros por grandes áreas. Os indivíduos não dispunham de outra maneira para se defender contra os socialmente mais poderosos, como se disse, a não ser com a ajuda de guerreiros, a quem davam terras ou prestavam serviços em troca de proteção.[234]

1.8.4. As Casas

O sistema feudal foi, assim, desenvolvendo-se passo a passo até o alcance da sua formação mais característica. Trata-se da forma final desse movimento de expansão do setor agrário da sociedade, a ponto de haver pequena mobilidade no controle das terras. A interdependência entre os feudos era mínima. Cada pequena fazenda tinha seu próprio dirigente, em geral um pequeno cavaleiro como senhor independente. Havia um caos de unidades governamentais e econômicas, que eram, essencialmente, autárquicas.

Ademais, o aumento da população na Europa, considerável para os padrões da época, fez com que houvesse a ocupação de todas as terras. Ao tempo em que as sublevações diminuíam, os mercados esvaziaram-se em face de as populações dos feudos consumirem praticamente tudo o que produziam, em uma economia tipicamente doméstica. A ausência de conflitos expansionistas, que antes aumentavam o poder real, com a conquista de novas terras e a distribuição entre os guerreiros, e o crescimento populacional fizeram a terra ficar escassa, o que obrigou a muitos migrarem para as cidades, dentre eles os guerreiros menos favorecidos. Os servos expulsos da terra juntaram-se aos assentamentos de artesãos, que, pouco a pouco, concentraram-se em torno das sedes feudais bem situadas — as cidades em crescimento. Assim, enquanto as pequenas

---

(232) ELIAS, Norbert. Ob. cit., p. 61.

(233) Ob. cit., p. 65. HESPANHA ensina que "a relação senhor-vassalo constitui a célula básica de toda a organização jurídico-política" de então. In: HESPANHA, António Manuel. Ob. cit., p. 42.

(234) ELIAS, Norbert. Ob. cit., p. 60. Sobre esse sistema, HESPANHA assegura que se estabeleceu o caráter universal da apropriação senhorial, havendo a impossibilidade jurídica de alguma propriedade isenta de prestações à classe senhorial, o que se traduz no princípio "*nulle terre sans seigneur*". In: HESPANHA, António Maunel. Ob. cit., p. 101.

propriedades continuavam uma vida de autossuficiência restrita, as cortes dos senhores feudais mais importantes — reis, duques, condes e os barões mais ricos — começam a ter, em torno de si, a formação de aglomerados populacionais, atraídos pelas crescentes oportunidades. Estas áreas (grandes propriedades feudais), que eram de tamanho médio, quando comparados aos futuros territórios estatais, tornaram-se, pelas oportunidades e pelo governo estabelecido dentro do território, mais povoadas e suas câmaras palacianas cheias de bens. Elas passaram a ser um lugar de circulação da maior parte dos pequenos cavaleiros.[(235)]

Nessas propriedades, desenvolveu-se a divisão do trabalho e uma certa monetarização. As demais permaneceram estacionárias. Os cavaleiros sentiram necessidade de comprar coisas que não poderiam ser produzidas domesticamente, as quais estavam ao seu alcance nas grandes propriedades feudais. Na sequência desse processo, surgem as duas novas formas de assentamento e integração que redundaram em um aumento da divisão do trabalho e na interdependência das pessoas — as cortes dos grandes senhores feudais e as cidades. Em sua gênese social, elas estão intimamente ligadas. Assim, as grandes cortes feudais e as cidades baseavam-se na atividade econômica que existia nas pequenas propriedades e nas estações que, de forma lenta, foram se constituindo no percurso dos bens do estado natural até o consumo. As grandes cortes feudais estavam ligadas à rede de comércio e ao mercado por meio de sua produção excedente, dos tributos que cobravam e da demanda por artigos de luxo, sendo que a maior parte de suas necessidades diárias eram supridas pela produção de seus domínios, ainda a predominar a economia de trocas. Os senhores das grandes cortes eram mais ricos do que todos os cavaleiros da região e do que qualquer burguês. As grandes cortes feudais contavam com pessoas para controlar a entrada e saída de mercadorias, manter as contas, controlar a receita produzida pelos tributos, e, por isso, os grandes e ricos senhores feudais atraíram um quadro de amanuenses, educados para fins de administração.[(236)]

O desenvolvimento das boas maneiras nas altas cortes foi acarretando a diferenciação dos senhores. De um lado, os guerreiros, em seus castelos, em propriedades autossuficientes; de outro, os cortesões, em centros de cortesia, nas sedes das cortes, que foram se tornando os órgãos centrais do reino.

Com Luís VI, da linhagem dos Capetos, o ducado de Frância, que era a possessão do rei, foi sendo ampliado, aumentando a posse direta e subjugando feudos rivais, que, após, não eram mais enfeudados. Contudo, o seu poder não era tão grande assim, e poderia ser restringido por outras Casas. Recebendo apoio de instituições eclesiásticas, pôs-se a enfrentar senhores feudais com poder militar menor que o seu. Ao final, com as suas conquistas, alcançou uma certa posição de hegemonia no território, mas ainda sofrendo a concorrência das demais Casas, inclusive dentro de seus domínios. A proeminência se fez sentir com o domínio político no território de seu ducado. A Casa do rei era a mais rica, a detentora da mais extensa área de terra e com poder militar considerável, originário da receita angariada em seu domínio e pelo número de servos e agregados que possuía, excedendo a todos os guerreiros existentes na região. As gerações seguintes a Luís VI tiveram a tarefa de expandir, de fato, os seus domínios para fora da área assenhoreada por ele.[(237)]

Por certo, o estudo do desenvolvimento das fórmulas jurídico-políticas francesas, e também inglesas, é essencial para o conhecimento da sociogênese do Estado Nacional. Em verdade, a formação de Estados no Império nas regiões germânicas foi muito mais trabalhosa e demorada que em seus vizinhos, especialmente França e Inglaterra. Com um território muito extenso, o Império entre os germânicos foi gerado por conquista e colonização e tendeu a uma desintegração, gerando

(235) ELIAS, Norbert. Ob. cit., p. 66-7;

(236) Ob. cit., p. 68-72. Sobre a divisão do trabalho nesse período, ver BRASSEUL, Jacques. Ob. cit., p. 66.

(237) ELIAS, Norbert. Ob. cit., p. 87-90.

feudos mais ou menos autônomos, independentes, e, até certo ponto, semelhantes, cada vez menores. Diferentemente, o ducado de Frância, até por contar com o apoio da Igreja, bem antes do que ocorreu entre os germânicos, assumiu uma proeminência quanto aos demais territórios feudais. As forças centrífugas cederam primeiro na França do que nos domínios germânicos, em face do desenvolvimento da economia no ducado em que o rei se situava.(238)

Em razão da guerra, a Casa dos Capetos assumiu uma relevância cada vez maior, o que redundou em mais lutas eliminatórias internas, com a incorporação ou domínio efetivo de territórios internos. Esse acúmulo de terra fez com que outras unidades não pudessem mais suplantar o poder central naqueles territórios, tanto militar como economicamente. Em verdade, a mudança no poder, que de fato pode se impor, conduziu também a uma mudança real na relação de vassalagem que, por muito tempo, foi apenas nominal. Essa evolução fez com que a dependência passasse a ser real de muitas Casas em relação a uma, muito embora esta força unificadora, que se deu na antiga região franca ocidental, tenha incidido apenas em uma pequena parte, e na parte interior, do que é conhecido, hoje, como a França. Até então, as fronteiras daquilo que era o Reino Franco definiam não só o reino nominal Capeto, mas incluíam fronteiras das unidades políticas menores nele contidas, e eram definidas por divisões geográficas — vales, rios e cadeias de montanhas. As regiões, grandes e pequenas, eram propriedades de famílias de guerreiros, que as tinham em virtude de lutas internas ou entre famílias, ou em face de casamentos e de compras e vendas feitas pelas famílias, com mudanças constantes de hegemonia em cada região.

Com a proeminência de certas Casas, a posição de Casas menores e mais fracas vai se tornando cada vez mais de dependência a um senhor feudal maior ou a um governante territorial. As chamadas Casas de Príncipes se tornam mais fortes, com predominância em áreas mais extensas.

Uma disputa, no entanto, seria marcante, a que se deu entre Luís VI, do ducado de Frância, e Guilherme II. De fato, Luís VI era um rei que dominava, como senhor feudal, a região franca do Ocidente, contudo, a sua dominação era mais fraca que a de seu vassalo e vizinho, situado na área leste, na Normandia, que, nesse momento, governava a Inglaterra — tinha também uma coroa. Em verdade, Guilherme alcançou uma organização jurídico-política ainda mais desenvolvida, mais centralizada que a do ducado de Frância, tendo sido a mais moderna de seu tempo. A começar de seu exército, que era constituído apenas de parte de guerreiros senhores feudais, contando, também, com cavaleiros mercenários(239), ávidos por terras. Essa composição lhe deu superioridade militar sobre as demais Casas da época. Luís VI foi derrotado em praticamente todas as batalhas contra o seu rival inglês. Ao conquistar a ilha, o rei normando tinha recursos suficientes para contratar soldados independentemente de seus vassalos feudais, com sua estrutura de poder, para os padrões da época, mais organizada, centralizada e com a eliminação de possíveis rivais internos.(240)

Quando a supremacia na descendência de Guilherme passou para a Casa de Anjou, em razão de casamentos e por questão hereditária, para seu neto Henrique Platagenata, que dominou não só a Inglaterra, mas também a parte sul francesa da Europa continental, o poder dessa Casa, quando comparado com o da Casa dos Capetos, passou a ser muito mais forte. Com isso, questionava-se se os territórios francos deveriam ser integrados em volta dos Capetos ou da Casa de Anjou, que, tradicionalmente, na Europa continental, era vassala dos reis Capetos.

---

(238) ELIAS, Norbert. Ob. cit., p. 91.
(239) BRASSEUL afirma que este foi um aspecto que demonstrou o início da fissura da sociedade feudal, uma vez que se iniciou a substituição da classe guerreira, com a sua desnecessidade. In: BRASSEUL, Jacques. Ob. cit., p. 75.
(240) ELIAS, Norbert. Ob. cit., p. 92-114. Segundo BRASSEUL, a supremacia, que já vinha desde Guilherme, pai de Guilherme II, também era tecnológica: "o Domesday Book, espécie de inventário da riqueza de Inglaterra, fixado em 1086 a pedido de Guilherme, o Conquistador, enumera um moinho de água para quarenta e seis lares no Sul do reino". In: Ob. cit., p. 67.

Contudo, outro ciclo se consuma e novamente um Capeto ganha força, Filipe II, que consegue mais unidade e acumular mais riquezas pessoais, para empreender a expansão "francesa". De outro lado, conflitos familiares entre os angevinos e mortes de líderes fazem com que os anglo-angevinos percam poder, em especial quando João perdeu a batalha de Bouvines, em 1214, para Filipe. Ao retornar para a Inglaterra, João encontra os barões e o clero em revolta e assina a Magna Carta. Já Filipe, fortalece seus domínios, acrescentando os da Normandia, o Anjou, o Maine, a Touraine e outros, obtendo saída para o mar e maior influência em outros territórios. No entanto, entre os principais territórios dominados diretamente pela Casa Real ainda faltava integração, em face da existência de feudos titulados por outros senhores, que não o rei. Ademais faltavam territórios realmente franceses, que ainda pertenciam aos Platagenatas. Ao final, obteve sucesso em todos esses planos.

Não obstante, mesmo com a redução de seu domínio, quase que circunscritos à ilha, ainda eram uma ameaça, embora menor — os Platagenatas vão voltar a expandir-se, dominando Gales e Escócia, sendo motivo de preocupação para Filipe. Todavia, ele manifestava maior interesse na Flandres, chegando a dizer que ou a Frância se tornaria flamenca ou a Flandres se tornaria francesa. Ele sabia que os conflitos entre as Casas territoriais menores poderiam gerar ao vencedor a sua autonomia, mas contemplava, também, que a região toda poderia ser dominada ou pela Frância ou por Flandres. A descendência de Filipe continuou expandindo a dominação dos Capetos, o que redundou na dominação de Toulouse, de alguns condados de Flandres e de áreas do Império Romano-Germano. O poder estabelecido em Frância se deu por dominação direta de terras ou, em geral, por uma "união pessoal" vinculada a um centro administrativo comum, mesmo sem dependência recíproca ou divisão de funções, não obstante haver diferenças regionais profundas e interesses locais de caráter específico. Esta administração de uma única Casa removia uma série de obstáculos e promovia uma integração mais completa, o que correspondia às necessidades provenientes das relações de comércio, às ligações entre pequenas partes da população, as urbanas. As casas principescas, sob a proteção das quais cresceram as cidades e o comércio, lucravam com a concentração do poder e contribuíam para ela.(241)

Nos séculos XI, XII e XIII, em razão das expansões, foram diminuindo, gradativamente, as famílias (Casas) que rivalizavam. No século XIV, que marcou a extinção da linhagem dos Capetos, ainda permaneciam lutas de Casas menores e de porte médio pela terra, mas estas lutas não tinham mais o papel dos tempos de Luís VI. As Casas vencedoras nos conflitos precedentes acumularam tanta terra que as demais não poderiam desafiá-las. Houve a diminuição dos que poderiam competir, na região franca do Ocidente, por terra e poder. E a luta entre as Casas dominantes agora era por monopólio do poder sobre as terras que possuíam, não mais uma competição livre por terra, para mera expansão. De todas as Casas, duas tinham superioridade: a dos reis de França, sucessores dos Capetos; e a dos Platagenatas, reis da Inglaterra, que disputavam a hegemonia na região franca do Ocidente.(242)

As forças de descentralização, agora, atuavam diferentemente, haja vista que os ofícios, a moeda e o comércio tinham um papel bem maior(243), operados por pessoas, principalmente da classe burguesa, que conquistaram importância social própria. O avanço dos transportes fez com que os oficiais, servidores da Casa dominante, não se sentissem mais tão livres, pois já poderiam ser alcançados, o que dificultava a sua independência. Os servidores burgueses ofereciam muito menos perigo que os antigos, que integravam, sobretudo, a classe dos guerreiros. A descentralização, agora, vinha por meio da ação de parentes mais próximos dos reis ou príncipes que comandavam

(241) ELIAS, Norbert. Ob. cit., p. 115-6.
(242) Ob. cit., p. 117.
(243) A respeito, ver também: BRASSEUL, Jacques. Ob. cit., p. 68-70.

as Casas e as maiores porções territoriais. É que o domínio e o monopólio do governo não pertenciam a um único indivíduo, mas à família. Os parentes próximos reivindicavam direitos de pelo menos parte das propriedades e eram atendidos (o que não acontecia quando a família tinha poucas terras), de acordo com a prosperidade em cada tempo. Todavia, o Direito das Casas passou a permitir que os seus chefes (reis e príncipes) continuassem a dispor de aldeias, cidades, propriedades e territórios de seu reino ou principado, de maneira que os seus descendentes e familiares pudessem, ao recebê-los, ostentar o *status* da Casa. Essa distribuição dos bens, com poderes sobre territórios, muitas vezes, conduziu ao enfraquecimento da Casa que, em muitos casos, por isso, não conseguia permanecer no poder. Esse processo somente foi modificado muito tempo depois, com Luís XIV, que deixou os integrantes da família real distante das funções governamentais e em posições independentes de poder.[(244)]

Exemplo dessa descentralização pode ser contemplada já desde o início da Guerra dos Cem Anos, quando os Platagenatas, sentindo-se bloqueados para qualquer expansão na Europa Continental, começaram a se movimentar e, diante dessa ameaça, os franceses partiram para o conflito, iniciando a guerra, em que, durante muito tempo, nenhum dos oponentes conseguiu derrotar o outro. Contudo, em razão de um descendente dos Capetos, o rei de Navarra, estar aliado aos ingleses, estes conseguiram avançar no território continental, ocupando vastas extensões do oeste da França e chegando às vizinhanças de Paris. Nesse momento, a paz deixou de ser realizada em razão da discórdia existente entre os herdeiros Capetos, em face do interesse próprio de cada um.[(245)]

A divisão se intensificou com a assinatura do tratado de paz, em que várias extensões de terra foram entregues aos ingleses e o rei francês resolveu transformar o reino franco em quatro ducados, entregando-os aos seus descendentes. Até então, o poder territorial francês ainda conservava o caráter de possessões de família, contudo, promovia-se a sua fragmentação.[(246)]

1.8.5. A organização judiciária

Com o tempo, a rivalidade foi diminuindo, haja vista que a região francesa passou a ser praticamente toda administrada por descendentes dos Capetos. O feudalismo senhorial transforma-se em principesco Capeto. A região, portanto, transmuda-se em monopólio dos descendentes dos Capetos. Todavia, após a Guerra dos Cem Anos, não se seguiu imediatamente uma concentração ou centralização do poder em um único lugar, mas passou-se a um estágio de competição restrita.[(247)]

Do lado inglês, as fórmulas jurídico-políticas estavam em evolução. Talvez em um processo de mais fácil evolver. A segunda conquista da Inglaterra parece ter se dado em um momento mais propício a uma maior unidade. Havia uma propensão à lavratura de documentos escritos e à presença de um pessoal instruído, com hábitos burocráticos. Os reis criaram a figura dos condes, chamados de *sheriffs*, que eram cargos arrendados. Esta função não se confundiu com o feudo, o que não ocorreu no continente, em que os condados foram, passo a passo, enfeudados. Os *sheriffs* tinham, dentre as suas funções, atribuições judiciais. Na Inglaterra, os tribunais de homens livres cedo se firmaram. Estes homens se associavam para a manutenção da ordem pública. Isto favoreceu, grandemente, "a estabilidade e, depois, a extensão da justiça e do poder administrativo reais", como menciona *Bloch*.[(248)]

Na base da organização judiciária inglesa encontravam-se as centenas, como tribunais de juízes livres. No século X, começaram a se estabelecer acima delas os condados (*shires*). A maior

(244) ELIAS, Norbert. Ob. cit., p. 118-120.
(245) Ob. cit., p. 121.
(246) Ob. cit., p. 123.
(247) Ob. cit., p. 131.
(248) BLOCH, Marc. Ob. cit., p. 505.

parte deles foi criada após a luta contra os dinamarqueses, e, desde sua origem, como circunscrições administrativas e militares, os quais tinham como centro uma cidadela, cada uma com um chefe de circunscrição. A partir de então, o *shire* teve o seu tribunal de homens livres. O tribunal do condado somente intervinha quando a jurisdição inferior se mostrava impotente.[(249)]

Ao lado dessas jurisdições públicas, encontrava-se a justiça dos chefes. O senhor convocava assembleias em sua casa, no *hall*. Esta jurisdição foi legalizada pelos reis, com a distribuição de permissões de julgar — *sake* (causa ou processo) *and soke* (procura do juiz). Os poderes judiciais do senhor aplicavam-se ora a uma terra, ora a um grupo de pessoas, com uma competência mais ou menos relativa a uma centena. O foreiro livre retirou o seu nome habitual da sua submissão a esse tribunal, deixando de ser um *sokeman* (o que é passível de justiça), ou seja, imunizando-se à jurisdição aplicável mais propriamente aos servos que aos foreiros livres. Certas Igrejas também receberam, a título perpétuo, o direito de manter tribunais de centenas. Em alguns mosteiros, reconheceu-se o direito de decisão quanto a todos os crimes, ainda que o julgamento deles fosse comumente reservado ao rei.[(250)] Esta competência comum, quase toda ela, ao dia a dia feudal, não retirava da Igreja a jurisdição sobre as causas eclesiásticas, de sua competência exclusiva. Todos os de categoria média, em poder e em liberdade, frequentavam os tribunais condais.

Em verdade, foi fundamentalmente nesses tribunais, tanto no ambiente do condado, como, precipuamente, no mais restrito da centena, que os elementos de formação da nação inglesa foram gerados, segundo *Bloch*. Foi neles que se consolidou o hábito de fixação dos costumes do grupo territorial. Todos compareciam, cada qual em sua centena ou condado, em especial para responder inquéritos e assumir responsabilidades por erros coletivos. Esta prática terminou por levar à convocação de todos os membros de tribunais condais juntos, formando o primeiro núcleo daquilo que seria mais tarde a Câmara dos Comuns.[(251)]

De todo modo, no feudalismo, inclusive no regime judiciário alemão, cedo erigiu-se o princípio de que o homem livre deveria ser submetido ao julgamento de tribunais de homens livres. Na França, especialmente no Norte, e na Itália setentrional, a justiça foi mais senhorializada, mas acentuou-se a hierarquização das justiças senhoriais — alta e baixa. As assembleias de centena cedo desapareceram. O alto julgador residia na castelania — o direito de julgar advinha de uma casa fortificada. Ao príncipe, resguardou-se o monopólio das causas de sangue, como na Flandres e na Normandia. Ao conde, propriamente, reservou-se o julgamento sobre questões relativas a imóveis livres (alódios) e a justiça dos mercados e vias públicas. Havia uma tentativa de limitar ou contrabalançar o desmembramento das justiças. O tribunal do rei funcionava para julgar os seus dependentes imediatos, dentro de seus domínios feudais diretos, ou como tribunal vassálico, excepcionalmente, para julgar os grandes vassalos — os grandes feudatários da coroa. Não atingia a grande massa dos súditos. O alargamento do poder da monarquia deveria se dar por meio do poder jurisdicional, para alcançar o reino no interior, o que só poderia se dar por meio de juízes permanentes. Este pensamento se tornou fato, primeiro, entre os soberanos anglo-normandos e anglo-angevinos. Só depois, mais lentamente, na França dos Capetos.[(252)]

Aos poucos, os tribunais senhoriais propriamente ditos — que julgavam as causas dos servos — e os tribunais condais — que julgavam as causas dos livres — foram se integrando em um sistema jurisdicional, a partir da Inglaterra. Assim, os *shires* (condados) passaram a ter instituições de segunda instância e, ademais, houve o alargamento da justiça real. A monarquia, então, pôde estender os seus tentáculos por meio do reino inteiro, mediante uma rede completa de juízes "missionários ou delegados permanentes.[(253)]

---

(249) BLOCH, Marc. Ob. cit., p. 436.
(250) Ob. cit., p. 437.
(251) Ob. cit., p. 438.
(252) Ob. cit., p. 439.
(253) Ob. cit., p. 439.

Do lado francês, em que vigorava a divisão da jurisdição em que o homem livre era julgado em uma reunião de homens livres e o servo poderia ser punido pelo senhor, as classificações sociais traziam perturbações, pois muitos homens livres entravam em estado de servidão, todavia, conservavam, em princípio, muito de seu estatuto primitivo, inclusive o direito de julgamento por seus pares. Muitas vezes, o costume foi alargando, em vários locais, e o conjunto dos servos de um senhor passou a ser julgado por assembleias compostas de súditos do mesmo senhor. Na justiça senhorial, em geral, no entanto, era o senhor diretamente quem julgava. Esse era o único juiz conhecido, salvo as exceções mencionadas acima e abaixo, pelos humildes dependentes. Esta forma de julgar encontrava apoio na marca ou na organização romana, em que os magistrados eram superiores, não pares. Todavia, os servos, dependendo da região, poderiam ser julgados por tribunais colegiais ou por representantes do senhor. Assim, foreiros livres eram julgados por tribunal baronal constituído por foreiros livres; e, de outro lado, o tribunal costumeiro, onde o vilão era julgado pelo senescal. Muitas vezes, o senhor não julgava diretamente, mas nomeava alguém vitaliciamente ou se cercava de homens notáveis — os homens bons, que presidiam os julgamentos em assembleias, que eram chamadas tribunais.(254)

Muito naturalmente, do lado francês, em decorrência do próprio sistema vassálico, os recursos subiam de escalão em escalão. Com o jogo de instâncias, foi-se encontrando o remédio contra o fracionamento absoluto da jurisdição, uma vez que os recursos foram se tornando uma prática cada vez menos excepcional. Segundo *Bloch*, isso permitiu introduzir "na organização judiciária um elemento de unidade que as monarquias do tipo antigo, fora do alcance da maior parte das populações consideradas sujeitas, tinham demonstrado ser impotentes salvaguardar".(255)

Nada obstante, o feudalismo assistiu a um prodigioso retalhamento, entrelaçamento e ineficácia dos poderes judiciários. Por força disso, houve muitos conflitos de jurisdição, levando muitos a optarem por árbitros ou por uma solução amigável. Em qualquer hipótese, o risco era grande de não ser respeitada a decisão ou o acordo, tanto judicial, como extrajudicial. A execução do decidido também se realizava, quase sempre, de modo voluntário. O exercício da jurisdição pelos senhores era muito lucrativo. Em um determinado momento da história feudal, o nome *justicia* se tornou sinônimo de conjunto de poderes dos senhores, que atingia o homem submisso por inteiro.(256)

Exercer a justiça exigia, onde existia algum regramento escrito, saber as normas ou mandá-las ler, sendo estas demasiadamente rígidas, não exigindo esforço interpretativo. No caso de costume oral, bastava familiaridade com a tradição difusa. Contudo, precisava-se saber os gestos prescritos e as palavras necessárias, que encerravam os trâmites, observando-se o formalismo. Os meios probatórios limitavam-se aos depoimentos, sendo o emprego do testemunho pouco frequente. Atos judiciais comuns referiam-se à aceitação do juramento das partes e à verificação do resultado de um ordálio ou de um duelo judiciário. No meio dos comerciantes, em seus grupos, bem cedo, solucionavam-se as matérias que tinham esse objeto, de início, por arbitragem, depois, por jurisdição própria. Em geral, os tribunais comuns tratavam de posse sobre coisas e sobre homens, bem como crimes. Para as funções acima mencionadas, nos tribunais, não se necessitava de preparo técnico. Eram poucas as matérias e sem sutilezas.

Além dos tribunais citados, existiam os especializados relativos à Igreja, quanto às causas de sua missão peculiar (os sobre os seus dependentes feudais foram mencionados acima), alcançando clérigos e monges, bem como as pessoas comuns que cometiam delitos religiosos — heresias e os relativos a juramentos e casamentos.(257)

---

(254) BLOCH, Marc. Ob. cit., p. 434-6.
(255) Ob. cit., p. 440.
(256) Ob. cit., p. 423-4.
(257) Ob. cit., p. 425-6.

Como se disse alhures, o sistema judiciário ordinário era dividido em duas partes: a justiça dos homens livres — em tribunais compostos por homens livres, com a direção de um representante do rei; e a justiça dos servos — pelo senhor, ou por meio de fórmulas por ele traçadas, como mencionado, ou ainda, em determinados casos, o senhor poderia levar o servo às barras dos tribunais de homens livres. Havia lei que conduzia algumas causas dos servos aos tribunais ditos públicos, ou seja, de homens livres. Ademais, como já comentado, homens livres que se tornavam servos e servos que se tornavam foreiros compunham um povo heterogêneo, dependendo da localidade, e, em parte, eram submetidos aos tribunais de homens livres e, em parte, à justiça privada do senhor. Todavia, a tendência, em razão das imunidades reais que eram dadas a certos senhores, era deixar a critério do senhor aqueles que estivessem em sua dependência, pois as imunidades impediam a penetração de oficiais reais no feudo e, por conseguinte, a delegação a condes de poderes judiciários sobre os habitantes de sua circunscrição.(258)

A reforma judiciária implantada por Carlos Magno trouxe algumas alterações nas estruturas judiciais. No período merovíngio, ao lado da justiça senhorial, a justiça dos homens livres era dirigida, em geral, pelos condes, que, ao deslocarem-se pelas diversas centenas, convocavam todos os homens livres, sendo a sentença prolatada por um pequeno grupo de julgadores escolhidos na assembleia. O papel do conde, oficial real, era apenas presidir às deliberações e, depois, fazer executar as sentenças. No período carolíngio, para evitar as convocações frequentes e a sobrecarga de trabalho dos condes, as reuniões nas centenas, presididas pelos condes, passaram a ocorrer três vezes por ano. Essa redução de periodicidade das reuniões levou, mais à frente, à limitação de competência. Assim, nessas audiências gerais, passaram a ser julgadas as matérias mais importantes, as chamadas causas maiores. As menores passaram a ser solucionadas, mais frequentemente, sob a direção de subordinados ao conde, seu representante — *centenier*. Essa função, comumente, os condes terminaram por delegar aos senhores, que passaram a julgar os de sua casa, mesmo livres, todavia, quanto às causas menores. No que se refere às maiores, havia o compromisso, quanto aos imunistas (solo isento); estes deveriam apresentar os homens livres aos tribunais condais.(259)

A distinção entre causas maiores e causas menores terá grande importância em toda a época feudal, pois é ela que também vai auxiliar nas designações de alta e baixa justiças — ambas ligadas ao solo: quem residia dentro de suas fronteiras estava-lhes sujeito.(260) Todos os países de influência carolíngia continuariam a opor dois graus de competências sobre um mesmo território, que não estariam nas mesmas mãos. No que se refere ao Direito Penal, apenas o tribunal condal podia condenar à morte. Todavia, estas questões deixaram de ser privilégio de alguns grandes tribunais. Na primeira idade feudal, havia uma multidão de pequenos chefes providos do direito de morte (imunistas). As grandes Igrejas, a partir daí, por si ou por representantes, também exerceram a justiça de sangue, tudo em contrariedade às regras antigas. O exercício da justiça de sangue se tornara uma consequência natural da imunidade, um direito daqueles senhores que não estavam sujeitos, em seus territórios, ao ingresso de agentes do rei. A barreira imposta pelos carolíngios havia cedido.(261)

No início dos tempos carolíngios, as sentenças relacionadas a crimes de morte, dadas pelos tribunais condais ou os do rei, limitavam-se a prescrever uma indenização. Com o tempo, em razão da escassez de recursos, inicia-se um período de *vendetta* e de violências constantes. Por

(258) BLOCH, Marc. Ob. cit., p. 427.
(259) Ob. cit., p. 427-8
(260) Este princípio territorial, em razão também da força do princípio da sujeição de homem para homem, sofreu concorrência do princípio pessoal. O homem mais forte tinha o dever de acompanhar o mais fraco ao tribunal, para lhe defender e ser seu fiador, e, com o tempo, passou a ser, o mais forte, ele mesmo, o juiz do caso envolvendo o mais fraco. Por exemplo, os servos, em questões de sangue, só poderiam ser julgados por seus senhores — senhores de corpo. In: Ob. cit., p. 433.
(261) Ob. cit., p. 429-430.

volta do século X, a lei penal passou a ser extremamente dura. Antes, o carrasco não intervinha nas jurisdições inferiores — assembleias de centenas ou de imunidades, pois estas eram incompetentes quanto à condenação à morte, podendo apenas fixar indenizações, salvo os *centeniers* no caso de culpados surpreendidos em flagrante delito e os imunistas quanto a seus servos. Todavia, a natureza da sentença dos tribunais inferiores mudou e os condes perderam o monopólio das condenações à morte. Daí em diante, extinguiu-se a fronteira entre a servidão e os dependentes.[262]

Ao lado dos crimes, os tribunais condais julgavam duas categorias de processos, a saber: (1) a respeito da natureza da vinculação entre os homens — se escravo ou livre — ou quanto ao direito à posse de escravos; (2) sobre a natureza da posse das terras, se alodiais ou não. A primeira hipótese de ação cedo deixou de existir com o fim da escravidão. Quanto aos bens alodiais, em razão de sua raridade, poucas eram as demandas a respeito. A alta justiça teve, então, o seu papel limitado a uma jurisdição puramente penal. O juiz da baixa justiça era o juiz ordinário de quase todos os processos cíveis que pudessem surgir entre os seus homens, salvo as questões cíveis que terminavam com a decisão em duelos, ou seja, com derramamento de sangue, o que atraía a competência da alta justiça. Esse juiz da baixa justiça também tinha a competência para julgar todos os pequenos e médios delitos, que desde há muito já eram de sua alçada.[263]

Os altos dignatários da justiça também possuíam o direito de exercer a baixa justiça nas terras em que as pessoas lhes deviam obediência direta. Por outro lado, era comum homens apresentarem as suas demandas de alta justiça (mais graves) a um tribunal vizinho. O escalonamento da justiça permanecia, com as competências em mãos distintas, todavia, em toda linha houve o abaixamento de um escalão, já que a alta justiça, assim, era exercida pelo senhor da propriedade ao lado, que não era conde, havendo um processo de perda do monopólio das causas maiores pelos condes, em favor da massa de senhores, que se fizeram altos juízes. Ademais, a baixa justiça passou a ser, corriqueiramente, exercida pelos senhores quanto a seus dependentes foreiros, no que tange aos encargos de suas tênures rurais.[264]

1.8.6. A dominação tradicional

Na Idade Média, muito embora superada a formação social por meio das *gens*, predominou a dominação tradicional. *Weber* afirma que este padrão de dominação é aquele imperante em uma sociedade baseada em um modelo comunitário, no qual se cria na santidade das ordenações e dos poderes senhoriais existentes desde tempos imemoriáveis. A obediência decorria da suposta dignidade do senhor, por força da tradição, fulcrada na fidelidade. O conteúdo das ordens está fixado pela tradição. Criar Direito novo era praticamente impossível, pelo menos na esfera senhorial, diante das normas provenientes da tradição, pela qual se erigia um estatuto como válido desde sempre. Esta "sabedoria" proveniente das normas tradicionais, que regia a atuação do senhor, todavia, não impedia que este também atuasse com certa liberdade, de acordo com sua vontade, dentro dos limites de cada caso, em função da equidade. Tradição de um lado e graça e arbítrio de outro. Neste aspecto, o senhor, em parte, agia conforme o seu prazer, sua simpatia ou antipatia, pautado em pontos de vista e influências estritamente pessoais. Na composição de litígios, predominavam princípios de equidade ética material, da justiça ou da utilidade prática.[265]

Este sistema de dominação parece ter iniciado com uma forma pura, denominada dominação patriarcal. Os que participavam do quadro administrativo (o que incluía os que trabalhavam

---

(262) BLOCH, Marc. Ob. cit., p. 430-1.
(263) Ob. cit., p. 431-3.
(264) Ob. cit., p. 432.
(265) WEBER, Max. Ob. cit., p. 131.

auxiliando nas funções de julgar) eram: dependentes pessoais do senhor — familiares ou funcionários domésticos, ou de parentes ou amigos pessoais, tidos como favoritos, ou de pessoas ligadas por vínculo de fidelidade; vassalos ou príncipes tributários. Não existia o conceito de competência e a extensão do poder de cada servidor particular era regulado casuisticamente pelo senhor, discricionariamente. O quadro administrativo tinha as suas relações dominadas pela fidelidade pessoal do servidor, não o dever de disciplina objetivamente ligado ao cargo, que inexistia.(266)

Esta estrutura, denominada de puramente patriarcal de administração (do pai de família ou parentela, do chefe ou do "soberano"), delineava-se a partir do recrutamento dos servidores em completa dependência pessoal do senhor, de forma puramente patrimonial — escravos, servos e eunucos; ou extrapatrimonial — favoritos e plebeus, sendo que estes não eram totalmente desprovidos de direitos. Contudo, quanto ao cargo, não tinham direito próprio algum sobre ele, não sendo selecionados profissionalmente, nem tendo honra estamental por ocupá-lo. Tudo dependia do senhor: meios materiais aplicados em seu nome e custeados por ele; quadro de pessoal sem nenhuma garantia de seu arbítrio. O domínio era um direito corrente de exercício do senhor.(267)

Ao lado das atividades dos funcionários no sistema feudal, desempenhadas pelos domésticos — senescal, camareiro, mordomo etc., ligadas estritamente à tradição, havia a coexistência com a atividade livre, comum na dominação tradicional. Nessa esfera livre, a ação do senhor e de seu quadro administrativo havia de ser comprada ou conquistada por intermédio das relações pessoais.

Provavelmente, este sistema evoluiu com o tempo, para uma estrutura de dominação tradicional definida como estamental, em que os servidores não são pessoalmente do senhor, mas são pessoas independentes. A posição deles é própria, pois investidos em seus cargos de modo efetivo, por privilégio ou concessão do senhor, ou em virtude de um negócio jurídico. A competição dos titulares dos cargos e suas rendas termina por delimitar os conteúdos administrativos, em lugar da competência, sendo usurpada a articulação hierárquica pelo privilégio, faltando a categoria da disciplina.(268)

1.8.7. O legado do feudalismo

Com efeito, o feudalismo foi muito mais uma sociedade desigual do que hierarquizada (embora já representasse um avanço neste particular). Como diz *Bloch*, eram mais chefes do que nobres, com as suas formas de dependência, até as classes inferiores. O isolamento entre os senhores terminou por caracterizar a feudalidade, não a hierarquia.(269) Era a sujeição econômica direta de uma multidão de gente humilde (servos) a alguns poderosos. Os escalões, em verdade, praticamente, não funcionavam.

Todavia, se o vínculo entre os servos e os seus senhores era, em geral, de natureza hereditária — adrede à terra, quase sagrado —, o liame entre os senhores, na vassalagem, tinha outro matiz. Sabe-se que o feudalismo não imperou apenas na Europa, mas no Egito(270), na China(271),

(266) WEBER, Max. Ob. cit., p. 132.

(267) Ob. cit., p. 132.

(268) Ob. cit., p 132.

(269) BLOCH, Marc. Ob. cit., p. 516.

(270) GILISSEN, John. Ob. cit., p. 54. THÉODORIDÈS, a esse respeito, fala de imunidade, corveias e exame real de litígio entre pessoas influentes do antigo Império egípcio. In: THÉODORIDÈS, Aristide. Une Charte d´immunté d`ancien empire. In: Revue Internationale des droits de l´antiquité. 3ª série, tome XXIX, 1982. p. 116.

(271) MAcCORMACK afirma que nas dinastias Tang — 618 a 907 d.C. — e Sung — 960 a 1279 d.C., quando uma questão aparecia, o que ocorria muito raramente, na justiça chinesa para tratar sobre contrato, o julgamento era no sentido de não ser matéria a ser tratada em juízo, restrito às questões familiares e às da ordem pública. In: MAcCORMACK, Geofrey. The law in China under the Tang and Sung Dynasties. Revue Internationale des droits de l´antiquité. 3ª série, tome XXXII, 1985, p. 17-8.

no Japão etc. Contudo, o sistema feudal europeu tinha uma característica peculiar. No Japão, por exemplo, a submissão vassálica era mais unilateral e o imperador, com o seu poder divino, ficava fora do edifício das homenagens. A feudalidade europeia foi edificada sobre a ideia de convenção, capaz de unir poderes, inclusive e a partir do rei. [(272)] O vínculo político no feudalismo era sempre constituído frente a frente, ou seja, consensualmente, mediante a manifestação da vontade dos indivíduos livres. Havia necessidade do contato direito para o exercício da verdadeira autoridade.

A vassalagem era, em verdade, um contrato, um ato jurídico voluntário e bilateral entre um indivíduo mais forte e outro mais fraco, implicando obrigações legais para ambos. Esta forma de vinculação plantou no seio da sociedade uma ideia diferente: o individualismo (mesmo incipiente) — não se dava entre famílias, mas entre indivíduos, como já comentado acima.[(273)]

O espírito da vassalagem, nesse sentido, renascia das cinzas em cada momento histórico. A homenagem vassálica era um contrato bilateral, como mencionado, em que, quando se faltava aos compromissos, os direitos eram perdidos pelo infrator. Isto transposto ao domínio público certamente conduz à conclusão de que os súditos do rei eram, simultaneamente, seus vassalos. O mito da realeza sobrenatural e sagrada não tinha guarida entre os iguais — os cavaleiros, os nobres. O protesto gregoriano trouxe, assim, a partir de um segmento da Igreja, já no século XI, essas ideias, em especial a da noção de haver um contrato ligando o soberano e o povo. Assim, reconhecia-se ao vassalo o direito de abandonar o mau senhor, fosse quem fosse ele.[(274)]

Desde o Espelho dos Saxões, já estava previsto o princípio de que "o homem pode resistir ao seu rei e ao seu juiz, quando este age contra o direito, e pode até ajudar a fazer a guerra contra ele [...]", o que não significava violar o dever de fidelidade. O chamado direito de resistência já estaria em embrião nos Juramentos de Estrasburgo de 843 e no pacto de 856 entre Carlos, o Calvo, com os seus grandes.[(275)]

Com efeito, por um longo período, viu-se, na Idade Média, uma tendência ao isolamento dos senhores, ilhados em seus feudos, a haver pouca ou nenhuma comunicação com qualquer outra instância de poder. Cada vez mais se acentuava o isolamento e a fragmentação das terras, em mais feudos. A comunicação entre as esferas de poder operava-se, sobremaneira, por meio da função jurisdicional, por intermédio, principalmente, dos tribunais condais, uma vez que os tribunais senhoriais integravam a vida do feudo, dentro dessa visão de isolamento que os senhores impunham em seus domínios. Os tribunais condais — a função jurisdicional relativa aos livres — representavam a única parcela do poder jurídico-político com alguma unidade, estando excluídos de sua incidência os servos. Fora este aspecto de ligação entre os feudos, por meio de uma justiça entre todos os cavaleiros e livres, havia somente um poder real sem força, voltado às suas áreas de senhorio direto e à arrecadação, sobretudo, de emolumentos eclesiásticos. Eventualmente, a unidade, a partir do monarca, era sentida em razão de guerras, o que nunca foi suficiente para gerar um sentimento permanente de nacionalidade adequado a alcançar a unidade estatal.

No que se refere aos tribunais condais, a participação dos iguais nos litígios — homens livres — exigia uma comunicação entre "mundos" (feudos distintos e autoridades condais) que, em princípio, não se intercambiavam. Os homens livres, quando ingressavam na instância jurisdicional, a postular na justiça, desfrutavam da companhia antagônica de seus pares — iguais, o que fazia advir para as reuniões pessoas livres de outros feudos, para o julgamento das questões postas. A decisão era dada pelo conjunto de pessoas livres, sob a direção de uma autoridade judicial.

(272) BLOCH, Marc. Ob. cit., p. 527-8.
(273) FUKUYAMA, Francis. Ob. cit., p. 268.
(274) BLOCH, Marc. Ob. cit., p. 527.
(275) Ob. cit., p. 527.

Ser livre, naquela época, era poder ser julgado por iguais e não por um senhor que estivesse acima de si. Ser livre, portanto, era ter direito de acesso a uma justiça entre pares — a justiça pública.[276] Esse era o conceito de justiça idônea naqueles tempos. E o conceito de liberdade se relacionava com o acesso a um tribunal integrado por iguais. Somente era livre quem tinha acesso a uma justiça prestada por iguais. Essa garantia era a pedra de toque para a unidade perdida e ainda existente de uma forma bastante incipiente.

O aumento da população também trouxe o crescimento do número de homens livres, que não eram apenas cavaleiros senhores, mas integrados por foreiros e muitos servos que conquistaram a liberdade, inclusive a compor, também, a população dos centros urbanos. Este aumento dos homens livres, por certo, obrigou ao incremento do funcionamento dos tribunais condais. A frequência a esses órgãos se desenvolveu, em face do maior contato entre os homens livres no dia a dia. Esse maior contato levou a um maior número de litígios, que exigia uma solução justa, por meio dos pares.

Esse intercâmbio entre as pessoas, uma exigência também das cortes das grandes Casas que cresciam, pelas razões já expostas, descambou em um crescimento das malhas judiciais, para garantir esse relacionar pacífico entre os homens livres. O comparecimento dos homens livres a estes órgãos judiciais, como já se disse acima, terminou por produzir um relacionar que trouxe maior conhecimento e valor aos costumes e regras jurídicas e a uma maior participação dos livres em uma vida pública, ainda incipiente, mas que já apontava para maiores projeções.

A justiça realizada pelos homens livres era uma justiça propensa a garantir a igualdade entre as partes, muitas vezes com a solução dos litígios por duelos. Nesse aspecto, disseminaram-se os tribunais nos reinos ocidentais europeus, sendo que estes tribunais condais eram os tribunais públicos, com vinculação real: o conde era nomeado pelo rei e as permissões de julgar eram por ele dadas. De mais a mais, o rei não tinha, nem poderia ter, pela quantidade de órgãos, intervenção nos julgamentos, que eram livres. Com isso, os iguais se sentiam unidos — unidade pela mencionada condição de ser livre, por ter, exatamente, essa garantia; não por qualquer outra.

Em razão dessa prática, que ganhou corpo, primeiro na Inglaterra e, depois, na França, em que o acesso aos tribunais condais teve grande desenvolvimento e importância, os reis passaram a vislumbrar que era possível capilarizar todo o sistema de poder dentro de um vasto território, com unidade. A Inglaterra se destacou ante a sua formação muito mais regular que os principados continentais da época, formados por monarquias em geral com uma confusa tradição. A Inglaterra surgiu com verdadeiros principados territoriais, formados segundo o modelo clássico das aglomerações de condados, em que os *sheriffs* permaneceram sujeitos ao rei, sendo que a sua função pública não tinha sido confundida com o feudo.[277]

Além disso, em França, o regime vassálico, que tinha os senhores de feudo por juízes ordinários, criou novas possibilidades judiciais, no caso de recusa de justiça por esses tribunais. Os recursos, então, subiam de escalão em escalão, ao longo da fileira das homenagens. Para chegar-se ao tribunal do soberano, tinha que se ir de próximo em próximo. Estes recursos se tornaram cada vez menos excepcionais, configurando uma hierarquia de dependências e entre chefes colocados uns acima dos outros, estabelecendo-se uma série de contatos diretos. Trata-se de mais um aspecto que corrobora a unidade ainda não sentida nas monarquias antigas, que estavam fora do alcance das populações e impotentes para salvaguardar qualquer de suas demandas.[278]

---

(276) BLOCH, Marc. Ob. cit., p. 321.
(277) Ob. cit., p. 503.
(278) Ob. cit., p. 428.

Cabe destacar que os tribunais de homens livres conduziram estes a uma associação forte, em que o funcionamento da instituição terminou por levar à manutenção da ordem pública, a favorecer a estabilidade e, por conseguinte, a extensão da justiça e do poder administrativo reais.[(279)]

Como se verá no capítulo seguinte, os tribunais reais vão ocupando, passo a passo, o lugar da justiça das assembleias forenses dos condados, comunas etc., surgindo instituições permanentes, desempenhadas por representantes profissionais ou semiprofissionais, a configurar tribunais reais que tinham a jurisdição garantida sobre casos envolvendo a posse de terras, que só poderiam ser iniciados com uma ordem do tribunal real, o que levou a alcançar-se uma unidade que permitiu que o poder central conseguisse tributar o reino inteiro, surgindo, aí, o Estado nacional, o que se verá a seguir.

(279) BLOCH, Marc. Ob. cit., p. 505.

CAPÍTULO 2

A jurisdição e sua importância para a formação do Estado, para a sua Constituição e para a regulação da economia

2.1. O desenvolvimento jurídico-político a partir da jurisdição e o surgimento do Estado

A análise da jurisdição nas principais fórmulas jurídico-políticas que se destacaram na história parece revelar que estes sistemas tiveram sua estrutura delineada, em grande parte, pelo modo com que a jurisdição se desenhou. Na *polis* (cidade-estado grega), na *civitas* ou na *res publica* romanas, ou mesmo no *dominium* feudal, a organização jurisdicional estruturou a sociedade, conduzindo à sua estabilidade, à sua expansão ou à sua fragmentação.

Nada obstante, a estabilidade possibilitada pelo modelo jurisdicional grego — garantida por um sistema de maior participação direta; a monumental estrutura jurisdicional romana e a sua incidência em vastos territórios e sobre extensas populações; e a jurisdição fragmentada do feudalismo não foram capazes de alcançar o sistema jurídico-político definido como Estado.

O Estado parece ter surgido de um amálgama, em que fatores históricos, sociológicos, jurídicos e políticos se entrecruzaram, permeados pela função jurisdicional, em um sistema jurídico-político que representou uma nova realidade, capaz de viger sobre grandes populações e amplos territórios, em uma unidade jamais vista até então.

Nesse contexto, a jurisdição, que estabilizou a cidade-estado, fez existir o Império e fossilizou o feudalismo, ganhou contornos diferenciados, inovou-se, para fazer surgir uma nova forma de organização política, de início, o Estado Nacional, e, mais adiante, revolucionou-se, para gerar ou ser fator imprescindível para a formação do Estado Constitucional.

O Estado Nacional caracteriza-se pela ligação direta entre o súdito e o centro decisional, com a concentração do poder na pessoa do rei, que se utiliza de órgãos, em especial dos tribunais reais, que substituíram, progressivamente, a administração feudal. Por sua vez, o Estado Constitucional é aquele que, nada obstante centralizado e unificado o poder, tem limites definidos na Constituição, que estabelece a separação dos poderes (funções essenciais) como garantia maior dos direitos dos cidadãos.[(280)]

Neste capítulo, serão enfocados fatores históricos e destacados aspectos relevantes para o surgimento do Estado, com acento na jurisdição, que representou ponto relevantíssimo para a formação do Estado. Iniciar-se-á pelo exame da jurisdição no Estado Nacional, prosseguir-se-á destacando-se a jurisdição no Estado mais desenvolvido jurídico-politicamente que se conhece, o Estado Constitucional e, por fim, acentuar-se-ão desdobramentos da jurisdição no Estado, em razão da regulação da economia, uma nova nuance da jurisdição, no chamado Estado Regulador.

---

(280) MIRANDA, Jorge. *Manual de Direito Constitucional*. Tomo I — Preliminares: o Estado e os sistemas constitucionais. 6. ed. Coimbra: Coimbra Editora, 1997. p. 78-87.

2.2. *A formação do Estado Nacional*

2.2.1. Início do escorço

O estudo da formação do Estado, por certo, inicia-se ainda dentro da Idade Média. Em verdade, esta confusão entre fases históricas, até por força de transições, também aconteceu em relação ao que seja mesmo Idade Média. Os historiadores apontam que o início da Idade Média se deu com a queda do Império Romano do Ocidente, em 476 d.C., quando Roma foi tomada pelos hérulos. Este acontecimento é o marco inicial da Idade Média.

Todavia, como bem aponta *Hespanha*, a partir do século III, o Império Romano, em razão da crise econômica nas cidades, estabeleceu uma política, inclusive na Península Ibérica, de exploração de grandes domínios, com a substituição do trabalho dos escravos pelo trabalho de colonos — homens livres, que se ligavam por laços pessoais ao latifundiário. Muitos desses homens livres, a partir de então, vão se despojar da sua situação de independência — angustiada ante a penúria em que viviam os cidadãos pobres —, passando a uma que consideravam bem mais tranquila: a de dependência em relação ao latifundiário, ao optarem pela posição social de colonos, trabalhando nos latifúndios.

A crise foi agravada pelas primeiras invasões germanas, que se generalizam, retraindo o comércio e a economia monetária e havendo mais migração para o campo. O Império Romano foi afetado, de modo que não podia mais manter por si a administração e a defesa em toda a sua extensão a contento, o que o obrigou a entregar certas tarefas e poderes aos potentados locais — donos de grandes extensões territoriais. É exatamente aí que vai se gestar uma nova ordem econômica e social — o sistema feudal, baseada:

> a) no colapso da economia urbana, comercial e monetária; b) avanço da economia rural, agrícola, de autoconsumo; c) deslocamento dos centros políticos e sociais regionais da cidade para o campo; d) degradação do poder central e fortalecimento dos polos periféricos; e) progresso do estado servil (ou colonato) — quer por servilização dos homens livres, quer por emancipação dos escravos — e, consequentemente, das relações pessoais de dependência.[281]

É que as datas de início das chamadas Idades[282] não correspondem, nem poderiam corresponder, com exatidão às datas das mudanças econômicas, sociais e políticas reais. Esse sistema novo, que começou a se configurar no século III e se consolidou nos séculos seguintes, chamado feudal, tinha como fundamento da sua estrutura jurídico-política a relação senhor-vassalo. Esta era a célula básica. A relação abstrata poder político-súdito não existia no feudalismo. Os romanos, antes mesmo da queda do Império, começaram a ver se esbaterem as diferenças, para eles tão nítidas, entre os poderes públicos e os privados. Estes decorrentes da propriedade e dos pactos. Os vínculos políticos passariam a ser pessoais (fidelidade) e patrimoniais (quem é dono é o senhor: tem poder — poder patrimonial na titularidade de um detentor), sem monopólio de um único

(281) HESPANHA, António. Ob. cit., p. 71-2. Por esta razão, uma vez que as condições acima já se faziam presentes desde antes da queda do Império Romano do Ocidente, HESPANHA assegura que o período feudal começou, em verdade, no século III d.C. In: Ob. cit., p. 42.

(282) ECO assegura que a Idade Média "é o período que começa quando o Império Romano se dissolve e que, fundindo a cultura latina, tendo o cristianismo como aglutinante, com a dos povos que pouco a pouco foram invadindo o Império, dá origem ao que hoje chamamos Europa, com as suas nações, as línguas que ainda hoje falamos e as instituições que, apesar de mudanças e revoluções, são ainda as nossas". Segundo ele, "devemos, pois, tratar a história da Idade Média na convicção de ter havido muitas idades médias". In: ECO, Umberto (Direção). *Idade Média*: bárbaros, cristãos e muçulmanos. Capítulo Introdução à Idade Média. 3. ed. Alfragide: Dom Quixote. 2014. p. 12-3.

centro de poder. Com isso, prolifera-se a desigualdade jurídica entre as pessoas, com a pulverização da ordem jurídica, em razão das pessoas e coisas (lugares). Os costumes[283], os estatutos e as leis eram sempre voltados a garantir o direito dos centros de poder (propriedades). A autoridade confunde-se com a propriedade e os costumes locais e os forais (leis especiais) estabeleciam privilégios. Os únicos titulares de direitos e deveres no plano político são os senhores, membros das classes feudais, sendo os demais representados por eles.[284]

Assim como o início da formação do sistema feudal se deu ainda na Idade Antiga, por semelhante modo, a formação do Estado nacional foi se dando, também, passo a passo, dentro da Idade Média. Por óbvio, o regime feudal é um sistema antagônico ao sistema jurídico-político do Estado centralizado. Nada obstante, a partir do século XII, as sociedades europeias foram se afastando do tipo feudal, que não morreu completamente e teve prolongamentos.[285] Depois do século XII, os feudos vendiam-se ou cediam-se livremente.[286]

Acima mencionou-se, no capítulo anterior, a formação de áreas mais extensas na Europa, com mais unidade interna. Esses espaços mais amplos eram conhecidos como territórios consuetudinários, obra de cristalização já bem avançada no início do século XIII. Como se disse alhures, havia, nessa fase, uma competição restrita pelo controle do poder político dentro de um certo território, em que poucas Casas ou famílias, na França, todas, praticamente, descendentes Capetos, podiam ameaçar o poder constituído nesses domínios. As lutas eliminatórias neles diminuíram consideravelmente, sendo mínimas as possibilidades de alguém, fora dessas linhagens que dominavam esses territórios, conquistá-los. Da mesma forma, os que estavam no controle desses territórios, também, tinham poucas possibilidades de conquistar novos domínios ou mesmo de ampliar o que já possuía.

Em verdade, um clima de maior segurança jurídica foi permitindo, como se viu, de algum modo, no final do capítulo anterior, uma maior unidade, em que teve especial influência a função jurisdicional, redundando, a seguir, em um processo longo de aperfeiçoamento no decurso de séculos. Nesses territórios maiores, cristalizados, ainda em tamanho médio, essa segurança, sem maiores encastelamentos, permitiu o intercâmbio e uma unidade numa dimensão superior — médios territórios. O aumento da população e das relações entre as pessoas, nessa área de segurança, foi trazendo desenvolvimento econômico.

2.2.2. O entrelaçamento dos estamentos e o evolver político

Examinando-se o evolver jurídico-político francês, após o surgimento de um poder principesco mais concentrado, inicia-se o desenvolvimento em direção ao reino. O processo de monopolização do poder exigia uma conformação jurídico-política da sociedade baseada na divisão de funções. O rápido aumento da divisão de funções que ocorreu com a Casa principesca monopolista fez com que esta se tornasse dependente de outras funções. Enquanto o território se une, em torno de centros hegemônicos, em uma forma, de início, de tipo federativo, os segmentos sociais, em estamentos, as classes funcionais se juntam em uma certa cooperação. As tensões entre

(283) Era comum, também, o senhor fixar, por meio de uma ata, os costumes de um lugar. In: BLOCH, Adolf. Ob. cit., p. 325.

(284) HESPANHA, António. Ob. cit., p. 40-3.

(285) BLOCH, Adolf. Ob. cit., p. 514. A Inglaterra foi abolindo primeiro as regras do sistema feudal. No século XVII, com a primeira revolução, aboliu todas as distinções entre os feudos dos cavaleiros e as outras tenures de foreiros. Na França, subsistiu o sistema até as vésperas da Revolução Francesa. In: BLOCH, Adolf. Ob. cit., p. 523-4. HESPANHA afirma que o regime feudal teria se prolongado, em alguns de seus aspectos, até o século XIX, na Península Ibérica. In: HESPANHA, António. Ob. cit., p. 42.

(286) BLOCH, Adolf. Ob. cit., p. 249.

esses grupos de interesse vão fazer, também, aumentar o poder central. Em uma sociedade diferenciada, quando os interesses dos mais importantes grupos funcionais se tornam muito grandes, mas entre eles há um poder uniformemente distribuído, e a solução conciliatória se torna inviável e entre eles não existem condições suficientes para um conflito sangrento, inicia-se a fixação de uma forte autoridade central.[(287)] Nenhum dos lados tem poder para vencer e destruir o outro; não podem solucionar suas divergências, temendo que qualquer solução fortalecerá o outro e ameaçará a existência de um deles. Não há a condição de separação completa entre eles, pois há uma interdependência. A figura do cabo de guerra parece demonstrar bem o que aconteceu: grupos e forças sociais, que se mantêm reciprocamente controladas, puxam, cada um, a corda para o seu lado, incessantemente, empregando toda a sua força contra o outro, sem que nenhum desloque muito o outro de sua posição, alcançando-se a tensão máxima entre eles, em direções opostas, mas ainda ligados por ela, surgindo aí a necessidade de intervenção de um homem que não pertença inteiramente a qualquer dos grupos contendores.

Para este homem, é possível lançar sua força pessoal em um momento para um lado e em seguida para outro, agindo para que a tensão não se reduza a qualquer dos lados, de modo que um deles tenha clara vantagem. Assim é que, com base nesse arranjo, em que passou a haver um poder mínimo à disposição de um único homem, os reinos foram caminhando rumo à monarquia absolutista, com o seu mecanismo régio: atribuição a um único homem da qualidade de coordenador supremo. Ao que parece, isso se deu no curso dos processos sociais, sem que partisse da intenção de alguém. Em verdade, nesse mecanismo equilibrado, existem forças muito grandes, sob controle. Alguém libera as forças que atuam em uma direção, com uma pequena vantagem, mas o mecanismo de coordenação logo atua unindo-as.

A estrutura social específica se desenvolve e cria a oportunidade de que um órgão central tenha um *optimum* de poder, o que alcança expressão nas autocracias. As sociedades que vão se tornando grandes e complexas no Ocidente, a partir de um determinado período da Idade Média, reforçaram um poder central, que surgiu no meio do fogo cruzado das tensões sociais, que jogavam com interesses e ambições que se moveram em direções diferentes e se enfrentavam em seu domínio. [(288)]

Durante o século XII, de modo claro, duas novas formas de organização social, ou seja, duas novas formas de assentamento e integração assinalavam o aumento na divisão do trabalho e na interdependência das pessoas: as cortes dos grandes senhores dos grandes principados e as cidades, instituições estreitamente ligadas em sua sociogênese, não obstante as desconfianças e as hostilidades entre seus membros e frequentadores entre si. Tais cortes baniram o antigo banditismo organizado feudal. Nelas, à luz da educação, cria-se uma espécie de bom gosto, que, tempos depois, vai redundar na elegância maior do absolutismo. Em seus quadros, as cortes dispunham de amanuenses, pessoas educadas para a administração.[(289)]

Nesse ambiente da corte, da cidade, burgueses e nobres circulam, em um clima de tensão controlada, em que o jogo de forças do poder segue pelos próximos séculos, no qual se intensifica o mecanismo régio, que não mais se baseia apenas em seu poder militar ou no tamanho da propriedade real, mas em um poder social muito mais complexo e que se incrementa a cada passo. Para isso, foi necessário, nas etapas que se seguiram, uma distribuição especial de forças na sociedade.

Em verdade, as tensões maiores, até os séculos XI e XII, davam-se por força de um relacionamento ambivalente entre os guerreiros (nobres) e o clero. Por não dispor das armas, o clero

---

(287) ELIAS, Norbert. Ob. cit., p. 148.
(288) Ob. cit., p. 148-150
(289) Ob. cit., p. 70-3. Quanto às cidades, BRASSEUL afirma que "as cidades desempenham de novo o papel de encruzilhada de ideias e de trocas". In: Ob. cit., p. 70.

dependia muito mais do rei que o defendesse dos ataques e usurpações dos senhores feudais. Sobretudo na França, diante dos repetidos, em todo país, esbulhos e lesões aos direitos dos sacerdotes e abades, estes apelavam ao rei como juiz.

A partir, em especial, do século XII, as tensões maiores vão se dar em razão do antagonismo entre guerreiros e os grupos urbanos burgueses. Diante desse antagonismo e da extensa diferenciação na sociedade, o rei adquiriu maior importância, como mencionado: todas as camadas da sociedade passaram a depender desse coordenador supremo.

O rei, no curso de lutas por predominância em territórios, distanciava-se dos guerreiros. Da mesma forma, mesmo pertencendo por origem à mesma classe dos guerreiros, também distanciava-se destes em suas tensões com as classes urbanas. Mesmo que os reis também olhassem com desconfiança para as comunas, que conquistaram os seus direitos comunais com Luís VI e Luís VII, os reis preferiram emprestar seu peso político ora para os nobres, ora para as classes urbanas. Não obstante os reis tenham demorado a compreender aquilo que eles consideravam estranhas formações sociais — as cidades, terminaram por passar a entender seu modo de ser e a perceber que o surgimento desse terceiro estado implicava uma grande ampliação do seu raio de ação.[(290)]

Depois dessa compreensão, passaram a promover os interesses do terceiro estado com invariável persistência, enquanto os seus integrantes concordavam com os seus. Fomentavam o poder financeiro da burguesia, passo a passo com os resultados tributários favoráveis à coroa, e opunham-se à reivindicação de funções governamentais dos centros urbanos, encabeçadas pelos burgueses.

Não obstante essa ambivalência que existia entre coroa e burguesia, a ascensão da monarquia e a da burguesia estiveram ligadas na mais estreita interdependência funcional. Por um lado, de forma deliberada, por outro, de modo inconsciente, essas duas posições ajudaram na ascensão uma da outra. Ademais, aqui e ali, nobreza e burguesia também se uniram para restringir o poder dos reis.

Os reis se viam, diante das tensões, em situações que lhes obrigavam a buscar a aprovação dos representantes reunidos em Cortes ou Estados Gerais, para que determinadas medidas fossem tomadas. Estas assembleias — tanto as menores: regionais, quanto as maiores: representantes de grandes áreas do reino, analisando-se a estrutura das tensões — longe estavam de significar as que existiram no período absolutista. Os Estados Gerais funcionavam no intuito de alcançar um acordo direto entre os representantes de diferentes classes sobre os objetivos em discussão. Eram ineficientes quando os acordos diretos se tornavam difíceis, aumentando as tensões sociais, mas, em igual medida, aumentavam o poder potencial do suserano. Claro que, comparada com o que ocorreria mais adiante no processo histórico, sobretudo francês, a integração monetária e comercial do mundo ainda medieval não era suficiente para que a interdependência e o antagonismo entre as classes guerreira, dona das terras, e a burguesa, urbana, fossem de tal modo que necessitassem entregar ao rei a regulação de suas relações. Cada estado vivia dentro de seus próprios limites e havia competição entre eles pelas mesmas oportunidades sociais. Todavia, longe os principais burgueses estavam da proeminência social dos nobres.[(291)]

Contudo, os elementos burgueses ascenderam, auxiliados pela monarquia, substituindo, pouco a pouco, os cavaleiros e o clero: na máquina governamental, como servidores. Os sacerdotes, em geral, eram funcionários leais e defensores dos interesses reais, ao passo que os senhores

---

(290) ELIAS, Norbert. Ob. cit., p. 158. GILISSEN diz que "a economia fechada do regime dominial da época feudal é substituída por uma economia de troca que, a partir do século XII, se estende a toda a Europa Ocidental e Central [...]. As cidades desempenham um papel considerável nesse desenvolvimento econômico; dão origem a um novo sistema jurídico.". In: Ob. cit., p. 205.
(291) Ob. cit., p. 158.

feudais, na corte e na administração civil, comportavam-se, em regra, como rivais, pretendendo consolidar suas próprias posições e não as do rei. Em verdade, sacerdotes e pequenos senhores feudais formavam a maior parte do pessoal administrativo, enquanto os grandes senhores desempenhavam pouquíssimas posições, *e.g.*, como membros da grande assembleia e do conselho restrito do rei. Desde cedo, na França, elementos do estrato inferior tinham algum tipo de participação na administração real, o que se intensificou com o desenvolvimento das cidades. Inicialmente, eles foram ingressando em cargos seculares, antes ocupados por nobres. Depois, em postos antes eclesiásticos, como amanuenses. Em fins do século XII, as pessoas não aprendiam latim apenas para se tornarem membros do clero, mas também para o ingresso no serviço público. Estudar se tornou meio de progressão social para os estratos urbanos. Assim, os elementos burgueses, lentamente, suplantaram elementos nobres e eclesiásticos no governo e, na França, a classe dos servidores reais passou a ser integrada exclusivamente por membros da burguesia, o que não ocorria na Alemanha. Também por sua competência comercial e organizacional, alguns integrantes da burguesia passaram a fazer parte do conselho do rei.

Desde Filipe Augusto, surgem os advogados, os verdadeiros cavaleiros da lei. A sua tarefa era amalgamar o Direito feudal com os cânones do Direito Romano, a fim de criar o Direito monárquico, o que se examinará no item seguinte.(292)

Com efeito, integrando um pequeno exército de escribas, esses amanuenses da chancelaria obtiveram inúmeras vantagens por estarem próximos do rei, de modo que as suas fileiras aumentaram em número. Formavam a classe dos tabeliães privilegiados. A elite deles daria origem aos escrivães privados ou secretários financeiros. Diferentemente dos grandes servidores dos palácios, não tinham ancestrais. Com o aumento das posses do rei, formou-se a classe dos especialistas.(293) Sua posição social dependia dos cargos que ocupavam, como escribas, conselheiros do rei, coletores de impostos e membros dos mais altos tribunais. Tal como a Igreja antes, e ainda fazia até certo ponto, os membros da burguesia que ocupavam postos no governo defendiam, nessa fase, os mesmos interesses da função central, agindo no sentido de garantir a continuidade da política real, para além da vida de um dado rei. A monarquia retribuiu a promoção que lhe foi feita pela burguesia.(294)

Assim sendo, a burguesia, com a exclusão completa da nobreza da máquina do governo, foi conquistando, passo a passo, uma posição cada vez mais alta e importante no equilíbrio geral do poder na sociedade francesa. Contudo, até o fim do *ancien régime*, não eram os ricos mercadores ou as guildas que representavam diretamente a burguesia nos conflitos com a nobreza, mas a burocracia. A burguesia se fortaleceu tanto que, no final do século XVI, reivindicou um *status* social igual ao da nobreza. Esta tensão, como mencionado, fortaleceu mais ainda o poder central. No entanto, a crescente interdependência funcional entre monarquia e burguesia aumentou, consideravelmente, nos séculos XVI e XVII, o poder da burguesia, por seu estrato mais alto — o de servidores públicos, o que levou a monarquia a ficar à sua mercê, necessitando de contrapesos da nobreza e do clero para neutralizar a força burguesa.

---

(292) HESPANHA diz que, em Portugal, com a influência da dogmática jurídico-política do Direito Romano justinianeu, os reis, progressivamente, tentaram arrebatar os poderes jurisdicionais, pois propagava-se a doutrina de que o rei era titular de certos poderes, de modo natural. In: Ob. cit., p. 159.

(293) Sobre o assunto na França, MUSI diz que, a partir do século XIV, consolida-se a especialização dos funcionários, sendo no vértice o Conselho do Rei e, na periferia, os oficiais, dentre eles os judiciais das províncias; no século XV, lugares-tenentes que julgam as causas de pertinência dos parlamentos provinciais e locais, formando-se "um corpo de funcionários, na maioria dos casos homens de lei, que constituirá a verdadeira espinha dorsal da administração central francesa moderna". Segundo ele, antes, este sistema já estava formado nos principados na Itália. MUSI, Aurelio. A formação do Estado Moderno. In: ECO, Umberto (Organizador). *Idade Média*. Alfragide: Dom Quixote, 2015, v. IV, p. 31-32.

(294) ELIAS, Norbert. Ob. cit., p. 157.

No século XVI, o engrandecimento de uma Casa única diminuiu, sobremaneira, a nobreza, que caiu na dependência da Casa Real. As guerras religiosas enfraqueceram mais ainda a nobreza, que se submeteu a agiotas, pertencentes à classe burguesa. Cresceram as despesas e as receitas das propriedades rurais dos nobres não aumentaram. Os homens de toga ajudavam os credores, os ricos mercadores, agiotas e banqueiros, no recebimento de seus créditos. Nada obstante, apesar de, nos séculos XVI e XVII, as organizações burguesas terem se tornado ricas, numerosas e poderosas, com força para contestar com firmeza os direitos da nobreza guerreira à dominação e ao poder, ainda não eram os burgueses fortes o bastante para tornar os nobres seus dominados. A perda pela nobreza das funções de judicatura e administração para as corporações burguesas enfraqueceu mais a nobreza, mas ainda não havia preponderância de qualquer das partes da sociedade sobre as demais, o que fazia o rei aparecer para cada classe ou corporação como aliado contra ameaças dos outros grupos. Nas tensões entre essas duas classes, outras se entrelaçavam, dentro dos grupos ou entre um e outro e o clero. Ao mesmo tempo, estes grupos e estratos, para subsistirem, eram dependentes uns dos outros. Nenhum tinha força para derrubar a ordem vigente como um todo. Os dirigentes dos grupos de cada estamento, os quais exerciam influência nas instituições existentes, não tinham disposição de fazer propostas radicais. Todo esse cenário, como já se falou, fortalecia o poder potencial dos reis.[295]

Esforços foram feitos, nos Estados Gerais, especialmente da parte de nobres e burgueses, para restringir o poder real que crescia, o que foi ventilado durante o *ancien régime*, mas havia divergências entre eles quanto à atitude a ter diante da monarquia, o que enfraquecia qualquer movimento de mudança. Ademais, as alianças mencionadas contra o poder real foram ocasionais e sem força.

O poder do rei se fortalecia, não havendo quem lhe enfrentasse com vigor. O episódio da Fronda, em que grupos sociais díspares se uniram para atacar a onipotência real representada pelo ministro Mazarino, que governava o país, enquanto Luís XIV era menor, demonstra como os grupos antagônicos se relacionavam entre si e a forma com que o poder real se beneficiava disso. Mesmo em um momento de fraqueza da monarquia, em que a rainha era a regente, sob exercício do cardeal, o levante pôs às claras as tensões que davam à autoridade central a sua força. Assim é que a unicidade inicial entre Parlamentos e a nobreza em geral, corporações urbanas e indivíduos de mais alto nascimento logo se fragmentava quando um dos aliados parecia obter uma vantagem, o que fazia com que os outros pendessem para o poder central, e faziam, no decorrer dos embates, o movimento em sentido contrário. É que a limitação que pretendiam do poder central era em proveito próprio. Ao final, o equilíbrio foi restabelecido em favor do poder central.[296]

Como se viu, a nobreza foi excluída da organização monárquica, substituída pelo elemento burguês, no segmento dos servidores públicos. O ataque burguês contra a nobreza continuava, por não aceitar a sua isenção tributária. Contudo, o rei, temendo o crescimento da burguesia e o amesquinhamento da nobreza, manteve os seus privilégios fiscais e tomou uma atitude no sentido de fomentar o retorno dos nobres aos serviços públicos. Ao mesmo tempo em que o rei desestimulava os nobres ao comércio, deu-lhes uma nova posição monopolista na corte. Simultaneamente, preservou a nobreza de envolvimento em atividade burguesa, reservando os cargos da Casa Real à aristocracia, o que fez com que centenas e, ao final, milhares de nobres alcançassem cargos bem remunerados. Da ampla aristocracia fundiária, que vivia uma vida modesta em todo o antigo regime, adveio um estrato de nobres — a nobreza cortesã — que podia contrabalançar em riqueza e influência a alta burguesia. Os cargos na corte, por interferência do rei, passaram a ser privilégio dos nobres. Essa mudança começou a acontecer com Henrique IV, bem como com Luís XIII e, sobretudo, com Luís XIV. E isto por certo fez com que a nobreza tivesse a maioria das nomeações para

---

(295) ELIAS, Norbert. Ob. cit., p. 161. GILISSEN assegura que "o reforço do poder de certos reis e senhores faz desaparecer a anarquia do regime feudal". In: Ob. cit., p. 205.
(296) Ob. cit., p. 163.

os postos administrativos e judiciários da Corte, muito embora, ainda com Henrique IV, burgueses tenham sido contemplados com título de nobreza e por isso ainda pudessem comprar cargos.(297)

O governo central francês, todavia, continuou a ser alvo de tensões e lutas constantes entre os dois Estados, uma vez que a administração em geral continuava com a burguesia, enquanto a Corte tornara-se, de uma vez por todas, no século XVII, monopólio dos nobres. Richelieu recomendou que a corte fosse fechada a todos que não possuíam a sorte de ter uma origem nobre, o que foi seguido por Luís XIV, ao reduzir ao mínimo o acesso dos burgueses aos cargos da corte. Tal política acalmou a nobreza.

Até Luís XIV, os nobres que desempenhavam cargos na corte gastavam seu tempo entre Paris e seus castelos. Contudo, o episódio da Fronda fez o rei aprender uma lição, que foi aplicada em seu governo. Fazia-se necessário manter sob seus olhos as pessoas mais influentes da nobreza, para que estas não tivessem força de comandar levantes a partir de seus castelos. A construção de Versalhes, *e.g.*, atendia às necessidades do rei, uma vez que, de um lado, sustentava e promovia certos segmentos da nobreza e de outro controlava-os, mantendo-os sob vigilância.(298)

Formou-se, então, uma forte autocracia, em que a vigilância se estendia, agora, sobre todos os súditos. A começar pelos membros da nobreza e da família real, haja vista que, em todas as grandes insurreições anteriores, sempre houve membros da família real ou da nobreza à frente.

Nesse estágio, consumou-se o monopólio da tributação e da violência física nas mãos de uma única pessoa. Ao invés de um rei que distribuía terra, agora distribuía salários. Todos os rivais do governo central tornaram-se fortemente dependentes institucionalmente da pessoa do rei.

Contudo, é inegável que a imensa rede que Luís XIV governava tinha um *momentum* e um centro de gravidade próprios, que o rei era obrigado a respeitar. Ele dispensava um grande esforço e um autocontrole considerável para preservar o equilíbrio entre pessoas e grupos, manipulando tensões e dirigindo o todo da nação.(299)

2.2.3. A importância do Direito Romano, Eclesiástico e escrito nessa formação

A partir do século XII, há uma renovação dos direitos escritos. Não obstante o Direito Romano nunca ter deixado de ser estudado nas escolas da Itália, sobretudo em Bolonha, desde o final do século XI, os estudiosos passaram a se dirigir mais às fontes originais, em especial ao Digesto. O interesse não era por meros resumos, havendo um acesso à reflexão jurídica latina, naquilo que ela tinha de mais requintado. Essa renovação se ligou a outros movimentos desse tempo. A crise da reforma gregoriana, por exemplo, suscitou em todas as profissões um esforço especulativo não só no Direito, mas também na política. A composição das grandes compilações canônicas foi contemporânea a este movimento e inspirou os primeiros trabalhos da escola bolonhesa, em um regresso à Antiguidade, em estudos filosóficos e literários. Estas necessidades também floresciam em outros locais europeus. Barões, *e.g.*, apoiavam o conselho de juristas profissionais. No início do século XII, aparecem conselheiros que acompanhavam a corte do conde de Blois, os quais se intitulavam "doutos nas leis". O rei Frederico Barba Ruiva, em sua comitiva, durante expedições italianas, levava juristas (legistas) lombardos.

Como se disse, o impulso a esse renascimento veio da Itália, a partir do grupo bolonhês. O ensino foi aberto aos estrangeiros, com a comunicação dos textos em línguas distintas e também

(297) ELIAS, Norbert. Ob. cit., p. 164-5.

(298) Ob. cit., p. 168. Não obstante, segundo FUKUYAMA, os nobres continuaram a ter privilégios durante todo o antigo regime. Ob. cit., p. 279.

(299) Ob. cit., p. 140-171.

com a emigração de mestres de Bolonha para compor outras escolas. Assim, Placentino, um antigo aluno de Bolonha, estabeleceu-se, em meados do século XII, em Montpelier; Vaccarius, na Cantuária. O Direito Romano penetrou nas escolas. À sombra da Catedral de Sens, em 1170, ensinava-se Direito Romano, lado a lado com o canônico. Não obstante, o movimento sofreu oposição dentro da Igreja, em face do seu fundamento exclusivamente secular, e também fora, em razão de alguns senhores terem tido receio de um recrudescimento do Império.

Na França do Sul, com uma tradição consuetudinária baseada no Direito Romano, adotou-se o Direito escrito como uma espécie de Direito comum. Em Provença, o Código de Justiniano passou a ser tão importante, desde meados do século XI, que foi traduzido, em resumo, para a língua vulgar. Claro que, em muitos lugares, em que regras ancestrais estavam demasiadamente enraizadas, além de ligadas a um sistema de estrutura social, não foi possível a transformação só pela vontade de professores de leis. Contudo, disseminou-se uma hostilidade aos modos de prova vigorantes, em especial ao duelo judiciário, no Direito Público, o que se deveu aos exemplos que passaram a ser conhecidos e registrados no *Corpus Iuris* e nas glosas, em face de seus trâmites mais cômodos, mais racionais, e deles favorecerem as relações humanas, a gerar, a sua adoção, especial apreço nos comerciantes. O Direito erudito trouxe uma nova consciência ao Direito então aplicado, inicialmente por meio do trabalho dos homens formados na escola do Direito Romano no intuito de fazer desaparecer as contradições e imprecisões existentes nos preceitos puramente tradicionais.[300]

Esta tendência terminou por gerar um movimento por normas escritas, principalmente em grupos urbanos, que protestavam contra o caráter flutuante das regras costumeiras, a fundamentar vários abusos praticados. Houve um renascimento da legislação, em vastos territórios, bem como de uma jurisprudência unificada. Em solo italiano, depois do foral[301] de Pisa, em 1132, os estatutos urbanos vão se multiplicando. Henrique II, rei jurista, desenvolve, em Inglaterra, uma atividade legislativa profícua. A prática legislativa se introduz até mesmo na Alemanha. Filipe Augusto, em França, imitando os rivais ingleses, regulamenta, por decretos, várias matérias feudais.

Ademais, surge um movimento de escritores, a partir da Itália do Norte, que se inconformavam com a tradição meramente oral. Sem ter recebido missão oficial, mas simplesmente para a comodidade dos práticos, trabalhavam na elaboração de quadros das normas jurídicas em vigor. Em 1150, um compilador reuniu, em um *Corpus*, as deliberações sobre o direito dos feudos. Na Inglaterra, no círculo do *justicier* Ranulf de Glanville, em cerca de 1187, estabeleceu-se a monumental obra *Tractatus de Legibus et Consuetudinibus Regni Angliae*. Em 1220, aparece o Espelho dos Saxões, em língua vulgar. Filipe de Beaumanoir escreveu, em 1283, Costumes. Assim, o Direito se tornou mais fixo, mais legislativo, menos plástico e diverso, modificando-se, a partir daí, menos. As relações humanas, em especial da metade do século XII para frente, são reguladas com mais rigor, apagando-se muitas variantes locais e estabelecendo-se, entre as classes, limites mais nítidos.[302]

Os documentos jurídicos, verdadeiros pactos, que surgiram nesse tempo demonstram a tendência do Direito, no sentido de ser escrito. Os textos, uma parte reivindicada pelo setor nobiliário e outra pela burguesia, trazem em si muito de futuro, como o Espelho dos Saxões já falado; a declaração das cortes de Leão na Espanha de 1188; a Magna Carta de 1215; a Bula de Ouro húngara

---

(300) BLOCH, Marc. Ob. cit., p. 147-8.

(301) Em Portugal, segundo HESPANHA, "A carta de instituição do concelho era o foral". A sua finalidade principal era estatuir ou fixar o Direito público local, praticamente nada definindo de Direito privado. Os forais continham importantes disposições sobre encargos e privilégios dos cavaleiros vilões, sobre liberdades e garantias das pessoas e dos bens, sobre o ônus e a forma da prova judicial, sobre as citações e arrestos, sobre fianças etc. O elenco de magistrados concelhios era estabelecido no foral, dentre os mais importantes, os juízes, que, assessorados pelo *concilium* ou junta dos homens bons, administravam a justiça. In: HESPANHA, p. 153.

(302) BLOCH, Adolf. Ob. cit., p. 147-151.

de 1222; o Consuetudinário de Jerusalém; o Privilégio da Nobreza Brandenburguesa; o Acto de União Aragonês de 1287; a Carta Brabantina de Cortenberg; o Estatuto Delfinal de 1341; a Declaração, em 1356, das Comunas do Languedoc.[(303)]

A Magna Carta é um documento emblemático desse período. O texto original é em latim bárbaro, como diz COMPARATO[(304)]: *Magna Carta Libertatum seu Concordiam inter regem Johannem et Barones pro concessione libertatum ecclesiae et regni Angliae.* O rei João da Inglaterra, João Sem Terra, assinou o documento em 15 de junho de 1215, diante do alto clero e dos barões. Em sua redação original, não há preâmbulo nem divisões em parágrafos, o que foi feito posteriormente, constando nos textos da referida carta, disponíveis hoje, tanto um preâmbulo, como cláusulas, em um total de sessenta e três.

Nada obstante o processo de monopolização do poder se intensificava, havendo um movimento que defendia fortemente a predominância do rei, como um *primus inter pares*, o primeiro entre todos os suseranos — senhores feudais. Desde o século XI, essa doutrina se disseminava na Europa continental, dizendo-se que cada barão é soberano em sua baronia, mas o rei é soberano sobre todos. Este movimento, que também ganhou força em solo inglês, sofreu um declive no início do reinado de João Sem Terra. O rei estava fragilizado pela derrota para os franceses e por forte crise econômica que assolava a Inglaterra, o que o levou a alterar cargas tributárias, a aumentar as exações fiscais. João Sem Terra também estava a colidir com o Papado, ao apoiar o imperador Óton IV, no que se refere às querelas por investiduras em cargos eclesiásticos.

Todo esse movimento, incrementado pelos textos legais escritos, ensejou uma via de mão dupla, em que os que trabalhavam com o Direito necessitavam de mais conhecimento e racionalidade e em que a universidade se propôs a auxilar nesse desiderato.

Nesse sentido, o ensino jurídico teve um efeito muito racionalizador, na opinião de *WEBER*, realizado por *honoratiores* que mantiveram, com a prática da justiça, relações profissionais, mas não corporativas, como os advogados ingleses, aspecto que se analisará mais adiante. Com efeito, o estágio mencionado somente foi possível quando a vida jurídica passou a estar livre da dominação religiosa e quando as exigências profissionais ainda não estavam condicionadas demasiadamente pelas necessidades comerciais urbanas. A esta camada pertenciam os juristas empíricos medievais do ocidente continental norte-europeu.

Dentre os livros de Direito dessa segunda vertente, destaca-se o já mencionado Espelho da Saxônia, que contém um número considerável de construções de institutos jurídicos, que se referiam a lacunas ou a trechos inacabados do Direito, rico em imaginação e criado pela necessidade plástica do autor. As anotações sistemáticas eram obra privada, mas exerceram influência considerável sobre a prática jurídica. Tanto este livro como outros eram reconhecidos pelos tribunais como fontes decisivas de Direito. Os seus criadores eram representantes de uma justiça de *honoratiores*, que não integravam uma corporação e não monopolizavam os cargos de juiz.

O Direito empírico dos livros de Direito medievais, categoricamente, estava bastante desenvolvido em sua sistemática casuística, porém mostrava pouca racionalidade, orientando-se pouco para a interpretação abstrata do sentido e para a lógica jurídica, mas para meios de discriminação concretos.

---

(303) SILVA afirma que, na Idade Média, surgiram "os pactos, os florais e as cartas de franquias, outorgantes de proteção de direitos reflexamente individuais, embora diretamente grupais, estamentais, dentre os quais menciona-se, por primeiro, os espanhóis: de León e Castela de 1188, pelo qual o rei Afonso IX jurara sustentar a justiça e a paz do reino, articulando-se, em preceitos concretos, as garantias dos mais importantes direitos das pessoas, como a segurança, o domicílio, a propriedade, a atuação em juízo etc.; de Aragão, que continha reconhecimento de direitos, limitados aos nobres, porém (1265); o de Viscaia (1526), reconhecendo privilégios, franquias e liberdades existentes ou que por tal acordo foram reconhecidos. O mais famoso desses documentos é a Magna Carta inglesa (1215)". In: SILVA, José Afonso da. Curso de Direito Constitucional Positivo. 22 ed. São Paulo: Malheiros, 2003. p. 151.

(304) COMPARATO, Fábio Konder. Ob. cit., p. 69.

Ademais, a coleção das *Pandectas* do Direito Romano ofereceu material para o pensamento jurídico da formação universitária medieval. A qualidade fundamental inerente ao Direito Romano, de ser analítico, soma-se a outra qualidade também muito importante, a do caráter progressivamente abstrato dos conceitos jurídicos. Em parte, esta característica encontrava-se pré-formada na natureza das fórmulas das queixas romanas, que se referiam, cada uma, a um conceito jurídico como situação de fato. Em Roma, na prática jurídica dos juristas cautelares, advogados e consulentes, condições econômicas diversas eram subordinadas a um único conceito. A adaptação a novas necessidades era feita em proporção considerável, de tal modo que velhos conceitos eram racionalmente interpretados, estendidos e expandidos. Destaca-se a elasticidade extraordinária dos conceitos jurídicos.(305)

Em verdade, a redescoberta do Código de Justiniano — *Corpus Iuris Civilis* — deu-se em uma biblioteca no norte da Itália, no final do século XI. O Código era uma compilação sofisticada do Direito Romano, produzido em Constantinopla no início do século VI. Foi recuperado um texto composto de quatro partes: Digesto, Institutas, Código e Novelas. O Digesto era a mais importante, tratando de assuntos como delitos, enriquecimento ilícito, contratos e reparações. O Digesto passou a ser objeto de estudo das novas gerações de juristas europeus, a partir do século XII. Este renascimento da lei romana foi possível em face dos estudos jurídicos sob uma nova base institucional: a universidade moderna. Desde o final do século XI, a universidade de Bolonha tornou-se um centro de atração dos estudantes de toda a Europa, sob a batuta de professores como Irnerius. Um currículo novo demonstrou um sofisticado sistema jurídico, que poderia ser usado imediatamente como modelo para as leis em suas próprias sociedades, o que expôs os europeus a esse conteúdo que pôde ser levado aos cantos mais remotos da Europa. Esta tendência, de estudo e aplicação do Digesto, mais se acentuou com a criação de outras escolas de Direito em outas cidades, como Paris, Oxford, Salamanca, Heidelberg, Cracóvia e Copenhagen. A recuperação do Direito Romano teve o efeito, assim como o Direito Inglês, de substituir muitos particularismos que prevaleciam em grande parte da Europa, por um corpo de regras coerentes, de eficácia transnacional.(306)

Os estudiosos do Direito, a partir da nova universidade, passaram a ser considerados como uma categoria treinada para interpretar os textos clássicos e dominar um campo especial do conhecimento. O conhecimento deles passou a ser tido como digno de submissão, pelas autoridades, na tomada de decisão.

Segundo *Fukuyama*, "no período medieval, os Estados ganhavam legitimidade e autoridade por sua capacidade de dispensar justiça e suas primeiras instituições se cristalizaram em torno da administração da justiça".(307)

Até o século XIV, de todos os sistemas políticos europeus, a Inglaterra era, de longe, o mais centralizado e poderoso, sendo o seu desenvolvimento alcançado "a partir do tribunal do rei e de sua capacidade de distribuir justiça em todo o reino". Em verdade, em 1200, a Inglaterra já possuía instituições permanentes desempenhadas por representantes profissionais ou semiprofissionais. A assunção dos tribunais reais permitiu que se baixasse uma lei definindo que nenhum caso envolvendo posse de terras poderia ser iniciado sem uma ordem do tribunal real. Esta unidade permitiu que o poder central conseguisse tributar o reino inteiro. O Domesday Book, de pouco depois da conquista normanda, em que se fez levantamento dos residentes em cada distrito do reino, demonstra as evidências de um estado central. A incipiente identidade nacional se fez sentir desde cedo, sendo um exemplo claro dela o movimento dos barões, ao enfrentarem o rei João em Runnymede, em 1215, com a imposição da Magna Carta. A atuação dos barões não se deu como

---

(305) WEBER, Max. *Economia e sociedade*. São Paulo: UNB, 2004, v. 2, p. 88-116.

(306) FUKUYAMA, Francis. Ob. cit., p. 297-8.

(307) Ob. cit., p. 301.

líderes militares individuais em busca de regras gerais, mas em direção a um governo nacional unificado para proteger seus direitos por meio de tribunais reais, vendo-se como representantes de uma comunidade maior. A área de dominação unificada na França nessa época era bem menor, sendo que o rei não podia cobrar impostos fora de seu pequeno domínio.[308]

Um outro aspecto relevante nessa formação foi a importância do Direito Eclesiástico. Antes, em verdade, certa vertente filosófica e uma prática do clero. Com efeito, a existência de uma autoridade religiosa separada tornou lugar comum no ocidente cristão que o rei não estava acima da lei, e que não era a sua fonte suprema. Contudo, iniciou-se um movimento, com grandes lutas políticas na Europa, ligado à ascensão dos monarcas, que reivindicava novas teorias de soberania, situando-os no topo da hierarquia. O chamado primado da lei, e da lei do rei, terminou ganhando corpo quando uma tradição religiosa conferiu santidade, autonomia e coerência à lei, especialmente as baixadas pela Igreja dentro de seus domínios, uma vez que a prática do clero era esta. Por meio de suas leis canônicas, regulamentava uma ampla gama de áreas jurídicas, como o Direito Penal, Familiar, Imobiliário, Contratos e Testamentos. Este conjunto único de leis canônicas deu à Igreja contornos de Estado, sendo, quiçá, o primeiro modelo burocrático moderno, segundo a definição weberiana, o que existiu nas sendas religiosas do cristianismo desde o século XII.[309]

Em solo inglês, a legislação pública se iniciou por meio de atos do rei, contudo, a lei era criada baseada na autoridade final dos tribunais reais. O rei concedeu, por razões políticas, muita autoridade aos juízes e autorizou e incentivou o desenvolvimento de uma forte profissão, a dos práticos do Direito, que não dependia do poder político para ter renda e atividade. A corporação desses profissionais possuía regras de recrutamento e promoção, estabelecia seus padrões profissionais e treinava seus advogados, e, também, seus juízes, tendo poderes para interpretar o Direito sem a interferência da autoridade política.[310]

No continente, desenvolveu-se, como falado, a tradição de aplicação do Direito Civil de Justiniano, com o desenvolvimento de uma profissão jurídica autônoma. Ao lado disso, no continente, a forma institucional assumida pela Igreja cristã ocidental[311] — que não obstante tenha perdido a tradição do Direito Romano, quase sempre garantiu a sua independência corporativa, quando comparada ao poder político, embora este tivesse a sua legitimação, na Idade Média, em grande parte dependente da Igreja — também influenciou muito na concepção burocrática de organização social hierárquica. Tanto a tradição jurídica com base no Direito Romano escrito, como uma educação jurídica desenvolvida e formalizada em um sofisticado sistema universitário, e uma institucionalização burocrática da religião, como a da Igreja, são elementos de formação social que não têm, ao que parece, paralelo em qualquer lugar do mundo da época.[312]

2.2.4. A participação das cidades nesse amálgama

Em geral, quanto às cidades, em França, elas não tiveram uma independência política considerável, sendo certo que os franceses não conheceram, em regra, um território urbano autônomo politicamente dominado que abrangesse mais do que os arredores rurais de pequenas comunidades. Em geral, o Estado patrimonial burocrático tirou da maioria delas toda a atividade política de

(308) FUKUYAMA, Francis. Ob. cit., p. 301.
(309) Ob. cit., p. 299.
(310) Ob. cit., p. 304.
(311) FUKUYAMA rememora que "nenhuma parte do mundo experimentou o equivalente da Reforma Gregoriana e do conflito das investiduras, nos quais toda a hierarquia da Igreja envolveu-se em um conflito político prolongado com o governante temporal e acabou causando sua paralisação. O acordo resultante, a Concordata de Worms, garantiu a autonomia à Igreja como instituição e lhe deu um considerável incentivo para desenvolver sua própria burocracia e regras formais. In: Ob. cit., p. 319-320.
(312) Ob. cit., p. 320.

interesse próprio, além do direito de defesa, exceto para fins policiais. Na França, no decorrer do século XVI, tirou-se das cidades toda jurisdição, com a exceção já mencionada quanto às questões policiais. Para todos os atos financeiros, exigia-se a permissão das autoridades públicas ligadas ao poder mais centralizado.

Weber afirma que, em rigor, apenas as cidades italianas experimentaram uma autonomia judicial e administrativa, com autoridades judiciais próprias. Fora da Itália, somente se tinha autonomia para a jurisdição menor e quase sempre com a reserva da apelação aos tribunais reais ou supremo do país. Os jurados, escolhidos entre cidadãos, eram os responsáveis pela sentença. O chamado senhor judicial era uma autoridade vinculada ao rei e interessada na questão fiscal da jurisdição. Esta era a razão de, em muitas cidades, não haver preocupação em se apoderar do senhorio judicial formal ou comprá-lo. O interesse da cidade era ter seu distrito judicial próprio com jurados escolhidos entre seus cidadãos, o que foi alcançado muito cedo quanto à jurisdição menor e em parte para a superior. O cidadão somente comparecia ao tribunal de sua cidade.[(313)] Na França, a realeza, já aliada às cidades sob Filipe II, no século XIII, havia conseguido uma participação na nomeação dos funcionários administrativos, controlando a administração do magistrado e, no século XV, a presidência do *prévôt* real na assembleia dos cidadãos.

O estabelecimento autônomo do Direito pela cidade e, dentro delas, pelas guildas e corporações, existiu por tempos na Idade Média. Em relação aos bens de raiz, ao tráfego de mercado e ao comércio urbano, os tribunais da cidade, compostos por cidadãos como jurados, aplicavam um Direito específico e até certo ponto uniforme, comum a todos os cidadãos urbanos.

Como já mencionado, foram excluídos, passo a passo, dos processos, os meios de prova irracionais e mágicos, o duelo, os ordálios e os juramentos pelo clã. Rumou-se para uma demonstração racional no processo.[(314)] Foram feitas inovações nos tribunais reais.[(315)] No Direito medieval

---

(313) WEBER, Max. *Economia e sociedade*. São Paulo: UNB, 2004, v. 2, p. 485-490. GILISSEN afirma que, nos séculos XI e XII, "o princípio do julgamento pelos pares generalizou-se. Nos tribunais feudais, que conhecem conflitos relativos aos feudos e às obrigações vassálicas, o senhor faz justiça com a assistência dos seus vassalos; estes são assim julgados pelos seus pares (pares = iguais). Nas *justices foncières* ou tribunais censuais que julgam litígios relativos às possessões feudais, o senhor (ou o seu representante) é assistido por um certo número de possuidores (possuidores jurados, censitários, etc.). Em certas regiões, existiam assembleias judiciárias gerais (latim: *placita generalia*), assembleias gerais de todos os habitantes da aldeia ou do senhorio, reunidas sob a presidência do senhor ou do seu representante (meirinho, advogado, etc.). Havia, em geral, três por ano, como na época franca. Qualquer habitante podia aí apresentar queixa, tanto em matéria civil como penal, contra qualquer outro habitante que devia defender-se imediatamente para ser julgado.". In: Ob. cit., p. 385.

(314) HESPANHA assegura que, em Portugal, nos reinos da alta idade média peninsular, a tarefa de aplicar o Direito não estava cometida a uma categoria especializada de pessoas. Ao contrário, o Direito era aplicado perante assembleias comunitárias, denominadas *concilium* ou *iuncta*, presididas por juízes provavelmente eleitos pelo povo. Segundo ele, "aparentemente, o processo não decorria indiferentemente perante o juiz e o *concilium*. Um pouco à maneira romana (em que o processo se encontrava dividido em duas fases, uma destinada a esclarecer a questão de direito — fase *in iure*, perante o pretor –, outra destinada a averiguar a matéria de facto — fase *apud iudicem*, perante o juiz), o processo iniciava-se perante os juízes, a quem competia identificar a questão central do pleito, sobre a qual devia incidir a prova a utilizar (prova por averiguações — por *exquisa* ou *enquisa* —, por juramento — por firma — ou por combate judicial — *pro repto*). Só então, e agora perante o *concilium* a quem era comunicada a fórmula judiciária do juiz, se produziria a prova que era apreciada publicamente. Esta bipartição do processo, sugerida por algumas fontes, deve basear-se na impossibilidade ou inconveniência de se tratarem dos pontos mais técnicos do sistema jurídico (definição da questão juridicamente decisiva, regime de prova, etc.) numa assembleia muito vasta e com conhecimento limitado do direito mais técnico. Este direito, nos estreitos limites em que tinha vigência, era conhecido apenas de algumas pessoas de cultura um pouco superior ou mais rodadas nas lides forenses que, por isso mesmo, seriam eleitos juízes e, nessa qualidade, preparavam os pleitos para a decisão popular. O direito invocado nestes julgamentos populares era, sobretudo, o direito consuetudinário local, ou seja, o que correspondia ao sentimento comunitário de justiça. Daí o apego dos povos aos seus próprios foros e a resistência que ofereciam à imposição do direito régio". In: Ob. cit., p. 174.

(315) Em Portugal, além dos tribunais locais, existia o tribunal da corte, que assessorava o rei na sua atribuição de aplicar a justiça. Desde o século XII, foi estabelecida a Cúria Régia, que cuidava da administração suprema da justiça.

continental, diante do avanço do Direito Romano, as instituições jurídicas aproveitáveis pelo capitalismo têm sua origem no Direito das cidades, enquanto sedes da autonomia dos interessados. Contudo, o Estado patrimonial burocrático foi cortando, em toda parte, em proporção crescente, essa autonomia. No Direito inglês, com os Tudors, defendeu-se o princípio de que as cidades, como também as corporações, eram instituições do Estado, corporativamente organizadas, para determinados fins. Os seus direitos não ultrapassavam os privilégios estabelecidos. Os órgãos que, por ventura, editassem regras, inclusive das cidades, somente obrigavam os cidadãos participantes. A violação desse princípio provocava a cassação das cartas em um processo *quo warranto*. Nesse sentido, segundo *Weber*, "a cidade não era considerada uma corporação territorial, mas uma associação estamental privilegiada, em cuja administração se intrometia o *privy council* como instância controladora".[(316)]

A evolução das cidades foi muito grande nos séculos XII, XIII e XIV. De pequenas aldeias com centenas de pessoas, algumas cidades tornaram-se aglomerações com 30 ou 40 mil habitantes, necessitando, para a administração da cidade, de regras no intuito de permitir a organização da economia e a manutenção da ordem pública, o que impunha a adoção de medidas enérgicas, muitas de execução imediata. Assim, a autonomia de certas cidades europeias ocidentais levou a uma legislação urbana, em face das necessidades econômicas e sociais da vida citadina, em especial dos burgueses, com hábitos e necessidades distintas das regiões rurais, para assegurar a ordem pública e o desenvolvimento político, social e econômico das cidades. Uma questão relevante para os habitantes das cidades era a prova do costume, em geral muito difícil. Por outro lado, quando o rei ou o príncipe legislava, pouco ou quase nada nos domínios que interessavam ao comércio e à indústria urbanos, essa autonomia das cidades se acentuava. Contudo, essa autonomia das cidades variou em importância e extensão. As cidades francesas pouco legislavam, não possuindo quase autonomia, diferentemente das belgas, holandesas e italianas. As cidades que tinham autonomia legislavam muito sobre Direito Penal, econômico e social.[(317)]

2.2.5. A progressiva racionalização do poder

Em verdade, como afirma *Weber*, a coroa inglesa conseguiu que o Direito feudal fosse integrado na *lex terrae* geral, o *common law*, logo após a conquista normanda, diminuindo a incidência de direitos especiais. Do mesmo modo, os estatutos italianos da Idade Média, que criaram uma *lex terrae* uniforme. Na Europa Central, o Estado principesco mais centralizado também tomou esta iniciativa. O poder principesco começou, em geral, a ter proeminência judicial (monopolizar essa jurisdição) sobre as questões penais e passou a legislar unificando este Direito. O processo utilizado terminou por extinguir os duelos e a *vendeta*, sob influência do cristianismo. O processo nas mãos da autoridade judicial pública e o estabelecimento fixo de penas representaram uma superação do arbítrio do senhor.[(318)]

No que tange ao Direito Civil, o poder do príncipe não pôde facilmente invadir essa esfera. Foi lugar comum por muito tempo na Idade Média que essa matéria estava fora do âmbito de

---

Era a primeira instância dos privilegiados (nobres, funcionários régios e notários) e o tribunal recursal dos súditos em geral. O tribunal da corte coincidiu, inicialmente, com a própria cúria régia. Nas suas sessões, eram designados certo ou certos membros com a função especial de julgar os pleitos que a ela subissem — sobrejuízes. Estes cargos, no início do século XIII, adquiriram certa estabilidade. Nesse tempo, entendia-se que as atribuições jurisdicionais do rei não deveriam ter limites, pois era considerada, ao mesmo tempo, uma prerrogativa real e um direito fundamental dos súditos. Assim, pessoas de todas as condições recorriam à justiça real, inclusive vilões. Existem registros de ações movidas contra a coroa em que esta foi vencida. Acentua-se a estabilização do Direito em face das decisões tomadas por este tribunal. No século XIV, decisões se tornaram autênticas regras de Direito. Salienta-se a importância que a admissibilidade de recurso para o tribunal real teve na unificação do Direito. In: Ob. cit., p. 175.

(316) WEBER, Max. Ob. cit., p. 487.

(317) GILISSEN, John. Ob. cit., p. 300-1

(318) WEBER, Max. *Economia e sociedade*. São Paulo: UNB, 2004, v. 2, p. 117-8.

atuação do príncipe, sendo considerado um assunto sujeito à garantia formal de ordem e segurança. A interferência do príncipe nesse tema ocorreu muito tardiamente, quando foi surgindo um Direito principesco e magistrático que se referiria, diante do Direito comum, à fonte especial de que provinha, *e.g.*: o direito ao *writ* do rei inglês; a *equity* do lorde Chanceler inglês. Mas a fonte primordial desse Direito vinha da definição judicial dos funcionários encarregados da administração da justiça, que foi criando esse Direito, para WEBER, apoiado nas tendências orientadas nas necessidades dos interessados, a saber: os práticos jurídicos, *v.g.*, os advogados na Inglaterra. Em verdade, as camadas dos notáveis jurídicos, em particular em virtude de seu poder "de dar às partes ordens compromissórias (*injunctions*) — na Inglaterra, de forma geral, pelo lorde Chanceler, por James I, na controvérsia com os tribunais comuns — ou de transferir os processos, voluntária ou forçadamente, para si mesmo ou para tribunal especial, para tribunais do rei e mais tarde para a *Chancelary Court*, criaram novos meios jurídicos, que, em seu efeito, anularam grande parte do Direito comum vigente". A justiça oficial, a par dessa criação do Direito material, atendeu a uma necessidade de uma estruturação racional do processo, reivindicada pelas camadas portadoras de uma gestão econômica racional — as burguesas, que não suportavam, por exemplo, os duelos.[(319)]

Quanto ao processo, tanto na Inglaterra como na França, dispensou-se o formalismo verbal. Na Inglaterra, a supressão de formalidades de citação ao tribunal — citação *sub poena* pelo rei. Disseminou-se, no Ocidente, o interrogatório das partes sob juramento, a força comprobatória dos protocolos e a exclusão dos meios de prova irracionais, em especial o duelo. Tudo isso deu maior força de atração aos tribunais reais.

Tanto a França, no reinado de Luiz IX, como a Inglaterra, no de Henrique II, e de seus sucessores, criaram um procedimento probatório até certo ponto racional, eliminando os resquícios de formalismo mágico e do processo da assembleia forense. A *equity* do lorde Chanceler inglês, em sua esfera, no processo dos tribunais reais, trouxe a aplicação de meios técnicos do Direito oficial e tinham caráter formalista, como se via nas capitulares francesas, com o emprego frequente das ficções. O Direito correspondia ao caráter diretamente oriundo da prática jurídica, com seu empirismo. Contudo, ensina WEBER, existiam os casos em que se solicitava diretamente uma modificação do Direito vigente, o que ocorria, passando a existir novas disposições de Direito comum, como se vê em uma "parte das capitulares francesas (os *capitula legibus addenda*) e nas ordenanças e disposições das senhorias das cidades italianas". Quase sempre são decretos aprovados pelos *honoratiores* (assembleia dos funcionários) ou pelos representantes das assembleias forenses.

Nos principados patrimoniais, em princípio, a criação do Direito respeita a tradição. Todavia, há uma tendência de eliminar, nos principados, a justiça das assembleias forenses, que se baseava na equidade. Quanto mais eliminava-se a justiça das assembleias, mais se imprimia ao Direito suas qualidades formais específicas.

O poder principesco patrimonial caracterizava-se, quanto ao príncipe, por ser um direito subjetivo legitimamente adquirido, à semelhança de quaisquer direitos sobre bens comuns. Com a definição de seu poder dentro de um determinado território, de início, o príncipe não concedia a ninguém direitos, compromissórios a ele e a sua justiça, mas apenas dava ordens caso por caso e segundo o seu livre-arbítrio. Igualmente, o príncipe poderia baixar regulamentos com instruções gerais para seus funcionários, definindo a resolução dos assuntos dos súditos e suas controvérsias, não havendo garantias na obtenção de determinado tipo de decisão, sendo a relação mais ou menos como a entre o pai e suas crianças, em que estas têm vontades que não são obrigatoriamente atendidas. Estabelece-se, assim, uma justiça paternal (patriarcal), em que o príncipe transfere a resolução

(319) WEBER, Max. Ob. cit., p. 118-9. Segundo PAIXÃO e BIGLIAZZI, "Henrique II judicializou os conflitos existentes na Inglaterra do século XII". In: PAIXÃO, Cristiano; BIGLIAZZI, Renato. *História constitucional inglesa e norte-americana*: do surgimento à estabilização da forma constitucional. Brasília: UNB, 2008. p. 29.

intrafamiliar de controvérsias para a associação política e a justiça, *in casu*, funciona como administração.[320] No decorrer da evolução histórica, o príncipe passa a ceder uma parte dessa plenitude de poder[321] a funcionários, súditos, comerciantes estrangeiros, indivíduos ou associações. Estes direitos cedidos (privilégios) são colocados sob sua garantia, sendo sua existência respeitada pela justiça principesca. Esta justiça estamental tem uma ordem jurídica formal, mas concreta, e, nesse sentido, como diz *WEBER*, irracional — somente há interpretação empírica do Direito.

Toda a "administração" se dá como negociação, regateio, estipulação de privilégios, cabendo constatar a existência, o que é feito por meio de um processo à maneira judicial, não se distinguindo formalmente da justiça. Esta era a forma do processo administrativo do Parlamento inglês, sendo as autoridades ao mesmo tempo administrativas e judiciais. O patrimonialismo estamental teve o seu maior desenvolvimento na associação política ocidental da Idade Média.[322]

Na administração jurídica principesca patriarcal, o Direito é inteiramente não-formal, aspirando-se a averiguação material da verdade, rompendo-se com o Direito probatório formalmente comprometido. São deixadas de lado as garantias formais ou a máxima processual, no intuito de obter, na resolução de conflitos de interesses, um resultado objetivamente certo e que satisfaça às exigências da equidade. Os princípios fixos da justiça patriarcal, a sua racionalidade lógica, não decorrem de seus meios de pensamento jurídico, mas de perseguição a princípios materiais da ordem social — políticos, utilitaristas, em favor do bem-estar ou éticos. Coincidem administração e justiça, em sentido oposto ao da justiça principesca estamental. Nesta, toda administração assume a forma de justiça, naquela, toda justiça adota a peculiaridade da administração. Nesse sentido, os juízes na justiça patriarcal são também funcionários da administração principesca, sendo que o príncipe interfere à vontade na justiça (justiça de gabinete) e decide segundo seu livre-arbítrio, conforme critérios de justiça, de conveniência e políticos, concedendo direitos como doação ou graça, como privilégio em um caso individual. As condições e formas são determinadas por ele, contudo, são eliminados os meios de prova irracionais do procedimento jurídico, em favor de uma livre averiguação oficial da verdade, a justiça de cádi.

Exemplos dessa justiça são encontrados nos *writs* dos reis ingleses, que foram concedidos formalmente pelo apelo à livre graça dos reis. A reforma de Luiz IX da França também se desenvolveu em forma patriarcal, caracterizada por uma confusão entre o limite entre justiça e administração, em que decretos do rei, em parte com conteúdo instrutivo e em parte com ordens, interferem na justiça de modo geral ou em casos concretos. Contudo, o estágio aqui é mais evoluído do que aquele em que a elaboração da sentença era magicamente condicionada. Não obstante, a justiça principesca patriarcal, como mencionada, orientava-se por critérios materiais e não-formais, constituindo-se numa justiça de equidade fortemente irracional, segundo *WEBER*, e concreta.[323]

O processo formalista e mágico desaparece quase totalmente, com o advento de um processo judicial com citação, em nome do príncipe, por vezes com conjuração do citado, meios de prova racionais, baseados em testemunhas em vez dos ordálios, decidindo-se segundo o sentimento de justiça, que somente é afastado em situações em que há perigo de se perder o trono, em que regras provenientes da tradição são respeitadas, uma vez que estas são a própria base da legitimidade.

---

(320) WEBER, Max. Ob. cit., p. 118-120.

(321) HESPANHA, António. Ob. cit., p. 151. Em Portugal, "desde o século X aparece, no território portucalense, vestígios da organização concelhia, ou seja, de concessões régias (ou senhoriais) que permitem e reconhecem uma certa auto-organização das populações locais, acompanhada da atribuição de certos privilégios de ordem fiscal e judiciária". HESPANHA assegura que, no caso dos concelhos existia uma subdivisão regular, os julgados, "circunscrição administrativo-judicial decalcada sobre uma unidade geográfica natural ou tradicional, colocada sob a direção de um juiz, assessorado por uma assembleia judicial". In: Ob. cit., p. 150.

(322) WEBER, Max. Ob. cit., p. 120-1.

(323) Ob. cit., p. 120-1.

Este é o limite para o exercício desse poder. Em geral, o príncipe também se coloca ao serviço de interesses religiosos, sendo propagado por ele em seus postulados não uma religiosidade ritualista, mas uma religiosidade de convicção, desligada de normas ritualistas formais e sagradas. A isso é acrescida uma preocupação patriarcal amorfa com o bem-estar.

Nada obstante, a justiça principesca patrimonial caracterizou-se como uma combinação de componentes estamentais e patriarcais, complementada pelo procedimento jurídico formal das assembleias forenses. No Ocidente, predominou a forma estamental da justiça, em que o príncipe cede parte de seu poder a funcionários, súditos, comerciantes estrangeiros, indivíduos ou associações, e a tradição da justiça praticada pelas assembleias forenses, que negava ao príncipe a função de julgador.[(324)]

Ao lado de privilégios estamentais, estava o caráter estamental da justiça e da administração em geral. Contudo, passo a passo, penetraram elementos racionais formalistas na prática do Direito patrimonial típico. Os interesses na racionalidade crescente estavam a apontar para o domínio crescente da igualdade jurídica formal e das normas objetivas formais, o que bem mais tarde se efetivou.

Os ventos apontavam na mesma direção quanto aos interesses dos príncipes e dos privilegiados. Contudo, a limitação do arbítrio patriarcal em favor de regras fixas, e da criação de direitos fixos dos dominados diante da justiça, ou seja, a garantia de direitos subjetivos, ainda estava distante. No campo do Direito Privado, os grupos de interesse econômicos aspiravam por segurança, por uma fórmula que garantisse os interesses burgueses, o que redundaria em normas objetivas, segundo *Weber*, em um Direito inequívoco, claro, livre de arbítrios administrativos irracionais e de perturbações irracionais por parte de privilégios concretos, um Direito que garantisse de forma segura o caráter juridicamente obrigatório dos contratos e que fosse calculável.

O poder principesco, em princípio, diante de seus interesses fiscais e políticos, de algum modo, estava propenso a concessões. Aos poucos, intensificou-se a aliança entre o príncipe e as camadas burguesas, o que impulsionou a racionalização formal do Direito. Em verdade, o racionalismo econômico privado das camadas burguesas já correspondia por si mesmo, em grande parte, ao racionalismo utilitário da administração realizada por funcionários. O príncipe, por interesses fiscais, muitas vezes preparava o terreno aos interesses capitalistas. Contudo, garantir direitos à burguesia, independentemente do arbítrio do príncipe e de funcionários, não correspondia, como diz *Weber*, ao desenvolvimento próprio da burocracia. Em verdade, dentro da burguesia, os interesses capitalistas, em particular os na forma mais antiga, politicamente orientada, em especial no começo do capitalismo burguês, não demonstravam o intuito de alcançar direitos subjetivos garantidos, pois grandes monopolistas comerciais e mercantis e grandes empresários monopolizadores do período manufatureiro mercantilista apoiavam-se em regras de privilégios principescos, que muitas vezes romperam com o Direito comum, causando resistência dentro da classe média burguesa. Os capitalistas interessados em monopólios e os mercantilistas primitivos tinham interesse na criação e conservação do poder principesco patriarcal diante dos estamentos e da classe industrial burguesa. Não obstante, a interferência do *imperium* principesco na vida jurídica mostrou sempre uma tendência rumo à uniformização e sistematização do Direito, a sua codificação, pois o príncipe almejava ordem, unidade e homogeneidade em seu reino.[(325)]

---

(324) WEBER, Max. Ob. cit., p. 122-3. Segundo GILISSEN, "passa-se dum sistema irracional de direito. Esta transformação analisa-se mais facilmente na evolução da prova; em lugar de provas irracionais [...] de outros elementos sobrenaturais para dizer quem tem razão (ordálios, ...juramentos etc.), procura-se estabelecer a verdade por meios racionais de prova (inquérito, testemunho, actos reduzidos a escrito, etc.). Duma maneira geral, o arbítrio dá lugar à justiça". In: Ob. cit., p. 205.

(325) Ob. cit., p. 123-4. Assim se deu, também, na Inglaterra, onde o monarca dotado do poder temporal preocupou-se com a organização administrativa do reino. In: PAIXÃO, Cristiano e BIGLIAZZI, Renato. Ob. cit., p. 28.

Esta uniformização também era decorrente de necessidades técnicas da administração e dos interesses dos funcionários que, em geral, aspiravam à clareza do Direito, uma vez que, com uma maior uniformidade jurídica, passavam a ser menos limitados no exercício de suas funções, já que o conhecimento jurídico passava a lhes permitir uma utilidade em várias localidades. Por sua vez, a burguesia almejava mais segurança, por meio da uniformização, na aplicação do Direito.

Ademais, os interessados na fixação escrita costumavam ser das camadas que mais sofriam com a falta de normas inequivocamente estabelecidas e acessíveis a todos, ou seja, apropriadas ao controle da justiça. Assim se portaram as camadas camponesas ou burguesas diante da justiça de *honoratiores* aristocrática ou dominada por aristocratas ou da justiça sacerdotal, típicas na Antiguidade. O interesse maior era por um Direito formal e claro, que resolvesse inequivocamente pontos duvidosos.[326]

A apropriação do Direito Romano e o trabalho dos práticos por certo dão início à uniformização. Já se falou alhures acerca da importância dos contratos no feudalismo. Também para *Weber*, o nexo feudal, em sua essência, fundamentava-se em contratos. Ademais, o processo, ou melhor, o pacto arbitral, originariamente, veio do pacto expiatório dos clãs. *Weber* assegura que os contratos de Direito privado têm sua origem em contratos processuais. Entre os membros do clã, as desavenças eram resolvidas por arbitragem dos anciãos e contra o recalcitrante havia o boicote. *Weber* chama esse procedimento de arbitral.[327] Quando envolviam clãs distintos que tinham uma certa associação política, havia o processo jurídico, proveniente de pacto, no sentido de uma pretensão garantida pela aplicação do Direito e a coação subsequente. Com a desintegração dos clãs em favor das comunidades domésticas, comunidades locais e associações políticas, questiona-se até que ponto o procedimento jurídico da associação política se aplicava às relações entre os membros de cada segmento mencionado. Quando isso ocorria, diz *Weber*, "as pretensões individuais sobre o solo de uma mesma comunidade doméstica tornavam-se objeto de processos entre os membros do mesmo grupo perante o juiz".

Segundo *Weber*, no século XIII, na Inglaterra, a prática dos advogados e da jurisdição dos tribunais reais passou a qualificar como *tres-pass* o não cumprimento de um número cada vez maior de contratos, criando uma proteção jurídica, em particular pelo *writ of assumpsit*. Foram criadas as pretensões contratuais processáveis, livremente diferenciáveis em seu conteúdo.[328]

Weber afirma que nossas instituições jurídicas, especificamente as capitalistas, são de origem medieval e não romana, mesmo o Direito Romano estando muito mais racionalizado que o medieval. Razões econômicas e várias puramente técnico-jurídicas conduziram a isso. Assim, o conceito de documento como representante material de direitos; o costume de admitir a responsabilidade solidária obrigatória nas relações exteriores de todas as espécies de comunidades por seus membros; e o hábito de aceitar a desintegração de patrimônios especiais nas áreas mais diversas; estes supostos atrasos no desenvolvimento do Direito em direção à lógica e à instituição estatal permitiram, nas relações comerciais, uma riqueza muito maior de esquemas técnico-jurídicos úteis, muito mais racionalizados sob aspectos lógicos e técnico políticos do que os que haviam no Direito Romano. As criações especiais, particularmente as instituições do Direito Mercantil da Idade Média, que correspondiam às necessidades do capitalismo moderno nascente, puderam desenvolver-se com mais facilidade sobre a base de uma sociedade que produzia grande número de direitos especiais por motivos políticos, correspondendo aos interesses de círculos concretos. O Direito especial surgiu por ordens autonomamente estatuídas, pela tradição ou pelo estatuto estipulado de comunidades consensuais estamentais ou de uniões baseadas

---

(326) WEBER, Max. Ob. cit., p. 124-6.

(327) Ob. cit., p. 4.

(328) Ob. cit., p. 26. PAIXÃO e BIGLIAZZI asseguram que os *writs* passaram, ainda no século XII, à competência dos tribunais reais na Inglaterra. In: PAIXÃO, Cristiano; BIGLIAZZI, Renato. Ob. cit., p. 28.

em relações associativas, sendo princípio quase universalmente válido que o Direito particular "arbitral", segundo *Weber*, quebra o Direito do país (comum).[329]

Analisando-se o Direito vigente em determinado território ou círculo de pessoas, a sua criação e desenvolvimento se davam, na maioria das vezes, na Idade Média, por usurpações autônomas de comunidades consensuais ou uniões baseadas em relações associativas independentes entre si, sendo os ajustes realizados por meios recíprocos muitas vezes. A sujeição a um Direito especial (direitos pessoais) constituía um privilégio adquirido por usurpação ou concessão, sendo um monopólio dos participantes. Com o tempo, foi inevitável que, nas controvérsias entre pessoas sujeitas a direitos pessoais diferentes, qualquer que fosse a solução do caso, surgissem incompatibilidades e a necessidade de certos princípios jurídicos comuns, o que aumentou com o incremento das relações comerciais. Todo o Direito aparece como privilégio de pessoas ou ligado a coisas individualizadas ou de complexos individuais dessas, sendo a concepção de normas gerais pouco desenvolvida.

Weber destaca que o desenvolvimento ocidental, na Idade Média, tomou um rumo diferente dos de outras regiões, em especial orientais. Ele aponta que o desenvolvimento e a conservação da justiça praticada por assembleias forenses foram decisivos para a riqueza real das formas corporativas e consorciais, com um desenvolvimento rico para o Direito. Para ele, sem dúvida, a ausência prolongada de poderes centrais racionais e fortes deu origem à autonomia das associações comerciais, profissionais e rurais, reconhecidas pelo Direito. A justiça realizada por assembleias forenses teve como consequência prática a obrigação do senhor, tanto político como feudal, de não pronunciar, ele mesmo, as sentenças e disposições jurídicas aplicáveis ou deixar estas tarefas a seus funcionários. Estas tarefas foram reservadas aos representantes do círculo de consortes jurídicos, ou pelo menos com a sua participação decisiva. Do contrário, as sentenças e disposições jurídicas não seriam consideradas objetivamente compromissórias.

Nesse sistema judicial, participavam os interessados dos diversos círculos jurídicos de cada decisão. Os camponeses dependentes e os servos e criados da corte nas decisões sobre direitos e deveres resultantes de sua relação de dependência econômica e pessoal. Os burgueses nas sobre direitos e deveres que resultavam de sua relação de dependência contratual. Os vassalos nas de direitos e deveres que resultavam de sua relação de dependência política.[330]

A administração da justiça dessa forma constituía a mais forte garantia de criação autônoma do Direito e de uma organização corporativa e consorcial. Este fenômeno permitiu o desenvolvimento do Direito corporativo e consorcial ocidental e as formas de associação especificamente capitalistas. O costume, sedimentado das formas da prática jurídica das assembleias forenses, de averiguar periodicamente, mediante testemunhos orais, o Direito de associação vigente. Do mesmo modo, assentava-se-lhe em forma de documentos que continham disposições jurídicas. Habitualmente, os dependentes pediam, na prática das assembleias, em ocasiões favoráveis, a confirmação da situação jurídica em forma de privilégio. Os processos, dados dentro das associações senhoriais, políticas e econômicas, aumentaram a autonomia também das uniões livres não senhoriais.

O Direito continental desenvolveu-se assim. Na Inglaterra, a situação deu-se de modo diferente. Os tribunais reais do forte poder patrimonial cedo ocuparam o lugar da antiga justiça das assembleias forenses dos condados, comunas etc. Este fenômeno iria se dar na Alemanha muito tempo depois, quando os poderes políticos e feudais puderam criar para si os aparatos administrativos, que dispensaram a justiça das assembleias forenses e terminaram por fazer cair rapidamente a autonomia das corporações e o Direito corporativo.[331]

---

(329) Para WEBER: "A instituição política reclamou — e quase sempre conseguiu — que estes direitos especiais somente permanecessem válidos quando admitidos por ela, existindo, portanto, só na medida em que ela o permitiu". In: Ob. cit., p. 37.

(330) Ob. cit., p. 38-64.

(331) Ob. cit., p. 64-6.

A busca por um Direito racional pareceu conduzir a um compromisso entre o Direito racional, que pretende vigência universal, segundo *Weber*, e os Direitos locais (ou nacionais) existentes. Em Roma, no Império tardio, havia a oposição entre Direito imperial e os Direitos nacionais dos habitantes das províncias. Em solo inglês, a oposição se dava entre o Direito nacional (*lex terrae*) do *common law* e os direitos locais. No continente, entre o Direito Romano adotado e os Direitos nacionais. Os Direitos mais gerais pretendiam legitimidade exclusiva.

Nessa evolução do Direito, como já se disse, foi fundamental o trabalho judicial. Por certo, este não se limitava a sancionar as ordens de fato vigentes, em virtude de consenso ou acordo, mas exercia influência muito forte sobre a seleção do que sobrevivia como Direito, o que advinha das consequências de uma decisão pronunciada que transcendiam o caso concreto. Como se sabe, a fonte das decisões judiciais não era as normas gerais, mas o juiz, geralmente, ao decretar a garantia coativa num caso concreto e por razões concretas, como diz *Weber*, criava eventualmente a vigência empírica de uma norma geral como "direito objetivo"(332), sendo que a máxima por ele definida ganhava importância que ia além do caso concreto por ele decidido. *Weber* assegura que certo grau de estereotipagem surgia quando a decisão se tornava objeto de alguma discussão, ou quando se procuravam os fundamentos dela. Para um juiz, a quem determinada máxima serviu como norma para a decisão, de modo consciente e reconhecível, caso viesse a negar a sua aplicação em caso semelhante, seria suspeito de parcialidade. Aliás, desde quando se superou a fase profética, em que se tinha a proeminência da tradição, teve-se que a decisão tomada passou a ser produto da tradição verdadeira, convertendo-se em um esquema que pretendia vigência permanente.(333)

Mais modernamente, a tipificação de certos consensos — pactos racionais com finalidades definidas, criados progressivamente por indivíduos, ao delimitarem, com a ajuda de "advogados" treinados, suas respectivas esferas de interesses e os precedentes dos juízes são fontes primárias de formação de normas jurídicas, como se vê, sobretudo, no nascimento do *common law* inglês, em que há uma extensa colaboração de especialistas experientes e qualificados na área do Direito, que aumentaram a cada dia em proporção, dedicados profissionalmente, como advogados e juízes — representou uma tarefa que cria o Direito dos juristas.

Na Inglaterra, pela inovação procedida por Henrique II, que é a fonte do júri no processo civil, por *writ* real, passou-se a conceder a *assisa novae disseisinae*, a pedido das partes, substituindo-se a decisão das queixas relativas à posse de terras, mediante os antigos meios de prova mágicos irracionais, com apoio, principalmente, no juramento e no duelo, pelo interrogatório de doze vizinhos que, sob juramento, manifestavam-se sobre a posse.

O desenrolar do processo divide-se entre o juiz presidente e o júri. No Direito inglês, o júri, em matéria civil, tinha uma significação muito importante, na medida em que certos componentes do veredito, embora decididos pelo júri, eram analisados em separado pelo juiz, para serem explicados — as questões de direito das de fato, tirando-se as primeiras da incógnita e transformando-as em princípios da sentença, sendo consideradas integrantes do Direito vigente. Em especial, grande parte do Direito Mercantil vigente foi assim formulada, como precedente da atividade judicial do *lord Mansfield*, ao cabo considerada com a dignidade de disposição jurídica, o que antes era sentimento de justiça do júri.(334)

Para *Weber*, considera-se Direito aquilo que já foi aplicado como tal. Deste modo, segundo ele, o Direito dos precedentes judiciais é a forma mais antiga de criação de um Direito consuetudinário.

---

(332) WEBER, Max. Ob. cit., p. 68-71. Não resta dúvida, em especial no sistema inglês, que a atuação do juiz, já no século XII, permitiu a abertura para o futuro, com a criação de novas formas de tutela a partir de novas situações submetidas à apreciação dos tribunais. In: PAIXÃO, Cristiano; BIGLIAZZI, Renato. Ob. cit., p. 34.

(333) WEBER, Max. Ob. cit., p. 72.

(334) WEBER, Max. Ob. cit., p. 67-75. PAIXÃO E BIGLIAZZI explicam como se dava a solução dos processos judiciais na Inglaterra do século XII, com a emissão dos *writs* a partir da alegação referente ao caso de um costume imemorial. In: PAIXÃO, Cristiano; BIGLIAZZI, Renato. Ob. cit., p. 28.

Contudo, a sentença jurídica tem apenas, em geral, a autoridade de um precedente. Em verdade, até mesmo a decisão parlamentar inglesa conservou caráter semelhante. Na época dos platagenatas e, ao que parece, até o século XVII, a decisão do Parlamento tinha o mesmo caráter de uma sentença jurídica. O rei não se sentia comprometido. Para que fossem reconhecidas (os protocolos e os diversos *rolls*), as decisões parlamentares precisavam ser confirmadas pelo rei, tendo força de precedentes judiciais, com força de um *amendment* do Direito vigente. Blackstone via nos juízes ingleses uma espécie de oráculo vivo, e entendia o papel que as decisões judiciais desempenhavam como forma específica de encarnação do *common law*, representando um oráculo vivo do Direito antigo. Assim, o que antes era incerto — o princípio jurídico — tornava-se, pela decisão, uma regra permanente. Contudo, o precedente judicial inglês distanciava-se do oráculo do Direito antigo, na medida em que aquele era baseado em razões racionais.[335] Mesmo os jurados não poderiam ser considerados sucessores dos profetas, haja vista que foi a instituição que substituiu os meios de prova irracionais da justiça das assembleias forenses pelo testemunho dos vizinhos, o que se configurou como um produto do racionalismo principesco.

Quanto aos germânicos, havia uma orientação jurídica mais carismática, na relação entre os jurados. Em regra, o senhor jurisdicional ou seus representantes limitavam-se a convocar e presidir o tribunal e a guardar a ordem, enquanto a sentença era preparada por orientadores jurídicos carismáticos ou, mais tarde, por jurados eleitos do círculo das pessoas a que se referia a sentença. Este princípio estava condicionado à aplicação carismática do Direito. Não cabia ao juiz interferir na aplicação do Direito, pois seu cargo não lhe atribuía ao mesmo tempo o juízo — a sabedoria jurídica, cabendo-lhe apenas convencer as partes a preferir a expiação à vingança, a paz concedida pelo tribunal do que a iniciativa própria, e a submissão às formalidades que as obrigavam a observar o contrato processual e criavam as condições de consulta correta e eficaz aos deuses ou aos sábios qualificados por seu carisma, magicamente qualificados — autoridade carismática: *e.g.*, os *honoratiores* jurídicos reconhecidos como autoridades por eleição, como os pronunciadores da lei, entre os germanos do norte, ou os rachimburgos, entre os francos.

Mais tarde, estes pronunciadores tornaram-se funcionários, legitimados por eleições periódicas e, depois, por nomeação efetiva. Os rachimburgos foram substituídos por jurados, como *honoratiores* jurídicos nomeados pelo rei. Era corrente que somente o carismaticamente qualificado poderia indicar o Direito. Politicamente, os pronunciadores da lei nórdica e os jurados na Alemanha eram defensores das comunidades jurídicas contra o poder das autoridades. Na Suécia, o carisma era transmitido hereditariamente entre membros de famílias distintas. O pronunciador da lei, com existência comprovada desde o século X, não era o juiz, nada tinha a ver com execução ou com poder coativo. Contudo, de aplicador do Direito chamado caso por caso, o pronunciador da lei passou a ser um funcionário permanente. Surgiu a necessidade racional de previsibilidade, o caráter regulatório do Direito vigente, desenvolvendo-se o seu dever de pronunciar, uma vez por ano, diante da comunidade reunida, as normas segundo as quais aplicava o Direito: para conhecimento público e para controle próprio. O modelo carismático levava à compreensão de que o sucessor do antigo pronunciador não estava obrigado a aplicar o pronunciado pelo antecessor, uma vez que o carisma do novo ocupante da posição lhe legitimava a criar, segundo WEBER, Direito novo.[336]

Não foi peculiaridade apenas da justiça alemã a separação da aplicação do Direito e da coação jurídica. Passo a passo, o colégio de jurados veio a ocupar o lugar da antiga profecia jurídica carismática. A peculiaridade germânica, em verdade, era a participação dos consortes jurídicos,

---

(335) WEBER, Max. Ob. cit., p. 78. Como define GILISSEN, desde cedo o *common law* é um sistema racional, por meio do qual o juiz, já no século XIII, tinha que decidir segundo regras estabelecidas pelos precedentes judiciários. In: Ob. cit., p. 211.

(336) Ob. cit., p. 76-81.

não pertencentes ao grupo de *honoratiores*, na aplicação do Direito, sendo obrigatória a sua aclamação para ratificar a sentença encontrada pelos julgadores. Em verdade, eles também poderiam impugnar a sentença.

Por certo, a participação regular de homens livres na sentença não é um fenômeno primitivo.[337] Para *WEBER*, trata-se de um produto do desenvolvimento específico na área militar. A ação guerreira é um poder que fomenta a secularização do pensamento acerca da vigência de determinados princípios, sobretudo da emancipação da tradição magicamente garantida. O *imperium* do líder militar conquistador alcança um grande número de assuntos, em especial ordena alguns que, em época de paz, somente poderiam ser regulamentados por normas reveladas, mas, nas de guerra, são criadas do nada, algumas por ele impostas ou por ele encaminhadas para a aprovação de seu exército. Ademais, o príncipe guerreiro, no interesse da segurança comum — prevenção de faltas à disciplina e a provocação de distúrbios, tem muito mais poder do que um juiz em épocas de paz. A força do *imperium* aplica-se à custa da tradição. O flagelo das condições sociais e econômicas pela guerra torna evidente que o habitual não pode ser eternamente vigente e sagrado, sendo que, em tal período, acontece com mais frequência a fixação sistemática de direitos já vigentes ou de novos direitos, o que se dá, em geral, depois de expansões guerreiras. A Criação e a aplicação do direito têm uma tendência a alcançar formas mais racionais, estabelecendo-se uma nova relação entre os diferentes portadores possíveis do procedimento jurídico. Historicamente, o prestígio dos anciãos e o da magia costumam diminuir com a concentração do poder em períodos de guerra.

No caso da migração germânica, entre os povos mais sedentários, o poder dos orientadores jurídicos carismáticos conserva-se de forma relativamente incólume, ao passo que, no meio dos que vivenciaram uma migração bélica, os francos, *e.g.*, intensifica-se o poder da comunidade militar, que reclamou e conseguiu o direito de participar ativamente no estabelecimento de estatutos jurídicos e nas sentenças judiciais. Por outro lado, no início da Idade Média europeia, a Igreja apoiava, em todos os lugares, a intervenção dos príncipes na criação e aplicação do Direito, no interesse eclesiástico, como exemplo as Capitulares dos reis francos, que favoreceram o desenvolvimento de tribunais semiteocráticos para as faltas religiosas de leigos. Contudo, essa tendência do *imperium* foi obstruída, no Ocidente, pela firme estrutura da justiça carismática e corporativa dentro da comunidade militar. Ao que parece, a disciplina militar, diferente de Roma, foi pouco desenvolvida entre os germanos, o que, quiçá, ocasionou o direito de cada participante da assembleia forense impugnar a sentença, o que enfraqueceu o poder carismático dos seus portadores profissionais, permitindo que cada membro da assembleia forense pudesse tentar fazer valer, no caso, seu melhor conhecimento. A separação germânica entre aplicação e coação jurídica é uma forma possível, como diz *WEBER*, de divisão de poderes na justiça.[338]

Com efeito, poderes oficiais, ou seja, o *imperium* do príncipe ou de seus funcionários, conseguiram afastar os portadores carismáticos independentes do saber jurídico, e a comunidade judicial ou de seus representantes, o que conduziu à formação do Direito em um caráter patrimonial principesco.

Na história do Direito, já se via o exemplo da democracia helênica, com resultado formal semelhante ao mencionado, onde esse desenvolvimento se deu com a comunidade judicial se tornando onipotente, ao afastar os antigos portadores carismáticos da aplicação do Direito e colocar, no lugar deles, a comunidade judicial, como criadora e aplicadora do Direito. Na Alemanha, *WEBER* denomina assembleia[339] forense a forma, em especial presente na comunidade de guerreiros, e

---

(337) HESPANHA assegura que os julgados nos reinos neo-góticos em Portugal eram realizados sob a direção de um juiz, "assessorado por uma assembleia judicial (*concilium*)". In: Ob. cit., p. 150.
(338) WEBER, Max. Ob. cit., p. 82-3.
(339) HESPANHA menciona a importância dessas assembleias para os visigóticos, antes mesmo de sua afixação na Gália. In: Ob. cit., p. 120.

ainda mais formalizada em Roma, em que a comunidade dos consortes jurídicos participava da aplicação do Direito, aceitando ou rejeitando a sentença proposta pelos portadores carismáticos ou oficiais do saber jurídico. A sabedoria dos sábios jurídicos precisava, *in casu*, provar sua qualificação mediante a força de convicção. Deste modo, devido a essa necessidade, o sentimento de justiça e a experiência cotidiana dos consortes jurídicos puderam exercer influência forte.

Formalmente, o Direito é um Direito de juristas, uma vez que o conhecimento de especialistas é essencial para que assuma a forma racional, contudo, materialmente, é Direito do povo. Na justiça praticada nas assembleias forenses houve, como diz *Weber*, uma divisão de poderes entre autoridade do carisma jurídico e a comunidade judicial e militar na ratificação. Registre-se que o príncipe ou seu representante, quando atuava, apenas presidia o julgamento. Este modelo não existiu universalmente. Das decisões nas assembleias forenses, popularizou-se o Direito, que era condicionado pela participação da comunidade e do conhecimento jurídico leigo, sendo divulgados os chamados provérbios — disposições jurídicas fragmentárias em forma de lemas.

Sustenta *Weber* que um Direito formalmente desenvolvido — complexo de máximas de decisões conscientes — nunca existiu sem a colaboração decisiva de peritos jurídicos especializados. São diversas categorias, na terminologia weberiana: os *honoratiores* jurídicos — pronunciadores da lei, rachimburgos, jurados e, eventualmente, sacerdotes formam a camada dos práticos jurídicos, com a função de aplicar o Direito. O crescimento das exigências da justiça quanto à experiência e ao conhecimento especializado fez com que aparecessem, ao lado daqueles, os assessores e procuradores privados (intercessores e advogados) dos interessados, que exerceram muita influência sobre a formação do Direito, com a invenção de novos Direitos. Os advogados profissionais surgiram por força da necessidade crescente de conhecimentos jurídicos especializados. Essas exigências impulsionaram a racionalização do Direito em geral, uma decorrência, também, da progressiva troca de bens, haja vista que os que dela participavam viam o surgimento de problemas que precisavam ser resolvidos por soluções racionais que requeriam uma especialização profissional, desenvolvendo-se o Direito dos juristas. O desenvolvimento das qualidades formais desse Direito estava condicionado pelas peculiaridades dos círculos de pessoas que podiam influir profissionalmente sobre a formação do direito e, indiretamente, pelas condições econômicas e sociais.[340]

Nesse sentido, fundamental foi a natureza do ensinamento jurídico, ou seja, a formação dos práticos jurídicos. Dois modelos desenvolveram-se. Na Inglaterra, o ensinamento prático, artesanal, no sentido empírico, realizado por advogados, um ensino corporativo. Por outro lado, o ensino teórico do Direito em escolas especiais, com o seu tratamento racional e sistemático, ou seja, científico.

No processo primitivo, não se admitia a presença do advogado. Somente com as reformas processuais realizadas pelos reis da Inglaterra e França foi possibilitada a representação no processo. Na Idade Média, distinguiam-se, claramente, as figuras do intercessor e do advogado. A primeira desenvolvia-se na peculiaridade das assembleias forenses. A segunda, nos tribunais principescos, como os processos de júri e força probatória dos protocolos — *records*. Na França, o formalismo verbal foi fonte da instituição do intercessor. Assim, as partes e os julgadores estavam vinculados à palavra formal jurídica, o que obrigava o leigo a recorrer a um *avant rulier*, que era escolhido pelo juiz do círculo de julgadores, que posicionava-se junto à parte solicitante, para pronunciar, em seu lugar, as palavras necessárias para a continuação do processo. Por não falar ela mesma, a parte ganhava o direito de correção (*amendment*) dos erros do processo.

O intercessor (*counsel*), como se disse, aparecia, originariamente, ao lado da parte, enquanto o advogado (*avoué, solicitor, attorney, procurator*), em nome da parte, assume a organização

(340) WEBER, Max. Ob. cit., p. 84-5.

técnica do preparo do processo e da produção dos meios de prova. A posição de intercessor não lhe impedia a participação na elaboração da sentença, pois era do círculo dos juízes. O advogado era um representante da parte apenas.

Na Inglaterra, os advogados, inicialmente, eram recrutados junto ao clero, o único grupo que sabia escrever. O crescente conhecimento jurídico dos leigos[(341)] foi, passo a passo, excluindo os membros do clero de tal função. A união de advogados leigos em quatro corporações dos *Inns of Court* também contribuiu para excluir a participação de clérigos e, também, para a monopolização dos cargos oficiais de juiz e dos demais para os quais se exigiam conhecimentos jurídicos, nos séculos XV e XVI. Com isso, os *counsels* (intercessores — prolocutores) perderam sua função, com a racionalização do processo, em que os notáveis jurídicos nobres transformaram-se em advogados, ou seja, em representantes. Nos tribunais, os advogados (*advocates*) conservaram traços dos intercessores, submetidos à rigorosa etiqueta estamental, não realizando outros serviços técnicos e evitando contato pessoal com a parte, o qual permanecia com os *attorneys* e *solicitors*, não organizados em corporações e sem formação jurídica por elas dada. Os *attorneys* estavam em contato com os *advocates* e preparavam o *status causae* até que eles pudessem defendê-la juridicamente no tribunal. Tanto os *advocates* como os juízes eram provenientes dos círculos corporativos e continuavam convivendo nessas casas.[(342)]

O estamento fechado dos juristas tinha duas formas de funções: *bar* e *bench*. Os juristas eram recrutados, em grande parte, da nobreza. A corporação regulava as condições de admissão. Havia a exigência de um noviciado de quatro anos, combinado com aulas nas escolas corporativas. Após, nomeação ao *bar*, estava-se credenciado à defesa de causas. O preparo era prático, com cuidados de observação da etiqueta, direito a um honorário mínimo, voluntário, não reivindicável judicialmente. As aulas das escolas corporativas, em razão do monopólio, foram desaparecendo aos poucos, passando o preparo a ser apenas prático empírico, tendente à especialização. O ensino jurídico[(343)] assim realizado produziu um tratamento formalista do Direito, ligado a precedentes judiciais e analogias e a especialidade técnica impedia a visão sistemática da totalidade do Direito. A prática também não procurava a sistemática racional, mas a criação de esquemas de contratos e queixas úteis às necessidades concretas. Este modo de ser levou à decisão de casos novos pelo esquema de casos já conhecidos. *Weber* assegura que esse exercício puramente empírico da prática e do ensino do Direito infere sempre do caso isolado a outro caso isolado, não sendo alcançados, em sua opinião, princípios gerais que conduzam a deles deduzir a decisão de cada caso.

Na Alemanha, não havia essa camada de advogados organizada estamentalmente. Por muito tempo não houve, na Alemanha e França, a obrigação de se recorrer a um advogado. Exigências de formação dos advogados apareceram tarde, numa época em que o ensino universitário no Direito Romano definia o padrão do prático jurídico. O modelo descentralizado de justiça tornava impossível o surgir de uma corporação poderosa de advogados. Ao invés de autonomia, havia regulamentos principescos. Contudo, no continente, terminou por se desenvolver uma forma de ensinar o pensamento jurídico que representa a moderna formação universitária jurídica racional. Nessas escolas, foram desenvolvidos os conceitos que têm caráter de normas abstratas, em princípio construídos de modo rigorosamente formal e racional, mediante a interpretação lógica do sentido. O pensamento jurídico terminou, ao fim desse processo, por se emancipar das necessidades cotidianas dos interessados no Direito, sendo desencadeadas as necessidades lógicas na doutrina.

---

(341) GILISSEN explica, analisando o sistema inglês entre os séculos XII e XIV, que "os *common lawyers* são antes de mais, práticos, formados como litigantes (*barristers*...); não era necessário ser licenciado em direito por uma universidade para vir a ser solicitor (solicitador), *barrister* ou *judge*". In: Ob. cit., p. 211.

(342) WEBER, Max. Ob. cit., p. 86-7.

(343) GILISSEN enfoca que, desde o século XIV, os juízes se tornaram profissionais, mas não são formados na disciplina do Direito Romano. Eles são, desde então, consagrados ao estudo exclusivo do Direito, mas, como mencionado, ao conhecimento prático. In: Ob. cit., p. 211.

O Estado nacional, como um estado racional, somente se deu no Ocidente, como diz *WEBER*. A evolução dos principados patrimoniais em direção ao Estado nacional foi longa, iniciando no final do século XI, ainda na Idade Média. Os principados passaram a concorrer pelo capital, o que gerou uma aliança com a burguesia. Esta aliança reforçou o poder central, com a sua organização, também por quadros da burguesia, o que terminou por gerar o Estado nacional. Antes do desenvolvimento das instituições no ocidente, as coisas ficavam entregues a si mesmas, não havendo uma administração de funcionários, ocorrendo a sua intervenção apenas em tumultos e incidentes desagradáveis e de maior repercussão. Somente onde há um funcionalismo especializado e um Direito racional é possível o capitalismo moderno se instalar, o que apenas se dá com o Estado racional.

Em parte, o Direito racional do Estado ocidental moderno origina-se, em seus aspectos formais, do Direito Romano, mas não no seu conteúdo. O processo civil desenvolvido em Roma não era mais a justiça de cádi, como no tribunal grego dos heliastas, em que predominavam efusões emocionais e insultos aos adversários. Em Roma, no processo civil, o pretor instituía um *iudex*, dando-lhe instruções estritas referentes aos pressupostos da condenação do réu ou ao indeferimento da queixa. Justiniano aprimorou este Direito racional, atendendo ao interesse dos funcionários, em um Direito sistematizado, definitivamente fixado e, por essa razão, fácil de ensinar. Com a decadência do Império Romano, o Direito chegou às mãos dos notários italianos — que conservaram as antigas fórmulas contratuais e as adaptaram às necessidades atuais — e, depois, nas universidades — com um ensino jurídico sistemático, que são responsáveis pela ressurreição do Direito Romano. Contudo, o decisivo foi a racionalização do processo.[(344)]

O processo germânico, como todos os processos primitivos, era estritamente formal: o pronunciar errado de uma palavra levava a perder todo o processo, pelo seu significado mágico. O formalismo mágico do processo germânico combinava com o formalismo do Direito Romano, sofrendo uma interpretação de sentido desse último. Nessa adaptação, decisiva foi a participação da realeza francesa, mediante a criação da instituição dos intercessores, que tinham, como mencionado, a tarefa de falar corretamente as fórmulas judiciais. Também foi importante, para essa mudança, o Direito Canônico, com a sua grandiosa organização administrativa, sobretudo para fins disciplinares, diante dos leigos, e para a própria disciplina interna, com as suas formas fixas. Igreja e burguesia, como diz *WEBER*, não combinavam com o juízo divino do Direito germânico.

Tanto a burguesia como a Igreja pugnaram e conseguiram que o processo tivesse meios processuais racionais. Esta dupla racionalização do processo, tanto secular como eclesiástico, estendeu-se por todo o Ocidente. Na Inglaterra, cedo desenvolveu-se um Direito nacional, em que, em conexão com o tribunal real, atuava um estamento de advogados fortemente organizado. Quiçá, tenha sido este um dos fatores para a Inglaterra ser o berço do capitalismo. No continente, o Direito Romano foi fundamental na medida em que auxiliou na criação do pensamento formal jurídico. Nesse sentido, a estrutura do Direito deixou de ser baseada em princípios materiais e passou a ser norteada por princípios formais jurídicos. O capitalismo[(345)] não pode operar com um Direito que não é previsível, como o funcionamento de uma máquina. Nesse sentido, não podem interferir aspectos rituais religiosos e mágicos.

---

(344) WEBER, Max. Ob. cit., p. 512-7. SÁ enfoca o modo racional de ser do processo civil romano e lembra que o último estágio do Direito processual romano "notabilizou-se pela supressão da instância dupla de julgamento, como o aparecimento do juiz único investido do poder estatal, pela adoção da revelia e da sucumbência, pela citação por oficial de justiça, pela predominância da prova escrita, pela valorização do contraditório e pela publicação em audiência da sentença escrita". In: SÁ, Djanira Maria Radamés de. *Teoria geral do direito processual civil*. 3. ed. Uberlândia: EDFU, 2005. p. 53.

(345) WEBER, Max. Ob. cit., p. 520. Sobre o evolver da jurisdição e as exigências da burguesia, que redundaram na evolução do quadro jurídico, ver: MARINONI, Luiz Guilherme. A jurisdição no Estado contemporâneo. In: MARINONI, Luiz Guilherme (Coordenador). *Estudos de direito processual civil*. São Paulo: RT, 2006. p. 15.

No século XVI, a coroa empregou os humanistas formados nos ginásios gregos criados para a formação de pessoas que deveriam ocupar os cargos públicos, pois a formação nos ginásios em Latim e Grego deveria permitir o intercâmbio dos documentos oficiais. Todavia, eles não obtiveram êxito, percebendo-se que os homens de ginásio não estavam capacitados para as funções políticas, havendo que se recorrer aos juristas. No Ocidente, dispunha-se de um Direito formalmente aperfeiçoado, produto do gênio romano. Os funcionários formados no Ocidente tinham o Direito Romano como sua base, sendo superiores a quaisquer outros como técnicos administrativos. Sob o ponto de vista econômico, esta aliança entre Estado e jurisprudência formal favoreceu indiretamente o capitalismo. Segundo *Weber*, a criação de um Direito nestes moldes foi alcançada ao aliar-se o centro político com os juristas, para impor as suas pretensões de poder.[346]

2.2.6. A importância do monopólio da coação física pelo centro de poder

Segundo *Weber*, o primeiro indício de uma política principesca racional aparece na Inglaterra no século XIV, desde 1381, por meio do fenômeno chamado mercantilismo, que significa a transferência do empreendimento aquisitivo capitalista para a área política, como se o centro de poder se compusesse exclusivamente de empresários capitalistas, com a finalidade de passar para trás o adversário, fortalecendo o poder de direção do poder político em relação ao exterior. O objetivo era formar uma potência estatal moderna.

No reinado de Ricardo II, foram promulgadas leis com a proibição de importações e o favorecimento das exportações. Contudo, a mudança decisiva rumo ao mercantilismo deu-se em 1440, quando elevaram ao nível de princípio — um dos *statutes of employment* para combater dificuldades, a política de que as exportações deveriam superar as importações. Assim, medidas que antes foram aplicadas ocasionalmente, nessa época, foram editadas, definindo-se que comerciantes estrangeiros que traziam mercadorias para a Inglaterra teriam que aplicar todo o dinheiro obtido na venda em mercadorias inglesas, e os comerciantes ingleses que vendiam no exterior deveriam trazer de volta à Inglaterra, em dinheiro, pelo menos uma parte de seus ganhos. Após estas medidas, houve o desenvolvimento gradativo do mercantilismo.

Não obstante, este envolvimento na economia não significou o ponto principal para caracterizar o surgimento do Estado nacional. É que, segundo *Weber*, não há praticamente nenhuma atividade que alguma associação política não tenha tomado em suas mãos. Contudo, parece que o Estado Moderno somente se caracterizou quando um meio específico se configurou como próprio seu: a coação física. Segundo este viés, todo Estado se fundamenta na coação. A coação seria um meio característico do Estado, o qual reclama, dentro de um determinado território, o monopólio da coação física legítima. Deste modo, todas as demais associações e pessoas individuais somente têm o direito de exercer a coação física na medida em que o Estado autorize. O Estado é a única fonte do direito de exercer coação. Assim, a associação política denominada como Estado seria, para *Weber*, a relação de dominação de homens sobre homens escorada no exercício da coação legítima.[347]

---

(346) WEBER, Max. Ob. cit., p. 518-520. Em Portugal, como ressalta HESPANHA, desde 1142, o rei era assessorado por alguns letrados peritos em Direito Romano, que tiveram um poder crescente junto ao rei. Aliás, desde os reis visigodos, em Portugal, já se tinha um núcleo designado por *officium palatinum* (aula régia), que, no tempo dos reis portugueses, chamou-se de cúria ordinária, constando-se a respeito deles desde 1097. In: Ob. cit., p. 148.

(347) WEBER, Max. Ob. cit., p. 521-3. Para WEBER, são três os fundamentos de legitimidade de uma dominação: primeiro, a autoridade do eterno ontem, do costume sagrado por validade imemorável e pela disposição habitual de respeitá-lo: dominação tradicional, tal como a exerciam o patriarca e o príncipe patrimonial de antigamente. Segundo, a autoridade do dom de graça pessoal, extracotidiano (carisma): a entrega pessoal e a confiança pessoal em revelações, heroísmo ou outras qualidades de líder de um indivíduo: dominação, carismática, tal como a exercem o profeta ou — na área política — o príncipe guerreiro eleito ou o soberano plebiscitário, o grande demagogo e o chefe de um partido político. Por fim, a dominação, em virtude da legalidade, da crença na validade de estatutos

A associação política nesse patamar exige uma administração contínua. Ademais, a obediência da ação humana em geral aos senhores exige ser estes portadores do poder legítimo e que tenham à sua disposição os meios concretos que eventualmente são necessários para aplicar a coação física, a saber: quadro de pessoal administrativo e recursos administrativos materiais. Para *Weber*, uma associação política com meios administrativos materiais e quadro administrativo (que não é o dono dos meios administrativos materiais) a ela integrados é organizada estatalmente.

O desenvolvimento do Estado nacional inicia-se com a desapropriação, pelo príncipe, dos portadores particulares de poder administrativo que existiam ao seu lado, que possuíam recursos administrativos, bélicos e financeiros de bens politicamente aproveitáveis. Segundo *Weber*, o Estado nacional é uma associação de dominação institucional, que em determinado território monopoliza a coação física legítima, reunindo para este fim os meios materiais de organização, após desapropriar todos os funcionários estamentais autônomos destes meios, que antes dispunham por direito próprio. A associação política em que os meios administrativos e materiais encontram-se no poder próprio do quadro administrativo é organizada estamentalmente.[(348)]

No feudalismo, o vassalo pagava de seu bolso a administração e a jurisdição da área de seu feudo. Ele mesmo deveria equipar-se e abastecer-se para a guerra. O sistema era o mesmo quanto aos subvassalos. A legitimidade do poder de cada senhor escorava-se, como visto, sobre o vínculo pessoal de fidelidade e sobre o fato de que a posse do feudo e a honra social do vassalo vinham do senhor. Na associação estamental, o senhor governava com uma aristocracia autônoma, com a qual dividia o poder.

Em verdade, quando o poder apoia-se em dependentes reais, praticamente subordinados — camadas sem propriedade e sem honra social própria ou que dependem materialmente do centro de poder ou que não disponham de poder próprio concorrente, tem-se a caracterização do desenvolvimento do Estado, por meio da ação do príncipe para "desapropriar" — os portadores particulares de poder administrativo ao seu lado — de recursos administrativos, bélicos, financeiros e de bens politicamente aproveitáveis. Ao final do processo, concentra-se no Estado, em um ponto supremo, a disposição de todos os recursos da organização política, que não pertencem mais pessoalmente a nenhum funcionário.[(349)]

Examinando-se o progresso da organização social da humanidade, vê-se que este seguiu do clã à tribo; da tribo às uniões intergentílicas, ao Estado-cidade, chegando-se, como diz *Groppali*, ao Estado nacional. Segundo ele, tal fenômeno sedimentou-se a partir dos séculos XIV e XV, com a formação das grandes monarquias ocidentais, que reagruparam, sob si, o território nacional e ao mesmo tempo exerceram em toda a sua plenitude o poder régio e governativo, em detrimento das assembleias e da Igreja.

O Estado nacional adveio do poder patrimonial, sendo considerado como patrimônio da pessoa física do príncipe, do soberano, objeto de seu poder de governo. Em princípio, o rei poderia dispor livremente dele, cedendo-o, dividindo-o e transmitindo-o hereditariamente, sem limites nem mesmo em direitos privados, nem em direitos públicos subjetivos dos súditos.

---

legais e da competência objetiva, fundamentada em regras racionalmente criadas, isto é, em virtude da disposição de obediência ao cumprimento de deveres fixados nos estatutos: uma dominação como a exerce o moderno servidor público e todos aqueles portadores de poder que com ele se parecem neste aspecto. In: Ob. cit., p. 526.

(348) WEBER, Max. Ob. cit., p. 528.

(349) WEBER, p. 523-9. HESPANHA aponta que em Portugal, já no século XIV, há uma mutação na organização concelhia, acentuando-se a ação fiscalizadora do poder central, que passa a nomear novos oficiais estranhos à comunidade: os juízes de fora, que submeterá os concelhos à ação fiscalizadora dos corregedores. Aos poucos, também são perdidas as faculdades eletivas dos magistrados locais, cuja nomeação, frequentemente, passa a se dar pelo rei ou por donatários. In: Ob. cit., p. 154.

Mais adiante, o rei governa não mais em nome próprio, mas no do Estado. Este era a própria instituição da coroa, sendo o poder público exercido discricionariamente pelo soberano, em conformidade com o que ele considera interesses do Estado e dos súditos. O Estado não era mais *res principes*, mas sujeito de uma soberania própria. Aos súditos, estão reservados os direitos privados, sendo-lhes negados os públicos. Os poderes do príncipe são amplos, discricionários, o que justifica a tomada de qualquer providência sem que os particulares tenham a oportunidade de manifestar qualquer oposição.[(350)]

Segundo *Hespanha*, a sociedade medieval percorreu por um grande período de pulverização do Direito e a distribuição do poder entre corpos intermediários. De forma clara, a partir do século XVI, gera-se uma outra dinâmica, a da uniformização do estatuto jurídico de todos os habitantes do mesmo reino e a centralização do poder político. A economia passou a favorecer a arrecadação centralizada, de modo que a coroa deixou de precisar comprar apoios por meio do reconhecimento de privilégios. Os interesses econômicos também propugnavam o fortalecimento de um poder nacional, com o fim de particularismos locais e a disciplina do mercado em um nível nacional e que, no plano externo, garanta mercados. Assim é que, sob a ótica do Direito e do poder, inicia-se o desenho do Estado absoluto, livre dos entraves às suas ações pelos corpos e ordens. Este Estado é centralizado e nacional, uma realidade social bem mais ampla.

2.2.7. A evolução do exercício da função legislativa na Baixa Idade Média até a modernidade

A concepção corporativa, nesse evolver, foi sendo solapada em vários aspectos. Primeiro, o indivíduo é elevado à condição de ser célula básica da sociedade. Segundo, a filosofia política dá um novo destaque à origem divina ou individualista-contratual do poder real, no intuito de legitimar o poder absoluto do rei. No campo do Direito, a adoção do Direito Romano conduz a uma visão individualista e anticorporativa da sociedade. Aqui, também se remonta ao modelo institucional autocrático do baixo Império.

No regime do corporativismo, ordens e coroa são polos da organização política, dando ao poder político um caráter pactuado e dualista. A aliança política envolve, no plano institucional, uma organização de vários interesses divergentes, mas não conflituais. A coroa representa, em geral, as classes feudais tradicionais (ordens privilegiadas — clero e nobreza), embora expresse, também, os pontos de vista do corpo burocrático e das cidades (dentro delas, as corporações de mestres). As cidades são tidas como representando o povo, mas a administração urbana e corporativa, desde fins do século XIV, está nas mãos da oligarquia citadina ou profissional, ou até mesmo da nobreza, que se ligou à economia urbana, em especial em Portugal. O chamado interesse do povo é o dos grandes comerciantes, ou artesãos, ou dos notáveis locais, ou da nobreza rural, todos solidários, fundamentalmente, com as classes feudais tradicionais, uma vez que aspiram ascensão social. As classes populares estão fora do poder político local e central, estando vedadas do exercício de cargos públicos e fadadas a desempenhar profissões aviltantes. Apenas uma parte do povo integra o bloco do poder, estando as camadas populares dele excluídas.[(351)]

É exatamente diante desse quadro, que, ainda na Baixa Idade Média, assiste-se ao que se chama de renascimento da legislação. Na maior parte da Europa ocidental, a legislação se torna abundante a partir do século XIII. No século XII, o direito do rei legislar foi reconhecido tanto no Direito Canônico como nas interpretações dos glosadores — *rex est imperatur in terra sua.* Este direito foi estendido às cidades e por vezes às comunidades, havendo, talvez, mais de dez mil

(350) GROPPALI, Alexandre. Ob. cit., p. 117, 118 e 144.
(351) HESPANHA, António. Ob. cit., p. 201-4.

estatutos das comunas e senhorios italianos na Baixa Idade Média. A intervenção de órgãos representativos, em especial do clero e das cidades ou mesmo do Terceiro Estado, ocorre muito cedo. A partir de 1188, nas cortes do reino de Leão; na Inglaterra, no século XIII. Assim é que a função do Parlamento — Cortes e Estados — aumenta consideravelmente nos séculos XIV e XV, contundo, o seu papel na elaboração das leis varia de país para país.

Certas leis apenas trouxeram a redação do Direito já vigente, para segurança jurídica, mas outras inovaram regulamentando novas instituições ou revogando maus costumes. Muitas delas tratavam de Direito Administrativo e organização judiciária, e poucas abordaram o Direito Civil.

Na França, a mais antiga lei (*ordonnance*) do rei aparece com Henrique I, em 1051, em que se suprimiu um mau costume, o de fechar as portas da cidade no momento das vindimas. A partir daí, tornou-se comum tanto o rei revogar um mau costume como confirmar um bom. No século XII, foram baixadas as primeiras *ordonnances*, chamadas então *stabilimenta* (estabelecimentos), de iniciativa autônoma do rei, trazendo regras que não se relacionavam com costumes. A partir do século XIII, as *ordonnances* multiplicaram-se, mas não tinham a mesma autoridade em todo o reino até o século XIV. As que eram baixadas para o domínio real (Paris, Orleães, Senlis) — domínios do rei –, eram impostas sem resistência, mas as que se destinavam a todo o reino sofriam oposição de grandes vassalos. Para estas últimas, o rei rodeava-se do conselho de barões, com a indicação do juramento de cada um de observar a lei. Nos séculos XIV e XV, a consulta às classes privilegiadas foi feita por diversas vezes pelo rei, às três Ordens — clero, nobreza e terceiro estado, reunidas em Estados Gerais.

No século XIII, as leis eram emitidas a pedido de um grupo social que pretendia a confirmação ou extensão de privilégios ou por pessoas que procuravam vantagens pessoais. Nos séculos XIV e XV, tornaram-se comuns as leis por iniciativa própria do rei. A maior parte das leis do rei tratavam de Direito Público — administração, justiça, finanças, militar e economia.[(352)]

Todavia, é na época moderna que a lei vai desempenhar um papel muito mais importante. Na França, antes mesmo da Revolução Francesa, a lei já, praticamente, havia eliminado a importância do costume como fonte do Direito. A preponderância da lei advinha, sobretudo, do reforço do poder do soberano, em especial porque a monarquia se tornara absoluta em determinados países, em que todos os poderes estavam nas mãos do rei, que procurava unificar o Direito e suprimir os particularismos e costumes, com o auxílio da atividade legislativa.

Assim, na França, tem-se, por princípio, que quem legisla é o rei. Ele é considerado o representante de Deus: é a lei viva. É a fórmula dos governos monárquicos helenísticos dos séculos IV e III a.C., retomada pelos imperadores romanos, e, mais tarde, pelos legistas a serviço do rei francês. O que o rei quer, assim é a lei. O seu poder é ilimitado. Deste modo, todo o poder legislativo reside na pessoa do soberano, que não está sujeito às leis. De 1572 em diante, *GILISSEN* acentua que os senhores deixaram de poder fazer *ordonnances* que não fossem conformes às do rei; as cidades perderam qualquer poder de legislar que porventura tivessem, salvo em matéria administrativa local.

Cabe destacar que, a partir de então, o papel dos Estados Gerais passou a ser muito limitado, na maioria das vezes cingindo-se a meros pedidos ao rei, em forma de cadernos de queixas, propondo reformas para o bem do rei e do país, ou das ordens ou de uma região, sendo que o rei poderia ou não atendê-los, uma vez que as ordens estavam, pelo rei, afastadas do poder legislativo. Não obstante, a partir do século XVI, várias *ordonnances* foram emitidas após queixas dos Estados Gerais, como as de Orleães (1561) e Blois (1579). Contudo, a influência deles cessou no século XVII, uma vez que não mais foram convocados a partir de 1614.

(352) GILISSEN, John. Ob. cit., p. 296-300.

2.3. A importância da jurisdição para a formação do Estado Nacional

2.3.1. A afirmação do soberano pela jurisdição e jurisdição *versus* legislação no final do antigo regime francês

A justiça, no século XIII, era administrada por juízes populares, sem formação jurídica, pertencentes ao grupo social no qual exercem a sua função. Os conselheiros do rei e dos grandes senhores nas suas cúrias também não tinham formação jurídica especial. Gradativamente, do fim do século XIII até o século XVIII, a função de juiz passa para as mãos de juízes profissionais. E mais, para o centro do poder, que se unifica quanto à função jurisdicional.

A afirmação da soberania deu um passo importante nesse sentido com a oposição ao sistema de julgamento pelos pares, em que a concepção do poder real passou a ser, sobretudo na França, a partir do fim do século XIII, de que o rei faz-se considerar como fonte de toda a justiça (*rex est fons omnismodi justitiae*). Deste modo, concebeu-se que toda justiça emana do rei. O rei é o único juiz, que pode fazer-se assistir por conselheiros ou delegar neles o seu poder de julgar. Nesse sentido, ele poderia reter a justiça em suas mãos ou permitir recurso(353) contra qualquer decisão proferida por uma jurisdição real.

Com efeito, até a Revolução Francesa advir, no Antigo Regime, da Baixa Idade Média em diante, houve uma certa linha de continuidade quanto à organização judiciária. No continente europeu, por exemplo, em Portugal, bem como na Inglaterra, alguns traços em comum definiam a justiça. Primeiro, a tendência de centralização, em grande parte proveniente do sistema recursal — embora não presente na Inglaterra, em que havia apenas uma Justiça central, com juízes em circuito ou itinerantes, mas todos membros de um mesmo tribunal, vinculados aos respectivos precedentes — que, na tradição romano-canônica, cedo se organiza, com a hierarquização da justiça, formando-se um corpo de juízes. Segundo, a profissionalização dos juízes, sendo os juízes leigos pouco a pouco substituídos por juízes letrados, praticando-se, cada vez mais, um procedimento escrito. Terceiro, há o afastamento das instituições locais tidas como democráticas da prestação da justiça, sob a justificativa de que os leigos não entendiam as sutilezas do regime de provas legais. Quarto, o controle monárquico é crescente, por meio da imposição do caráter de primeira instância para as cortes senhoriais, clericais e corporativas que vão perdendo poder e se tornam primeira instância de outras cortes. Por fim, a crescente formalização e racionalização das provas.(354)

Segundo Lopes, como a justiça era "o sinal mais evidente do *imperium*, e a primeira função do Estado, não admira que antes de consolidar-se a legislação como fonte exclusiva do direito fosse por meio da jurisdição que o soberano se afirmasse".(355)

---

(353) Na Inglaterra, no século XII, diz ARRUDA, "não existia recurso para rever o veredicto do júri. O meio então disponível era o *writ of attaint*, pelo qual a parte que se considerava prejudicada por um veredicto falso ou errado pedia que se convocasse um júri de vinte e quatro homens para atestar a validade do veredicto. Não era só uma reconsideração dos fatos em litígio, mas também um julgamento criminal do primeiro júri por falso testemunho. Na época em que o jurado falava de seu próprio conhecimento dos fatos envolvidos no caso sob julgamento era lógico que, constatado o erro, ele respondesse por perjúrio. O *writ of attaint* foi usado primeiro nas ações de *novel disseisin* e *mort d´ancestor*. À medida que o processo do júri foi racionalizado, e as testemunhas passaram a dar depoimento perante os jurados, estes não mais julgavam com base em seus próprios conhecimentos dos fatos, mas com base nas provas que lhes eram apresentadas, o veredicto falso ou errôneo deixou de ser considerado um perjúrio, e o júri ficou imune ao *writ of attaint*, que caiu em desuso. Como o júri torna-se um juiz dos fatos que as partes tentaram provar perante ele, e nessa época não existia uma regulamentação das provas, o veredicto podia ser honesto engano, e deixou de ser necessário um mecanismo para rever os veredictos do *petty jury*. Enquanto se estabelecia a corte de recursos e sua competência (*Court of Comon Pleas*), a *Common Law* desenvolvia uma regra própria que teria incidência sobre os veredictos do júri". In: ARRUDA, José Acácio. Breve história do júri criminal inglês, p. 35. In: <http://confrariadojuri.com.br/artigos/inglaterra.pdf>. Acesso em: 21 ago. 2017.

(354) LOPES, José Reinaldo de Lima. Ob. cit., p. 245-6.

(355) Ob. cit., p. 245.

Nos séculos XII e XIII, o rei de França exercia a justiça como um senhor rodeado pelos seus grandes vassalos, em seu tribunal (*curia regis*). Com o aumento das demandas examinadas pelo tribunal real, a partir do fim do século XIII, partilhou-se o tribunal em três instituições especializadas: Conselho do Rei (conselho de governo); Câmara de Contas (controle financeiro); e Parlamento, para assuntos judiciais.

O Parlamento de Paris, entre os séculos XIV e XVIII, foi a principal instituição central real de jurisdição em França. Tendo em vista a reunião dos grandes feudos à coroa, ou novos territórios, são estabelecidos os Parlamentos regionais, como o de Toulouse (1443); de Grenoble (1450); de Bordéus (1462); e de Dijon (1477). Em cada subdivisão administrativa do reino, funcionam tribunais: bailiados, senescalias etc., sendo a organização judiciária uniformizada em 1522, com a criação dos tribunais *présidiaux*. Nos principados belgas, a evolução foi similar, sendo que, em cada principado, funcionava um Conselho de Justiça, que, como os Parlamentos em França, julgava os recursos provenientes das outras jurisdições, a maior parte, dos escabinatos.

O desenvolvimento do direito de recurso, a partir do século XIV, adveio da autoridade das jurisdições superiores sobre as jurisdições inferiores. Em geral, os quatorze Parlamentos e os quatro Conselhos soberanos tinham, em França, competência para julgar em recurso todos os processos civis já julgados pelas inúmeras jurisdições territoriais e locais. O mesmo ocorria nas XVII províncias dos Países Baixos, em que o Grande Conselho de Malines julgava os recursos, até mesmo, em geral, os provenientes de outros Conselhos de Justiça, sendo que estes, em regra, eram, eles próprios, jurisdições recursais das justiças territoriais e locais.[356]

Na França, terminou-se por se estabelecer, em volta da justiça, uma nobreza de toga (*noblesse de robe*), autonomizando-se os tribunais do rei. Em 1467 (Luís XI), os juízes passaram a ser inamovíveis. A venalidade dos ofícios, desde 1522, era aceita pelo próprio rei, também por razões fiscais, sendo os cargos comprados, o que somente foi abolido com a Revolução Francesa. Em 1604, a hereditariedade também se tornou geral.

Os juízes adquiriam, não obstante, muita independência em relação ao rei. Nos parlamentos, os magistrados tinham o poder de rejeitar as leis — *ordonnances* do rei. Eram 15 parlamentos ou tribunais, inclusive um em Paris, com mais de 100 membros. Havia um pensamento, que se sedimentava na doutrina, desde 1617, no sentido de que os editos do rei deveriam passar pelo crivo do tribunal para a sua aplicação às lides em geral. Este controle da legalidade era uma novidade, tendo em vista que o os reis aumentaram o seu papel legislativo e praticamente não convocaram mais os Estados Gerais. A justificativa desse controle pelo parlamento era o necessário respeito devido pelo rei às leis divinas e naturais (governar de acordo com a justiça e para o bem comum) e às leis fundamentais do reino (costumes relativos ao funcionamento da realeza). Vários textos de lei eram devolvidos sem registro, expondo as razões em um texto chamado *remontrance*.

Assim, o poder Legislativo do rei somente encontrava alguma limitação nos Parlamentos e em outros tribunais. Deste modo, a obrigatoriedade da lei necessitava de seu recebimento e publicação pelos Parlamentos, que registravam as *ordonnances* e determinavam que as autoridades administrativas da sua área de competência as publicassem, com a sua leitura em público. O registro das leis era um direito, ou melhor, um privilégio dos Parlamentos, que poderiam recusá-lo e fazer advertências ao rei (*remontrances*), o que levava, no círculo territorial do Parlamento, à inexecução da *ordonnance*. Em muitas ocasiões, mesmo sem o registro, o rei manteve as *ordonnances*, determinando que o Parlamento registrasse os documentos contestados. Isto era feito por meio de cartas de injunção (*lettres de jussion*), que, em regra, eram respeitadas, mas havia situações em que o rei reiterava várias vezes a carta, até ser cumprida a medida de registro pelo Parlamento.

---

(356) GILISSEN, John. Ob. cit., p. 382-396.

Quando, mesmo assim, não havia a observância, o rei reunia um *lit de justice*, dirigindo-se pessoalmente ao Parlamento, dando ordem direta ao chanceler, a qual era observada, com o registro efetivo da lei.

Luís XIV, contra esta atitude dos tribunais, editou uma *ordonnance* civil em 1667, o chamado *Code Louis*, um verdadeiro Código de Processo Civil, no sentido de reformar a justiça. Os seus primeiros nove parágrafos regulamentavam a observância das leis. O rei objetivava, por meio de um princípio também novo, impor aos magistrados a obediência à lei. Como mencionado, já havia uma doutrina tradicional pela qual se construiu a teoria de que os atos do rei poderiam ser controlados pelos juízes, inclusive de que os tribunais (Parlamentos) tinham a atribuição de processar e julgar os negócios entre particulares e, também, os negócios públicos e a verificação dos editos reais. Este confronto entre juízes e rei percorrerá todo o antigo regime e, como se verá adiante, o que se deu após a Revolução Francesa quanto a este aspecto. Em verdade, segundo *LOPES*, os magistrados insistiam em uma jurisdição sem legislação, gerando, na França, uma legislação sem jurisdição.

Em verdade, os grandes tribunais (alguns chamados de senados) foram criados em toda parte, sendo que alguns possuíam em seus quadros magistrados vitalícios (senadores). Algumas vezes estes tribunais tinham apenas a função judicial. Os *parlamentaires*, por seu tradicionalismo oligárquico e aristocrático, barraram reformas nas finanças e na administração. A postura dos tribunais, nesse sentido, não foi de auxiliar no avanço das ideias libertárias alcançadas posteriormente com a Revolução.[357]

2.3.2. A jurisdição e o Estado Nacional português e sua importância para o futuro Estado brasileiro

Não obstante seja discutido o surgimento da nacionalidade, dentre os vários povos europeus, tal como Portugal, que teve, como diz *Costa*, a alvorada de sua nacionalidade pouco antes de meados do século XII[358], o surgimento do Estado, no conceito moderno, deu-se bem depois, haja vista que não havia, praticamente, a centralização do Direito nessas monarquias medievais.

Em verdade, desde finais do século XII, Portugal também passou pela penetração do Direito Romano em sua vida jurídica, em razão da presença de estudantes peninsulares em escolas jurídicas italianas e francesas e de jurisconsultos estrangeiros na Península, por meio dos quais se difundiu o *Corpus Iuris Civilis* a Glosa, em especial do século XIII a seguir. A par da aplicação do Direito Romano, o Direito Eclesiástico também se impunha, inclusive em tribunais civis. Nesse caldo jurídico, desenvolveu-se o Direito comum (*ius comune*), ou seja, o sistema normativo de fundo romano, consolidado com os Comentadores. Este Direito tornou-se a base da experiência europeia continental até fins do século XVIII. Há quem o chame Direito Comum-Canônico. Em suma, os direitos comuns (*iura communia*), em sentido mais amplo, compreendiam o sistema romanístico, com outros segmentos integrados, a saber: o canônico, mas também o germânico e o feudal.[359]

---

(357) LOPES, José Reinaldo de Lima. Ob. cit., p. 245-252.

(358) COSTA, Mário Júlio de Almeida. *História do direito português*. 5. ed. Coimbra: Almedina, 2012. p. 195. Sobre a justiça, em período anterior, em Portugal, Caetano diz: "o reino dos recesvindos, ervígios e egicas, os costumes do povo goverante mantiveram-se muito coibidos e latentes porque a legislação romanizada sob a prepotente influência da Igreja os repudiava como bárbaros. Só após a invasão muçulmana, com o desaparecimento do Estado hispano-godo e a cessação dos concílios toledanos, os usos góticos puderam desenvolver-se e espalhar-se com surpreendente vigor, como se vê nas leis particulares dos séculos X, XI e XII [...]. Pertencem ao número desses costumes a vingança de sangue, o duelo judicial, a responsabilidade coletiva da família ou de toda a povoação pelo crime cometido por um dos seus membros ou vizinhos, os conjuradores na cumpurgação, o penhor tomado pelo credor sem intervenção do juiz e outras instituições que não constam do Código Visigótico". In: CAETANO, Marcelo. *História do direito português*. 4. ed. Lisboa/São Paulo: Verbo, 2000. p. 115.

(359) COSTA, Mário Júlio de Almeida. Ob. cit., p. 257-287.

Existiam, também, os direitos próprios (*iura propria*), os chamados ordenamentos jurídicos particulares — os direitos locais ou os dos vários Estados, formados por leis e costumes.[360] O chamado *ius proprium*, durante os séculos XII e XIII, era considerado um Direito de aplicação menor, quando comparado ao Direito Comum. Apenas no século XVI, dá-se a supremacia do Direito próprio, que se torna a exclusiva fonte normativa imediata, restando ao *ius commune* o papel de fonte subsidiária, a critério da autoridade ou legitimidade conferida pelo soberano, a personificar o Estado.[361]

Nesse período, em que cresce o papel do rei na criação do Direito, atenuações de ordem prática se impunham, assim como, ainda, alguma colaboração das Cortes ou das prerrogativas dos Municípios. Não obstante, a partir de D. Afonso III (1248-1279), a lei (decreto ou degredo, ordenação, carta e postura) passou a ter o predomínio nos modos de criação de preceitos novos. Contudo, ainda não era o principal repositório do Direito vigente.

Concomitantemente, cresciam as influências romanísticas e canonísticas, em um nexo de reciprocidade, haja vista que a recepção do Direito Romano favorecia a atividade legislativa do monarca e vice-versa: a legislação fomentou a divulgação dos preceitos do Direito Romano e Canônico, ante os sinais marcantes deles na legislação. Nada obstante, a autoridade régia se reforçava com o surto legislativo. Como diz Costa, "inicia-se o caminho da centralização política e da relacionada unificação do sistema jurídico".[362]

O que antes, na monarquia leonesa, era um fato raro, exigindo a convocação da Cúria para a sua discussão e aprovação, a outorga de diplomas gerais passa a ser um produto da vontade do soberano, a sua atividade normal. Em verdade, desde Afonso III, que baixou mais de 200 textos legislativos, a lei não era mais uma fonte esporádica, mas adquire um modo corrente de elaboração do Direito, sem a necessidade do suporte político das Cortes.

O aumento do número de textos legais pareceu trazer uma grande dispersão e confusão acerca das normas, o que levou a problemas na vida jurídica e na administração da justiça. Era árdua, na época, a coordenação de tarefas para apurar o Direito aplicável a muitos casos concretos. Diversos foram os pedidos formulados em Cortes para a solução das incertezas jurídicas desse quadro resultante, iniciando-se, no reinado de D. João I, o trabalho de se fazer uma coletânea do Direito vigente, que se findou no reinado de D. Afonso V, com a aprovação das Ordenações Afonsinas, provavelmente em 1446 ou 1447, em que se deu a consolidação do Direito precedente em Portugal. As Ordenações Afonsinas têm uma posição destacada na afirmação e consolidação da autonomia do sistema jurídico nacional português no conjunto peninsular. As ordenações posteriores, segundo Costa, pouco mais fizeram do que, em momentos sucessivos, atualizar a coletânea das Ordenações Afonsinas.[363] Nelas, em ordem sucessiva, o Direito Romano e o Direito Canônico; a Glosa de Acúrsio e a opinião de Bártolo (depois, também, a opinião comum, nas Ordenações Filipinas) eram aplicáveis em caso de lacuna. Não havendo como solucioná-la pelas fontes subsidiárias, impunha-se a consulta ao rei.[364]

---

(360) COSTA, Mário Júlio de Almeida. Ob. cit., p. 337. Os costumes eram fonte do Direito Nacional ao lado da lei. Em verdade, o costume constituiu fonte predominante do sistema jurídico. Em Portugal, desde os começos da nacionalidade até meados do século XIII, os costumes predominavam, sendo que, a partir daí, principiou em ceder essa posição à lei. Mais adiante, nas Ordenações, os Estilos da Corte passam a integrar o Direito Nacional com igual valor que os costumes e as leis, embora estas já predominassem como a principal fonte de criação de Direito novo. Ob. cit., p. 339.

(361) Ob. cit., p. 236-288

(362) Ob. cit., p. 288-9.

(363) Ob. cit., p. 305-310. Mesmo sem uma estrutura orgânica como a dos códigos modernos e sem uma disciplina jurídica completa, as Ordenações Afonsinas tiveram um papel relevantíssimo em sua época, podendo, inclusive, assinalar-se o seu caráter de compilação pioneira nesse estilo e nessa época histórica. Basta dizer que só mais tarde surgiram coletâneas deste tipo em França (1454), Espanha (1484), Alemanha (1518) e Holanda (1553). In: Ob. cit., p. 311.

(364) Ob. cit., p. 341-351.

A associação política, inicialmente, foi se desenvolvendo cada vez mais no sentido de garantir a justiça e a paz[365], alcançada pela inclusão de todos os interesses, para um suposto alcance do bem comum. o Estado Jurisdição (*Rechtsbewahrungsstaat*) — que tinha o papel do monarca (soberano) acentuado como protetor de seus súditos, preferencialmente pela judicatura, tendo em vista as reclamações e queixas concretas apresentadas aos tribunais e juízes régios, em que governava o rei arbitrando disputas — agora, ao seu lado, desenvolve a feição legislativa do soberano, consolidando-se, sobretudo no absolutismo, com o ideal iluminista de razão. Assim, o rei legislava para determinar poderes a cada membro da burocracia, por meio de regimentos e avisos. O descumprimento deles conduzia ao afastamento dos oficiais de seus cargos. Tal postura representa a atuação do soberano dentro da administração.[366]

O Estado português unificado mantinha as colônias em unidade, buscando estar presente em todo lugar por sua burocracia. Mesmo nas regiões mais distantes, poder público e privado se associavam, confundindo-se. Desenvolveu-se uma simbiose entre autoridade formal e o poder ou mandonismo particular, impedindo qualquer tendência, em especial no Brasil, a uma república. E esta burocracia era envolvida ou envolvia a jurisdição. Havia em todo o Estado português, inclusive na organização colonial, uma disputa permanente dos estamentos sociais, que se relacionava à aplicação ou de um Direito oficial, representado pelos juízes letrados e pelos tribunais régios, ou de um Direito costumeiro local, representado por juízes leigos eleitos. Estes eram acusados de ignorância e submissão ao poder local e aqueles de arrogância, autoritarismo, corrupção e submissão aos interesses da coroa.[367]

A história da América portuguesa é única, quando comparada com a espanhola, por exemplo. Um traço marcou profundamente a unidade do Império português, que caracterizou a espécie de relação entre Portugal e Brasil, sob o ponto de vista jurídico. Esta unicidade dependeu, primeiro,

---

(365) LOPES, José Reinaldo de Lima. Ob. cit., p. 222.

(366) Ob. cit., p. 223-4. LOPES utiliza-se da expressão *Rechtsbewahrungsstaat* para se referir ao Estado português que se formou. Segundo ele: "Estado Jurisdição". In: Ob. cit. p. 222.

(367) LOPES, José Reinaldo de Lima. Ob. cit., p. 223. CRISTIANI, por sua vez, enfoca que "a fase em que houve a aplicação dos forais correspondeu ao início da colonização. A Colônia foi dividida em capitanias hereditárias e cada donatário possuía...poderes assemelhados aos senhores feudais, pois além do papel de administrador, competia-lhe, também, o papel de juiz...". O referido autor menciona que o sistema das capitanias hereditárias não logrou o êxito esperado por Portugal, o que conduziu a uma centralização administrativa na Colônia, com a nomeação de um governador-geral, excluindo-se o poder dos donatários, iniciando-se o período de aplicação das Ordenações. A partir de então, os rumos do poder judiciário no Brasil tomaram nova direção, com início da profissionalização do sistema e de seus agentes. A rigor, as primeiras Ordenações aplicadas no Brasil foram as Manuelinas, de 1521, e, depois, as Filipinas. As Ordenações traziam seção tratando de organização judiciária. Em verdade, com o advento do Governo-Geral no Brasil, alterou-se a estrutura do poder judiciário, com a diminuição gradativa dos poderes locais. As decisões foram se centralizando, com maiores possibilidades recursais objetivando a sua reforma. Nesse período, destaca-se a figura do Ouvidor-Geral, com atribuições para conhecer as ações novas em caso de crimes. Na primeira instância, a justiça era dispensada por várias autoridades, como os juízes ordinários, os juízes de fora, os juízes de vintena, os juízes de órfãos etc. Os juízes eram auxiliados por escrivães públicos e de notas, tabeliães judiciais, escrivães dos órfãos, alcaides, meirinhos, inquiridores, quadrilheiros, almotacés etc. Na Bahia, instalou-se o primeiro Tribunal da Relação no Brasil, criado em 1587, com a nomeação de seus ministros, mas que não foi instalado. Assim, a segunda instância em solo brasileiro somente foi instalada em 1609, composto de dez desembargadores. Em 1751, foi implantado o segundo Tribunal, no Rio de Janeiro, também com 10 desembargadores. Das decisões dos Tribunais da Relação, somente havia o recurso extremo em casos muito especiais para a Casa de Suplicação em Lisboa. Com a transferência da Corte Real para o Rio de Janeiro, por alvará de 10 de maio de 1808, definiu-se: "a Relação da cidade do Rio de Janeiro se denominará Casa da Suplicação do Brasil, e será considerada como Superior Tribunal de Justiça para nele se findarem todos os pleitos em última instância, por maior que seja o seu valor, sem que das últimas sentenças proferidas em qualquer das Mesas da sobredita Casa se possa interpor outro recurso, que não seja o das Revistas, nos termos restritos do que se acha disposto nas Minhas Ordenações, Leis e mais disposições. E terão os ministros a mesma alçada que têm os da Casa da Suplicação em Lisboa". In: CRISTIANI, Cláudio Valentim. O Direito no Brasil Colonial. In: WOLKMER, Antonio Carlos (Organizador). *Fundamentos de história do direito*. Ob. cit., p. 459-475.

da inexistência da separação de cargos entre brasileiros e portugueses. Segundo, por não se ter criado uma universidade no Brasil. Os cargos de carreira da justiça eram comuns — na Bahia, Goa ou no Porto — e recebiam os desembargadores de qualquer parte do Império. Por outro lado, a Universidade de Coimbra formava os profissionais do Direito de todo o Império — os letrados. Os órgãos de Lisboa, a Casa de Suplicação, a Mesa da Consciência e Ordens ou o Desembargo do Paço que em última instância resolviam as questões de justiça também para o Brasil.

Um outro ponto importante dessa unidade foram as Ordenações Filipinas, que vigoraram aquém e além-mar, em conjunto com o Direito comum. Em solo brasileiro, nos tribunais existentes, além das Ordenações, deveriam haver exemplares completos de Bártolo e do *Corpus Iuris Civilis*. Não obstante as muitas normas editadas para viger no Brasil — provenientes de alvarás, regimentos, cartas régias, havia uma vida jurídica comum no Império português, em especial entre Portugal e Brasil. *Marcos* assegura que as ordenações foram aplicadas, de forma progressiva, no Brasil, até que, a partir de 1624, foi determinado que "os juízes obedecessem às Ordenações e não à carta de doação da capitania, nos domínios em que subsistissem contradições normativas".[368]

Estas peculiaridades foram fundamentais para, mais adiante, influenciar, de um modo importante, a quando da independência brasileira, em um maior território permanecer unido na formação do novo Estado que surgiu. Em particular, destaca-se a jurisdição unificada, como um ponto fundamental para a unidade futura brasileira, no Estado constituído em 1822.[369]

Destaca-se a importância, para a unificação jurídica brasileira, como já se mencionou, da aplicação das Ordenações Filipinas, iniciada em 1603. O Direito das Ordenações Filipinas foi aplicado no Brasil, quanto ao Direito Civil, até 1916, quando foi editado o primeiro Código Civil brasileiro, já na república brasileira.

2.3.3. O caminho à unidade

Durante bastante tempo, na Idade Média, em várias regiões, o núcleo de poder mais forte dependeu, para se fortalecer mais ainda, de situações de guerra ou de ameaças externas. Com a paz, o poder local voltava a se fortalecer e a fragmentação do poder persistia. Todavia, o desenvolvimento de cidades trouxe uma mudança nessa correlação de forças, que se dava entre o príncipe, os nobres e a Igreja. O evolver das cidades levou determinados príncipes a atuarem no sentido de envolver tais organizações na vida dos principados. Isto trouxe ainda mais desenvolvimento e fez aparecer uma maior organização nas cortes.

A unidade existente entre Igreja, nobres e príncipe era garantida por cada um ter a sua jurisdição. Do mesmo modo, os camponeses em geral também tinham a sua. O princípio do julgamento pelos pares garantia a sobrevivência e uma unidade política, que era bastante tênue. Com a assunção das cidades, o processo foi o mesmo, definindo-se uma jurisdição para elas, de modo que seus habitantes tinham a sua própria justiça. Este processo de "unidade" se acentuou com as jurisdições das corporações, que assim alcançavam um grau razoável de convivência no sistema político da Baixa Idade Média.

Com uma maior paz, também ocasionada pela prática jurisdicional, mesmo em um certo caos, quando comparado com os dias atuais, a sociedade foi se desenvolvendo, crescendo economicamente e em número de habitantes, o que levou a uma aproximação ainda maior dos príncipes com a burguesia, que a trouxeram para dentro da organização do núcleo mais centralizado de poder. Esta aproximação gerou uma certa dependência dos príncipes em relação à burguesia, em face

---

(368) MARCOS, Rui de Figueiredo; MATHIAS, Carlos Fernando; NORONHA, Ibsen. *História do direito brasileiro*. São Paulo: GEN/Forense Universitária, 2015. p. 138.

(369) LOPES, José Reinaldo de Lima. Ob. cit., p. 223-4.

da excelência organizacional dos serviços prestados na Corte. Este prestígio alcançado permitiu que, passo a passo, a burguesia fizesse mais exigências. E estas se relacionavam a mais racionalidade, para que as questões pertinentes aos interesses econômicos fossem tratadas adequadamente, com mais certeza e segurança.

Tal espírito trouxe mudanças para o Direito, com a adoção do Direito Romano e seus conceitos e, sobretudo, quanto à forma processual, com a exclusão das incertezas e dúvidas de uma justiça baseada no sobrenatural ou nos duelos. A evolução da jurisdição, com um processo mais racional, fundamentado em um Direito material mais palpável, conduziu ao desenvolvimento de uma elite intelectual, de homens que se voltavam para o Direito. Aos poucos, este segmento passou, nas cortes, a ser integrado, sobretudo, por representantes da burguesia. Ademais, as fórmulas burocráticas da Igreja, em sua estruturação, e as da burguesia, em suas empresas, pautaram a organização dos principados, que cresciam em poder econômico e de coação.

Com a presença desse segmento na Corte, desenvolve-se o entendimento de necessário fortalecimento do rei como juiz, ou de que a justiça é o dom supremo do rei, como magistrado de todos os súditos. Assim é que a Corte passa a realizar cada vez mais atividade jurisdicional, com a instituição de órgãos de cúpula e o envolvimento da função jurisdicional pela coroa, em especial por transformar a justiça da Corte em um segundo grau de jurisdição a quem todos poderiam recorrer. Com o tempo, as justiças dos feudos, das cidades e das corporações desenvolviam as suas atividades normalmente, mas com a supremacia da Coroa, com a sua Corte como segunda instância, a qual poderia reformar as decisões impugnadas.

Assim, antes do poder Legislativo estar nas mãos do rei, a jurisdição já estava. Contudo, o Direito aplicável nessa justiça era dúbio, não obstante já representasse um avanço quanto aos tempos feudais mais remotos, ainda não satisfazia os anseios de certeza e segurança exigidos, sobretudo, pelos burgueses. Ora, o Direito Romano, o Direito Eclesiástico, o Direito Comum etc. formavam um universo jurídico que não correspondia a uma justiça unificada. Novamente, pensamentos ligados ao Império Romano fundamentaram a mudança, no sentido de dar ao rei a função legislativa, pouco desenvolvida em uma sociedade em que o Direito era costumeiro ou decorrente da prática dos juristas, baseada no Direito Romano, Eclesiástico ou na opinião de doutos.

O rei passa a legislar, sendo soberano dentro do território, unificando, em torno de si, as funções essenciais necessárias ao funcionamento de uma unidade estatal. O Estado Nacional surge e se desenvolve, aprimorado pelo absolutismo.

Aquilo que já era fato, também é reconhecido internacionalmente. Nesse sentido, no trânsito para a modernidade, segundo *Machado*, muito importante foi o tratado de Vestfália, que está na base do surgimento, no centro e norte da Europa, de uma pluralidade de Estados independentes. Por meio dele, que se falará com vagar adiante, foi confirmado o exercício de poderes soberanos e absolutos dentro do território de cada Estado. Mais do que resolver o conflito da Guerra dos Trinta Anos, a Paz de Vestfália pretendeu ser um tratado coletivo regulamentador das relações entre a generalidade dos Estados europeus para além dos diretamente envolvidos no conflito, incluindo, *e.g.*, Inglaterra, Noruega, Polônia, Portugal e Veneza.[370]

Para *Dallari*, a Paz de Vestfália foi um testemunho histórico do surgimento dessa consciência, da busca da unidade, concretizada com a afirmação do poder soberano, supremo, reconhecido como mais alto de todos dentro de uma precisa delimitação territorial. Os tratados de paz de Vestfália tiveram o caráter de documentar a existência de um novo tipo de associação

---

(370) MACHADO, Jónatas. *Manual de direito internacional público*: do paradigma clássico ao pós-11 de setembro. 4. ed. Coimbra: Coimbra Editora, 2013. p. 75.

política, com a característica básica de um poder soberano dentro de uma unidade territorial. Para ele, "já era o Estado moderno cujas marcas fundamentais, desenvolvidas espontaneamente, foram se tornando mais nítidas com o passar do tempo".[371]

O Estado que se aprimorava juridicamente, que alcançava reconhecimento internacional, e que teve na função jurisdicional o impulso inicial de sua unidade, passa a ter exatamente nela o entrave para o seu desenvolvimento, como visto alhures. É que a estrutura de poder, mesmo no absolutismo, estava baseada em uma função jurisdicional hipertrofiada pela independência exagerada de seus membros e pelo descompasso de seus integrantes com a evolução do Direito e da sociedade.

Algumas das mazelas do absolutismo, como a compra de cargos e hereditariedade no Judiciário, bem como a presença, em grande número, de representantes da nobreza na composição dos Parlamentos, fizeram com que as respostas do Judiciário não fossem no sentido de permitir as reformas sociais e econômicas necessárias para a pacificação social e o desenvolvimento natural das fórmulas jurídico-políticas do Estado nacional até aquela altura.

A jurisdição terminou por perder o seu elo de ligação, que faz a junção de forças sociais e permite a harmonia e a paz sociais. Uma jurisdição que garanta a unidade não se alcança com a sua composição por membros de um estamento único.

Por outro lado, o poder real, atuando como um administrador supremo, executando suas políticas de modo absoluto, e impondo leis sem ouvir ninguém, longe estava de sua função de magistrado, construída no período em que sua atuação adotava a fórmula de um justo juiz, em que as grandes questões eram decididas ouvindo-se os Estados e pautando as decisões em razões ponderadas na presença dos interessados. Na origem do poder continental, os reis atuavam assim. Na composição do mosaico político medieval, o rei continuou a atuar deste modo. No absolutismo, o rei administrava sem se interessar pelos atores reais do poder, sem envolvê-los no modo de ser natural coletivo de construção corporativa de vontade que se tornou a razão de ser do modelo medieval e se incorporou ao *spiritus rector* das nações europeias ocidentais.

O grande magistrado que existiu na origem do poder franco, que era convocado para as mais palpitantes questões, que teve a sua função real solidificada no final da Idade Média como o grande juiz nacional, deixou de sê-lo quando permitiu ou agiu no sentido de fossilizar a jurisdição em mãos de juízes imorais e corruptos.

A unidade nacional, dada pela jurisdição, esfacela-se quando esta não serve mais como um canal de justiça adequada a neutralizar dissensos sociais, sendo inevitável a ruptura, por meio de um novo sistema jurídico, no qual a jurisdição será fundamental para sedimentar a vida nacional, independentemente de estamentos.

2.3.4. A jurisdição e o Estado Nacional

Não há como se chegar ao Estado constitucional sem tecer mais comentos ainda sobre o Estado nacional e enfocar, ainda mais, nas origens do Estado nacional na França, a jurisdição. É de *Montesquieu*, quiçá, a exposição mais expressiva sobre as premissas que levaram à existência do Estado nacional, a partir da jurisdição. Segundo ele, o código conhecido com o nome de Estabelecimentos, de Luís IX, embora não tenha sido feito para servir a todo o reino, pois em cada cidade, burgo ou aldeia havia o seu costume, mas para servir de exemplo, foi fundamental nesse processo. Nada obstante, os Estabelecimentos trataram de fazer uma compilação, como um código geral, acerca de todas as questões cíveis, das disposições dos bens por testamento ou entre vivos, dos dotes e das vantagens das mulheres, dos benefícios e das prerrogativas dos feudos, dos casos de polícia etc.

---

(371) DALLARI, Dalmo de Abreu. Ob. cit., p. 78.

Inexistia, em princípio, a pretensão de unificar, pois isso significaria subverter, de uma vez, todas as leis particulares sob as quais se vivia em cada lugar do reino, sendo temerário formar um costume geral a partir de todos os costumes particulares. *Montesquieu*, sobre isso, afirma que não se deve mudar quando as vantagens são pequenas e os inconvenientes imensos, já que todos os senhores tinham a ideia de sua "soberania" e de seu poder, o que era incompatível com uma perspectiva de mudar as leis e os costumes, para impor os que deveriam ser aceitos em toda parte. Esta mudança não passava pela cabeça dos que governavam.

Nem mesmo foi confirmado pelos Estados Gerais, nem pelos barões e homens do reino, o código dos Estabelecimentos. Fazer um código assim talvez não fosse uma boa ideia em um governo fraco e com senhores interessados em que ele não desse certo. *Montesquieu* fala que esse código era obscuro, confuso e ambíguo, misturando sem cessar a jurisprudência francesa com a lei romana.(372)

Montesquieu sustenta que São Luís não se conformava com a maneira de julgar de seu tempo, em que havia muitos abusos, fazendo, por isso, vários regulamentos para os tribunais dos seus domínios e dos de seus barões, obtendo sucesso, de modo que, não muito tempo depois da sua morte, a maneira de julgar estabelecida por ele era praticada em um grande número de cortes senhoriais.

Luís IX terminou por suprimir o mal, mostrando o melhor. E isso foi contemplado pelos senhores em geral, quando viram o praticado nos tribunais do rei, em que imperava um jeito de proceder mais razoável, mais, segundo *Montesquieu*, natural, mais "conforme à moral, à religião, à tranquilidade pública, à segurança da pessoa e dos bens, adotaram-no e abandonaram o outro".(373)

A contribuição maior que esse rei deixou foi menos no Direito material que na abertura de novos tribunais, ou, mais que isso, dando caminhos para se chegar a uma mudança. Luís IX facilitou o acesso àquele que gozava de autoridade geral — o rei, em confronto com o modelo anterior restrito a cada senhoria. Assim, diz *Montesquieu*, "o parlamento julgou em última instância sobre quase todos os casos do reino. Antes, não julgava senão os casos entre duques, condes, barões, bispos, abades ou entre o rei e seus vassalos". Na sequência, sobre o Parlamento, vê-se que "foram obrigados a torná-lo sedentário e conservá-lo sempre reunido; e, por fim, criaram vários Parlamentos, para que pudessem dar conta de todos os casos".(374)

São Luís mandou fazer traduções das obras de Justiniano e fez grande uso delas nos Estabelecimentos. Com isso, certa arte processual começou a se formar, havendo o aparecimento de processualistas e os pares já não tiveram mais condições de julgar, e começaram a se retirar dos tribunais do senhor. Ampliou-se a prática de julgar por bailios, que, em verdade, faziam as instruções e pronunciavam os julgamentos dos conselheiros, sendo que estes, também, não estavam mais em condições de julgar, passando os bailios a realizarem os julgamentos, perdendo-se o costume de que o juiz jamais julgava sozinho. Montesquieu assegura que não foi uma lei que proibiu os senhores de manterem eles mesmos a sua corte. Também não foi uma lei que aboliu as funções que os pares desempenhavam. Não houve lei determinando a criação dos bailiados.(375)

Na França, *Montesquieu* aponta para o que era a desconhecida apelação, para o seu uso, como uma das mudanças mais alvissareiras rumo à unidade. Na verdade, uma nação guerreira, governada pelo ponto de honra, o apelo era um desafio ao combate pelas armas, não o convite a uma querela de plumas. Mesmo nos Estabelecimentos, o apelo era considerado algo ruim. Se algum homem quisesse queixar-se de seu senhor, por algum atentado, primeiro anunciava que abando-

---

(372) MONTESQUIEU. *Do espírito das leis*. São Paulo: Martin Claret, 2010. p. 577-8.
(373) Ob. cit., p. 579.
(374) Ob. cit., p. 581-2.
(375) Ob. cit., p. 587.

naria o feudo. Depois, apelava contra ele diante do senhor suserano e fazia o desafio da batalha. Do mesmo modo, o senhor renunciava à homenagem, se desafiasse o seu homem diante do conde.

Desafiar o senhor, que estabelecia e regulamentava o tribunal, por falso julgamento, significava que se estava a dizer que a sentença era falsa ou maldosamente proferida. Dizer isso contra o senhor era crime — felonia. Ao invés disso, desafiavam os pares que tinham proferido o julgamento, evitando-se o cometimento de crime, mas resolvendo-se a questão, geralmente, por meio de duelo com o par ou com os pares que julgaram a questão. O juiz mandava que fosse feito o desafio e assegurava que o par que foi desafiado pudesse optar por pagar ao senhor uma multa de sessenta libras, sendo que aquele que apelava precisava provar que o julgamento tinha sido mau, pena de pagar a multa mencionada ao senhor e ao que havia desafiado, bem como aos que abertamente concordaram com o julgamento.

O motivo para desafiar os vassalos por falso julgamento, como se disse, era evitar desafiar o próprio senhor. Contudo, se o senhor não tivesse pares ou não os tivesse em número suficiente, tomava-os emprestado de seu senhor suserano, sendo que tais pares não eram obrigados a julgar se não quisessem, e podiam declarar que tinham vindo apenas aconselhar.

Caso o senhor fosse pobre e não tivesse condições de pedir pares ao seu senhor suserano, ou deixasse de pedi-los, ou o senhor suserano recusasse a fornecê-los, não poderia o senhor julgar sozinho, sendo o caso levado à corte do senhor suserano. *Montesquieu* afirma que esta foi "uma das grandes causas da separação entre a justiça e o feudo, da qual se formou a regra dos jurisconsultos franceses: uma coisa é o feudo, outra a justiça". Havendo uma infinidade de homens de feudo que não tinham ninguém que lhes estivesse sujeito, não tiveram condições de manter os seus tribunais, sendo todos os casos levados à corte do senhor suserano.

Os juízes que tivessem participado de um julgamento tinham que estar presentes para dizer o seu "sim" e para que aquele que quisesse acusar sua falsidade o fizesse no mesmo instante.

Um senhor, que postulasse em sua corte contra vassalo e fosse condenado, podia desafiar um de seus homens (pares no julgamento) por falso julgar. O senhor dizia ou que o julgamento era falso e mau, ou imputava ao vassalo (par) o cometimento de prevaricações pessoais. Na primeira situação, ofendia a sua própria corte e, por conseguinte, a si mesmo, não podendo haver desafio de batalha; na segunda, atacava a honra do vassalo, cabendo o desafio, e o que fosse vencido perdia a vida e os bens, para que houvesse a manutenção da paz pública. Dessa prática veio a regra de que, se alguém apelava contra falso julgamento atacando um dos homens com imputações pessoais, havia o duelo. Se o julgamento em si fosse atacado, cabia ao par desafiado optar entre julgar o caso pela batalha ou pelo direito. *Montesquieu* escreve que existiam exceções quanto às apelações contra falsos julgamentos serem decididas pela batalha, mas em geral esta era a forma de decisão dessa apelação.

A acusação de falsidade não podia ser feita contra os julgamentos pronunciados pela corte do rei, já que este não tinha um igual, não havendo ninguém que pudesse desafiá-lo e, por não ter ninguém superior, não se podia apelar contra a sua corte.

Contudo, assegura *Montesquieu*, "essa lei fundamental, necessária como política, reduzia também, como lei civil, os abusos da prática judiciária da época. Quando um senhor temia que se acusasse o seu tribunal de falsidade, ou via que se apresentavam para fazê-lo, se fosse bom para a justiça que tal acontecesse, ele podia pedir homens do tribunal do rei". Nesse caso, "o julgamento não podia ser acusado de falsidade".

Caso o senhor não pudesse ter juízes do rei, se dependesse imediatamente dele, havia a possibilidade de instalar seu tribunal no do rei. Se o senhor tivesse senhores intermediários, dirigia-se ao seu senhor suserano, indo de senhor em senhor até o rei. Segundo *Montesquieu*, "embora não se tivesse naquela época nem a prática, nem sequer a ideia das apelações de hoje, tinha-se o recurso ao rei, que era sempre a nascente de onde partiam todos os rios e o mar aonde voltavam".

Havia a possibilidade de apelação por falta de direito, nas hipóteses de o tribunal de um senhor se "diferisse, se evitasse ou se recusasse fazer justiça às partes". Mas esta quase não era exercitada, pois a justiça praticada pelos condes e pelos senhores que tinham a jurisdição era considerada, segundo *Montesquieu*, satisfatória.[(376)]

No entanto, com a formação de um sem número de pequenas senhorias e do estabelecimento de diversos graus de vassalagem, houve negligência de certos vassalos na manutenção de seus tribunais, originando essas apelações, que traziam aos cofres do senhor suserano o pagamento de multas consideráveis. No caso de falta de direito, jamais havia duelo.

Luís IX aboliu o combate judiciário nos tribunais de seu domínio, mas não o suprimiu no de seus barões, salvo no caso de apelação de falso julgamento. A regra até então era de que a acusação de falsidade contra a corte do senhor redundava em requerimento de combate judiciário contra o juiz ou os juízes que haviam cometido a falsidade, quando este ou estes pronunciassem o seu sim. O rei introduziu a prática de denunciar o falso julgamento sem combater. Segundo *Montesquieu*: "mudança que foi uma espécie de revolução".

O rei definiu que não se poderiam acusar de falsidade os julgamentos proferidos nas senhorias de seus domínios, pois representava crime de felonia. Todavia, determinou que se pudesse "requerer a correção dos juízos pronunciados em seus tribunais; não porque fossem falsa ou maldosamente pronunciados, mas porque causavam algum prejuízo". Ele decretou que era obrigatório acusar de falsidade os tribunais dos barões.

Assim, nos Estabelecimentos, era vedada a denúncia por falsidade dos tribunais dos domínios do rei, sendo cabível o pedido de correção diante do tribunal. Caso o bailio não quisesse fazer a correção pleiteada, o rei permitia que se apelasse à sua corte, apresentando-se um requerimento ou uma petição.

Na hipótese de denúncia por falsidade contra as cortes dos senhores, Luís IX determinou que o caso fosse levado ao tribunal do rei ou do senhor suserano, não para decisão por combate, mas por testemunhas, segundo regras dos Estabelecimentos. Deste modo, tanto nas denúncias por falsidade contra as cortes dos senhores, como nas demandas em seus domínios, estabeleceu a possibilidade de se apelar, sem riscos de combate.

Com isso, Luís IX fez uma mudança abrupta em seus domínios e no domínio dos senhores. Embora tenha mantido a regra tradicional de haver apelação apenas no caso de falso julgamento — única hipótese de tirar um julgamento da jurisdição de um senhor —, modificou o modo de solução, descabendo o duelo. Contudo, a prática antiga do duelo ainda continuou possível, mas, pouco a pouco, foi abandonada, até porque os Estabelecimentos, como mencionado, não foram baixados em consenso com os demais senhores e somente foram aceitos por aqueles que julgaram vantajoso aplicá-los.[(377)]

A apelação foi compreendida, por muito tempo, como uma provocação ao combate e devia ser feita de imediato, do contrário, perdia-se o direito de apelar e o julgamento era considerado como aceito. Mesmo com a restrição dos duelos, a perda do direito de apelar continuou a acontecer na forma mencionada.[(378)]

---

(376) MONTESQUIEU. Ob. cit., p. 563.
(377) Ob. cit., p. 564-8.
(378) Ob. cit., p. 569.

O vilão, por muito tempo, não podia denunciar por falsidade da corte do seu senhor. Predominava a máxima de que entre o vilão e o senhor não havia outro juiz além de Deus. A prática do combate judiciário impedia os vilões de poderem acusar de falsidade a corte do senhor. Mas por causa do costume, que permitiu o direito ao combate, também se disseminou o direito de denunciar a corte do senhor, ainda que os homens que participassem do julgamento fossem cavaleiros.

Desde cedo, quando se abandonou a prática dos combates judiciários, e se introduziu o uso de novas apelações, entendeu-se que era insensato que as pessoas francas tivessem um remédio contra a injustiça do tribunal de seus senhores e os vilões não, passando o Parlamento a aceitar as apelações destes.[(379)]

O senhor, no caso de denúncia por falsidade de seu tribunal ou apelação por falta de direito diante do tribunal do senhor suserano, comparecia para defender o julgamento de sua corte. Estas duas hipóteses particulares terminaram por conduzir à regra geral de apelação em todos os casos. Assim, pareceu não ser razoável obrigar o senhor a passar muito tempo em outros tribunais, sendo ordenado por Filipe de Valois, como assegura *Montesquieu*, que os bailiados fossem citados. Com o uso mais intensificado ainda dos apelos, coube às partes defenderem a apelação. Obtendo-se vitória na apelação, tinha-se que realizar novo julgamento.[(380)]

Ademais, o processo passou a ser secreto. Esta mudança operou-se aos poucos, passando de senhoria a senhoria, à medida que os senhores renunciavam à antiga prática de julgar e que a *praxis* proveniente dos Estabelecimentos de São Luís veio a se aperfeiçoar. Só se ouviam publicamente testemunhas nos casos em que ainda se admitiam desafios de batalha, sendo, nos demais, ouvidas em segredo, com os depoimentos reduzidos a escrito. Com o abandono da prática dos duelos, os processos passaram a ser secretos.[(381)]

O uso das apelações introduziu, segundo *Montesquieu*, naturalmente, as custas, quando se seguia o apelo por lei escrita, conforme as novas leis de São Luís. Com o aumento das facilidades, o número de apelações também cresceu. O uso frequente delas de um tribunal para outro transportou as partes para fora do lugar onde residiam. A arte processual multiplicou e eternizou os processos. Somente o medo das despesas pôde frear o ímpeto de apelo judicial.[(382)]

A disseminação da apelação no sistema judicial trouxe aos tribunais reais a solução última dos processos. *Montesquieu* ensina que "não foi uma lei que proibiu aos senhores manterem eles mesmos a sua corte". Segundo ele, "não foi uma lei que aboliu as funções que seus pares nela desempenhavam". Ademais, ele afirma que "não houve lei que ordenasse a criação dos bailiados; não foi por lei que eles ganharam o direito de julgar". Para ele, tudo isso se deu aos poucos, e "pela força das coisas".[(383)]

---

(379) MONTESQUIEU. Ob. cit., p. 570. Sobre o Parlamento na França, COZZETTO afirma que, com Luís XI, o "Parlamento é um organismo judicial e administrativo que tem como tarefa essencial regular e resolver os diferendos entre as diversas jurisdições e registrar os atos e os decretos do rei, apresentando quixas quando, segundo a opinião do próprio Parlamento, estes atos parecem não estar em consonância com a tradição jurídica do reino. Do ponto de vista judicial, o Parlamento é um órgão de primeira instância para as causas que dizem respeito ao soberano e à feudalidade, e de segunda instância para as causas julgadas em primeira instância pelos juízes dos bailados". In: COZZETTO, Fausto. O reino de França. In: ECO, Umberto (Organizador). *Idade Média. Alfragide*: Dom Quixote, 2015, v. IV, p. 70.

(380) MONTESQUIEU. *Do espírito das leis*. São Paulo: Martin Claret, 2010. p. 570-3.

(381) Ob. cit., p. 572-3.

(382) Ob. cit., p. 573-4.

(383) Ob. cit., p. 587. Montesquieu nega que a única ordenação que existiu na época sobre a matéria — a que obrigou o senhor a escolher os bailios na ordem dos leigos — tenha criado os bailiados. Para ele, tal lei apenas disciplionou a escolha dos bailios na ordem dos laicos, para que pudessem ser punidos por prevaricações. In: *idem, ibidem*.

Montesquieu assegura que o conhecimento do Direito Romano, das sentenças dos tribunais e dos corpos de costumes reduzidos a escrito exigia um estudo que os nobres e o povo iletrado não eram capazes de ter. Não houve, pois, a supressão por usurpações dos direitos dos senhores, mas uma perda de poder, como sustenta o autor mencionado, por negligência, em especial pela falta de preparo para tratar com uma realidade que se disseminou como costume, que introduziu uma mudança que foi considerada como razoável e adotada, passo a passo, em todos os rincões, tudo iniciado com a chamada pelo mestre francês como "a abertura das apelações".(384)

Como acentua *Montesquieu,* no tempo de Luíz IX, o objetivo dos estudiosos "era antes estabelecer uma prática judiciária do que os usos do seu tempo",(385)concluindo que "as formalidades da justiça são necessárias à liberdade".(386)

A justiça dos cavaleiros se esgotou, passando, praticamente, às mãos do rei, sem um decreto, sem o império da lei e antes de um poder executivo forte. E esta jurisdição unificada(387), como já se tratou, e agora se enfoca mais ainda pela importância do tema para a formulação teórica que se desenvolve, deságua na formação do Estado nacional e, no passo seguinte, no Estado constitucional, que se analisará mais adiante.

2.3.5. O Estado Nacional europeu

Durante o período feudal, estava dissolvida toda a ideia de Estado.(388) Com o Estado moderno ou europeu, ressurge a ideia de Estado. Diferentemente da organização política medieval, com poderes e autoridades com ampla jurisdição verticalmente dispostos, o Estado se configura com a concentração do poder na pessoa do rei. A autoridade pública, assim concentrada, atinge todos os indivíduos, que são súditos do rei. Ademais, o território do Estado tem as suas limitações precisas, alcançado em sua integridade pelo governo central.(389)

O Estado nacional, assim chamado por corresponder, em geral, a uma comunidade histórica de cultura, tem tendência à secularização, sendo que o temporal e o espiritual vão sendo identificados como domínios distintos.(390) A soberania, ou poder supremo do Estado, aparentemente ilimitado, permite-lhe vencer resistências internas e afirmar sua independência em relação a outros Estados nacionais. Este Estado nacional soberano, segundo *Miranda*, nasceu na Europa,(391) reunindo características dos Impérios antigos, pelo seu tamanho, e das cidades-estados, pela sua coesão.

---

(384) MONTESQUIEU. *Idem, ibidem.*
(385) Ob. cit., p. 589.
(386) Ob. cit., p. 591.
(387) TIMBAL, CASTALDO e MAUSEN constatam o final desse processo, ao dizerem que, no final da Idade Média, a justiça real estava por toda parte, monitorando de perto os juízes que sobreviveram. In: TIMBAL, Pierre-Clément; CASTALDO, André; MAUSEN, Yves. *Histoire des institutions publiques et des faits sociaux.* 12. ed. Paris: Précis, 2009. p. 300.
(388) WEBER, Max. *Economia e Sociedade*. São Paulo: UNB, 2004, Vol. 2, p. 288 e seguintes.
(389) MIRANDA, Jorge. *Manual de Direito Constitucional.* Coimbra: Coimbra Editora, 1997, Tomo I, p. 63. O autor mencionado classifica o Estado como uma espécie de sociedade política — a mais importante. Ele diferencia o Estado das sociedades políticas pré-estaduais, ou seja, sociedade historicamente antecedente da formação do Estado, a saber: a família patriarcal, o clã e a tribo, a *gens* romana, a fratria grega, a gentilidade ibérica e o senhorio feudal. MIRANDA faz também referência às sociedades infra (regiões autônomas) e supraestaduais (confederações). As primeiras são as que não atingiram ainda a forma de Estado; as segundas, ultrapassam o nível do Estado. In: Ob. cit., p. 46.
(390) ARENDT acentua as distinções que foram se firmando, na antiguidade clássica, entre domínios público e privado, e as posteriores ênfases da organização de dominação, entre social e privado, e entre o secular e o espiritual, sendo que a questão espiritual substituiu, em termos, a vida pública. In: ARENDT, Hannah. *A condição humana*. 11. ed. São Paulo: Forense Universitária, 2010. p. 26 e seguintes.
(391) MIRANDA, Jorge. Ob. cit., p. 44.

Weber assegura que este modelo de Estado somente se deu no Ocidente. Analisando a China e países orientais, ele menciona que, mesmo na China dos mandarins, não havia um governo centralizado. Tudo ficava entregue a si mesmo e a intervenção concertada somente se dava em caso de tumultos e incidentes desagradáveis.[392]

Até mesmo quando se fala em nomenclatura, o verbete Estado foi definido, com contornos atuais, ainda na Idade Média, em solo europeu, embora tenha se consolidado e se tornado mais caracterizado desde o início da Idade Moderna. As expressões *polis*, característica da cidade-estado grega, a *civitas* ou *res publica* em Roma e o *dominium* feudal não são suficientes para envolver o conteúdo expressado pelo termo Estado. A expressão *stato*, nesse sentido, é primeiramente usada na Itália renascentista. O termo vem do latim *status* — constituição ou ordem, e já era utilizado para designar, desde o século XII, condição social. Para *Jellinek*, o termo já era empregado no sentido atual desde o século XV e, no início do século XVI, passa a ser corrente o verbete para designar todo Estado — o poder supremo que gravita sobre todos os seus membros. A tirania em que viviam algumas cidades italianas nos séculos XIV e XV oferecia a imagem de uma comunidade unitária governada por uma vontade poderosa.[393] Foi *Maquiavel*, no século XVI, o primeiro a fazer uso da expressão com o sentido atual, dando-lhe cunho científico, ao dizer que "todos os Estados, todos os domínios que tiverem e têm império sobre os homens são Estados e são ou repúblicas ou principados".[394] Do italiano, a palavra migra para as outras línguas europeias no século XVI e seguintes.[395]

2.3.6. O sentimento nacional e o Estado

O Ocidente cristão estava organizado politicamente, em grande parte da Idade Média, como se disse, sem a presença do Estado. Tanto a força de vínculos feudais, senhoriais e corporativos, no interior de cada reino, como a força dos vínculos de subordinação do rei ao Papa e ao imperador afetam o poder central. O Ocidente, no entanto, aparece como uma unidade, por seus padrões civilizatórios e de fé — a *Respublica Christiana*, reforçada pela recordação do Império Romano e pela ameaça de dominação moura.[396]

Como já tratado, desde os séculos XIII-XIV, e até um pouco antes, o sistema jurídico-político feudal começa a entrar em crise, tendo como um de seus maiores fatores de influência a recepção do Direito Romano[397], em solo continental, e por ventos que sopravam no mesmo sentido na Grã-Bretanha, embora com fundamento distinto. As mudanças causadas a partir da jurisdição, com a adoção de um processo judicial novo, mais justo, trazem maior segurança para as pessoas, causando um maior intercâmbio em áreas de mesma cultura que, em comum, viram a adoção generalizada do Direito Romano, muito mais, sob o ponto de vista processual, que material.

Este relacionar traz à tona uma visão da comunidade maior, um sentimento de pertencimento, afinidades de espírito e de interesses, traduzidos no senso comum de um laço novo, o de nacionalidade. O que antes aproximava as pessoas em razão de uma visão comum religiosa, da mesma língua, da origem comum, ou em face de o país em que moravam, agora vai fazer as pessoas e comunidades se sentirem como uma só nação, em áreas, sobretudo, já denominadas pelo antigo Império. O nome do território agora é o nome da nação, caracterizada pelo hábito de vive-

---

(392) WEBER, Max. Ob. cit., p. 517.

(393) JELLINEK, Georg. *Teoria general del Estado.* Buenos Aires: Albatros, 1970. p. 97.

(394) MAQUIAVEL, Nicolau. *O príncipe*. 3. ed. Brasília: UNB, 1987. p. 75.

(395) MIRANDA, Jorge. Ob. cit., p. 65.

(396) Ob. cit., p. 66.

(397) Ob. cit., p. 67. MIRANDA diz que "o renascimento do Direito Romano, a partir dos fins do século XI e sobretudo do século XII, é um dos mais importantes eventos da história cultural da Europa".

rem juntas, pelos interesses comuns, não mais puramente locais, e, passo a passo, pela sujeição ao rei. Este novo sentir transformou a geografia da Europa, de modo que, nos séculos XIV e XV, este sentimento já caracterizava alguns países europeus.[(398)]

A base, pois, das instituições políticas passa a ser a nação, um conjunto humano muito maior que o das populações dos feudos ou dos principados da Idade Média; muito maior que as das cidades da Antiguidade. Com vários milhões de pessoas em um vasto território, o Estado nacional é dotado, em suas dimensões, de uma indiscutível unidade social.[(399)]

O Estado que assim surgiu está envolto e talhado pela ideia de nação, que torna-se a ideologia do Estado centralizado e a nação passa a dar o apoio necessário para a ação do rei, que constrói, por influência do Direito Romano, o seu poder, à semelhança do imperador. Em verdade, as construções políticas, em alguns aspectos, vão se conformar às romanas. Os reis, aos poucos, vão se libertar dos vínculos internos e externos, desenvolvendo a plenitude de seu poder. Internamente, centralizam o poder, reintegrando faculdades jurisdicionais e outras dispersas pelos senhores feudais, e extinguindo imunidades e privilégios atribuídos a estratos sociais ou comunidades locais. Externamente, emancipam-se em relação ao Papa e ao imperador.[(400)]

Na Europa, acentua-se a tendência de cada nação — comunidade histórica de cultura — ter o seu Estado. O fator ideológico maior de unificação política deixou de ser a religião, a raça, a ocupação bélica ou a vizinhança, passando a ser uma afinidade de índole nova — a nação.[(401)]

2.3.7. O momento do surgimento do Estado Nacional

Não há como definir o momento do surgimento do Estado nacional, quando a organização política medieval passou para uma nova forma de sistema político, até porque, como diz *Miranda*, "as instituições e a vida têm uma continuidade que escapa à pura análise conceitual". Em verdade, ele surge em momentos diversos, nas várias partes da Europa.[(402)]

O Estado bastante cedo surge na Península Ibérica, como de algum modo já se mencionou. As lutas da reconquista cristã dão azo à unidade de comando político no interior dos vários reinos que vão se formando, desde o início dizendo-se independentes do Sacro Império. Na Inglaterra, também, em razão do regime burocrático militar imposto pelos normandos, como se verá a seguir.

A história portuguesa, com efeito, mostra que o denominado Condado Portucalense (1095) desaguou na formação do reino, sob o governo de D. Afonso Herniques, em 1128, e reconhecido, internamente, em 1140. Em 1143, a prestação de vassalagem ao Papa reforça e comprova a emancipação relativa quanto a Leão, com o reconhecimento da dignidade pela Santa Sé em 1179.

Mais tarde, fatos propiciaram a consolidação do Estado e do poder real, como as crises políticas de 1383 e 1438 e os seus reflexos sociais. Desde o século XIV, as manifestações do sentimento nacional se fizeram sentir, com a guerra de independência e as conquistas da navegação além-mar.

A evolução do estatuto medieval para o estatuto do Estado nacional, com o poder real definido como supremo dentro do território português, com o príncipe sendo considerado o representante dos interesses gerais da nação, foi se dando passo a passo nesse período histórico. Entre a aclamação de D. João I em Cortes e a sujeição da nobreza com D. João II não demoraria um século. Houve

---

(398) MIRANDA, Jorge. Ob. cit., p. 67
(399) HAURIOU, André. *Derecho Constitucional e instituiciones politicas*. Barcelona: Ariel, 1971. p. 56.
(400) MIRANDA, Jorge. Ob. cit., p. 69.
(401) Ob. cit., p. 63.
(402) Ob. cit., p. 71.

"a reivindicação do exclusivo da função jurisdicional", o desenvolvimento dos impostos gerais, a interferência na administração local e a afirmação do poder real frente à Igreja.[403]

Antes mesmo do fim da Idade Média, apareceu o Estado. Na Inglaterra, tal fenômeno também é claro, ainda antes do término da Idade Média, o que será abordado com mais vagar à frente. Antes, registrar-se-ão aspectos da evolução do Estado nacional.

2.3.8. O Estado Nacional estamental

Já se disse acima, e também subjaz do enfoque feito anteriormente, o aparecimento do Estado não se deu de uma vez. De início, os reis controlaram os estamentos. Contudo, o controle sobre os estamentos foi aumentando gradualmente, até que os reis deixaram, praticamente, de levá-los em consideração, o que conduz à conclusão de que o Estado nacional passou por fases, sobretudo na Europa continental.

O Estado iniciou-se como uma monarquia limitada pelos estamentos. Os reis e as ordens criam a comunidade política. O poder central está, efetivamente, nas mãos do rei, que conta com os estamentos — corpos ou ordens organizadas — vindos da Idade Média. Este Estado também é denominado Estado territorial institucional ou Estado corporativo. Conserva-se a estratificação dos direitos das pessoas, que estão fragmentados e estratificados em uma sociedade, sob este aspecto, complexa de unidades sociais e territoriais.

Este enlace entre rei e estamentos é a ligação que há entre Estado e sociedade, em que a participação dos estamentos se dá nas assembleias estamentais (Parlamentos, Estados Gerais, Dietas, Cortes). Havia formas particulares de representação, que se dividiam em uma ou mais câmaras. As assembleias tinham faculdades consultivas ou deliberativas. Em Portugal, no período áureo das Cortes, do século XIV ao XV, elas tiveram natureza consultiva, salvo em situações excepcionais, como vagatura do trono ou modificações das leis fundamentais, e em matéria de impostos.

O equilíbrio entre os reis e os estamentos, como explicitado anteriormente, terminou por conduzir à unificação do poder até as últimas consequências. O rei foi ganhando, passo a passo, força, até unificar, cada vez mais, o poder em suas mãos. As ordens vão se cingindo à defesa dos interesses de classe, convertendo-se a monarquia em absoluta. Na Inglaterra, como se verá mais adiante, houve uma evolução diferente, pois os estamentos evoluíram para grupos políticos, não permanecendo como meros estratos sociais.

2.3.9. O Estado Nacional absolutista

A concepção dominante, no Estado nacional absolutista que surgiu, era patrimonial. O poder de ofício do rei era absoluto, no mesmo sentido em que se compreendia o direito de propriedade. O senso então corrente de Estado absoluto era o daquele que tinha a máxima concentração de poder no rei, que poderia exercê-lo sozinho ou com seus ministros. Nesse sentido, a vontade do rei, expressada sob formas determinadas, é lei. Praticamente inexistiam regras jurídicas definidoras do poder e as existentes quase todas não eram escritas.

Com efeito, mesmo o absolutismo teve fases. Na primeira delas, a monarquia pretendia ser de Direito divino. O rei assegurava ser escolhido por Deus, seu governo, pela graça de Deus e o fundamento de sua autoridade, religioso. Na fase seguinte, procurou-se fundamentar o poder racionalmente. O ambiente, que passou a ser dominado pelo iluminismo, pautado no racionalismo, assim o exigia, estabelecendo-se o despotismo esclarecido. Em alguns países, com a nomenclatura

---

(403) MIRANDA, Jorge. Ob. cit., p. 74-6.

Estado Polícia, como uma associação formada para a consecução do interesse público. Para isso, o príncipe ou seu primeiro funcionário deveria ter plena liberdade nos meios que necessitasse empregar, no intuito de alcançar esse desiderato. A justiça ou a legalidade não são os critérios da ação política, mas a razão de Estado: o bem público.[404]

O objetivo principal do Estado absoluto consistiu em alcançar a coesão nacional, com a sua função histórica de reconstruir a unidade do Estado e da sociedade, distanciando-se da divisão proveniente dos privilégios das ordens, que sucedera os privilégios feudais. Neste passo, reforma-se a justiça, a lei prevalece sobre o costume como fonte do Direito, consolida-se a função pública, criam-se exércitos nacionais e o Estado passa a intervir em setores da cultura, economia e assistência social. O capitalismo incrementa-se e a burguesia torna-se o segmento mais dinâmico da sociedade. O contraste entre o poder econômico da burguesia e sua falta de poder político vai levá-la a fazer a revolução.[405]

O Estado nacional, que começou com a unificação da jurisdição na pessoa do rei, por meio das cortes reais, sobretudo em face da apelação, hipertrofia-se com o poder Legislativo diretamente nas mãos do rei, no absolutismo, todavia, em razão, dentre outros fatores, da independência extrema da jurisdição, como visto atrás, não se desenvolve, naturalmente, rumo ao Estado Constitucional, o que ocorrerá na Inglaterra, como se verá mais à frente.

Esta hipertrofia do Estado absolutista no continente também se constata com a jurisdição, em primeiro grau, que terminou por ganhar a natureza de uma justiça real. Esta, talvez, a maior contribuição do absolutismo para o desenvolvimento das fórmulas jurídico-políticas, já que a justiça, com certa independência, não mais seria, a partir de então, no desenho do Estado, uma justiça de um senhor, nem mesmo nos lugares mais remotos do reino.

2.3.10. A evolução do poder político inglês

No início da Idade Média, a Inglaterra era habitada, sobretudo, por celtas, quando se iniciou a migração dos anglos e saxões, provenientes do norte do continente europeu. Após a queda do Império Romano do Ocidente, a Inglaterra dividiu-se em vários pequenos reinos. Considerando-se seu espaço atual, não dispunha de unidade política, prevalecendo a dispersão político-jurídica e a manutenção de vínculos locais. No século IX, chegam os invasores vikings, de origem escandinava, havendo alguma centralização, que não é alcançada totalmente pela persistência de lutas contra líderes e exércitos locais. Com a morte do rei Eduardo, o conde da Normandia, Guilherme, reivindica o trono inglês. Sua coroação vai se dar em 1066, após a conquista da Inglaterra pelos normandos.

Quando da conquista normanda, portanto, não havia unidade do poder e o quadro político e administrativo era bastante instável. Ao fazerem, os normandos, a transposição da estrutura de dominação que tinham no continente europeu para o solo inglês, dá-se o surgimento de um sistema[406] que, passo a passo, vai permitir a formação do que se chama *common law*.

---

(404) Este curso de acontecimentos e das instituições também seguiu em Portugal, no sentido absolutista, evidenciado já com D. João II, acentuado pelas vicissitudes do ultramar e pela restauração da independência. Nesta, proclamou-se o princípio de que o poder do rei provém da nação. As últimas Cortes reuniram-se em Portugal em 1696-1698. Os reis D. João V, D. José e D. Maria têm em comum o absolutismo. In: Miranda. Ob. cit., p. 82.

(405) MIRANDA, Jorge. Ob. cit., p. 81-2.

(406) O sistema feudal aplicado pelos normandos foi por importação, vindo daí sua grande força. O sistema foi imposto pelo próprio rei e de uma forma sistemática, e, desde o início, teve o caráter de uma organização regular e hierárquica, sendo que o poder real conservou todas as prerrogativas compatíveis com este conjunto de instituições. O poder real, quando comparado com o dos reis no continente, era muito mais forte, exercendo domínio sobre a organização feudal. In: HAURIOU, André. Ob. cit., p. 227-8.

Os normandos implantaram, aos poucos, uma estrutura de tipo burocrático, estabelecendo um aparato administrativo e de coleta de informações acerca da população e dos recursos naturais ingleses. O primeiro passo foi dado em 1086, com a instituição de um livro — o *Domesday Book* — que registrava a situação da propriedade fundiária em todo o reino, para possibilitar a tributação e o reconhecimento da situação das terras. Na Europa continental, não havia nada semelhante. Este livro era controlado pela tesouraria da Coroa, órgão responsável pela receita do reino.

Os normandos trouxeram para a Inglaterra os institutos feudais, que afetaram a mentalidade fundiária inglesa. Os líderes militares de Guilherme receberam vários domínios feudais na Inglaterra, com a implementação do contrato feudo-vassálico. Ao atribuir-se o domínio, também se atribuía o poder de *bannum* nos limites do domínio feudais — poder de punir, julgar etc.

Diferentemente do continente, foi possível, em solo inglês, implantar-se, ao mesmo tempo, um governo bem mais centralizado e fazer-se concessões de poderes feudais. Estas características eram excludentes, como se viu, no continente.

No século XII, com a dinastia dos platagenatas, houve uma grande tensão no que se refere à organização social e política, manifestando-se conflitos entre rei e barões, em crescente controvérsia, especialmente em razão das questões fundiárias, por existirem incertezas quanto à posse e à propriedade, e, por conseguinte, quanto à tributação real.

No continente, estes conflitos, até então, sempre se resolveram em desfavor da monarquia, das administrações centralizadas. Contundo, como já se fez menção alhures e aqui se retoma, pela necessidade de se fixar premissas antes de passar-se à análise do Estado Constitucional propriamente, uma situação nova, uma construção social nova, no reinado de Henrique II, vai ser decisiva, no momento em que este rei judicializou os conflitos existentes na Inglaterra do século XII. As tensões inerentes à peculiar situação inglesa foram canalizadas para solução judicial.(407) Foram criados pelo monarca tribunais, que solucionavam os processos judiciais, a saber: (a) tribunal das causas comuns (*court of common pleas*) — apreciação de questões hoje classificadas como civis e penais; (b) tribunal do tesouro (*court of exchequer*) — apreciação de demandas ligadas às receitas do reino e à tributação; (c) tribunal do banco do rei (*kings´s bench*) — apreciação das causas em que a Coroa estivesse envolvida.

Inicialmente, como dizem *PAIXÃO* e *BIGLIAZZI*, estes tribunais(408) foram itinerantes, em especial o *King´s bench*, acompanhando o rei em suas viagens. A coroa tinha um considerável empenho para expandir os limites de sua jurisdição. Com esse aumento, foi diminuindo os poderes dos tribunais locais, conduzidos por senhores feudais. No princípio, o rei em pessoa emitia ordens (*writs*) aos *sheriffs* (o representante da coroa nas localidades), atraindo o caso para a esfera da Coroa. Ainda no século XII, estas ordens passaram a ser de competência dos tribunais reais, estabelecendo-se uma rede completa de juízes permanentes.

Na época, em toda a Europa continental, havia pouca legislação. Na Inglaterra, também. Os *writs* eram emitidos a partir da alegação de que um costume imemorial do reino deveria ser aplicado ao caso. O rei ou o tribunal, na hipótese, limitava-se a reconhecer e ordenar sua observância. Com a concessão de novos *writs*, os precedentes passavam a ser estudados e invocados em causas futuras, o que configurou a fórmula típica dos primeiros tempos do *common law* (*remedies precede rights*).

---

(407) O acentuar da jurisdição, a partir daí, nas mãos do poder real, é destacado por: PAIXÃO, Cristiano; BIGLIAZZI, Renato. Ob. cit., p. 29. No mesmo sentido: GILISSEN, John. Ob. cit., p. 209-211; e BENSON, Bruce L. *Justicia sin Estado*. Madrid: Union Editorial, 2000; e CANNATA, Carlos Augusto. *Historia de la Ciencia Juridica Europea*. Madrid: Technos, 1996, pp. 208-237.

(408) PAIXÃO, Cristiano e BIGLIAZZI, Renato. Ob. cit., p. 26-30.

Os *writs* passaram a ser usados para criar direitos, em razão do ineditismo da maior parte das demandas submetidas aos tribunais reais, mas a argumentação relativa ao costume persistiu. O *common law* firmou-se como uma inter-relação entre costume e precedente. A construção do ordenamento jurídico tornou-se dependente da própria atuação da atividade jurisdicional.

Desde o início, os tribunais reais foram um sucesso. No século XII, foram publicados os primeiros *Year Books* — compilações de decisões judiciais para orientação em casos futuros — e a primeira obra sobre *common law* — *De legibus et Consuetudinibus Angeliae*, atribuída a Glanville.

Em verdade, no fim do século XII, o *common law* estava consolidado e os tribunais reais encontravam-se em plena atividade. No século XIII, o rei João foi derrotado, perdendo a maior parte das possessões em território francês, inclusive a Normandia, o que repercutiu, grandemente, no *common law*. De início, faz-se cessar a separação que havia entre os anglo-saxões e os conquistadores normandos, afirmando-se todos como ingleses. Contudo, parece claro aos ingleses que o *common law* é um dos fatores constitutivos do caráter nacional inglês.

Após a perda da guerra, iniciou-se a guerra civil. Em junho de 1215, os barões rebeldes tomam Londres. Próximo ao castelo de Windsor, o rei João e os barões subscreveram a Magna Carta, um contrato entre o rei e os barões, na forma da tradição feudal, em que as partes impuseram-se obrigações recíprocas. Há, no entanto, caráter inovador na Carta, pois traz a imposição de limites ao poder real, destacando-se a previsão de julgamento de indivíduos pelo tribunal real e para a tributação. Os senhores feudais se insurgiram contra a arbitrária atuação da Coroa e, por isso, constou na Carta a previsão de que nenhum homem poderia ser detido, sujeito a aprisionamento, privado de seus bens, exilado ou molestado de qualquer outra forma sem um julgamento pelos seus pares de acordo com a lei do país.(409)

A Magna Carta, no transcorrer do desenvolvimento do *common law*, pôde embasar um amplo leque de ações políticas e representou um símbolo importante de lutas constitucionais. Por óbvio, a sua importância não foi imediatamente sentida, já que, ao invés de promover o Direito costumeiro e a paz, levou à guerra, e foi revogada por João, em 1216.

Com o falecimento de João, nesse mesmo ano, Henrique III reedita a Carta, em acordo com os barões. Todavia, a Guerra dos Barões durou até 1217. Houve reedições em 1217 e 1225, com pequenas alterações, sendo esta última versão mais utilizada pelos juristas ingleses. Mesmo assim, o século XIII não foi de muita convivência pacífica, até porque o rei teve a mesma prática de seu antecessor, com a tentativa de centralização monárquica exacerbada e de aumento da taxação dos senhores feudais. Em 1258, por meio das Provisões de Oxford, minimizaram-se os conflitos, com o compartilhar do governo entre o rei e um conselho de barões, a se reunir por, no mínimo, três vezes ao ano. Todavia, a maior contribuição das Provisões, trazendo grande desenvolvimento do *common law*, foi a proibição de os tribunais reais criarem novos *writs*, salvo situações excepcionais, no intuito de impedir a excessiva intromissão dos tribunais do reino nos assuntos locais.

Contudo, entre 1264 e 1267 transcorreu a Segunda Guerra dos Barões. Os documentos precitados não puderam resolver todos os problemas que conduziram à sua redação. Em 1285, o rei Eduardo I conferiu maior coerência às fontes esparsas do *common law*. Ao editar o *Statute of Westminster II*, veiculou-se uma solução de compromisso entre os interesses do rei e dos barões quanto à competência dos tribunais reais, proibindo novos *writs*, mas permitindo que as cortes de Westminster pudessem deferir *writs in consimili casu* — estender a novos casos decisões proferidas anteriormente em situações similares. Tal limitação reforçou a feição argumentativa do *common law*. Com isso, ao invés de requererem a prolação de um novo *writ* para uma situação

(409) PAIXÃO, Cristiano e BIGLIAZZI, Renato. Ob. cit., p. 30-2.

ainda não examinada, os postulantes necessitavam, a partir de então, justificar a semelhança entre o caso concreto e um *writ* anterior ao *Statute of Westminster II*. Tal definição valorizou o recurso ao precedente judicial, por meio da argumentação.

A partir do século XIII, os reis ingleses, com o consentimento do Parlamento(410), passam a emitir um maior número de leis — *statutes*. No regime político inglês, a partir do século XIV, foi implantado definitivamente a instituição do Parlamento bicameral — Casa dos Lordes e Câmara dos Comuns — que se separou gradativamente do Conselho privado do rei e coexistiu com a administração real e os tribunais do *common law*, cada vez mais autônomos quanto à pessoa do rei, em face da vinculação aos precedentes. O papel do rei estava ligado ao funcionamento de outras instituições do reino — *e.g.*, Parlamento. Com a consolidação do Parlamento, surge a arquetípa figura do *King-in-Parliament* — o rei dispõe do poder temporal e concentra o governo em suas mãos, mas seu poder não é absoluto, mas exercido no interior de um quadro institucional mais amplo.

Na Inglaterra, o servilismo foi extinto já em 1381, em razão da *poll tax*, que marcou o fim do feudalismo inglês. Com a insurreição dos servos (movimento dos *labourers*) contra os senhores, houve a concessão real do fim do servilismo, o que teve enorme repercussão na formação das estruturas de poder, sobretudo nas jurisdicionais, tendo em vista o caráter de homem livre dado a todos os moradores do reino.

A partir de 1462, os membros do Parlamento adotam o costume de redigir os projetos de lei — os *bills*. Em razão de acordo entre a Câmara dos Comuns e a Câmara dos Lordes, ao rei não restou mais que promulgar o texto da lei, com o conteúdo estabelecido pelo Parlamento.(411)

Alguns anos depois do final da Guerra dos Cem Anos, todavia, a monarquia se tornou absoluta. Com a chegada da dinastia dos Tudors, em 1485, a monarquia alcançou este viés e assim continuou até o advento dos Stuarts, em 1603. Neste período, sucederam-se no trono inglês soberanos despóticos, que puseram em prática as ideias absolutistas vindas da França. A partir de Henrique VIII, o Parlamento concede ao rei o direito de fazer promulgações com força de lei, passando, o poder Legislativo, às mãos reais.

Outro fato relevante, na conformação do poder jurídico-político inglês, foi que, em 1534 (Ato de Supremacia), a Coroa passou a ter primazia sobre a Igreja.

No reinado dos Stuarts, que sobem ao trono com Jaime I, estes desejam manter o regime absolutista, mas o Parlamento desperta de sua letargia. Apesar de suas contínuas dissoluções, mantém-se firme frente ao rei, afirmando, mais uma vez, o seu direito de votar as leis, culminando com a célebre Petição de Direitos, que contém uma primeira lista de liberdades individuais.

---

(410) O ponto de partida da evolução do regime representativo inglês se deu com as reuniões do rei com seus vassalos, comparáveis às reuniões das cúrias dos primeiros Capetos. O papel deste conselho era puramente consultivo e em matéria judicial. No transcurso do século XII, estabeleceu-se o costume de que o rei, antes de promulgar uma regulamentação importante, a submetia a um *Concilium* composto de prelados e de seus principais vassalos. Este Conselho, logo denominado de *Magnum Concilium* ou Conselho Comum do Reino funcionou periodicamente até o final do século XII. Este conselho é mencionado no começo do século XIII na Magna Carta. No princípio, o *Magnum Concilium* era composto dos pares laicos e eclesiásticos. Correspondia um pouco à atual Câmara dos Lordes. Em 1265, convocou-se, pela primeira vez, dois cavaleiros de cada condado, ao lado dos prelados e dos barões. Este acontecimento, em 20 de janeiro, corresponde ao que os ingleses comemoram como a fundação do Parlamento inglês. Em 1295, Eduardo I convocou a primeira assembleia, conhecida nos anais ingleses com o nome de Parlamento modelo. No curso do século XIV, os estados gerais ingleses, que, até então, haviam deliberado em um local comum, separam-se, não em três ordens, mas em duas câmaras. Os deputados dos condados em uma e os barões e pares eclesiásticos em outra. Esta separação se deu em 1351. O entendimento continuou imperando entre as câmaras, já que ambas tinham o mesmo interesse em lutar contra a arbitrariedade real. In: HAURIOU, André. Ob. cit., p. 229-230.
(411) HAURIOU, André. Ob. cit., p. 230-1.

Não obstante, a severa luta entre o Parlamento e o rei Jaime I, durante o reinado de seu sucessor, Carlos I, intensifica-se mais ainda, ganhando contornos trágicos. Em 1642, inicia-se a guerra civil, e o rei é derrotado em 1648, condenado à morte e executado em 1649. Estabelece-se a república, sob o protetorado de Cromwell. A monarquia é restaurada em 1660, porém Carlos II e seu sucessor Jaime II têm tendências absolutistas. Este último foi destronado em 1668, pelo príncipe de Orange, que se tornou rei inglês como Guilherme III. Com a dinastia de Orange, a Inglaterra volta ao regime representativo. Em verdade, ele subiu ao trono em virtude de um pacto com o Parlamento, em que aceitou o *Bill of Rights*, em 13 de fevereiro de 1689. Renunciou, entre outros, ao poder de suspender as leis ou sua execução, que havia sido restabelecido por Henrique VIII, em favor da coroa, 150 anos antes.

Em 1701, por meio do *Act of Settlement*, o texto do *Bill of Rights* foi completado, para uma nova limitação da coroa e uma melhor garantia dos direitos e liberdades dos súditos. Assim, no final do século XVII, produz-se o triunfo do Parlamento na Inglaterra.[(412)]

As Revoluções do século XVII, seja a do período da *Commonwealth*, seja a Gloriosa (declaração de direitos — *Bill of rights*; criação do Parlamento, com a exclusão dos poderes do rei de criar leis e impostos — fim do absolutismo na Grã-Bretanha), redundaram numa evolução institucional propulsora do desenvolvimento econômico um século antes da França. Na Inglaterra, o sistema de patentes já existia desde 1624, o que só ocorreria na França em 1767. O *laissez-faire* é praticado internamente em solo inglês: a indústria e o comércio não estão inibidos pelo corporativismo, abolido na França apenas no final do século XVII. A população urbana inglesa atinge 50%, enquanto, na França, no século XVII, a população urbana era de apenas 10%.[(413)]

O acordo proveniente desse período histórico inglês, que refletiu em uma mudança jurisdicional, permitiu a convivência, ainda que não totalmente harmônica, entre pessoas de religiões e classes diferentes. Não se pode, no entanto, deixar de registrar, que a Revolução Gloriosa, ao alcançar o *Bill of Rights*, estipulou, como se disse, uma determinada forma política, consagrando a soberania do Parlamento, demarcando, por meio de um texto escrito, os poderes do Legislativo e do monarca, representando o maior momento constitucional inglês, consequência dos eventos em curso entre 1688-1689, ou seja, no corpo da Revolução Gloriosa. Este resultado foi alcançado, em princípio, sem conflitos armados maiores e sem a dissolução da monarquia.[(414)]

2.4. *A jurisdição e sua importância para a formação do Estado Constitucional*

2.4.1. O caminho para o Estado Constitucional

A caminhada rumo ao surgimento do Estado constitucional, por certo, pautou-se em amplo espectro teórico de reflexão sobre os sistemas jurídico-políticos anteriores. Por outro lado, vários práticos e militantes políticos também escreveram, movidos de intenso fervor, pela mudança das fórmulas jurídico-políticas.

Dentre os teóricos, pode-se citar *Montesquieu*, que, abaixo, em tópico próprio, terá explanado o seu pensamento com mais vagar, especificamente sobre o Estado da separação dos poderes, que delineou, em uma linguagem quase atual, o Estado constitucional. Ele estudou vários governos do passado e de seu tempo, para enfocar "qual a distribuição dos três poderes e com isso calcular o

(412) HAURIOU, André. Ob. cit., p. 233-5.
(413) BRASSEUL, Jacques. Ob. cit., p. 105-106, 115 e 159.
(414) PAIXÃO, Cristiano e BIGLIAZZI, Renato. Ob. cit., p. 87.

grau de liberdade de que cada um deles pode gozar".[415]Categoricamente, ele disse: "tampouco há liberdade se o poder de julgar não for separado do poder legislativo e do executivo"[416].

Antes, *Montesquieu* examinou, com profundidade, a estrutura e o funcionamento do poder no feudalismo, concluindo, em síntese monumental, que o sistema jurídico-político feudal foi criado com a definição da jurisdição nas mãos de cada senhor. A jurisdição, pois, definiu o poder no feudalismo, que estava nas mãos dos senhores e, por isso, o poder de tantos senhores. Para ele, não foi a usurpação ou a corrupção do poder que deu aos senhores o poder judiciário, mas, no primeiro estabelecimento, os feudos já foram criados com o poder judiciário.[417] Esta conclusão nos leva a uma outra: a jurisdição fossilizou (ou estabilizou) o sistema feudal. Poder-se-ia dizer: quase perpetuou o feudalismo. Ela impediu, na forma em que foi partilhada, por muito tempo, o surgimento do Estado.

Contudo, o desenho da jurisdição, com a previsão generalizada da apelação, trouxe ao rei a unidade do poder, consolidado, inicialmente, no estado nacional estamental. Com o absolutismo, a jurisdição se unificou nas mãos do rei desde a base, contudo, passo a passo, ganhou independência e causou empecilho à vigência das leis postas pelo monarca absoluto.

Nada obstante esta perspectiva continental, na Inglaterra, o evolver foi diferente, como já se viu e se aprofundará ainda mais a seguir, em razão de uma justiça que cedo se espalhou em todo o território inglês de forma unificada.

2.4.2. John Locke e o ideário do Estado Constitucional

Não resta dúvida que a evolução dos acontecimentos na Inglaterra foi antecedida pelo evolver das ideias. *Locke* foi o precursor das luzes e foi o primeiro filósofo a exprimir o princípio da separação dos poderes, em padrões quase atuais, enfatizando, também, o da tolerância religiosa. A par de considerar a religião um assunto privado, em relação ao qual o Estado não tem porque se imiscuir, sendo a liberdade de culto completa (*A Letter Concerning Tolerations*, 1689), *Locke* toma posição contra o absolutismo e pela defesa dos direitos individuais. Assegura que é direito do povo o de revoltar-se contra o monarca que abuse de seus poderes e defende a propriedade como meio de proteção das liberdades individuais.[418]

Locke faz a distinção entre poder Executivo e poder Legislativo. E, ao contrário do que muitos pensam, não deixa de falar de poder Judiciário, como se abordará mais adiante. Para ele, o poder Executivo deve caber ao Parlamento.[419]

Sua concepção é contratualista. Ele assegura que, no estado de natureza, o homem não possui, geralmente, mais que a própria força individual, que não é suficiente para se defender da ação de delinquentes. Para evitar estes percalços e punir os infratores, os homens se unem em sociedade, assegurando a sua propriedade e definindo que leis fixas venham a esclarecer a todos o que lhes pertence.

Nesse sentido, preceitua que o único modo legítimo pelo qual o homem abre mão de sua liberdade natural se dá quando ele assume os laços da sociedade civil, consistente no acordo com

(415) MONTESQUIEU. *Do espírito das leis*. São Paulo: Martin Claret, 2010. p. 197.
(416) Ob. cit., p. 169.
(417) Ob. cit., p. 643.
(418) LOCKE, John. *Segundo tratado sobre o governo*. 2. ed. São Paulo: Martin Claret, 2006. p. 114.
(419) Ob. cit., 116-117

outras pessoas para se juntarem e unirem-se em comunidade e viverem com segurança, conforto e paz. Assim, um certo número de homens acorda em constituir uma comunidade, pelo consentimento individual de todos, sendo que, após este surgimento, o povo não pode mais retomar este poder, que durará enquanto existir esta sociedade.[420]

Dentro dessa perspectiva contratualista, examinando o poder Legislativo, ele o define como o poder supremo, um poder intocável, devendo ser exercido como a sociedade o confiou ao Legislativo eleito pela comunidade, pois ninguém pode legislar sem o seu consentimento. A eleição leva o indivíduo a dever obediência ao Legislativo. A este, os indivíduos deram o poder que tinham no estado de natureza, de se constituírem em sociedade, o que não implica em conceder arbítrio absoluto, haja vista que o indivíduo conserva os direitos inalienáveis à vida, à liberdade e à propriedade, que tinha no estado de natureza e continua a ter após a outorga do poder Legislativo. Este é restrito ao bem geral da sociedade, não podendo nunca destruí-la, empobrecê-la ou escravizá-la. O poder Legislativo não retira o direito de regência da lei da natureza ao homem, inclusive para os legisladores, o que permanece como lei eterna.

O poder absoluto, para ele, é o governo sem leis fixas. As existentes não se harmonizam com os fins da sociedade. Não foi para isto que o homem abriu mão do estado de natureza, em que tinha, ao menos, o direito de defender o próprio direito, o que desaparece, em razão da força, no absolutismo. Assim, seja qual for a forma de governo, o poder deve ser exercido mediante leis expressas e promulgadas, e não por decretos extemporâneos e resoluções indeterminadas, que ele disse serem "filhos de pensamentos repentinos ou vontades bizarras". Fazem-se necessárias regras fixas e que lhes guiem e justifiquem as ações.

A lei, portanto, é fundamental não só para que os cidadãos saibam os seus deveres, mas para que os governantes, limitados por ela, não sofram a tentação, pelo poder que têm, de exercê-lo para fins e por meios que os homens não conheçam e não aprovariam de boa vontade. Para ele, os riscos à propriedade e aos direitos dos indivíduos são bem menores quando o Legislativo se constitui total ou parcialmente de assembleias eletivas, em que os membros, após o mandato, estão sujeitos às leis como os demais, o que não ocorre no Legislativo baseado em assembleias permanentes ou em um único homem. O Legislativo não pode nem mesmo transferir o poder que recebeu a outrem, pois só o povo tem esse poder.

Em suma, sobre o poder Legislativo, *Locke* resume: (1) as leis não poderão variar em certos casos, valendo a mesma regra para ricos e pobres, para favoritos na corte ou camponeses no arado; (2) tais leis devem ter o único fim — o bem do povo; (3) não deve lançar impostos sobre a propriedade do povo sem o consentimento dele, dado diretamente ou por seus representantes; (4) não deve transferir o poder de legislar.[421]

Continuando sua análise, *Locke* diz que "poderia ser tentação excessiva para a fraqueza humana a possibilidade de tomar conta do poder, de modo que os mesmos que têm a missão de elaborar as leis também tenham nas mãos o poder de executá-las". Tal acúmulo, a seu ver, faz com que alguns se isentem de obedecer às leis que fazem e as moldem ou as executem em favor de si mesmos.

Nas sociedades bem organizadas, continua, o poder Legislativo é posto nas mãos de várias pessoas, que têm o poder de elaborar as leis e, após, ficam sujeitas às leis que fizeram, o que é algo muito importante para que as leis tenham em vista o bem geral.[422]

---

(420) LOCKE, John. Ob. cit., p. 23-30.
(421) Ob. cit., p. 98-105.
(422) Ob. cit., p. 106.

Locke preceitua que as leis em geral têm vigência duradoura e precisam de execução constante, necessitando um poder permanente que execute as leis em vigor. E arremata: "E assim os poderes Legislativo e Executivo são frequentemente separados".[423]

Mesmo o poder Legislativo, que é o supremo dos definidos pelo povo, está subordinado ao poder do povo, que, caso aquele aja contra a intenção do encargo que lhe foi confiado, pode fazer retornar a si o poder que concedeu. Deste modo, todo o poder concedido é limitado. A comunidade sempre conserva o poder supremo de se salvaguardar contra os maus propósitos, mesmo de legisladores, quando estes tramem contra a liberdade e a propriedade dos cidadãos. Estes, nem mesmo individualmente, podem renunciar à própria preservação, em favor da vontade absoluta e do domínio arbitrário de alguém. Este poder do povo só se manifesta quando se dissolve o governo (inclusive o Legislativo).

Propugna um poder Executivo que não seja subordinado e sob a responsabilidade do Legislativo, podendo ser mudado e deslocado. A autoridade do rei somente se aplica por meio da lei. Embora o Legislativo confie a execução das leis a outras mãos, guarda para si o poder de retomá-la, se houver motivo, e para punir uma má administração das leis. Todavia, quem tem o poder de convocar o Legislativo é o Executivo. Também, em determinadas situações, pode dissolvê-lo, mas nem assim será superior ao Legislativo. Na composição do Legislativo, *Locke* defende a proporcionalidade, observada a população de cada condado e o princípio da maioria nas deliberações.[424]

O Executivo é exercido para o bem da sociedade sempre que assuntos que a lei não cobre exijam a sua atuação, e estes devem, logicamente, ser confiados à sua discrição, observando a proteção do maior número de cidadãos.

Sobre Legislativo e Executivo, *Locke*, como se viu, define que estes poderes (funções) devem ficar em mãos separadas. E por que ele não falou, nessa mesma toada, do Judiciário? Em verdade, porque o Judiciário já estava separado àquela altura, o que ainda não tinha acontecido, em seu tempo, com os poderes Legislativo e Executivo.

E ele mesmo deixou isso claro, ao enfocar a importância do poder Judiciário — juízes. Sobre a função jurisdicional, *Locke* diz que, no estado de natureza, a aplicação da lei da natureza está nas mãos de todos os homens. Assim, todos os homens têm o direito de castigar os transgressores dessa lei, não havendo ninguém, nesse estado, que não tenha o poder de aplicá-la, pois a lei da natureza seria inócua se não tivesse quem pudesse executá-la e, assim, preservasse o inocente e restringisse o ofensor. A razão é a lei da natureza, a qual ensina que todos os homens são iguais e independentes e nenhum deles deve prejudicar a outrem na vida, na saúde, na liberdade ou nas posses.

O poder de um homem sobre outro no estado de natureza não é absoluto, mas o de revidar, caso tenha sofrido algum injusto gravame, de acordo com os ditames da razão ponderada, de modo proporcional à transgressão. Quando os homens convivem segundo a razão, sem uma autoridade superior comum no mundo que possa julgar entre eles, verifica-se propriamente o estado de natureza.

Para *Locke*, "a falta de juiz investido de autoridade sobre os homens, coloca-os em estado de natureza". Não havendo "juiz a quem apelar, uma vez instalado o estado de guerra, continua com o direito o inocente de aniquilar a outra parte sempre que puder". Quando, porém, há juízes constituídos, mas é negado o recurso por perversão manifesta da justiça ou adulteração descarada das leis de proteção ou garantia contra a violência ou danos, também se está em estado de guerra.

---

(423) LOCKE, John. Ob. cit., p. 106.
(424) Ob. cit., p. 109-115.

Sempre que se comete injustiça, mesmo pelas mãos escolhidas para administrar a justiça, ainda assim se está diante de violência e dano, mesmo acobertadas pela forma empregada.[(425)]

Onde há autoridade, poder terreno que pode dar amparo mediante apelo, está banida a continuidade do estado de guerra, sendo a controvérsia dirimida por aquele poder. Assim, uma vez constituída a sociedade política, esta não pode manter-se sem ter em si o poder de preservar a propriedade e, para isso, punir as ofensas cometidas contra qualquer de seus membros. Só há sociedade política "quando cada um dos membros abrir mão do próprio direito natural, transferindo-o à comunidade, em todos os casos passíveis de proteção da lei por ela estabelecida". Deste modo, "excluído todo julgamento privado de cada cidadão em particular, a comunidade torna-se árbitro em virtude de regras fixas estabelecidas, impessoais e iguais para todos". Por conseguinte, "por meio de homens, a quem a comunidade outorga o poder para execução dessas regras, decide todas as desavenças que possam surgir entre quaisquer membros da sociedade, sobre qualquer assunto de direito, e pune as infrações cometidas com as penalidades estabelecidas pela lei".[(426)]

Segundo *Locke*, este quadro mostra quem está e quem não está em sociedade política. Os que estão unidos em um corpo, com uma lei comum estabelecida, e magistratura para quem possam apelar, "com autoridade para decidir controvérsias e punir os ofensores", estão em sociedade política.[(427)]

Locke é preciso ao dizer que os "homens saem do estado de natureza para entrarem na comunidade, estabelecendo um juiz no mundo com autoridade para deslindar todas as demandas e reparar os danos que atinjam a qualquer membro da comunidade".[(428)]

A seu ver, a monarquia absoluta é incompatível com a sociedade civil, uma vez que esta objetiva contornar os inconvenientes do estado de natureza, decorrentes do poder de cada um ser juiz executor em causa própria. O escopo é o estabelecimento, em conjunto, de uma autoridade reconhecida por todos os membros da sociedade, para que possam evitar os inconvenientes do estado de natureza e ter para quem apelar por qualquer dano sofrido ou controvérsia existente. No absolutismo, não há esta autoridade, haja vista que nele não há uma autoridade a quem recorrer para arbitrar nas disputas entre elas, o que significa continuar no estado de natureza, sendo esta a condição em que se encontra o príncipe em relação aos seus súditos.

A concentração do poder nas mãos do príncipe, acentua, significará que "não haverá juiz algum, ninguém terá a possibilidade de apelar para alguém que julgue imparcialmente, com equilíbrio e autoridade e de cuja decisão se possa esperar reparação para qualquer dano ou transtorno causado pelo príncipe ou por sua ordem".[(429)]

Segundo *Locke*, o absolutismo representa situação pior do que o estado geral de natureza. Caso os homens entreguem o poder nas mãos do monarca absolutista, são escravos do rei, como se estivessem degredados, ao passo que, quando todos estavam no estado de natureza, tinham liberdade de julgar e defender o próprio direito. Ademais, no absolutismo, o homem está exposto a toda miséria e transtornos que alguém pode temer de que quem, estando em estado de natureza (o rei e somente ele) sem restrições, encontra-se mais corrompido pela lisonja e pelo revestimento de poder.

Ele sustenta que, nas monarquias absolutas, "os súditos têm o direito de apelar para a lei e para os juízes, afim de resolver as controvérsias e restringir a violência que venha a ser praticada entre eles". Diz *Locke*: "entre um súdito e outro, concederão, haverá medidas, leis, juízes que lhes

---

(425) LOCKE, John. Ob. cit., p. 33.
(426) Ob. cit., p. 69.
(427) Ob. cit., p. 69.
(428) Ob. cit., p. 70.
(429) Ob. cit., p. 69-71.

garantam uma certa paz e segurança; mas, quanto ao soberano, este deve ser absoluto e acima de tais circunstâncias, uma vez que tem poder para causar dano ou malefício".[430]

A seu ver, esta situação significa que todos os homens que deixam o estado de natureza entram em sociedade concordando com que todos, menos um, fiquem submissos à lei. A entrega desse poder ao monarca, em um determinado momento da história, deu-se em razão de sua qualidade de homem bom ou até excelente, que se destacava em relação aos demais por suas virtudes. Este recebimento se deu por deferência, por sua bondade etc., como se ele fosse uma autoridade natural. O poder de mando, então, lhe foi dado, para que arbitrasse as controvérsias sobre eles. A única precaução tomada foi de constatar, previamente, a sua correção e sabedoria. Todavia, o tempo traz sucessores sem aquelas qualidades, oportunidade em que a comunidade conclui que nunca poderia desfrutar de segurança e tranquilidade na sociedade civil enquanto o poder Legislativo não for posto nas mãos de grupos, como o Parlamento, por exemplo, para que o homem de destaque e o mais modesto dos homens fiquem sujeitos às leis.[431]

Locke faz a pergunta: "Quem julgará se o príncipe ou o Legislativo agem contrariamente ao encargo recebido?". Ele mesmo responde: "o povo será o juiz". Deve fazê-lo por meio das eleições, quanto aos deputados, e tem o poder de afastar qualquer governante quando este age fora do combinado.

Contudo, ele continua a se indagar: "Quem será o juiz?". Ele responde, "quando não houver no mundo um poder judiciário para resolver as controvérsias entre os homens, o juiz é Deus nos céus".[432]

Nas monarquias absolutas europeias, algo em comum já tinha ocorrido: o poder Judiciário já estava consolidado, era relativamente independente do rei[433], sendo este o direito fundamental assegurado já nesse tempo. *Locke* estava a propugnar uma evolução desse poder e a assunção do poder Legislativo, que se daria, definitivamente, logo depois, na história da Inglaterra, como registrado acima.

2.4.3. Montesquieu e a assunção do Estado Constitucional

A visão de *Locke* foi aperfeiçoada por *Montesquieu*. No capítulo VI de sua obra, Do Espírito das Leis (1748), intitulado Da Constituição da Inglaterra, este afirma que "há em cada Estado três tipos de poderes: o poder legislativo, o poder executivo das coisas que dependem do direito das gentes e o poder executivo das que dependem do direito civil".[434]

Nesse ponto, *Montesquieu* estava adotando, até aí, a classificação de *Locke*, pois para este o poder Executivo englobava o poder de administrar o Estado e o de julgar.[435] Contudo, *Locke*, como vimos acima, não deixou de enfatizar a importância do poder Judiciário e de sua independência, embora não tenha feito menção à categorização tripartite, como fez *Montesquieu*.

Na sequência, *Montesquieu* faz a precisão conceitual e terminológica do poder e o classifica tricotomicamente. Assim, ele continua dizendo: "pelo primeiro, o príncipe ou o magistrado faz

---

(430) LOCKE, John. Ob. cit., p. 71-3.
(431) Ob. cit., p. 74-5.
(432) Ob. cit., p. 162
(433) Em verdade, como diz ARRUDA, desde a Magna Carta, na Inglaterra, garantiu-se que "um julgamento precedesse a execução. Esse princípio foi dos que primeiro se enraizaram fortemente no direito inglês. Enquanto o resto da Europa iria conviver por seis séculos com execuções sumárias, os ingleses já se orgulhavam de não aplicar punições sem antes haver um julgamento". In: Ob. cit., p. 19.
(434) MONTESQUIEU. *Do espírito das leis*. São Paulo: Martin Claret, 2010. p. 168.
(435) LOCKE, John. Ob. cit., p. 107.

leis para certo tempo ou para sempre, e corrige ou ab-roga as que são feitas. Pelo segundo, declara a paz ou a guerra, envia ou recebe embaixadas, estabelece a segurança, previne as invasões". E arremata: "Pelo terceiro, pune os crimes ou julga os litígios dos particulares. Chamaremos a este último de poder de julgar; e o outro de poder executivo do Estado."[(436)]

Desenvolvendo sua teoria, ele enfatiza uma distinção entre as monarquias absolutistas europeias e as repúblicas italianas. Nestas, os poderes Legislativo, Executivo e Judiciário estavam nas mãos das mesmas pessoas. Esta era a razão, segundo ele, de a liberdade ter sido menor nessas repúblicas, bem como no sultanato turco, em que estes três poderes estavam reunidos na pessoa do sultão, "reinando medonho despotismo". Para ele, as monarquias europeias, então chamadas de absolutistas, eram mais moderadas que os Estados precitados, porque o poder de julgar não estava mais nas mãos do rei.[(437)]

Por meio desta análise, claro está que o Estado nacional, embora sob a crítica de *Locke* (quem julga o rei?), representou significativo avanço, como já vimos anteriormente, em razão da organização da função jurisdicional, que foi, em princípio, monopolizada pelo Estado, mas organizada de modo independente do príncipe, pelo menos quanto ao exame das matérias que não eram de interesse direto do rei, mas dos súditos. Este direito assegurado, em razão da relativa independência, racionalidade, e modo burocrático de ser do poder Judiciário, parece ter trazido paz à sociedade e permitiu a consolidação do Estado nacional e o desenvolvimento da sociedade.

Locke deixou claro que não adiantava apenas isso. A respeito, *Montesquieu* reflete: "Tudo estaria perdido se o mesmo homem ou o mesmo corpo de principais ou nobres ou do povo exercesse estes três poderes: o de fazer as leis, o de executar as resoluções públicas e o de julgar os crimes ou os litígios dos particulares". [(438)]

Não obstante *Locke* tenha falado menos da função de julgar, por ter centrado foco mais nas outras duas, a legislativa e a executivo-administrativa, contemplou que o maior problema de sua época era a necessidade de controle do poder do rei, com o fortalecimento do Parlamento. *Montesquieu*, embora tenha abordado o poder Judiciário como um dos três poderes, termina por dizer que "dos três poderes que falamos, o de julgar é, de certa forma, nulo".[(439)]

Em suas premissas a esta conclusão, *Montesquieu* diz que os poderes Legislativo e Executivo devem ser permanentes, o Judiciário não, pois o tribunal somente deve funcionar enquanto a necessidade o exija. Segundo ele, "não estando o poder de julgar, tão terrível entre os homens, ligado a um certo estado, nem a certa profissão, torna-se, por assim dizer, invisível e nulo. Não temos continuamente juízes diante dos olhos; e tememos a magistratura, não os magistrados".[(440)]

Para ele, o poder de julgar não deve ser dado a um senado permanentemente, mas a pessoas tiradas do povo. Os outros dois poderes seriam permanentes, pois não são exercidos sobre nenhum particular, sendo um a vontade geral do Estado e o outro a execução dessa vontade geral. Ao lado dessa característica, de os tribunais não serem fixos, ele propugnava outra, de que os julgamentos devem ser fixos, "a tal ponto, que não sejam jamais senão um texto preciso da lei. Se fossem uma opinião particular do juiz, viveríamos em uma sociedade sem saber precisamente os compromissos assumidos".

Nessa toada, os juízes, segundo ele, devem ser da mesma condição do réu, os seus pares, "para que ele não possa pôr na cabeça que tenha caído nas mãos de gente propensa a lhe cometer violência".

---

(436) LOCKE, John. Ob. cit., p. 169.
(437) Ob. cit., p. 169.
(438) Ob. cit., p. 169.
(439) Ob. cit., p. 172.
(440) Ob. cit., p. 170.

Uma justiça assim será "nula e invisível", na opinião de *Montesquieu*, ou seja, não terá protagonismo. Já o Legislativo, ele propugna o modelo inglês, com duas câmaras, sendo uma delas a dos nobres, composta hereditariamente, servindo como moderadora.[(441)]

A teoria de *Montesquieu* prevê a conservação de certas prerrogativas no Executivo, como a de convocar o Parlamento ou outras para "deter" o poder Legislativo, pena de este se tornar despótico, impedindo determinadas leis. Por seu lado, o Legislativo não poderá "deter" o executivo, embora possa ter a faculdade de examinar de que maneira as leis foram executadas. O poder Legislativo não deve ter o poder de julgar a pessoa de quem executa as leis (salvo seus ministros), que deve ser sagrada, pois, do contrário, o Legislativo seria de uma forma tal que não haveria mais liberdade.

Montesquieu preceitua que o poder de julgar não deve estar unido a nenhuma parte do poder Legislativo, salvo as seguintes exceções: (1) os nobres não devem ser julgados nos tribunais ordinários, mas comparecer perante seus pares, ou seja, diante da parte do corpo legislativo composto por nobres; (2) o cidadão nos negócios públicos que violar os direitos do povo, também deve ser julgado diante da parte legislativa dos nobres.[(442)]

Segundo *Montesquieu*, mesmo que a lei, "que é ao mesmo tempo clarividente e cega", for, em certos casos, muito rigorosa, aos juízes da nação cabe apenas ser "a boca que pronuncia as palavras da lei". Os juízes, assim, são seres inanimados, que não podem moderar a força nem o rigor das palavras da lei. Em uma outra ocasião, o corpo legislativo será o tribunal necessário para, mediante sua autoridade suprema, moderar a lei em favor da própria lei, sentenciando de modo menos rigoroso.[(443)]

Ao analisar o poder Judiciário em Roma, *Montesquieu* afirma que julgaram os cônsules depois dos reis, assim como os pretores julgaram depois dos cônsules. Sérvio Túlio, acentua, abriu mão do julgamento dos negócios civis. Os cônsules também somente os julgariam em raríssimos casos. Nomearam, então, juízes e formaram os tribunais que deveriam julgar, sendo esse um costume em Roma já em 259 d.C.

Cabia ao pretor redigir uma lista ou quadro dos escolhidos para exercer a função de juiz durante o ano de sua magistratura, com tantos quantos necessários para cada negócio. O pretor designava os juízes com o consentimento das partes, havendo possibilidade de recusa. Os juízes somente decidiam as questões de fato, mas as questões de direito eram levadas ao tribunal dos centúnviros.

Inicialmente, aos reis reservaram-se os casos criminais, depois passados aos cônsules, o que perdurou até a lei Valéria, a qual permitiu apelar para o povo contra as decisões dos cônsules que pusessem em risco a vida dos cidadãos, sendo que, com isso, a pena capital contra um cidadão romano passou a depender da vontade do povo.

Distinguiu-se, também, o julgamento dos crimes que diziam respeito mais aos cidadãos entre si, e ao poder público nas suas relações com o cidadão. Quanto aos primeiros, havia nomeação popular por uma comissão particular de um questor para persegui-lo, sendo escolhido pelo povo um magistrado ou um homem do meio privado. O questor nomeava o juiz da questão, que sorteava os juízes, formava o tribunal e presidia o julgamento.

Com os gracos, no entanto, o poder de julgar foi transferido aos cavaleiros, que também eram publicanos. Por esta razão e outras que menciona, tal gente não deveria ter tido o poder de julgar, mas estar, elas sim, em contínua vigilância dos juízes. Com os julgamentos transferidos, em Roma, aos arrecadadores de impostos, sustenta, não houve mais virtude, nem magistratura, nem magistrados.

(441) LOCKE, John. Ob. cit., p. 173.
(442) Ob. cit., p. 175.
(443) Ob. cit., p. 175.

Montesquieu afirma que as instituições romanas, quanto ao poder Judiciário, antes dos gracos, eram favoráveis à liberdade, porque estavam equilibradas, por meio de uma distribuição adequada da função entre autoridades sem a função executiva da arrecadação de impostos.[444]

Em verdade, quanto à estruturação do poder Judiciário, especialmente quanto à figura do pretor e à lista dos que poderiam exercer a função de juiz durante o ano, bem como a designação dos juízes com o consentimento das partes e o grande número de recursos, similarmente a Roma, *Montesquieu* assegura que a Inglaterra tinha, em seu tempo, uma estruturação equivalente dessa prática.[445] Ao que se vê, os ingleses parecem que adotaram aspectos similares do Judiciário romano, bem cedo.

2.4.4. Estado Constitucional — Estado da separação dos poderes[446]

O Estado nacional, em sua segunda fase, a absolutista, passou a ser materialmente ainda mais concentrador da coerção, com plenitude normativa e eficácia absoluta. O conceito sumo e unificador de soberania caracterizou a unidade jurídico-política estatal, manifestando traços inconfundíveis de sua aparição. *Bonavides* assevera que foi a soberania o grande princípio que inaugurou o Estado. Esta sólida doutrina permitiu que ele se constituísse com um poder inabalável e inexpugnável. A teorização possibilitou a sua concretização na qualidade superlativa de autoridade central, unitária, monopolizadora da coerção dentro de um determinado território.[447]

No Estado absoluto, a autoridade se prendia à pessoa do monarca, que dissolveu, num lento processo, a constelação de poderes desiguais e privilegiados do sistema feudal, até se transformar, na monarquia de Direito divino, em um soberano como titular do império, de onde advinham todas as competências e atribuições governativas. O rei era tido pelos súditos como cabeça, o penhor e a efígie das leis fundamentais do reinos, agora repassado ao centro da governança absoluta.[448] Há aí grande diminuição do influxo aristocrático e a sujeição do clero à onipotência da realeza.

Como vimos acima, *Montesquieu* estudou a "Constituição" inglesa para demonstrar as características do Estado da separação dos poderes.[449] As premissas que chegou, àquela altura,

---

(444) LOCKE, John. Ob. cit., p. 190.
(445) Ob. cit., p. 190-1.
(446) A expressão é de Paulo Bonavides. In: BONAVIDES, Paulo. *Teoria do Estado*. 6. ed. São Paulo: Malheiros, 2007. p. 41. A separação, guardadas as devidas proporções, ou a necessidade dela — existência de órgãos separados para o exercício do poder —, também é tratada em: ARISTÓTELES. *Política*. 2. ed. Brasília: UNB, 1988, IV, 11, 1298; e em: ROUSSEAU, Jean-Jacques. *O Contrato Social*. São Paulo: L & M, 2011. p. 75.
(447) BONAVIDES, Paulo. Ob. cit., p. 33.
(448) Ob. cit., p. 34.
(449) Mesmo durante o absolutismo, a situação da justiça já era razoável, na Inglaterra, embora fosse tida como um poder do rei. HOBBES preceitua: "são ainda ministros públicos os que recebem a concessão do poder judicial, pois nas sedes da justiça eles representam a pessoa do soberano, e sua sentença é a sentença dele. Conforme já foi declarado, todo poder judicial está essencialmente ligado à soberania; portanto, os juízes são apenas ministros daquele ou daqueles que detêm o poder soberano. Como todas as controvérsias são de duas espécies, de fato e de direito, para julgar a mesma controvérsia pode haver dois juízes: um de fato e outro de direito. Mas, além dessas duas controvérsias, pode surgir uma nova: entre a parte julgada e o juiz; sendo ambos súditos do soberano, devem, em termos de equidade, ser julgados por pessoas eleitas com o consentimento mútuo, pois ninguém pode ser juiz em causa própria. Entretanto, o soberano já está aceito por ambos como juiz, devendo, portanto, ouvir a causa e julgá-la ele mesmo, ou nomear um juiz com a concordância dos dois interessados. Consideramos, então, que esse acordo foi realizado entre eles de diversos modos. Em primeiro lugar, se ao acusado for permitido recusar os juízes cujos interesses o façam suspeitar deles (tendo o queixoso já escolhido seu próprio juiz), aqueles que ele não recursar serão juízes com os quais ele próprio concordou. Em segundo lugar, se apelar para qualquer outro juiz não poderá, depois, voltar a apelar, porque esse apelo foi de sua escolha. Em terceiro lugar, se apelar para o próprio soberano e for este a proferir a sentença, em pessoa ou por intermédio de delegados com os quais ambas as partes tenham concordado, essa sentença é definitiva, porque o acusado foi julgado por seus próprios juízes, isto é, por ele próprio. Levando em conta as peculiaridades de uma justa e racional judicatura, não posso deixar de

estavam já todas elas consolidadas na Inglaterra: (1) poder Legislativo atribuído ao Parlamento (*Montesquieu* propôs nas mãos de uma câmara de nobres e de outra representando o povo); (2) poder Executivo atribuído a outro órgão (ele propôs nas mãos do rei); (3) e poder Judiciário definido aos juízes, independentes dos outros poderes.[(450)]

Em verdade, o poder do Estado é uno. Contudo, internamente, as suas atribuições ou funções essenciais, segundo *Montesquieu*, deveriam ser atribuídas a órgãos distintos, completamente separados. Assim, os poderes (funções) Legislativo, Executivo e Judiciário deveriam estar separados e concentrados em órgãos estatais distintos, que, em geral, nos Estados de Constituição escrita, aparecem assim denominados os seus principais órgãos: poder Legislativo, poder Executivo e poder Judiciário.[(451)]

Como se disse acima, o poder político ou poder do Estado é uno. Os constitucionalistas acrescentam, como *Silva*, que o poder do Estado é indivisível e indelegável. Parece, portanto, impróprio falar em divisão de poderes. O Estado manifesta-se por seus órgãos, dentre eles os supremos (constitucionais), cabendo a estes o exercício das funções essenciais do poder — a legislativa, a executiva

---

observar a excelente constituição dos tribunais de justiça estabelecidos na Inglaterra, tanto para litígios comuns quanto para os políticos. Entendemos por litígios comuns aqueles em que tanto o queixoso quanto o acusado são súditos, e, por litígios políticos (também chamados pleitos da coroa), aqueles em que o queixoso é o soberano. Quando havia duas classes de homens na sociedade, lordes e comuns, os primeiros tinham o privilégio de ter apenas outros lordes como juízes de todos os crimes capitais, e tantos lordes quantos estivessem presentes. Isso era reconhecido como um privilégio de favor, e seus juízes eram apenas aqueles que eles próprios desejavam. Em todas as controvérsias, todo súdito (como também os lordes, nas controvérsias civis) tinha como juízes habitantes da região correspondente à questão controvertida e, em relação a estes, podia exercer o direito de recusa, até que finalmente se escolhessem 12 homens contra os quais não houvesse objeção, sendo então o súdito julgado por esses 12. Tendo cada uma das partes seus próprios juízes, nada podiam alegar para que a sentença não fosse considerada definitiva. Essas pessoas públicas, com autoridade concedida pelo soberano poder, tanto para instruir como para julgar o povo, são os membros do Estado que podem adequadamente ser comparados aos órgãos da fala num corpo natural. Ministros públicos são, também, aqueles que receberem a responsabilidade para executar todas as sentenças". In: HOBBES, Thomas. *Leviatã*: ou matéria, forma e poder de um estado eclesiástico e civil. São Paulo: Martin Claret, 2014. p. 194-6.

(450) STRECK afirma: "a noção orgânico-funcional da estrutura e das atividades do Estado remonta, em especial, à Grã-Bretanha do século XVII, associada, umbilicalmente à noção de *rule of law* [...]. o conceito é delineado no contexto inglês, caracterizado pela disputa entre a monarquia e o Parlamento, notadamente a partir do reinado de Jaime I (1603-1625). Dentre os episódios, a *Petition of Rights* de 1628, o *Short Parliament*, logo dissolvido por Carlos I (1625-1649), e o *Long Parliament*, cuja tentativa de dissolução daria ensejo a uma guerra civil de sete anos, a qual opôs, então, defensores da realeza e do Parlamento e que levaria à proclamação da república em 1649, a *commonwelth*, a dissolução do Parlamento por Oliver Cromwell (1649-1658) em 1653, a reconvocação do Parlamento em 1660 com a restauração monárquica, o *Habeas Corpus Act* de 1679, nova dissolução do Parlamento por Carlos II (1660-1685) em 1683, quadro que culminou com a Revolução Gloriosa, de 1688, que depôs Jaime II (1685-1688), levantou ao trono Guilherme de Orange (1689-1702) e suscitou, no ano seguinte, o *Bill of Rights*, marco da implantação da monarquia constitucional. É nesta atmosfera conturbada, importando notar que os antagonismos entre monarquia e Parlamento guardam variadas motivações (políticas, econômicas, religiosas), que é gestado o princípio da separação dos poderes. É mecanismo que nasce contra o poderio absoluto, incontido, em combate ao arbítrio, a favor do controle da limitação do poder, em salvaguarda da liberdade, técnica a bem da racionalidade estatal. [...] Contudo e embora seja seu principal alvo, cumpre registrar que a separação de poderes não vem no sentido de se contrapor ou de relativizar, exclusivamente o poder do rei, porquanto também voltado para a contenção do Parlamento. O entendimento de que a mesma pessoa ou o mesmo ente não deve acumular as atribuições de estabelecer as leis e de aplicá-las, pois que ocasião para abusos. Daí a formação de um corpo próprio de julgadores, encarregados, então, de assegurar o acatamento ou a efetividade das leis. [...] O delicado contato orgânico-funcional revela que, desde a sua gênese, a divisão de poderes teve o poder judicial, à época denominado executivo, como questão capital, tanto no relacionamento com a monarquia quanto com o Parlamento. A sistemática da divisão de poderes deu-se muito por causa da percepção de que, a fim de garantir liberdades, direitos, a igualdade, a estabilidade social, imprescindível que o juiz não se confunda com o governante ou com o legislador". In: STRECK, Lênio. Comentários. In: CANOTILHO, J. J. Gomes; MENDES, Gilmar Ferreira; SARLETT, Ingo; STRECK, Lênio (Orgs.). *Comentários à Constituição do Brasil*. São Paulo: Saraiva/Almedina, 2013. p. 142-3.

(451) JELLINEK, Georg. Ob. cit., p. 451-7

e a jurisdicional. Estas ou parte destas podem estar atribuídas a um mesmo órgão do Estado, como no absolutismo, ou ser confiadas cada uma delas a um órgão distinto — Legislativo, Executivo e Judiciário. Se forem exercidas por um órgão apenas, tem-se concentração; se separadas organicamente, tem-se divisão ou separação.(452)

Nada obstante, estes poderes devem ser independentes, ou seja, a permanência das funções e das pessoas que as exercem num dos órgãos não dependem da vontade dos outros órgãos; os titulares dos órgãos não precisam consultar uns aos outros nem necessitam de autorização para o seu funcionamento.(453)

A Inglaterra, portanto, no final do século XVII, já era um Estado Constitucional.(454)Esta foi a razão de *Sieyès*, um dos maiores ideólogos da Revolução, ter propugnado, às vésperas da Revolução Francesa, que se imitasse a Constituição Inglesa.(455) Nesta, as liberdades individuais eram asseguradas, havia o primado da lei, advinda de um Parlamento independente do rei e em que o poder Executivo punha em prática as leis votadas pelo Parlamento. Não obstante não tenham um texto escrito, formal e único intitulado como Constituição, os ingleses tiveram, praticamente um século antes dos franceses, uma Constituição no sentido material, ou seja, em que o conjunto das normas que regulamentavam a estrutura do Estado, a organização de seus órgãos e os direitos fundamentais não estão inseridas num documento único, como diz *Silva*, mas estão em vários documentos escritos ou são costumeiras.(456)

Miranda faz uma síntese dos principais dispositivos que, sob o ponto de vista do poder Judiciário, garantiu a separação dos poderes na Inglaterra, a saber:

> (1) Ninguém pode ser detido ou sujeito à prisão ou privado dos seus bens ou colocado fora da lei ou exilado ou, de qualquer modo, molestado senão mediante um julgamento regular pelos seus pares ou em harmonia com a lei do país (Magna Carta, 39);
>
> (2) Seja qual for a sua categoria ou condição, ninguém pode ser expulso das suas terras ou da sua morada, nem detido, preso, deserdado ou morto sem que lhe seja dada a possibilidade de se defender em processo jurídico regular (Petição de Direitos, IV);
>
> (3) A liberdade de palavra e os debates ou processos parlamentares não devem ser sujeitos à acusação ou à apreciação em nenhum tribunal ou em qualquer lugar que não seja o Parlamento (Declaração de Direitos, n. 9);
>
> (4) Não devem ser exigidas cauções demasiado elevadas, nem aplicadas multas excessivas, nem infligidas penas cruéis ou aberrantes (*Ibidem*, n. 10);
>
> (5) São ilegais todas as dádivas e promessas de multas e de confiscos antes de ser proferida sentença condenatória (*Ibidem*, n. 12).(457)

---

(452) SILVA, José Afonso da. Ob. cit., p. 106-9.
(453) Ob. cit., p. 110.
(454) MIRANDA diz que "A expressão Estado Constitucional parece ser de origem francesa, a expressão governo representativo de origem anglo-saxônica e a expressão Estado de Direito de origem alemã". In: MIRANDA, Jorge. Ob. cit., p. 83. E acrescenta: "Com a expressão *rule of law* designam-se os princípios, as instituições e os processos que a tradição e a experiência dos juristas e dos tribunais mostram ser essenciais para a salvaguarda da dignidade das pessoas frente ao Estado, à luz da ideia de que o Direito deve dar aos indivíduos a necessária proteção contra qualquer exercício arbitrário de poder. In: MIRANDA, Jorge. *Manual de direito constitucional*. 6. ed. Coimbra: Coimbra Editora, 1997. p. 130.
(455) SIEYÈS, Emmanuel. *A constituinte burguesa*: qu´est-ce que le Tiers État? 4 ed. Rio de Janeiro: Lumen Juris, 2001. p. 39.
(456) SILVA, José Afonso da. Ob. cit., p. 40-1.
(457) MIRANDA, Jorge. Ob. cit., p. 131.

Hauriou aponta que os princípios do regime parlamentar "nasceram do outro lado do Canal da Mancha". Ele enfoca o caráter flexível da Constituição inglesa, formada em grande parte por costumes e, no demais, por leis ordinárias modificáveis por outras leis ordinárias. Um dos aspectos principais para explicar o sucesso do regime político inglês, sem dúvida, é a importância da tradição inglesa, simbolizada pelas "perucas dos juízes".[(458)] E a força dela se escora, sem dúvida, em um Direito que se assegurou logo cedo ao inglês, o direito de acesso à justiça pública independente do rei.

A tradição de que o Direito se formava, grandemente, pela atuação da justiça, por meio dos precedentes, da participação no Judiciário e da aprovação judicial, é parte da cultura jurídica inglesa há quase mil anos. A unidade inicial do Estado e, em um segundo momento, uma prática jurisdicional mais flexível, por certo permitiu a continuidade, sem maiores rupturas visíveis, ou sem o equivalente de violência, talvez, com o visto no continente.

Os ingleses, fiéis à autêntica tradição clássica, consideram o juiz o órgão essencial do Direito, pois definem o Direito por meio do juiz: "é Direito o que é aplicável pelo juiz".[(459)]

Segundo *Miranda*, em grande medida, a máquina do Estado Constitucional é a mesma do Estado Polícia. Algumas das características do Estado Constitucional vêm do Estado absolutista, com a institucionalização do poder político; a soberania nacional una e indivisível (sua unidade); o povo como conjunto de cidadãos, iguais em direitos e deveres.

O caráter de unidade é ainda mais característico com o advento das Constituições escritas, em que, em um texto único, reforça-se a institucionalização jurídica do poder político. De fato, na parte continental europeia e na América, o constitucionalismo foi marcado pelo texto escrito, já que o novo Estado também é caracterizado por ser a antítese aos inúmeros e distintos costumes das pequenas unidades territoriais que se disseminaram no feudalismo continental europeu.[(460)]

Nas Constituições escritas, enfatizou-se, grandemente, o caráter de Estado Constitucional da separação dos poderes. O Estado constituído por um contrato social forma-se imediatamente após as Revoluções da Independência Americana e Francesa. O princípio da separação dos poderes foi definido categoricamente, respectivamente, nos textos das Constituições americana e francesa.

Canotilho afirma que o Estado Constitucional é o Estado submetido ao Direito, regido por leis, sem confusão de poderes. Assim, firma-se o princípio do governo limitado, indispensável à garantia dos direitos. Portanto, é uma "técnica específica de limitação do poder com fins garantísticos".[(461)] O Estado Constitucional é, pois, uma tecnologia política de equilíbrio político-social, pela qual são combatidos dois arbítrios do regime anterior: (1) a autocracia absolutista do poder e (2) os privilégios orgânico-corporativos medievais.[(462)]

A Constituição, aqui já em seu caráter escrito, em um primeiro momento visou ordenar sistemática e racionalmente a comunidade política, organizando o poder político segundo esquemas tendentes a torná-lo um poder limitado e moderado. É o Estado em que sua Constituição é garantidora de direitos e regulamentadora de um governo com freios e contrapesos. O Estado Constitucional, por conseguinte, é aquele fundado, ordenado e com poder limitado por sua Constituição.[(463)]

O princípio da separação dos poderes traça raias ao arbítrio do governante, prevenindo a concentração do poder num só ramo da autoridade pública. Como assegura *Bonavides*, essa

(458) HAURIOU, André. Ob. cit., p. 363.
(459) MIRANDA, Jorge. Ob. cit., p. 132.
(460) Ob. cit., p. 83-4.
(461) CANOTILHO, J. J. Gomes. Ob. cit., p. 51.
(462) Ob. cit., p. 90.
(463) Ob. cit., p. 52.

fórmula "é o alicerce jurídico de todas as constituições já promulgadas, porquanto não há Direito nem justiça onde não se estabelecem limites à autoridade que governa. Este princípio constitucional, que caracteriza o Estado Constitucional, é a garantia principal da liberdade".[(464)]

Com a previsão do princípio da separação dos poderes na Constituição, pôs-se uma de suas colunas mestras de sustentação e reconhecimento. Sem ele, corre-se o risco de se cair nos regimes de exceção e arbítrio. Trata-se de compromisso com a liberdade e, por conseguinte, com os direitos políticos e civis. É um dos primordiais elementos da estabilidade, ao cumprir uma nobre missão, dando garantia, fundamento e possibilidade à inauguração e emergência dos direitos fundamentais.[(465)]

Em verdade, a Constituição inglesa, histórico-material, se revela como uma exceção. O constitucionalismo terminou, por dois textos escritos, constituir, de imediato, o Estado da separação de poderes, por meio da Constituição Americana, de 1787, e da Constituição Francesa de 1791.

Não resta dúvida que os revoltosos, em especial os franceses, ao propugnarem a separação dos poderes, estavam muito preocupados com o Judiciário. *Sieyès* disse que há uma queixa geral na França: "existe uma tripla aristocracia: da Igreja, da espada e da toga". Para ele, os estados gerais "não passam de uma assembleia clerical, nobiliárquica e judicial". O Judiciário era considerado "uma verdadeira aristocracia".[(466)]

Assim como *Montesquieu*, *Sieyès* também louvou o sistema inglês. Ele afirmou que, na Inglaterra, "há, evidentemente, uma lei que vale mais que a Constituição". E ele diz qual é: a organização do poder Judiciário inglês, que se revelava como "verdadeira garantia da liberdade individual na Inglaterra e em todos os países do mundo em que aspira à liberdade". Na Inglaterra, a seu ver, o método adotado de administrar a justiça é o único que protege as pessoas dos abusos do poder Judiciário.[(467)]

Sieyès, no entanto, era ousado em suas palavras, ao dizer que a Constituição inglesa era invejada pelos franceses, contudo, embora sendo este um verdadeiro tipo de Constituição (o inglês), os franceses não deveriam fazer-lhe uma cópia: "vamos, em impulso único, servir também de modelo para as outras nações".[(468)]

Ao cunhar o significado da expressão poder constituinte[(469)], *Sieyès* formulou sua teoria, ao dizer que o terceiro estado, o povo, é tudo, o qual deveria constituir um Estado, em que seus poderes fossem controlados, e fossem dadas liberdades aos indivíduos, em especial as políticas.

Por imitação, por meios revolucionários ou cedência régia, o Estado Constitucional da separação dos poderes vai se implantando ao longo da primeira metade do século XIX. Avança-se para a unificação da Itália e da Alemanha. Dá-se a independência da Grécia e dos demais países balcânicos. Os países da América Latina se separam da Espanha e de Portugal e também têm as suas Constituições, prevendo em seu bojo o princípio da separação dos poderes.

---

(464) BONAVIDES. Paulo. Ob. cit., p. 43. BONAVIDES assegura que "o axioma de Montesquieu teve profundo influxo no ânimo dos redatores da Declaração, os quais o incorporaram ao seu texto e depois o trasladaram para a Constituição de 3.9.1791". Eis o texto: "Toda sociedade, em que não se assegura a garantia dos direitos nem se determina a separação de poderes, não tem Constituição". O texto está presente na Declaração dos Direitos do Homem e do Cidadão, de 1789, em seu art. 16, e também na Declaração de Direitos de Virgínia e na Declaração de Independência dos Estados Unidos, ambas de 1776.
(465) BONAVIDES. Paulo. Ob. cit., p. 44.
(466) SIEYÈS, Emmanuel. Ob. cit., p. 11.
(467) Ob. cit., p. 42.
(468) Ob. cit., p. 43.
(469) Ob. cit., p. 54.

2.4.5. A independência da jurisdição

A cláusula da independência e harmonia entre os poderes é mais própria da divisão dos poderes no presidencialismo. Mesmo neste, nem a divisão de funções entre os órgãos do poder nem sua independência são absolutas, pois há interferências, como diz *Silva*, que visam ao estabelecimento de um sistema de freios e contrapesos, por meio do qual é alcançado o equilíbrio necessário para evitar o arbítrio e o desmando de um em detrimento do outro, em especial dos governados.[470]

Assim, não basta a especialização funcional, no sentido de que cada órgão é especializado no exercício de uma função: (1) às assembleias, a função legislativa — poder Legislativo; (2) aos monarcas, presidentes etc., a executiva — poder Executivo; (3) aos juízes e órgãos jurisdicionais, as judiciárias — poder Judiciário, mas é fundamental que, além da especialização, haja independência orgânica, ou seja, que cada órgão, a quem foi incumbida cada uma das funções essenciais do Estado, seja efetivamente independente dos outros, ausentes quaisquer meios de subordinação, o que exige uma forma adequada de organização jurídica de cada um quanto às manifestações de poder.[471]

A independência representa a efetiva existência da separação dos poderes e foi a causa de a Declaração dos Direitos do Homem e do Cidadão de 1789 ter declarado que a sociedade em que o seu Estado não esteja assim organizado não tem uma Constituição.

A Revolução Francesa radicalizou conceitos, uma vez que representou uma ruptura radical com a ordem jurídico-política anterior. Esta constatação é geral, e pode ser exemplificada com a extinção das ordens, das corporações, e vedação do associacionismo, considerado como afligidor dos direitos individuais e das garantias dos cidadãos. A lei Le Chapelier (1791), por exemplo, extinguiu as corporações de ofício, o que trouxe mais concentração de poder, com a extinção de jurisdições paralelas, unificando a função jurisdicional no Judiciário.

Este radicalismo também é sentido na adoção do pensamento de *Montesquieu* (também defendido por *Sieyès*), acima já referido, de que o juiz é a mera boca da lei e autômato na aplicação da regra geral prevista na lei ao caso concreto. Não cabe ao juiz interpretar, o que pressupõe não haver lacunas no Direito. Ser boca da lei significa que o Judiciário não usurpará o poder Legislativo, pois não poderá distorcer o que está na lei, mas, meramente, por meio da subsunção, alcançar o desiderato de julgar. Por outro lado, não poderá o Judiciário beneficiar este ou aquele, como temia *Sieyès*, que combatia a nobreza de toga, a qual usava desta para se beneficiar, em detrimento do povo. Em verdade, como se viu, a chamada nobreza de toga usou da função jurisdicional para beneficiar a si mesma e o seu estamento original até mesmo contra o poder absoluto do rei. A visão da Revolução quanto ao Judiciário exigiu uma prática judiciária de o juiz ser mero aplicador da letra da lei, pena de se ferir a independência (separação) entre os poderes e representar abuso de um poder contra o povo, que seria, em última instância, o prejudicado em seus direitos humanos. Nesse sentido, o Parlamento, que é a verdadeira representação popular, manifestador da vontade geral, deveria ter uma certa prevalência.

Contudo, a rigidez outrora prevista, que representava uma ruptura radical com a ordem anterior, em especial na Revolução Francesa, foi, aos poucos, sendo abrandada. Em verdade, a França continuou em ebulição após a Revolução, não havendo que se falar, praticamente, em estabilidade dada pela Constituição nos anos seguintes.

Por outro lado, o constitucionalismo alcançou notável desenvolvimento em solo norte-americano. Os americanos precisaram, de fato, fundar ou constituir um novo Estado, ao se tornarem independentes da Grã-Bretanha. No entanto, o constitucionalismo norte-americano, diferentemente

(470) SILVA, José Afonso da. Ob. cit., p. 109.

(471) Ob. cit., p. 109.

do francês, não significou uma completa linha de ruptura, mas, talvez uma de continuidade entre as experiências inglesa e norte-americana, representando, quiçá, uma continuação lógica do processo de aquisição de liberdades e de limitação do poder político iniciado e desenvolvido na Inglaterra.(472)

Além da ruptura política com o Estado inglês e a fundação de um novo sistema político, os norte-americanos tiveram que lidar com um assunto muito importante: a nação norte-americana estava, em princípio, consolidada em 13 Estados distintos, com várias Constituições distintas, que se uniram, inicialmente, em uma confederação. A Constituição Federal iria, então, criar o Estado, que unificaria os treze anteriores, que se tornariam Estados-membros.

Hamilton e *Madison*, ao tratarem do assunto da união, falam da confederação suíça. Mencionam que a unidade que existia entre os cantões se cingia, praticamente, à resolução de disputas entre as unidades cantonais, de modo permanente e regular, prevista em cláusula do tratado de 1683, com Victor Amadeus Sabóia, que consistia em que cada parte conflitante escolhia quatro juízes de cantões neutros, os quais, não havendo acordo entre eles quanto à decisão, elegiam um árbitro, sendo que este tribunal, sob juramento de imparcialidade, pronunciava a sentença final, que todos os cantões se obrigam a acatar, pena de ser empregada a força pelos demais cantões contra o rebelde.(473)

A situação americana, para eles, não se adequaria a essa resolução jurídica. A solução seria uma Constituição comum a todos os Estados, diz *Madison*, a Constituição Federal, que seria a suprema lei do país, a ela obrigados os Estados-membros e os juízes devem observá-la, sem levar em consideração qualquer dispositivo em contrário constante da Constituição e das leis de cada Estado-membro.

Madison, a seguir, preceitua que a experiência ensina que nenhuma perícia na ciência de governar foi ainda capaz de discriminar e definir, com suficiente precisão, o que seriam os ramos componentes do poder — Legislativo, Executivo e Judiciário. Havia, então, "incerteza que reina nesse campo e que desconcerta os fervorosos adeptos da ciência política". Falando da Grã-Bretanha, que, para ele, foi onde a precisão de tais assuntos tenha sido buscada com mais tenacidade que em qualquer outro lugar, ele conclui que os conceitos são imprecisos, sem clareza, e o desenvolvimento dos órgãos estatais britânicos, a seu ver, também não auxilia no fim da obscuridade, para resolver assunto tão complexo. Voltando-se aos Estados Unidos, sustenta que a convenção traz certa confusão, ao estabelecer limites entre as jurisdições estaduais e federal.

Contudo, mais à frente, em outro artigo do Federalista, o próprio *Madison* assegura: "após a discriminação teórica das diferentes categorias de poder, que pertencem naturalmente ao Legislativo, ao Executivo e ao Judiciário, a tarefa mais difícil será prover cada um deles certa segurança prática contra invasões um por parte do outro".(474)

Sobre este assunto, *Hamilton* se manifesta, afirmando que nunca se poderá esperar que se concretize, na prática, a completa separação dos poderes. Todavia, fez objeções à mistura de autoridade do Legislativo e do Judiciário no mesmo órgão, segundo ele, violando "a importante e reconhecida máxima que exige uma separação entre os diferentes ramos do poder".(475)

Antes da Constituição Federal surgir, a experiência das Constituições estaduais dava a entender que havia um poder se destacando nos Estados Unidos, o Legislativo. *Madison* propugnava uma defesa contra isso. Para ele, o Legislativo estava ostentando uma superioridade em razão dos

---

(472) PAIXÃO, Cristiano; BIGLIAZZI, Renato. Ob. cit., p. 91.
(473) HAMILTON, Alexander; MADISON, James; JAY, John. *O Federalista*. Campinas: Russel, 2003. p. 135.
(474) Ob. cit., p. 307.
(475) Ob. cit., p. 407.

poderes constitucionais mais abrangentes e menos suscetíveis de uma limitação precisa, o que mascarava as intromissões que fazia sobre os demais poderes.[476]

Para *Madison*, havia concordância geral no sentido de que as atribuições específicas de um dos ramos não devem ser direta e integralmente exercidas por qualquer dos outros dois. Do mesmo modo, nenhum deles deve possuir, direta ou indiretamente, uma influência dominante sobre os demais no exercício dos respectivos poderes. Por ser o poder, naturalmente, usurpador, propõe que o poder seja eficazmente contido, a fim de que não ultrapasse os limites que lhe foram fixados.[477]

Analisando as Constituições dos Estados-membros, assegura que não se criaram, em geral, barreiras entre esses diversos poderes, ora deixando os membros do Judiciário totalmente dependentes do Legislativo, ora o Legislativo assumindo poderes do Executivo, ora o Legislativo podendo decidir sobre questões da competência do Judiciário,[478]o que afeta, sobremaneira, a independência entre eles.

Hamilton, tratando do Poder Judiciário, acentua a necessidade de uma judicatura federal, diz que é preciso analisar o tempo de permanência do magistrado no cargo, considerar o exercício de suas funções, as remunerações e as medidas para assegurar-lhes a independência, dentre elas a irredutibilidade de remuneração. A manutenção no cargo de juiz depende de o bem conduzirem, sendo a regra da boa conduta para a permanência no cargo da magistratura, para ele, uma das mais valiosas dos últimos progressos no desempenho do governo. O bom exercício da magistratura constitui, na monarquia, excelente barreira contra o despotismo do príncipe e, nas repúblicas, obstáculo não menos importante contra as usurpações e opressões do Legislativo. Trata-se "do melhor recurso de que dispõe o governo para assegurar uma aplicação constante, correta e imparcial das leis".[479]

Sustenta, *Hamilton*, quanto aos poderes, "em um governo em que eles são separados uns dos outros, o Judiciário, pela própria natureza de suas funções, será sempre o menos perigoso para os direitos políticos previstos na Constituição, pois será o de menor capacidade para ofendê-los ou violá-los", já que o Executivo dispõe da espada e o Legislativo tem em suas mão os cordões da bolsa (o orçamento) e o Judiciário não prescreve as normas pelas quais os cidadãos devem ter regulamentados seus direitos. Mesmo que oprima alguém individualmente, não partirá dele ofensa à liberdade geral do povo, que não se sentirá ameaçado por este poder.

O Judiciário, continua, não tem influência sobre a bolsa ou a espada e não toma resoluções gerais, não tendo força nem poderio, limitando-se a julgar, dependendo do auxílio do Executivo para a eficácia de muitos dos seus julgamentos. Assim, o Judiciário, por ser mais fraco, deve tomar precauções para defender-se dos ataques dos outros dois e garantir sua independência.

Em verdade, para ele, não haverá liberdade enquanto o poder de julgar não estiver separado dos poderes Legislativo e Executivo, sendo que a liberdade nada tem a temer do Judiciário isoladamente, mas sim quando este poder estiver ligado a qualquer dos outros dois, mesmo que nominalmente ou aparentemente não esteja. Esta é a sua fraqueza natural: está ameaçado de ser dominado, intimidado e influenciado pelos outros dois poderes. Assim, a estabilidade nos cargos jurisdicionais contribui grandemente para a firmeza e independência do Judiciário, fator este que deve ser considerado para a constituição dessa função.[480]

---

(476) HAMILTON, Alexander; MADISON, James; JAY, John. Ob. cit., p. 308-9.
(477) Ob. cit., p. 307.
(478) Ob. cit., p. 309.
(479) Ob. cit., p. 469-470.
(480) Ob. cit., p. 469-470

2.4.6. A importância da jurisdição para a formação do Estado Constitucional

Nesse sentido, a integral independência das cortes de justiça, preceitua, é particularmente essencial em uma Constituição limitada: aquela que traz restrições específicas à autoridade legislativa, como as vedações de aprovar projetos de confisco e leis *post factum*.

Assim, limitações como estas somente serão preservadas na prática por meio das cortes de justiça, que devem "declarar nulos todos os atos contrários ao manifesto espírito da Constituição". Senão, todas as restrições contra privilégios ou concessões particulares serão inúteis.

Deste modo, as cortes têm competência para declarar nulos determinados atos do Legislativo, porque contrários à Constituição. *Hamilton* diz que tem havido certa surpresa quanto a essa assertiva, pois alguns partem do falso pressuposto de que tal prática implica em superioridade do Judiciário sobre o Legislativo, pois, argumentam, a autoridade que pode declarar nulos os atos de outra deve ser necessariamente superior a esta.

Para ele, a posição que define que deve ser declarado nulo o ato de autoridade delegada, que não esteja afinada com as determinações de quem a delegou, essa autoridade apoia-se em princípios claros. Assim, "não será válido qualquer ato legislativo contrário à Constituição". Trata-se de uma evidência que, se negada, significará em afirmar-se que o representante é superior ao representado: que os delegados do povo estão acima do próprio povo e que podem fazer até mesmo o que o povo proíbe.

Não há qualquer disposição constitucional que permita que os congressistas sejam juízes constitucionais de seus próprios atos ou poderes e que a interpretação que derem será obrigatória para os outros poderes. Não é isso que decorre naturalmente da Constituição, pois esta não habilitou, nem pretendeu habilitar, os representantes do povo a se sobreporem à vontade de seus constituintes.

É mais racional supor, sustenta, que as cortes se destinem a desempenhar o papel de fazer a intermediação entre o povo e o Legislativo, tendo, as cortes, além de outras funções, as de manter o Legislativo dentro dos limites fixados para a sua atuação.

Em linha completamente antagônica aos revolucionários franceses, e fiel às raízes do *common law*, *Hamilton* diz que o campo de ação peculiar das cortes se resume na interpretação das leis, dentre elas, a lei básica da sociedade: a Constituição, e, como tal, deve ser considerada pelos juízes, cabendo-lhes interpretar seus dispositivos. Assim, cabe-lhes verificar o significado das resoluções do Legislativo e, caso discrepem irreconciliavelmente da Constituição, deve prevalecer a que tiver maior hierarquia e validade, a ser a preferida do aplicador. A Constituição deve prevalecer sobre a lei ordinária: a intenção do povo sobre os seus agentes.

Tais conclusões não significam a superioridade do Judiciário sobre o Legislativo, mas supõe que o poder do povo é superior a ambos e sempre que a vontade do Legislativo, por meio das leis, opuser-se à do povo, declarada na Constituição, "os juízes devem obedecer a esta, não àquela, pautando as suas decisões pela lei básica, não pelas leis ordinárias".

O autor mencionado assegura que "as cortes de justiça devem ser consideradas como baluartes da Constituição, opondo-se às usurpações do Legislativo". Assim, a estabilidade dos juízes em seus cargos é fundamental para a sua independência, fator essencial para o fiel desempenho de suas árduas funções.(481)

---

(481) HAMILTON, Alexander; MADISON, James; JAY, John. Ob. cit., p. 471-3.

A independência dos juízes, assegura *Hamilton*, é necessária à defesa da Constituição e dos direitos individuais, contra os efeitos das perturbações decorrentes de intrigas ou da influência de determinadas conjunturas que envenenem o povo, por meio de inovações perigosas no governo e de graves opressões sobre parcela minoritária da sociedade. A ação dos juízes vai trazer a verdadeira percepção das questões, rapidamente fazendo a sociedade recuperar o siso, após refletir melhor com as informações trazidas à consideração nos processos.

Assim também, caso a maioria dos representantes do povo, mesmo que tenham sido seus constituintes, e por isso pensem que podem violar a Constituição, tente colocar o povo em oposição aos dispositivos da Constituição vigente, as cortes não devem ser coniventes. Enquanto não ocorrer alteração ou revogação solene e peremptória da norma constitucional vigente, de modo regular, as cortes devem fazê-la observar, tanto coletiva, como individualmente, como quanto aos poderes do Estado. Não há outro pressuposto, nem mesmo o pressuposto de que a intenção do povo é contrária à norma constitucional, que possa conduzir à aceitação da violação de uma norma constitucional, que deve ter, pelas cortes, a sua eficácia cumprida.

Hamilton afirma que, para esse desiderato, "é fácil imaginar que será necessária uma forte dose de retidão, por parte dos juízes, para cumprirem seus deveres como fiéis guardiães da Constituição, se as invasões do Legislativo tiverem sido instigadas pela maioria da comunidade".

Continuando, assevera que a independência dos juízes também é fundamental contra efeitos de ocasionais perturbações na sociedade, quando forem feridos direitos privados de determinadas classes de cidadãos, por meio de leis injustas e parciais, havendo que atuar com firmeza, revelando-se aqui, também, a grandeza da magistratura, mitigando a severidade e restringindo a amplitude de certas leis, moderando os malefícios de leis já sancionadas.

Ele concita a sociedade a apoiar o Judiciário, contribuindo para criar e fortalecer esta disposição nas cortes, pois ninguém está seguro de que não será amanhã vítima de um espírito de injustiça que possivelmente hoje o tenha beneficiado. Do contrário, estabelecer-se-á um prejudicial espírito de desconfiança na sociedade.

É, pois, assegura, indispensável às cortes esta inflexível e uniforme fidelidade aos direitos constitucionais e individuais. Assim, os juízes não devem exercer seus cargos em caráter temporário, nem ser nomeados pelo Executivo ou pelo Legislativo, ou dependerem de eleição pelo povo. Em todos estes casos, a independência seria perdida, pois existiriam compromissos no exercício da função jurisdicional que não seriam apenas os com o cumprimento da Constituição e das leis.[(482)]

Hamilton defende a aprovação, no texto da futura Constituição da União, que "o poder judicial dos Estados Unidos será exercido pela Suprema Corte e pelas cortes subordinadas que o Congresso, de tempos em tempos, crie e instale". Neste ponto, o constitucionalismo americano estava se afastando do inglês, ao retirar sua última instância da Câmara dos Lordes, ou de uma espécie de Senado. Assim, nenhuma casa legislativa teria uma função jurisdicional permanente, como o citado exemplo inglês da Câmara dos Lordes. A Suprema Corte deveria ser composta por um conjunto próprio de magistrados, em vez de ser um dos ramos do Legislativo, no modelo inglês e no adotado pela Constituição do Estado de Nova York.

Com a consagração desse modelo, na Constituição americana, deu-se enorme voto de confiança a um Poder Judiciário que não teria suas decisões postas à revisão por nenhum órgão a ele estranho. *Hamilton*, a esse respeito, assegurou que essa definição não traria, em razão do sistema, riscos de invasões, por parte do Judiciário, na autoridade do Legislativo.[(483)]

---

(482) HAMILTON, Alexander; MADISON, James; JAY, John. Ob. cit., p. 471-3.

(483) Ob. cit., p. 469-495.

2.4.7. A jurisdição constitucional e a consolidação do Estado Constitucional

De fato, o mundo ocidental, em especial nos Estados Unidos e na Europa democrática, depois de longo evolver, terminou por consolidar-se um sistema de equilíbrio, consubstanciado em suas Constituições, quase todas elas escritas.

No modelo que se firmou na Europa democrática — em que o continente europeu, guardadas as devidas proporções, quanto às funções legislativa e executiva, seguiu o quadro de organização tal qual na Grã-Bretanha, possuindo um sistema de governo, em geral, parlamentarista —, não se vê uma rigidez na separação desses poderes, como terminou por se consolidar no presidencialismo, pelo menos sob o ponto de vista de uma separação orgânica mais expressa.

Como diz *Silva*, este princípio da separação dos poderes não se configura tão rígido como outrora. É que a ampliação das atividades do Estado contemporâneo conduziu a uma nova visão da teoria da separação dos poderes, com aspectos novos de relacionar entre os órgãos Legislativo e Executivo e destes com o Judiciário. *Silva* prefere falar em colaboração de poderes, o que caracteriza, a seu ver, o parlamentarismo, em que o governo depende da confiança do Parlamento. Por seu lado, no presidencialismo, são desenvolvidas técnicas de independência orgânica e harmonia entre os poderes.

No presidencialismo, o sistema de freios e contrapesos foi desenvolvido para garantir esta harmonia. Assim, se ao Legislativo cabe a edição das leis, há um processo estabelecido para a sua formação, em que o Executivo tem participação importante, quer pela iniciativa de projeto de lei, quer pela sanção, quer pelo veto. No caso de iniciativa do Executivo, o Legislativo pode modificá-lo e até rejeitá-lo. O Congresso pode, por sua vez, rejeitar o veto. O Presidente da República não interfere na função jurisdicional, contudo, os ministros da Suprema Corte são por ele nomeados. Os tribunais não influem no Legislativo, mas podem declarar a inconstitucionalidade das leis.

É exatamente o mecanismo de freios e contrapesos que vai fazer existir a harmonia entre os poderes. Assim, diz *Silva*, os trabalhos do Legislativo, do Executivo e do Judiciário somente se desenvolverão a bom termo se esses órgãos se subordinarem ao princípio da harmonia. Este não significa domínio de um pelo outro, nem usurpação de atribuições, mas que, entre eles, há uma consciente colaboração e controle recíproco para evitar distorções e desmandos. Um desses mecanismos, que se firmou no Estado Constitucional, não só nos que adotam o sistema de governo presidencialista, mas também na Europa continental, é o do controle de constitucionalidade das leis.[484]

Como vimos, *Hamilton, Madison e Jay* falam da importância desse controle e da atuação dos juízes, para que haja a garantia dos direitos dos cidadãos. Em verdade, a separação de poderes e a consagração de direitos fundamentais não foi uma originalidade americana. Ao que se vê, a Inglaterra já havia consolidado estes aspectos do constitucionalismo. A existência de um conjunto de normas supralegais, sim, foi concretizada, primeiro, nos Estados Unidos. A continuidade do sistema constitucional americano, sem rupturas, desenvolveu, originariamente, a ideia de supralegalidade: todo o sistema jurídico depende sua validade da Constituição. A possibilidade de interpretação e vivência constitucional dessa supralegalidade também teve origem em solo americano. Em 1787, com a Constituição Federal dos Estados Unidos, um documento normativo de tipo superior vai relativizar toda a legislação ordinária e autorizar que as cortes de justiça possam considerar nulo qualquer ato normativo contrário à Constituição. Constrói-se, assim, a formalidade constitucional, com os seus atributos de rigidez, de supremacia do texto e de estabelecimento de um controle constitucional.[485]

---

(484) SILVA, José Afonso. Ob. cit., p. 109-111.
(485) PAIXÃO, Cristiano; BIGLIAZZI, Renato. Ob. cit., p. 132.

Não resta dúvida que a expressão inconstitucional, que cedo se tornou corrente nos Estados Unidos, foi, pela primeira vez, usada no contexto britânico, por Bolingbroke. *Luhmann* informa que o *Oxford English Dictionary* registra uma ocorrência da expressão *unconstitutional* em 1734. Em território colonial americano, o termo foi utilizado pela primeira vez em Rhode Island, com o agravamento da crise entre o Império Britânico e as colônias. Com o evolver da crise, o uso da expressão se tornou mais frequente.[(486)]

Hamilton acentua a diferença entre o sistema britânico e o que se pretendia fundar nos Estados Unidos. Segundo ele, os ingleses alteravam por legislação ordinária normas que diziam respeito à Constituição do Estado.[(487)]A Constituição deveria ser um ato de criação ou fundação, não uma mera qualidade de um regime jurídico-político.[(488)]

Nada obstante, o texto constitucional americano não tratou da *supremacy clause*, no sentido de ser uma disposição que autorizasse o Poder Judiciário, ou particularmente a Suprema Corte, a declarar a nulidade dos atos normativos contrários à Constituição. Em verdade, o Judiciário foi pouco tratado na Constituição americana, quando comparado ao Executivo e ao Legislativo. O passo decisivo para considerar-se a Constituição como forma normativa superior foi o caso Marbury *v.* Madison, de 1803, decidido pela Suprema Corte,[(489)] que foi o primeiro precedente em que se afirmou a supremacia da Constituição.

Barroso historia que, no apagar das luzes de seu governo, o presidente John Adams, candidato derrotado juntamente com os seus representantes no Congresso nas eleições de 1800, antes do final de seu mandato, quando ainda tinha maioria parlamentar, resolveu tentar manter sua influência no poder por meio do Judiciário, fazendo aprovar uma lei de organização judiciária federal (*The Circuit Court Act*), reduzindo o número de ministros da Suprema Corte, que impedia uma nova nomeação pelo futuro presidente Thomas Jefferson, e criando 16 novos cargos de juízes federais, que nomeou com aliados seus. Mediante uma nova lei (*The Organic Act of Columbia*), Adams foi autorizado a nomear 42 juízes de paz, o que fez, com a confirmação do Senado, assinando os atos de investidura (*commissions*) dos novos juízes no último dia de governo, encarregando o seu Secretário de Estado, John Marshall, de entregá-los aos nomeados. O próprio Marshall já havia sido indicado pelo presidente para ocupar a presidência da Suprema Corte (*Chief Justice*), com aprovação do Senado e com o compromisso prestado, mas permaneceu como Secretário até o fim do governo Adams. Marshall teve um único dia para entregar todos os atos de investidura aos novos juízes de paz, o que não foi possível fazer.

Quando Thomas Jefferson tomou posse, seu Secretário de Estado, James Madison, por orientação do presidente, recusou-se a entregar os atos de investidura àqueles que não os tinham recebido, dentre eles, William Marbury, que propôs ação judicial (*writ of mandamus*), baseada em uma lei de 1789 (*Judiciary Act*), que atribuíra competência para tais ações à Suprema Corte. A sessão de julgamento foi designada para 1802. Nesse momento, o Congresso já era de maioria republicana, partidários do novo presidente, que revogou a lei de reorganização do Judiciário federal, extinguindo os cargos criados, destituindo os seus ocupantes.

Segundo *Barroso*, prosseguindo as suas ações contra os atos de Adams, objetivando impedir questionamentos da decisão perante a Suprema Corte, o Congresso resolveu suprimir a sessão da Corte em 1802, que, por isso, deixou de se reunir até 1803. O agravamento da situação se deu por Jefferson não considerar legítima qualquer decisão da Corte que ordenasse ao governo entregar os atos de investidura, sinalizando, caso assim fosse decidido, que não cumpriria o *decisum*. Ademais,

---

(486) PAIXÃO, Cristiano; BIGLIAZZI, Renato. Ob. cit., p. 165.
(487) HAMILTON, Alexander; MADISON, James; JAY, John. *O federalista*. Campinas: Russel, 2003. p. 331-335.
(488) PAIXÃO, Cristiano; BIGLIAZZI, Renato. Ob. cit., p. 166.
(489) Ob. cit., p. 166.

a partir do início de 1802, a Câmara deflagrou processo de *impeachment* de juiz, supostamente aliado de Adams, em uma ação política que ameaçava se estender à Suprema Corte.

Em 1803, a Suprema Corte se reuniu, em meio a esse ambiente hostil, para decidir, não sabendo que seria a mais importante de sua história, lavrando a primeira decisão em que afirmou seu poder em exercer o controle de constitucionalidade, por meio do qual a lei declarada inconstitucional, mediante a interpretação da Corte, teria sua aplicação negada. No julgamento do caso Marbury *v.* Madison, a Suprema Corte demonstrou que a atribuição judicial de declarar a inconstitucionalidade das leis, embora não estivesse expressamente prevista na Constituição, decorria logicamente do sistema, dando competência à Suprema Corte que não estava prevista no art. 3º da Constituição. Marshall, já como juiz da Suprema Corte, desenvolveu a argumentação favorável à supremacia da Constituição, da necessidade do *judicial review* e da competência do Judiciário quanto a esta matéria. Foi um julgamento pioneiro, que, como diz *Barroso*, "ganhou o mundo e enfrentou com êxito resistências políticas e doutrinárias de matizes diversos".

Em uma só assentada, a Suprema Corte decidiu que o Judiciário poderia controlar, sob o ponto de vista da constitucionalidade, os atos do Executivo e do Legislativo. Além disso, definiu que o *writ of mandamus* consistia em uma ordem para a prática de determinado ato pelo Executivo, e que a Suprema Corte tinha competência para expedir o *writ*. Marshall, então, elaborou os três grandes fundamentos que justificam o controle judicial de constitucionalidade: (1) a supremacia da Constituição; (2) a nulidade da lei que contraria a Constituição; (3) o Poder Judiciário é o intérprete final da Constituição.(490)

Na Europa continental, por seu lado, foi *Kelsen* quem introduziu a ideia de controle de constitucionalidade, veiculada por meio da Constituição austríaca (1920).(491) O pensamento kelseniano, nesse sentido, como diz *Correia*, foi tema de um prolongado debate, que teve Schmitt como opositor, para se saber quem deve ser o garante da Constituição, se um tribunal ou, no caso da Alemanha, o Presidente do Reich.(492) A diferença mais importante da tese kelseniana, quando comparada com a ideia americana, talvez seja em razão de seu entendimento de que o controle de constitucionalidade não seria propriamente uma atividade judicial. Para ele, seria uma função constitucional, melhor caracterizada como uma atividade legislativa negativa. A seu ver, juízes e tribunais não poderiam deixar de aplicar a lei, sob o fundamento de ser inconstitucional. Só o tribunal constitucional, por meio do controle concentrado, poderia fazer tal declaração, situação em que a norma seria retirada do sistema, com efeitos *ex nunc*, tendo a decisão natureza constitutivo-negativa.(493)

Kelsen pretendia evitar o governo dos juízes, pois havia muitos juízes, em seu tempo, revoltados contra a lei. Com isso, a jurisdição seria submetida à primazia da legislação e do Parlamento. Contudo, à exceção da Áustria, a tese da anulabilidade não prevaleceu, nem mesmo na Alemanha.(494)

Nada obstante, o modelo de controle concentrado de constitucionalidade preconizado por *Kelsen* terminou por predominar no continente europeu democrático. E há uma explicação para isso: a inexistência do *stare decisis* nos sistemas judiciais continentais. É que nos países que seguem a tradição do *common law*, em razão do mecanismo do *stare decisis*, em geral, os julgados do tribunal superior vinculam os órgãos judiciais de grau inferior, sendo obrigatória a decisão da Suprema

---

(490) BARROSO, Luís Roberto. *O controle de constitucionalidade no direito brasileiro*. 7. ed. São Paulo: Saraiva, 2016. p. 25-32.

(491) Sobre a ideia kelseniana de justiça constitucional, ver o célebre texto: KELSEN, Hans. La garantie juridictionnelle de la Constitution (La Justice constitutionnelle). *Revue du Droit Public et de la Science Politique en France et a L´Étranger*. Paris: Marcel Giard, 1928, T. XLV, p. 197-257.

(492) CORREIA, Fernando Alves. *Justiça constitucional*. Coimbra: Almedina, 2016. p. 98-100.

(493) BARROSO, Luís Roberto. Ob. cit., p. 41; CANOTILHO. J. J. Gomes. Ob. cit., p. 899.

(494) BARROSO, Luís Roberto. Ob. cit., p. 41.

Corte em um determinado caso quanto a todos os juízes e tribunais, ocorrendo, por conseguinte, o mesmo nas declarações de inconstitucionalidade, com efeito *erga omnes*. Nos sistemas europeus continentais, optou-se pela criação de um tribunal específico — tribunal constitucional, com competência com este alcance e natureza. A função dos juízes nesse tribunal não seria judicial, dentre outras razões, porque não seriam de carreira, sendo que os juízes dele integrantes deveriam ter um perfil mais próximo aos homens de Estado: estadistas.

Os tribunais constitucionais europeus continentais foram criados fora da estrutura orgânica do Poder Judiciário, com a competência específica e exclusiva de guardar a Constituição, exercida privativamente, em princípio, de forma concentrada. Nos dois sistemas, em geral, a consequência da declaração de inconstitucionalidade pela Suprema Corte ou pelo Tribunal Constitucional é a paralisação da eficácia *erga omnes* da norma, que é retirada do sistema.

Apesar desse dilema, em razão do pensamento americano, tem-se disseminado a ideia de que cabe ao Judiciário, ao interpretar as normas constitucionais, revelar a vontade do constituinte, fazendo-a prevalecer sobre as maiorias parlamentares eventuais. Assim, a interpretação constitucional seria um tipo diferente de subsunção, não se tratando de exercício de uma competência livre e discricionária com riscos democráticos, pois não se impõe a vontade do órgão judicial ou do juiz, mas se alcança a decisão pelas escolhas feitas na própria Constituição, aproximando-se esta compreensão da teoria tradicional da separação dos poderes. Contudo, tal posição sofre crítica da dogmática moderna, em razão da textura aberta das normas constitucionais, que têm possibilidades interpretativas. Assim, o juiz constitucional utiliza-se da vontade, identifica valores substantivos e faz escolhas.

Dentre os argumentos de legitimação da jurisdição constitucional, tem-se que, segundo *Barroso*, "os juízes e tribunais constitucionais são insubstituíveis na tutela dos direitos fundamentais, núcleo sobre o qual se assenta o ideal substantivo de democracia".(495)

Canotilho, ao examinar o Tribunal Constitucional português, afirma que a Constituição da República Portuguesa não especifica concretamente a sua posição jurídico-constitucional. Por um lado, assegura que é indiscutível tratar-se de um tribunal (arts. 290º/1 e 221º), com as características de um órgão constitucional, institucional e funcionalmente autônomo. Para ele, apesar de a sua existência, *status* e competências serem definidos na Constituição de uma forma independente em relação aos outros tribunais, só o é um órgão de soberania enquanto integrado nos tribunais considerados em seu conjunto (art. 110º/1). O Tribunal Constitucional não pertence ao âmbito de quaisquer diretivas, ordens ou instruções dos outros órgãos de soberania. A sua natureza é de órgão jurisdicional do Estado, porque, como nos outros tribunais, as decisões são obtidas de acordo com um processo judicial pelo qual se diz vinculativamente o que é o direito segundo a medida jurídico-material do Direito Constitucional.(496)

Não obstante esta discussão sobre a natureza jurídica, há quem diga que na jurisdição constitucional se encontra um verdadeiro poder constituinte. Assim, *Bonavides* diz que o poder constituinte formal cede lugar para um poder constituinte real, mais eficaz, mais político e social, embora menos jurídico. Este poder não está nos Parlamentos: é o poder constituinte material ou real, que fez, a seu ver, a Constituição da Inglaterra e tem feito a dos Estados Unidos, por meio de arestos da Corte Suprema, o que seria a parte mais considerável da Constituição americana.

---

(495) BARROSO, Luís Roberto. Ob. cit., p. 80.

(496) CANOTILHO, CANOTILHO. J. J. Gomes. Ob. cit., p. 678-9. NABAIS analisa o controle de constitucionalidade sob o enfoque dos deveres fundamentais para o juiz. In: NABAIS, Casalta. O dever fundamental de pagar impostos: contributo para a compreensão constitucional do estado fiscal. Coimbra: Dissertação de Doutoramento na Faculdade de Direito da Universidade de Coimbra, 1997. p. 161.

Bonavides chama de poder constituinte dos juízes e hermeneutas que interpretam a Constituição. Se não fosse ele, assegura, a Constituição americana, de mais de duzentos anos, estaria fossilizada na prateleira de um museu.

Mendes e *Branco* ressaltam uma concepção material da Constituição, "que se esforça por conciliar legitimidade material e abertura constitucional". Para eles, a ideia de Constituição é enunciada como ordem jurídica fundamental, já que contém uma perspectiva de legitimidade material e de abertura constitucional, o que possibilita compatibilizar controle constitucional, que pressupõe Constituição rígida, com dinâmica constitucional.

O Estado constitucional da separação dos poderes passa a ser o Estado constitucional da jurisdição constitucional. Nada obstante, *Mendes* e *Branco* preceituam que o Estado Constitucional hoje é compreendido como Estado Constitucional cooperativo, pois é um projeto universal. A diversidade tipológica entre os países e as diferenças culturais não têm obscurecido este caráter[(497)], que se evidencia, em especial, nos países democráticos.

Há, assim, uma compreensão de que os Estados constitucionais, segundo *Mendes*, não existem mais apenas para si mesmos, mas como referência para outros Estados, em um modelo de cooperação que permite a preservação de suas características nacionais, mas com vocações para o intercâmbio no plano internacional. Os elementos do Estado Constitucional indicam o modelo de cooperação internacional. São mecanismos decisivos para a consagração de uma fórmula de cooperação entre os Estados. E sobre cooperação, em especial a cooperação judiciária, se falará mais adiante, nesse desenvolvimento teórico da jurisdição, em seu enfoque de uma jurisdição mais internacional. Antes, porém, analisar-se-á um caminho que a jurisdição está a percorrer nos Estados democráticos, em especial nos Estados Unidos: Jurisdição no Estado regulador.

2.5. O Estado regulador — formação histórica e importância atual

O tema da jurisdição está se desenvolvendo, também, por meio do Direito do Estado regulador, ou melhor, da regulação, sendo imprescindível enfocar, por isso, este assunto, dada a sua vital importância para a formação do Direito. O tema ainda é pouco estudado, ou pelo menos não mereceu o enfoque, a nosso ver, adequado, no domínio do estudo da jurisdição. Contudo, antes de adentrar na questão que propriamente interessa, faz-se necessária uma abordagem a respeito do Estado regulador em si e a sua formação histórica.[(498)]

No Direito europeu propriamente, a temática se desenvolveu no pós-Guerra e relaciona-se com uma crescente mudança de mentalidade. Segundo *Keynes*, com o desenvolvimento econômico, deixaria de haver a necessidade de "socializar a vida econômica", o que era uma exigência do pensamento impulsionado pelo Leste Europeu e seus seguidores no Ocidente.[(499)] Contudo, houve um movimento mais intenso do que por ele preconizado, de uma certa intervenção, embora os defensores dessa corrente se intitulassem como adeptos do pensamento intervencionista keynesiano. É a vertente, sobretudo política, que encaminhou o pensamento intervencionista no sentido da estatização de parte ou grande parte dos meios de produção e de planificação ou semiplanificação da economia no mundo ocidental, mesmo nos países democráticos, como Holanda e França,[(500)]

---

(497) MENDES, Gilmar; BRANCO, Paulo. *Curso de direito constitucional*. 8. ed. São Paulo: Saraiva, 2013. p. 1003 e 1011.

(498) Sobre isso, nosso trabalho: FERNANDES JÚNIOR, Raimundo Itamar Lemos. Do Estado Liberal ao Estado Regulador. Trabalho apresentado no Seminário A Realização do Direito no Estado Regulador, orientado pelo Senhor Professor Doutor Pedro Gonçalves, no Curso de Doutoramento em Direito da Faculdade de Direito da Universidade de Coimbra. Coimbra, 2014. Sobre a evolução do Estado até o Estado Regulador, ver: SILVA, João Nuno Calvão da. *Mercado e Estado*: serviços de interesse económico geral. Coimbra: Almedina, 2008.

(499) KEYNES, John. *The general theory of employment, interest and money*. London: Macmillan, 1936. p. 377.

(500) A esse respeito, mesmo a Grã-Bretanha nacionalizou o setor mineiro em 1945, além de passar a ter um amplo setor da economia estatizado, incluindo desde empresa aérea até no setor de petróleo, telefonia e gás.

sem limite temporal para acabar. O estatismo passaria a ser algo normal da economia — embora sempre tendo uma forte oposição do pensamento liberal. Esta corrente (estatista) predominou por décadas no domínio político, mesmo quando a economia atingiu níveis satisfatórios de crescimento. Por outro lado, grande parte do mundo ocidental foi influenciado pelo modelo orgânico alemão, ou modelo corporativista de Estado — totalitário, que permaneceu vigente, em grande parte de sua composição, mesmo depois da Segunda Grande Guerra.[501]

Analisando-se a Constituição portuguesa de 1933 (art. 5º), por exemplo, sobre o sentido jurídico do Estado Corporativo, CAETANO ensina que, no seio do povo, existem comunidades e associações a realizarem "tarefas coletivas parcelares", inclusive econômicas, sendo certo que cabe ao Estado "respeitar e sancionar o direito disciplinar brotado desses grupos primários". O pluralismo jurídico seria, então, natural da sociedade, contudo, o Estado teria primazia sobre o Direito corporativo, devendo regulá-lo, condicioná-lo e impor-lhe limitações.[502]

Além disso, foram criadas, em Portugal, *e.g.*, corporações no domínio econômico (coordenação econômica), segundo o Decreto-Lei n. 26.757, de 8 de julho de 1936: "organismos destinados a coordenar e regular superiormente a vida econômica e social nas actividades diretamente ligadas aos produtos de importação e de exportação" (art. 1º), com "funções oficiais, funcionamento e administração autónomos e ... personalidade jurídica". Segundo CAETANO, "pessoas coletivas de direito público". Outras foram criadas exercendo funções de autoridade e com poder regulamentar sobre: lavoura, indústria, comércio, transportes e turismo, crédito e seguros, pesca e conservas, imprensa e artes gráficas e espetáculos. Todavia, os regulamentos eram aprovados "mediante proposta formulada ao Governo ou com o assentimento deste", estabelecendo-se um modelo de regulamentação, com as características próprias desse tempo.[503]

Ademais, o modelo de estatização de parte dos meios de produção e de criação de corporações para regulamentação econômica controladas pelo Estado, comum no mundo europeu ocidental, expandiu-se até a década de 1970, em princípio como resposta, a adotar a proposta keynesiana, de intervenção no domínio econômico, para combater o desemprego e atender às necessidades sociais de consumo de determinados bens e serviços, formulando-se um Estado Providência, adequado a este período histórico europeu.

No entanto, a partir da crise do petróleo, em 1973, levantaram-se fortes vozes críticas à estatização na Europa Ocidental, iniciando-se um movimento de privatizações, sobretudo com Tatcher, na Grã-Bretanha, que chegou ao poder em 1979. A crítica também foi grande quanto ao *welfare state*, a pretender-se a diminuição das políticas sociais, com a alegação de que o défice público era insustentável. Assim, iniciou-se um programa de liberalização econômica (privatizações), com a reestruturação do setor mineral no Reino Unido, e o regresso ao setor privado de empresas como: *British Aerospace, Cable & Wireless, British Rail, British Telecom, British Airways* e empresas estatais de gás, petróleo, alojamento e outras mais.[504]

Ao lado disso, a crise econômica no Leste Europeu foi se agravando em toda a década de 1980, com a ruína do sistema econômico comunista na Europa, mediante o seguinte roteiro em

(501) BRASSEUL aponta que muitos países da Europa tiveram regimes "... fascistas entre as duas guerras: Hungria, Letônia, Lituânia, Polônia, Grécia, Espanha, Portugal e Áustria". In: BRASSEUL, Jacques. Ob. cit., p. 308. Em verdade, este modelo espalhou-se também pela América Latina, a atingir Brasil e Argentina, por exemplo.

(502) CAETANO, Marcelo. Manual de Direito Administrativo. 10 ed. Coimbra: Almedina, 2010, v. I, p. 383. FERREIRA menciona que Portugal tem uma das mais significativas tradições de intervenção pública na economia. Segundo ele, em Portugal, é na Constituição de 1933 que surge a primeira referência expressa à regulação econômica. In: FERREIRA, Eduardo Paz. Em torno da regulação económica em tempos de mudança. In: *Revista de Concorrência e Regulação*. Ano I, n. I, jan./mar. de 2010. p. 36.

(503) CAETANO, Marcelo. Ob. cit., p. 387.

(504) BRASSEUL, Jacques. Ob. cit., p. 391. Sobre tal período na Inglaterra: OGUS, Anthony I. *Regulation* — legal form and economic theory. Oxford: Claredon Press, 1996. p. 10-11.

síntese apertada: Gorbachov inicia as reformas na URSS em 1983; em 1989, a fronteira da Hungria é aberta para a Áustria; são realizadas as primeiras eleições livres e Lech Walesa chega ao poder na Polônia; cai o muro de Berlim; surgem os países democráticos do Leste da Europa; e a doutrina liberal é, de um modo geral, com o fim da Guerra Fria, considerada vitoriosa, concluindo-se por se fazer necessário que o Estado se recolha a dimensões adequadas a este pensar.

Apesar do processo de privatizações ter continuado gradativamente e até hoje prosseguir e ter se pensado, com Tatcher, inicialmente, no desmonte do *welfare state*, com a redução das políticas sociais, isto não se consumou.[(505)] Em grande parte, pelo fato de, mesmo com a grande redução da apropriação estatal dos meios de produção, o Estado ter continuado a intervir na economia por meio da regulação que se aperfeiçoou e se alargou.

Com efeito, a regulação do modelo corporativista, com controle pelos órgãos da administração pública central do poder regulamentar, ou mesmo por Ministérios diretamente, sofreu uma retração nesse período, a partir da década de 1970, o que se intensificou nos anos seguintes, sobretudo na década de 1990. Embora com um inicial titubeio em se deixar tudo sem qualquer regulação, concluiu-se que o Estado precisava intervir, mas o método corporativista, a estatização e a regulação por órgãos da administração pública central se revelaram falhos e inadequados aos novos tempos.

Adotou-se a visão de que o mercado, em princípio, é livre e de que as políticas sociais deveriam permanecer e até ser incrementadas. São conquistas do Estado Liberal (Revolução Francesa) e do Estado Social (*Welfare State*), que representaram um avanço da sociedade ocidental e significaram um verdadeiro contrato social, necessário para a paz e estabilização das nações. Por outro lado, a intervenção econômica também deveria continuar, de modo a garantir o consumo, o que atendia ao conceito do Estado Providência do pós-Segunda Guerra, quanto ao fornecimento de bens e serviços ao público a preços acessíveis, mas não por meio de empresas do Estado, porém por intermédio de uma regulação que permitiria a boa realização desse desiderato por meio dos privados. O Estado Providência, do pós-Guerra até o fim da Guerra Fria, permanece hoje, contudo, o seu alcance é mediante uma ferramenta, a regulação. Não se descarta, no entanto, a figura da intervenção direta, por exploração do Estado de atividade econômica de interesse geral, contudo, esta deve ser excepcional, em princípio quando a iniciativa privada não puder e tal atividade se revelar como necessária.

Em verdade, a regulação da atividade econômica pelo Estado tem sido desenvolvida, de um modo mais visível, nos EUA[(506)], sempre no intuito de permitir mais livre concorrência, contrária ao sentido corporativista ou estatizante. Desde o século XIX, os tribunais, ao interpretarem a Constituição, autorizaram o governo federal a regular o comércio entre os Estados-membros, no intuito de favorecer a concorrência.[(507)] Em 1890, com o *Sherman Act*, previram-se duras coimas a qualquer membro de uma aliança formulada para restringir o comércio. Em 1914, com a criação,

---

(505) Jacques Brasseul afirma que a despesa pública (em % do PIB) aumentou da década de 70 a 2007, a saber: (a) Grã-Bretanha, de 41,5 para 44%; (b) França, de 38,8 para 52,3%; (c) Alemanha, de 42 para 43,7% e (d) EUA, de 31,1 para 36,7%, embora tenha deixado de aumentar na década de 2000. Prosseguiu, pelo visto, a receita de Keynes. In: Ob. cit., p. 392.

(506) O Estado de Massachusetts começou a regulação sobre estradas de ferro em 1869, que foram nacionalmente reguladas pela ICC (Interestate Commerce Comission) em 1887. O Estado de Massachussetts estendeu a regulação para o setor de gás, em 1885, e eletricidade, em 1887. Enquanto não houve uma solução nacional nesses temas, a atuação do Estado-membro americano foi no sentido de promover progressos substanciais até os serviços se tornarem universais. In: OPPENHEIM, J. The United States regulatory compact and energy poverty. In: Energy Research and Social Science. 1 August 2016, 18:96-108. NUNES informa que, no EUA, a regulação surge, desde finais do século XIX, como forma de ampliar a intervenção do Estado na economia. In: NUNES, António José Avelãs. O estado regulador e o modelo social europeu. In: *Revista Brasileira de Direito Comparado*. Rio de Janeiro, 2012, n. 40 e 41, p. 31.

(507) STIGLITZ, Joseph. *Globalização* — a grande desilusão. 3. ed. Lisboa: Terramar, 2004. p. 58.

nos EUA, da *Federal Trade Comission*, a fim de fazer respeitar a concorrência e definir práticas de lealdade nas transações, tentou-se, por meio de autoridades locais, controlar os consórcios. O impulso ao movimento regulador deu-se, todavia, com o reforço do *Hepburn Act*, já sob a presidência de Theodore Roosevelt, um lutador incansável pela efetivação do princípio da livre concorrência. Em 1911, Roosevelt obteve vitória em ações judiciais, movidas desde 1903, por meio das quais, por decisão da Suprema Corte, dissolveu-se a *Standard Oil* (gigante petroleira americana) em 34 companhias independentes, cessando esse monopólio nos Estados Unidos. Nesse diapasão, durante a presidência de Woodrow Willson, foi aprovado o *Clayton Antitrust Act*, para impedir fusões e concentrações de preços.

A par da regulação da concorrência, que principiara na parte final do século XIX (*Progressive Era* — de 1890 a 1915), também se desenvolveu nos EUA a noção de *public utilities*.(508) Com o crescimento tecnológico, muitas atividades estavam vinculadas indispensavelmente ao crescimento industrial — abastecimento de água, gás e eletricidade — e, pela incapacidade da iniciativa privada em prestá-las, o Estado, por meio do governo federal, se responsabilizava por elas, o que também ocorria com os serviços postais.

Juntamente com isso, ao se contemplar uma *public utility* já prestada pela iniciativa privada, viu-se a necessidade de regulá-la. O caso símbolo foi o da *A&T*. Formou-se o primeiro monopólio privado, em torno das telecomunicações, por meio da *Bell Telephone Company*, dirigida por Alexander Graham Bell, o inventor do telefone (1876), o qual detinha a patente. Em 1884, expirou a patente e foi estabelecida a concorrência no setor, com o ingresso de outras operadoras no mercado, o que fez a empresa de Bell passar por instabilidade. Com a nacionalização dos serviços de telefonia no Reino Unido em 1912, o mesmo acontece nos Estados Unidos, como parte dos esforços de guerra, de modo provisório. Contudo, após a guerra, por receio de *trust*, fixou-se o complexo de tarifas do serviço pelo Estado, o que dominou o modelo norte-americano de regulação das *public utilities* a partir de então, as quais foram subordinadas à administração pública, que resguardava o serviço universal. Em 1934, a regulação dos serviços telefônicos de longa distância passou para a competência da *Federal Comunications Comission*, saindo das mãos do Congresso americano.(509)

O setor público americano, na altura da Grande Depressão, representava apenas 8% da economia do país. Não resta dúvida que Frankin Delano Roosevelt criou empresa estatal (*Tenessee Valley Authority* — empresa pública de ordenação do território e de construção de infraestruturas) pontual, iniciou inúmeras grandes obras públicas no país e editou medidas sociais (*Social Security Act*, estabelecendo seguro para os assalariados), todavia, os pontos marcantes de seu *New Deal* foram, por um lado, desregulamentar a economia — suspensão da lei *antitrust* (*NIRA — National Industrial Recovery Act*(510)), sob a condição de que os salários subissem e medidas sociais fossem adotadas pelas empresas — e regulamentá-la por outro — proibição das fusões e filiações entre bancos e sociedades de investimento, com a compartimentação das atividades bancárias, para evitar que o pânico da bolsa implicasse no colapso de todo o sistema bancário, e garantia de depósitos (*Banking Act*).(511) Nessa toada, mediante o *Agricultural Adjustment Act* (1930), regulamentou, para causar uma baixa da oferta, o pagamento de incentivos a agricultores que aceitassem reduzir a superfície explorada ou diminuir a respectiva produção.

---

(508) ROSENBLOOM, David H.; KRAVCHUK, Robert S. *Public Aministration — understanding management, politics, and law in the public sector*. 5. ed. Boston: McGraw Hill, 2002. p. 247.

(509) HENRY, Claude; MATHEU, Michael. *New regulations for public services in competition*. In: *Regulation of network utilities — the european experience*. Oxford: Oxford University Press, 2001. p. 3-5.

(510) O *NIRA* terminou por ser considerado inconstitucional pela Suprema Corte dos EUA, por malferir a liberdade de iniciativa.

(511) Esta medida, naquela altura, impediu o fechamento de alguns bancos, com o refluxo de poupança, e durou até 1999, quando foi revogada, pela evolução da *internet*, o que levou à concentração das atividades em megabancos. Em 2008, voltou-se a discutir a matéria, em face da nova crise.

Certamente, muitas ferramentas podem ser utilizadas pelo Estado, como feito por Roosevelt, que tornou a economia americana capaz de alavancar a reconstrução da Europa (Plano Marshall) e do Japão. Contudo, o instrumento da regulação/desregulação vem a se revelar como o mais usado e eficiente — o modelo americano. Em regra, somente em situações excepcionais (incapacidade ou insuficiência da iniciativa privada; segurança nacional), de crise e de guerra, utiliza-se do modelo da prestação direta pelo Estado do serviço de natureza econômica. A fórmula norte-americana da regulação, guardadas as devidas proporções, vai ganhar o mundo a partir da década de 1990 somente. Até então, na Europa continental, imperava o pensamento do Estado Serviço Público (Providência), como o mecanismo fundamental para alcançar o pleno emprego, melhorar a renda e desenvolver a economia: o próprio Estado presta o serviço econômico — serviços públicos econômicos, que incluíam os antigos serviços industriais e comerciais do Estado. O alargamento do significado de serviço público, com base na Escola Francesa de Direito Administrativo — *service public à la française*, veio a nortear a prática da maioria dos Estados no mundo ocidental na era anterior à do Estado Regulador. Segundo DUGUIT, o serviço público é a atividade indispensável, cujo cumprimento, pela sua natureza, há de ser "regulado, assegurado e controlado" pelos governantes, exigindo a intervenção do Estado. Dentre as atividades consideradas serviço público, estavam os serviços públicos concedidos(512), o que incluía os econômicos — industriais e comerciais do Estado.

Ao privatizar, o Estado passou a regular a economia, em dois sentidos: (1) regular a concorrência (regulação de base ou transversal),(513) que abrange todos os operadores econômicos, inclusive os serviços, anteriormente às privatizações, prestados diretamente pelo Estado; (2) e regular setores, sobretudo os que têm a responsabilidade pelos antigos serviços industriais e comerciais do Estado, agora, na linguagem comum europeia, os serviços de interesse econômico geral.(514) Não se considera mais, em princípio, que o Estado tem a titularidade (*publicatio*) desses serviços de interesse econômico geral que foram trespassados para o setor privado (*despublicatio* — despublicação material de atividade).(515) E mesmo quando venha a desempenhá-los diretamente, em geral, deve suscitar a concorrência, a não ter, o Estado, privilégios em relação aos privados. Excepcionalmente, quando houver monopólio, a atividade deve ser ainda mais regulada, mesmo que o serviço de interesse econômico geral venha a ser prestado por órgão da administração pública central ou por entidade criada pelo Estado, para que seja bem prestado e, se possível, permitir sua futura abertura concorrencial.

---

(512) DUGUIT, Léon. *Manuel de Droit Constitutionnel*. 4. ed. Paris: E. de Boccard Éditeur, 1923. p. 73.

(513) A respeito, GONÇALVES, Pedro. *Reflexões sobre o Estado Regulador e o Estado Contratante*. Coimbra: Coimbra Editora, 2013. p. 80.

(514) A terminologia se tornou um lugar-comum, não só porque a expressão vem da tradição anglo-saxônica (*public utilities*), como pelo seu uso nos documentos normativos comunitários. A expressão é muito citada nos livros verdes e branco e nos manuais de boas práticas da União Europeia, como nos textos do CEEP (*European Centre of Enterprises with Public Paticipation and Enterprises of General Economic Interest*) e do CIRIEC (*International Centre of Research and Information on the Public Cooperative Economy*). A propósito, o art. 14º do TFUE prescreve: "Atendendo à posição que os serviços de interesse económico geral ocupam no conjunto dos valores comuns da União e ao papel que desempenham na promoção da coesão social e territorial, a União e os seus Estados-Membros, dentro do limite das respetivas competências e no âmbito de aplicação dos tratados, zelarão para que esses serviços funcionem com base em princípios e em condições, nomeadamente económicas e financeiras, que lhes permitam cumprir suas missões". No art. 36º da Carta dos Direitos Fundamentais da União Europeia está escrito: "A União reconhece e respeita o acesso a serviços de interesse económico geral, tal como previsto nas legislações e práticas nacionais, de acordo com o tratado que instui a Comunidade Europeia, a fim de promover a coesão social e territorial da União".

(515) GONÇALVES, Pedro. Entidades privadas com poderes públicos: o exercício de poderes públicos de autoridade por entidades privadas com funções administrativas. Coimbra: Almedina, 2008. p. 154. GONÇALVES ensina que, "no setor das atividades públicas, pertencentes à Administração, os particulares poderão intervir, se a lei conferir à administração o poder de delegar ou de conceder o respectivo exercício. Nesta hipótese, apesar da *publicatio*, o exercício da atividade pode ser atribuído a entidades particulares (concessionários)". In: GONÇALVES, Pedro. *Reflexões sobre o Estado Regulador e o Estado Contratante*. Coimbra: Coimbra Editora, 2013. p. 145.

Deste modo, a intervenção do Estado na economia, em geral, hoje, analisando a experiência europeia e americana, dá-se, sobretudo, por meio da realização de grandes obras de infraestrutura (que também são reguladas, sendo a maior parte delas realizadas por privados, mediante contratos com a Administração ou Parcerias) e, principalmente, pela regulação da economia, por meio da qual o Estado Regulador edita e aplica normas que permitam o alcance do objetivo econômico estatal — a livre concorrência para a produção adequada de bens e serviços e a correta prestação de serviços de interesse econômico geral (*public utilities*), a saber: setores de água, transportes, energia, serviços postais, telefonia e internet, dentre outros.

É regulada a livre concorrência, quanto a todo o mercado e em relação a cada setor, com as suas especificidades, exatamente para que não deixe de existir e para incrementá-la. E os setores dos serviços de interesse econômico geral são regulados com mais cuidado, ante a sua utilização universal e a sua essencialidade coletiva, e em face da sua prestação em rede. Mediante tarefas públicas, como as de supervisão e regulação de atividades,[(516)] o Estado garante a realização dos serviços de interesse econômico geral e a concorrência. Para a efetividade da regulação, há a necessidade de instrumentos jurídicos eficazes de controle (inclusive quanto ao acesso ao mercado para prestar os serviços), acompanhamento e fiscalização dos regulados, bem como de aplicação aos infratores das medidas de regulação, das sanções cabíveis.[(517)]

Nesse sentido, foi desenvolvido o mecanismo das agências reguladoras independentes, que realizam atuações administrativas públicas de regulação e supervisão, contudo, distinguem-se dos demais órgãos da administração pública, por sua independência em relação ao governo. Funcionam de forma colegiada e, em geral, com um quadro de profissionais de alta competência e preparação técnica (aptidão, experiência profissional e formação adequada) na atividade do setor regulado. Em Portugal, por exemplo, a Lei n. 67/2013 (Lei-Quadro das Entidades Reguladoras) definiu, como princípio, em seu art. 3º, 1, que as entidades reguladoras são pessoas coletivas de direito público, em matéria de regulação[(518)] da atividade econômica e de promoção e defesa da concorrência, com natureza de entidade administrativa independente.

Nesse contexto, *Gonçalves* trata das chamadas obrigações de serviço público, que são "as constrições a que um serviço de interesse económico geral ou serviço universal deve obedecer".[(519)] Estas obrigações estão sintetizadas por *Fontana*, como sendo as seguintes: serviço universal (disponibilidade, não discriminação e amplo acesso, embora sem se permitir o consumo excessivo); continuidade do serviço; segurança no aprovisionamento (medidas que o assegurem); fornecimento de informações ao regulador; separação contábil relativa às atividades financiáveis (para o cumprimento de obrigação de serviço público); proteção ambiental; garantia de acesso à infraestrutura (os operadores que as detêm); adoção de padrões técnicos; obrigações relativas ao preço (acessível ao utente, recompensador do prestador e possibilitador de investimentos) e à qualidade dos serviços (eficiência, segurança e mutabilidade).[(520)] Além dessas, acrescenta-se a obrigação de

---

(516) GONÇALVES, Pedro. *Entidades privadas com poderes públicos*: o exercício de poderes públicos de autoridade por entidades privadas com funções administrativas. Coimbra: Almedina, 2008. p. 321.

(517) GONÇALVES, Pedro. *Reflexões sobre o Estado Regulador e o Estado Contratante*. Coimbra: Coimbra Editora, 2013. p. 84-5.

(518) O ato regulamentar da agência independente tem a mesma natureza do regulamento emitido pela Administração Pública tradicional. MONIZ ensina: "A caracterização do regulamento como norma (acto normativo) — dirigida a um número indeterminado ou indeterminável de situações...". In: MONIZ, Ana Raquel. *Estudos sobre os regulamentos administrativos*. Coimbra: Almedina, 2013. p. 43.

(519) GONÇALVES, Pedro; MARTINS, Licínio Lopes. Os serviços públicos económicos e a concessão no Estado Regulador. In: *Estudos de Regulação Pública I*. (Org. Vital Moreira). Coimbra: Coimbra Editora, 2004. p. 205. A propósito do desenvolvimento desse tema, ver: SOUSA, Marcelo Fontana de. *Os direitos fundamentais no Estado Regulador*: aspectos das obrigações de serviço público. Salvador: Academia Juris, 2010.

(520) SOUSA, Marcelo Fontana de. Ob. cit., p. 133-170.

respeitar as normas regulamentares de segurança, saúde e higiene no trabalho, que podem ser classificadas como normas de proteção do ambiente — meio ambiente de trabalho. Ademais, devem os operadores econômicos observar as obrigações relativas às normas de proteção do consumidor. A esse respeito, ANDRADE alerta da necessidade de "defesa das pessoas contra entidades poderosas que possam provocar-lhes lesões e, em última análise, afectar o livre desenvolvimento de sua personalidade".(521) Nessa esteira, a lei portuguesa n. 67/2013 define que a entidade reguladora regulará a atividade econômica e também a proteção de direitos e interesses dos consumidores — art. 3º, 1. Ao regular-se a atividade econômica, tem-se, como uma de suas finalidades, sendo também matéria objeto de sua regulação, a proteção de direitos e interesses dos consumidores.

Ao lado de cuidar de todas essas obrigações que são atribuídas aos operadores econômicos, as agências reguladoras devem, além de ser independentes do governo, fundamental para a sua legitimação, estar calcadas em um aspecto basilar que lhes acrescenta mais legitimação: manter um relacionamento institucional com Governo, consumidores e operadores econômicos, o que não hostiliza a sua independência. Em verdade, trata-se de pautar-se por uma "visão consensual da atividade regulatória" (dir-se-ia, quase-consensual), sobretudo na obtenção das regras impostas ao setor da economia regulado, por meio da adoção de instrumental até certo ponto contratual, como, por exemplo, "o ato administrativo de aceitação de compromissos"(522), o que é fundamental para a aceitação e cumprimento das deliberações.

No evolver da regulação, a crise financeira de 2008 — crise dos *subprimes* (créditos hipotecários ou empréstimos imobiliários de alto risco — *subprime mortage*), com uma recessão subsequente em várias regiões do mundo, mais sensível na Europa e nos EUA — tem trazido à tona a discussão sobre suas causas, inclusive aquelas que gizam em torno do poder regulador da economia — excesso de regulação ou falta de regulação. Seria a crise do Estado Regulador.(523) Há quem propugne haver a crise do Estado ocidental — sua democracia e seu capitalismo.(524) Contudo, ao que parece, a capacidade regulatória (*ex post*), mesmo deficiente, fez com que a crise não chegasse a ter o poder devastador a ponto de causar, como em 1929, uma grande depressão.

O Estado regulador parece ser a fórmula para a garantia de aspectos proeminentes conquistados na caminhada do Estado Moderno — Estado Liberal, Estado Social e Estado Providência. É o Estado baseado em premissas ou que assegura: (1) a propriedade privada, baseando-se na livre-iniciativa e tem nessa o principal fator econômico; (2) os direitos sociais: trabalho, saúde, educação, previdência e assistência social; (3) as prestações dos serviços econômicos necessários para todos os indivíduos, de maneira universal, e, também, para os próprios operadores econômicos, respeitando-se também o meio ambiente.

---

(521) ANDRADE, José Carlos Vieira de. *Os direitos fundamentais na Constituição Portuguesa de 1976*. 3. ed. Coimbra: Almedina, 2004. p. 395.

(522) GONÇALVES, Pedro. *Reflexões sobre o Estado Regulador e o Estado Contratante*. Coimbra: Coimbra Editora, 2013. p. 15.

(523) GONÇALVES assegura que o motivo da crise, "geralmente associados às falhas de regulação, não parece, em rigor, radicar no Estado Regulador, mas sobretudo numa ideologia ultraliberal que propagou as virtudes da desregulação, da liberdade do mercado e do abrandamento normativo e prático dos poderes regulatórios. Em rigor, a falha não terá sido da regulação, mas da desregulação, e, sobretudo, da ideologia que a comandou". In: Ob. cit., p. 31.

(524) Não obstante, POSNER discute a crise de 2008 e suas consequências dentro da crise da democracia capitalista, a ponto de questionar a eficiência do modelo econômico americano, com muita ação no combate à crise, mas que não foi satisfatório para impedi-la: "*but when there are huge challenges but no emergency, our political system tends to be ineffectual*". In: POSNER, Richard. *The crisis of capitalist democracy*. Cambridge, Massashusetts and London: Harvard University Press, 2010. p. 387. POSNER propôs a reforma da regulação do setor financeiro, de modo a impigir-lhe uma melhora e para que deixe de existir uma miríade de agências no setor financeiro. In: POSNER, Richard. *A Failure of capitalism — The crises of '08 and the descent into depression*. Cambridge, Massashusetts and London: Harvard University Press, 2009. p. 329.

O modelo estatal em tela não é a antítese do Estado liberal. Ao contrário, veio aprimorar o liberalismo, em especial ao definir-lhe balizas, pois os interesses de um indivíduo não devem invadir a esfera dos de outro; os interesses individuais não devem malferir o interesse público — a vontade geral; e o Estado não deve desrespeitar a esfera individual. As balizas desses interesses são definidas no Estado de Direito (*rule of law*), que também engendra o modo de resolução dos conflitos, de maneira segura, bem articulando a função jurisdicional, de forma independente e adequada ao matiz conflitual. Em verdade, a regulação vem para garantir o direito do outro também concorrer no mercado. Ao mesmo tempo, garante o interesse público, que se consubstancia na concretização de interesses gerais, sociais e coletivos. A tributação e o quadro legal trabalhista, por sua vez, vêm no intuito de atender aos reclamos sociais por trabalho, educação, saúde, previdência e assistência social. Estas definições encontram-se presentes, inclusive a concretização dos direitos sociais, dentre os objetivos do Estado Regulador.

A regulação tem um amplo espectro de alcance social que transcende à regulação meramente econômica, a visar a melhoria das condições de vida das pessoas. As regulações sociais são uma nuance significativa da regulação moderna e mostra que Estado Regulador e Estado Social andam juntos. Assim, obrigar um prestador de um serviço econômico de interesse geral ao fornecimento do serviço a todos os potenciais utentes; a disponibilizar equipamentos especiais para acesso ao serviço de interesse econômico por pessoas deficientes; adequados aos idosos; com transparência quanto à qualidade e aos preços; a regras de proteção a setores vulneráveis — baixa renda;[525] a regras de higiene, segurança e medicina no trabalho; a regras de proteção e de segurança dos consumidores, significa o Estado Regulador como Estado Regulador Social.[526]

Não resta dúvida, outrossim, que o Estado Regulador também anda junto com o Estado Providência. Os fins dos dois modelos são os mesmos: o consumo de bens necessários, imprescindíveis. Ao providenciar, o Estado, os serviços de interesse econômico geral, os meios são diferentes nesses modelos: os do Estado Providência, por meio da prestação direta do serviço pelo Estado, em regra; no Estado Regulador, a prestação do serviço é alcançada pela regulação econômica. O cidadão do Estado Regulador também tem direito à prestação desses serviços e, em condições excepcionais, de recebê-lo mesmo sem o pagamento, quanto a certos serviços, em determinadas situações excepcionais, ou mediante o pagamento parcial do preço pelo serviço prestado, também em razão de requisitos extraordinários. Ademais, as condições de eficiência, qualidade, disponibilidade, acessibilidade e preço são muito melhores em um sistema mais dinâmico e eficaz, quanto ao controle (mais controlável) e prestação. Nos tempos do Estado Serviço Público (Prestador), a mutabilidade deixava a desejar. As acomodações (estática) conduziam a uma prestação inadequada. O Estado Regulador, por isso, pretende alcançar a universalidade dos utentes e a uma boa prestação dos serviços, tendo em vista a solidariedade social. É o alcance da fraternidade, por meio do financiamento de todos os que podem pagar, seja pela quitação de tarifas ou do subsídio público, para que todos, quem quer que sejam e de onde estejam, quanto a esses serviços considerados de interesse geral, lhes tenham acesso.

---

(525) SOUSA, Marcelo Fontana de. *Os direitos fundamentais no Estado Regulador*: aspectos das obrigações de serviço público. Salvador: Academia Juris, 2010. p. 139.

(526) Note-se que, mesmo nos Estados Unidos, onde se diz que não houve *welfare state*, sabe-se que a regulação permitiu o Estado Social, seja pela atuação coletiva, com a edição da regulação coletiva trabalhista (normas coletivas), proveniente dos sindicatos de empregados e patronais, seja por intermédio de concessões empresariais, que editaram verdadeiros regulamentos de empresas, os quais se multiplicaram pela sociedade americana. O *welfare capitalism* gerou, a partir dos anos de 1950, um alargamento da relação de emprego na empresa, superando a mera troca de trabalho por salário, com o fornecimento pelo empregador de prestações: seguro-saúde, pensões, formação, educação, alojamento, guarda dos filhos e participação no capital e nos benefícios deste. Os fundos de pensão, lançados por Charles Wilson (*General Motors*), em 1950, tiveram grande sucesso, com a multiplicação desse mecanismo, de modo que, no mesmo ano, foram criados cerca de 8000 planos. O princípio consistiu no financiamento das pensões por investimentos maciços e diversificados, a motivar os trabalhadores pelos benefícios empresariais e para o crescimento econômico em geral, com segurança a longo prazo. In: BRASSEUL, Jacques. Ob. cit., p. 390-1.

Deste modo, os aspectos (1) livre-iniciativa, (2) direitos sociais e (3) direito a prestações de bens e serviços de interesse econômico geral continuam presentes no Estado Regulador e o caracterizam. O Estado Regulador, portanto, congrega e dinamiza os principais elementos finalísticos de cada um dos modelos anteriores — Estado Liberal; Estado Social e Estado Providência, todavia, com uma peculiaridade diferente quanto ao modo de intervenção na economia.

Por certo, o Estado liberal garantiu direitos humanos, a permitir o exercício das liberdades individuais e políticas. O Estado Social, por sua vez, reconheceu que o homem tem direito ao trabalho, à educação, à saúde, à previdência e à assistência social. O Estado providência, por sua banda, multiplicou os direitos do cidadão, incumbindo ao Estado as prestações universais coletivas (água, eletricidade, comunicação) e difusas (ações de proteção do meio ambiente). O Estado Regulador, por fim, contempla todos os plexos normativos anteriores e procura dinamizá-los de modo a ultrapassar as etapas históricas de consolidação dos direitos mencionados, de maneira a respeitar, também, a pluralidade social e humana e concretizar, efetivamente, determinados direitos.

Em verdade, o Estado Regulador atua na pluralidade. A pluralidade jurídica é a sua tônica, consubstanciada nos núcleos variados de edição de normas jurídicas. Ao mesmo tempo em que estas fontes têm muitos centros de produção e se dirigem a vários setores, estes (centros) não vêm apenas de dentro de pessoas coletivas estatais, mas advêm também da sociedade, por meio de organismos sociais que normatizam, inclusive setores da vida econômica. Ademais, centros de normatização conduzem à edição de normas jurídicas protetivas de segmentos sociais plurais, com reflexo na atuação do Estado. Deste modo, regras jurídicas são aplicáveis às minorias ou grupos sociais, de maneira que estatutos jurídicos plurais surgem na proteção do ser humano, na sua pluralidade, para solucionar problemas econômicos, *v.g.*, nesse sentido, o Estado Regulador revela-se como Estado Regulador Garantidor da existência dos serviços de interesse econômico geral, com acesso aos cidadãos, em condições de universalidade[(527)], o que, certamente, representa uma evolução do Estado, sob este e em muitos outros aspectos.

Nada obstante, este Estado Regulador ou poder de regulação, sobretudo da economia ou de questões com ela conexas, pelo seu desenvolvimento atual, ganhou contornos que merecem ser esclarecidos, em especial no que se refere ao seu posicionamento no leque das funções essenciais do Estado, os chamados poderes, observando-se a nomenclatura clássica da separação dos poderes. A função do Estado Regulador, ou melhor, a função de regulação — o poder regulador, em especial, o de regular a economia, é classificado como poder Executivo, Legislativo ou Judiciário? É um novo poder? É o que se abordará a seguir, enfocando a atribuição atual desse poder, em especial nos países ocidentais mais desenvolvidos da Europa e nos Estados Unidos da América.

2.5.1. A separação dos poderes e a regulação

Hodiernamente, nas modernas democracias, como afirma *Vibert*, corpos não eleitos têm tido uma impressionante expansão em número e em funções, crescendo em relevância, tornando-se cada vez mais comuns e tomando importantes decisões, em um maior número de áreas, inclusive políticas, que afetam a vida das pessoas, resolvendo conflitos de interesse essenciais para a sociedade. Para ele, os políticos eleitos, ou os corpos políticos, parecem não ter a qualificação para lidar com determinadas questões complexas, que exigem um conhecimento capaz de evitar erros na análise e execução de determinadas matérias. Tais corpos recebem diferentes nomes e formas legais.[(528)] Segundo ele, há uma crescente dependência, nas democracias modernas, destes corpos,

---

(527) GONÇALVES, Pedro. *Reflexões sobre o Estado Regulador e o Estado Contratante*. Coimbra: Coimbra Editora, 2013. p. 64.

(528) A nomenclartura é diversa. Além de corpos não eleitos, as expressões não majoritárias, instituições e autoridades reguladoras independentes também são muito utilizadas para significar o mesmo conteúdo conceitual.

que, em verdade, realizam atividades imprescindíveis para elas. A assunção dos não eleitos tem raízes, segundo ele, na discussão em torno e na opção da sociedade por líderes eleitos e não pelos meramente chamados mais sábios. Trata-se, assim, em pôr esta velha questão em uma roupagem nova — qualificação ou eleição.[(529)] A opção nas democracias tem sido pela eleição, sobretudo para os integrantes do Parlamento, e uma reserva de determinados postos em certos corpos para não eleitos, em que parece predominar, para a escolha, critérios relacionados à qualificação.

A importância dada aos não eleitos, segundo *Vibert*, não afeta as democracias, ao contrário, as robustece, já que as provê de um seguro ambiente em benefício das pessoas, em razão da expertise e dos mais avançados conhecimentos em torno de um tema a ser examinado, reunindo informações confiáveis e relevantes, para as melhores e necessárias conclusões sobre os assuntos a decidir. Ao que parece, está-se a encontrar, nesse momento histórico, uma fórmula mais desenvolvida no exercício do poder, que inclui a velha separação dos poderes, o sistema democrático de governo e a existência de novos corpos com plexos de funções importantes para a sociedade, dirigidos e compostos por não eleitos. A seu ver, a falha de vários sistemas políticos atuais relaciona-se ao mau uso desses corpos integrados por agentes não eleitos. Este mau uso, em verdade, enfraquece os próprios corpos eleitos e o sistema jurídico-político, que precisa ser readaptado. Do contrário, para ele, as democracias estarão reféns do populismo, da arbitrariedade e do indiscriminado exercício do poder.[(530)]

Os corpos não eleitos teriam uma vantagem para a análise dos componentes empíricos das políticas públicas e de outros temas mais técnicos, enquanto os corpos eleitos parecem ser mais adequados para o julgamento de valor em torno deles, realizando o juízo social e político, talvez necessário, escolhendo os valores a serem refletidos nas políticas públicas e nas questões técnicas de relevância para o Estado. Tanto os não eleitos como os eleitos deveriam atuar à luz das evidências. Contudo, são distintos, em geral, os processos institucionais, uma vez que os primeiros atuam reunindo informações e mobilizando o conhecimento mais atual em sociedades democráticas, enquanto os eleitos decidem passando por um julgamento de valor sobre as informações e conhecimentos alcançados. Eventualmente, os corpos não eleitos recebem a incumbência de realizar julgamentos éticos e sociais. Ainda aqui, haverá vantagem, em razão do conhecimento de fundo que dispõem sobre os fatos. O acesso aos fatos vai dar a qualificação para aplicar valores, à luz da evidência.[(531)]

Ademais, os corpos não eleitos vão municiar os cidadãos das informações e do conhecimento privilegiado sobre determinados fatos e temas, o que lhes permitirá, em geral, melhor concluir acerca do comportamento dos corpos eleitos, aprimorando o processo de escolha nas eleições. Contudo, faz-se necessário que os corpos não eleitos tenham legitimidade e sejam responsáveis. A legitimidade dos corpos não eleitos, ao que parece, não deriva meramente da dos corpos eleitos, nada obstante operem sob poderes delegados pelos corpos eleitos e, frequentemente, com fundos públicos. Como diz *Vibert*, a legitimidade dos corpos não eleitos deriva do maior rigor com que se aproximam dos fatos, procuram informações, sopesam o estado do conhecimento empírico e tentam desenhar as conclusões baseadas em evidências. Alcançar a completude das evidências e, se necessário, analisar aspectos contestados da ciência; e lançar luz sobre probabilidades e incertezas são as principais características no processo decisório dos corpos não eleitos.[(532)]

O mundo dos não eleitos, para ele, é extremamente variado e inclui, *e.g.*: banco central independente; corpos independentes de gestão de risco; reguladores éticos e econômicos independentes; regimes de inspeção e auditoria independentes; e novos tipos de corpos de apelação.

---

(529) VIBERT, Frank. *The rise of the unelected* — democracy and the new separation of powers. Cambridge: Cambridge University Press, 2007. p. 1.
(530) Ob. cit., p. 2.
(531) Ob. cit., p. 3.
(532) Ob. cit., p. 4.

Há dez anos, como informa *Vibert*, já existiam, aproximadamente, 200 corpos não eleitos nos Estados Unidos e cerca de 250 no Reino Unido, sendo este modelo também seguido por países com tradições e estruturas democráticas diferentes.(533) Hoje, este número está bem maior.

Os corpos postos à parte dos eleitos politicamente desempenham, cada vez mais, como se disse, uma mais ampla função na vida das pessoas nos regimes democráticos, tendo, a cada dia, um maior impacto em seu cotidiano do que os próprios órgãos eleitos. Basta citar, como exemplo, nas democracias mais desenvolvidas, das questões decididas por estes corpos relacionadas aos bancos no plano interno, no que se refere às autoridades dos bancos centrais(534); das matérias relacionadas a medicamentos, planos de saúde, educação, planos de previdência privada etc. Muito embora tenham esta importância, seus membros não vivem expostos aos holofotes, com a exceção dos que administram os bancos centrais, mesmo assim com uma discrição bem maior que a dos eleitos. Os problemas tratados pelos corpos não eleitos não são razões de Estado ou assuntos tradicionais de interesse da nação, mas matérias que afetam as pessoas em seu íntimo ou em suas necessidades imediatas, em várias áreas: o ar, a água, o alimento, a eletricidade, o telefone, o valor da moeda, o acesso à mídia. Os corpos não eleitos têm crucial impacto nos estágios principais de vida da pessoa: nutrição, qualidade das escolas, tipo de educação, perspectivas de trabalho, pensionamento, remédios, saúde, acidentes, infortúnios etc. Estes corpos, por exemplo, influenciam em muitas coisas, como sobre os riscos no uso de diferentes formas de transporte ou em comer determinados alimentos. As ações desses corpos vão afetar a qualidade de vida das pessoas em seu dia a dia, inclusive quanto a oportunidades e perspectivas, e, como mencionado, em todas as fases da vida humana, bem como para as gerações futuras.

Vibert aponta que, enquanto o plexo de funções dos corpos não eleitos aumenta, a dos eleitos diminui, ao exercerem cada vez menos controle sobre as ações dos não eleitos.(535) Discute-se, diante dessa assunção, se este quadro representa uma violação ao Estado de Direito ou mesmo, em face disso, se necessária é uma rediscussão das funções dos corpos eleitos em confronto com a análise em torno da legitimidade dos corpos não eleitos, em razão da ausência de determinados fatores nas abordagens de alguns temas, sem levar em conta alguns aspectos que são comuns no tratamento das matérias pelos corpos eleitos, como emoção, força do sentimento e determinados valores instintivos. Ademais, em princípio, os corpos não eleitos exercem autoridade fora do alcance do que as maiorias querem ou não. Por outro lado, parecem melhor equipados para lidar com conflitos de interesse, em suas novas formas e em relação aos temas que lhes pertinem, que os corpos democráticos tradicionais.(536)

No que tange à discussão em torno do Estado de Direito, as instituições dos não eleitos, segundo *Vibert*, ocupam um novo espaço entre a mera aplicação do Direito (Judiciário) e a política (Legislativo e Executivo), sendo seus procedimentos diferentes de ambos, representando um desafio ao que as regras deveriam ser e como o relacionamento entre lei e política deveria ser formulado. Nesse diapasão, surge o tema do controle dos corpos não eleitos, diante da intenção metodológica inicial de controlá-los da mesma forma que as instituições tradicionais, os chamados controles democráticos. Contudo, esta metodologia tem se revelado falha, o que poderia levar a uma necessidade de um novo estilo de controle político, com novos métodos de controle constitucional, rejeitando-se formalismos, bem como influências ideológicas, mas um controle mais pragmático, mais adequado às novas instituições.(537)

---

(533) VIBERT, Frank. Ob. cit., p. 5-6.
(534) O FATF — The Financial Action Task Force; The Financial Stability Forum, que congrega bancos centrais, ministros de finanças e reguladores financeiros para desenvolver padrões que conduzam à estabilidade do sistema financeiro internacional e para ajudar a coordenar ações de emergência, quando necessárias. In: Ob. cit., p. 5.
(535) Ob. cit., p. 6-8.
(536) Ob. cit., p. 7-10.
(537) Ob. cit., p. 11-2.

Os corpos não eleitos, com efeito, não são, na visão de *Vibert*, apenas uma nova organização executiva, mesmo quando assim definidos em lei, ou seja, um novo órgão do poder executivo, criado, principalmente, por razões administrativas ou gerenciais, mas têm uma significação diferente, representando um ramo dentro do sistema de governo, com especial responsabilidade para o tratamento e disseminação da informação, a análise da evidência e o desdobramento e uso do mais avançado conhecimento empírico do tema em discussão. Em verdade, os corpos não eleitos refletem uma exigência das democracias, que requerem uma variedade de formas de autoridade, em dimensões diferentes de processos decisionais.(538)

Originariamente, o sistema da separação dos poderes tirou poder do monarca e deu mais poder para o povo, por meio de uma fórmula de equilíbrio no exercício das funções essenciais do Estado. Ao que parece, a nova fórmula dos corpos não eleitos baseia-se na própria razão de ser da separação dos poderes, em que o sistema do *checks and balances* fez o mundo mais seguro para os governos democráticos. Nos dias atuais, há um maior desejo de eficiência e aceitabilidade quanto às instituições. Além disso, a cidadania lida com situações em que a informação deve ser mais crível e se está, muitas vezes, diante de questões técnicas, havendo muitas respostas que têm de ser técnicas, e, também, inteligíveis. Por ser o mundo atual diferente, uma vez que é caracterizado por pessoas que fazem mais juízos de valor, já que têm mais informações, adquire mais importância, nesse cenário, o papel dos corpos não eleitos.(539)

A responsabilidade desses corpos não é prestada ao Executivo, ao Legislativo ou ao Judiciário. No sistema clássico de *checks and balances*, cada ramo do poder, segundo *Vibert*, tem a função de fazer com que cada qual permaneça em seu devido lugar, exercendo a sua função constitucional. Com base nessa lógica, chega-se à conclusão de que os corpos não eleitos, assim como os poderes Executivo, Legislativo e Judiciário, têm a sua própria forma de legitimidade e, quanto aos não eleitos, esta legitimidade deve ser vista de uma maneira análoga à do Judiciário. A independência do Judiciário é essencial para a saúde democrática. Sua legitimidade não repousa em ser responsável diretamente junto às pessoas, aos cidadãos, por meio de eleições. Da mesma forma, os corpos não eleitos, mesmo sendo parte do sistema democrático de governo, a sua legitimidade não deve ser vista pela sua responsabilidade direta junto ao público, advinda das respostas que deem a cada uma das questões postas à solução, que agradem ou não a ele. Em verdade, vê-se que o Judiciário não responde ao Legislativo e ao Executivo, não obstante o relacionamento respeitador. Da mesma maneira, acontece quanto aos corpos não eleitos. A legitimidade desses corpos está em comportarem-se de acordo com os princípios e procedimentos adequados ao Direito democrático em si. A sua legitimidade está em observar as normas que lhes são aplicáveis. Assim, é essencial atentar-se para o desenvolvimento apropriado dessas normas, para que os corpos não eleitos alcancem a sua própria forma de legitimação.(540)

Ainda sobre a legitimidade dos corpos não eleitos, cabe trazer mais algumas considerações, com base nas lições de *Vibert*. Qual a base de legitimidade em que repousam os corpos não eleitos? Em que se sustentam para que não sofram interferências dos poderes e para que, eles mesmos, não abusem de suas funções e não provoquem invasões nos outros? Ademais, eles podem atuar mal, necessitando de meios para que possam ser suas ações corrigidas.

Como já se falou, na clássica separação dos poderes, cada um repousa na sua própria forma de legitimidade. Também os corpos não eleitos possuem a sua, que advém de uma explicação pragmática, sendo a sua aceitabilidade pelo público, como mencionado, proveniente de suas práticas funcionais nos termos normativos. Esta aceitação, todavia, é apenas uma parte de sua legitimidade. Só este aspecto é muito questionável.

---

(538) VIBERT, Frank. Ob. cit., p. 12-3.
(539) Ob. cit., p. 14-5.
(540) Ob. cit., p. 15-6.

A explicação dessa legitimidade vem, como se disse, de uma analogia com o Judiciário. Este ramo, assim como os corpos não eleitos, foi, originariamente, em termos, posto à parte dos demais poderes do Estado democrático.(541) O Judiciário não é responsável diretamente com o povo — por eleições, nem controlado pelos poderes eleitos. Isto não significa que o Judiciário é indiferente à opinião pública ou aos corpos eleitos. Ademais, o Judiciário percorre um caminho para a sua própria forma de legitimação.(542)

Não resta dúvida que o Judiciário necessita de um certo nível de aceitação pública para as suas ações. Nada obstante, o Judiciário não necessita de aceitação para as suas decisões individuais, mas para a sua função em geral. É ela que vai capacitar o público para acatar decisões impopulares ou quanto a julgamentos cobrados politicamente. Não se trata, assim, de uma justiça das multidões, já que esta não é justiça em seu todo, sendo que o Judiciário existe também para preveni-la.

Assim ocorre, *mutatis mutandis*, quanto aos corpos não eleitos. Eles têm esta mesma relação com o público. Embora não sejam indiferentes para as atitudes do público em sua direção e examinarem as necessidades que o público suportará e entenderá. Mas há limites. O mundo da informação e do conhecimento não é definido pelo que o público aprova, mas em agir com responsabilidade técnico-científica. O mesmo ocorre, ou pelo menos deve se dar, também, com o Judiciário, guardadas as devidas proporções.(543)

No relacionamento entre os poderes do Estado, existe respeito, não, a rigor, submissão. O mesmo se dá em relação aos corpos não eleitos. Este tema perpassa o da legitimidade, em especial porque está a se dizer que a legitimidade dos corpos não eleitos é análoga à do Judiciário. Sabe-se que a legitimidade do Judiciário em geral somente é questionada em caso de *judicial review*, ou seja, quando se está a tratar de atos de outro poder — Legislativo ou Executivo. Assim, o primeiro ponto que legitima a atuação do Judiciário é a Constituição. O segundo, é estar em consonância com os princípios (moral fundamental) que dela subjazem, em particular, os direitos humanos. O terceiro é ter uma legitimidade procedimental, proveniente de um agir com adequação, ou seja, com proporcionalidade, procurando tomar as decisões com equidade, dentro dos limites da norma, sem obscuridades, e de acordo com o procedimento formal previsto.(544)

No que tange aos corpos não eleitos, estes também se legitimam por meio de sua previsão constitucional,(545) ou legal. Ademais, para a sua legitimidade, existem princípios básicos a observar, segundo *Vibert*, aplicáveis aos corpos não eleitos. O primeiro é que eles são informados por uma necessária diferença entre o que é e o que deve ser, de se fazer uma clara distinção entre observação normativa e factual. Despojados de juízos de valor, aproximam-se dos fatos, buscando revelar a sua realidade e com base em métodos, dependendo da matéria analisada, das ciências naturais ou sociais, explicitam-os de modo transparente. Quando têm que fazer uma regulação, por exemplo, no caso de um Banco Central, analisa-se o comportamento dos agregados monetários ou tenta-se quantificar os custos da regulação proposta, baseado em fatos, clareados pelas movimentações inflacionárias, tudo cotejado com padrões científicos, os mais avançados, dos quais dispõe o regulador nesta matéria. O segundo princípio diz respeito à evidência empírica,

---

(541) VIBERT, Frank. A exceção quanto à eleição para o Judiciário está nos Estados Unidos da América, em que muitos Estados membros elegem juízes. Esta prática é criticável e muitas vezes pode submeter magistrados à corrupção política e à intimidação. In: Ob. cit., p. 115-6.

(542) Ob. cit., p. 114-5

(543) Ob. cit., p. 115-6.

(544) Ob. cit., p. 117-121.

(545) É o caso, por exemplo, de Portugal, em que a Constituição previu a existência da "entidade administrativa independente", nos termos dos arts. 35º, n. 2, 37º, n. 3, e 39º, sendo que neste último associou os conceitos de entidade administrativa independente e regulação. O art. 267º autoriza a criação genérica de entidades administrativas independentes. In: GONÇALVES, Pedro. Direito Administrativo da Regulação. In: *Estudos em Homenagem ao Professor Doutor Marcelo Caetano*. Coimbra: Coimbra Editora, 2016. p. 550.

tradicional às ciências físicas e sociais, que dão grande valor aos dados, reportando-se às fontes e como eles foram alcançados, observando-se a reproduzibilidade, ou seja, da mesma conclusão ser alcançada por diferentes pesquisadores, com base nos mesmos dados, testando-se a consistência do método empregado, observações e inferências. Os corpos não eleitos têm o mesmo respeito à evidência, obtendo-se dados consistentes, empregando-se métodos confiáveis e testando a robustez das conclusões, com abertura a críticas em relação ao que se alcançou. Ademais, os corpos não eleitos observam as incertezas e o que não é conhecido. Havendo lacunas nos dados, inadequações nas conclusões, inclusive nos efeitos, buscar-se-á a melhor solução, dentro das condições que se dispõe, com base em críticas e amplo diálogo, alcançando-se a melhor conclusão, diante dos fatos, das evidências e das ferramentas que estão à disposição.(546)

A par dos princípios mencionados, existem dois procedimentos fundamentais com eles relacionados já referidos, a serem seguidos, que também são fornecidos, e sofrem algumas adaptações, pelas ciências físicas e sociais: (1) a importância da abordagem experimental; (2) a imprescindibilidade de expor dados, método de análise e inferências provenientes dos dados e análises para a regulação ou a solução alcançada, inclusive com a submissão de tudo à revisão dos pares. Assim sendo, o regulador deve reduzir incertezas nas suas decisões, utilizando-se de técnicas experimentais ou técnicas que reduzam o risco de erro; para isso, também, usam as técnicas de avaliação de impacto, verificando as alternativas diante do problema existente no mundo real, trazendo a evidência em uma coerente construção.

No caso do Judiciário, a combinação de procedimentos e princípios envolve uma tentativa de reconciliar princípios de justiça substantiva, considerando os resultados finais do que o Direito deve realizar, com normas procedimentais, que estabelecem o caminho por meio do qual o Direito deve ser conduzido sem a especificação de um fim, para a sua efetiva interpretação e aplicação. O trabalho consiste em propor a interpretação de uma norma ou o comportamento adequado, que é ao mesmo tempo decorrência de uma abordagem procedimental e substantiva. Os corpos não eleitos fazem uma abordagem análoga, ao tratarem de conceitos como interesse público ou interesse econômico geral, o que exige a identificação dos mesmos nas situações examinadas, a ser alcançada em um procedimento adequado.(547)

Deste modo, os corpos não eleitos têm o seu próprio espaço de atuação no sistema jurídico-político, realizando a sua função com características próprias, a saber: (1) maior rigor, baseado em seus princípios e procedimentos característicos de ação, e diferente método de abordagem aos fatos, fontes, análises e incertezas das matérias de sua competência; (2) evitar que ideologias e vieses filosóficos influenciem; (3) evitar as influências dos outros corpos do poder.

Não há dúvida que a vitalidade do novo sistema, com a adoção dos corpos não eleitos, relaciona-se com a independência deles quanto aos corpos eleitos e ao Judiciário. Ademais, é indene de dúvidas também que os corpos não eleitos são uma alternativa melhor que os eleitos para reunir informações e mobilizar conhecimento empírico. Eles são melhor aparelhados para lidar, inclusive, com determinados conflitos de interesse, nas novas formas que estes se levantam atualmente nas modernas sociedades. Tais corpos não são compatíveis com caprichos e meras vontades eleitorais ou decorrentes de desejos de grupos. Estes corpos não eleitos são legitimados pelo maior rigor com que abordam os fatos e pelo conhecimento empírico empregado, em harmonia com princípios e procedimentos que sustentam esse rigor.

Contudo, em democracia sempre houve uma certa desconfiança com elites, o que se poderia pensar acerca dos *experts* que integram estes corpos não eleitos. Nada obstante o modo de legitimação destes corpos, para evitar que eles formem um ramo elitista do poder, faz-se necessário

---

(546) VIBERT, Frank. Ob. cit., p. 121-3.
(547) Ob. cit., p. 124-6.

encontrar, dentro do sistema democrático, a correspondente responsabilidade. Como manter os corpos não eleitos no caminho para os quais eles devem seguir? De acordo com as distinções clássicas da descrição americana da separação dos poderes, a responsabilidade tem três distintos e práticos componentes. Primeiro, de ser responsável pelos caminhos nos quais os poderes têm que ser exercidos. Segundo, há responsabilidade pelo senso do poder, que é exercido dentro de certos limites. Em verdade, no sistema de *checks and balances*, como mencionado, cada poder auxilia o outro a se manter dentro dos limites de suas ações por sua própria definição (mesmo não havendo completa separação, como se sabe). Terceiro, há responsabilidade na aplicação de sanções quando um ramo do poder é mal usado.(548)

Deste modo, não apenas o eleitor poderá se livrar, nas eleições, de políticos, que lhe faltaram a confiança, mas o clássico sistema de *checks and balances* provê formas de sanção, quando os poderes são mal usados. No sistema presidencialista de governo, por exemplo, o Presidente da República pode sofrer *impeachment*. Em caso de mau uso pelo Legislativo, poderá haver *judicial review*. Os juízes podem ser sancionados no caso de mau comportamento.

Os corpos não eleitos, assim como os demais, precisam dar públicas razões na forma de agir com responsabilidade nas suas funções. Devem, também, agir dentro dos limites próprios e respeitar as funções essenciais dos outros ramos do sistema jurídico-político. Ademais, também devem ser sancionados, no caso de procederem mal.

Sabe-se que o modelo de *checks and balances* foi concebido como um sistema de responsabilidade, sendo esta uma de suas principais vantagens, fortalecendo o seu caráter democrático. Este sistema clássico traz em seu bojo a possibilidade de responsabilizar os corpos não eleitos, a fortalecer o regime democrático como um todo. Nada obstante, assim como o Judiciário, os corpos não eleitos, como mencionado, não respondem, por suas decisões, junto a eleitores, mas elaboram as razões de suas decisões, de um modo que ofereçam públicas justificativas para as suas ações, de uma forma rigorosa, baseada em metodologia empírica. Em caso de transbordarem os seus limites de ação, a jurisdição tem uma importante função para o alcance de sanções pelo uso inadequado do poder pelos corpos não eleitos. Este mau uso também advém da captura do poder dos corpos não eleitos por interesses privados, que se utilizam das funções para manipulações, cumplicidades e promoção de interesses particulares de utentes e não para a consecução do interesse público. Do mesmo modo, o atuar baseado em caprichos ou arbitrariedade também representa mau uso do poder regulador. Tudo isso desafia controle jurisdicional para a correção desses desvios de rumos.

Por outro lado, o mau desempenho dos corpos não eleitos enseja sanções dos ramos eleitos do poder, que podem redefinir as bases estatutárias dos não eleitos e iniciar os procedimentos legais para a demissão dos mandatários, ou ainda fazer ajustes relacionados a controles orçamentários. Claro que todas estas ações também devem ser pautadas dentro dos rigores do sistema de *checks and balances*, exatamente para que não haja uma submissão (contrário à separação dos poderes), ou seja, uma subordinação dos não eleitos aos eleitos, o que refoge ao *spiritus rector* do sistema de poder atual, nas democracias mais desenvolvidas, em que são vedadas as interferências políticas nos corpos não eleitos. O mesmo se diga no caso do *judicial review*, uma vez que o Judiciário deve evitar uma certa invasão na área própria da ação dos corpos não eleitos, em especial no que diz respeito à substância das suas decisões, que se baseiam, em princípio, em informações confiáveis, conhecimentos especializados e rigor no trato dos dados e do conhecimento disponível sobre o tema abordado.(549)

Ao lado de tudo isso, pode-se dizer que os corpos não eleitos, realmente, vieram para trazer um acréscimo qualitativo ao sistema jurídico-político, uma vez que são mais especializados,

---

(548) VIBERT, Frank. Ob. cit., p. 165-170.
(549) Ob. cit., p. 171-3.

mobilizando *expertise* e conhecimento de economistas ou cientistas ou de outras disciplinas do conhecimento. São, por isso, mais hábeis e qualificados no trato de algumas questões que, por exemplo, o próprio Judiciário, já que este está vinculado, no sistema do *stare dicises*, ao precedente (mesmo este sendo, em geral, uma limitação quanto a aventuras jurídicas). O Judiciário, em geral, sobretudo no sistema do *common law*, tem que aguardar um caso, mais específico, para fazer reavaliações e mudar de rumos. Os órgãos não eleitos, em verdade, não têm que esperar um caso em ordem de investigar uma situação e avaliar que ele revela algo satisfatório para uma nova generalização. A atuação dos corpos não eleitos é no sentido de economizar em custos transacionais e de outras ordens, podendo atuar com mais flexibilidade. Quanto ao Executivo, como já falado, as decisões são melhor embasadas e, por isso, menos expostas, a abuso de poder, todavia, podem sofrer, com mais facilidade, interferência de fatores políticos. No que se refere ao Legislativo, este é exposto à pressões, enquanto a normatização dos corpos não eleitos é proveniente das evidências. Por tudo isso, os corpos não eleitos podem trazer um melhor *handcap* aos sistemas democráticos.[(550)]

O sistema de separação dos poderes prevê sanções, por meio dos outros ramos do poder, quanto aos corpos não eleitos, no que tange aos seus desvios, todavia, os corpos não eleitos são organizados em torno de um mútuo respeito pelas funções essenciais que cada órgão tem, não havendo subordinação, mas independência destes corpos em relação aos demais e vice-versa. Deste modo, os sistemas nacionais devem ser cada vez mais aperfeiçoados nesse sentido, para dar legitimidade e responsabilidade aos corpos não eleitos e colocá-los dentro das balizas exigidas no novo patamar da separação dos poderes dos dias atuais, dando-se mais independência aos corpos não eleitos e uma melhor configuração ao sistema de responsabilidade, para que este não veicule uma subordinação daqueles aos demais órgãos do poder.

Os corpos não eleitos aqui mencionados, em particular as agências reguladoras, são aqueles incumbidos, precipuamente, de uma missão de regular uma atividade econômica, em cada setor da economia, ou a concorrência em geral. Para *Vibert*, estes corpos representam um quarto poder, ou um quarto ramo na separação dos poderes, que se adéqua, perfeitamente nela, como um *plus*.[(551)] Cabe, nesse passo, definir que a discussão para saber se as agências reguladoras independentes representam ou não um quarto poder, ou uma quarta função essencial no plexo de funções essenciais do Estado não se faz necessária neste trabalho. Discutir-se esta natureza aqui é enveredar pela mesma trilha de se verificar qual a natureza do Ministério Público, também independente funcionalmente, e se este é ou não um suposto quarto poder. Em verdade, este não é o objetivo deste trabalho, não sendo, para os seus fins, necessária tal análise.

Nada obstante, em Portugal, é a Lei n. 67 de 2013 que define que a atividade das agências reguladoras é administrativa. A própria lei denomina-se Lei Quadro das entidades administrativas independentes com funções de regulação das atividades econômicas dos setores privado, público e cooperativo. Isto porque, como se viu, na matriz europeia, o Estado intervinha diretamente na economia, por meio de pessoas jurídicas que integravam a Administração Pública. Deste modo, em princípio, a atividade de regulação já pertencia ao Estado, que a exercia por sua Administração Pública, direta ou indireta, só que agora tal atividade é exercida pelas entidades administrativas independentes, que lidam com o Direito Administrativo da Regulação — Direito Público da Economia, em parte de suas ações. *Gonçalves*, bem antes da Lei Quadro, já assegurava que as entidades reguladoras pertenciam à Administração Pública em sentido subjetivo ou orgânico, não sendo entidades híbridas ou um incerto quarto poder, e desempenhavam funções administrativas.[(552)]

---

(550) VIBERT, Frank. Ob. cit., p. 175.

(551) Ob. cit., p. 121. Sobre uma análise crítica da teoria de VIBERT, acerca de seu aspecto elitista e de considerações sobre as indaqueções da teoria clássica da separação dos poderes em face do crescimento de estruturas administrativas, ver: LOUGHLIN, Martin. Foundations of public law. Oxford: Oxford University Press, 2010. p. 452-6.

(552) GONÇALVES, Pedro. Ob. cit. p. 542 e 546-8.

No Direito europeu, como já se mencionou de algum modo acima, é pela regulação que se efetiva, hoje, o dever do Estado de garantir e assegurar, como diz *Gonçalves*, a realização do interesse público, quanto ao funcionamento equilibrado dos mercados — protegendo, nesse contexto, o direito dos cidadãos — no sentido de desempenhar sua missão a desenvolver na economia e em atividades privadas, no cenário concorrencial, em particular para o fornecimento de bens e a prestação de serviços econômicos. Para isso, são definidas condições normativas de funcionamento da atividade regulada, para acompanhamento da aplicação e observância de tais condições. Esta ação é de alguém que está fora, estranho ao exercício da atividade regulada, apenas definindo regras para o desenvolvimento das atividades, bem como para implementar e fiscalizar a verificação de seu cumprimento, podendo esta regulação ser por setor da economia (setorial) ou em aspectos relevantes para toda a economia (transversal), como é o caso da concorrência.[553]

As entidades reguladoras, para esse desiderato, possuem poderes normativos amplos, ao lado de competências municiadas para o emprego de técnicas de imposição das obrigações, e de poderes de supervisão e fiscalização. A regulação, em geral, se dá *ex ante*, tendo um caráter profilático, com a atividade reguladora editando regras para a prevenção de falhas e a garantia de produção de resultados. A atividade do regulador, também, pode ser no sentido de punir os infratores, de maneira repressiva, pelo não cumprimento de regras.[554]

Deste modo, em grande parte, as entidades reguladoras dispõem do antigo poder regulamentador, que, anteriormente, pertencia, em geral, à Administração Pública direta. O trespasse desse poder permite à autoridade independente exercer importante poder normativo, estabelecendo regras para as atividades reguladas. Esta parcela do poder regulamentador, em seu aspecto regulador, agora é utilizada para regular a atividade econômica por uma autoridade independente. Ao lado desse poder normativo trespassado pela Administração Pública ou pela própria lei instituidora da entidade independente, há uma atividade, também exercida por estas entidades independentes, como mencionado, para implementar estas regras, por meio de medidas concretas e individuais, uma atividade operativa, de execução de uma função administrativa.[555]

Se poder regulamentar[556], em sua faceta de regulador, e execução de normas de caráter administrativo têm uma compreensão histórica de natureza administrativa, por outro lado, atribuem-se a estas entidades independentes atividades, segundo *Gonçalves*, estruturalmente próximas da função jurisdicional — quase-judicial, o que poderia conduzir à discussão de se isso causa alguma intrusão nas reservas constitucionais relativas à separação dos poderes: a reserva de jurisdição dos tribunais.[557] Sobre este assunto específico, analisar-se-á a seguir, a partir do desenvolvimento do tema, no Direito norte-americano.

2.5.2. Estado Regulador e jurisdição

De início, destaca-se que as experiências europeias e americanas, como menciona *Gonçalves*, encontram-se no final do século XX, aproximando-se as suas configurações, mesmo sendo diferentes as razões dos percursos da regulação em cada um desses continentes. Assim, a regulação

(553) GONÇALVES, Pedro. Ob. cit., p. 439-541.
(554) Ob. cit., p. 541-3.
(555) Ob. cit., p. 544.
(556) Nada obstante, GONÇALVES alerta que os poderes normativos que são dados às entidades reguladoras independentes são tão intensos que podem significar uma aproximação dessa atividade, na área de competência da entidade, à função legislativa, falando-se em *delegated legislation*. In: Ob. cit., p. 546.
(557) Ao ver de GONÇALVES, tais funções e tarefas seriam administrativas. In: Ob. cit., p. 546. Sobre o alargamento do poder regulamentar, no sentido de intervenção, desde a Primeira Guerra Mundial, ver: BOURDEAU, François. Historie du droit administratiff. Paris: PUF, 1995, pp. 365 e seguintes. Sobre as visões da regulação, ver: PROSSNER, Tonny. *The regulatory enterprise: government, regulation and legitimacy*. Oxford: Oxford University Press, 2010. p. 223 e seguintes.

que vem se desenvolvendo na Europa, hoje, apresenta perfis estruturais, funcionais e finalistas tradicionais ao modelo regulador dos Estados Unidos.[558]

Nesse encontro, entre o Direito europeu e o norte-americano, estão sendo introduzidos, passo a passo, no Direito Administrativo da regulação na Europa, no plexo de poderes das entidades reguladoras, poderes que refogem à tradição europeia. De um lado, estes poderes eram desconhecidos como poderes administrativos. Pertencem a este grupo as competências administrativas de resolução de litígios entre entidades particulares, poderes que atuam em procedimentos administrativos triangulares, por meio de atos administrativos de resolução de litígios.

Em que pese as características desses poderes sobretudo na Europa, em que, em geral, a solução em sede administrativa do conflito não retira dos interessados o acesso às vias da Justiça (em Portugal, por exemplo, os tribunais administrativos ou os tribunais em geral, dependendo da matéria impugnada), a recondução da atividade regulatória (concreta) ao conceito de resolução de litígios é uma realidade no Direito norte-americano, representando um dos dados estruturais de sua regulação, sendo, no quadro da *adjudication*, entendida como quase jurisdicional, de resolução de conflitos entre particulares, que se desenvolve toda a compreensão da *ratio* de intervenção regulatória das agências. Esta concepção judicialista americana da *adjudication* pressupõe a geração de resultados benéficos para os particulares.[559]

Segundo *Gonçalves*, para que a atribuição de poderes de resolução de conflitos às autoridades independentes reguladoras não ofenda ao princípio da separação dos poderes é essencial que os litígios objeto da solução dos conflitos não sejam relativos a interesses puramente privados, que resultem de condutas ou omissões sem relação direta e imediata com o interesse público do correto funcionamento do sistema regulado, sendo que a intervenção administrativa somente se justifica e se impõe como legítima quando presente a necessidade de se atender a um interesse público administrativo.[560]

Examinando as agências reguladoras nos Estados Unidos, vê-se que está, há muito, enraizada, naquele país, a cultura de que a administração pública é baseada no princípio da eficiência, amparado na ideia da concentração de um poder gerenciador na figura do Presidente da República, ou, em geral, de um chefe monocrático, nos vários níveis do governo, dentro do Executivo. Em outra conexão, este princípio conduz à neutralização dos processos decisionais, que ganham caráter de uma notável participação e enfatização do contraditório em senso processualístico. Esta duplicidade de condicionamentos da ação administrativa para suprir as necessidades da comunidade é a forma real de manifestação do princípio da separação dos poderes na administração, não apenas no setor das agências independentes.[561]

Deste modo, as agências administrativas americanas agem em meio a uma cultura geral da administração, com raiz tradicional, relacionada a uma conhecida procedimentalização e uma caracterização do interesse público como produto de um *modus operandi* de inspiração processual. Assim, as resoluções dos problemas sociais, que a lei prevê, são, em concreto, confiadas à atuação que a lei dá à administração. Na cultura americana, nesse sentido, existem duas formas gerais de execução da lei: a tomada de decisão regulatória — a produção normativa confiada (por *statute* do

(558) GONÇALVES, Pedro. Ob. cit., p. 539-540.
(559) Ob. cit., p. 562.
(560) Ob. cit., p. 563.
(561) CARACCIOLO, Luciano Barra. *Funzione amministrativa e amministrazione neutrale nell'ordinamento U.S.A.: Profili comparativi con l'esperienza italiana*. Torino: G. Gianppichelli Editore, 1997. p. 65-6. Sobre a relação do princípio da eficiência no *civil law*, ver: VICENTE, Marta de Sousa Nunes. *A quebra da legalidade material na atividade normativa da regulação económica*. Coimbra: Coimbra Editora, 2012. p. 177. CARRACIOLO se propõe a comparar o modelo americano com o italiano. Para a leitura do sistema italiano, ver também: SATANZIONE, Pasquale; SATURNO, Angelo. *Il Dirito Privato dela pubblica amministrazione*. Padova: Cedan, 2006.

Congresso) à elaboração dos corpos administrativos: delegação realizada por construção lógica no sistema americano (dedução por princípios); e a adjudicação (*adjudication*) — a declaração do direito aplicável ao caso concreto, que é visto como uma atividade de resolução de conflitos de interesse. A realização destas duas atividades configuram um quadro jurídico definitório de um poderoso mecanismo de solução de conflitos e de gestão de recursos, com grande impacto socioeconômico.[562]

Com efeito, as normas provenientes dessa regulação, segundo CARACCIOLO, nos EUA, são as principais regras de conduta aplicáveis nas relações sociais. E a *adjudication* é, nesse país, a principal forma de resolução dos conflitos intersubjetivos nessas relações, em especial entre a empresa e seus clientes. Verifica-se que se desloca para a administração a gestão da política que, nos diversos setores, conforma a vida social, já que as leis reenviam para o seu concreto significado aplicativo a substância normativa que emergirá da regulação, com decisões administrativas decorrentes de contencioso que a acuidade não deixará, em geral, espaço para ulterior verificação em sede jurisdicional, que tem custo elevado. Assim, fora da previsão dos Pais da Constituição, uma gigantesca delegação de poderes se move do Legislativo e do Judiciário para o Executivo e deste para a burocracia, haja vista que se tornou impossível, em ordem político-eletiva, realmente controlar a multiplicidade e complexidade da gestão cotidiana de tal aparato administrativo.[563]

Muitos consideram o surgimento dos corpos administrativos como sendo a tendência jurídica mais significativa do último século nos Estados Unidos. As decisões em sede administrativa são mais esperadas, em geral, que as decisões das cortes. Em verade, desde *o New Deal*, que se introduziu, como visto, o conceito de política de governo, que trouxe juntamente o método científico para as tomadas de decisão, e a *expertise* como qualidade dos governantes, com um desejo permanente de conhecimento por meio de especialistas, o que é mais importante e necessário que qualquer ideologia para a resolução dos problemas sociais. Foi também nesse período acelerado o processo de criação de agências independentes, no intuito de corresponderem ao esquema pelo qual todo problema tem que ter sua resposta científica, segundo especialista, investido na função por sua *expertise*, em posição de imparcialidade. As novas agências foram destinadas à regulação do mercado etc., devendo promover os valores de democracia econômica.[564]

Em razão do acúmulo de funções nas agências (normativo, executivo e solucionador de controvérsias), temeu-se esta concentração, sendo baixados atos para corrigir qualquer distorção. Assim, foram editados os *Administrative Procedure Act* (APA) e, em 1941, o *Attorney General Report* (AGR), este, considerado um dos documentos mais exaustivos sobre agências reguladoras. Confirmou-se, por meio dele, que uma das características mais relevante, mais essencial, das agências, é a combinação de poderes (*compact regulatory*). Mesmo diante do exercício de seu poder de julgar,[565] deu-se aos interessados a possibilidade de recorrer ao *judicial review*. A informação, por outro lado, é considerada um direito fundamental do processo decisório administrativo — um conhecimento contínuo e detalhado dos fatos estimados para a provisão administrativa.[566]

Faz-se necessário destacar que mesmo a estrutura do *rulemaking*, em razão do APA, tem uma forma de ser desempenhada, iniciando-se pela publicação de um aviso da proposta, seguida de uma fase de comentários, e depois a publicação das regras em seu modo final. Claro que, às exigências do APA, de 1946, foram acrescentadas outras, por meio do *National Environmental Protection Act*,

(562) CARACCIOLO, Luciano Barra. Ob. cit., p. 67-8.
(563) Ob. cit., p. 68.
(564) Ob. cit., p. 69.
(565) A possibilidade, que ainda existe no sistema, de um acesso à Justiça comum é que dá a este poder uma qualidade de *quasi-giudiziale*, como dizem os italianos, como, por exemplo: CAMILLI, Enrico Leonardo; CLARICH, Marcello. *Poteri quasi-giudiziali dele autorità independente*. In: D'ALBERTI, Marco; PAJNO, Alessandro. *Arbitri dei mercado — Le autorità independenti e l'economia*. Roma: Il Mulino, 2010. p. 107-134.
(566) CARACCIOLO, Luciano Barra. Ob. cit., p. 70-1.

com condicionamentos de impacto ambiental, e também no *Regulatory Flexibility Act*, que impôs observar os interesses dos pequenos operadores econômicos, para que sejam impostos requisitos e formalidades. Assim, o próprio *rulemaking*, muitas vezes, é negociado, o que é uma característica do modelo americano, sendo este instituto importantíssimo para a responsabilidade do regulador, com verificação de dados, capacidade de programação e de resultados — agenda regulatória —, dando-se às pessoas interessadas o direito de petição, para questionar e aperfeiçoar o projeto de uma norma. A doutrina norte-americana tem entendido que a regulação por regras provenientes da autoridade independente é preferível, haja vista que incrementa as rotinas e a neutralidade. Este processo, com publicidade e participação, encontra uma maior adequação e aceitação dos interessados, trazendo, também, a redução dos custos administrativos.[(567)]

O tratamento das matérias postas à ação administrativa observa questões vinculadas ao mérito, sendo inconveniente uma excessiva regulação, ficando a cargo da administração o seu exame no dia a dia, observando os fins a que está adstrito. Vincular absolutamente a ação administrativa a regras é incompatível com a existência do "mérito administrativo" e, por conseguinte, ao profissionalismo, em razão do qual se exprime a capacidade de funcionamento do sistema. Esta flexibilidade é ratificada pela Suprema Corte, que definiu que as exigências funcionais a justificam, de modo idôneo, a fundamentar os poderes discricionários. Exemplo clássico se tem no caso em que a *Security Exchange Comission* (SEC), em 1947, exercendo o seu poder regulador quanto à reorganização das sociedades financeiras, ordenou que um executivo de uma companhia renunciasse à aquisição de ações da sociedade, haja vista que tal participação criava um conflito de interesses potencialmente lesivo às posições dos acionistas comuns. Não havia regra proibindo e a aquisição foi feita de boa-fé. Nada obstante, a Suprema Corte decidiu que a administração tem legitimidade para recorrer a *ad hoc orders*, fazendo emanar regulamentação da situação específica, no exercício de uma informada discricionariedade.[(568)]

Fundamental, no contexto do Estado regulador norte-americano, o entendimento do que seja *adjudication*. A sua compreensão se dá como um procedimento contencioso. Para a sua completa definição, deve-se mover desde a consideração acerca do momento acertativo-sancionatório como expressão do poder administrativo de emanar "*orders*" até a ligada fase contenciosa proveniente da reação do sujeito interessado. Esta aproximação, segundo CARACCIOLO, corresponde à ideia geral da normatização como um processo em cascata que, procedendo do legislativo e desenvolvendo-se com a regulação, vem disciplinar cada aspecto da realidade social. Os utentes ou os operadores, por meio dos vários estratos de normatização, sabem antecipadamente como se comportar e quais as áreas de explicação de suas liberdades e aspirações, até mesmo em razão da forma participativa e transparente do alcance normativo.[(569)]

Os substanciais efeitos do poder exercido na *adjudication* relacionam-se à forma na qual esta se explica, isto é, o proceder contencioso que modela o processo *quasi-jurisdizionale* em que se desenvolve e justifica. Em verdade, tem-se, em parte, que tal exercer é jurisdicional (ou quase-jurisdicional), o que engendra uma discussão constitucional, haja vista que o art. 3, parte 1, da Constituição norte-americana, afirma que "o poder judiciário dos Estados Unidos será conferido a uma Corte Suprema e às Cortes inferiores que o Congresso pode, oportunamente, ordenar e instituir". Contudo, tem-se que a *adjudication*, de fato, não obstante a previsão constitucional, tem em si uma notável parte do poder jurisdicional, exercida a partir das estruturas contenciosas das agências administrativas. A justificação para esta transferência de poder jurisdicional às agências, sob o

---

(567) CARACCIOLO, Luciano Barra. Ob. cit., p. 72-100. Acerca do contraditório econômico, realizado pelas autoridades independentes da regulação, ver: D'ALBERTI, Marco. *Il valore dell'independenza*. In: D'ALBERTI, Marco; PAJNO, Alessandro. *Arbitri dei mercado — Le autorità independenti e l'economia*. Roma: Il Mulino, 2010. p. 11-26.
(568) CARACCIOLO, Luciano Barra. Ob. cit. p. 100-1.
(569) Ob. cit., p. 102-114.

plano prático, subjaz da leitura da Constituição favorável à criação e conservação de órgãos e procedimentos úteis para o ordenamento jurídico. Se fala da vantagem da especialização, confiando-se uma matéria específica a um corpo decisório especializado composto de *experts*, o que facilita o proceder sobre a problemática da matéria posta, de um modo rápido e adequado (*streamlined*).[570]

Ademais, razões de oportunidade política se somam, já que o Congresso tem a faculdade de escolher um foro mais funcional para realizar os objetivos que advêm de uma certa legislação. Opta-se por um juízo próprio do conhecimento do *expert*, que tem simpatia à inovação proposta pelo programa legal, melhor realizando-se o interesse público.[571]

Nada obstante, estas razões práticas e políticas são confrontadas pela norma constitucional já referida. Contra a leitura absoluta da mesma (o poder Judiciário é conferido somente às cortes), traz-se à reflexão o disposto no art. 1, parte 8, da Constituição norte-americana, que contém a "*necessary and proper clause*", que atribui ao Congresso a faculdade de fazer todas as leis necessárias e adaptá-las ao exercício dos próprios poderes e de todos os outros poderes que a Constituição investe o governo dos Estados Unidos ou os seus departamentos e ofícios. Assim, entendeu-se que a norma (art. 1, parte 8), com base na sua proposição de estruturar a administração, consentiu de alocar parte do poder Judiciário, ou melhor, da função jurisdicional, nas agências, sendo que tal solução encontrou um consolidado reconhecimento jurisprudencial. Assim, a partir da Suprema Corte, definiu-se a possibilidade de o Congresso atribuir poder de decidir controvérsias nas agências, nos termos do art. 1 da Constituição. Contudo, remanesce sempre a possibilidade de *judicial review*.[572]

Desde 1932, em pleno *New Deal*, a Suprema Corte americana justificou a possibilidade de atribuição de "*judicial power*" às agências, restringindo-se o *judicial review* a questões de direito, ou seja, quanto ao mérito, usando uma terminologia europeia continental, da *expertise*, o controle é exercitado pela própria agência reguladora, e não pela Justiça comum. Tem se afirmado, a partir da Suprema Corte, que o poder de julgar é apropriadamente assinalado às agências, quando estão em jogo direitos públicos, ou seja, prerrogativas das agências governativas baseadas nas leis. Por outro lado, os direitos privados são os questionáveis entre particulares a respeito de direitos e deveres previstos no *common law*. Com a definição jurisprudencial, concluiu-se que o art. 3 da Constituição determina uma reserva inderrogável de jurisdição em favor das cortes judiciais. Em tempo mais recente, houve um esvaziamento da substância da distinção Direito Público e Privado. O ajustamento foi feito com base na finalidade do art. 3, assim concluindo-se: (1) no direito de cada pessoa ter uma decisão federal imparcial e independente; (2) na correspondência do papel destas funções decisionais com o papel de um poder judicial independente, como parte da divisão dos poderes. A valorização a fazer, independente da natureza do direito, é a indisponibilidade e irrenunciabilidade do direito a um juízo imparcial e independente. Justifica-se o contencioso administrativo nos moldes norte-americanos em razão da natureza específica da matéria confiada às agências, em sua *expertise* e maneira expedita de suas decisões, bem como na continuidade de disponibilidade do *judicial review*, nas situações cabíveis.[573]

O isolamento e a independência do processo decisório das agências, com a combinação de poderes em seu bojo, em verdade, há muito tem preocupado o Direito Administrativo nos Estados

(570) CARACCIOLO, Luciano Barra. Ob. cit., p. 115-6.

(571) CONFRARIA fala da necessária avaliação de legalidade, custos etc., que a regulação traz. CONFRARIA, João. 2 ed. Lisboa: Universidade Católica Editora, 2011. p. 151.

(572) CARACCIOLO, Luciano Barra. Ob. cit., p. 117-8. As decisões do contencioso administrativo, na Europa, em geral, desenvolvem-se como na Itália, com amplo recurso aos tribunais para impugnar as decisões prolatadas nas agências reguladoras, em sede de solução de conflitos intersubjetivos. Sobre isso: LALLI, Angelo. *Independenza e controlo giurisdizionale*. In: D'ALBERTI, Marco e PAJNO, Alessandro. *Arbitri dei mercado — Le autorità independenti e l'economia*. Roma: Il Mulino, 2010, pp. 153-172.

(573) CARACCIOLO, Luciano Barra. Ob. cit., p. 119-122.

Unidos, sendo este problema solucionado na configuração de como os órgãos contenciosos das agências devem ser protegidos da ingerência do braço político-administrativo em sua estrutura interna.(574) No final de 1937, o *Comittee on Administrative Management* recomendou a separação das funções judiciais das agências das demais funções, sobretudo das administrativas, com a criação de corpos independentes incumbidos das decisões contenciosas. Aos poucos, as demais agências foram adotando este perfil, criando-se os "*administrative law judges*", na APA, para presidir as audiências de *adjudication*. A nomeação, o tratamento econômico e as condições de estabilidade deles são controlados não pela agência específica, mas pela *Civil Service Comission*. Foi previsto, inclusive, que os juízes não podem ser responsabilizados diante dos supervisores ou de alguém responsável pela investigação e acusação, internamente à agência. Ao lado de tudo isso, a Suprema Corte decidiu, em razão do disposto na VII Emenda, que a *adjudication* não viola o direito ao júri, vigente no modelo norte-americano, representando uma exceção válida ao princípio, por razões específicas relacionadas às vantagens contrapostas de eficiência e tecnicidade que justificam o contencioso.(575)

A *adjudication*(576) sofre controle diante da aplicação do princípio constitucional do *due process*, entendido como o correto procedimento devido, adequado e apropriado, baseado na V e XIV emendas, que estabeleceram que nem o Congresso nem o Governo Federal, nem o de qualquer Estado-membro, podem privar uma pessoa da vida, da liberdade ou da propriedade sem o devido processo legal. Da cláusula em foco, decorre a exigência de que a lei preveja um procedimento que seja razoavelmente apropriado segundo o tipo de direito envolvido e o modo de interferência sobre ele pelos poderes públicos. A administração, em uma situação juridicamente controversa, haverá de explicar a sua inserção substancial sobre a esfera da propriedade ou da liberdade do indivíduo. A submissão da ação da administração aos limites do devido processo legal se deve a esta afetação no plano individual. No sistema americano, quando o indivíduo é tocado, exige-se que as circunstâncias que lhe dizem respeito, relevantes na dinâmica da ação administrativa, sejam acertadas com a contribuição dele mesmo, que deve ser ouvido, surgindo uma questão controversa, sendo a adjudicação um movimento contencioso, não meramente autoritativo. Trata-se de um incidente, de acertamento de circunstâncias particulares e da avaliação concreta de sua correspondência a uma norma legal, sujeito a um procedimento em que se assegura a contestação das acusações, e faculta a réplica, bem como a apresentação de provas no interesse próprio, em um juízo objetivo, imparcial e transparente.(577)

O processo devido é, segundo Caracciolo, aquele ligado à audição em contraditório: direito do interessado de ser ouvido sobre o que lhe afeta; de produzir as provas que lhe incumbe, no intuito de poder revelar e ilustrar o que almeja, podendo aduzir e provar, no sentido de suas argumentações, diante de um decididor independente das partes em controvérsia. Em que pese estas características, o devido processo legal tem sido definido como um lugar jurídico permeado de exigências para equilibrar os fins públicos com os interesses individuais.(578)

Como se disse, a decisão acerca da ordem concreta dos interesses perseguidos na via administrativa deve ser tomada por um *administrative judge law* (ALJ). Esta é a regra fundamental do

(574) Nada obstante, o modelo americano, desde o seu início, com a *Interstate Commerce Commission*, já foi gerando um Estado administrativo judicializado, ou seja, o Estado regulador americano surgiu já com a função de julgar dentro de si. In: OKAYAMA, Hiroshi. Interstate Commerce Commission and the genesis of America's judicialized administrative state. *Journal of the Gilded Age & Progressive Era*; apr 2016, v. 15, Issue 2, p 129-148.

(575) CARACCIOLO, Luciano Barra. Ob. cit., p. 123-4.

(576) Sobre a importância da *adjudication* para o direito regulador norte-americano e sua "*judicial action*" interna, ver: ELLIOT, Heather. *Public regulation in the United States: an overview*. In: VICENTE, Dário Moura; BREGER, Marrshall J. *Direito comparado* — perspectivas luso-americanas. Coimbra: Almedina, 2010, v. II, p. 27-40.

(577) CARACCIOLO, Luciano Barra. Ob. cit., p. 125-133.

(578) Ob. cit., p. 126-139.

procedimento de *adjudication*. Os autos dos atos oficiais, das audições em contraditório e demais atos processuais devem ser trazidos à sua decisão em um modo biunívoco, justificando suas afirmações nos fatos e no direito. Aquele que decide não é, como no processo comum, em regra, um generalista, mas dotado de um específico conhecimento acerca da matéria complexa de um setor objeto de regulação. Portanto, o ALJ dispõe de conhecimento substancial dos aspectos jurídicos e dos técnico-fatuais pertinentes ao setor regulado. Nada obstante, há a possibilidade de recurso das decisões, que é submetido a um órgão envolvido no exercício de funções, inclusive de provisão, na entidade reguladora, o que se justifica pela responsabilidade política que tem o seu consentido *decision making*. Contudo, não se tem tido como afligido o princípio da separação, haja vista que há o distanciamento entre as autoridades e continua a valer a proibição dos contatos extraprocessuais com as partes ou interessados, além de se prosseguir com o formal contraditório.(579)

O ALJ não tem o *status* de juiz federal. O Congresso refutou tal proposta, pois entendeu que um certo grau de controle da parte do vértice da agência (ao menos em sede de impugnação da decisão pelo ALJ tomada) deve existir. Contudo, não deixa de ser um paradoxo do modelo americano, que termina por colocar em uma certa subordinação funcional ao órgão que é parte ou interessado no contencioso. Todavia, compreendeu-se que a possibilidade de não se opor ao contencioso diretamente perante um juiz federal, mas junto a um órgão de apelação político-administrativa, como mencionado, alcança o desiderato de não se reduzir o contencioso a um matiz eminentemente técnico-processual.(580)

Nos Estados Unidos, já se tentou reformar este sistema, para dar ao ALJ um maior grau de centralidade e independência. A proposta foi de criar um corpo nacional de ALJ's federais, não ligados a nenhuma agência em particular, no intuito de maximizar a independência decisional dos mesmos, ligando-os a um painel central, órgão colegiado de gestão de papel nacional, contudo, esta proposta não teve êxito.(581)

O acerto da fórmula(582) na prática talvez possa ser demonstrado com o número de tribunais administrativos existentes. Na década de 1980, eram mais de 1200 juízes. Ao lado deles, em determinados setores, como o de Saúde e Segurança no Trabalho, foram criadas comissões de revisão — *Merit System Protection Board*, que são comissões independentes de adjudicação, que conhecem dos apelos das decisões de primeira instância. Contudo, as alterações que, em verdade, foram feitas, se deram para trazer e estender as garantias dos juízes, de algum modo já expostas, dando ao ALJ uma certa estabilidade em sua posição funcional — somente são removidos por justa causa (grave negligência ou irregularidade no exercício das funções). Ademais, sua independência foi modelada pela lei à semelhança do juiz federal, garantindo-se, que suas decisões sejam neutras, que também se tornam efetivas pelo fato de haver proibição de contato com as partes, autoridades ou interessados fora dos autos, bem como da obrigação que lhe é imposta de decidir dentro do processo à luz do contraditório, com base no devido processo legal. Os atos orais, pelo menos em parte, como mencionado, devem ser reduzidos a escrito. As partes também podem ser sancionadas processualmente, caso venham a violar os seus deveres processuais, tais como o de não exercer influência imprópria. As funções processuais de cada parte são, também, delineadas.(583)

O sistema de separação funcional sofre, todavia, de exceções não desprezíveis. Por sua efetividade advém sua natureza *quasi-giurisdizionale,* da análise das questões substanciais e, portanto,

---

(579) CARACCIOLO, Luciano Barra. Ob. cit., p. 140-1.

(580) Ob. cit., p. 143.

(581) Ob. cit., p. 145.

(582) Na verdade, a discussão em torno de questões de interesse da administração em uma justiça sem júri se desenvolveu bastante nos Estados Unidos, em razão da matéria e da *expertise* envolvidas. Sobre isso: SMITH, Loren A. Government procurement in the United States. In: VICENTE, Dário Moura; BREGER, Marshall J. *Direito comparado* — perspectivas luso-americanas. Coimbra: Almedina, 2010, vol. II, p. 49.

(583) CARACCIOLO, Luciano Barra. Ob. cit., p. 144-8.

a referibilidade a um contencioso, que poderia ser devolvido às cortes, mas que a lei estabelece, ao invés, confiá-lo, em um primeiro momento, a organismo especializado na matéria controversa.[(584)]

Nada obstante, o Estado regulador nos Estados Unidos tem se formado, no decorrer dos anos, de um modo diferente do padrão europeu, haja vista que traz, desde cedo, um funcionamento das agências com uma separação de funções, sob o ponto de vista interno, à semelhança da separação dos poderes no Estado. Deste modo, dentro das agências, esta função judicial[(585)], ou quase jurisdicional, como prefere a doutrina, é atribuída a um determinado órgão — o juiz de Direito Administrativo, que atua dentro das agências, embora não tenha uma submissão funcional, sob o ponto de vista de sua jurisdição, a qualquer dos outros agentes de autoridade nas agências ou fora dela. O desenho da atividade desse órgão nas agências, em verdade, conduz, na prática, a uma separação dos poderes dentro das mesmas, o que parece não se ver, ainda, pelo menos com clareza, no Estado regulador europeu. Com efeito, considera-se fundamental para o Estado regulador norte-americano a participação desses órgãos julgadores na própria regulação, ante a cultura dos Estados Unidos relativa à normatização por meio do precedente. Por certo, estes julgamentos conduzem a uma normatização mediante o exame dos conflitos pelos juízes administrativos, com posterior generalização, por meio de uma regulação exercida pela agência reguladora, por seu órgão incumbido de baixar as regras de regulação, sobretudo da atividade econômica.

Diferentemente do que preconiza *Vibert*, os corpos não eleitos não são um quarto poder, mas uma forma (orgânica e funcionalmente) diferente de exercício dos poderes, ainda que de um modo tripartite, como nos EUA, ou com a atribuição desenvolvida e independente de funções administrativas e normativas do Estado, como no modelo europeu, mais propriamente. Esta tendência, no que se refere à jurisdição na regulação, como se disse, ainda não foi transplantada por completo para a Europa, embora em Estados europeus desenvolva-se a utilização da arbitragem, em sede administrativa, em especial na resolução de determinados litígios relacionados às contratações públicas. Nada obstante, embriões do modelo surgem no plano internacional, como se verá mais adiante, com a jurisdição dentro da unidade regulatória. O que se destaca, neste ponto, é que o modo de ser das estruturas orgânicas americanas caracteriza-se por uma separação de poderes imanente, mesmo na regulação.

---

(584) CARACCIOLO, Lucianao Barra. Ob. cit., p. 149.

(585) Segundo ELLIOTT, "an administrative agency, one single institution, typically exercises all three types of power". In: ELLIOTT, Heather. Ob. cit., p. 28.

CAPÍTULO 3

O papel da jurisdição na estruturação da Sociedade Internacional

3.1. Jurisdição, relações internacionais, cooperação e Direito Internacional

O Direito Internacional[(586)] "é o conjunto de normas que regulam as relações entre os Estados". Esta definição de Direito Internacional consolidou-se após longo percurso histórico e efetivou-se bastante tempo após a consagração do Estado nacional, que não reconhecia nenhuma autoridade acima de si. Em razão dessa pretensão internacional publicista, as normas jurídicas que regulam as relações internacionais ganharam caráter original que as diferencia das normas de Direito interno.

Enquanto no Direito interno os sujeitos de direito estão debaixo de um poder que estabelece as normas, ou pelo menos as mais importantes, da sociedade nacional, no Direito Internacional Público, os Estados, sujeitos de Direito Internacional, promulgam, em comum, a regulamentação que lhes exprime o interesse conjunto. Assim, o Direito Internacional, segundo *Dupuy*, é um Direito de coordenação, que favorece a cooperação entre os Estados. Não há, em princípio, uma autoridade de sobreposição entre eles, que se unem voluntariamente, sendo soberanos na avaliação de seu próprio Direito. Assim é que, na ONU, os Estados esperam preservar a sua soberania no próprio seio da Associação, sendo este o sentido do art. 2º da Carta, fundada no princípio da igualdade soberana de todos os seus membros[(587)] — mais de 190, hoje.

Na marcha até a consolidação de um Direito Internacional Público de coordenação, longo caminho andou a humanidade, a começar por um percurso quase sem fim em que houve apenas uma "sociedade" relacional, na qual as unidades jurídico-políticas somente estabeleciam uma comunicação mais intensa em situações extremas, relativas às fronteiras e à guerra, e, depois, em face das relações comerciais e dos interesses privados transnacionais. Nessa fase, as soluções dos conflitos entre as nações se davam de modo limitado por negociações diplomáticas diretas, para o alcance de acordo entre os litigantes, ou por auxílio de nação amiga dos Estados conflitantes, que faziam gestões com os seus bons ofícios, ou ainda, excepcionalmente, por arbitragem internacional, na solução de casos esparsos, em formações *ad hoc*.

Como se disse na Introdução desse trabalho, a expressão jurisdição significa a função de solucionar litígios, *in casu*, na esfera internacional, seja por órgãos judiciais ou não, públicos ou privados, permanentes ou *ad hoc*, desde que reconhecida a juridicidade do seu exercício. É, assim, a função de julgar, no plano internacional, dos conflitos entre Estados, entre privados, ou entre privados e Estados (e vice-versa), para a resolução definitiva de uma controvérsia.

Nada obstante os avanços até se chegar a um Direito Internacional Público de coordenação, em que os Estados passaram a considerar, no plano internacional, uns aos outros, como formalmente iguais, não houve, por muito tempo, como mencionado, a evolução das fórmulas pacíficas de solução de controvérsias interestatais, com a ausência de qualquer tribunal ou órgão jurisdi-

---

(586) DUPUY, René-Jean. *O direito internacional*. Coimbra: Almedina, 1993. p. 6. DUPUY afirma que "a expressão Direito Internacional está empregue em conformidade com a linguagem corrente e respeita essencialmente ao Direito Internacional Público". In: Ob. cit., p. 5.
(587) Ob. cit., p. 6 e 111

cional permanente no plano internacional para dirimir as disputas entre os Estados, em qualquer área das relações internacionais, como se verá no decorrer deste capítulo e se acenturá mais à frente, o que perdurou até chegar o século XX.

Em que pese este aspecto: inexistência de órgão jurisdicional permanente para resolver conflitos entre os Estados durante muito tempo, desde séculos atrás, em especial na Europa, as relações comerciais entre privados no plano internacional foram alavancadas por sua própria jurisdição, não estatal e não pública, na órbita internacional. Ademais, nações tiveram uma grande aproximação entre os seus nacionais, que mantinham contatos, os mais variados, entre si. Estas relações evoluíram muito cedo, o que levou à existência de um costume entre os Estados europeus, para a solução pacífica dos conflitos provenientes destas relações individuais. Para isso, passou-se a reconhecer, no plano interno, sentenças estrangeiras relativas a direitos privados, por meio de relações diplomáticas, e foi sendo facilitado o acesso à justiça nacional ao estrangeiro, em questões patrimoniais ou privadas, o que, em um plano mais amplo, trouxe alguma paz entre as nações.

A chamada cooperação judiciária internacional, ou seja, o reconhecimento e cumprimento de atos judiciais estrangeiros em solo nacional, mesmo que feita por intermédio da diplomacia, representou a primeira forma de aproximação comum e continuada no tempo no que diz respeito a atos estatais, com caráter internacional e jurisdicional.

Ainda que quanto a relações no plano individual entre nacionais de Estados diferentes, cada vez mais a se desenvolver, em razão da jurisdição que de alguma forma lhes amparava, a aproximar, faticamente, as nações europeias e a criar laços cada vez maiores, a resistência, no plano direto entre os Estados, continuou por muito tempo, a ponto de não permitir o surgimento de mecanismos permanentes de solução de conflitos nesse prisma.

Após a sociedade internacional alcançar o período da predominância de uma considerável cooperação direta entre os Estados, para além da mera cooperação judiciária, no sentido de uma cooperação maior em várias direções no plano internacional, a partir, em especial, da criação da ONU, fórmulas de solução pacífica de controvérsias entre os Estados começaram a surgir com intensidade no plano internacional e parecem apontar, mesmo com avanços e recuos, para um sistema universal, destacando-se a criação de órgãos permanentes de solução de controvérsias, em algumas matérias, no âmbito internacional, entre Estados.

Neste capítulo, enfatizar-se-á o papel da jurisdição para a estruturação da sociedade internacional, com ênfase na importância da cooperação judiciária para a evolução do Direito Internacional e nas primeiras formas de jurisdição direta entre os Estados.

Até se chegar à existência de unidades jurisdicionais permanentes na esfera internacional, a humanidade percorreu um longo caminho, em que a jurisdição teve participação nesse evolver de um modo decisivo, seja por sua ausência ou não desenvolvimento no plano internacional, a não permitir a evolução da interação entre os Estados, seja pela sua maior utilização nesse plano, sob outras nuances, a possibilitar alguma unidade internacional e o relacionar entre as nações, mesmo que meramente entre nacionais de Estados distintos. É o que se verá abaixo, ao analisar-se, sinteticamente, a história da jurisdição internacional até o nascimento das primeiras fórmulas internacionais permanentes e o estágio atual da cooperação judiciária internacional.

3.2. A jurisdição nos primórdios das relações internacionais

Os autores abordam os antecedentes mais remotos do Direito Internacional Público, em análise feita pela História do Direito Internacional, por meio de documentos bastante antigos, a saber, os tratados celebrados entre as cidades-estados da Mesopotâmia.[(588)] *SHAW* diz que foi um solene

(588) MACHADO, Jónatas. *Direito internacional público*. 4. ed. Coimbra: Coimbra Editora, 2013. p. 57.

tratado, assinado entre os governantes de Lagash e Umma, inscrito em um bloco de pedra, por meio do qual se estabeleceu a definição das fronteiras, o mais antigo documento de Direito Internacional, datado, aproximadamente, de 2100 a.C.[589]

Os primeiros tratados tinham por objetivo o fim de guerras, com a definição de fronteiras e de encargos impostos aos vencidos. Exemplos desses são citados na Bíblia. Era comum Israel estabelecer a paz, com povos vizinhos, que se tornavam seus vassalos, ou em relação aos quais Israel se tornava tributário — Amom, Moabe e Edom. Por outro lado, há tratados com o Egito ou até mesmo com povos distantes de Israel — Assíria, para pôr fim às guerras ou evitar invasões, com o estabelecimento de tributação em favor de um dominador que vencia a Israel em determinada guerra, ou mesmo estabelecendo aliança militar, o que representa reminiscências do Direito Internacional relativas a Israel, em períodos remotos da História.[590]

Nesses tempos, como se disse, o Direito Internacional se cingia ao estabelecimento do término de guerra, sobretudo, por meio de tratados, com a fixação de fronteiras, quantificação de indenizações de guerra (tributos) e envolvendo, provavelmente, a devolução de prisioneiros de guerra, não havendo, propriamente, uma prática de cooperação entre os povos. Também se menciona, em doutrina, que os tratados visavam a aliança entre povos para conter ou tentar vencer potências maiores.[591]

O exemplo mais citado na doutrina sobre o tratado que inaugurou o Direito Internacional, veiculando cooperação internacional, é o consubstanciado entre hititas, governados por Hattusili II, e egípcios, no reinado de Ramsés II, de extradição de presos.[592] *Machado* menciona que o documento que consubstanciou este tratado está exposto no edifício sede das Nações Unidas, em Nova York.[593] O tratado entre hititas e egípcios foi estabelecido, segundo *Shaw*, para a "paz eterna e fraternidade" entre os povos signatários[594] e data, provavelmente, de 1256 a.C.

O tratado entre hititas e egípcios é o primeiro documento internacional, do qual se tem conhecimento, que versa, verdadeiramente, sobre cooperação internacional, especificamente sobre extradição.[595] Poder-se-ia dizer, por conseguinte, que a cooperação internacional se iniciou como cooperação judiciária.

---

(589) SHAW, Malcolm. International Law. 6 ed. Cambridge: Cambridge University Press, 2014. p. 10. Na verdade, há registro doutrinário de que este primeiro tratado internacional teria sido entabulado na transição do IV para o III milênio a.C., em cerca de 3010. Todavia, o primeiro tratado encontrado em seu inteiro teor teria sido concluído em meados do III milênio entre o rei de Ebla e, ao que parece, o rei da Assíria, por meio do qual foram estabelecidas relações de comércio e sanções a aplicar pelos delitos cometidos pelos súditos respectivos. Há, ainda, o tratado entre o Grande Rei de Akkad, Narm-Sin, e o soberano de Elan, que seria do século XXII a.C. In: SERRA, Antonio Truyol y. *História do Direito Internacional Público*. Lisboa: Instituto Superior de Novas Profissões, 1996. p. 19.

(590) Como exemplo, os seguintes textos bíblicos: Js 9; Jz 1. 28; Jz 3.8; 2Sm 8-10; 1 Re 4. 21; 1Re 5; 1Re 20; 2Re 20; 2 Cr 35. MACHADO afirma que "alguns estudiosos apontam para a existência de um verdadeiro sistema de direito internacional na antiguidade, no Médio Oriente, durante os Impérios do Egito, Babilónia, da Assíria, da Medo-Pérsia, dos Hititas, com os quais coexistiu o povo de Israel". In: ob. cit., p. 58.

(591) SHAW, Malcolm. Ob. cit., p. 11.

(592) NEFF, Stephen C. *A short history of International Law*. In: EVANS, Malcom D. (edit.). *International Law*. Oxford: Oxford University Press, 2003. p. 33. No mesmo sentido: PROST, Kimberly. *Breaking down the barriers: international cooperation in combating transnational crime.* Disponível em http://oas.org/juridico/mla/en/can/en_can_prost.en.html. Acesso em 21 maio de 2014.

(593) Ob. cit., p. 57.

(594) SHAW, Malcolm. Ob. cit., p. 10.

(595) NEFF, Stephen C. Ob. cit., p. 33. Nas palavras de NEFF: "The earliest surviving treaty of peacetime friendship between two states dates from the twenty-third century BC and was concluded between the Syrian state of Ebla and the region of abarsal, in present-day northern Iraq. It contained provisions relating to the travel of messengers and merchants between the two states and appears also to have confirmed Abarsal as some kind of protected state or vassal kingdom of Ebla. In general, peacemaking and alliances were a common topic of treaty makers. So was law enforcement, in the form of cooperations against banditry or arrangements for the extradition

O tratado entre hititas e egípcios, além de significar a paz, o fim de uma sucessão de guerras que perduraram por muito tempo, definindo a não agressão entre estes dois povos, também previu que territórios sírios ficariam sob domínio egípcio, configurando fronteiras, e estipulando uma aliança militar, de modo que, se um fosse agredido por forças externas ou tivesse dificuldades internas, por conturbações, contaria com o apoio do outro. Mas o ponto, quiçá, mais diferenciador do tratado em comento, que o coloca como trazendo algo verdadeiramente novo quanto aos documentos anteriores, foi a cooperação, no plano jurisdicional, como se disse, que houve entre estes povos para a extradição de fugitivos, sobretudo políticos, mas também pessoas comuns, que seriam mandados de volta. Previu-se no tratado que os enviados de volta não seriam perseguidos quando retornassem, não podendo ser mortos ou mutilados, ou privados de sua moradia ou de suas famílias. A pessoa e bens desses refugiados não seriam atingidos, ainda que não fossem reintegrados aos cargos por eles ocupados anteriormente.

Com efeito, como se vê, a cooperação internacional é praticada, em uma certa medida, pelos povos desde a Antiguidade remota. Na Bíblia, há o exemplo do Líbano, que cooperou com a navegação de Israel, no reinado de Salomão.[(596)] O texto bíblico traz vários exemplos de tratados entre Israel e países vizinhos, objetivando não haver guerra ou findando episódios de ameaça de guerra, muitas vezes com a criação de tributos para os vencidos, como se referiu acima.

Nessa época da história da humanidade, como bem destaca *Machado*, Israel aparece como precursor das formas modernas de estabelecimento das relações internacionais, em que o relacionamento com outros povos baseou-se em um sólido código ético, pautado por valores como verdade, justiça e paz e não na força das armas, sublinhando-se a importância do cumprimento dos tratados, ainda que com inimigos, e o respeito ao direito dos estrangeiros, o que explicaria a sobrevivência de Israel, mesmo sendo um pequeno país, enquanto unidade jurídico-política autônoma e independente, ao lado das superpotências da época, tais como Egito, Assíria, Babilônia, Pérsia e, mais tarde, Grécia e Roma.[(597)]

Contudo, a Antiguidade Oriental legou à humanidade, segundo *Neff*, um exemplo contrário ao entendimento comum de que as relações internacionais, obrigatoriamente, devem ser conflituosas. Para ele, já no quarto ou terceiro milênio a.C., a civilização suméria, na Mesopotâmia, que compreendia um conjunto de cidades-estados sem proeminentes fronteiras naturais a separá-las, o que poderia parecer uma receita para guerras constantes, geralmente aceitou que uma cidade seria considerada a principal, sendo chamada a sede da realeza. Esta dominante função dava a autoridade para arbitrar disputas entre as outras cidades, mas sem o direito de interferir no governo das cidades litigantes. Como exemplo, cita-se o rei de Kush, arbitrando as fronteiras disputadas entre outras duas cidades — Shirpula e Gishku. A expressão sociedade confederal tem sido usada para descrever este arranjo hegemônico. Para eles, a realeza deveria se situar em um determinado lugar — alguma cidade — e ter a legitimidade para arbitrar a solução dos conflitos entre as cidades-estados.[(598)]

---

of criminals". In: NEFF, Stephen C. *Justice among nations:* a history of international law. Massachusetts, 2014. p. 14. Também: PROST, Kimberly. Ob. cit. Acesso em: 21 maio 2014.

(596) 2 Cr 9. 10.

(597) MACHADO, Jónatas. Ob. cit., p. 59. SHAW fala sobre o assunto: "The role of ancient Israel must be also noted. A universal ethical stance coupled with rules relating to warfare were handed down to other peoples and religions and the demand for justice and a fair system of law founded upon strict morality permeated the thought and conduct of subsequent generations. For example, the Prophet Isaiah declared that sworn agreements, even where made with the enemy, must be performed. Peace and social justice were the keys to man´s existence, not power". In: ob. cit., p. 11. Sobre o direito dos estrangeiros, a Bíblia traz a seguinte prescrição: "Ama, pois, o estrangeiro, porque fostes estrangeiros na terra do Egito". In: Dt 10. 19.

(598) NEFF, Stephen C. *Justice among nations*: a history of international law. Massachusetts: Harvard Universiry Press, 2014. p. 13-4.

Nesse período da história, a jurisdição, em caráter internacional, funcionou como um fator de aproximação entre os povos, bem mais característico nos impérios orientais da Antiguidade, em que a conservação das jurisdições locais era uma praxe, que auxiliava na unidade alcançada, sendo restrita aos dominadores a jurisdição para as questões maiores, como na hipótese de sedição. O exemplo da Mesopotâmia, em que a arbitragem dos conflitos entre as cidades-estados era comum, realizada por um dos reis, dando a ligação mínima no relacionar entre aquelas unidades políticas, que tinham culturas distintas, muitas vezes, mostra a jurisdição, já nesse período, com papel importante para o desenvolvimento jurídico-político de então. Por outro lado, parece ter sido comum a cooperação judiciária, com a extradição de prisioneiros, dentre eles criminosos fugitivos, que procuravam a impunidade em territórios de outras nações, o que, também sob este prisma, ressalta a importância da jurisdição para a aproximação entre nações distintas, desde a Antiguidade oriental.

3.3. A jurisdição internacional na Antiguidade clássica grega

Além da proto-história do Direito Internacional no Médio Oriente e no Crescente Fértil ter sido importante para os primeiros passos do Direito Internacional, a Antiguidade, na Grécia, segundo *Freitas*, trouxe desenvolvimento ao Direito Internacional, no período da hegemonia grega, a partir do século IX a.C., em que houve um incremento das relações internacionais entre as várias cidades-estados gregas, que tinham autonomia e independência umas em relação às outras. As regras nesse domínio eram costumeiras e convencionais, sancionadas pela religião. Nesse período, foram estabelecidos tratados de paz e aliança que representaram, na opinião do autor mencionado, Direito Internacional, inclusive porque foram estabelecidas relações diplomáticas não só com povos vizinhos, mas também com persas, cartagineses e, mais tarde, com os romanos.[599]

Para *Shaw*, desde o século VI a.C.[600], foram fundamentais, para a significância do pensamento europeu, racional e crítico, as formulações gregas. Caracterizada pelo amor ao argumento e ao debate, esta forma de pensar espalhou-se por toda Europa e pelo mundo Mediterrâneo, por meio do Império Romano, que adotou a cultura helenística, e, novamente, foi introduzida no Ocidente com a Renascença. Contudo, a consciência grega, em seu tempo, limitou-se às suas próprias e competitivas cidades-estados e colônias. Assim, vários tratados vincularam as cidades-estados em uma rede de associações comerciais e políticas. Destacou-se, também, a garantia de direitos a estrangeiros e a proteção de enviados diplomáticos.[601]

Ademais, as cidades-estados desenvolveram ligas entre si, uma característica do seu Direito Internacional, destacando-se as anfictionias — de caráter religioso, assegurando o acesso pacífico a santuários; e as simaquias — alianças militares.[602] Aliás, quanto às guerras, os gregos desenvolveram práticas que mitigaram os seus horrores, com o estabelecimento de regras para a declaração de guerra.[603] Sobre o direito da guerra, os gregos criaram, por conseguinte, institutos, como a

---

(599) FREITAS, Pedro Caridade de. *História do direito internacional público*: Da Antiguidade à II Guerra Mundial. Cascais: Princípia, 2015. p. 9.

(600) MACHADO fala da importância da Grécia para o Direito Internacional no século III, com a Escola Estoica de Zenão, que pregava um mundo não mais constituído por cidades separadas, mas por uma grande cidade sob a lei divina. Para ele, todos seriam cidadãos e membros uns dos outros, unidos não por leis humanas, mas pelo seu consentimento voluntário ou pelo amor. In: Ob. cit., p. 60. A respeito, LOPES afirma: "Os estoicos no final do século IV a.C. e nos séculos seguintes completam mais um salto qualitativo na direção da universalidade. Se acima das solidariedades familiares é possível construir uma solidariedade cívica, então também é possível que haja uma solidariedade ainda mais universal, cosmopolita". In: LOPES, José Reinaldo de Lima. Ob. cit., p. 22.

(601) SHAW, Malcolm. Ob. cit., p. 12.

(602) Ob. cit., p. 10-2.

(603) Ob. cit., p. 12.

necessidade de declaração formal de estado de guerra, a não agressão dos mensageiros inimigos, o respeito aos templos e santuários religiosos e a quem neles se refugiasse, e aos cadáveres e ritos funerários.[(604)]

Para *Lopes*, a base material da vida grega exigiu uma reflexão importantíssima. Por ser uma civilização voltada para o mar, com grande comércio no Mediterrâneo, os gregos teriam uma percepção dos estrangeiros, ao mesmo tempo, como iguais e diferentes. Para ele, os gregos chegaram a se questionar, indagando se além das leis particulares de cada cidade haveria algo. Haveria um Direito comum a todos os povos: um Direito das gentes ou natural?[(605)]

Segundo *Shaw*, este foi um dos grandes contributos do pensamento grego, a ideia de Direito Natural, formulado pelos filósofos gregos estoicos do terceiro século, por meio da qual adviriam regras racionais e lógicas. Ideias e preceitos da lei natural estariam enraizados na inteligência humana, o que conduziria à conclusão de que tais regras não poderiam ser restritas a uma nação ou a algum grupo, mas eram mundialmente relevantes. Este elemento de universalidade é a base da moderna doutrina do Direito Internacional.[(606)]

Apesar deste legado filosófico, na prática, os gregos tinham uma aversão aos de diferente origem, considerados como bárbaros, não sendo possível, para eles, adotar uma política de associação. Deste modo, não lhes fazia qualquer sentido, de modo prático, uma comunidade mundial, apesar do crescimento das colônias gregas em toda a área do Mediterrâneo.[(607)]

Não obstante, dentro do mundo helenístico, constituiu-se um fascinante estado de inter-relações entre cidades-estados independentes. Este relacionar, por certo, deixou, também, importante herança para o Direito Internacional, com o desenvolvimento dos direitos dos estrangeiros, com a previsão de uma jurisdição especial e com o incremento da arbitragem para a solução dos conflitos entre as cidades-estados.

Como se disse, havia a proteção dos direitos dos estrangeiros, que tinham um regime específico de salvaguarda, em particular pela submissão à jurisdição do polemarca — magistrado responsável pela administração da guerra. Além disso, cada estrangeiro, nas cidades-estados gregas, era garantido pela instituição pública da proxenia, pela qual era confiado à proteção de um proxena — cidadão influente. Este instituto é considerado o precursor da figura do cônsul.[(608)]

O desenvolvimento do inter-relacionamento entre as cidades-estados somente foi possível por meio do evolver desse instituto específico de jurisdição, que terminava por garantir a paz no plano interno e uma certa integração do mundo helênico, em que teve fundamental importância esta fórmula jurisdicional, que integrava o Direito Internacional intra-helênico ou pan-helênico, fundado em práticas, tradições e convenções que tiveram o papel de suavizar as durezas e violências primitivas, e de canalizar, pelo menos parcialmente, os conflitos entre as cidades.[(609)] Nesse sentido, os gregos desenvolveram a arbitragem, na resolução de litígios entre eles.[(610)]

E havia, na cultura grega, como diz *Machado*, algo que caracteriza a civilização ocidental, de submeter a todos a julgamento, para posterior aplicação de penas. Destaca-se, na guerra do

(604) FREITAS, Pedro Caridade de. Ob. cit., p. 10.
(605) LOPES. José Reinaldo de Lima. Ob. cit., p. 22.
(606) SHAW, Malcolm. Ob. cit., p. 12-3.
(607) Ob. cit., p. 12. A respeito do tema, SCHMITT fala do Direito grego como um Direito das gentes pré-global. Para ele, as generalizações filosóficas da época helenística, que fizeram da *polis* uma *kosmopolis*, careciam de um *topos*, ou seja, eram sem localização, imprescindindo de uma ordenação concreta. In: SCHMITT, Carl. O nomos *da terra no direito das gentes do* jus publicum europaeum. Rio de Janeiro: Puc Rio, 2013. p. 47-8.
(608) FREITAS, Pedro Caridade de. Ob. cit., p. 11.
(609) SERRA, Antonio Truyol y. Ob. cit., p. 25-6.
(610) FREITAS, Pedro Caridade de. Ob. cit., p. 10.

Peloponeso, depois da batalha de Aegospotami, a instituição de um tribunal, pelo comandante espartano Lisandro. Este tribunal informal foi organizado por Esparta e seus aliados, para julgamento dos prisioneiros atenienses por violações do direito da guerra.[(611)]

Todavia, ao que parece, por não desenvolverem mais as suas fórmulas jurisdicionais no plano internacional, a integração dos gregos em formações políticas mais amplas no plano externo não foi tão bem-sucedida, quando comparada com a romana. Embora a jurisdição garantisse, de algum modo, a paz entre as cidades-estados gregas, com o respeito aos estrangeiros no plano interno de cada cidade-estado, com acesso a alguma tutela jurisdicional, como se disse, os gregos tinham uma certa aversão aos de diferente origem, o que não lhes permitiu uma maior integração internacional. Exatamente aí, por não possibilitarem adequadamente a continuidade das jurisdições dominadas, os gregos falharam. Basta ver o exemplo da dominação grega sobre Israel, com características diferentes da romana. Nesta, a jurisdição local permaneceu, com o funcionamento do Senado judaico. Com a dominação grega, as estruturas locais foram amesquinhadas, o que levou à célebre revolta dos macabeus. Vê-se, assim, a importância que há no arranjo jurisdicional, para unidades jurídico-políticos mais extensas, como no plano internacional, para a continuidade e ampliação de estruturas de poder.

3.4. Aspectos da jurisdição internacional na Antiguidade romana

Nada obstante os gregos não tenham tido a capacidade de estabelecer fórmulas jurídico-políticas mais gerais, a ponto de superar o existir, praticamente, em cidades-estados, a área mediterrânea terminou por ser dominada por capazes administradores, que tinham profundo respeito por organização e pelo Direito, os romanos. Assim, o Direito era aplicado em todo o Império[(612)], constituindo uma vital fonte de referência para cada habitante de seus domínios. Os romanos ultrapassaram a visão de um Direito vinculado ao solo, para adotar o *jus gentium*,[(613)] que proveu simplificadas regras para reger as relações entre estrangeiros e entre estrangeiros e cidadãos romanos.

Segundo Shaw, o instrumento por meio do qual este particular sistema se desenvolveu foi o oficial conhecido como *praetor peregrinus*, o qual tinha a função de supervisionar todas as relações jurídicas, inclusive as questões burocráticas e comerciais dentro do Império. O progressivo uso do *jus gentium* fez este tornar-se "o *common law* do Império Romano e ser considerado de universal aplicação". Por certo, este foi o fator que implicou na distinção entre a experiência romana e a

---

(611) MACHADO, Jónatas. Ob. cit., p. 61.

(612) A tradição romana de relações internacionais começou com o *ius fetiale*, presente desde o início da República. Criado pelos sacerdotes feciais, em um número de 20, que se organizavam num colégio, com a missão de executar os ritos necessários para o início de uma guerra, a conclusão da paz, a celebração de tratados e a reparação de prejuízos causados à Roma. O *ius fetiale* está na origem da distinção entre guerra justa e injusta. In: FREITAS, Pedro Caridade de. Ob. cit., p. 12-3.

(613) Para CÍCERO, o *jus gentium* constitui o ordenamento jurídico da comunidade de gênero humano. In: CÍCERO. *Das Leis* (Livro II). São Paulo: Cultrix, 1967, pp. 62-63. FREITAS afirma que, para Gaio, "o *jus gentium* é um direito aplicado a todos os homens" e, para Ulpiano, "ius gentium est sedium occupatio, aedificatio, munitio, bella, captivitates, servitutes, postliminia, foedera, paces, indutiae, legatorum non violandorum religio, connubia inter alienígenas prohibita, et inde jus gentium, quod eo jure omnes fere gentes utentur". In: Ob. cit., p. 14-5. Sobre o *jus gentium*, MACHADO ensina: "Tratava-se aqui, não de direito internacional autonomamente produzido pelos povos nas suas relações uns com os outros, mas sim de direito romano heterónomo, inicialmente aplicável às relações entre "*gentios*" e (estrangeiros) e entre estes e cidadãos". E continua: "o *jus gentium* adquiriu diferentes significados ao longo dos séculos, tendo designado as normas reguladoras das relações entre povos itálicos, entre romanos e estrangeiros, entre romanos, estrangeiros e povos dominados, e entre todos os povos...". In: MACHADO, Jónatas. Ob. cit., p. 61-2. Sobre o uso da arbitragem no plano internacional por Roma, ver: SERRA, Antonio Truyol y. Ob. cit., p. 30.

grega. A criação do *jus gentium*, mediante a atuação jurisdicional, permitiu o surgimento de um Direito "nacional", não mais ligado ao solo, mas às pessoas,[(614)] embora de caráter privado — conflitos internacionais privados.

Para a solução dos casos, o pretor peregrino levava em consideração o que poderia ser chamado princípios gerais do Direito, advindos da identificação das regras que eram comuns aos Estados em geral. O corpo de decisões do pretor peregrino tornou-se o *ius gentium* — o Direito das pessoas em geral.[(615)]

A filosofia romana incorporou as ideias gregas de Direito Natural, adequando-as às suas próprias teorias legais, justificando o *jus gentium*. O Direito Natural foi considerado consagrador de princípios comuns a todas as nações civilizadas, decorrendo, de seu raciocínio, a necessidade de um *jus gentium*. O pensamento de universalidade do Direito teve origem em um pensar racional, fundamentado em uma superior razão.[(616)]

Não obstante os gregos tenham utilizado da arbitragem, foram os romanos que a desenvolveram. A arbitragem em Roma era privada e pública. Na arbitragem pública, o objeto (limites entre províncias) ou os sujeitos (cidades) da arbitragem deveriam ser públicos. O árbitro, nesse caso, era público: um magistrado provincial ou um senador. A arbitragem internacional, em Roma, resolvia conflitos bélicos entre cidades e territórios independentes. Também, a arbitragem se dava para a solução de conflitos resultantes de tratados de paz celebrados, em geral, entre Roma e as cidades-estados gregas, nos quais era prevista, em caso de conflito, a resolução de diferendos e questões referentes à delimitação de fronteiras. Era o Senado quem resolvia os conflitos, recebendo, em Roma, os enviados dos povos em litígio ou enviando senadores para a resolução da demanda no local em que ocorria.[(617)]

Neff acentua que a visão romana foi muito diferente para a época, pois, ao invés de um benevolente *universal ruler*, desenvolveu uma ideia mais abstrata, mais poderosa, de uma impessoal e universal *rule of the law*. Além disso, o legado romano para um Direito universal decorre da nítida distinção em seu Direito, o civil (nacional) e o *ius gentium* e, mais do que isso, da elaboração da distinção, também clara, entre *ius gentium* e Direito Natural. Esta constatação é curiosa, pois tal herança veio de um povo mais conhecido pela sua prática, todavia, legou a ideia de um Direito Natural, bastante expressiva para o desenvolvimento do Direito Internacional, a seguir formulado. Esta seria a razão, quiçá, de o Direito Internacional ter sido um produto primeiro da Europa e não de outros povos,[(618)] sendo certo que a construção, em especial quanto à distinção de um direito nacional e de todas as gentes foi definida por meio da jurisdição.

É indiscutível, nada obstante, que os romanos deixaram para o mundo, como monumental obra jurídica, a importância dada ao acesso à justiça, garantia concedida ao cidadão romano onde quer que estivesse. Em todo o mundo dominado pelos romanos, objetivava-se alcançar a cidadania romana, que daria à pessoa uma garantia fundamental: o acesso à jurisdição romana, ou seja, a um julgamento justo, não inquisitorial, que foi se estendendo, passo a passo, a todos os habitantes do Império, como se viu alhures.[(619)]

---

(614) SHAW, Malcolm. Ob. cit., p. 12.
(615) NEFF, Stephen. Ob. cit., p. 46.
(616) SHAW, Malcolm. Ob. cit., p. 13.
(617) FREITAS, ob. cit., p. 15-6.
(618) NEFF, Stephen. Ob. cit., p. 88-9.
(619) A importância disso está na Bíblia, no texto que narra que Paulo era romano. Eis o texto: "E quando o estavam atando com correias, disse Paulo ao centurião que ali estava: É-vos lícito açoitar um romano, sem ser condenado? E ouvindo isto, o centurião foi e anunciou ao tribuno, dizendo: Vê o que vais fazer, porque este homem é romano. E vindo o tribuno, disse-lhe: Dize-me, és tu romano? E ele disse: Sim. E respondeu o tribuno: Eu com grande soma de dinheiro alcancei este direito de cidadão. Paulo disse: Mas eu sou-o de nascimento. E logo dele se apartaram os

Ao examinar-se a jurisdição romana, vê-se que ela teve um desenvolvimento fundamental, para permitir a expansão e a coesão jurídico-política. Primeiro, ao dar acesso, de uma forma muito mais ampla, ao estrangeiro, à jurisdição, para a solução de seus conflitos, onde quer que estivesse, por meio do pretor peregrino, surgindo um Direito jurisprudencial, com vigência geral, em toda extensão do território da dominação romana.

Ao lado disso, os romanos também preservavam as jurisdições locais. Assim, a jurisdição comum do território dominado era exercida regularmente em suas próprias fórmulas, não romanas, o que facilitava a adesão e integração dos povos ao sistema jurídico-político romano. No mais célebre julgamento da história, Jesus Cristo foi julgado, sob acusações falsas, no *Pretorium*, um fórum (tribunal) romano, em Jerusalém, que era incompetente para o caso. Vê-se, no texto bíblico, que Pôncio Pilatos pretendeu que os próprios judeus julgassem a Cristo no tribunal israelita, o Sinédrio (Senado), ou seja, na jurisdição local, mas os judeus recusaram. Pilatos, a seguir, realizou o julgamento no *Pretorium*, mas formou uma espécie de júri popular de judeus. Tal julgamento fora dos padrões marcou a história da humanidade e o início do cristianismo, movimento que substituiu o Império Romano mais adiante.

3.5. A *Respublica Christiana*

Com o desmoronar do Império Romano do Ocidente, inicia-se, em suas antigas áreas de dominação, a Idade das Trevas. Para MACHADO, todavia, a Idade Média foi uma importante fase do desenvolvimento histórico do Direito Internacional, haja vista que, mesmo em um contexto conturbado, assiste-se, ao longo dos séculos, a importantes desenvolvimentos normativos e doutrinais essenciais para a formação e evolver do moderno Direito Internacional Público.[(620)]

Com a conversão de Constantino ao cristianismo, o Édito de Milão de tolerância religiosa (313 d.C.), e a oficialização do cristianismo como religião do Império Romano, a Europa dominada pelos romanos torna-se cristã. Com a queda do Império Romano do Ocidente (476 d.C.), o Bispo de Roma passa a ter dignidade sobre o Império — como sucessor de Pedro e de César. Surge a chamada *Respublica Christiana*, com alcance europeu, na qual o Papa tem a autoridade última nas relações entre monarcas, tanto política como espiritual.[(621)]

O universalismo cristão — *Civitas Dei*[(622)] amalgama-se com a tradição do Império Romano, por meio da Igreja. A consolidação do poder papal é sequenciada por uma compreensão de que este inclui a atribuição ao Papa da prerrogativa de proceder ao reconhecimento de reinos e monarcas, à distribuição de terras e de declarar a guerra justa. Como exemplo, Portugal, em que, em 1142, D. Afonso Henriques, proclamando independência diante de Leão, presta vassalagem ao Papa. A independência de Portugal, como reino, assente na subordinação político-espiritual do monarca à Santa Sé, todavia, somente foi reconhecida em 1179, mediante a Bula *Manifestis Probatum Est*. Os monarcas portugueses, a partir de então, procuravam o reconhecimento do seu poder soberano junto ao Papa. O ponto culminante do projeto papal de poder espiritual e temporal se deu com Bonifácio VIII (1235-1303), que pretendeu uma unidade política entre os reinos cristãos.[(623)]

---

que o haviam de examinar; e até o tribuno teve temor, quando soube que era romano, visto que o tinha ligado". In: At 22. 25-29. Em At 26. 32, está registrado, na Bíblia, que Paulo apelou para César.

(620) MACHADO, Jónatas. Ob. cit., p. 63 e 67.

(621) Ob. cit., p. 64.

(622) A cidade de Deus, para Agostinho, é aquela em que todos os seus habitantes estarão livres das guerras e das dívidas, em um governo que trará a paz, unificado nas mãos do próprio Deus. In: AGOSTINHO. *A cidade de Deus* — Parte II. São Paulo: Vozes, 1990. p. 571.

(623) MACHADO, Jónatas. Ob. cit., p. 64-5.

No plano fático, a doutrina papal não se efetivava totalmente, haja vista que muitos monarcas defendiam as prerrogativas de seus reinos e principados[624], contudo, o Papa mediava as relações entre os reinos cristãos, decidindo sobre a validade dos tratados, sancionando espiritualmente as violações e intervindo na mediação e arbitragem dos conflitos. As relações entre os reinos estavam fundamentadas materialmente em um consenso em torno da realização de um ideal teológico-confessional comum, da subordinação ao Direito Natural e na partilha de valores fundamentais de autoridade e tradição. A efetividade existente do poder decorria de duas características do sistema: a verdade objetiva centralizada e unilateralmente proclamada pelo Papa e a Inquisição. A sacralização do poder político o tornava apto a gizar nos domínios da promoção do bem-estar temporal e espiritual do povo, com reivindicações de supremacia do Direito eclesiástico.[625]

A ordenação social se dava a partir de uma base econômica e social fundiária, estamental e feudal, em uma complexa teia de relações e vínculos pessoais de lealdade, servidão e proteção. No feudalismo, a regulação de matérias, como os casamentos entre monarcas e príncipes feudais, traz um regramento que faz haver uma íntima relação entre o feudalismo e o emergente Direito Internacional. Apesar disso, a contestação da autoridade espiritual e temporal do Papa, durante a Idade Média, foi constante, em especial pelos imperadores francos e germânicos, que objetivavam reconstruir o Império Romano. Nesse contexto de tensões, são realizados importantes desenvolvimentos normativos e doutrinários, que, posteriormente, influenciarão no surgimento do moderno Direito Internacional Público.[626]

É que, nada obstante esta tensão, a paz alcançada se devia a esse papel desenvolvido pela Igreja, que tem um cariz internacional, com a criação de vários institutos jurídicos de Direito Internacional, dentro da *Respublica Christiana*, em que um conjunto de povos tinha uma vinculação por sua religião, mas também uma certa integração dada por este arcabouço jurídico, com mais características de jurisdição do que de outra função essencial do poder. Dentre os institutos, pode-se citar: (1) as tréguas de Deus e a paz de Deus; (2) a prática do juramento e o recurso à arbitragem papal; (3) o *justum bellum.*[627] DUBOIS chega a defender que, para o estabelecimento da paz universal, a arbitragem papal deveria tornar-se obrigatória.[628]

Além disso, duas Bulas papais *Inter Coetera* (1493) e a *Mare Clausum*, consubstanciadas pelo Tratado de Tordesilhas (1494), também têm muita importância nessa temática. O mundo foi dividido em duas partes, para que as missões fossem cumpridas por Portugal e Espanha, sendo a terra demarcada pelo Papa,[629] arbitrando as dominações territoriais em amplas áreas do globo, o que se consolidou, de fato, mais à frente.

Nada obstante, o que existia de Direito Internacional Público no mundo de então, em grande parte, cingia-se ao modelo piramidal bicéfalo — Papado e Império, que subsistia com base em um escalonamento de poderes, em um sistema de pluralidade de unidades jurídico-políticas, que

(624) Sobre o embate constante entre papas e reis, ver: CARBASSE, Jean-Marie. *Histoire du Droit*. 3. ed. Paris: Puf, 2015, pp. 73 e ss.
(625) MACHADO, Jónatas. Ob. cit., p. 65-6.
(626) Ob. cit., p. 66-7.
(627) FREITAS, Pedro Caridade de. Ob. cit., p. 19. Ademais, MACHADO afirma que o desenvolvimento da guerra justa, englobando o direito de intervenção religiosa, pontificava a proibição de escravizar cristãos, limitação dos meios empregados, e proibição de guerra privada, havendo necessidade de autorização do monarca. MACHADO enfoca que Guilherme da Normandia (1066) foi condenado por um tribunal eclesiástico a penitências pelos excessos cometidos pelo seu exército na batalha de Hastings. In: MACHADO, Jónatas. Ob. cit., p. 68-9.
(628) DUBOIS, Pierre. *De recuperatione Terre Sanctae apud* FREITAS, Pedro Caridade de. Ob. cit., p. 19. Sobre isso, FREITAS diz que os adeptos das doutrinas hierocráticas defendiam que o pontífice poderia julgar e depor imperadores ou reis europeus, bem como distribuir territórios, intervir em todas as questões temporais, como em guerras e tratados internacionais, e assumir a função de árbitro em diferendos entre príncipes cristãos. In: Ob. cit., p. 17-9.
(629) MACHADO, Jónatas. Ob. cit., p. 67-8.

recorriam, quando suas forças não resolviam, ao poder papal, que, dessa forma, em sua arbitragem, funcionava como órgão integrativo de grande parte da Europa.[(630)] Além de árbitro, o Papa reunia em si outros atributos jurídicos internacionais, como o de reconhecer novos príncipes e registrar tratados.[(631)]

O poder papal nesse período, sob o ponto de vista internacional, foi, também, fundamental para a estabilidade e durabilidade do sistema feudal. Apesar de suas fraquezas, a existência desse supremo poder de ordem teocrática pôde sustentar "uma doutrina de propensão para a universalidade". Basta dizer que a mera excomunhão de um senhor já libertava os vassalos do dever de obediência ao senhor.[(632)] E estes atos eram praticados como resultados de decisões em tribunais eclesiásticos.

Ademais, destaca-se a autoridade do Papa, reiteradamente solicitada para a solução dos conflitos internacionais por meio da arbitragem; além dos poderes papais, de ordem espiritual, para demover monarcas de determinados objetivos internacionais em prol da estabilidade das relações entre os povos — e dos interesses papais também. Esta função jurisdicional foi também fundamental para a caracterização do sistema jurídico-político da Idade Média, sob o ponto de vista das relações internacionais, dando consistência ao regime jurídico-político de então.

Em verdade, mesmo que não de uma forma perfeita, um poder internacional se consolidou por vastos territórios, dando a unidade na fragmentação existente, por meio de um poder arbitral de conflitos entre príncipes e reis cristãos, em uma jurisdição reconhecedora de autoridades sobre territórios, que partia do plano internacional para o interior de impérios, reinos e principados, e que tinha eficácia por extensões de mares e terras longínquas da Europa. Como se disse no primeiro capítulo, a jurisdição, na base da unidade do sistema da Idade Média, o feudo, fossilizou-o como uma unidade jurisdicional. No meio de toda fragmentação, uma jurisdição internacional, a do Papa, resolvia conflitos de cunho internacional — entre principados, reinos, Império etc., trazendo a paz, e decidia a legitimidade das autoridades seculares dentro das unidades internas de poder, dando-lhes uma ligação maior sob o ponto de vista internacional, do que sob a ótica do poder local — os feudos e fragmentos de um lado e uma Europa sob a autoridade arbitral do Papa de outro.

Ainda na Idade Média, houve um desenvolvimento de uma jurisdição internacional no domínio da navegação e do comércio. Nesse período, surgiu a Liga Hanseática,[(633)] com natureza multifuncional, destacando-se a função jurisdicional privada, relativa às desavenças provenientes da navegação e do comércio.

Destaca-se a evolução dessa jurisdição nesse período histórico, relativa ao Direito do Comércio e ao Direito do Mar, a qual acompanhou o desenvolvimento das trocas comerciais no Mediterrâneo e no Atlântico Norte. O Direito do Mar baseou-se, em parte, no Direito desenvolvido pelos bizantinos e, em outra, pelo Direito consuetudinário,[(634)] todavia, passou por desenvolvimento essencial em razão das jurisdições que desde cedo surgiram. É de especial importância,

---

(630) QUEIROZ, Cristina. *Direito Internacional e relações internacionais* — Organizações internacionais. Coimbra: Coimbra Editora, 2013. p. 17.
(631) SERRA, Antonio Truyol y. Ob. cit., p. 35.
(632) DUPUY, René-Jean. Ob. cit., p. 9.
(633) MACHADO, Jónatas. Ob. cit., p. 69. Nesse sentido, cabe destacar que a Liga Hanseática — associação de cidades que se estende ao longo das costas do Mar do Norte e do Báltico, com proeminência de Lübeck, e penetra até o interior — teve papel de primeira importância, entre os séculos XIII e XVII, possuindo feitorias em Londres, Bruges, Bergen e Novgorod, e gozavam de um especial estatuto, possuindo cônsules de jurisdição própria. A Hansa contribuiu para o desenvolvimento do Direito Marítimo e do Direito Comercial internacionais (Código de Visby). In: SERRA, Antonio Truyol y. Ob. cit., p. 37.
(634) MACHADO, Jónatas. Ob. cit., p. 67-8.

nesse tema, o estabelecimento da *Lex Mercatoria*,[(635)] também, fruto da evolução do Direito Inglês, de início consuetudinário, evoluindo em forma de *common law*, sempre relacionado à atividade dos tribunais e com a final definição de regras, abrangendo mercadores estrangeiros, que terminou por ter destinação universal.

Por meio da Europa, cortes mercantis foram instituídas para resolver disputas entre mercadores em suas várias feiras. A *Lex Mercatoria*, que se abordará mais adiante, era pautada em costumes e regulou o comércio, em especial no seio da Liga Hanseática, bem como das cidades-estados italianas da bacia do Mediterrâneo. Esta regulação, entre mercadores de diferentes nações, constituiu um domínio relevante e dinâmico do Direito Internacional com relação ao Direito do Comércio e do Mar.[(636)]

Outro ponto que merece relevo neste passo, refere-se à salvaguarda de direitos de indivíduos de um principado em outro. Foi nesse período que se começou a ter a boa prática de requerer-se o cumprimento de obrigações não solvidas. Quando não quitadas, havia reivindicação do habitante de outro principado ou reino, para que fosse resolvida a questão, diante da autoridade jurisdicional do principado em que residia o devedor, em uma espécie de cooperação. Quando não havia atendimento deste direito, o príncipe do local em que morava o credor poderia partir para a prática de represálias.

Albuquerque faz menção a um instituto com especial utilização na Idade Média: as represálias, que passou a ser utilizado após a queda do Império Romano, quando os estrangeiros ofendidos deixaram de ter recursos contra os príncipes ofensores.[(637)] Tal mecanismo advém da necessidade de suprir a falta de tutela jurídica requerida por um súdito de um príncipe a outra autoridade principesca. Assim, as represálias apenas surgiam na situação de denegação de justiça, em que se recusava a tutela ou a tutela era considerada indevida (e por isso não concedida), ou havia a protelação intencional na realização da justiça. Em que pese tal instituto (represálias) ter sido proibido na *Respublica Christiana*, em razão de um suposto recurso ao Papa, ele foi bastante aplicado.[(638)]

Em geral, depois da verificação de que a autoridade jurisdicional, em regra a do território do réu, não aplicou a justiça, o "processo" era deferido à jurisdição do autor, em que a autoridade jurisdicional deveria analisá-lo e decidir. Havendo condenação, a sentença deveria ser executada não sobre o réu e, na impossibilidade de sê-la, sobre qualquer concidadão do réu que habitasse no

---

(635) SHAW, Malcolm. Ob. cit., p. 14.

(636) Registre-se que houve relações entre cristãos e muçulmanos na Idade Média, antes de 1300, em especial depois da estabilização do poder muçulmano, que se estenderam ao comércio, como os números tratados concluídos pelas repúblicas marítimas italianas (Veneza, Amalfi, Pisa, Génova) e os reinos da Sicília e do Aragão, com os potentados do Levante e da África do Norte. Dessas relações e dos costumes marítimos mediterrâneos, o Direito Comercial Internacional recebeu notável impulso. Em verdade, as cidades mercantes deram ao Direito Comercial e Marítimo um grande desenvolvimento, concretizado por meio de uma série de coletâneas municipais, como a Távola Amalfitana, que vigorou no Mediterrâneo até à segunda metade do século XIX. Destaca-se também o *Libre del Consolat de Mar*, redigido inicialmente em Barcelona, no século XIII, com validade internacional, o qual serviu como instrumento de formação do Direito Marítimo europeu, quase comum. A importância de Veneza, com representantes e estabelecimentos ramificados por todo o Mediterrâneo, com seus embaixadores e despachos, também é fundamental para este desenvolvimento. O Direito Marítimo alcança seu evolver, também, a Oeste e a Norte da Europa, de fonte predominantemente germânica, destacando-se os Juízos ou Rolos de Oléron (final do séc. XI e primeira metade do XII), com relevância até o século XVII. Também se destaca o *Black Book of the Admirality* (séculos XII e XIII), que está na origem do Direito Marítimo inglês, com importância fundamental para gênese do Direito Marítimo moderno. In: SERRA, Antonio Truyol y. Ob. cit., p. 35-7.

(637) ALBUQUERQUE, Ruy de. As represálias: estudo de História do Direito Português. Lisboa: Dissertação de Doutoramento em Ciências Histórico-Jurídicas na Faculdade de Direito de Lisboa, 1972, Vol. I, p. 3-4.

(638) FREITAS, Pedro Caridade de. Ob. cit., p. 20-1.

território do príncipe em nome de quem foi proferida a decisão, podendo ser exercida no território ou no mar. A represália era realizada sobre o patrimônio ou a pessoa escolhida, que ficava com o direito de regresso sobre o réu.(639)

3.6. A lenta aproximação entre os povos, por meio do incipiente sistema de relações comerciais e das relações internacionais

Nada obstante o poder papal e as Cruzadas, as relações entre cristãos e muçulmanos, sob o ponto de vista econômico, não foram rompidas durante a Idade Média, havendo o livre tráfico de caravanas entre Bizâncio e a Ásia Central, o que trouxe alterações aos costumes e deu algumas garantias de segurança às pessoas. As cidades italianas possuíam, nesse período, colônias de mercadores europeus em portos do Império Bizantino e em regiões dominadas por muçulmanos.(640)

Colônia veneziana em Constantinopla já existia desde antes de 1082. Pisa também tinha uma colônia nesta localidade. No início do século XIII, a comunidade de mercadores europeus em Alexandria era em torno de três mil pessoas. Em 1127, Génova teve acesso aos portos dominados por muçulmanos na Espanha e também instalou colônia em Constantinopla, em 1155; na Tunísia, em 1164; e no Egito, em 1275, para exportar açúcar para a Europa. Em 1221, a cidade de Veneza estabeleceu relações com Túnis, e em seguida com o Egito, em 1297.

Em que pese a desconfiança do Papado quanto às relações comerciais com os muçulmanos(641) e a imposição de restrições que quase as inviabilizavam, que terminaram por tender à proibição apenas do comércio de armas, houve, gradualmente, uma prática de exceções, por parte da Igreja. Em verdade, desenvolveu-se uma certa compreensão de que os não cristãos não poderiam ser privados de seus direitos naturais, regendo-se pelos estatutos de sua terra.(642)

Característica marcante desse período, como diz *Neff*, foi uma forma de controle de um ente político sobre uma localidade do território do outro. Em verdade, acentua o mencionado autor, esta forma de controle refere-se a importantes privilégios mantidos para os estrangeiros, conferidos por tratados bilaterais. O principal deles consistia em dispensar os estrangeiros do devido processo legal do sistema jurídico-político que lhes acolhia, em favor do julgamento por oficiais de sua unidade política de origem. A condução dos procedimentos por funcionários consulares do sistema jurídico-político de origem fez com que a expressão jurisdição consular tivesse um uso comum na designação desses tribunais. No Egito, existiam os tribunais mistos, com autoridades egípcias e ocidentais, mas predominava o interesse ocidental.

Nas comunidades de mercadores, predominava o uso da lei do local de origem dos comerciantes e não a do lugar em em que se situava a povoação. Os tratados, pelos quais foram garantidos pelo Império Otomano os tais privilégios, são conhecidos como capitulares. Os tratados iniciais foram celebrados com as cidades de Ragusa e Genova. O primeiro com uma grande potência foi concluído, entre França e Turquia, em 1536. A França também fez um tratado com a Pérsia em 1595.(643)

---

(639) FREITAS, Pedro Caridade de. Ob. cit., p. 20-1. A respeito, ele acrescenta que o Direito medieval isentava algumas categorias de pessoas de serem submetidas às represálias, *v.g.*, clérigos, agentes diplomáticos, peregrinos, escolares, mulheres, crianças. In: Ob. cit., p. 20.

(640) NEFF, Stephen. Ob. cit., p. 105.

(641) A aliança militar era impensável. A excomunhão foi a pena dada ao rei Afonso IX de Léon, no século XII, por cometer tal pecado. In: Ob. cit., p. 150.

(642) Ob. cit., p. 106-7. Talvez esta perspectiva tenha sido a base de legitimação da jurisdição exercida, por exemplo, em solo português, para as comunidades judaicas e islâmicas, sendo que cada uma tinha atividade jurisdicional sobre os seus respectivos pares. In: VALLADÃO, Haroldo. *Material de Classe de Direito Internacional Privado*. 11. ed. São Paulo: Freitas Bastos, 1980. p. 262. NEFF afirma que este também era um costume na China. In: Ob. cit., p. 316.

(643) Ob. cit., p. 150 e 316.

Como se vê, desta perspectiva, a jurisdição era parte importantíssima para a continuidade e até para o estabelecimento das relações comerciais entre povos de culturas muito distintas, como cristãos e muçulmanos, realizando-se a aproximação intercultural com o estabelecimento de uma jurisdição internacional, baseada na jurisdição da origem dos mercadores e daqueles que fossem vinculados, que incidia em território estrangeiro.

Em verdade, as relações internacionais alcançaram, desde cedo, alguma evolução, e foram adotadas, de certa maneira, como prática, na Europa. Elas decorreram de um costume que se desenvolveu desde cedo, intensificado nos séculos X e XI, pois passou a ser comum a utilização de intermediários nos contatos e negociações entre monarcas e senhores feudais.

Nessas questões, por largo período, essa temática teve, segundo *Magalhães*, "sabor predominantemente italiano". Acima já se falou do desenvolvimento das fórmulas jurídicas nas regiões costeiras europeias. Foi introduzida na linguagem oficial a figura do *procurator*, que recebia uma procuração com plena *potestas*, utilizada "por enviados de Veneza na segunda metade do século XII". O uso deste instrumento se tornou corrente no final deste século. Em que pese a realização de atos matrimoniais pertinentes a figuras da realeza, em razão da plena *potestas*, havia também a outorga de poderes para concluir negociações de várias naturezas, em especial comerciais. O procurador, nesse caso, era enviado como "um intermediário com poderes para iniciar e concluir" as negociações. Nada obstante, a terminologia medieva era imprecisa e esta figura muitas vezes era chamada de *nuntius, legatus, missus* ou *procurator*.

Já no século XIII, as demais designações dos enviados foram suplantadas pela de embaixador[(644)], que começou a difundir-se na Itália nesse século, sendo a expressão frequente nos arquivos de Veneza e Génova. Nos séculos subsequentes — XIV e XV, a expressão passou a ser "corrente para designar qualquer enviado", propriamente com poder laico, pois legado e núncio eram usadas mais como designações dos enviados papais, embora ainda continuasse uma certa imprecisão terminológica em documentos humanistas do Renascimento.[(645)]

Com a Idade Moderna, caracterizada pelas grandes descobertas marítimas e o Renascimento, em especial pelas exigências de contato frequente entre as diversas unidades italianas, foi criada a figura do embaixador residente. Na verdade, diz *Magalhães*, antes mesmo do final do século XV, a figura do embaixador residente, "praticamente desconhecida em todo o resto da Europa", passou "a ser uma instituição corrente em toda a Itália".

Da Itália, tal sistema espalhou-se por toda a Europa. Hungria, Espanha, Áustria, Inglaterra, Portugal e França, até o século XVI, já tinham implantado este sistema de embaixadores residentes nos territórios europeus.[(646)]

O sistema europeu de representação diplomática veio a ser abalado em razão das guerras religiosas, a partir de 1560. Em 1589, foi quase interrompido, permanecendo praticamente apenas entre os países que tinham a mesma orientação religiosa, sendo que "a situação somente veio a ser restabelecida com a Paz de Vestfália, em 1648", com a "estabilização do sistema de representação diplomática permanente em toda a Europa".[(647)]

---

(644) MAGALHÃES, José Calvet de. *A diplomacia pura*. Lisboa: Bizâncio, 2005. p. 15-51. Em que pese a menção do tema em foco na Idade Média, a adoção de enviados na política internacional é mencionada em documentos antigos, desde à Antiguidade remota, na Mesopotâmia, no documento antes citado, estabelecido entre Egípcios e Hititas, na Velha China, nas leis de Manu, na Bíblia — durante o reino de Salomão e outros, na Grécia e em Roma. Todavia, não houve a disseminação da prática de embaixadores residentes. Em verdade, já a Bíblia traz referência ao uso de embaixadores. Durante o reinado de Ezequias, houve a visita a Israel de embaixadores da Babilônia. In: 2Cr 32. 31-33. Contudo, a Idade Média assistiu ao desenvolvimento dessa prática.

(645) Ob. cit., p. 31-55.

(646) Ob. cit., p. 58-66.

(647) Ob. cit., p. 63-4.

Em verdade, as relações diplomáticas, em especial, em solo europeu, permitiam as soluções de conflitos, inclusive comerciais, bem como quando envolviam indivíduos, na solução de litígios ligados a questões hereditárias e familiares. Estas representações, nas chamadas relações exteriores, permitiam o encaminhamento de casos (litígios) do nacional de seu país de origem para os órgãos competentes, também diplomáticos, do Estado em que se situavam, para a solução desses conflitos, em uma prática jurisdicional, por meio da diplomacia, realizando atos de modo concertado, por intermédio de órgãos de Estados distintos, em uma prática internacional, que cedo se iniciou na Europa, como um costume internacional.

Por outro lado, o desenvolvimento da jurisdição consular estabilizou as relações que se fizeram possíveis entre povos de culturas distantes, como entre cristãos e muçulmanos. A jurisdição consular garantiu, de algum modo, as trocas existentes na época, benéficas para uns e para outros. A submissão dos moradores estrangeiros de feitorias ou entrepostos comerciais, pertencentes a nações distantes, à sua própria jurisdição, possibilitou um maior contato e convívio entre povos distantes.

3.7. A Paz de Vestfália, as ideias internacionalistas, os tribunais do mar e a intensificação das relações entre as nações para solucionar litígios individuais

As sementes do Direito Internacional, no entanto, vão florescer apenas com a explosão intelectual ocorrida no Renascimento. A teoria do Direito Internacional foi envolvida na reavaliação da vida política e foi profundamente influenciada pela redescoberta das ideias greco-romanas. O Renascimento estimulou o ressurgimento dos estudos helenísticos e das ideias do Direito Natural, que se tornaram populares. Deste modo, um sistema de valores passou a ser entendido como o sustentáculo das relações internacionais e a lei das nações foi anunciada por muitos como parte da lei universal da natureza. Assim, as primeiras teorias do Direito Internacional foram muito relacionadas com o pensamento do Direito Natural, sobretudo, influenciadas pelas ideias de Thomás de Aquino e outros autores ibéricos, como Vitória e Suarez.(648)

No século XV, os árabes são expulsos da Península Ibérica e a América é alcançada. Levantam-se os Estados nacionais na Inglaterra, França, Espanha e Portugal, caracterizados por serem unidades territoriais independentes. A relação entre entidades soberanas precisa, agora, de uma regulação em um modelo aceitável.(649)

A Reforma Protestante e as guerras religiosas europeias que se seguiram conduzem a esta necessidade e vão marcar o declínio do sistema europeu continental fundado na religião e a definição da supremacia do Estado — soberania. Com isso, tem-se a base do Direito Público da Europa (*Jus Publicum Europaeum*) — Direito das Gentes Europeu, ponto de partida de todos os tratados posteriores.

Um dos acontecimentos mais importantes nesse evolver, por certo, foi a Guerra dos Trinta Anos (1618-48), com motivações políticas e religiosas. O imperador Fernando II procurou consolidar a autoridade do Sacro Império Romano-Germânico, com apoio dos espanhóis. Ao mesmo tempo, pretendeu encerrar o poder protestante na Europa. Holanda e Suécia se opuseram a este desiderato, contando com o apoio da França, que foi determinante para o fracasso da empreitada de Fernando II. Com a derrota, no plano político, o Sacro Império e a *Respublica Christiana* cederam, em definitivo, espaço ao Estado soberano moderno.(650)

---

(648) SHAW, Malcolm. Ob. cit., p. 15-6.
(649) Ob. cit., p. 15.
(650) MACHADO, Jónatas. Ob. cit., p. 74.

A Guerra findou-se com a lavratura do tratado de Paz de Vestfália, em 24.10.1648, em que se deu a primeira afirmação de tolerância religiosa no plano internacional. Além disso, este documento internacional foi valioso por ser a base do *Ius Publicum Europaeum*, ao afirmar: (1) a centralidade da figura do tratado internacional na conformação das relações entre Estados; (2) o relevo estruturante, no plano internacional, dos valores da igualdade soberana e da voluntariedade das relações internacionais; (3) o exercício dos poderes soberanos absolutos dos Estados dentro de seus territórios, nos domínios político e religioso independentemente da interferência do Papa e do imperador; (4) o reconhecimento, independentemente do Papa, da soberania da Holanda e da Confederação Helvética, lançando-se os fundamentos do primado da soberania popular; (5) as bases da desconfessionalidade e secularização do poder do Estado e do Direito Internacional, para a sua edificação a partir de princípios de Direito Natural universais, racionalmente acessíveis e válidos enquanto verdades evidentes em si mesmas.[651]

No plano teórico, a chamada Escola Peninsular do Direito Natural, integrada por teólogos juristas, como Vitória, Suarez, Molina, Domingos Soto e Frei Serafim de Freitas, trouxe grande desenvolvimento ao Direito das gentes quinhentista, diante dos desafios decorrentes da exploração do continente americano. As respostas dadas pelo Direito Internacional deixaram de ser meramente teóricas, para ter alguma concretude. Ao lado de uma conclusão em torno de um Direito Natural ao comércio por espanhóis e portugueses, alcançada por esta Escola, *Vitória* desenvolveu um conceito de Direito das gentes que incluiu em sua incidência as comunidades políticas existentes no continente americano, encontradas pelos espanhóis, independentemente de serem cristãs. Por isso, é considerado o pioneiro do moderno Direito Internacional, com a defesa de sua universalização, um Direito comum às comunidades humanas organizadas.[652]

Mais adiante, *Grócio*, já sob a influência da Reforma Protestante, da Guerra dos Trinta Anos, da Paz de Vestfália e da emergência do Estado moderno, medita sobre as concepções da Escola Peninsular, e alcança o *status* de pai do Direito Internacional, haja vista que ele retirou a Teologia das considerações sobre Direito Internacional, tratando, pela primeira vez, de forma exaustiva e sistemática, o Direito das gentes. A lei da natureza foi por ele fundada apenas na razão.

---

(651) MACHADO, Jónatas. Ob. Cit., p. 76. Segundo FREITAS, a Paz de Vestfália não decorreu de uma assembleia de Estados, mas foi constituída por meio de um conjunto de tratados coletivos negociados paralelamente em duas cidades alemãs: (a) o tratado de Münster — entre o Sacro Império, os príncipes das cidades do Império, o rei de França, o rei de Espanha, as Províncias Unidas, os cantões suíços e uma pluralidade de Estados italianos; (b) o tratado de Osnabrück, entre o Sacro Império e o reino da Suécia. Faz, também, parte desse conjunto o tratado dos Pireneus, de 7 de novembro de 1659, entre Espanha e França. Não participaram Inglaterra e Polônia, mas este complexo de tratados pode ser considerado como o primeiro congresso europeu, criando uma regulamentação geral europeia, proclamando a liberdade de circulação no Reno. Quanto à religião, estabeleceu-se o princípio *cujus region, ejus religio*, com base no qual os príncipes fixam de forma oficial a religião do seu Estado, devendo os súditos aderirem à religião oficial, ou emigrarem; caso permaneçam com a religião distinta, devem praticar o seu culto de modo privado. No espaço do antigo Sacro Império, surgem mais de 300 Estados soberanos. Os signatários da Paz de Vestfália reconhecem-se mutuamente como soberanos, independentes. Assumem a obrigação geral de se absterem de intervir no âmbito da soberania dos outros Estados soberanos pactuantes. Como resultado, o tratado foi erigido como o meio normal utilizado para regular questões entre Estados. In: FREITAS, Pedro Caridade de. Ob. cit., p. 25-6.

(652) Aqui está o ponto mais original da teoria de Vitória. Partindo das ideias de Gaio, traduzida no fundamental pensamento de que havia um Direito comum universal baseado na unidade decorrente da natureza humana racional, Vitória define que o *jus gentium* não é meramente o direito dos homens, mas de todos os povos e nações, considerando-o como *ius inter gentes*, ou seja, não meramente entre Estados, mas entre comunidades políticas, mesmo as mais rudimentares. Sob o ponto de vista jurídico, tais comunidades estariam em igualdade jurídica. Com isso, ele abriu caminho para a personalidade jurídico-internacional das comunidades políticas não cristãs. Apesar dessas características de organização não estarem presentes na África de então, sua teoria representou um substancial avanço, uma vez que propugnou o tratamento das relações entre os povos não pelo Direito positivo criado pelos europeus, mas pelo Direito das gentes, natural e comum a todos os povos. In: FREITAS, Pedro Caridade de. Ob. cit., p. 43-5. VITÓRIA fala, em sua obra, que os índios, mesmo não cristãos, são considerados "*hombres y prójimos*". In: VITORIA, Francisco. *Relecciones sobre los índios*. 3. ed. Madri: Espasa-Calpe, 1975. p. 21.

Ao conceber um compreensivo sistema de Direito Internacional, tornou-se seu trabalho, rapidamente, em um livro didático universitário. Uma das suas principais afirmações foi a proclamação da liberdade nos mares, em oposição à cláusula do mar fechado. Ninguém pode se apropriar do alto-mar, que pertence a todos. Tais ideias favoreciam o livre-comércio e a expansão comercial.(653)

Destaca-se, na obra grociana, a fixação da premissa de que existe um Direito comum entre as nações, válido igualmente na paz e na guerra, deduzido da natureza humana, incorporado, segundo *Machado*, na própria estrutura moral do universo, posta por Deus na natureza humana e dela decorrente, em relação ao qual nem mesmo Deus pode alterar. É essa racionalidade e validade universal dos princípios do Direito Natural, defendida por *Grócio*, que vai fundamentar a resistência da Holanda e favorecer à compreensão do princípio da autodeterminação dos povos, que ganhou grande relevo após Vestfália.(654)

A doutrina grociana, embora separada dos teólogos que a precederam, conserva aspectos de ordem moral. Ao que parece, a sua preocupação não é com uma "explosão interestadual do mundo", pois conserva a noção de comunidade dos homens na terra. Baseado na liberdade das comunicações e do comércio, opondo-se à pretensão de alguns Estados de soberania sobre as águas, fez destas uma via aberta para as relações entre os povos. Para ele, o Estado é independente, mas não pode ficar isolado, em razão da sociabilidade natural do homem, afirmando a unidade efetiva do mundo dominado e coordenado pelo Direito Natural. De sua compreensão teórica, advém a ideia de que há o Direito Natural que exprime normas transcendentes que os Estados devem respeitar, e que fundamenta o direito de resistência à ordem injusta, e o direito voluntário, o qual constitui o Direito positivo, derivado dos costumes e dos tratados.(655)

Para *Grócio*, o Direito das gentes difere do Direito Natural, já que aquele somente é obrigatório em função do consentimento das nações, baseado nos seus costumes e nos compromissos assumidos — *pacta sunt servanda*.(656)

Nada obstante, o que se viu até então, em que pese o desenvolvimento teórico, foi simplesmente o respeito, no plano do Direito Internacional, a cada Estado nacional e a soberania em seu território. A ordem internacional que principiava, com um certo reconhecimento das nações, apenas prevalecia no domínio do Direito do Mar, em face da existência, como se disse, de tribunais, com relativa eficácia entre os envolvidos, sobretudo no domínio privado, em especial no da navegação e do comércio, como se disse acima.

Contudo, a Paz de Vestfália vai dar um novo impulso às relações entre os Estados, pois barreiras religiosas foram, de algum modo, quebradas ou mitigadas, aumentando as relações diplomáticas, e retomando-se um caminho importante de solução de conflitos por esta via, em especial os ligados ao comércio, ao direito sucessório e de família. Uma forma de cooperação judiciária, haja vista que, no início da reivindicação, em geral, havia um processo no país de origem de um nacional, com uma posterior sentença, que, encaminhada pela via diplomática, terminava por ser reconhecida na forma prevista no plano interno, e por ser cumprida em solo estrangeiro, muitas vezes por uma autoridade judiciária, na Europa. No demais, em algumas questões de Direito Público entre os Estados, a matéria era, eventualmente, solucionada pelas vias diplomáticas ou pela arbitragem, de modo muito incipiente.

A seguir, serão analisados alguns aspectos do período histórico posterior a Vestfália, em que a jurisdição internacional na resolução de conflitos entre os Estados teve pouco desenvolvimento,

---

(653) SHAW, Malcorn. Ob. cit., p 15.

(654) MACHADO, Jónatas. Ob. cit., p. 78-9. Há muito reivindicado pela Holanda, desde o direito de livre navegação e liberdade de trocas. Ver: GRÓCIO, Hugo. *Mare Liberum*. Boston: Brill, 2009. p. 153.

(655) DUPUY, René-Jean. *O Direito Internacional*. Coimbra: Almedina, 1993. p. 12.

(656) FREITAS, Pedro Caridade de. Ob. cit., p. 49.

contudo, faz-se necessário destacar algumas nuances desse período, no relacionar entre os Estados, para a definição do passo seguinte, em que as nações concluirão pela criação de uma jurisdição internacional permanente.

3.8. O princípio do equilíbrio e da igualdade

Shaw assegura que a ideia de soberania como advinda da existência de um supremo legislador dentro de um determinado território foi, no curso do tempo, transmudada por meio do princípio que deu ao Estado poder supremo vis-à-vis com outros Estados, cada qual em seu território.[657] Com a Paz de Vestfália, o Estado é considerado o único sujeito de Direito Internacional, sendo este criado pelos Estados, para aplicação em cada Estado.[658]

O Direito Internacional laico passou a ser dominado pelo princípio do respeito pela dignidade de cada um, pela autoridade territorial e pela independência política dos Estados. Trata-se de um Direito Internacional de coordenação de soberanias justapostas. O sistema de Vestfália ocasionou um período de paz generalizada na Europa, interrompida pela Guerra da Sucessão Espanhola (1702-1714) e pela Guerra dos Sete Anos (1756-1763) — Inglaterra e Prússia contra França e Áustria.[659]

Quanto ao princípio do equilíbrio, este também decorreu da Paz e Vestfália e passou a ser aplicado em instrumentos internacionais subsequentes, como o tratado de Utreque, de 1713, entre Espanha e Inglaterra, em seu art. 2º, no qual se estabeleceu que o justo equilíbrio entre as potências era o mais sólido fundamento para a paz durável.

Com efeito, mesmo diante do fato de os Estados serem pequenos, médios ou grandes, consagrou-se o princípio da igualdade, independentemente do seu tamanho ou da grandeza econômica ou militar. No entanto, as tendências hegemônicas de alguns poderiam originar uma situação de guerra. Para se evitar isso, se iniciou um processo de coordenação da política internacional de cada um, aperfeiçoando-se e estabelecendo-se as missões diplomáticas permanentes e celebrando-se tratados de aliança, comércio e casamento. Os soberanos passaram a ter uma atenção contínua quanto a tudo o que ocorria, de modo que os ministros residentes e as negociações constantes fizeram da Europa uma espécie de república cujos membros são independentes, mas ligados pelo interesse comum de manter uma certa paz no plano internacional.[660]

Com o tempo, após Vestfália, uma nova corrente de pensamento se desenvolve, trazendo importante contribuição ao desenvolvimento do Direito Internacional, o positivismo jurídico, segundo a qual tratados e costumes reconhecidos pelos Estados são a essência do Direito das nações. Enquanto o Direito Natural trouxe ao Direito Internacional a preservação do caráter absolutista da soberania, divinamente inspirada, a ideia do contrato social vai auxiliar na visão positivista do Direito Internacional, com destaque para o enfoque a esta teoria no século XIX.

A relativa paz entre as nações europeias foi quebrada, no século XIX. Simplesmente reconhecer os Estados como iguais e propugnar um mero equilíbrio entre potências não resolve as suas disputas, o que ocasiona a guerra, à falta de uma estruturação mais desenvolvida no plano internacional, em especial no enfoque à resolução de diferendos, por um sistema adequado. Contudo, novos equilíbrios provisórios surgem, até o eclodir de fórmulas que possam dar uma eficaz sustentação à convivência pacífica entre as nações.

(657) SHAW, Malcolm. Ob. cit., p. 15.
(658) FREITAS, Pedro Caridade de. Ob. cit., p. 81.
(659) Ob. cit., p. 26.
(660) Ob. cit., p. 27.

3.9. O Concerto Europeu

Após a vitória sobre Napoleão, os exércitos aliados — Inglaterra, Áustria, Prússia e Rússia — celebram o tratado de Paris, em 30 de maio de 1814, que fixa a paz na Europa. Os vencedores estabeleceram um acordo secreto entre si, modificando as fronteiras, para evitar que qualquer das potências continentais tivesse uma situação estratégica dominante sobre as outras, para a manutenção ou retorno do equilíbrio europeu existente, de alguma maneira, desde Vestfália.

Em 9 de junho de 1815, ao findar o Congresso de Viena, estabeleceu-se o primeiro tratado coletivo moderno, para salvaguardar o princípio da igualdade entre os Estados. A primeira Assembleia de Estados não foi realizada em plenário, mas em pequenas comissões, com a presença de 15 soberanos e cerca de 200 delegações de ministros e diplomatas de toda a Europa. O princípio do equilíbrio entre as potências europeias transforma-se num equilíbrio exato, instituindo-se o concerto europeu, com reuniões periódicas entre os Estados, objetivando uma paz duradoura, com um equilíbrio político, estratégico e militar na Europa. A criação da Confederação Germânica objetivou manter a segurança exterior e interior da Alemanha e a independência e inviolabilidade dos Estados confederados.(661)

No Congresso de Viena, católicos, encabeçados pelo imperador da Áustria, ortodoxos, representados pelo Czar da Rússia, e protestantes, pelo rei da Prússia, constituíram a Santa Aliança, tendo como um de seus objetivos o de defender o princípio da legitimidade monárquica, contra as ideias liberais e nacionalistas da Revolução Francesa, para não permitir a mudança na ordem social, institucional, fronteiriça e quanto à soberania dos Estados, situações que afetem a paz na Europa. Do espírito do tratado subjaz um princípio de solidariedade. Ainda em 1815, a Inglaterra passa a integrar a Santa Aliança, que se torna uma tetrarquia. Em 1818, a França também integrará o concerto europeu, que passa a ser, em seu diretório, uma pentarquia. A Santa Aliança foi um pacto pessoal entre soberanos para evitar a guerra e criar um sistema de segurança coletivo, mantendo a ordem europeia, um equilíbrio entre os Estados.

Para a Santa Aliança, os Estados eram responsáveis por sua ordem interna, perante suas respectivas populações e perante os Estados vizinhos, para que a desordem não transbordasse fronteiras, a contaminar a paz de outras soberanias. Se algum governo, legítimo sob o ponto de vista monárquico, não dispusesse de recursos para a manutenção da ordem interna, deveria pedir à Santa Aliança, que, em razão do sistema de intervenção, garantiria a paz.

Em 1822, Áustria, França, Prússia e Rússia assinam, contra a opinião inglesa, um tratado prevendo a obrigatoriedade da intervenção em caso de aplicação do princípio da revolução em algum Estado com forma monárquica de governo. Esta atuação objetivava mudar o rumo político das sociedades.

A ordem conservadora estabelecida pelo concerto europeu levou a uma política internacional coordenada dos Estados sobreditos, centrada no equilíbrio entre eles. A atuação de cada um deveria objetivar a manutenção do equilíbrio de todos. Apesar disso, a Inglaterra pretendeu um concerto europeu que neutralizasse a Santa Aliança e sua influência na Europa.

O concerto europeu era exercido por meio de congressos frequentes dos Estados da pentarquia, sendo que nada de relevância política, com afetação internacional, deveria acontecer na Europa sem que as potências principais mencionadas fossem consultadas, objetivando-se aplicar o sistema de equilíbrio europeu criado após a Paz de Vestfália. Não havia uma organização rígida do concerto europeu, não sendo obrigatórias as conferências, não havendo periodicidade preestabelecida, forma ou lugar das reuniões, nem quanto à execução das decisões, atuando, os Estados, na esfera internacional, mediante negociações multilaterais. Os congressos autorizavam intervenções de potências em conflito, restabelecendo o absolutismo em alguns lugares.(662)

---

(661) FREITAS, Pedro Caridade de. Ob. cit., p. 28-9.
(662) Ob. cit., p. 30-4.

Em verdade, o concerto europeu estava em contradição com os princípios da soberania, igualdade e independência dos Estados, pois as principais potências ditavam o destino dos Estados europeus e também de muitos na América.[663]

Contudo, este concerto europeu, que visava manter o *status quo* territorial estabelecido em Viena, sofreu rupturas, como menciona *Serra*, com o reconhecimento da independência grega em 1830 e também da independência belga.[664] Na América, em razão da Doutrina Monroe, que vai marcar a política externa americana até a Primeira Grande Guerra, os Estados Unidos opõem-se ao direito de intervenção na ordem interna de Estados da América do Sul, definindo que qualquer agressão à independência desses Estados é uma ameaça à segurança dos Estados Unidos. Segundo esta doutrina, a América não pode ser alvo de uma nova colonização. Nada obstante o seu isolamento em relação à política praticada nos outros continentes do mundo, os Estados Unidos promoveram uma interferência no continente americano, com a anexação do Texas e a compra do Alasca.

O princípio da nacionalidade torna-se a grande razão de ser do desenvolvimento do Direito Internacional, com a transformação da Europa e o aparecimento de novos Estados, como Sérvia, Bélgica, Grécia, Itália unificada, Império Alemão,[665] Romênia e Luxemburgo.

Nada obstante o concerto europeu, nesse período, a maior parte das monarquias democratizaram-se, com a adoção dos valores da Revolução Francesa em suas Constituições. O que era temor das grandes potências monárquicas se consolidou, embora as monarquias tenham subsistido, em grande parte dos Estados, sob o viés constitucional e relativamente democrático.

Durante esse período denominado de Concerto Europeu, entre 1815 e 1914, foi desenvolvido amplamente o uso dos tratados internacionais, não apenas bilaterais, mas multilaterais, o que significou grande avanço para o Direito Internacional, dando conformação jurídica às relações entre os Estados. A visão dominante era o eurocentrismo do Direito Internacional, em razão da superioridade econômica (por meio das companhias reais), tecnológica e militar das potências europeias. Predominava, segundo *Machado*, a compreensão de superioridade da cultura europeia quando comparada às demais. O modelo de Vestfália, dos Estados soberanos, e a prática internacional europeia em sua relação com outros povos, em que prevalecia o colonialismo e o imperialismo na África, América, Ásia e Oceania. A unidade nacional era preservada com a repressão e desestímulo de etnias, línguas e culturas locais, afirmando-se, globalmente, os Estados cristãos, embora laicos sob o ponto de vista jurídico. A definição das fronteiras coloniais pelas potências europeias, de acordo com as suas forças e interesses, põe em tensão expansionismo nacionalista e direito de autodeterminação dos povos.[666]

Os tratados internacionais, utilizados comumente nesse período, prosseguem para garantir liberdade religiosa.[667] Também, são realizadas conferências internacionais com especial preocupação contra os conflitos armados.[668]

---

(663) FREITAS, Pedro Caridade de. Ob. cit., p. 34.

(664) SERRA, Antonio Truyol y. Ob. cit., p. 107.

(665) FREITAS, Pedro Caridade de. Ob. cit., p. 26-39.

(666) MACHADO, Jónatas. Ob. cit., p. 83-84. Não obstante a legitimação internacional do colonialismo, nesse período, por meio das conferências de Berlim, terminou-se também, mediante documento internacional, de pôr fim à escravidão, o que foi definido, finalmente, pelo Ato Geral da Conferência de Bruxelas em 1890.

(667) Após a independência da Grécia, estabeleceu-se, entre Inglaterra, França e Rússia, tratado acerca do novo Estado que surgia, prevendo-se a tolerância religiosa, que seria, no pensamento da época, fundamental para a estabilidade nos Balcãs. No mesmo sentido, o tratado de Paris de 1858, pondo termo à guerra na Crimeia, fixando-se a tolerância religiosa na Valáquia e na Moldávia, que se tornariam Romênia. O ponto culminante do estabelecimento da tolerância nos Balcãs deu-se com o Congresso de Berlim, em 1878, com especial atenção à liberdade religiosa em Montenegro. In: Ob. cit., p. 84.

(668) Destaca-se a Convenção de Genebra de 1864. In: Ob. cit., p. 84.

As concepções teóricas em torno do Direito Internacional desenvolvem-se, durante o século XIX, cada vez mais, como positivistas[(669)], em face do grande número de tratados internacionais e laudos arbitrais. Deste modo, compreendeu-se que o Direito dessas relações advém da vontade dos Estados, ainda que tacitamente, em face dos costumes, com fundamento, sobretudo, nos princípios da autonomia e da consensualidade.[(670)]

Ainda nesse período, cabe enfocar os esforços, na Conferência de Paris, em 1856, na qual a Turquia foi chamada a participar, no intuito de que desfrutasse das vantagens do Direito Internacional e do concerto europeu. A Turquia manteve o sistema de capitulações, segundo o qual os imigrados no Império Otomano e pertencentes a Estados europeus e cristãos estão sujeitos à jurisdição consular e não à justiça turca. A Turquia foi aceita como uma nação cooperante. Em 1894, o Japão celebrou vários tratados com Estados europeus, suprimindo-se a jurisdição consular, criando uma situação jurídica de igualdade entre os nacionais do Japão e os dos Estados europeus.[(671)]

A característica maior desse período, da chamada Europa dos Estados[(672)], iniciado desde a superação do modelo da *Respublica Christiana*, é a da pluralidade de Estados — o sistema europeu de Estados[(673)], o que era configurado por multilaterais convenções entre estes Estados europeus.[(674)] Em princípio, o que havia de Direito Internacional no mundo continuava a orbitar em torno da Europa. Mesmo com o aparecimento de novos Estados no cenário mundial e da extensão das relações internacionais na Ásia e na África, a sociedade internacional é tipicamente europeia, não sendo, ainda, uma sociedade universal.[(675)]

Mesmo sem uma pessoa coletiva unindo as nações, nada obstante o grande número de conferências e convenções internacionais, em especial na última parte do século XIX, as nações se aproximam, de algum modo, por uma estruturação jurisdicional, que representou o ponto de chegada de uma fase da história do Direito Internacional Público, iniciada com os tratados de Jay — século XVIII — e com a arbitragem do caso Alabama (1872). O órgão arbitral criado representou o ápice de um período histórico em que houve um grande aumento do número de laudos arbitrais.[(676)]

Ao término desse período, iniciam-se as chamadas Conferências de Paz, que têm lugar na cidade da Haia, entre 1899 e 1907, as quais desenvolveram um Direito Internacional Público de

(669) NEFF, Stephen. Ob. cit., p. 218 e ss.
(670) MACHADO, Jónatas. Ob. cit., p. 86.
(671) FREITAS, Pedro Caridade de. Ob. cit., p. 80.
(672) A compreensão do Direito Internacional assim concebida levava à não aplicação desse Direito a povos não considerados civilizados, ou seja, que não se encontravam, ao ver europeu predominante, politicamente organizados, sendo que esta concepção autorizava as ocupações e até mesmo a expansão colonial e econômica europeia, sobretudo, na África. Na Conferência de Berlim, legitimou-se, internacionalmente, esta forma de dominação, criando-se, no art. 34º do documento, a figura do protetorado colonial: "A potência que de hoje em diante tomar posse de qualquer território sobre as costas do continente africano, situado fora das suas possessões atuais, ou que, não as tendo ainda, chegar a adquirir alguma, e igualmente a potência que ali assumir qualquer protetorado, acompanhará o ato respetivo de uma notificação dirigida às outras potências signatárias do presente ato, a fim de as colocar nas circunstâncias de fazer valer, se houver lugar, suas reclamações".
(673) QUEIROZ, Cristina. Ob. cit., p. 12 e 17. Não obstante esta constatação, cabe destacar que os Estados Unidos começaram a participar, a partir da Conferência de Berlim sobre a África (1884-85), juntamente com 14 Estados europeus, das Convenções multilaterais. Segundo SERRA, a partir daí, pela presença dos Estados Unidos, estaria ultrapassado o quadro europeu. Ademais, participaram das Conferências da Paz da Haia, em 1899 e 1907, diversos Estados — todos os europeus da época, inclusive a Bulgária, principado tributário do Império Otomano; quatro Estados asiáticos — China, Japão, Pérsia e Sião; dois Estados americanos na primeira — Estados Unidos e México; e dezenove Estados americanos na segunda. In. SERRA, Antonio Truyol y. Ob. cit., p. 109, 116 e 117.
(674) NEFF, Stephen. Ob. cit., p. 319.
(675) A primeira participação dos Estados Unidos se deu na chamada Conferência Africana — a Conferência de Berlim de 1884-1885.
(676) MACHADO, Jónatas. Ob. cit., p. 85.

paz.[677] As Conferências da Haia, além de codificar o direito de guerra e neutralidade, levaram à frente a ideia da regulamentação das controvérsias internacionais — regular os meios de resolução pacífica de conflitos, com enfoque na arbitragem internacional.

A primeira Conferência revelou-se como, quiçá, a mais internacional de todas as realizadas até então (26 Estados participantes), contando com a participação de Estados Europeus, inclusive a Rússia, bem como dos Estados Unidos, da China, do México, da Pérsia e da Turquia, dentre outros.

Em uma das convenções assinadas, estabeleceu-se a regulação pacífica dos diferendos internacionais, aprovada pelos 26 Estados presentes. Em caso de conflito iminente, uma ou mais potências teriam o direito de oferecer os seus bons ofícios ou a sua mediação aos Estados conflitantes. Ao mesmo tempo, os Estados em conflito passaram a ter o direito de acordar no recurso aos bons ofícios e à mediação. O mediador teria a função de "conciliar as pretensões expostas, e acalmar os ressentimentos que tiverem levantado entre os Estados em conflito" (art. IV da Convenção).

Na Conferência da Haia de 1907, com a participação de 44 Estados, inicia-se a superação da configuração do Direito das gentes como um Direito europeu e americano, sendo a sua primeira convenção a respeito da solução pacífica dos conflitos internacionais. Aprova-se, por conseguinte, em cumprimento da convenção sobre a solução pacífica de conflitos, uma declaração para a criação de um tribunal de arbitragem.[678]

As Conferências da Paz da Haia, que, em seu Ato final, trouxe, em seu bojo, a consagração do princípio da solução pacífica dos conflitos,[679] vão redundar na criação de uma verdadeira instituição internacional, o Tribunal Permanente de Arbitragem, em 1907,[680] que funciona até hoje.

Para *Serra*, o principal mérito das Conferências de Paz: ao procurar regular as controvérsias, preparou as bases para a criação ulterior do Tribunal Permanente de Justiça Internacional, o que se destacará mais adiante.[681]

Em verdade, o Tribunal Permanente de Arbitragem parece ser a instituição internacional que representou a obra mais significativa desse período, uma vez que, não havendo, ainda, uma entidade global que reunisse as nações, a instância jurisdicional existente, de cunho arbitral, foi, talvez, a primeira instituição de foro global, reunindo, em caráter permanente, as nações.

Este período foi marcado por um forte desenvolvimento das relações entre as nações. Na Europa, as relações privadas internacionais ganharam contornos de grande desenvolvimento, aproximando cada vez mais os povos, com a solução dos conflitos privados internacionais por meio da cooperação judiciária, ainda mais desenvolvida, exigindo um maior relacionar no plano maior dos Estados, que tentavam se aproximar, agora, criando, de uma forma ainda mais ampla, pois incluía mais nações, inclusive não europeias e não cristãs, um Tribunal Arbitral para solucionar seus conflitos de forma pacífica e para que não houvesse uma escalada pela guerra.

---

(677) FREITAS, Pedro Caridade de. Ob. cit., p. 108-9.

(678) Ob. cit., p. 112-3.

(679) SERRA, Antonio Truyol y. Ob. cit., p. 116. SERRA enfoca que, como resultado dos trabalhos das Conferências de Paz da Haia, em 1907 foi previsto o Tribunal Internacional das capturas, todavia, a convenção que dele tratava não foi ratificada em razão da nomeação dos juízes, ficando pendente.

(680)O chamado Tribunal Internacional das presas, criado em 1907, pela Convenção XII da Haia, que não chegou a entrar em vigor, segundo BRITO, admitia que o particular a ele pudesse recorrer diretamente, para defender os seus direitos. In: BRITO, WLADIMIR. *Direito internacional público*. 2. ed. Coimbra: Coimbra Editora, 2014. p. 483-4. Sobre os bastidores para a criação desta corte: MOYNIHAN, Daniel Patrick. *On the law of nations*. Harvard: Harvard University Press, 1990. p. 23-24.

(681) SERRA, Antonio Truyol y. Ob. cit., p. 117.

Contudo, pelo não funcionamento a contento dessa instância jurisdicional arbitral criada, já que potências não recorreram a ela para resolver as suas disputas, e por outros fatores, houve a guerra generalizada, com décadas em que a paz foi escassa para a humanidade.

3.10. Do tratado de Versalhes ao término da II Grande Guerra e o Tribunal Permanente de Justiça Internacional

Os avanços ocorridos no domínio do Direito Internacional Público, no século que se estendeu entre 1815 e 1914, talvez tenham auxiliado para que a Europa não tenha tido grandes guerras no período, mas vivenciado uma relativa paz desde as Guerras Napoleônicas. Nada obstante, a Primeira Grande Guerra eclodiu como um conflito, inicialmente, envolvendo as grandes nações europeias: Alemanha e Império Austro-Húngaro (a Itália terminou não entrando na guerra ao lado dos alemães, mas combatendo em favor da Tríplice Entente, embora tenha formado, anteriormente, uma Tríplice Aliança com os alemães e austro-húngaros), de um lado, e França, Rússia e Inglaterra (Tríplice Entente), de outro, ressaltando-se que estas conjugações de forças, em que se posicionaram em alianças em dois grupos, já havia se firmado desde a década de 80 do século XIX. O motivo próximo causador do conflito teria sido o assassinato, em Sarajevo, do Arquiduque austro-húngaro Francisco Fernando, herdeiro do trono, pelo nacionalista sérvio Garvillo Princip. Todavia, as razões da guerra, ao que parece, advieram de uma série de eventos ao longo da história, que levaram a ressentimentos entre Alemanha e França, ocasionados por guerras, territórios europeus repartidos e da chamada partilha da África. Cabe relembrar que Bismarck assinou tratados de paz com quase todas as nações europeias, salvo com a França.

A Primeira Grande Guerra Mundial envolveu, inicialmente, as grandes potências europeias, suas colônias e a Sérvia, tendo sido Bélgica e Luxemburgo logo dominados pelos alemães. Depois, Japão (Tríplice Entente) e o Império Otomano ingressaram no conflito, sendo este último ao lado dos alemães e austro-húngaros. A seguir, Itália, que inicialmente alinhara com os alemães e austro-húngaros (Tríplice Entente), bem como Bulgária (alemães e austro-húngaros) e Romênia (Tríplice Entente) também se envolveram no conflito. Em 1917, Portugal, Estados Unidos e Brasil também participaram dos conflitos, ao lado da Tríplice Entente.

Ao término da Primeira Grande Guerra, chegaram ao fim o Império Austro-Húngaro e o que restava do Otomano. Durante a Guerra, já havia expirado o Império dos Csares, com a Revolução de Outubro de 1917. A Conferência de Paris (1919-1920) elaborou os tratados que puseram fim à guerra: (1) o de Versalhes, em 28 de julho de 1919, com a Alemanha; (2) o de Saint Germain, em 10 de setembro de 1919, com a Áustria; (3) o de Neuilly, em 27 de novembro de 1919, com a Bulgária; (4) o de Trianon, em 4 de junho de 1920, com a Hungria; e (5) os de Sèvres, em 10 de agosto de 1920, e Lausana, em 24 de julho de 1923, com a Turquia.

A Conferência de Paz de Paris, diferentemente do Congresso de Viena (1814-1815), foi realizada entre vencedores e vencidos. As principais potências aliadas e associadas — Estados Unidos, Império Britânico, França, Itália e Japão, de um lado, e os vencidos de outro. Em Viena, um século antes, em razão de ter sido restaurada a monarquia em solo francês, regressando a legitimidade reconhecida pelo Sacro Império, a França participou com pleno direito das discussões.[682] Em Versalhes, os alemães, mesmo representando um novo regime, democraticamente legitimado, foram marginalizados nos debates. A participação dos Estados Unidos na Conferência, em relevo,

---

(682) A esse respeito, BENOÎT narra que foi Talleeyrand que reivindicou, e alcançou êxito, ao Congresso de Viena que as quatro potências vitoriosas não poderiam continuar a chamar-se "os Aliados", uma vez que a França agora tinha um soberano que reinava legitimamente, Luís XVIII, ligado a eles por amizade. In: BENOÎT, Pellistrandi. *As relações internacionais de 1800 a 1871*. Lisboa: Edições 70, 2017. p. 45-7.

demonstra o fim do concerto europeu, sendo a primeira vez em que um líder de um Estado não-europeu, o presidente norte-americano Thomas Woodrow Wilson, participou em tal nível nos assuntos do continente europeu.[683] Wilson tinha PhD em ciências políticas pela Universidade John Hopkins, era autor da obra *The State* (1889), e já em 1918 havia tornado público os seus princípios para a paz — os 14 pontos.[684]

No art. 227 do Tratado de Versalhes, Guilherme II, ex-imperador da Alemanha, foi sujeito à acusação pública, por ofensa contra a moral e a autoridade suprema dos tratados, prevendo-se seu julgamento por cinco juízes — um de cada uma das potências aliadas ou associadas acima mencionadas, todavia, os Países Baixos, onde o rei se refugiara, não acolheu o pedido de extradição do acusado. As demais imputações, de menor importância, foram levadas, em geral, às barras dos tribunais alemães, com pouca eficácia.[685]

Depois de assinados os tratados de paz, que tiveram, quiçá, como maior legado, a intenção de proteção das minorias, os aliados passaram a discutir um sistema de segurança coletiva, o que resultou na criação da Sociedade das Nações (SDN), consagrando-se o último dos 14 pontos sugeridos pelo presidente Wilson, que defendia que apenas no contexto de uma organização internacional dotada de poder coercitivo, o Direito Internacional seria então um conjunto normativo eficaz.[686]

A Sociedade das Nações, com sede em Genebra, tinha personalidade jurídica internacional e, segundo *Serra*, assemelhava-se a uma confederação fluida.[687] Os seus órgãos principais eram a Assembleia — conferência anual de todos os membros, e o Conselho, composto por um número de membros que variou entre 8 e 15, entre os quais os das mais importantes potências aliadas e associadas tinham lugar permanente. Os seus objetivos eram assegurar a paz mundial e a segurança coletiva, a resolução pacífica de conflitos, a independência política e a integridade territorial de todos os Estados e o progresso econômico e social. Para a consecução dos objetivos, previu-se: (1) recurso à arbitragem em caso de diferendo entre Estados, não resolvidos por via diplomática; (2) possibilidade de aplicação de sanções, em geral econômicas e financeiras, contra o Estado culpado pela agressão; (3) desarmamento geral dos Estados.

A falta de ratificação dos Estados Unidos ao tratado de Versalhes enfraqueceu a Sociedade das Nações, que, aos olhos da opinião pública mundial, parecia uma entidade em favor do *status quo*, o que diminuía a sua legitimidade. Nem mesmo a entrada da Alemanha no Conselho, com assento permanente, mudou este cenário. Nem ainda a ação americana, que pôs a guerra fora da lei, com a adesão de 57 Estados a este posicionamento — Pacto Briand-Kellog.

Persistia um clima de insatisfação no cenário político internacional, em especial, na Alemanha, situação também que ocorria na Itália e no Japão, o que pesou grandemente no funcionamento da Sociedade das Nações. O Japão e a Alemanha retiraram-se em 1933 e a Itália em 1937.

---

(683) SERRA, Antonio Truyol y. Ob. cit., p. 134.

(684) Cabe registrar que Wilson foi um dos ideólogos da Liga das Nações, todavia ele não conseguiu, nos Estados Unidos, nem mesmo a ratificação, no Senado, do Tratado de Versalhes.

(685) Ob. cit., p. 134. A respeito, NEFF preceitua: "Regarding Germans accused of war crimes, the provision for trials by Allied powers was quietly set aside. As a concession, Germany was allowed to undertake trials itself (as Lansing and Scott had favored). The trials, which got under way in Leipzig in 1921, did not go smoothly. Public opinion in Germany was strongly against them. Opinion in the Allied states became inflamed after the handing down of light sentences to persons convicted. As a result of dissatisfaction with the Leipzig process, France and Belgium reactived plans for trials before their national tribunals. For this purpose, they proceeded to arrest accused Germans who happened to be located in zones that were occupied by their forces. By December 1924, over twelve hundred Germans had been convicted by French courts-martial. The Belgians tried about eighty cases. The Leipzig process nevertheless continued at least a vestigial existence until was formally abandoned by the Nazi government in 1933. In: NEFF, Stephen. Ob. cit., p. 350-1.

(686) SERRA, Antonio Truyol y. Ob. cit., p. 135.

(687) Ob. cit., p. 135.

Este cenário impediu que a SDN desempenhasse a função de influenciar pacificamente nas situações conflituosas no plano internacional, mesmo tendo alguns sucessos na proteção de minorias e na organização do plebiscito do Sarre (1935), não logrou êxito em guerras que surgiram entre Japão e China e entre Itália e Etiópia. Ao mesmo tempo, algumas nações enveredaram em sistemas totalitários — bolchevismo, fascismo e nazismo — hostis ao pensamento de paz e ao sistema democrático praticado na maior parte da Europa Ocidental e nos Estados Unidos. A crise econômica, que devastou a Europa em 1931, levou o problema do relacionamento pacífico entre as nações ao fundo do poço. A Segunda Grande Guerra Mundial vai tornar sem sentido a existência da Sociedade das Nações, que expulsou de seus quadros a União Soviética, em 1939, por ter atacado a Finlândia.(688)

Nada obstante os inconformismos, o primeiro pós-Guerra assistiu ao início da descolonização. Por meio de tratados, vê-se o surgimento da *Commonwealth*, nos antigos domínios do Império Britânico, mas independente dele, com o surgimento do Estado livre da Irlanda, do Canadá, da Austrália, da Nova Zelândia, da União Sul-Africana e da Terra Nova. No restante do mundo colonial, a independência foi reconhecida ao Afeganistão e ao Egito.

Uma instituição própria da SDN foi o regime de mandatos, que se aplicava às colônias dos Estados vencidos, em especial do antigo Império Otomano. Tal sistema substituía o modelo da anexação clássica. O mandato dava autoridade suprema aos mandatários, que exerciam a sua função em nome da Sociedade, enviando ao Conselho um relatório anual a respeito dos territórios sob encargo, prevendo-se a independência dos mesmos em um determinado prazo. Contudo, apenas o Iraque (1930) teve a sua independência reconhecida nesse período.(689)

Neff acentua que a realização mais direta para o Direito Internacional que a Liga das Nações propiciou foi o estabelecimento de uma verdadeira Corte Mundial, um Tribunal Internacional, de existência permanente, com um contínuo painel de juízes e uma jurisprudência importante. A Corte, com jurisdição somente quanto a Estados, não sendo facultado acesso a indivíduos.(690) O Tribunal não foi criado com jurisdição obrigatória sobre os membros da SDN, embora cada Estado pudesse optar pela jurisdição obrigatória, o que foi feito, por exemplo, pela Suécia. O Tribunal também poderia ser instado, inclusive, por Organizações Internacionais a proceder a julgamentos consultivos, em especial interpretando textos de documentos internacionais. A Corte foi criada por um tratado à parte, em 1920, com base em um projeto elaborado por um Comitê de juristas, e aprovado com algumas mudanças pela Liga das Nações. A adesão ao Tribunal não foi exclusiva dos membros da SDN.(691)

O Tribunal foi constituído de 11 juízes e quatro substitutos, que serviriam por nove anos, com possibilidade de renovação do mandato pelo mesmo período. Em 1927, o número de juízes aumentou para 15, com a promoção dos substitutos para juízes plenos. Os juízes não seriam delegados de seus Estados de origem, e atuariam com independência quanto a eles. A escolha dos juízes se dava por meio do voto da maioria dos membros da Assembleia e, depois, do Conselho. A primeira eleição se deu em 1921, tendo sido escolhido, dentre os juízes, o brasileiro Ruy Barbosa. A sessão pública inaugural se deu em fevereiro de 1922, no Palácio da Paz, na Haia, ao lado da Corte Permanente de Arbitragem, que continuou a funcionar. O Tribunal exerceu a sua jurisdição

---

(688) SERRA, Antonio Truyol y. Ob. cit., p. 137.
(689) Ob. cit.., p. 138.
(690) NEFF, Stephen. Ob. cit., p. 345. NEFF explica: "The Court was given jurisdiction only over states. Individuals would have no standing to bring actions (as they did before the Central American Court of Justice and would have had in the International Prize Court if that body had come into existence)". In: ob. cit., p. 344.
(691) Ob. cit., p. 353. As Comissões Mistas de Reclamações, nesse mesmo período, julgaram inúmeros casos de interesses dos Estados Unidos, México, Reino Unido, Alemanha, Espanha, Bélgica e Panamá.

de 1922 até 1940, realizando 35 julgamentos de mérito e respondendo a 37 consultas. A Corte terminou por perder prestígio, uma vez que acreditava-se que os juízes votavam largamente de forma política e não por motivos legais.[692]

O Tribunal Internacional não teve o monopólio da solução de litígios internacionais no período entre guerras. Ao contrário, milhares de litígios foram solucionados nas Comissões Mistas de Reclamações (*Mixed-claims tribunals*), em que foram definidas as indenizações por danos causados por Estados a nacionais (pessoas físicas e coletivas). Somente entre Estados Unidos e Alemanha foram decididas mais de 20 mil reclamações, por estes painéis, em razão de danos causados a pessoas físicas ou coletivas norte-americanas pelos alemães durante a Primeira Grande Guerra Mundial.[693]

Em verdade, o insucesso, tanto da SDN como do Tribunal Permanente de Justiça Internacional, foi motivado, certamente, por erros na condução da política internacional em tal período. Nas mesas de negociação de Versalhes, quiçá, a marginalização dos delegados alemães, representantes, como mencionado, de um regime democraticamente eleito, trouxe consequências negativas, como diz *Serra*, na política interna alemã, pois os delegados foram enviados pelas forças alemãs representadas por partidos moderados, mais próximos, politicamente, das democracias ocidentais.[694] Estas forças, até mesmo em razão dos termos do acordo de Versalhes e de suas consequências no plano interno alemão, seriam derrotadas pelos nazistas, nas eleições germânicas, o que ocasionou a adoção de uma ideologia de estado baseada no ódio. Antes mesmo da Segunda Grande Guerra, *Keynes* já havia acentuado acerca da injustiça das restrições e imposições econômicas ao povo germânico,[695] sendo que estas restrições, certamente, contribuíram para a eclosão da II Guerra Mundial.

Com a II Grande Guerra, a constelação de forças presentes na Europa e na América foi essencialmente a mesma. De um lado, a França e a Grã-Bretanha, juntamente com a Rússia (czarista, primeiro, depois, soviética), contra uma Europa Central dirigida pela Alemanha. A novidade se vê com o Japão atacando os Estados Unidos, no pacífico, que se envolvem, novamente, na segunda fase das hostilidades da guerra. Destaca-se uma maior complexidade do conflito quanto às posições dos beligerantes, a Oeste, a Leste e no Pacífico, bem como o lançamento da primeira bomba atômica sobre Hiroshima (6 de agosto), que impactaria profundamente na Humanidade.[696]

No final, uma unanimidade entre as potências vencedoras: rendição incondicional e castigo pelos crimes de guerra praticados pelos vencidos. Para este último intento, foram constituídos os tribunais internacionais de Nuremberg e de Tóquio, que deram origem ao Direito Penal Internacional, com base, sobretudo, no estatuto do Tribunal de Nuremberg. Com estes tribunais, retomava-se a iniciativa de 1919, a respeito de Guilherme II, todavia, esta última foi mais bem-sucedida,[697]condenando-se os principais criminosos de guerra vivos, por meio de verdadeiros tribunais internacionais.

Contudo, esta atuação jurisdicional *ex post*, embora com alguma eficácia, não representou, ainda, o caminho da responsabilização internacional necessária, que somente é realizada por meio da existência de tribunais permanentes e eficazes, com jurisdição compulsória. A inexistência de cortes eficazes, para a solução de diferendos entre os Estados, e para responsabilização de autoridades que desrespeitem os valores mais importantes para a sociedade internacional, certamente foi um dos maiores motivos para as guerras. Mais adiante, retornar-se-á a este ponto, cabendo, agora,

(692) NEFF, Stephen. Ob. cit., p. 354-7.
(693) Ob. cit., p. 357-8.
(694) SERRA, Antonio Truyol y. Ob. cit., p. 134.
(695) KEYNES, John Maynard. *As consequências econômicas da paz.* São Paulo: Editora UNB, 2002. p. 2.
(696) SERRA, Antonio Truyol y. Ob. cit., p. 151-2.
(697) Ob. cit., p. 152.

destacar que as cortes *ad hoc* de Nuremberg e Tóquio, sem dúvida, foram os embriões da Corte Criminal Internacional, estabelecida em 2002 na Haia, com jurisdição criminal permanente e compulsória em grande parte da terra, sobre indivíduos que praticarem certos delitos internacionais.

3.11. Acesso à jurisdição por estrangeiros, jurisdição consular e atos judiciais concertados relacionados a interesses privados praticados por Estados distintos que favoreceram à evolução da sociedade internacional

Nada obstante este escorço histórico, não resta dúvida que as relações comerciais e os interesses privados conduziram, como já se disse, a uma teia de relações, que foi se aprimorando, sobretudo, na Europa e na América, mas também em quase todo o globo, exigindo aproximações entre os Estados, sob o ponto de vista das relações internacionais, com reflexos na jurisdição com viés internacional. Para isto, houve a superação de privilégios jurisdicionais conquistados há longos tempos.

É que, de um lado, as trocas comerciais haviam conduzido a um incremento cada vez maior da chamada jurisdição consular. Em 1740, a França e o Império Otomano estabeleceram uma capitulação de indefinida duração nesse sentido, que continuou vigendo até o século XX. Destaca-se a expansão destes ajustes até o extremo Oriente. Em 1727, um tratado entre China e Rússia previu que disputas entre mercadores russos em expedição na China seriam examinadas por oficiais russos. Outros tratados criando jurisdição consular foram entabulados entre a China e os Estados Unidos, a França, e a Suécia, a partir de 1844. Depois, foram feitos acordos com outros vinte Estados. Segundo Neff, estes tratados não foram feitos apenas com europeus, mas também com Estados de outros continentes: Peru, Brasil, México e Japão.[(698)]

A jurisdição consular também foi aplicada em Sião, em favor da Inglaterra, a partir de 1855. O mesmo se deu quanto ao Japão, no que tange aos Estados Unidos, em 1857. Várias nações estabeleceram a mesma sorte de acordos com os Estados mencionados, após os ajustes inglês e americano.

No Japão, a jurisdição consular, a partir do começo de 1894, foi gradativamente desconstituída, extinguindo-se, aos poucos, o regime legal de privilégios. Após a Primeira Grande Guerra, o mesmo foi feito por outros Estados, como Sião. Quanto à Turquia, foi abolida com o Tratado de Lausanne, em 1923. As Cortes Mistas do Egito somente em 1937 (Convenção de Montreaux) começaram a ser extintas, o que se deu, em definitivo, em 1949. A China, para conseguir extinguir estes privilégios, recorreu à Assembleia da Liga das Nações, todavia, permaneceu a eles sujeito durante todo o período interguerras. O governo persa denunciou unilateralmente os tratados de capitulação em 1927, o que teve eficácia internacional.[(699)]

O Oriente, assim, passou a ter, em seus Estados, o monopólio da jurisdição. Todavia, as relações internacionais, em razão do comércio e das relações privadas, continuava a ser aprimorada, em todo o globo, o que já se descortinava, em estágio bastante adiantado, nos Estados europeus desde o século XIX.

De um lado, a discussão em torno do acesso à justiça nacional aos estrangeiros[(700)], para que as relações comerciais entre os povos pudessem ter suas garantias e prosseguissem com segurança

(698) NEFF, Stephen. Ob. cit., p. 315-7.
(699) Ob. cit., p. 358-9.
(700) Para registro, na fase de transição, entre 1937 e 1949, as Cortes Mistas do Egito continuaram a funcionar, como mencionado acima, como uma jurisdição consular, todavia, passaram a aplicar o Direito Egípcio para os estrangeiros. In: Ob. cit., p. 359.

e certeza jurídicas. De outro, o reconhecimento das sentenças estrangeiras, para que os direitos reconhecidos em solo de outros Estados pudessem ser perseguidos além-fronteiras, o que também traria maior segurança às relações comerciais e aproximaria as nações.

Após a Revolução Francesa, sobretudo, desenvolveu-se, gradativamente, o direito de estrangeiro ter acesso à justiça de um outro Estado que não o de sua origem. Os franceses confirmaram este direito, ao estabelecer, no Código Civil de 1804, que os estrangeiros, mesmo não residentes na França, poderiam ter acesso à justiça francesa (arts. 11 e 14).[(701)] Este direito, praticamente, terminou por ser adotado em todo o mundo ocidental.

Quanto ao reconhecimento das sentenças estrangeiras e sua posterior executoriedade, caminhou-se de um sistema de inaceitação do reconhecimento das sentenças, o que ocorreu, na Europa, até meados do século XVII, época em que começaram a ser celebrados tratados para dar reconhecimento às sentenças estrangeiras, à aceitação. [(702)]

Os sistemas jurídicos, a respeito do reconhecimento da sentença estrangeira, adotaram fórmulas diversas, dando reconhecimento ao julgado (1) após a sua revisão de mérito, ou mesmo por um (2) sistema de livre concessão do *exequatur*, ou, ainda, (3) diferenciando-se o reconhecimento das sentenças quanto a nacionais e estrangeiros. Ademais, adotou-se o (4) sistema da reciprocidade — diplomática ou de fato; o da (5) delibação (sem a revisão de mérito, mas a verificação sumária de certos requisitos) e (6) o do reconhecimento de plano.[(703)]

O desenvolvimento do regramento, nas leis nacionais, do reconhecimento das sentenças estrangeiras e posterior possibilidade de sua execução deu-se, praticamente, em todo o Ocidente, até finais do século XIX.[(704)] *Ramos* acentua que as questões de cooperação internacional das jurisdições receberam um exaustivo tratamento do Direito convencional, o Direito criado pelas Convenções da Haia, cuja aprovação e entrada em vigor se sucederiam a partir dos finais do século XIX.[(705)] Trata-se de prática que sedimentou, ainda mais, o princípio do acesso à Justiça, por meio da cooperação, às jurisdições de Estados distintos.

No Ocidente, os regimes de reconhecimento de sentença estrangeira se disseminaram, adotando-se, na maioria dos Estados, o princípio geral do controle prévio da sentença estrangeira. Tal sistema é o adotado em Portugal e no Brasil, por exemplo. Sobre o sistema português, *Ramos* enfoca que é eminentemente formal, sendo exigidos em termos diferentes, os requisitos que se reportam à competência internacional do tribunal sentenciador, à regularidade do processo que decorreu no estrangeiro e à não contrariedade com a ordem pública internacional do Estado português.[(706)]

---

(701) VALLADÃO, Haroldo. *Material de classe de direito internacional privado*. 11. ed. São Paulo: Freitas Bastos, 1980. p. 263.

(702) BALULA, Severino Martins. Reconhecimento das sentenças estrangeiras — Dissertação para Licenciatura em Ciências Histórico-Jurídicas na Faculdade de Direito da Universidade de Coimbra. Coimbra, 1949. p. 32.

(703) Ob. cit., p. 23-48.

(704) VALADÃO destaca o desenvolvimento do Direito Internacional Privado em toda a América, mostrando que o tema foi sendo abordado, passo a passo, em praticamente todos os Estados americanos. In: VALLADÃO, Haroldo. *O desenvolvimento do Direito Internacional Privado na legislação dos Estados americanos*. Rio de Janeiro, s. ed., 1947. VILLELA, analisando a legislação portuguesa do século XIX, conclui que, em princípio, desde que submetido ao procedimento devido, devem ser consideradas as decisões interlocutórias estrangeiras, não só as sentenças em sentido estrito. In: VILLELA, Álvaro da Costa Machado. *Tratado Elementar (Teórico e Prático) de Direito Internacional Privado*. Coimbra: Coimbra Editora, 1921, Livro I — Princípios Gerais, p. 643.

(705) RAMOS, Rui Manuel Moura. A permanência do Direito Processual Civil Internacional Português: competência internacional dos tribunais portugueses e reconhecimento das sentenças estrangeiras no tempo de Machado Villela e no Código de Processo Civil atual. In: VARELA, Antunes; AMARAL, Diogo Freitas do; MIRANDA, Jorge; e CANOTILHO, J. J. Gomes (Org.). AB VNO AD OMNES — 75 anos da Coimbra Editora. Coimbra: Coimbra Editora, 1998. p. 864.

(706) Ob. cit., p. 884-5. O requisito da não violação da ordem pública ainda é exigido com bastante rigor em muitos Estados ocidentais. Sobre este tema: XAVIER, Luís Paulo. Sobre ordem pública internacional e reconhecimento de

O evolver dos negócios entre as nações trouxe, como já se disse, sobretudo a partir do século XVII, repercussões no comércio internacional. Não por coincidência, foi, a partir deste período, que se incrementou o direito do reconhecimento das sentenças estrangeiras (pelo menos com valor probatório) e, em especial a partir do início do século XIX, o direito de acesso dos estrangeiros à jurisdição nacional.

A par do acesso à justiça nacional ou da eficácia nacional de sentenças estrangeiras, em uma definição de competência internacional, no plano interno, houve uma maior facilitação das relações comerciais e, quiçá, contribuiu-se com a chamada Revolução Industrial. A explosão das relações comerciais em esfera global incrementou, demasiadamente, as relações internacionais, quer interindividuais, quer interestaduais, facilitadas, ainda mais, pelo desenvolvimento das comunicações entre os povos.

Por tudo isso, desenvolveu-se o Direito Internacional facilitador da navegação dos cursos de água que separam ou atravessam diversos países (Convenções de Constantinopla de 1888 e de Barcelona de 1921). O Direito Marítimo também foi largamente regulamentado (Conferência Marítima Internacional de Washington, de 1889).

Nesse influxo, a Inglaterra adotou, em definitivo, uma política econômica baseada na livre-troca, ocasionando uma viragem contra o mercantilismo dominante, com a adoção, efetiva, do princípio da liberdade dos mares, com a extensão da liberdade de navegação aos estreitos.

O surto dos Caminhos do Ferro, no século XIX, originou as duas Convenções de Berna (1886). Deu-se especial importância ao Direito relativo à transmissão de notícias, com o favorecimento do desenvolvimento dos correios, telégrafos e telefones, ocasionando o surgimento de organizações internacionais, chamadas Uniões administrativas: (1) União Geodésica (1864); (2) União Telegráfica Universal (Convenção Telegráfica de Paris de 1865, assinada por 20 Estados europeus; acrescida em Convenções que lhe seguiram no século XIX e XX); (3) União Postal Universal (1878, que sucedeu a anterior União Geral dos Correios, com o estabelecimento da liberdade de trânsito em todo o território postal). Destaca-se também a Convenção Radiotelegráfica (Washington, 1907).

Assim, ao longo do século XIX, surgem as primeiras organizações internacionais, em especial na segunda metade do século. Elas tinham, na quase totalidade, estruturas regionais, com fins concretos, e surgiram, como diz *Freitas*, "da necessidade de cooperação dos Estados".[707]

Também surgiu, nesse período, a proteção internacional da propriedade industrial, intelectual e artística, assegurada pelas Uniões criadas pelas Convenções de Paris (1883 e 1886). Houve, outrossim, esforços privados no campo do Direito humanitário, sendo que, em 1863, por iniciativa do filantropo suíço Henri Dunant, foi criado o Comitê Internacional para Ajuda dos Feridos, posteriormente chamado de Comitê Internacional da Cruz Vermelha. A iniciativa se deveu à Convenção de Genebra de 1864, que objetivava trazer melhor sorte aos feridos, doentes e pessoal sanitário dos exércitos em campanha.[708]

---

sentenças estrangeiras. Dissertação de Mestrado em Ciências Jurídicas. Lisboa, 1991, em especial p. 19-20, em que se destaca que "todas as ordens jurídicas consagram o princípio segundo o qual não devem acolher-se no foro sentenças violadoras da sua ordem jurídica internacional. Quer esta regra obtenha acolhimento legislativo, quer seja objeto de consagração jurisprudencial, trata-se de uma condição universalmente reconhecida". In: Ob. cit., p. 19. Como demonstração desse processo de expansão, tem-se a Convenção da Haia, que redundou na adoção, em alguns aspectos, em 17 de junho de 1905, do sistema do reconhecimento de plano de decisões judiciais estrangeiras, em tema de interdição de pessoas.

(707) FREITAS, Pedro Caridade de. Ob. cit., p. 112-3. A primeira organização internacional foi criação do Congresso de Viena, em 1815, e foram voltadas à gestão de rios internacionais. In: Ob. cit., p. 112.

(708) XAVIER, Luís Paulo. Ob. cit., p. 114-6.

Ao que se vê, no período iniciado em Vestfália e que perdurou no Concerto Europeu, terminou por desenvolver-se um sistema considerável de liberdade, sobretudo no plano do comércio internacional, de algum modo facilitado pela cooperação judiciária incipiente, com o reconhecimento das sentenças estrangeiras, que também auxiliou no incremento das relações internacionais, em especial no espaço europeu e americano, e pelo acesso à justiça nacional pelos estrangeiros. Ao mesmo tempo, as teias estabelecidas no sistema internacional de comunicação também desenvolveram, de algum modo, a cooperação entre os povos.

O sistema das liberdades, que ganhou corpo a partir de Vestfália e foi incrementado no concerto europeu, que evitou maiores guerras na Europa e terminou por possibilitar, mesmo que este não fosse o seu propósito inicial, a disseminação desse sistema nos vários Estados existentes e nos que surgiram durante o século XIX, desaguou no sistema de liberdade do trabalho, com a extinção da escravidão no plano internacional e a adoção dos direitos sociais, passo a passo, no plano dos Estados mais desenvolvidos e depois no plano internacional. Todas estas medidas, a rigor, um desdobramento da Revolução Industrial, incrementada pelas relações comerciais entre os Estados, garantidas por um arcabouço de cooperação judiciária e direitos franqueados aos estrangeiros.

Com efeito, as reformas sociais europeias, a Constituição de Weimar de 1919, a pressão do movimento socialista internacional, a Organização Internacional do trabalho, da qual se falará mais adiante, e o pensamento cristão influenciaram no sentido de exigir-se uma maior cooperação internacional entre os povos, fruto de um necessário solidarismo, disseminado, na doutrina do Direito Internacional, em especial por *Scelle*,[709] que trabalhou por muitos anos na OIT e aplicou, no domínio do Direito Internacional, a teoria de Léon Duguit. E este solidarismo passou a ser pauta internacional, especialmente após a Segunda Grande Guerra, em particular em face dos milhões de mortos em razão dos combates, do Holocausto e da hecatombe atômica em Hiroshima e Nagasaki.

Nada obstante, a cooperação judiciária bem cedo, em solo europeu, como se viu, já havia se tornado uma prática comum entre os Estados e, já no século XIX, alcançou também o continente americano. No início do século XX, antes da Primeira Grande Guerra, a cooperação judiciária, em seu enfoque de reconhecimento das sentenças estrangeiras, já havia alcançado todos os continentes do mundo, embora, na Ásia e na África, em apenas alguns Estados.

Os sucessivos tratados entre os Estados tornaram a cooperação judiciária uma prática comum, o que incluiu também medidas de ordem criminal (extradição de presos, *e.g.*), a significar — a cooperação judiciária, o primeiro mecanismo de cooperação internacional, a favorecer a fase do Direito Internacional que se inaugurou após a Primeira Grande Guerra, de um modo ainda claudicante. É que a cooperação judiciária, em princípio, já se disseminara no mundo, antes mesmo de Versalhes.

Com Versalhes, os mecanismos de cooperação se ampliam para outras áreas, a ponto de o Direito Internacional deixar de ser um mero Direito de relações internacionais (coordenação), para ser um Direito de cooperação. Todavia, a adesão da sociedade das nações a este sistema de cooperação antes da Segunda Guerra foi relativamente pequena, o que, talvez, tenha tido também influência na eclosão da guerra.

---

(709) NEFF, Stephen. Ob. cit., p. 375. Segundo NEFF, Scelle preconizava que "a sociedade internacional consiste mais de indivíduos do que de Estados". SCHELLE, praticamente, da primeira à útima página de sua obra *Precis de Droit des Gens*, defende a solidariedade nas relações internacionais, como prática humana, e, por conseguinte, deve ser institucionalizada na Sociedade das Nações. In: SCHELLE, Georges. *Droit des Gens* — Principes et systématique. Primere Parte — Introduction: le milieu intersocial. Paris: Libraier du Recueil Sirey, 1932. p. 2 e 312.

3.12. A Organização das Nações Unidas e o Tribunal Internacional de Justiça

Com o término da Segunda Grande Guerra, e o surgimento da Organização das Nações Unidas, a cooperação internacional se torna a tônica do Direito Internacional. Nessa toada, a ONU trouxe, em seu seio, a criação do Tribunal Internacional de Justiça, para a solução de controvérsias em torno da aplicação desse Direito Internacional que visa a cooperação entre os povos.

Em verdade, com a aprovação da Carta das Nações Unidas, a cooperação internacional entre as nações foi amplamente mencionada e adotada na prática da nova entidade. A cooperação internacional foi prevista no texto como um princípio jurídico[(710)] a expressar, ao mesmo tempo, um valor e um fim. Como valor, a cooperação se consubstancia em um *status* de disponibilidade, acessibilidade, prestatividade, auxílio, ajuda, colaboração, qualidades imanentes a quem é cooperador.[(711)] Disposição para agir em conjunto, a ser acessível e a ser prestativo.[(712)] A cooperação, assim, é algo valoroso para as Nações Unidas e significa um valor em si mesmo e, por isso, deve pautar a prática de atuação dos Estados e entre eles, no domínio internacional, que devem, como princípio, cooperar (colaborar) entre si. É um estado e prática que mitiga a competição e conduz ao auxílio, ao andar em conjunto.

Todos os membros das Nações Unidas se comprometeram, ao integrarem a ONU, a cooperar (art. 56 da Carta), para realizar os propósitos, agora, do concerto das nações. Assim, como fim, a cooperação é necessária para o alcance da paz, para o equilíbrio, o bem-estar, a estabilidade, o progresso entre os povos e para o respeito aos direitos humanos, às liberdades fundamentais. É um valor a se salvaguardar (defender) e no qual se basear, e um estado a se alcançar, pois há sempre nuances exigidas no processo histórico e no relacionamento entre as nações que conduzem a um necessário evolver para o atingimento do patamar de cooperação ideal entre os povos. Claro que a cooperação, em certo prisma, também é do interesse de um determinado Estado, que

---

(710) O princípio da cooperação internacional está previsto no art. 11 da Carta das Nações, a saber: "ART. 11 — 1. A Assembleia Geral poderá considerar os princípios gerais de cooperação na manutenção da paz e da segurança internacionais, inclusive os princípios que disponham sobre o desarmamento e a regulamentação dos armamentos, e poderá fazer recomendações relativas a tais princípios aos Membros ou ao Conselho de Segurança, ou a este e àqueles conjuntamente". Para ACCIOLY, o Direito Internacional de cooperação se iniciou com o tratado de Versalhes, por meio do qual se ultrapassou um Direito Internacional apenas de coexistência, passando-se para o Direito Internacional de cooperação. In: ACCIOLY, Hildebrando; SILVA, Geraldo Eulálio do Nascimento e; e CASELLA, Paulo Borba. *Manual de direito internacional público*. 16. ed. São Paulo: Saraiva, 2008. p. 90. No Direito brasileiro, a Constituição de 1988 traz expressamente a cooperação como um princípio que rege as relações internacionais brasileiras, em seu art. 4º: "A República Federativa do Brasil rege-se nas suas relações internacionais pelos seguintes **princípios**: I — independência nacional; II — prevalência dos direitos humanos; III — autodeterminação dos povos; IV — não-intervenção; V — igualdade entre os Estados; VI — defesa da paz; VII — solução pacífica dos conflitos; VIII — repúdio ao terrorismo e ao racismo; IX — **cooperação entre os povos para o progresso da humanidade**; X — concessão de asilo político" (grifo acrescido). Sobre princípios do Direito Internacional: TRINDADE, Cançado. *Princípios de Direito Internacional Contemporâneo*. Brasília: UNB, 1981. Sobre a força normativa dos princípios: ÁVILA, Humberto. *Teoria dos princípios*. 3. ed. São Paulo: Malheiros, 2003.

(711) Aurélio ensina que cooperar é: "trabalhar em comum; colaborar, auxiliar, ajudar". In: HOLANDA, Aurélio Buarque de. Dicionário Aurélio Escolar da Língua Portuguesa. Rio de Janeiro: Nova Fronteira, 1988, verbete "cooperar".

(712) Eis mais alguns dos textos da Carta da Nações Unidas a respeito: "CAPÍTULO IX — COOPERAÇÃO INTERNACIONAL ECONÔMICA E SOCIAL. ART. 55 — Com o fim de criar condições de estabilidade e bem-estar, necessárias às relações pacíficas e amistosas entre as Nações, baseadas no respeito ao princípio da igualdade de direitos e da autodeterminação dos povos, as Nações Unidas favorecerão: a) níveis mais altos de vida, trabalho efetivo e condições de progresso e desenvolvimento econômico e social; b) a solução dos problemas internacionais econômicos, sociais, sanitários e conexos; a cooperação internacional, de caráter cultural e educacional; e c) o respeito universal e efetivo dos direitos humanos e das liberdades fundamentais para todos, sem distinção de raça, sexo, língua ou religião. ART. 56 — Para a realização dos propósitos enumerados no art. 55, todos os Membros da Organização se comprometem a agir em cooperação com esta, em conjunto ou separadamente". Este princípio também foi previsto na Carta da Organização dos Estados Americanos, assinada em Bogotá, em 1948, em vigor a partir de 1951, em seu art. 4º.

a solicita, revelando-se, de início e nesse aspecto, como interesse nacional, concretizável com a adjunção de outro Estado, como em regiões fronteiriças, nas quais, seguramente, seriam prejudicados interesses nacionais, em eventos transfronteiriços, sem a recíproca cooperação entre os Estados interessados.[(713)] Do contrário, voltar-se-ia no tempo, em que o simples salto de fronteira conduziria o indivíduo ou pessoas coletivas à irresponsabilidade diante do *jus imperii* estatal sobre o território assolado deixado para trás. Atuar em conjunto é necessário para uma maior eficácia da atividade jurisdicional do próprio Estado nacional.[(714)] Se Vestfália reconheceu a soberania dos Estados (igualdade), o concerto europeu, o equilíbrio ou a coexistência, a Carta das Nações Unidas definiu que os Estados devem cooperar uns com os outros.

Para a aplicação do Direito das gentes, em caso de conflito entre Estados, como se disse, foi criado o Tribunal Internacional de Justiça. Para isso, o Tribunal é competente para solucionar as demandas acerca de questões que as partes (Estados) lhe submeterem, bem como todas as lides acerca de assuntos especialmente previstos na Carta das Nações Unidas ou em tratados e convenções em vigor (art. 36º do estatuto do TIJ).

O estatuto prevê que somente os Estados poderão ser partes perante o Tribunal (art. 34º). A jurisdição do TIJ somente é exercida com o consentimento dos Estados envolvidos. O Tribunal tem sido especialmente zeloso no cumprimento dessa restrição, inadmitindo qualquer iniciativa de mover a sua jurisdição sem o consentimento das partes envolvidas. Apenas os Estados, que subscreveram acordos remetendo a resolução de um litígio[(715)] ao Tribunal ou que sejam parte em um tratado que preveja a jurisdição do TIJ para a solução de seus litígios, têm acesso à sua jurisdição. Há, também, a possibilidade de uma declaração unilateral por parte dos Estados prevendo a aceitação da jurisdição compulsória do TIJ (art. 36º/2), estabelecendo-se significativo consentimento, que não permite, aos que assim declararam, obstaculizar a jurisdição, indagando sobre que Estado e por que motivo serão acionados junto ao TIJ. Estas matérias preliminares são superadas por um aceite genérico. A larga maioria dos Estados não subscreveu cláusula facultativa de jurisdição obrigatória.[(716)] Como diz *Machado*, a jurisdição do TIJ está sintonizada com o paradigma clássico do Direito Internacional, edificado em torno da soberania dos Estados.[(717)]

O TIJ tem, também, competência consultiva, para a qual não estão legitimados os Estados, mas apenas a Assembleia Geral da ONU, o Conselho de Segurança e órgãos e agências especializadas da ONU, desde que autorizados pela Assembleia Geral.[(718)]

---

(713) Nesse sentido ver: LOEWENSTEIN, Karl. *Sovereignty and international co-operation*. In: *American Journal of International Law*, n. 48, (1954), p. 222-4. A propósito, GENRO menciona que a cooperação é fundamental, em face da globalização que afeta a própria existência real de fronteiras entre as nações. Assim, a cooperação é necessária para possibilitar, em verdade, que o Estado preserve a soberania nacional. Sem cooperação, portanto, a soberania de determinados Estados seria afetada. In: GENRO, Tarso. A cooperação jurídica internacional e o propósito deste manual. In: Ministério da Justiça — Secretaria Nacional de Justiça — Departamento de Recuperação de Ativos e Cooperação Jurídica Internacional. Manual de cooperação jurídica internacional e de recuperação de ativos: cooperação em matéria civil. 2. ed. Brasília: Artecor Gráfica e Editora Ltda., p. 11.

(714) TOFFOLI, José Antonio Dias; e CESTARI, Virgínia Charpinel Junger. Mecanismos de Cooperação Jurídica Internacional no Brasil. In: Ministério da Justiça — Secretaria Nacional de Justiça — Departamento de Recuperação de Ativos e Cooperação Jurídica Internacional. Manual de cooperação jurídica internacional e de recuperação de ativos: cooperação em matéria civil. 2. ed. Brasília: Artecor Gráfica e Editora Ltda., p. 23- 4.

(715) Se o litígio cessou, também cessa a jurisdição, como, por exemplo: Julgamento de 20 de dezembro de 1974, contencioso entre Austrália e França (Caso dos Testes Nucelares). In: *Reports of judgements*. In: <http:icj-icj.org>. Acesso em: 13 set. 2013.

(716) MACHADO, Jónatas. Ob. cit., p. 696-9.

(717) Ob. cit., p. 699.

(718) Ob. cit., p. 704. É o caso da OIT, de seu Tribunal Administrativo e de outras agências da ONU. A respeito, ver Opinião Consultiva de 1 de fevereiro de 2012, exarada por provocação do Fundo Internacional de Desenvolvimento Agrícola, acerca de decisão do Tribunal Administrativo da OIT (Julgamento n. 2867). In: *Reports of judgements*. In: <http://icj-icj.org>. Acesso em: 13 set. 2013.

Loewenstein afirma que uma densa rede de realizações de cooperação passou a cobrir as relações entre Estados do meio do século XX para frente. Como exemplo disso, a submissão de disputas e controvérsias à decisão arbitral ou judicial, no plano internacional. Assim, o paradigma das relações meramente soberanas entre Estados passou para o de uma cooperação, em que se tem a cooperação como um caráter de restrição da soberania do Estado, o que faz transformar a soberania de uma qualidade basicamente negativa para uma característica positiva das condutas internacionais.(719)

O caráter do Tribunal Internacional de Justiça como um Tribunal permanente, de índole universal e de âmbito genérico, e o fato de Estados aceitarem a jurisdição internacional por ele prestada como compulsória, com uma automática vinculação, representa uma mitigação dos aspectos tradicionais do princípio do consentimento para a resolução judicial de diferendos, caso a caso.

3.13. O princípio da cooperação judiciária

Como se disse, a fase atual do sistema de Direito Internacional, de âmbito universal, é de cooperação, que já representa um modelo de abrandamento do sistema anterior. A máxima *par in parem non habet imperium* (entre pares não há império) cede espaço para uma visão que pode, segundo *Loewenstein*, conduzir a uma grande integração entre os Estados em cooperação.(720) Na verdade, o império continua a existir e é exercido em conjunto, seja no interesse das Nações Unidas, de uma Comunidade de Nações ou nacional, embora por ação internacional.(721)

Acentua-se esse interesse, em uma era de globalização, em que eventos transnacionais se multiplicam, e em que as trocas de informação, circulação de bens, valores, serviços e trânsito de pessoas se intensificam, na qual empresas se transnacionalizam e trabalhadores circulam, sendo comum, para a aplicação da lei de um Estado, a necessidade de realização de certos atos jurídicos, inclusive jurisdicionais, fora de seu território. Do mesmo modo, atos privados são transnacionalizados, a trazer consequências jurídicas sobre direitos humanos, meio ambiente etc., a exigir uma regulamentação para a garantia da tutela judicial preventiva, restaurativa e ressarcitória de eventuais danos, envolvendo jurisdições nacionais distintas, em conjunto. A solução de muitas questões é impossível de ser alcançada por um Estado isoladamente, ou, no mínimo, não o seria de modo satisfatório.(722)

Está a se vivenciar um período histórico em que é comum, em um mesmo processo judicial, ainda que em matéria patrimonial, partes e provas se espalharem por vários territórios jurisdicionados por Estados distintos.(723) Ademais, os crimes se transnacionalizam e, em muitos casos, a repatriação de recursos públicos nacionais desviados e a punição de criminosos somente pode se dar com a cooperação de órgãos jurisdicionais estrangeiros ou internacionais. A tutela adequada da criança, do adolescente, da mulher, do trabalhador, da incolumidade física (órgãos do corpo, *v.g.*), ante o trânsito de pessoas em um mundo globalizado, somente pode se dar com cooperação. Sem ela, e com a mera limitação da aplicação do direito dentro de determinadas fronteiras

---

(719) LOEWENSTEIN, Karl. Ob. cit., p. 225.
(720) Ob. cit., p. 244.
(721) Sobre isso, nosso trabalho: FERNANDES JÚNIOR, Raimundo Itamar Lemos. Cooperação Judiciária: passo fundante para a jurisdição internacional. Trabalho apresentado no Seminário Jurisdição Internacional, orientado pelo Senhor Professor Doutor Rui Manuel Gens de Moura Ramos, no Curso de Doutoramento em Direito da Faculdade de Direito da Universidade de Coimbra. Coimbra, 2014.
(722) TOFFOLI, José Antonio Dias; e CESTARI, Virgínia Charpinel Junger. Ob. cit., p. 21.
(723) GENRO, Tarso. A cooperação jurídica internacional e o propósito deste manual. In: Ministério da Justiça — Secretaria Nacional de Justiça — Departamento de Recuperação de Ativos e Cooperação Jurídica Internacional. Manual de cooperação jurídica internacional e de recuperação de ativos: cooperação em matéria civil. 2. ed. Brasília: Artecor Gráfica e Editora Ltda., 2009. p. 12.

políticas de um só Estado, muitas relações jurídicas não seriam regradas adequadamente. A cooperação surge como uma necessidade muito maior de adequação do Direito aos novos tempos, com a superação de paradigmas tradicionais. Em verdade, regular eventos ramificados para além de fronteiras de um só Estado exige a cooperação entre eles.(724)

O princípio da cooperação internacional tem seus subprincípios, dentre eles, o da cooperação jurídica internacional, o qual significa que esse intercâmbio entre Estados soberanos deve ser não apenas quanto às questões amplas e conjuntas (cooperação internacional): humanitárias, sociais, tecnológicas, marítimas, meio ambiente, transporte, tráfico de pessoas, mas também quanto à prática de atos jurídicos ou ao fornecimento de informações por órgãos administrativos, judiciais, policiais ou até mesmo privados (desde que responsáveis por certificações com idoneidade pública), a envolver Estados distintos.(725)

Deste modo, a cooperação jurídica(726) inclui adjunções de natureza diplomática, administrativa, policial, cartorária, judicial e do Ministério Público, para a prática de atos jurídicos pré-processuais, extraprocessuais ou processuais, ou ainda para a prestação de informações, a movimentar e exigir o necessário auxílio de agentes, órgãos, entidades ou pessoas — inclusive coletivas, agentes ou órgãos de Estados distintos.

Assim, o princípio da cooperação judiciária internacional (entre órgãos jurisdicionais ou considerados jurisdicionais, ou entre Estados) consiste na prática de atos judiciais em Estado (ou Estados) que não emitiu a decisão judicial originária a ser cumprida(727)– prática de atos judiciais ou a prestação de informações para autoridades judiciais.

No entanto, ressalta-se que não há, ainda, precisão terminológica para designar a matéria que se está a abordar, sendo utilizadas muitas vezes como sinônimas, em português, as expressões "cooperação jurídica internacional", "cooperação judiciária internacional", "assistência mútua internacional", "cooperação judicial internacional" e "cooperação jurisdicional internacional".

---

(724) TOFFOLI, José Antonio Dias; e CESTARI, Virgínia Charpinel Junger. Ob. cit., p. 23.

(725) SILVA, Ricardo Perlingeiro Mendes da. Cooperação jurídica internacional. In: *O Direito Internacional Contemporâneo*. Org. Carmen Tibúrcio e Luís Roberto Barroso. Rio de Janeiro: Renovar, 2006. p. 797-810.

(726) TRIUNFANTE diz que "na actualidade, a cooperação estende-se a âmbitos que, embora ainda relacionados com o processo, excedem o que se deve entender como cooperação judicial em sentido estrito. Com efeito, abrange também mecanismos dirigidos, não tanto ao favorecimento do processo..., mas à concretização de outras actividades vinculadas ao processo, mas que estão fora de seu âmbito. Pensamos nas medidas vocacionadas para o intercâmbio espontâneo de informação, na criação dos registros de antecedentes criminais, na apreensão ou arresto de produtos e benefícios de origem criminal, na cobrança de multas e sanções, ou ainda na possibilidade de cooperar em matérias de natureza administrativa e sancionatória". In: Ob. cit., p. 18.

(727) A expressão "cooperação judiciária" é muito usada em Portugal, em face de sua utilização em documentos oficiais da União Europeia traduzidos para o português e vigentes no Estado português (Exemplo: Tratado de Funcionamento da União Europeia, arts. 81º e 82º). Na doutrina portuguesa, é comum o uso da expressão cooperação judiciária, como, por exemplo, in: MACHADO, Jónatas. Ob. cit., p. 289. No mesmo sentido, MARTINS, que se refere ao "princípio da cooperação entre o Tribunal de Justiça e os tribunais estaduais" e menciona a "cooperação entre juízes nacionais e o Tribunal de Justiça da União Europeia". In: MARTINS, Ana Maria Guerra. Ob. cit., p. 539-540. Até 2004, como referido, a terminologia cooperação judiciária foi majoritariamente utilizada em textos normativos envolvendo o Estado brasileiro, a saber: acordos bilaterais assinados com a Argentina, Bélgica, Bolívia, Chile, Espanha, França, Holanda, Itália, Paraguai, Portugal, Estados Unidos da América e Uruguai. Também em acordos multilaterais, *v.g.*: Protocolo de Las Leñas sobre cooperação judiciária em matéria civil, comercial, trabalhista e administrativa (27 de junho de 1992); Protocolo de Ouro Preto sobre medidas cautelares (16 de dezembro de 1994); Convenção Interamericana sobre eficácia extraterritorial das sentenças e laudos arbitrais estrangeiros proferidos em processos civis, comerciais ou trabalhistas (8 de maio de 1979); Convenção Interamericana sobre cartas rogatórias em matéria civil ou comercial (31 de janeiro de 1975); Convenção Interamericana sobre prova e informação acerca do Direito Estrangeiro (8 de maio de 1979); Convenção Interamericana sobre obrigação alimentar (15 de julho de 1989); Convenção Interamericana sobre restituição internacional de menores (15 de julho de 1979); Convenção de Nova York sobre o reconhecimento e a execução de sentenças arbitrais estrangeiras (10 de maio de 1958); Convenção sobre cooperação internacional e proteção de crianças e adolescentes em matéria de adoção internacional (29 de maio de 1993).

Também nos países europeus, não há uma utilização unânime da expressão, podendo-se identificar as expressões dominantes. Na França, Bélgica e parte da Suíça — "*entraide judiciaire*"; na Espanha — "*cooperación judicial internacional*" e "*asistencia judicial*".[728]

Aqui, o enfoque se dá, como mencionado, na cooperação entre órgãos judiciais, sob o ponto de vista internacional, ou seja, em razão de atividades judiciais a englobar: (1) Estados diferentes, ou entre (2) órgãos judiciais internacionais, ou ainda a vincular (3) órgãos judiciais internacionais e nacionais, que tenham o dever, por previsão em Constituições, leis nacionais, tratados billaterais ou multilaterais, ou por costume internacional, de cooperação.

3.14. A cooperação judiciária — modalidades

A cooperação judiciária pode ser horizontal ou transjudicial.[729] A cooperação judiciária internacional[730] pode se dar entre (1) órgãos judiciais de Estados diferentes, ou entre (2) órgãos judiciais internacionais, ou ainda envolver (3) órgãos judiciais internacionais e nacionais, que tenham o dever, por previsão em Constituições, leis nacionais, tratados ou por costume internacional, de cooperação. A cooperação judiciária internacional pode ser horizontal — Estados distintos; ou transjudicial[731] — entre órgão judicial internacional e órgão judicial nacional. A cooperação transjudicial também pode se dar entre órgãos internacionais — *e.g.*, entre a Organização Internacional do Trabalho, na sua competência no exercício de função jurisdicional (ou quase-jurisdicional), e o Tribunal Internacional de Justiça, o que se analisará mais à frente.

Quanto a quem pede ou efetiva a cooperação judicial, ela pode ser ativa — quem requer a cooperação — e passiva — o que realiza os atos solicitados. A cooperação judiciária pode se classificar, também, no que tange ao fim do ato processual almejado: quanto a atos processuais cautelares (instrumentais e assecuratórios de uma relação jurídico-processual principal, a ser futuramente ajuizada ou em curso); quanto a atos notificatórios (para conhecimento de atos processuais); quanto a atos instrutórios (para a produção de provas); de reconhecimento de eficácia de decisão judicial; de vigilância, localização e envio (bens ou pessoas); de execução (da decisão judicial reconhecida). As espécies de cooperação judiciária, quanto à matéria, são classificadas em cooperação judiciária em matéria criminal e cooperação judiciária em matéria civil, de acordo com a natureza do pedido ou do procedimento em trâmite no Estado requerente.[732]

---

(728) ABADE, Denise Neves. *Direitos fundamentais na cooperação jurídica internacional.* São Paulo: Saraiva, 2013, pp. 28-9.

(729) MACHADO, Jónatas. Ob. cit., p. 423.

(730) No Brasil, no atual Código de Processo Civil (2015), criou-se a figura da cooperação judiciária nacional, no Capítulo II — Da Cooperação Nacional, do Título I — Da jurisdição e da ação, do livro II — Da função jurisdicional. Eis os dispositivos do CPC brasileiro: "Art. 67. Aos órgãos do Poder Judiciário, estadual ou federal, especializado ou comum, em todas as instâncias e graus de jurisdição, inclusive aos tribunais superiores, incumbe o dever de recíproca cooperação, por meio de seus magistrados e servidores. Art. 68. Os juízos poderão formular entre si pedido de cooperação para prática de qualquer ato processual. Art. 69. O pedido de cooperação jurisdicional deve ser prontamente atendido, prescinde de forma específica e pode ser executado como: I — auxílio direto; II — reunião ou apensamento de processos; III — prestação de informações; IV — atos concertados entre os juízes cooperantes. § 1º As cartas de ordem, precatória e arbitral seguirão o regime previsto neste Código. § 2º Os atos concertados entre os juízes cooperantes poderão consistir, além de outros, no estabelecimento de procedimento para: I — a prática de citação, intimação ou notificação de ato; II — a obtenção e apresentação de provas e a coleta de depoimentos; III — a efetivação de tutela provisória; IV — a efetivação de medidas e providências para recuperação e preservação de empresas; V — a facilitação de habilitação de créditos na falência e na recuperação judicial; VI — a centralização de processos repetitivos; VII — a execução de decisão jurisdicional. § 3º O pedido de cooperação judiciária pode ser realizado entre órgãos jurisdicionais de diferentes ramos do Poder Judiciário.

(731) MACHADO, Jónatas. Ob. cit., p. 423.

(732) TOFFOLI, José Antonio Dias; e CESTARI, Virgínia Charpinel Junger. Ob. cit., p. 24.

No que se refere à via (comunicação de cooperação entre Estados), meio ou canal em que a cooperação judiciária internacional deve ser encaminhada, classifica-se em espécies: (1) diplomática — prevista em tratados e no costume internacional, transitando o pedido pelo corpo diplomático em diálogo permanente entre os Estados;[(733)] (2) autoridade central[(734)] — órgão definido por determinados Estados como competente para o envio e recebimento de pedidos de cooperação judiciária entre Estados distintos, previsto em tratados internacionais; e (3) contato direto[(735)] — previsão em tratado, Constituição ou lei a autorizar que órgãos jurisdicionais de Estados distintos entrem em contato direto uns com os outros, sem necessidade de intermediação diplomática ou de autoridade central.

No que diz respeito ao veículo escolhido para formalizar a cooperação judiciária, a denominação da fórmula jurídica varia de Estado para Estado. Contudo, em geral, os instrumentos são os seguintes: (1) carta rogatória;[(736)] (2) ação (pedido) de homologação de decisão estrangeira; (3) auxílio direto[(737)] (simples requisição do juízo do Estado que pretende a cooperação); (4) pedido

---

(733) O encaminhamento ativo e passivo é feito por meio do Ministério das Relações exteriores, quando se trata de pedido de cooperação judiciária que envolva o Brasil e não haja tratado remetendo à autoridade central ou à via direta. Na modalidade diplomática passiva, nessas condições, o Ministério das Relações Exteriores encaminha, por exemplo, a carta rogatória recebida diretamente ao Superior Tribunal de Justiça.

(734) A existência de autoridade central é recomendada pela ONU — Resolução n. 45/117, ao sugerir aos Estados um tratado modelo de assistência jurídica internacional (*Model Treaty on Mutual Assistance in Criminal Matters*). Obviamente, esta recomendação se dá para a superação do estágio primário do contato diplomático, que é complexo, moroso e sem especialização, ao caírem os pedidos em fluxos comuns, com um encaminhamento impreciso e sem um tratamento adequado. No Brasil, a autoridade central, em geral, tanto em matéria civil como penal, é o Departamento de Recuperação de Ativos e Cooperação Jurídica Internacional, subordinado à Secretaria Nacional de Justiça do Ministério da Justiça. Existem, para fins específicos, outras autoridades centrais no Brasil, como, no caso de questões relacionadas a crianças e adolescentes, que é a Secretaria de Direitos Humanos da Presidência da República. Em matéria penal, por tratados entre os Estados brasileiro e português, e brasileiro e canadense, a autoridade central, no Estado brasileiro, é a Procuradoria-Geral da República. O mesmo também se dá quanto ao tema de alimentos pedidos por brasileiro, quando o requerido estiver no estrangeiro, em face da Convenção de Nova Iorque. Ressalte-se que, mesmo havendo autoridade central em um determinado Estado, cartas rogatórias (meio clássico para a cooperação judiciária) podem ser aviadas por meio da diplomacia a outro Estado, desde que este não tenha autoridade central ou não possua tratado com o Estado que solicita a cooperação, tendo em vista que, para a via da autoridade central, faz-se necessária a existência de tratado internacional entre os Estados envolvidos na cooperação judiciária. A autoridade central funciona tanto para a atuação ativa como passiva na cooperação judiciária internacional, encaminhando os casos para as autoridades externas ou internas competentes.

(735) O art. 53 da Convenção de Aplicação do Acordo de Schegen prevê que "os pedidos de assistência podem ser feitos diretamente entre autoridades judiciárias".

(736) No Brasil, o art. 105, I, "i", da Constituição define que compete ao Superior Tribunal de Justiça autorizar o cumprimento (*exequatur*) das cartas rogatórias em território brasileiro. Do mesmo modo, a homologação de sentença estrangeira. O modelo brasileiro revela-se atrasado. Primeiro, porque põe o juízo de delibação nas mãos de um Tribunal Superior, o que concentra funções, em detrimento de uma descentralização que promova celeridade, como é o caso da Argentina, em que o cumprimento é definido no primeiro grau de jurisdição. Segundo, porque ainda prevê um certo controle de conteúdo, antes do deferimento, o que revela haver um défice sistemático, quando comparado às nações da União Europeia.

(737) A Resolução n. 9/2005 do Superior Tribunal de Justiça do Brasil definiu, no parágrafo único do art. 7º, que "os pedidos de cooperação jurídica internacional que não ensejam o juízo de delibação do Superior Tribunal de Justiça, ainda que denominados como carta rogatória, serão encaminhados ao Ministério da Justiça para as providências necessárias ao cumprimento por auxílio direto". Isto implica que o atendimento do pedido pode se dar diretamente pelo Ministério da Justiça (prestação de informações públicas, remessa de fotocópias de documentos e de processos não sujeitos a segredo de justiça), encaminhando o pedido a órgãos públicos brasileiros para a solicitação de providências no intuito de se obter decisões judiciais — Advocacia Geral da União ou Ministério Público, ou encaminhando direto o pedido a órgão judicial brasileiro de primeiro grau de jurisdição. O auxílio direto exige a existência de tratados — bilaterais ou multilaterais. No Brasil, ainda quanto ao auxílio direto, estabelece-se, a par do deferimento de medidas de urgência, cognição plena acerca do caso, com contraditório, no intuito do estabelecimento do convencimento do juiz. No Direito Internacional, existem exemplos de documentos que preveem o auxílio direto: Convenção da Haia sobre os Aspectos Civis do Sequestro Internacional de Crianças; Convenção de Nova Iorque sobre a Prestação de Alimentos no Estrangeiro das Nações Unidas; Convenção da Haia sobre Direito

de transferência de processos penais;[738] (5) ação de extradição;[739] (6) transferência de pessoas presas ou apenadas[740]. O pedido de assistência jurídica ou auxílio judiciário geral (pedidos em geral) em matéria penal[741] pode ser feito por carta rogatória ou por auxílio direto, de acordo com a existência ou não de tratado.

3.15. A cooperação judiciária horizontal e transjudicial e a jurisdição internacional

Foi mencionado supra, como uma das modalidades de cooperação, a cooperação horizontal — entre Estados soberanos — e a transjudicial — entre órgãos internacionais de jurisdição (regionais e universais; públicos e privados) ou entre órgãos judiciais internacionais e nacionais.

Quanto à cooperação horizontal, pode-se dizer que a Justiça está se internacionalizando cada vez mais, em particular em matéria cível. Em especial no que se relaciona às questões patrimoniais, esta tendência foi percebida por *Ramos* já na década de 1970.[742] Em verdade, a cada dia, parece ser a tônica o reconhecimento quase automático (juízo meramente formal) das sentenças estrangeiras em cada Estado soberano, por equiparação às sentenças nacionais, dando-se efeitos intranacionais aos julgados, sobretudo em matéria patrimonial, com eficácia de coisa julgada e força executiva às decisões judiciárias (sentenças) condenatórias estrangeiras. Pode-se dizer que o princípio da cooperação judiciária vai passando, nesse prisma, à categoria de costume internacional e, passo a passo, a dever jurídico internacional, a garantir a tutela da confiança, a harmonia internacional de soluções e a estabilidade de situações jurídicas.

Processual Civil; o Protocolo de Las Leñas sobre Cooperação Civil, Comercial, Trabalhista e Administrativa do Mercosul, além de diversos acordos bilaterais, todos assinados pelo Brasil.

(738) A Convenção da ONU sobre Crime Organizado Transnacional, em seu art. 21, define os requisitos: necessidade para a boa administração da justiça no caso, quando estejam envolvidas várias jurisdições, a fim de centralizar a instrução do processo.

(739) A Lei n. 6.815/1980 — Estatuto jurídico do estrangeiro — trata do tema no Brasil.

(740) Rol exemplificativo, utilizado no projeto de Lei Geral de Cooperação Jurídica Internacional, elaborado no Ministério da Justiça brasileiro. Em verdade, dependendo dos tratados e protocolos internacionais, podem até se acumular, em um mesmo veículo, dois pedidos. É comum admitir-se a carta rogatória para instrumentalizar, também, pedido de homologação de sentença estrangeira (*e.g.*, protocolo de Las Leñas, já mencionado acima). O chamado pedido de assistência jurídica, usado em auxílio direto, também é utilizado para a prática de atos judiciários em geral. Sobre transferência de preso, condenado no Brasil, para cumprir pena no exterior, a matéria é humanitária e não é regulada em lei, mas em tratados bilaterais ou multilaterais. Ademais, o atual Código de Processo Civil brasileiro traz, agora, em seu Título II, o tratamento "Dos limites da jurisdição brasileira e da cooperação internacional". No Capítulo II do referido Título, no art. 21 do CPC brasileiro, define-se que a cooperação judiciária observará (inciso V) "a espontaneidade na transmissão de informação a autoridades estrangeiras". Nas Seções I e II do mencionado capítulo, são tratados, respectivamente, do auxílio direto e da carta rogatória.

(741) A definição de assistência jurídica ou auxílio judicial internacional em matéria penal é, em uma definição sintética, todo pedido de cooperação em matéria penal, salvo os de detenção ou captura para fins de extradição, transferência de presos para o estrangeiro e de transferência de procedimentos criminais. Em geral, é o pedido relacionado à prática de atos para instruir ou facilitar a persecução de uma infração criminal. In: ABADE, Denise. Ob. cit., p. 50-1. Esta definição, ao que parece, está coerente com a Convenção de Assistência Jurídica Mútua em Matéria Penal, firmada pelos Estados da União Europeia em 2000, com a Convenção das Nações Unidas contra o Crime Organizado Transnacional e com o MLAT — *Mutual Legal Agreement Treaty*, entabulado pelos Estados Unidos e nações ocidentais.

(742) Na verdade, essa perspectiva foi prevista por RAMOS há bastante tempo, ao fazer menção à necessidade de o Direito Internacional Privado ser flexível, para adequar-se "ao serviço e promoção das relações privadas internacionais", já agora bem delimitada pela lei portuguesa, no que se tange às sentenças judiciais e às decisões provenientes da arbitragem, caminho que parece ser seguido por muitas nações. Sobre a flexibilidade mencionada, ver RAMOS, Rui. *Direito internacional privado e Constituição*: Introdução a uma análise das suas relações. Dissertação. Coimbra, 1979. p. 253.

Apesar do direito de liberdade de cada Estado reconhecer e cumprir, no plano interno, as decisões estrangeiras, a regra está se tornando prever, na ordem jurídica de cada Estado soberano, até por força da adoção dos tratados internacionais sobre cooperação judiciária, o reconhecimento da decisão judicial estrangeira[(743)] e também de garantir-lhe a posterior execução, em especial em matéria patrimonial. Certamente, mais adiante no evolver das fórmulas jurisdicionais, serão garantidos os efeitos de coisa julgada e executoriedade às sentenças com matéria patrimonial, no caso de condenação, e os efeitos declaratório e constitutivo, nas sentenças, com essa natureza. E este reconhecimento se generalizará como um procedimento cartorário — extrajudicial — ou no primeiro grau de jurisdição, por meio de uma mera chancela verificatória do cumprimento de requisitos formais.[(744)]

Desse modo, no que se refere aos conflitos patrimoniais ocorridos no plano interno de cada Estado, a envolver nacionais, estrangeiros ou nacionais e estrangeiros, mas que necessitam da adjunção de outro Estado para a efetividade das decisões, a Justiça deste outro Estado deve se apresentar como uma jurisdição em cooperação judiciária internacional, praticando atos relacionados ao processo, a reconhecer os efeitos das sentenças, e a permitir a sua execução, mesmo que no plano interno ainda se diga que se está meramente a exercer a soberania do Estado cumpridor da decisão, por meio de sua jurisdição.

No que se refere aos conflitos provenientes das relações jurídicas com natureza transnacional, a envolver negócios jurídicos entre um privado sediado em um Estado e um de outro em relações de comércio internacional, entre pessoas que se dedicam profissionalmente a esse comércio, estas relações são regidas pelo Direito autônomo do comércio internacional (*Lex Mercatoria*) — normas internacionais, usos e costumes do comércio internacional — e pelo Direito estatal geralmente previsto no contrato entre os interessados. Esse Direito tem-se desenvolvido bastante em razão do trabalho de organizações privadas transnacionais — autonomia associativa internacional — formadas independentemente do Direito dos Estados. Uma das principais entidades reguladoras nesse plano é a CCI — Câmara do Comércio Internacional. Trata-se de Direito de âmbito contratual internacional, liberdade respeitada internacionalmente. Os conflitos existentes são solucionados por arbitragem transnacional (Corte Internacional de Arbitragem), conforme amplamente pactuado nos contratos, e as decisões são executadas, caso não cumpridas voluntariamente, no plano interno de um Estado determinado, de acordo com o previsto no contrato ou na decisão arbitral, sendo certo que a ordem jurídica de vários Estados reconhece-se, em cooperação, com competência para tanto, em respeito à previsão dos interessados ou à decisão arbitral. Ao mesmo tempo, multiplicam-se as entidades, de acordo com a regulação de cada área de negócios transnacionais no comércio internacional, como no transporte aéreo (IATA — *International Air Transport Association*).[(745)]

Ao lado da regulação do comércio privado, há a regulação das relações entre privados (empresas estrangeiras ou transnacionais) e Estados, nas chamadas operações de investimento a envolver

---

(743) Sobre o reconhecimento e execução das sentenças arbitrais estrangeiras, há uma gradativa simplificação do processo de reconhecimento nas legislações nacionais. Como exemplo a nova lei portuguesa. A respeito desse tema: RAMOS, Rui Manuel Moura. Arbitragem estrangeira e reconhecimento de sentenças arbitrais estrangeiras no novo direito português de arbitragem. In: *Estudos em Homenagem a António Barbosa de Melo*. Coimbra: Almedina, 2013. p. 839-859.

(744) O procedimento simplificado de reconhecimento está se expandindo pelo globo. Contudo, existem locais em que o reconhecimento de uma sentença estrangeira é bastante dificultado, mesmo em tema meramente patrimonial. DEL´OLMO aponta o exemplo da Arábia Saudita, em que se chega a exigir um tratado entre Estados para o reconhecimento de uma sentença individual. In: DEL´OLMO, Florisbal de Souza. *Curso de direito internacional privado*. 10. ed. Rio de Janeiro: Forense, 2014. p. 71.

(745) PINHEIRO, Luís de Lima. *Direito internacional privado*: introdução e direito de conflitos — parte geral. 2. ed. Coimbra: Almedina, 2013, v. I, p. 111-151.

Estados e nacionais de outras nações.(746) Foi criado, por meio de convenção internacional, o ICSID — Centro Internacional para a Resolução de Conflitos sobre Investimentos. No art. 25 da Convenção, há a previsão da submissão dessas controvérsias, de comum acordo, inclusive quando previsto em contrato, para a solução de disputas relacionadas ao descumprimento de obrigações assumidas, em geral por prejuízo causado por Estado à empresa investidora, em face de nacionalizações de parques industriais ou de mudanças de condições contratuais, de modo unilateral ou por culpa de Estado, ou mediante medidas políticas ou tributárias que tragam lesão ao equilíbrio contratual original. O ICSID funciona como tribunal arbitral na solução desses diferendos, resolvendo as controvérsias entre os sujeitos mencionados, inclusive com o poder de deferir tutela de urgência.(747) A execução dos laudos arbitrais do ICSID se dá na jurisdição de qualquer dos Estados contraentes (art. 54 da Convenção de Washington), havendo cooperação da justiça nacional, para a efetividade das decisões desse órgão de justiça internacional — cooperação transjudicial.

Há cooperação transjudicial internacional entre os órgãos de justiça nacional e as cortes internacionais. Como exemplo, cita-se a Corte Interamericana de Justiça, em que há a possibilidade de consulta, por instâncias nacionais, a respeito da adequação do Direito nacional à Convenção, com espeque em seu art. 64. Este papel consultivo, de cooperação transjudiciária, também está previsto quanto ao Tribunal Internacional de Justiça, no art. 65 de seu estatuto, ao definir que o Tribunal poderá dar parecer consultivo sobre qualquer questão jurídica a pedido de órgão que, de acordo com a Carta das Nações Unidas ou por ela autorizado, estiver em condições de fazer tal pedido, como é o caso da Organização Internacional do Trabalho — OIT.(748) Já ocorreu, também, menção do TPJI, ao responder argumento de parte, de que uma determinada reclamação não poderia ser tratada até que um tribunal arbitral misto decidisse a respeito de questão similar submetida ao Tribunal Permanente de Justiça Internacional.(749)

No art. 34 do estatuto, há menção a um aspecto de cooperação transjudicial, a partir do Tribunal Internacional de Justiça, no item 2, no qual está prescrito que, sobre as causas que lhe forem submetidas, o Tribunal, nas condições definidas pelo seu regulamento, poderá solicitar informação de organizações internacionais públicas e receberá as informações que lhe forem prestadas, por iniciativa própria, pelas referidas organizações.

3.16. A cooperação judiciária na União Europeia

Nesse passo, cabe estudar a cooperação judiciária onde ela mais se desenvolveu, em solo europeu. Para isso, há a necessidade de tecer alguns comentos sobre a evolução do processo de cooperação internacional na Europa, que redundou em uma cooperação judiciária mais efetiva, em verdade, integrada em rede.

Seguindo os ventos provenientes da paz mundial, mesmo em tempos de Guerra Fria, alguns Estados da Europa iniciaram um processo de cooperação. O pensamento predominante no pós-Guera não era repetir o concerto europeu, em que, em verdade, as nações pretendiam buscar apenas os seus próprios interesses. Verdadeiramente, as intenções impulsionadoras das relações

(746) Regidas pela chamada convenção de Washington, de 18 de março de 1965, capitaneada pelo Banco Mundial.
(747) GODINHO, Thiago José Zanini. Arbitragens relativas a operações de investimentos entre Estados e nacionais de outros Estados sob a égide do ICSID. In: OLIVEIRA, Bárbara da Costa Pinto e SILVA, Roberto Luiz (Orgs.). *Manual de Direito Processual Internacional*. São Paulo: Saraiva, 2012. pp. 233-253.
(748) NAGELSTEIN, Gustavo. Decisões da Corte Interamericana de Direitos Humanos. In: <http://conteudojuridico.com.br/artigo,decisoes-da-corte-interamericana-de-direitos-humanos,24469.html>. Acesso em: 12 set. 2018.
(749) SALLES, Luiz Eduardo Ribeiro. Conflitos de competência entre tribunais internacionais. In: OLIVEIRA, Bárbara da Costa Pinto e SILVA, Roberto Luiz (Orgs.). *Manual de direito processual internacional*. São Paulo: Saraiva, 2012. p. 89.

entre as nações europeias, a partir de então, especialmente lideradas pela França, foram pautadas em iniciativas de cooperação. A ideia era de que, se assim não fosse feito, os erros do passado poderiam ser novamente cometidos. Em especial, pautou-se por uma aproximação francesa à Alemanha, sob a liderança de Schuman.(750) Ademais, a ação dos países vencedores, no que se refere à Alemanha, mesmo com a instituição dos tribunais para punir os culpados pelos crimes de guerra, foi no sentido de reconstruí-la, a não impor, ao povo alemão, uma situação que poderia levar, novamente, ao isolamento e ao crescimento das ideologias de ressentimento.

Deste modo, o princípio da cooperação internacional, desde cedo, começou a ser aplicado nas relações internacionais europeias ocidentais no pós-guerra. Como exemplo, a criação da Organização Europeia de Cooperação Econômica (OECE), em 16 de abril de 1948, que, mais adiante, com a realização, em 14 de dezembro de 1960, da Convenção da Organização para a Cooperação e Desenvolvimento Econômico, passou a ser designada de Organização para a Cooperação e Desenvolvimento Econômico (OECD), que nasceu oficialmente em 3 de setembro de 1961, à qual aderiram outros Estados não europeus.

Com efeito, foram criadas, desde cedo, organizações internacionais europeias, com personalidade jurídica própria. Os tratados de cooperação bilateral se intensificaram desde o início e, mais ainda, os tratados de cooperação multilateral. Para o êxito dos objetivos comuns, medidas de cooperação mais complexas foram sendo formuladas, em especial porque se pretendia estabelecer um espaço europeu sem fronteiras, o que exigiria maior articulação e esforço comum. Assim, nos anos sessenta, foram definidas políticas de cooperação.(751)

Em verdade, a criação das Comunidades Europeias, em particular a Comunidade Econômica Europeia — CEE, em 1957(752), por um dos dois tratados de Roma, propiciou um rápido incremento das relações de todas as ordens entre os Estados-membros, fruto da liberalização do comércio de importação e exportação, da livre circulação de trabalhadores, do exercício do direito de estabelecimento e da livre prestação de serviços, e da liberdade de circulação dos capitais. Com isso, segundo *CAMPOS*, advieram, em todos os Estados-membros, "um surto considerável de processos judiciais tendo por objeto diferendos que em razão da nacionalidade das partes envolvidas, do objeto do litígio ou do fato jurídico que lhe está na base se acham frequentemente em conexão com os diversos sistemas nacionais". Assim, após oito anos de negociações, foi assinada a Convenção de Bruxelas, em 27 de setembro de 1968, que demorou mais quatro anos para ser ratificada, elaborando-se um instrumento jurídico avançado, capaz de solucionar problemas antigos, que cresceram em relevância no âmbito do mercado que se tornava comum. A Convenção foi qualificada, à época, como um tratado revolucionário, um tratado federador ou uma aurora de um futuro código judiciário europeu.(753)

O tratado da Comunidade Econômica Europeia previu, em seu art. 220, a simplificação das formalidades ao reconhecimento e à recíproca execução das decisões judiciais provenientes de seus Estados-membros.(754) Tudo no sentido de uma efetiva coordenação das várias jurisdições

---

(750) LOEWENSTEIN diz que a cooperação foi influenciada pelo crescimento da tensão entre Leste e Oeste, em que, para o fortalecimento de cada Bloco, os Estados integrantes de cada um tiveram que cooperar entre si. Assim, o próprio Plano Marshal não teria deixado de ser um plano de cooperação. In: Ob. cit., p. 224.

(751) TRIUNFANTE, Luís de Lemos. *A cooperação judiciária europeia em matéria penal*: o espaço ibérico em particular. Coimbra: Coimbra Editora, 2013. p. 16.

(752) Integrada por França, Itália, Alemanha Ocidental, Bélgica, Holanda e Luxemburgo.

(753) CAMPOS, João Mota. Introdução — Um texto jurídico indispensável. In: Um instrumento de integração europeia — a Convenção de Bruxelas de 1968 sobre competência judiciária, reconhecimento e execução de sentenças. *Boletim de Documentação e Direito Comparado*, n. 22, 1985, p. 87-8.

(754) RAMOS, Rui Manuel Moura. A Convenção de Bruxelas sobre competência judiciária e execução de decisões: sua adequação à realidade juslaboral atual. In: *Revista de Direito e de estudos sociais*, ano XXXVIII, jan./dez. 1996, ns. 1-2-3-4, p. 5.

nacionais, que estava prevista. Um dos frutos desse entendimento de cooperação, a Convenção de Bruxelas de 1968, foi progressivamente estendendo o âmbito subjetivo de aplicação, com a paralela Convenção de Lugano de 1988, com os Estados do EFTA — Associação Europeia de Livre Comércio.[(755)] Houve uma simplificação quanto à matéria de circulação das decisões judiciais, adotando-se um sistema bastante simples, prevendo-se o reconhecimento automático das decisões — sem que se discutisse a competência do juízo prolator original da decisão e que se fizesse qualquer reexame de mérito — e um provimento do Estado em que se deve cumprir o *decisum* apenas quanto à sua execução.[(756)]

Na Cimeira da Haia, em 1969, os Ministros dos Negócios Estrangeiros foram encarregados de preparar um relatório da melhor forma de obter progressos em matéria de união política. Em 1970, a Cimeira de Luxemburgo instaura a Cooperação Política Europeia (CPE). As Cimeiras de Paris, em 1972 e 1974, criaram o quadro institucional da Cooperação Política Europeia.[(757)] Dentro da Cooperação Política Europeia, a cooperação judiciária ganhou substância. Em Roma, no Conselho Europeu de 1975, ficou acordado que os Ministros do Interior dos Estados-Membros se reunissem periodicamente, para tratar de assuntos de sua competência ligados à ordem pública, a saber: terrorismo, radicalismo, extremismo e violência internacional. Na sequência, os Ministros da Justiça e assuntos internos dos Estados-membros cooperavam com peritos e intercambiavam informações entre si.[(758)]

Dando sequência à política de cooperação, o art. 30º do Ato Único Europeu (AUE) — 1986, que regulou, pela primeira vez, a CPE, definiu-a, genericamente, como uma estrutura de coordenação da política externa dos Estados-membros, no intuito de encontrar uma política externa europeia comum.[(759)] O art. 8º-A do Ato Único Europeu, que aditou o tratado da CEE, previu que a Comunidade se comprometia a adotar todas as medidas para, possivelmente, até 31.12.91, estabelecer o mercado interno, como sendo "um espaço sem fronteiras internas no qual a livre circulação das mercadorias, das pessoas, dos serviços e dos capitais é assegurada...".[(760)]

O tratado de Maastricht, concretizando este desiderato, deu autonomia própria à cooperação judiciária, estabelecendo-se o terceiro pilar do tratado da União Europeia — a cooperação judiciária em matéria penal, no Título V, revogando-se o AUE e estabelecendo-se em seu lugar a Política Externa e de Segurança Comum (PESC), que representou um desenvolvimento à Política de Cooperação Europeia (PCE). A cooperação judiciária deixa de ser tratada como Justiça e Assuntos Internos (JAI) e passa a ser abordada como uma política comum. No tratado de Lisboa, a matéria foi elevada à parte do Direito Supranacional da União Europeia.[(761)]

A jurisdição da União Europeia é em rede,[(762)] na forma do art. 85º, 1, c, do tratado sobre Funcionamento da União Europeia — TFUE. Trata-se de uma jurisdição integrada, na qual a cooperação é um dever jurídico. Esta ordem jurídica, com instituições executivas, legislativas e

---

(755) Integrada por Áustria, Dinamarca, Noruega, Portugal, Suécia, Suíça e Reino Unido, como primeiros parceiros.
(756) BALENA, Gianpiero. La circolazione delle decisioni giurisdizionali in Europa: la legge 218/95. In: Roma e America. Diritto Romano Comune. *Rivista di Diritto dell´integrazione e unificazione del Diritto in Europa e in America Latina*. 9/2000, p. 172.
(757) MARTINS, Ana Maria Guerra. *Manual de direito da União Europeia*. Coimbra: Almedina, 2014. p. 83.
(758) TRIUNFANTE, Luís de Lemos. *A cooperação judiciária europeia em matéria penal*: o espaço ibérico em particular. Coimbra: Coimbra Editora, 2013. p. 16-7.
(759) Ob. cit. p. 16.
(760) RAMOS, Rui Manuel Moura. A cidadania da União: caracterização, conteúdo e desenvolvimento. In: *Revista de Legislação e Jurisprudência*, ano 135, jul./ago. 2006, p. 353.
(761) TRIUNFANTE, Luís de Lemos. Ob. cit., p. 17.
(762) RAMOS fala do crescente número de pedidos de cooperação entre juízes, usando-se a *European Judicial Network*. In: RAMOS, Manuel Moura. Proof and information about foreign law. In: *Boletim da Faculdade de Direito da Universidade de Coimbra*, v. XC, Tomo I, 2014. p. 444.

judiciárias, congregadas em uma pessoa jurídica supranacional *sui generis*, parece revelar o modo integrativo natural que a humanidade vai desenvolvendo, em suas fórmulas jurídico-políticas, no intuito de se atingir uma instância supranacional global efetiva, pelo menos em parte dos temas jurisdicionais.

O Regulamento n. 44/2001 do Conselho Europeu dispôs sobre competência judiciária, reconhecimento e execução de decisões em matéria civil e comercial, adotando medidas no domínio da cooperação judiciária, para o bom funcionamento do mercado interno, definindo regras indispensáveis à unificação das normas de conflito de jurisdição, bem como para a simplificação das formalidades com vista ao reconhecimento e à execução rápida e simples das decisões proferidas nos Estados-membros.

A existência de muitos entes soberanos, em um território não muito grande, levou a um maior relacionamento entre os Estados europeus, que se fez sempre necessário pelo intenso tráfego de pessoas, bens e valores, por meio das fronteiras estaduais. Ao que parece, a integração se iniciou a partir da jurisdição, em observância a situações plurais características da Europa.

Na Idade Média, como já se mencionou alhures, o sistema feudal admitia, dentro de um determinado território, a existência de jurisdições sobrepostas — senhor feudal, nobre e rei, e paralelas — as mencionadas (seculares) e a jurisdição da Igreja. Especificamente quanto às jurisdições seculares, vê-se que houve, pouco a pouco, em uma fórmula jurídico-política em que o soberano não podia alcançar todo o território, incapaz de estar diretamente presente em todo ele, seja pessoalmente ou por representantes, a constituição de um sistema jurisdicional, antes mesmo da institucionalização de um sistema funcional integrado do executivo e do legislativo.

Aos poucos, os tribunais senhoriais — que julgavam as causas dos servos — e os tribunais condais — que julgavam as causas dos livres — foram se integrando, a partir da Inglaterra, e de modo similar entre os francos. Assim, como já explicado, houve o alargamento da justiça real, encontrando-se o remédio contra o fracionamento. Reiterando-se, o que permitiu, para *Bloch*, "introduzir, na organização judiciária, um elemento de unidade que as monarquias do tipo antigo, fora do alcance da maior parte das populações consideradas sujeitas, tinham demonstrado ser impotentes salvaguardar".[(763)]

Este processo, de modo similar e guardadas as devidas proporções, deu-se, novamente, na Europa pós-Segunda Grande Guerra,[(764)] em que os tratados, aos poucos, foram definindo um espaço comum entre Estados soberanos, um mercado comum, em que o Judiciário se integrou, exatamente para garantir a existência desse mercado, antes mesmo da criação das instituições executivas e legislativas em modelos tradicionais (órgãos clássicos), sendo que estas (as legislativas), na mesma sequência natural do Estado nacional, foram, por derradeiro, institucionalizadas no Parlamento Europeu, que por bastante tempo não teve função legiferante.

Ao que parece, a globalização econômica conduz o mundo a um mercado comum cada vez mais bem definido, mesmo que existam recuos em determinadas fases. Este incremento leva a um necessário reconhecimento das decisões judiciais de um Estado em outro — não há relações comerciais sem confiança e, portanto, sem cooperação. Esta evolução das trocas conduz à existência de uma Justiça, que, seguramente, não será integrada nos padrões dos Estados unitários, nem no dos Estados federais ou das confederações, mas, até onde se pode ver, em modelos em rede, à semelhança da União Europeia, e em modelos plurais, assemelhados ao sistema de arbitragem transnacional na solução de controvérsias entre os privados.

---

(763) BLOCH, Marc. *A sociedade feudal*. Lisboa: Edições 70, 2009. p. 440.

(764) Sobre o processo de baixo para cima — integração — e de cima para baixo — europeização, para dar mais unidade na Europa, ver: HOLZHACKER, Ronald e HAVERLAND (Editors). *European research reloaded: cooperation and europeanized states integration among europeanized states*. Heidelberg: Springer, 2006, XIII.

Cabe, ademais, frisar que o art. 220º do TFUE define que a União estabelece toda a cooperação útil com os órgãos das Nações Unidas e das suas agências especializadas, o que demonstra o postulado de cooperação, também, na área transjudiciária mais ampla ainda.

Ao lado disso, como já se disse anteriormente, o Direito de um determinado Estado europeu da UE, *v.g.*, reconhece, de modo praticamente automático,[765] as decisões judiciais condenatórias de valores em dinheiro proferidas por um Estado estrangeiro e as decisões arbitrais proferidas em cortes arbitrais internacionais[766], sendo o primeiro passo dado, com essa cooperação judiciária, para uma jurisdição internacional. Como diz *Cassese*,[767] ao analisar a prática dos juízes, somente a partir dessa esfera — a judicial — é possível dar um mínimo de unidade em um mundo tão fragmentado.

3.17. Cooperação e integração

Loewenstein, analisando as implicações entre soberania e cooperação, afirma que a cooperação está longe de ser incompatível com soberania. Em verdade, para ele, cooperação é a mais efetiva manifestação de soberania. Assim, diz o autor mencionado, soberania e cooperação internacional são, basicamente, complementares e não antitéticas. A soberania precisa, então, ser redefinida, distanciando-se do conceito tradicional de que Estado soberano é Estado isolado. Em verdade, preceitua, esta noção está em progressivo processo de erosão. Segundo ele, a cooperação internacional, iniciada, a seu ver, em meados do século XIX, destinava-se a domínios não considerados políticos, como comunicações, social, relações culturais e econômico. Todavia, no século XX, foi estendida para interesses políticos que, anteriormente, tinham sido considerados fora do âmbito da cooperação internacional. O autor destaca a submissão de disputas e controvérsias a decisões arbitrais ou judiciais.[768]

Com efeito, analisando-se as relações internacionais no decorrer da história, vê-se que foram estabelecidos vínculos entre os Estados, inicialmente, em razão do comércio e dos interesses privados, principiando estas relações, sob o ponto de vista de atuação dos Estados, por meio cooperação judiciária, em especial mediante do reconhecimento de sentenças estrangeiras e do acesso dado aos estrangeiros às jurisdições nacionais, ao lado de uma jurisdição consular em nações mais distantes e com culturas diferentes da ocidental, e do desenvolvimento de tribunais privados, sobretudo para as questões entre comerciantes e sobre o Direito do Mar.

A cooperação judiciária e estes laços jurisdicionais representaram as primeiras vinculações jurídicas permanentes entre os Estados, com intercâmbios jurídicos e aplicação do Direito além das fronteiras. Este plexo jurisdicional representou a garantia mínima dada para a expansão das relações comerciais e o trânsito de pessoas e bens entre as nações.

---

(765) O sistema de reconhecimento automático foi estabelecido na Convenção de Bruxelas, de 27 de setembro de 1968, em matéria civil e comercial, prevendo a substituição do modelo do *exequatur* pelo sistema do reconhecimento automático ou *de iure* (art. 26º). Ver a respeito: RAMOS, Rui Manuel Moura. A convenção de Bruxelas sobre competência judiciária e execução de decisões: sua adequação à realidade atual. In: *Revista de Direito e de Estudos Sociais*, ano XXXVIII, jan./dez. 1996, n. 1-2-3-4, p. 3-44.

(766) A esse respeito, RAMOS enfoca, ao analisar a lei portuguesa n. 63/2011, a adequação do sistema português, quanto à arbitragem, à Lei-Modelo da UNCITRAL — *United Nations Commission on International Trade Law* (Comissão das Nações Unidas para o Direito Mercantil Internacional). Segundo RAMOS, a nova lei portuguesa alinhou-se expressamente ao modelo internacional, aproximando-se da arbitragem estrangeira e construindo um regime próprio de reconhecimento das sentenças arbitrais estrangeiras, prevendo medidas cautelares e procedimento executivo ágil, para o cumprimento dessas decisões arbitrais. In: RAMOS, Rui Manuel Moura. Arbitragem estrangeira e reconhecimento de sentenças arbitrais estrangeiras no novo direito português de arbitragem. In: *Estudos em homenagem a António Barbosa de Melo*. Coimbra: Almedina, 2013. p. 839-859.

(767) CASSESE, Sabino. *When legal orders collide: the role of courts*. Sevilla: Global Law Press, 2010. p. 112.

(768) LOEWENSTEIN, Karl. Ob. cit., p. 242.

Esta forma de convivência deu vida a relações multiculturais e trouxe também conflitos entre os Estados, de início em razão das divergências religiosas, que levaram às guerras, solucionadas por meio da Paz de Vestfália, que, de um lado, trouxe liberdade religiosa, e, de outro, inaugurou uma fase no relacionar entre as nações, estabelecendo-se a igualdade entre os Estados e propugnando-se pelo equilíbrio entre eles.

O sistema de conferências, em um período de coordenação, em que as nações, sobretudo europeias, aproximaram-se para manter a paz, em um concerto europeu, redundou na coordenação, por meio de tratados, de matérias relacionadas à guerra, paz, fronteiras, navegação, uso das águas comuns e o fim da escravidão. Não foi criado, nesse período, uma pessoa coletiva que congregasse a todos, mas o sistema uniu as nações em diálogo em torno da instituição do Tribunal Permanente de Arbitragem, que teve um papel simbólico, sinalizando para a necessidade de uma jurisdição internacional, para o efetivo alcance da paz.

Com a Primeira Grande Guerra, o sistema de conferências terminou, o que demonstrou a falência do modelo de mera coordenação, inaugurando-se, com a Liga das Nações, uma nova fase do Direito Internacional, a propugnar, ainda que incipientemente, o princípio da cooperação entre os Estados, em que estes resolvem "co-operar" uns com os outros com o estabelecimento de tratados que definem sistemas de ação conjunta. Este sistema é o proeminente nos dias atuais.

Contudo, desde o término da Segunda Grande Guerra, por iniciativa da França, uma nova fase se inicia no desenvolvimento das relações internacionais, de integração entre nações. França e Alemanha, que até então, de modo cíclico, travavam guerras, aproximam-se em um momento crucial da história da humanidade, no pós-Guerra, iniciando um diálogo que redundará, décadas após, na criação da União Europeia, com a previsão de fórmulas jurisdicionais comuns, supranacionais, integradas, desenvolvidas após longo período de incremento da cooperação judiciária, que ainda prossegue em determinados aspectos. O evolver da UE será analisado em capítulo adiante, destacando-se a nuance de sua integração.

Nada obstante, a cooperação, que parece ser a tendência das relações internacionais desde o fim da Primeira Grande Guerra e está estampada na Carta da Organização das Nações Unidas, editada após a Segunda Grande Guerra, tem ganho contornos diferenciados no decorrer dos tempos, em especial quanto à cooperação judiciária. A expressão tem ganho acréscimos de conteúdo, em cada etapa do desenvolvimento jurídico-político internacional.

Se, no início dessas relações, após a concretização do Estado nacional, tratava-se de cooperação no sentido de reconhecer e executar sentenças estrangeiras, a cooperação judiciária passou a ganhar uma compreensão de ação estatal, por meio do Judiciário, para permitir maior segurança entre os Estados, em uma cooperação, também, de ordem criminal. Aos poucos, o conceito foi ampliado, para trazer em seu bojo o sistema de acesso à Justiça nacional por estrangeiros e ao reconhecimento de sentenças estrangeiras, integrado em um sistema supranacional, como é o caso da União Europeia. A expressão, assim, é utilizada em um sistema que transcende o Direito Nacional, com fórmulas jurisdicionais supranacionais, ou seja, um sistema integrado em várias nuances jurisdicionais.

A terminologia: cooperação judiciária, uma expressão que principiou no Direito Internacional Privado, passa para os documentos de Direito Internacional Público e para as legislações nacionais. Até mesmo em Estados unitários, como é o caso do Brasil, a terminologia cooperação judiciária vem fazer parte da linguagem do Direito Processual Civil, para definir uma cooperação judiciária dentro da Justiça brasileira, ou seja, dentro da Justiça nacional.

A cooperação judiciária nacional, em um Judiciário, como o brasileiro, integrado por cinco "justiças", ou seja, por cinco ramos do Judiciário — Justiça Comum, Federal, do Trabalho,

Militar e Eleitoral, significa que estes ramos devem adjungir uns aos outros, ou seja, cooperar, realizando atos processuais necessários para a efetividade da prestação jurisdicional brasileira, em homenagem ao princípio do monopólio da prestação jurisdicional (inciso XXXV do art. 5º da Constituição Federal) e à compreensão de que a jurisdição nacional é una, embora exercida de acordo com as competências fixadas na Constituição.

A expressão, que não parecia ser comum para tratar de uma jurisdição integrada, passa a designar uma característica que deve estar presente na jurisdição, a de operar em conjunto, ultrapassando fronteiras territoriais e de natureza das matérias envolvidas. Em uma certa medida, faz-se necessário e se justifica o entrelaçamento da atuação dos órgãos competentes, para a efetividade da prestação jurisdicional.

Nada obstante o uso desta expressão em jurisdições integradas, tem-se que, historicamente, esta terminologia guarda relação com uma fase do Direito Internacional — ainda em curso, mas que já convive com uma nova fase — em que prevalecem as estruturas jurisdicionais nacionais sem pertencimento a uma estrutura comum, supranacional ou internacional.(769)

Esta expressão é bastante utilizada nas normas que regulamentam a União Europeia, muito embora a sua estrutura, quanto à jurisdição, encontrar-se integrada. A marcha dos europeus da União Europeia, que constituiu um espaço judiciário único(770) desde a Convenção de Bruxelas em 1968 (de início menor e depois ampliado), segue focada no desenho de uma fórmula jurídico-política de identidade nacional(771), cooperação e integração. Passo a passo com este modelo, em que são percebidas as nuances da organização do poder, o ser humano vive, convive e tem assegurados os seus direitos. Para a realização pessoal e êxito da convivência, segue-se o plano da humanidade: esquemas jurisdicionais propulsionam a concretização de direitos. A cada avanço jurisdicional, acentua-se o desenvolvimento e a integração. Não é só a marcha europeia, mas é a marcha da Humanidade.(772) Sobre as estruturas jurisdicionais integradas internacionalmente e supranacionalmente, abordar-se-á à frente.

---

(769) MIRANDA faz bem a distinção quanto aos poderes dos quais dispõem as pessoas coletivas de natureza internacional, no plano internacional ou supranacional, classificando-as em: "— de cooperação (quase todas); — de integração...". In: MIRANDA, Jorge. *Curso de direito internacional público.* 3. ed. Estoril: Principia, 2006. p. 209.

(770) RAMOS, Rui Manuel Moura. A Convenção de Bruxelas sobre competência judiciária e execução de decisões: sua adequação à realidade juslaboral atual. In: *Revista de Direito e de Estudos Sociais*, ano XXXVIII, jan./dez. 1996, n. 1-2-3-4, p. 6.

(771) Sobre a integração do Estado, por meio do exemplo português, em uma estrutura supranacional de poder, sem a perda da identidade nacional, ver: RAMOS, Rui Manuel Moura. *The adaptation of the portuguese constitutional order to community law.* In: Boletim da Faculdade de Direito. Coimbra, Universidade de Coimbra, 2000, v. LXXVI, p. 1-12.

(772) Esta é a razão do aceno das legislações europeias dos Estados-membros em direção a uma cooperação cada vez maior. Como exemplo, a previsão de reconhecimento de sentenças estrangeiras em geral, no ordenamento jurídico italiano, de modo praticamente automático, como informa BALENA: "La sentenza straniera è riconosciuta in Italia senza che sia necessario il ricorso ad alcun procedimento". In: BALENA, Gianpiero. Ob. cit., p. 174.

CAPÍTULO 4

A jurisdição em domínios específicos da estruturação da sociedade internacional

4.1. A importância da jurisdição internacional para o surgimento e proteção de direitos

No presente capítulo, pretende-se abordar a jurisdição internacional em alguns dos domínios específicos da sociedade internacional em que vem se desenvolvendo. Em face de sua proteção por meio de instâncias jurisdicionais, alguns direitos surgiram muito cedo na história e tiveram ampla evolução diretamente na esfera internacional, sendo nela consagrados, bem antes de sua evolução no plano interno, como os direitos vinculados ao livre-comércio. Na sequência das relações comerciais, em sede internacional, outros direitos tiveram o seu surgimento e aperfeiçoamento diretamente no plano externo, por meio da jurisdição, bem antes de sua proteção por alguma organização internacional formal, como é o caso dos direitos ligados à navegação marinha.

O evolver das relações comerciais também permitiu o surgimento de uma jurisdição com bastante eficácia, na Organização Mundial do Comércio, que é uma jurisdição internacional entre Estados, a mais forte jurisdição internacional nesse prisma, que existe na arena internacional.

Nada obstante, tendo em vista as liberdades internacionais dos comerciantes, e o desenvolvimento interno das nações das quais eram originários, no decorrer do processo histórico, após o surgimento dos Estados nacionais, os comerciantes, em companhia dos industriais, em suma, a burguesia, na liderança dos Estados nacionais europeus, também na esfera internacional, ajudaram a extinguir o trabalho escravo e concordaram com o aperfeiçoamento da ordem internacional do trabalho, bastante aprimorada, primeiro, no plano internacional, mesmo que em parte motivados por conflitos entre os trabalhadores e o capital. O Direito do Trabalho também evoluiu, na órbita internacional, pela forma com que foi tratado este Direito por um sistema quase-jurisdicional internacional, por meio da OIT, uma Organização de Direito Internacional Público de âmbito global mais antiga que a ONU, bem antes de ter alcançado o mesmo patamar de sofisticação no plano interno.

Assim, Direito do Comércio, Direito do Mar e Direito do Trabalho alcançaram amplo desenvolvimento internacional, em razão da jurisdição ou quase-jurisdição que lhe deram uma certa tutela no plano internacional. A liberdade de iniciativa, a liberdade dos navegadores e a liberdade no trabalho, conquistadas no plano internacional, no evolver da humanidade, por forte influência jurisdicional ou quase-jurisdicional, foram passos decisivos até que fosse construído, após o flagelo da Segunda Grande Guerra, um arcabouço internacional declaratório dos Direitos Humanos, que somente encontraram consistência internacional por meio da jurisdição, para a sua efetividade, com o surgimento das Cortes Internacionais de Direitos Humanos, em especial na Europa e na América. A proteção dos direitos humanos no plano internacional se reflete no aprimoramento desses direitos nos sistemas jurídicos nacionais, em grande parte pela existência desses Tribunais Internacionais, com tutela efetiva, em regiões do globo.

Também após a Segunda Guerra, com a hecatombe atômica, desenvolveu-se, de uma certa forma, embora fragmentadamente, jurisdição na órbita internacional para a proteção do meio ambiente, objetivando concretizar um Direito essencial para a sobrevivência e continuidade da humanidade sobre a terra.

Ademais, em razão dos avanços tecnológicos, tem-se visto o surgimento de jurisdição internacional nesses domínios, que aparece para possibilitar a tutela de direitos em horizontes em que não há tutela judicial por qualquer autoridade pública. A jurisdição, nesses termos, vem a permitir a continuidade da regulação, legitimando-a em tal nível.

A análise que se fará a seguir partirá do surgimento de direitos no plano internacional, inclusive por meio da história, desde a ótica da jurisdição. Consignar-se-á a importância da jurisdição internacional para a formação de direitos no plano internacional, tecendo-se algumas considerações sobre as instâncias jurisdicionais que existiram, as que ainda existem e as que surgiram para a garantia de alguns dos direitos mais importantes para o homem no âmbito internacional, uma vez que se relacionam com economia (comércio, navegação e tecnologia), trabalho, direitos humanos e meio ambiente, temas fundamentais, que estão a alcançar grande desenvolvimento no plano internacional, tendo, como importante fator formativo, a jurisdição internacional.

Escolheu-se, para o sequenciar da abordagem, a ordem cronológica de surgimento de cada Direito no plano internacional, tratando-se, de início, dos relacionados ao comércio — relações entre privados e, em seguida, entre Estados; depois, ao trabalho; a seguir, ao Direito do Mar; depois, ao Direito do Meio Ambiente; e, por último, à jurisdição na regulação privada, que está se constituindo independentemente dos Estados e das organizações internacionais de direito público, mas que tem possibilitado acesso à tutela jurisdicional que soluciona conflitos e assegura direitos, no plano internacional, que, de outra forma, não seriam concretizados.

4.2. A liberdade dos mercadores, a Lex Mercatoria *e a jurisdição no âmbito do comércio internacional entre privados*

A primeira liberdade que se destaca na história da humanidade, na viragem que se deu para a sociedade moderna, mesmo que sedimentada, em parte, na Idade Média, é a liberdade dos mercadores. Esta liberdade está intimamente ligada à *Lex Mercatoria* (*Ius Mercatorium*), que se trata de uma particular forma de criar o Direito, como diz GALGANO, destinada a reger as relações no comércio, com uma regulação normativa distinta das demais relações sociais. A diferença não se dá apenas porque regula a atividade dos mercadores, mas porque é Direito criado pelos mercadores, sem a mediação da sociedade política, em uma época em que os mercadores não eram uma classe dirigente ou uma força do governo da sociedade.[773] As regras do comércio puderam se expandir pelos confins comunais e estender-se, como regras profissionais da classe mercantil, até onde existiam mercados, ou feiras. Tal regramento, para a época, significou um Direito Comercial bastante desenvolvido.[774]

Sabe-se que, por muito tempo, a classe mercantil permaneceu extinta, privada de estabelecimentos comerciais externos. No Alto Medievo, a vida econômica resumia-se ao interior da propriedade feudal, a satisfazer as necessidades dos produtores e as pretensões dos senhores feudais. O excedente era apenas trocado por outros produtos, quase sempre também campestres, não havendo como chamar tais transações de comerciais no sentido moderno. A reabertura de alguns estabelecimentos comerciais no norte e sul da Europa fez despertar, depois do ano 1000,[775] os tráficos europeus, e até extraeuropeus, e o surgimento de uma nova classe de mercadores,

---

(773) SMITH diz que os comerciantes livres alcançaram o direito de instituir corporações "com o privilégio de possuírem magistrados". In: SMITH, Adam. *Investigação sobre a natureza e as causas da riqueza das nações*. Lisboa: Fundação Calouste Gulbenkian, 1993-1999. p. 681.

(774) GALGANO, Francesco. *Lex Mercatoria*. Bologna: Il Mulino, 2001. pp. 9-10.

(775) Para VOLCKART e MANGELS, as origens da *Lex Mercatoria* se deram na Alta Idade Média, em especial entre os séculos X e XIII d.C., sendo cruciais os séculos XI e XII. In: VOLCKART, Oliver e MANGELS, Antje. Are the roots of the modern Lex Mercatoria rely medieval? In: *Southern Economic Journal*, 1/1/1999, v. 65, Issue 3, p. 427.

andarilhos,[776] que se moviam em caravanas, em relação às quais, eles mesmos, providenciavam a própria segurança. A classe dos mercadores, a partir de então, passa a dirigir o desenvolvimento econômico, em face do declínio da economia feudal, transportando bens de luxo, consumidos pelas altas cortes, movendo-se no interior da economia senhorial.[777] Em geral, atuando em feiras, muitas delas anuais, os comerciantes faziam as suas transações com pagamentos imediatos, já que se deslocavam com os bens que eram vendidos.

Nos séculos X e XI, como já se abordou, a Europa convivia com a ausência de Estados. A lei, quando tinha força, valia de acordo com o estatuto pessoal, mais que como critério territorial. Nesse tempo, os mercadores eram itinerantes. Corriam, em razão da quase inexistência de poder público, riscos acentuados, significando, a atividade, uma certa aventura. Havia muita instabilidade e dificuldade para guardar datas e encontrar novamente as mesmas pessoas com as quais se havia negociado antes. Tudo tinha que se dar simultaneamente, pois os pertences, como se disse, eram transportados em cada empreitada. A vantagem desse método, se é que se pode apontar uma, era que, praticamente, não havia disputas, nem discussões sobre sistemas legais para resolver lides, se pelo critério da localidade ou pelo pessoal. Nesse período, embora o comércio não tenha se expandido muito, houve um importante desenvolvimento: o *status* pessoal dos mercadores mudou. Antes, em seus registros, muitos dos mercadores mencionavam que não eram livres, mas agentes de um senhor eclesiástico ou secular. Todavia, desde a mais alta idade carolíngea, muitos mercadores pareciam pessoalmente livres. De um lado, por causa da instável situação política, em que os senhores eram incapazes de controlar as ações dos seus agentes viajantes, que tornaram-se independentes, não devendo lealdade a ninguém.[778]

Ao que parece, o século XI viu um reavivamento do comércio. Objetivando resolver problemas de segurança, em alguns lugares da Europa, segundo *Volckart* e *Mangels*, mercadores livres formaram comunidades para viajar juntos, sendo estas organizações chamadas hansas, artes, guildas etc. A finalidade era a proteção de seus membros. Eram genuínas cooperativas de proteção, o que incluía uma ajuda armada contra assaltantes. Os comerciantes passaram a integrá-las, para dispor dessa segurança. As guildas também geraram comunidades de confiança mútua, criando a *pax mercatoria* e realizando esta função que mais tarde seria do Estado. Isto permitiu a expansão do comércio, a facilitar, a partir de então, a visitação de feiras com regularidade e o guardar de datas.[779]

Desde o século XI, há registro histórico da prática dos comerciantes, em que eles, para resolver as suas disputas, não aplicavam a lei, mas o seu "próprio arbítrio", e já diziam que carta imperial os permitia agir assim. Claro que as guildas não proviam aos mercadores apenas segurança, mas, já no século XI, eles tinham as suas próprias regras, ou seja, as suas organizações, já tratando de transações não simultâneas. Estas normas distinguiam os mercadores das demais pessoas entre as quais viviam, independentemente de estarem em casa ou no exterior. Entre eles, começaram as relações não simultâneas, desenvolvendo as de crédito e, posteriormente, o Direito regrando tais relações. E, com isso, receberam, também, cartas imperiais, confirmando o que já existia como costume, permitindo que as disputas fossem resolvidas de acordo com suas próprias normas, criadas por eles, espontaneamente, e reconhecidas pelas autoridades, por meio dos privilégios e das imunidades. Houve uma suplementação, não uma suplantação, do sistema

(776) Ob. cit., p. 436. Para SMITH, "parecem, na verdade, ter sido um conjunto de pessoas muito pobres, miserável, que costumava deambular com os seus haveres de um lado para o outro, e de feira em feira, como os mendigos de nossos dias [...] transportavam as suas mercadorias de um local para outro até uma feira, sempre que aí montavam uma barraca ou tenda para vendê-las". In: SMITH, Adam. Ob. cit., p. 678.

(777) GALGANO, Francesco. Ob. cit., p. 29-30.

(778) VOLCKART, Oliver e MANGELS, Antje. Ob. cit., p. 436-7.

(779) Ob. cit., p. 437.

legal feudal pelo Direito proveniente das relações comerciais. Em verdade, as autoridades feudais pouco participaram deste processo.[780]

As disputas eram solucionadas aplicando-se o costume dos mercadores, vigente entre eles. Usualmente, eles resolviam os seus litígios sem recorrer à jurisdição feudal ou à eclesiástica. A sanção mais drástica aplicada era a da exclusão da comunidade, sendo que esta regra também foi adotada entre guildas coirmãs. Havia, também, a sanção de divulgar informações negativas sobre maus negociantes, o que trazia o isolamento do mercador que tinha os seus maus feitos comentados pela corporação ou pelos mercadores em geral. Ademais, o inimigo de um dos membros da corporação era considerado inimigo dos outros, o que parece ser a origem das sanções a violações de regras internacionais. Com o relacionar entre guildas, a disputa entre membros de diferentes corporações levou ao aparecimento de cortes arbitrais com mercadores agindo como juízes, embora de um modo incipiente.[781]

E os conflitos entre mercadores e não mercadores? Ao que parece, no início, eram solucionados nas cortes locais, feudais ou eclesiásticas, por meio da compurgação — pelo juramento apoiado pelo maior número de pessoas; pelo combate; ou pelo ordálio do ferro brilhante. Como os mercadores não encontravam, facilmente, apoiadores para jurar, em face de sua desvantagem nesse critério, tinham que ser submetidos ao combate ou ao ordálio, não lhes interessando esta jurisdição. Aos locais, ao contrário, interessava mais recorrer à sua própria corte. Por isso, os mercadores procuravam fazer negócios apenas com pessoas confiáveis. A aplicação do Direito, nessa época, proveniente dos mercadores, teve muito mais sucesso nas organizações de mercadores, entre mercadores, que fora delas.[782]

No final do século XI ou no começo do século XII, as cidades começaram a se tornar protoestados, com mecanismos para aplicar instituições externas, suplementando e gradualmente substituindo as velhas guildas, fornecendo regras para o comércio, por meio do Direito medieval urbano. Este estado de coisas se operou depois de uma nova geração de comerciantes se firmar, já agora estabelecida nas cidades — um amálgama de pessoas que fugiam dos feudos. Tal situação decorreu da ânsia dos líderes feudais por produtos de luxo e pelas taxas que os mercadores eram capazes de pagar. Todavia, os líderes feudais eram incapazes de promover a segurança desejada, advindo daí a concessão de privilégios válidos para determinadas pessoas e em certos lugares, ou seja, para os mercadores e para as guildas.

Com a confirmação (eles já a tinham, como um costume) aos mercadores da liberdade de contratar e de se movimentar, eles tornaram-se definitivamente livres de seus senhores. Em adição, receberam a Paz do Rei, dada aos membros das guildas, um direito especial de proteção pessoal e de seus bens, o que lhes permitia viajar com mais segurança ainda. Os lugares de aplicação destes privilégios foram designados de mercados. Nestes, foram estabelecidas autoridades locais, o que encorajou os mercadores a permanecer na cidade por mais que um inverno. Ser livre de certos procedimentos arcaicos, como o combate e o ordálio, parece ter sido, para *Volckart* e *Mangels*, "o mais importante direito que lhes foram conferidos". O *jus mercatorium* serviu para distinguir os mercadores do restante da população.[783]

Os mercadores, no final do século XI, começaram a formar ligas, que reduziram mais ainda a influência dos senhores feudais e auxiliaram na obtenção dos mesmos direitos em qualquer lugar em que os comerciantes integrantes das diversas ligas desfrutavam. No começo do século XII, a maioria das cidades medievais estava livre, no plano de sua ordem interna e no de seus negócios

(780) VOLCKART, Oliver e MANGELS, Antje. Ob. cit., p. 438.
(781) Ob. cit., p. 440-1.
(782) Ob. cit., p. 442.
(783) Ob. cit., p. 442-3.

externos. Em toda parte, os direitos previstos no *jus mercatorium*, especialmente a liberdade de movimentação e contrato, bem como a liberdade de não ser submetido a arcaicas práticas do Direito tradicional, foram previstos no Direito da cidade. Claro que esta evolução foi observada, com mais facilidade, nas cidades onde as relações comerciais foram mais desenvolvidas. Deste modo, os comerciantes foram os primeiros a recuperar a cidadania, nos termos em que definiram os romanos, ou seja, era cidadão aquele que era livre, que não estava sob o domínio (*in potestate*) de nenhuma outra pessoa, não estava sujeito a qualquer servidão, e era, portanto, capaz de agir segundo seu próprio juízo e direito.[(784)]

Sobre este assunto, *Smith* diz que, em certas ocasiões, o rei ou um grande senhor, que possuía autoridade para fazer, concedia a determinados comerciantes, que viviam nos seus domínios, uma isenção geral de impostos (*passage, pontage, lastage* e *stallage* e, em Portugal, segundo *Smith*, portagem), e estes comerciantes, que antes tinham condição servil ou quase servil, passavam a ser, em consequência, chamados comerciantes livres. Em contrapartida, pagavam uma espécie de imposto individual anual.[(785)]

Estes mercadores, habitantes dos burgos, para *Smith*, em diferentes países da Europa, com toda evidência, alcançaram a liberdade e a independência bastante cedo. A parte do rendimento real proveniente desses impostos individuais nos burgos costumava ser convertida num foro a pagar, durante um certo número de anos, ao xerife do condado ou a outras autoridades. Frequentemente, acumulavam-se comerciantes na mesma localidade, sendo concedido foro em domínios inteiros, tornando os mercadores os responsáveis pelo seu recolhimento direto à coroa, libertos da ingerência dos funcionários do rei. As concessões de foro foram feitas como nos feudos, para sempre, tornando-se os pagamentos perpétuos e as isenções também, deixando de ser pessoais, e passando a ser dos burgueses de um determinado burgo, que tornava-se, por conseguinte, um burgo livre, habitado por burgueses ou comerciantes livres e outras pessoas que escapavam do campo.[(786)]

Assim, dos burgueses foram retirados os atributos da servidão e "tornaram-se realmente livres na atual acepção da palavra Liberdade". Eles receberam privilégios previstos em forais, com a concessão de poder casar suas filhas sem o consentimento de um senhor e de, por morte, serem os seus filhos, e não o senhor, a herdar os seus bens, e de poderem dispor de seus próprios bens por testamento.[(787)]

Estes privilégios eram instituídos ao mesmo tempo com uma comuna ou corporação, em relação à qual poderiam fazer as ordenações internas. Estavam isentos, a partir de então, de se apresentar em tribunais locais e condais, sendo que todos os pleitos eram levados à apreciação de seus próprios magistrados, em muitos países com jurisdição bem mais extensa que a concedida na Inglaterra.[(788)]

Para *Smith*, tais concessões — magistrados próprios, ordenações internas, muralhas e própria segurança, muitas vezes, representaram a existência de verdadeiras repúblicas independentes, no coração de domínios reais. Na Itália e na Suíça, o soberano veio a perder totalmente a sua autoridade para as cidades. Mesmo na Inglaterra e na França, em que a autoridade do rei, embora fraca, não foi eliminada totalmente, as cidades alcançaram privilégios, dentre eles o de pagar apenas um único imposto, e o de mandar deputados para a assembleia geral dos Estados do reino,

---

(784) FUNARI, Pedro Paulo. A cidadania entre os romanos. In: PINSKY, Jaime; PINSKY, Carla (orgs.). *História da cidadania*. São Paulo: Contexto, 2003. p. 72-3.
(785) SMITH, Adam. Ob. cit., p. 678-9.
(786) Ob. cit., p. 679-680.
(787) Ob. cit., p. 677-8.
(788) Ob. cit., p. 681-2.

para decisão em conjunto com representantes do clero e dos nobres.[789] Segundo *Smith*, assim, "a ordem e o bom governo, e, com eles, a liberdade e segurança dos indivíduos foram, deste modo, estabelecidos na cidade".[790]

Apesar das diferenças existentes no desenvolvimento dos vários sistemas de Direito urbano, havia um princípio comum entre eles: eram aplicados não somente para quem morasse na cidade, mas para os visitantes também. O Direito urbano foi o primeiro sistema legal europeu válido de acordo com o critério territorial, o que diminuiu os custos dos negócios. Quando um mercador pôde realmente negociar sabendo que os pactuantes estariam sujeitos à jurisdição de um lugar, os custos ficaram menores, o que facilitou a expansão do comércio. Esta sujeição minorou os custos dos negócios porque as cidades estavam revestidas de mecanismos de força, para o cumprimento de suas decisões.

Em muitas cidades, cortes especiais para a resolução de disputas entre ou com estrangeiros foram estabelecidas, nas quais o processo era rápido e não cabia recurso contra as decisões. Na Inglaterra, era comum, segundo *Volckart* e *Mangels*[791], a *guest court* (*piepowder courts*). Este formato promovia o comércio, já que os mercadores estavam em movimento constante e não tinham tempo para esperar o tramitar dos feitos nos tribunais regulares. O procedimento também facilitava, para os comerciantes locais, a recuperação dos créditos junto a comerciantes do exterior. A opção por estas cortes se dava quando ambas as partes estavam na mesma cidade. Quando um mercador, que enganava outro em uma não simultânea transação, já tinha se retirado da cidade, a ação era movida contra todos os burgueses da cidade em que se encontrava o devedor, sendo os bens deles destinados ao pagamento das obrigações inadimplidas. Para dar eficácia às regras de mercados e feiras, foram feitos extensos usos de represálias coletivas. Esta responsabilidade solidária foi o principal meio pelo qual os mercadores estrangeiros se adaptaram às regras e estas foram aplicadas efetivamente. Esta foi a regra das transações até o final do século XV, tanto quanto às cidades como também aos senhores feudais — e contra seus agentes, quando exerciam um comércio próprio.

Todavia, este mecanismo, embora reforçasse a aplicação do Direito, tendia a causar prolongadas disputas entre mercadores e também entre cidades, com a interrupção das relações comerciais. Por isso, muitas cidades celebraram tratados bilaterais, inclusive com a Inglaterra, no sentido de que não haveria mais as perseguições de uma em relação à outra, caso um mercador violasse as regras. Ocasionalmente, também foram formadas comissões conjuntas entre governos de cidades, o que foi uma exceção, já que as autoridades preferiam, elas mesmas, exercer a jurisdição, que conceder o poder a outros.

O princípio norteador para a definição da competência foi o do foro do contrato — da corte da cidade onde o contrato tivesse sido concluído.[792] A aplicação do Direito, em uma jurisdição com eficácia, fez relativamente seguras as trocas não simultâneas com estrangeiros, no que se refere ao cidadão local de uma forma mais ampla ainda, pois as regras locais, em geral, beneficiavam os habitantes do burgo, e também em razão dos que estavam à frente da jurisdição local, dependentes, em última instância, do sistema comunal originário dos mercadores locais. Deste modo, estes mecanismos terminaram por não inspirar a confiança necessária, em especial aos mercadores estrangeiros.[793]

---

(789) SMITH, Adam. Ob. cit., p. 688-9.
(790) Ob. cit., p. 686.
(791) VOLCKART, Oliver e MANGELS, Antje. Ob. cit., p. 444-5.
(792) VOLCKART, Oliver e MANGELS, Antje. Ob. cit., p. 437-446.
(793) Ob. cit., p. 437-446.

Em verdade, o controle político da cidade era o controle de seu mercado, manifestado, em primeiro lugar, pelo monopólio que os estatutos comunais garantiam aos mercadores da cidade. As feiras, mercados intercomunais, eram regidas por regras jurídicas de aplicação ultracomunal, como normas de Direito profissional, formuladas nas negociações comerciais, como criação dos mercadores, e são, por isso, supracomunais. O constante expandir, assim, caracteriza o *ius mercatorium* como Direito tendencialmente uniforme, europeu, um novo *jus gentium*, a prevalecer, também, para aplicação dos magistrados das feiras. Segundo *GALGANO*, o Direito Comercial do Medievo foi, por toda a Europa, o Direito Comercial italiano, formado em Florença(794), Gênova, Milão e Veneza.(795)

Aos poucos, com a autonomia das cidades, vai-se, passo a passo, estendendo-se o seu poder sobre o território rural, com a sociedade comunal integrando, em seu bojo, os produtores rurais. A concentração urbana e sua progressiva saída da exploração feudal é um fator determinante da ascensão da classe mercantil medieval.(796)

Como se explicou alhures, tanto na França, como na Inglaterra, a jurisdição terminou por ser monopolizada pela Coroa, que, a seguir, em razão da unidade do poder jurídico-político, no Estado nacional, ganhou ares de absolutista. O Estado nacional surge com grande base territorial, nacional e regional, sendo que a burguesia perde o poder exercido com a autonomia comunal, sua força de direção política. O monarca converte as corporações em instituições auxiliares do Estado, com poder de polícia sobre a atividade profissional, a ser exercido segundo minuciosos regulamentos estatais. A classe mercantil cessa de ser artífice do próprio Direito. Com isso, o Direito comercial não é mais um Direito formulado diretamente por uma classe, mas pelo Estado, e não é mais Direito universal, mas nacional. A sua fonte é a lei do Estado, a ser aplicada em todo o território nacional. Por conseguinte, entre 1560 e 1563, a jurisdição comercial passa dos antigos magistrados mercantis, das corporações, aos tribunais do Estado, concebidos como um tribunal especial, composto por juízes eleitos em uma assembleia de mercadores, mas nomeados pelo rei e investidos de poder soberano.(797)

Com efeito, a boa governança das cidades, como disse *SMITH*, não foi transplantada, com essa absorção do Direito Comercial, para o Reino. Somente com a Revolução Francesa, os burgueses vão chegar ao poder e levar para a nação, com muitas inovações, o modelo perdido com o absolutismo, já que o Estado vai dirigir, no plano internacional, as principais atividades comerciais, que estavam, em princípio, atravancadas pelas dificuldades, muitas delas surgidas pelas divergências religiosas, como se verá abaixo.

Contudo, o período da *Lex Mercatoria* no medievo definiu, de uma vez por todas, a extensão do direito de liberdade, antes privilégio dos nobres e dos clérigos, agora, também aos comerciantes, representando a primeira fissura fundamental na estrutura de poder feudal. E uma liberdade, por muito tempo, de cunho internacional; desenvolvida internacionalmente.

Há, em verdade, uma extrema similitude entre a *Lex Mercatoria* medieval e a hodierna. Não se está a falar aqui mais diretamente em seu conteúdo, no que se refere a regras de Direito material, quanto às quais se poderiam apontar similaridades, mas que não serão abordadas aqui, já que refugiria à finalidade desse trabalho. A similitude, em primeiro lugar, se relaciona ao modo de

(794) Florença é considerada, por alguns, o berço da democracia moderna. O comércio era a atividade mais considerada para eles, que entendiam que, sem ela, o mundo não poderia viver. In: ZERON, Carlos. A cidadania em Florença e Salamanca. In: PINSKY, Jaime; PINSKY, Carla (orgs.). *História da cidadania*. São Paulo: Contexto, 2003. p. 110.

(795) GALGANO, Francesco. Ob. cit., p. 56-7.

(796) Ob. cit., p. 31-2.

(797) Ob. cit., p. 73-4.

formação das regras, como diz *Pinheiro*, uma vez que, na *Lex Mercatoria* hoje, nem a formação da regra, nem a sua juridicidade, nem a sua vigência dependem de sua recepção ou pertencimento a uma ordem jurídica nacional.(798)

Em segundo lugar, diz respeito à pluralidade de círculos de formação da *Lex Mercatoria*, como acontecia nas guildas, em cada setor da economia e em cada área de atuação. Atualmente, uma parte significativa das regras da *Lex Mercatoria* vigora num determinado setor do comércio internacional e/ou numa determinada região do globo.

Em terceiro lugar, a *Lex Mercatoria* tem em si um aspecto ínsito, que a caracteriza, a sua própria jurisdição, que lhe forjou, também, a quando da sua origem medieval. Segundo *Pinheiro*, a configuração de uma *Lex Mercatoria* hoje, ou seja, de um Direito autônomo do comércio internacional privado, de uma regulação de contratos internacionais no plano de um Direito autônomo do comércio internacional, "pressupõe a existência de jurisdições em que este Direito é aplicável directa e imediatamente, i.e., sem a mediação de uma ordem jurídica estadual".(799)

Não resta dúvida, nesse tema, que a arbitragem transnacional, definida a via por convenção de arbitragem, é a jurisdição natural dos litígios do comércio internacional privado. Os tribunais da arbitragem transnacional não são criados pelo Direito de um Estado, gozando de uma significativa autonomia relativamente às ordens jurídicas nacionais, sendo que os seus estatutos definem sua linha de autonomia, a permitir-lhes a aplicação de Direito autônomo. A arbitragem se desenvolve inserida institucionalmente de forma setorial ou em centros de arbitragem, com os seus próprios regulamentos.(800) As decisões de arbitragem, nessa seara, têm gerado uma jurisprudência arbitral e dela decorre um costume jurisprudencial, que integram a chamada *Lex Mercatoria*.

Ademais, na arbitragem transnacional, os árbitros se consideram vinculados a determinadas regras da convenção de arbitragem, à liberdade das partes quanto à definição do Direito material aplicável e aos usos do comércio. Atribui-se grande valor a certos princípios fundamentais processuais — contraditório e igualdade das partes. A arbitragem transnacional independe da mediação de uma ordem jurídica nacional e tem regras e princípios autônomos, que definem, como mencionado, o estatuto da arbitragem transnacional. Também, são aplicáveis à relação conflituosa, direta e imediatamente, as proposições jurídico-materiais da *Lex Mercatoria*. Assim, o Direito Transnacional — Direito objetivo do comércio internacional — é aplicável direta e imediatamente aos processos. Esta aplicação somente não se dará, *in totum*, quando as partes designarem expressamente outro Direito material, de fonte nacional etc. Ainda nessa hipótese, em aspectos omissos, aplicar-se-á a *Lex Mercatoria*, em seu matiz material. Independentemente da escolha do Direito material aplicável à questão de fundo, mesmo que se opte por um determinado Direito nacional, é ponto assente, na arbitragem transnacional, que se considera relevante, de modo autônomo, diante do Direito aplicável à causa, os usos do comércio internacional — de valor interpretativo e integrativo do Direito material escolhido, ainda que este não lhe dê esse valor. Tal relevância se observa por regra consagrada pela unificação internacional do Direito da Arbitragem Transnacional, pelos regulamentos dos centros de arbitragem e pela jurisprudência arbitral, em matéria contratual.(801)

---

(798) PINHEIRO, Luís de Lima. *Direito internacional privado* — introdução e direito de conflitos: parte geral. 2. ed. Coimbra: Almedina, 2013. p. 138. O conceito de *Lex Mercatoria* é: conjunto de princípios gerais e regras costumeiras, que não se referem a um particular sistema jurídico nacional, espontaneamente referidas ou elaboradas, nas relações de comércio internacional, com maior aptidão para satisfazer as necessidades específicas das relações econômicas internacionais. In: Ob. cit., p. 115 e 119. No mesmo sentido: HOUTTE, Hans Van. *The law of international trade*. London: Sweet & Maxwell, 1995. p. 26.

(799) PINHEIRO, Luís de Lima. Ob. cit., p. 140.

(800) Ob. cit., p. 141-2.

(801) Ob. cit., p. 142-3.

Em todo caso, as decisões arbitrais transnacionais devem respeitar as regras e os princípios que integram a ordem pública internacional e, em geral, observar as diretrizes do Direito, quanto à matéria em apreciação, dimanados dos principais sistemas nacionais. Além disso, quando as partes preveem a solução diretamente pelo Direito autônomo do comércio internacional, assim será decidido. Deste modo, vê-se que as relações do comércio internacional podem ser reguladas inteiramente no plano do Direito autônomo do comércio internacional.[(802)]

Hodiernamente, os principais sistemas jurídicos nacionais e as ordens jurídicas supraestatais permitem que a regulação das relações do comércio internacional seja feita (autorregulação) por costumes e usos do comércio internacional, pelo costume jurisprudencial arbitral e por regras associativas. Outrossim, autorizam que os litígios advindos do comércio internacional sejam decididos por particulares, com base na autonomia da vontade das partes. O Direito material aplicável não deve violar os valores de ordem pública da ordem jurídica internacional (direitos humanos) e o processo nas cortes de arbitragem deve respeitar as exigências fundamentais de justiça substantiva e processual.[(803)]

Contudo, quer-se destacar neste passo, uma peculiaridade do Direito dos mercadores. Muitos autores preconizam e são realizados grandes esforços no sentido de haver uma uniformização na *Lex Mercatoria*, seja no campo das agências internacionais, como a Câmara do Comércio Internacional (CCI), ou mesmo na Comissão Econômica para a Europa das Nações Unidas (ECE/UN), ou ainda no Instituto Internacional para a Unificação do Direito Privado (UNIDROIT) — uma organização intergovernamental independente, ou em outras associações. Todavia, os avanços ainda são pequenos no que tange a alcançar um Direito material comum, sendo as soluções obtidas pela escolha das partes do Direito material a ser aplicado na resolução do litígio. Todavia, a convenção de arbitragem é algo uníssono nesse domínio, remetendo-se a resolução dos conflitos aos tribunais internacionais de arbitragem, destacando-se o Tribunal Internacional de Arbitragem da Câmara do Comércio Internacional, em Paris.

Ao que se vê, no campo dessa liberdade alcançada — a liberdade dos comerciantes, ou o Direito Comercial Internacional Privado, embora não se tenha chegado, no plano internacional, à definição do regramento da matéria sob o ponto de vista do Direito material a ser aplicado uniformemente, os comerciantes têm, nos dias atuais, para a solução de seus litígios, a jurisdição dos tribunais de arbitragem internacional. Uma jurisdição privada, no plano internacional, para a solução desses conflitos. Por este viés, está se formando uma jurisdição internacional global, plural, para solucionar litígios que tenham por objeto questões de natureza contratual, ou seja, dos contratos do comércio internacional.

Como se disse, esta liberdade foi alcançada, inicialmente, na Idade Média, em razão de uma jurisdição que foi dada aos comerciantes, que era internacional e, depois, passou a ser também local. A eles foi concedido um acesso à justiça que, praticamente, eles próprios criaram, dentro das corporações, no plano internacional, primeiro, e, a seguir, nas comunidades que surgiram, baseadas no Direito dos mercadores, que receberam o privilégio de criar o direito local e ter uma jurisdição local, independente da jurisdição do senhor feudal e da jurisdição da coroa.

Com a absorção, no Estado nacional, do Direito Comercial, os Estados passaram a dirigir o comércio, em favor de seus comerciantes, ou mais pautado em uma política mercantilista, todavia, esbarraram em muralhas erguidas pela religião. O atrapalho vinha por duas vias, o acesso aos mares e a liberdade religiosa. A falta de liberdade religiosa estava a impedir o exercício do livre-comércio entre as nações, havendo a necessidade de mar livre, o que se verá mais adiante. Antes,

(802) PINHEIRO, Luís de Lima. Ob. cit., p. 144-6.
(803) Ob. cit., p. 133.

continuar-se-á examinando o desdobramento do Direito do Comércio Internacional, por meio da jurisdição para solucionar conflitos entre os Estados.

4.3. A jurisdição no comércio internacional na resolução de conflitos entre Estados no Órgão de Solução de Controvérsias da OMC

Como se viu, na solução de conflitos entre privados, nos litígios relacionados ao comércio, a jurisdição exercida nos domínios da *Lex Mercatoria* tem relevância, inclusive para o desenvolvimento do comércio internacional. VARELLA discute se esse Direito (*Lex Mercatoria*) é ou não Direito Internacional.[(804)]

Por outro lado, tem-se desenvolvido uma jurisdição, como se disse, para resolver conflitos entre Estados, em matéria comercial. O autor sobredito diz que está havendo uma expansão, adensamento e efetividade do Direito do Comércio Internacional. Este Direito tem sido fortemente influenciado pelas interpretações de um órgão central, o Órgão de Solução de Controvérsias da Organização Mundial do Comércio. Para ele, há uma grande incidência vertical desse Direito,[(805)] que detém uma "jurisdição internacional".[(806)]

Nesse ramo do Direito Internacional,[(807)] no que se refere a controvérsias entre Estados, foi previsto, inicialmente, um sistema de solução no texto original do Acordo Geral sobre Comérco e Tarifas (GATT), de 1947, que, em verdade, compreendia, segundo *SILVA*, um sistema de consulta e de estabelecimento de painéis, integrados por especialistas, que, ao final, elaboravam um relatório, e, se consensualmente adotado pelo Conselho Geral do GATT, a decisão era aplicada. Propugnava-se, desde esse tempo, por um sistema rígido e eficaz de solução de controvérsias, para promover a cooperação entre os membros, sendo certo que este sistema (GATT) passou por modificações, nunca alcançando o ideal pretendido.[(808)]

O sistema do GATT não funcionou, segundo *JACKSON*,[(809)] uma vez que orientado, na solução das controvérsias, pelo poder relativo das partes, tendo, como ênfase, a conciliação e a negociação, enquanto o sistema seguinte, de solução de controvérsias da Organização Mundial do Comércio, foi baseado no Direito, com soluções sedimentadas nas normas aplicáveis ao caso.

O Órgão de Solução de Controvérsias da Organização Mundial do Comércio (OSC) tem se destacado como sendo a principal instância multilateral para a solução dos conflitos entre Estados-membros (competência *ratione personae*), em matéria comercial, e a sua jurisdição é compulsória, excluindo a dos demais tribunais, e sua competência não cessa em razão de já ter sido decidido ou estar em apreciação o contencioso, ao mesmo tempo, em outro órgão jurisdicional, ainda que seja no Tribunal Internacional de Justiça da ONU. O OSC da OMC foi criado em 1995 e, como diz

---

(804) VARELLA, Marcelo. *Internacionalização do direito*: direito internacional, globalização e complexidade. Tese de livre-docência apresentada à Universidade de São Paulo, 2012. p. 454.

(805) Ob. cit., p. 361.

(806) VARELLA, Marcelo. *Direito internacional público*. 6. ed. São Paulo: Saraiva, 2016. p. 462.

(807) Chamado por VARELLA de Direito Internacional Econômico. Ob. cit. p. 473.

(808) SILVA, Elaini Cristina Gonzaga da. *Direito internacional em expansão*: encruzilhada entre comércio internacional, direitos humanos e meio ambiente. São Paulo: Saraiva, 2016. p. 169.

(809) JACKSON, John H. The changing fundamentals of International Law and ten years of WTO. In: *Journal of International Economic Law*, v. 8, number 1, march 2005, p. 3-15. No mesmo sentido, SILVA, p. 173-174. Jackson diz que o GATT por exemplo, sempre teve normas (especialmente o artigo III), que refletiam um julgamento político de medida governamental doméstica, interna, o que restringia a cooperação internacional. In: ob. cit. p. 7. Segundo VARELLA, as decisões do Órgão de Solução de Controvérsias da OMC somente podem ser rejeitadas à unanimidade dos votos dos membros da OMC, enquanto, no período do GATT, não imperava a regra do consenso negativo, mas o consenso positivo, ou seja, bastava que um dos membros (geralmente o Estado vencido na decisão) não concordasse, para que não fosse efetivada. Ob. cit., p. 469.

Varella, a cogência e eficácia de suas decisões (mais de 75% das decisões são efetivadas) chega a causar "um forte efeito paralisante sobre o avanço de outras normas internacionais e de normas nacionais de todos os mais de 150 Estados-membros da OMC".[(810)]

O volume de litígios no OSC é muito grande, o que não é comum em órgãos jurisdicionais que tratem de conflitos entre Estados, com uma média de cerca de 40 litígios por ano, a estar este volume em crescimento. A importância dos casos em apreciação é muito grande, em face do volume de recursos envolvidos, com forte repercussão financeira de suas deliberações. Em média, cada contencioso é decidido em três anos.[(811)] Os países em desenvolvimento estão presentes em quase 60% dos contenciosos do OSC, o que não ocorria no sistema do GATT, em que estiveram presentes, como partes, em poucos litígios, já que os mais pobres não acreditavam na imparcialidade do sistema anterior, por entenderem que favorecia aos países ricos.[(812)]

A competência em razão da matéria do OSC, em geral, refere-se a litígios relacionados a danos ou anulação de ganhos, em face do desrespeito a acordos comerciais entre Estados. A ação pode veicular litígios que versem sobre falha na implementação de acordos, danos causados por violação deles, ou no caso de "ausência de benefícios em função de determinadas medidas contra a lógica do sistema de livre-comércio tal como prevista nos acordos da OMC".[(813)]

O processo se inicia com as consultas (instrumentos operados por diplomatas) — fase de negociação prévia ao contencioso, em que o Estado autor deve provocar o demandado para tentarem a solução negociada do litígio, tendo este último o prazo de dez dias para dizer se aceita ou não entrar em negociação. Se aceitar, tem entre 30 e 60 dias para a busca de um entendimento. Caso haja acordo, o fato é comunicado ao OSC, com o arquivamento. Não havendo acordo, é apresentada uma petição, para dar início ao procedimento. Há, em seguida, uma reunião, no OSC, que, não havendo solicitação de mais prazo para negociações, pode ser constituído o painel, que é a primeira fase contenciosa.

A partir da segunda reunião do OSC, a jurisdição é obrigatória — não pode ser obstruída por solicitação unilateral de prazo para negociar. A composição do painel é feita por sorteio entre os nomes de uma lista composta por mais de duzentos, integrada por diplomatas, funcionários da OMC ou professores de Direito Internacional, indicados pelos Estados-membros. São escolhidos, em cada painel, três nomes. Com a composição, os demais membros da OMC são notificados do conflito e podem ingressar no litígio, como terceiros interessados. Após, o painel define os padrões de revisão do contencioso, ou seja, o objeto que será analisado, determinando os pontos que serão examinados. Pode acontecer de o painel analisar além do alegado pelas partes, mas isso já é indicado nos parâmetros da atuação.[(814)]

---

(810) VARELLA, Marcelo. Ob. cit., p. 460-1. Sobre a efetividade das decisões do Sistema da OMC, diz *HOWSE*: "the creation of the World Trade Organization (WTO) in 1995 has often been identified with the establishment of a system for adjudicative resolution of disputes which, in its effectiveness and sophistication surpasses what has been achieved by other international tribunals, such as the International Court of Justice. In: HOWSE, Robert. Adjudicative legitimacy and treaty interpretation in International Trade Law: the early years of WTO jurisprudence. In: WEILER, J. H. (Editor). The EU, The WTO and the NAFTA — towards a Common Law of International Trade. Oxford: Oxford University press, 2000. p. 35. Sobre a competência *ratione personae* do OSC, VARELLA diz: "pelo fato de empresas não poderem ingressar diretamente no OSC, o sistema serve como um filtro, que impede que interesses politicamente negativos para os Estados ou de pequeno valor acionem o sistema". In: VARELLA, Marcelo. Ob. cit., p. 464. VARELLA acentua que a OMC possibilita que os atores privados (não estatais, inclusive ONGs) participem do contencioso como *amici curiae*, tendo sido este entendimento construído jurisprudencialmente, aos poucos. In: Ob. cit., p. 475.

(811) Ob. cit., p. 462.

(812) Ob. cit., p. 464.

(813) Ob. cit., p. 465.

(814) Ob. cit., p. 466-7.

O painel terá até seis messes para: (1) realizar uma reunião entre as partes, em que os argumentos serão expostos, de forma concisa, inclusive dos terceiros interessados; (2) promover uma outra reunião, em que poderão ser apresentadas impugnações às alegações iniciais de cada parte e dos demais participantes da lide; (3) designar perícia científica, se solicitado — em razão da complexidade da perícia, o prazo de seis meses pode ser ampliado; (4) apresentar, posteriormente à coleta da prova, anteprojeto de relatório, por meio do Órgão Especial — os principais elementos do futuro relatório, em caráter confidencial; (5) em seguida, conceder às partes prazo para que ofereçam, em duas semanas, comentários à estrutura do anteprojeto de relatório; (6) após, elaborar relatório provisório, colocando-o à disposição somente das partes; (7) depois, tornar público o relatório final, decidindo o caso: questões preliminares; de fato e de direito.[(815)]

A decisão é apelável pelas partes vencidas (os terceiros só podem apelar se uma das partes o fizer), no prazo de 60 dias. Havendo apelação, será examinada pelo Órgão de Apelação.[(816)] Caso não seja interposto apelo, a decisão é adotada pelo Órgão de Solução de Controvérsias. Todavia, a maioria dos relatórios dos Grupos Especiais são objeto de apelação, que é a segunda fase contenciosa, na qual é possível a revisão de questões de direito da decisão recorrida, o que é feito de modo amplo. Constantemente, decisões apeladas são revisadas, para ser a interpretação do caso adequada, segundo o Órgão de Apelação, aos acordos da OMC, predominando o já decidido anteriormente pelo referido Órgão, constatando-se, para *Varella*, o emprego da teoria dos precedentes (*stare decisis*), de influência anglo-saxônica, na construção jurisprudencial. O Órgão de Apelação é composto de sete juízes, com mandatos de nove anos. O funcionamento desse Órgão segue uma agenda rígida, e também se dá através de painéis, compostos por três juízes, sorteados entre os sete já referidos. O procedimento recursal também se dá em contraditório: após a apelação, a reação das partes adversas, no prazo de vinte e cinco dias, a contar do depósito da Declaração de Apelação — os principais pontos da irresignação do recorrente, que depois, em sete dias, são detalhados por ele, mediante a Comunicação de Apelação. Após, é realizada uma audiência, em um prazo entre 35 e 45 dias depois da Declaração de Apelação, para a exposição das razões das partes. Decorridos 90 dias da Declaração de Apelação, o Órgão de Apelação produz o relatório final, que é comunicado às partes. Em geral, como já se disse, esta decisão é cumprida voluntariamente pela parte vencida. Após 120 dias da Declaração de Apelação, o relatório final do Órgão de Apelação é adotado pelo Órgão de Solução de Controvérsias.[(817)]

A implementação da decisão se faz com o ajustamento, pelo Estado vencido na controvérsia, da legislação e/ou políticas comerciais internas, consideradas contrárias à regulamentação da OMC. Claro que este ajustamento é feito por medidas tomadas pelo próprio Estado vencido e não, diretamente, pela OMC. O Estado é que modifica sua Constituição, revoga leis anteriores ou promulga novas leis, no intuito de cumprir a decisão.[(818)]

Como diz *Varella*, as decisões da OMC são implementadas porque o Estado vencido tem interesse na manutenção da legitimidade do sistema (sistema comercial multilateral funcionando) e do jogo interno de pressões, aceitando perdas pontuais, para ganhos globais. Assim é que as engrenagens do sistema jurídico nacional são movimentadas, para cumprir a decisão, comprovando que

---

(815) VARELLA, Marcelo. Ob. cit., p. 468-9.

(816) Sobre as formalidades de apelação, inclusive a necessidade de menção específica de cada ponto da decisão impugnada, ver: Decisão de 9 de setembro de 1997, Contencioso entre as Comunidades Europeias e diversos outros Estados acerca do regime de importação, venda e distribuição de bananas — Bananas III (DS27). Neste caso, o OSC entendeu que não havia apelação sobre certos pontos, pois não se fez menção a aspectos do Relatório do Grupo Especial de forma específica. A decisão está no site: http://wto.org. Acesso em: 13 set. 2013. A análise desta decisão está In: Ob. cit. p. 470-1.

(817) Ob. cit., p. 470-2.

(818) Ob. cit., p. 472-3.

o Direito Internacional Público, que era orientado pela política, orienta-se, agora, pelo Direito — as normas do sistema internacional do comércio.(819)

A implementação da decisão segue-se assim: (1) a parte vencida propõe um prazo para o cumprimento, o que é negociado e, se não acordado, definido por árbitro, escolhido pelas partes ou pelo Diretor-Geral, e será de até 15 meses para os Estados, em regra, e de até 18 meses para os Estados em desenvolvimento. O OSC, após, irá acompanhar a implementação da decisão no plano interno, bem como a parte interessada, que poderá fazer denúncia da inércia do vencido, sendo tudo acompanhado pelo painel.(820)

Em caso de não implementação, decorrido o prazo assinalado para tanto, o demandante pode requerer compensações. Poderão ser acordadas disposições da OMC que deixarão de prevalecer entre as partes, ou, após definidas por arbitragem, a parte prejudicada poderá tomar medidas unilaterais para compensar perdas, impondo danos semelhantes ao demandado. Com as retaliações, os setores econômicos internos prejudicados pressionam o governo para cumprir a decisão.(821)

O Órgão de Solução de Controvérsias da OMC exerce importante função jurisdicional internacional, resolvendo conflitos de grande interesse da sociedade mundial, que afetam a economia de Estados e de todo o globo. O funcionamento de sua jurisdição vai além, como se disse, do mero papel de resolver disputas, uma vez que o seu sistema jurisdicional, mais próximo do *common law*, cumpre uma "*constitutional role*",(822) através de sua jurisprudência, que se expandiu bastante após a criação da OMC.(823) Nada obstante, segundo *Varis*, o sistema jurisdicional do OSC, embora, ao decidir, relate sobre decisões prévias, e as tomar em consideração, esta jurisdição é baseada em uma consistente e cíclica característica, ao operar do OSC, que tem sobre si o regime do Comércio Internacional.(824)

Inegável, no entanto, que após o sistema jurisdicional criado na OMC, por meio do OSC, com o fim da Guerra Fria, a humanidade passa por desenvolvimento e maior interação entre os Estados, tendo sido iniciado um sistema eficaz permanente de solução de conflitos entre os Estados, o melhor, funcionalmente falando, que já se construiu no Direito Internacional, o qual está sendo fundamental para a paz no comércio, para a paz na sociedade internacional e para o desenvolvimento do Direito nessa área.

4.4. A liberdade nos mares e o Tribunal Internacional do Direito do Mar

Não obstante já se ter abordado um pouco acerca desse assunto anteriormente, convém retomá-lo neste passo, para que auxilie no encontro de um fio condutor de um elo entre a liberdade, sobretudo de iniciativa, e a jurisdição. Em verdade, a liberdade dos comerciantes foi construída em razão da facilidade dos transportes e de comunicação nas cidades costeiras europeias. Corolário à *Lex*

(819) VARELLA, Marcelo. Ob. cit., p. 473.
(820) Ob. cit., p. 474. Para análise de um caso didático em que se pode ver o andamento do contencioso, com propostas e ameças de retaliação, ver: Decisão de 3 de maio de 2005, Contencioso entre Brasil e Estados Unidos da América sobre os subsídios ao algodão (DS267), em que, diante da resistência norte-americana para a mudança da legislação de subsídios, o Brasil ameaçou a quebra de patentes de produtos farmacêuticos para a AIDS. Ver in: <http://wto.org>. Acesso em: 13 set. 2013. E in: Ob. cit., p. 477.
(821) Ob. cit., p. 475.
(822) BROWN, Chester. Inherent powers in international adjudication. In: ROMANO, Cesare P. R.; ALTER, Karen; SHANY, Yuval (Eds.). *The Oxford Handbook of International Adjudication*. Oxford: Oxford University Press, 2014. p. 844.
(823) GINSBURG, Tom. Political constraints on international courts. In: ROMANO, Cesare P. R.; ALTER, Karen; SHANY, Yuval (Eds.). *The Oxford Handbook of International Adjudication*. Oxford: Oxford University Press, 2014. p. 498.
(824) VARIS, Ozge. Understanding the interaction between the WTO Regime and International Investment Regime: Reversing the Aproach. In: VICENTE, Dário Moura (Ed.). *Towards a universal justice?* Putting international courts and jurisdiction into perspective. Leiden/Boston: Brill Nijhoff, 2016. p. 284.

Mercatoria, é o princípio da liberdade dos mares, uma vez que foi, por meio dele, que os comerciantes conseguiram exercer a sua liberdade de ir e vir, contratual etc., no plano internacional de então.

Por meio da Europa, como se disse, cortes mercantis foram instituídas para resolver disputas entre mercadores em suas várias feiras. Uma rede de regulações comuns e práticas formaram seu caminho mediante o tecido comercial da Europa e constituiu um embrionário Direito Comercial Internacional. Similarmente, costumes marítimos começaram a ser aceitos na Europa Continental, fundados na Lei do Mar de Rodes, uma obra bizantina. Tais costumes foram utilizados em outros textos e foram comumente aplicados em relação às questões provenientes do mar nas costas do Atlântico e do Mediterrâneo. Para *Shaw*, as regras estabelecidas por estes códigos comercial e marítimo são precursoras do Direito Internacional, porque foram criadas por uma grande costura internacional de contratos, refletindo a necessidade por regras que regessem situações internacionais.(825)

A *Lex Mercatoria*, pautada nesses costumes, regulou o comércio, em especial no seio da Liga Hanseática das cidades-estados da bacia do Mediterrâneo. Esta regulação, entre mercadores de diferentes nações, constituiu um domínio relevante e dinâmico do Direito Internacional com relação ao Direito do Mar. Da mesma forma, a arbitragem marítima, por meio do Código Marítimo de Veneza, de 1229.(826)

O Livro do Consulado do Mar, do século XIII, é uma coleção privada dos usos do Mediterrâneo. O Consulado do Mar era uma instituição jurídico-mercantil medieval formada por um *Prior* e vários *Cônsules*, com jurisdição similar aos atuais tribunais mercantis. De origem mediterrânea, funcionou primeiro em Trani (Itália), em 1063, estendendo-se depressa a instituição, para Pisa, Messina, Chipre, Constantinopla, Veneza, Montpellier, Valência (1283), Maiorca (1343), Barcelona, Perpigna e Malta (século XVII). Atualmente, há o Consulado do Mar de Barcelona, que integra a Câmara de Comércio de Barcelona, com missão de arbitrar em conflitos de caráter mercantil. Ademais, pela primeira vez, regulou-se a guerra marítima, o corso e o transporte de mercancias neutras, baseado em princípios que perduraram como vigentes até a Declaração de Paris de 1856.(827)

O conceito de espaços marítimos suscetíveis de apropriação e exploração foi elaborado pelos glosadores e pós-glosadores e desenvolveu-se, antes, no Báltico e nas costas do Oceano Atlântico, dominadas pela Liga Hanseática, que no Mediterrâneo. As causas foram o intenso tráfico comercial entre as cidades da Liga, em que as fórmulas romanas estiveram menos presentes.

---

(825) SHAW, Malcolm. Ob. cit. p. 14.

(826) Registre-se, mais uma vez, que houve relações entre cristãos e muçulmanos na Idade Média, antes de 1300, em especial depois da estabilização do poder muçulmano, que se estenderam ao comércio, como os inúmeros tratados concluídos pelas repúblicas marítimas italianas (Veneza, Amalfi, Pisa e Génova) e os reinos da Sicília e do Aragão, com os potentados do Levante e da África do Norte. Dessas relações e dos costumes marítimos mediterrâneos, o Direito Comercial Internacional recebeu notável impulso. Em verdade, as cidades mercantes deram ao Direito Comercial e Marítimo um grande desenvolvimento, concretizado por meio de uma série de coletâneas municipais, como a Távola Amalfitana, que vigorou no Mediterrâneo até à segunda metade do século XIX. Destaca-se também o Livro do Consulado do Mar, redigido inicialmente em Barcelona, no século XIII, com validade internacional, o qual serviu como instrumento de formação do Direito Marítimo europeu quase comum. A ação de Veneza, com representantes e estabelecimentos ramificados por todo o Mediterrâneo, com seus embaixadores e despachos também é fundamental para este desenvolvimento. O Direito Marítimo alcança seu evolver, também, a Oeste e a Norte da Europa, de fonte predominantemente germânica, destacando-se os Juízos ou Rolos de Oléron (final do séc. XI e primeira metade do XII), com relevância até o século XVII. Também se destaca o *Black Book of the Admirality* (séculos XII e XIII), que está na origem do Direito Marítimo inglês, com importância fundamental para a gênese do Direito Marítimo moderno. In: SERRA, Antonio Truyol y. Ob. cit., p. 35-7.

(827) SÁNCHEZ, José Luis Meseguer. *Los espacios maritimos en el nuevo Derecho del Mar*. Madrid: Marcial Pons, 1999. p. 18.

Na Idade Moderna, com os descobrimentos, consolida-se, nas relações internacionais, a concepção da teoria da soberania territorial absoluta e, por conseguinte, a formação dos modernos Estados — França, Inglaterra, Espanha e Portugal. Com isso, apareceu um fenômeno novo, desconhecido até então: a aspiração de exercer soberania absoluta no oceano, com o monopólio exclusivo e excludente dos direitos de navegação e pesca diante dos demais Estados, expressada por Espanha, Portugal e Inglaterra. A reação[(828)] veio forte dos Países Baixos, defendendo os seus interesses econômicos, utilizando-se das doutrinas do Direito Natural e do Direito das Gentes desenvolvidas na Espanha e em Portugal.[(829)]

Vitória (*ius communicationis*) foi a primeira a estabelecer, teoricamente, o direito de todas as nações comunicarem-se livremente umas com as outras pelo mar, pois este lhes era comum. Em sua doutrina, está implícita a liberdade dos mares. *Grócio*, baseando-se em *Vitória*, manifestou-se, de modo claro, contrariamente à *mare clausum*. Em sua tese de *mare liberum*, *Grócio* preconizou o princípio da liberdade dos mares, em oposição ao pensamento do domínio absoluto dos mares, com o corolário monopólio da navegação.

Grócio formulou o pensamento de que o alto-mar era território internacional, livre, e, como consequência disso, alcançou o princípio da liberdade de trocas. A proibição, portanto, da livre navegação era ilegítima, contra o Direito. E previu a necessidade da arbitragem para a solução das demandas em virtude dos prejuízos causados pela prática contrária à liberdade do uso do mar, da livre navegação e da liberdade das trocas.[(830)]

Em verdade, no sequenciar dos conflitos pelo mar, a Europa entra em embate religioso que abala a liberdade dos mercadores, já prejudicada pela assunção do Estado nacional. As questões religiosas, entre católicos, protestantes e anglicanos, conduziam às ações estatais de limitação da liberdade do mar, até mesmo em razão das guerras existentes. As disputas religiosas na Europa eram imperialistas, dividiam o continente e afetavam, sobremaneira, as trocas. As pretensões do Império Austro-Húngaro eram estabelecer o poder sobre toda a Europa e expandi-lo pelo mundo ortodoxo e islâmico.[(831)] De seu lado, os franceses também tinham visão imperialista e por certo o domínio imperial se estenderia sobre os oceanos.

A Paz de Vestfália não só significou a paz entre o Império dos Habsburgos (que incluíam a Espanha àquela altura) e a França, mas também reconheceu a igualdade jurídica entre todos os Estados, grandes e pequenos. Durante o Congresso de Vestfália, por Müsnster e por Osnabrück, passaram delegações heterogêneas, representando 149 entidades políticas extremamente diversas, dentre elas os delegados da Hansa.[(832)]

A liberdade religiosa, então fincada por meio da Paz de Vestfália,[(833)] vai permitir o aprimoramento das relações entre nações de religiões diferentes e desenvolver a liberdade dos comerciantes, que poderão voltar a atuar no plano internacional, a se relacionar, guardadas as devidas proporções, como dantes. Agora, mesmo com religiões cristãs diferentes, não há impedimento para o relacionamento comercial.

---

(828) SÁNCHEZ, José Luis Meseguer. Ob. cit., p. 19.

(829) MARTÍN, Ramón Hernández. *Francisco de Vitoria y su relección sobre los indios* — los derechos de los hombres y de los pueblos. Madrid: Edibesa, 1998. p. 134-140.

(830) GRÓCIO diz: *"He who prevents another from buying or selling, or who puts his private interests before the public and common interests, or who in any way hinders another in the use of something which is his by common right, is bound to make restitution of all the loss by the arbitration of a good man"*. In: GRÓCIO, Hugo. *Mare Liberum*. Boston: Brill, 2009. p. 153.

(831) KHAN, L. Ali. *The extinction of nation-states*: a world without borders. Hague/London/Boston: Kluwer Law International, 1996. p. 13-28.

(832) CARDIM, Pedro. A prática diplomática da Europa do Antigo Regime. In: RODRIGUES, Luís Nuno; MARTINS, Fernando. *História e relações internacionais*: temas e debates. Lisboa: Colibri, 2004. p. 31.

(833) LOPES, José Alberto Azeredo. *Textos históricos do Direito e das relações internacionais*. Porto: Universidade Católica Portuguesa, 1999. p. 38-43.

Em verdade, Inglaterra, Países Baixos e a França já tinham, neste aspecto, evoluído bastante. Para isso, tinham desenvolvido relações comerciais com nações de diferentes religiões, sem, em geral, uma missão de impor a sua religião. Este relacionar difundiu entre os mercadores o princípio da liberdade religiosa, com a possibilidade de prática da religião de origem mesmo em solo estrangeiro. Entre os franceses, tal liberdade se desenvolveu cedo. Basta dizer que, em solo francês, em razão desse fluxo, foi levantada a primeira mesquita, em 1543 ou 1544, em Toulon.[834]

O que resultou de Vestfália, no que se refere à liberdade religiosa, mais propriamente, foi que um Estado não iria mais impor ao outro a religião dos seus nacionais. Este princípio já era praticado pelos mercadores. Talvez tenha sido esta a razão de Vestfália ter passado pela intermediação de diplomata veneziano, acostumado a conviver, não só ele mas todos os seus concidadãos, com a liberdade religiosa dos outros.

Com efeito, o princípio da liberdade dos mares — um direito dos mercadores e dos navegadores já estabelecido como um costume — prevaleceu, consagrado, ao final, no Tratado de Paris de 1784, que abriu os mares à livre navegação dos barcos de todas as nações.

Todavia, este princípio terminou por sofrer recortes, inicialmente fundamentados em razões de segurança e defesa das áreas costeiras dos Estados soberanos. Assim, os Estados se reconheceram como tendo o domínio sobre uma faixa de mar adjacente às suas costas, correspondente, inicialmente, ao alcance de canhão. O Direito do Mar dos séculos XVII e XVIII se desenvolveu como um direito de superfície, baseado na liberdade dos mares e na soberania dos Estados costeiros. Prosseguiu, todavia, o debate, no âmbito doutrinário do Direito Internacional Público do Mar, sobre o grande princípio liberal do mar aberto aos navios de todos os povos e o princípio político de defesa a justificar um mar territorial exclusivo, para cada Estado, quanto às suas costas. Contudo, no começo do século XX, a definição da plataforma continental e a extensão do poder do Estado a áreas de alto-mar, sobretudo por decisões dos Estados Unidos, terminaram por restringir o princípio da liberdade do mar. Predominou, para os Estados, as teorias do mar territorial, da zona contígua, e, por fim, da zona econômica exclusiva e da plataforma continental, que representam uma extensão da soberania do Estado sobre maiores áreas dos mares, as quais se tornaram um uso comum dos Estados, bem como a sua restrição, em razão da soberania. Outrossim, em face do desenvolvimento tecnológico, passa-se a discutir o uso do subsolo, ao aproveitamento da pesca e outros aspectos, como problemas relacionados à poluição dos oceanos, ou mesmo à configuração do que seria uma herança comum da humanidade, que foram objeto de muitos tratados, inclusive multilaterais, tornando inaplicáveis antigos esquemas jurídicos.

Cabe registrar, aqui, que, após o fracasso da Conferência Internacional da Haia (1930), foram celebradas, em Genebra (1958), quatro convenções sobre mar territorial e zona contígua, alto-mar, plataforma continental e pesca e conservação dos recursos vivos do mar. As convenções, sucessivamente, falam a respeito de soberania dos Estados sobre determinados espaços relacionado ao mar. Contudo, apesar da definição da soberania de cada Estado sobre espaços do mar e seus reflexos, no que se refere ao mar adjacente às suas costas: ao mar territorial, à zona econômica exclusiva, ao leito e subsolo subjacentes e ao espaço aéreo sobrejacente, a Assembleia Geral das Nações Unidas continua a reconhecer o direito de liberdade nos mares (mais restrita ao alto-mar — todas as partes do mar não incluídas na zona econômica exclusiva, no mar territorial ou nas águas interiores de um Estado, nem nas águas arquipelágicas de um Estado arquipélago, em que se permite, em geral, a passagem inocente das embarcações, em razão das restrições na ordem jurídica de cada Estado), como se vê no art. 87 da Convenção das Nações Unidas sobre o Direito do Mar (1982).

Assim, o direito de liberdade nos mares foi consagrado internacionalmente, sedimentado, inicialmente, como costume jurídico internacional, pelos mercadores e navegadores desde a Idade

(834) NEFF, Stephen. Ob. cit., p. 150.

Média, que tinham as suas desavenças solucionadas em seus próprios tribunais, os quais consagram esse direito. Contudo, como se disse, as desavenças envolvendo o mar, e também o comércio, ganharam uma amplitude muito maior, o que exigiu uma jurisdição internacional diferenciada. Grande parte destes conflitos jurídicos envolvem Estados ou organizações internacionais. Sobre este aspecto, ainda se tocará neste capítulo e, também, mais adiante.[(835)]

Trata-se, assim, de princípio do Direito Internacional do Mar, o princípio da liberdade dos mares, o que inclui liberdade de navegação aquática e tráfego aéreo, liberdade de comércio e de pesca no alto-mar. Para ter aplicação contra as violações a este direito de liberdade e a outros que têm se somado no Direito do Mar, a Convenção das Nações Unidas sobre o Direito do Mar — CDM (1982), assinada em Montego Bay, na Jamaica, previu o Tribunal Internacional do Direito do Mar, com estatuto próprio e com sede em Hamburgo (Alemanha). O Tribunal teve a sua direção definida em 1.10.96, passou os dois primeiros anos se organizando e, após, a funcionar efetivamente.[(836)]

Diferentemente das cortes mercantis internacionais no domínio da *Lex Mercatoria*, que são privadas, o TIDM tem personalidade jurídica de direito internacional público. Ademais, enquanto a jurisdição da arbitragem das questões do comércio privado internacional é acessível aos privados, o acesso à jurisdição do TIDM (Parte XI da Convenção) está restrito aos Estados (art. 20º, § 1º, do Estatuto do TIDM), ainda quanto a Estados que não sejam parte na Convenção do Direito do Mar, havendo acordo especialmente para este fim, e às Organizações Internacionais, que tenham capacidade para celebrar tratados internacionais. Assim, são os Estados[(837)], em geral, por meio de sua representação legal internacional, que movimentam a jurisdição internacional no TIDM. Deste modo, o contencioso no TIDM se relaciona, também, a particulares, que naveguem com embarcação com a bandeira de um Estado em águas de outro, os quais tiverem embarcações apreendidas, sendo que este litígio é posto à jurisdição internacional do TIDM (Parte XV da CDM).

O Estado da bandeira da embarcação apreendida provoca a jurisdição internacional, sendo posto no polo passivo o Estado em que foi apreendida a embarcação. Residualmente, o TIDM pode agir de ofício, no caso de apreensão de embarcações, trazendo à jurisdição os Estados vinculados ao litígio. A primeira demanda no Tribunal foi sobre apreensão de embarcação, aplicando-se o art. 292º, § 3º, da CDM, para a imediata liberação, pelas autoridades de Guiné, de embarcação — o navio M/V Saiga de bandeira de São Vicente e Granadinas — e sua tripulação, em 4 de dezembro de 1997. O litígio envolveu São Vicente e Granadinas e Guiné.[(838)] Os casos de apreensão de embarcação podem ser submetidos à Câmara de Procedimentos Sumários, que pode determinar medidas provisórias (art. 290) — cautelares, para preservar os direitos das partes e garantir a utilidade da sentença que vier a ser proferida, mesmo quando o tribunal não esteja em sessão. As medidas provisórias concedidas, a seguir, poderão ser revisadas pelo Tribunal. A competência

---

(835) NASCIMENTO, Letícia Albuquerque Januário. Os princípios da Convenção das Nações Unidas sobre o Direito do Mar. In: *Estudos jurídicos e políticos*. Florianópolis: UFSC, 2002, v. 23, p. 140.

(836) MELO, Milene Barbosa de. O Tribunal Internacional de Direito do Mar e sua atuação como órgão destinado à solução de conflitos internacionais: estudo de jurisdição internacional. *Tese de Mestrado em Ciências Jurídico-Comunitárias*, do Curso de 2005/2007, p. 102.

(837) MELO afirma, a respeito dos legitimados a atuar no TIDM: "os Estados partes na Convemar, onde esta expressão "Estados partes" inclui estados e outras entidades referidas no art. 305º da Convemar (Organizações Internacionais, estados autônomos e a própria administração associada com Estados e territórios). Assim, pode ter acesso ao Tribunal, na situação de demandante ou demandado, além dos Estados partes na Convenção e de outros estados partes em acordos compatíveis com a Convenção, onde se reconheça a competência do Tribunal, as seguintes entidades: Organizações Internacionais, Autoridade Internacional dos Fundos Marinhos, a Empresa da Autoridade, Empresas estatais ou públicas e, de modo geral, pessoas singulares ou coletivas". In: Ob. cit., p. 124-5.

(838) MACHADO, Jónatas. Ob. cit., p. 709, e MELO, Milene Barbosa de. Ob. cit., p. 129. Ver: Julgamento do TIDM de 1 de julho de 1999, São Vicente e Granadinas v. Guiné, Caso n. 1, in: <http://itlos.org>. Ver também: Julgamento do TIDM de 18 de dezembro de 2004, São Vicente e Granadinas v. Guiné, Caso n. 13, in: <http://itlos.org>. Acesso em: 13 set. 2013.

do TIDM para a concessão de medidas provisionais, de natureza de urgência, é muito importante para o comércio internacional, para impedir prejuízos decorrentes da detenção de navios, e para proteger os direitos humanos dos membros da tripulação. Há Câmara específica para disputas em razão da pesca e outras particulares a pedido das partes. Também, há Câmara para disputas relacionadas ao meio ambiente marinho.(839)

Segundo *Machado*, a jurisdição da Câmara de Controvérsias dos Fundos Marinhos — CCFM inclui as lides, constantes da Parte XI da Convenção, que tenham por objeto a discussão das seguintes matérias: (1) validade das ações e omissões da autoridade, abuso e desvio de poder; (2) interpretação, execução e descumprimento de contratos, a envolver a autoridade, a empresa, os Estados partes, empresas estatais, pessoas coletivas e individuais; (3) contratação entre a autoridade, empresas estatais, pessoas coletivas e indivíduos, (4) a responsabilidade da autoridade por danos causados a Estados, empresas estatais, pessoas coletivas e indivíduos. A execução das decisões do TDM se faz nos mesmos termos que as sentenças ou decisões interlocutórias do Supremo Tribunal do Estado parte, em cujo território a execução for requerida.(840)

4.5. A liberdade de trabalho e a Organização Internacional do Trabalho — OIT

Ao lado da liberdade dos comerciantes e navegadores, desenvolveu-se, a partir da Inglaterra, a liberdade de trabalho em geral. Desde 1381, quando se deu o primeiro ato de extinção da servidão em solo inglês, a definição de trabalho livre se desenvolveu mais propriamente. Escrevendo, em 1776, *Smith* afirma que a servidão havia desaparecido há tanto tempo, na Inglaterra, que nem mesmo uma palavra em inglês, para designar quem exercia as suas atividades assim, ele conhecia. Como se viu anteriormente, antes mesmo do término da servidão, o acesso à justiça já estava garantido ao homem comum, sendo este o maior e mais fundamental direito do homem, para o inglês, dos séculos XI, XII, XIII e XIV.

Em solo europeu, a escravidão, como praticada pelos gregos ou pelos romanos, ou mesmo como exercida fora da Europa, foi extinta muito cedo. Os que trabalhavam na terra, logo depois do final do Império Romano, eram considerados servos. Como tais, não pertenciam ao senhor, mas estavam vinculados à gleba. Quando a terra passava a outro proprietário, eles também passavam a ter outro senhor. Mas não eram sua propriedade pessoal. Os servos poderiam casar, com o consentimento do senhor, sendo vedado a este dissolver o casamento. Contudo, os servos não poderiam adquirir propriedade. A aquisição que faziam, pela servidão, era a suficiente para a subsistência diária e da família. Quando *Smith* escreveu, a servidão ainda vigorava na Rússia, Polônia, Hungria, Boêmia e Morávia, e em outras regiões da Alemanha.

Analisando a escravidão e a servidão sob o ponto de vista da economia, *Smith* afirma que encarecem, sobremodo, a produção, já que a pessoa que não pode comprar a propriedade não tem outro interesse que não o de comer o máximo e o de trabalhar o mínimo. Ele registra, em sua obra, que os *quakers*, na Pensilvânia, tinham libertado todos os escravos negros.(841)

Sobre o trabalhador rural nos locais mais desenvolvidos fora do Reino Unido, ele analisa o modelo francês, e diz que, aos trabalhadores servos, na forma antiga, seguiu-se, gradualmente, uma espécie de agricultores conhecida em seu tempo, na França, como *metayers*, chamados, em latim, de *coloni partiarii*. Neste modo de trabalho, o proprietário fornecia-lhes as sementes, o gado e as alfaias agrícolas, ou seja, o capital necessário para o cultivo da fazenda. O produto era dividido

(839) MELO, Milene Barbosa de. Ob. cit., p. 117.
(840) MACHADO, Jónatas. Ob. cit., p. 709-710 e 712.
(841) SMITH, Adam. Ob. cit., p. 659-670.

entre o proprietário e o agricultor, depois de deduzido o necessário para a manutenção do capital, que era restituído ao proprietário quando o agricultor se despedia ou era despedido da fazenda. Tal trabalho já não havia na Inglaterra na época de *Smith*, em que o trabalhador desse setor já poderia adquirir propriedades. O trabalhador, ao ser liberto da servidão, pôde continuar na posse da terra, não tendo capital próprio, cultivando aquilo que o proprietário da terra lhe adiantasse.

Na Inglaterra, a essa forma de ocupação da terra, desaparecida há muito tempo, como diz *Smith*, seguiu-se o modelo dos agricultores propriamente ditos, a cultivarem a terra com capital próprio e a pagarem uma renda certa ao proprietário. Em contrato de arrendamento, que durava muitos anos, era comum o agricultor, por seu interesse, gastar parte do seu capital para o maior desenvolvimento da fazenda, recuperando-o, por vezes, com o lucro que, geralmente, teria no futuro. Se fossem expulsos da terra, poderiam ser reintegrados em sua posse ou receber uma indenização, por decisão judicial, sendo certo que, em determinadas condições, os proprietários poderiam despejar judicialmente os agricultores, por motivo justo, por meio ação de despejo, existente desde o século XIV. Segundo *Smith*, naquela altura, a segurança jurídica do rendeiro era igual à do proprietário. Ademais, um rendeiro vitalício, por 40 xelins por ano, tinha direito de votar em um membro do Parlamento. Por outro lado, na Inglaterra, a pequena propriedade rural era o padrão adotado, o que, para ele, representava uma das maiores grandezas do país, mais importante do que todas as regulamentações comerciais.(842)

Ao analisar o trabalho na cidade, *Smith* tece críticas às corporações e à forma de regulamentação da economia a partir das cidades. Segundo ele, a causa dos problemas econômicos, dentre eles as diferenças de salários entre os trabalhadores do campo e da cidade (embora, àquela altura, já tivessem diminuído as distâncias), não era apenas a existência das corporações. Havia muitas regulamentações, não só as emanadas das corporações, com elevados direitos, que tendiam para o mesmo fim, sobre os produtos manufaturados estrangeiros e sobre todos os bens importados por mercadores de fora. Todavia, quanto ao aspecto do trabalho, *Smith* enfoca as corporações, destacando que seus estatutos permitiam que os habitantes das cidades elevassem os preços, em razão de seus monopólios, não temendo a livre concorrência. Estes aumentos acabavam, em última análise, por ser pagos pelos proprietários rurais e pelos trabalhadores do campo.

Segundo *Smith*, numa corporação, a maioria poderia aprovar um regulamento, estabelecendo penalidades etc., a limitar a concorrência, diferentemente do que ocorreria em um sistema livre, em que os partícipes, geralmente, decidiriam por unanimidade. Os sistemas de corporações no trabalho não contribuíam para a melhor administração da atividade, uma vez que o trabalhador, na livre concorrência, se esforçava mais, segundo ele, por medo de perder o emprego. O sistema corporativo, com um trabalhador integrado de forma a nunca temer sair, por outro lado, havia deixado a mão de obra com uma qualificação ruim para o trabalho. Este sistema, a seu ver, era prejudicial ao aumento dos salários, inclusive no campo. Esta restrição à concorrência nos empregos deu, para ele, origem a uma enorme desigualdade.(843)

A doutrina de *Smith*, já, em parte, em voga na Holanda, vai ganhar cada vez mais corpo, nos meios políticos, econômicos e educacionais europeus. Uma doutrina contrária ao ócio, que, até bem pouco tempo, campeava entre as elites europeias. Ser elite era poder desfrutar do ócio. Onde este não tinha proeminência, os cultores eram adeptos do ascetismo, como os clérigos católicos.

Contudo, um determinado modo de pensar dos protestantes, já bastante presente em muitas regiões da Europa, vai dominar a rotina dos países que mais se desenvolveram. Uma maior propensão ao risco. Os puritanos ingleses, holandeses e americanos, para *Weber*, valorizavam comer bem, mais que dormir descansado. O mesmo predominou entre os hunguenotes franceses.

(842) SMITH, Adam. Ob. cit., p. 671.
(843) Ob. cit., p. 278 e 281.

Um agudo espírito de negócios capitalista se configurou nesse grupo humano, combinado com as formas mais intensas de devoção, que impregnavam em toda a vida, o que vai caracterizar os membros das Igrejas protestantes de maior relevância, em particular o calvinismo.(844)

O entendimento do meio protestante como a escola em que se desenvolveu o capitalismo, segundo *Weber*, era geral. Esse reconhecimento ocorreu na Espanha, por exemplo. A Áustria chegou, na época, a trazer industriais protestantes para o seu meio. Mesmo com um mencionado alheamento da vida, em razão da religião, desenvolveu-se, nas comunidades protestantes, o espírito comercial, como entre os *quakers* (Inglaterra e América do Norte) e menonistas (Países Baixos e Alemanha). Guilherme I, na Prússia, embora os menonistas se recusassem ao serviço militar, os reconhecia como o sustentáculo da indústria. Mesmo os protestantes pietistas combinavam devoção com um sentido comercial desenvolvido, como se viu em regiões renanas. Eles tinham em comum o espírito do trabalho, do progresso. *Weber* diz que *Montesquieu* reconhecia que os ingleses, entre todos os povos do mundo, era o que tinha ido mais longe em três importantes coisas: na devoção, no comércio e na liberdade, ou seja, em uma aptidão de criar instituições políticas livres.(845) Este espírito, por certo, foi fundamental para a definição, desde cedo, do direito de acesso à jurisdição e da maior eficiência na prestação jurisdicional, azeitada pela fórmula ótima de elaboração de direitos pelos magistrados, mesmo os direitos tidos como fundamentais.(846)

Weber, analisando a influência dessa ética, propõe-se a fazê-lo "liberto de qualquer religião". Afirma que se tornaram máximas populares nestas pessoas, os seguintes dizeres: "tempo é dinheiro"; "crédito é dinheiro"; "o dinheiro tem uma natureza reprodutora e fecunda"; "um homem de boas contas é senhor da bolsa alheia". Ele conclui que foi Benjamim Franklin que as atribuiu aos protestantes, consubstanciando uma ideia de ser dever do indivíduo ter o interesse no aumento do seu capital, como um objetivo em si. Esta simples técnica de vida passa a ser uma ética particular. Não a cumprir é loucura e falta de dever. Esta é a ética do capitalismo americano e europeu ocidental, que também terminou por caminhar por meio dela. Assim, Franklin diz: "a honestidade é útil, dado que traz crédito", o mesmo acontece com a pontualidade, a aplicação ao trabalho. Qualquer virtude só o será se for útil ao indivíduo. E esta utilidade em muito é medida pelo que ela leva a se ganhar dinheiro, mas dentro da ética do capitalismo, sem que, exteriormente, manifeste-se falta de escrúpulo. Ou seja, na prática há honestidade, o que gera confiança.(847)

Ademais, o modo de atuar no meio dos religiosos os fez, desde cedo, preocuparem-se com a vida pregressa das pessoas com as quais negociavam, sendo comum se investigar, desde a mais tenra infância, passando pela frequência em bailes, teatro, jogos de cartas, pagamentos fora do prazo, para que se obtivessem garantias absolutas das qualidades éticas de um cavalheiro e com ele se pudesse negociar, de modo que houvesse confiança. Tal perfil abria a porta dos negócios com todos os membros da comunidade, inclusive quanto ao crédito. Quando se mudasse de uma comunidade para outra cidade, em uma congênere religiosa, levava-se um certificado daquela comunidade, pelo qual a pessoa era considerada bem-vinda, mas também lhe eram abertas as portas dos negócios. Ao atravessar dificuldades econômicas, sem que lhe fossem imputadas culpas, recebia-se o auxílio dos demais membros da comunidade.(848)

Este espírito — esta ética — foi incorporado pelos empresários e pelos trabalhadores das modernas empresas capitalistas. Quem não se submetia a ela, como empresário, perdia a empresa; como trabalhador, perdia o emprego. Este senso, com uma certa ética, baseou-se, como diz

(844) WEBER, Max. *A ética protestante e o espírito do capitalismo*. 3. ed. Lisboa: Editorial Presença, 1990. p. 29-30.
(845) Ob. cit., p. 31-2.
(846) ADEODATO, João Maurício. *Uma teoria retórica da norma jurídica e do direito subjetivo*. São Paulo: Noeses, 2011. p. 345.
(847) WEBER, Max. Ob. cit., p. 33-6.
(848) Ob. cit., p. 202-3.

Weber, em uma atitude contrária à absoluta falta de disciplina — não submissão à hierarquia — ou de escrúpulos, própria do egoísmo interesseiro voltado para o ganho, que constituiu uma característica especial, segundo ele, em todos os países onde o desenvolvimento capitalista burguês aconteceu antes e, por isso, se manteve atrasado. Na verdade, a febre de ganho, sem qualquer consistência moral, para ele, sempre houve. Mas o verdadeiro espírito do capitalismo é norteado por um conjunto de normas e surgiu no quadro de uma ética,(849)que se pode sintetizar em uma palavra: confiança.

Com efeito, o fator trabalho aparece em um mundo capitalista com o espírito do velho mundo. *Weber* diz que não adiantaram as tentativas de aumentar o salário para aumentar a produção. Quando se aumentou o salário, preferiu-se trabalhar menos e ganhar o mesmo tanto. O método capitalista, então, foi inverso, de reduzir salários, obrigando o trabalhador a laborar mais, para manter o mesmo ganho. Por muito tempo, fez-se assim. Todavia, se no campo, a perspectiva mencionada predominava, na fabricação de produtos, não, haja vista que se exigia mais qualificação na operação das máquinas. Nesse caso, os salários baixos tiveram o efeito inverso. No entanto, viu-se que se precisava de uma nova mentalidade, para sair do pensamento de ganhar um dado salário com um máximo de comodidade e um mínimo de esforço. Apenas criando-se uma vocação profissional se conseguiria isso, e desde os baixos escalões. Este desiderato só se alcançaria, em princípio, a partir de um processo educacional. Segundo *Weber*, o caminho para este objetivo estava traçado pelos trabalhadores pietistas, que se apresentavam com uma educação econômica diferenciada, o que lhes dava uma capacidade de concentração intelectual e uma atitude fundamental de se sentir responsável pelo trabalho, encontrando-se, aqui, um espírito de economia, que levou em conta uma sobriedade suscetível de aumentar o rendimento do trabalho. Tal postura foi verificada, também, nos trabalhadores metodistas, que tinham uma disponibilidade para o trabalho mais acentuada, o que era visto na Inglaterra no século XVIII, e lhes rendia perseguição de outros colegas de trabalho. Contudo, *Weber* diz que o puritanismo inglês, nascido do calvinismo, oferece a fundamentação mais consciente do ideal de profissão.(850)

Este modo de proceder, do empresário e do empregado, foi a força motriz mais significativa do capitalismo. No que tange ao empresário, *Weber* afirma que, regra geral, os que deram origem "a esta viragem decisiva, aparentemente insignificante, mas que conferiu um novo efeito à vida econômica", não foram especuladores aventureiros e sem escrúpulos, como em todas as outras épocas da história econômica, mas homens com uma educação, a qual lhes levou, simultaneamente, a serem sóbrios, ponderados, audaciosos, perspicazes e inteiramente dedicados a sua atividade, "professando concepções e princípios rigidamente burgueses", que lhes davam uma condição de se subtrair, a qualquer momento, da tradição dos negócios, e a adaptarem-se a novas situações. Segundo ele, os que estavam à frente das empresas, em geral, já não tinham fervor religioso. Os negócios, para eles, tornaram-se indispensáveis para a própria vida. E a sua característica era de que pouco se retirava da riqueza para si, fora o sentimento de ter o dever cumprido.(851)

Para eles, o trabalho era o próprio fim da vida, conforme prescrito por Deus. Um remédio contra as tentações sexuais, quando se é solteiro, e um antídoto para outras tentações, para quem fica o tempo todo sem nada fazer. Entre eles, repercutia a frase de Paulo: "quem não trabalha não come", que valia para todos. Não trabalhar é não ter a graça. Trabalhar é atuar para a glória do próprio Deus. Segundo *Weber*, estes princípios tiveram importância vital e estiveram ligados à explicação providencialista do mundo econômico. Não é o trabalho em si que Deus exige, mas o trabalho profissional racional e não há nada de mais, segundo os puritanos, na mudança profissional, ou de emprego, pois exercer uma profissão mais útil é ainda melhor para o indivíduo.

---

(849) WEBER, Max. Ob. cit., p. 37-40.
(850) Ob. cit., p. 41-3 e 121.
(851) Ob. cit., p. 44-6.

Deus, portanto, quer o melhor para o homem. Ficar, assim, num caminho menos lucrativo, é ser contrário à vocação de cima determinada. A riqueza, de modo algum, é condenada, mas o ócio e o gozo pecaminoso da vida. Querer ser pobre, por outro lado, é estar doente.[852]

Chega-se, com isso, ao conhecido elogio de *Smith* à divisão do trabalho, à especialização de profissões, permitindo-se a destreza (*skill*) do trabalhador, que leva, segundo ele, ao aumento quantitativo e qualitativo do rendimento do trabalho, a serviço do bem comum (*common best*).

Em verdade, os comerciantes e industriais ingleses trouxeram para a sociedade inglesa uma forma de relacionar já bem desenvolvida entre eles, no plano internacional e nacional. A disseminação do modo negocial de ser passa para todas as esferas, inclusive a do trabalhador comum, implantando-se o trabalho livre, a mobilidade profissional e a liberdade de contratar. Tudo isso, incrementado pelos padrões dos puritanos, dos metodistas, em suma, dos ingleses, quanto à disciplina no trabalho e a ética, trouxe um profundo desenvolvimento econômico para a Inglaterra.

O progresso alcançado pelo relacionar assim, por meio do comércio, sobretudo no exterior, fez o comerciante, e após ele o industrial, entender que o trabalho mais livre, concertado, era essencial para o desenvolvimento. A liberdade, na cidade, no plano interno, passa pela liberdade de contratar a mão de obra. O contrato livre, fruto da liberdade, é, deste modo, fundamental, inclusive no ambiente de trabalho, na empresa, para o desenvolvimento.

Weber, no entanto, alerta que a procura de riqueza, num lugar de maior desenvolvimento, como os Estados Unidos, despida de seu sentido ético (antes religioso), leva à associação de paixões meramente competitivas.[853] Contudo, este mal não se deu apenas nos Estados Unidos, mas em todos os lugares em que o sistema capitalista se desenvolveu.

Marx, cônscio destas paixões no capitalismo, vem descrever a evolução histórica da economia até descambar nesse período. Segundo ele, a estrutura econômica da sociedade capitalista nasceu da estrutura econômica da sociedade feudal, com a decomposição desta, liberando-se elementos para a formação daquela.[854]

Para ele, o que distingue as diferentes épocas econômicas não é o que se faz, mas como e com que meios de trabalho se faz.[855] A oficina do artesão foi sucedida pela manufatura. Enquanto naquela, o artesão produzia, com sua ferramenta, do começo ao fim, o produto, na manufatura, havia um trabalhador, com a sua ferramenta, para cada etapa da feitura do produto. Na manufatura, como um artesão, cada trabalhador fazia parte do que era necessário para a fabricação do produto. A divisão manufatureira do trabalho — trabalho coletivo — acelera o processo de produção, mas, em seu princípio, conservou o trabalho de cada obreiro como artesanal, com sua ferramenta. Nada obstante a invenção e uso das primeiras máquinas mais importantes da história, no século XVII, elas ainda eram pouco utilizadas.[856]

Na verdade, no período que vai do século XVI, em que foi inaugurada a moderna história do capital, ao último terço do século XVIII, predomina a divisão do trabalho na forma clássica da manufatura. A Revolução Industrial vai introduzir, de vez, a máquina na produção. Para *Marx*, a era industrial começou com John Wyatt, em 1735, com a máquina de tear, e sofreu um poderoso impulso com a segunda máquina a vapor, de James Watt, patenteada em 1784, por meio da qual se permitiu concentrar a produção nas cidades, com a utilização de uma máquina não para algo

---

(852) WEBER, Max. Ob. cit., p. 116-130.
(853) Ob. cit., p. 124.
(854) MARX, Karl. *O capital*. Livro 1. O processo de produção capitalista. Rio de Janeiro: Civilização Brasileira: s/d, v. II, p. 830.
(855) MARX, Karl. Ob. cit., p. 204.
(856) Ob. cit., p. 400.

particular, mas como agente geral da indústria mecanizada. Com ela, o motor adquire uma forma independente, inteiramente livre, da força humana.(857)

Na produção mecanizada, desaparece a divisão do trabalho da manufatura, já que não é mais o trabalhador que, com sua ferramenta, faz o produto, mas a máquina, sendo o processo por inteiro examinado em si mesmo, resolvendo-se os problemas, agora, com a aplicação técnica da mecânica, da química etc., em que há um sistema orgânico de máquinas combinadas que recebem todos os seus movimentos de um autômato central, os quais lhes são transmitidos por meio de um mecanismo. Sobre a evolução da divisão do trabalho, *Marx* fala, como exemplo, da produção do papel. Diz que a antiga fabricação de papel alemã fornece o modelo artesanal; a holandesa do século XVII e a francesa do século XVIII, o modelo manufatureiro; e a inglesa moderna, o modelo de fabricação automática.(858)

Analisando-se esse processo, acrescido do que já se examinou anteriormente, vê-se que o trabalhador, inicialmente, era vinculado à gleba, em que vivia com o ônus da servidão ao seu senhor, prestando-lhe os serviços por ele requisitados por uma vinculação estatutária à terra. Nesse período, os trabalhadores que escapavam do campo, e, depois de um ano, conquistavam o direito de morar na cidade, tinham, como opção de trabalho, as corporações, sob o domínio destas, que, em face de seus regulamentos, vinculavam aprendizes e oficiais, com as prescrições sobre o trabalho, aos mestres. As corporações eram um sistema rígido de coerção do trabalho e, por conseguinte, do trabalhador.

Com o fim da servidão, a mão de obra se estabeleceu no campo, como acima definido de acordo com as lições de *Smith*. De modo residual, nas cidades, nas corporações e, de um modo mais residual ainda, no trabalho livre, na manufatura. Segundo *Marx*, isto ocorreu desde a segunda metade do século XIV, sendo que as primeiras leis inglesa e francesa sobre o trabalho livre são dessa época. Todavia, a partir do século XVI, com o aumento das concentrações de trabalhadores vindos da zona rural para as cidades, que não conseguiam ingressar nas corporações de ofício, incrementa-se o trabalho na manufatura, a qual, também, não absorveu a mão de obra, que permaneceu, geralmente, como excedente, nas periferias das cidades. Na sequência, com a Revolução Industrial, aprimora-se, ainda mais, a liberdade de contratar, pois é interesse do empresário esta livre forma de acerto.(859)

Na verdade, a evolução neste aspecto, ou seja, das corporações para a manufatura, deu-se gradativamente. Em muitas cidades, predominavam as corporações. Em outras, aos poucos, as manufaturas passaram a prevalecer, já baseadas no trabalho livre. Há registros, como diz *Marx*, na Inglaterra, de disputas entre estas cidades, em razão destas formas díspares de organização do trabalho. Da mesma forma, de litígios entre corporações e manufaturas, já que os trabalhadores livres, em princípio, não se indispunham contra as manufaturas em si, mas reivindicavam melhores salários, embora tenham lutado, de um certo modo, a quando da Revolução Industrial, contra as máquinas. Em verdade, a maquinaria eliminava, a um só tempo, a forma artesanal de produção e a manufatura. Outrossim, a revolução que ocorria em um ramo da produção industrial terminava por se propagar a outro.(860)

Como se disse acima com *Smith*, as corporações e os regulamentos delas advindos nas cidades, aos poucos, foram considerados contrários à liberdade e obstáculos para o desenvolvimento econômico. Estavam limitadas, por este sistema, as vagas no trabalho. Havia limites, nesse viés teórico que se tornou político, desmesurados à liberdade de contratação por parte do empresário.

---

(857) WEBER, Max. Ob. cit., p. 430-1.

(858) Ob. cit., p. 435

(859) A inglesa é de 1349, de Eduardo III; a francesa é de 1350, de João. In: SMITH, Adam. Ob. cit., p. 855.

(860) MARX, Karl. Ob. cit., p. 490-1.

As corporações, ou onde imperavam os monopólios corporativos, eram prejudiciais à atividade econômica e à concorrência. No local em que não se precisava contratar jornaleiro, havia obrigação de contratá-lo; onde se precisava de mais, não se podia contratar. Havia necessidade da quebra do monopólio do exercício independente dos ofícios.[861] Estes precisavam se intercambiar no mesmo local de trabalho, favorecendo as exigências da indústria. Ao invés de um trabalho independente, por encomenda do mercador, agora um trabalho dependente, em que o próprio industrial definia a produção.

Com efeito, as corporações foram desvanecendo na Inglaterra desde o começo do século XVIII. Basta falar, em Londres, quanto aos padeiros, em que a figura do moleiro ou do agente de farinha foi tomando o lugar do mestre padeiro. Nesse sentido, as corporações foram sendo extintas, cidade por cidade, na Inglaterra, e as manufaturas se transformaram na grande indústria baseada na maquinaria. Nada obstante quase em desuso, foram extintas oficialmente, em solo inglês, no início do século XIX, em 1815. Na França, as corporações foram proibidas em 1791, com a lei Le Chapelier, que veio acompanhada da proibição de os trabalhadores se associarem para postular maiores salários.[862] A regulamentação do trabalho, para garantir esta liberdade, foi realizada pelo Código Civil de 1804, que dispôs sobre a autonomia da vontade na prestação de serviços.[863]

Assim sendo, o trabalhador livre poderia contratar com outrem a prestação de seu trabalho, de acordo com a sua vontade e a do tomador. O trabalhador haveria que ser livre como pessoa e ter liberdade para contratar, o que não se coadunava com os modelos de produção anteriores. Liberdade para contratar, sendo esta liberdade exercida diante de outrem que, formalmente, é igual a si, para o estabelecimento de relações mútuas por meio de um contrato.[864] Assim, livre — separado do meio de produção e de seu titular, o trabalhador, agora, poderia contratar a prestação de seus serviços, em caráter subordinado (sujeito ao poder hierárquico) ao proprietário dos meios de produção.[865]

Quanto aos pagamentos, juízes de paz, desde cedo, definiam o valor do salário do trabalhador, como informa *Marx*. Mais tarde, este direito foi dado, livremente, ao empresário, sendo extintas, em 1813, as leis que regulavam salários.[866]

As instituições do trabalho tiveram que se readaptar, não sendo mais conveniente a organização do trabalho como nas corporações. E isto encontrou lugar com muito mais propriedade nas sociedades que não tinham na contextura nacional um modelo fechado a partir da religião. Embora religiosos ou mais laicos, ingleses, franceses, holandeses e alemães organizaram a sua mão de obra em um sistema mais livre de trabalho a partir das ideias dos comerciantes, e não da Igreja. A liberdade do comerciante e do industrial agora se soma à liberdade, como se disse, do trabalhador. O modelo, inicialmente praticado pelos comerciantes no plano internacional, e foi adotado nas cidades (burgos), expandiu-se para a nação, incluindo as relações de trabalho. Livre-iniciativa pressupõe, assim, trabalho livre.

Contudo, este sistema inicial, baseado em uma certa ética, termina por gerar conflitos grandiosos, em razão da exploração desmesurada do trabalhador, dentro deste sistema de extrema liberdade, em que mulheres, crianças, desempregados e até mesmo o trabalhador homem empregado padeciam. Obviamente, muitos movimentos trabalhistas radicais ocorreram durante todo o século XIX, com destaque à Comuna de Paris de 1848. As reformas trabalhistas foram sendo al-

(861) SMITH, Adam. Ob. cit., p. 383.
(862) Ob. cit., p. 859.
(863) LYON-CAEN, Gérard; PÉLISSIER, Jean; SUPIOT, Alain. *Droit du travail*. 19. ed. Paris: Dalloz, 1998. p. 7.
(864) MARX, Karl. Ob. cit., p. 189 e 196.
(865) DELGADO, Maurício Godinho. Ob. cit., p. 85.
(866) MARX, Karl. Ob. cit., p. 856-7.

cançadas, de maneira generalizada na Europa, dentro dos sistemas jurídicos nacionais. O regramento de questões relativas a acidente de trabalho, trabalho infantil, trabalho da mulher e controle da jornada de trabalho foi sendo realizado, passo a passo, a partir de então, nas legislações trabalhistas europeias, por meio de leis esparsas.

Todavia, estas leis não significaram o ponto maior de desenvolvimento do Direito do Trabalho, mas sim o direito associativo, que progredia, passo a passo, para o alcance de liberdades sindicais. Os trabalhadores entenderam que não faziam parte da empresa, como nas corporações.

À semelhança das organizações associativas de comerciantes, como iniciadas há tempos no plano internacional por meio das hansas, os sindicatos de empregados foram criados, ainda clandestinamente, em um período em que havia proibição de sua existência, para congregar apenas trabalhadores assalariados. A legislação de cada nação ocidental foi abrandando no sentido de não os proibir e, depois, autorizando, expressamente, a sua existência como uma pessoa coletiva exclusivamente integrada pela associação de empregados.

Por meio do sindicalismo, os trabalhadores começaram a negociar com os patrões. Este negociar, de forma uníssona mediante entidade sindical, punha o trabalhador, de modo coletivo, frente a frente com o empresário, mitigando as diferenças econômicas que existiam no plano dos fatos, quando considerado um trabalhador isoladamente.

Sem dúvida, este modo de ser é um desenvolvimento da sociedade capitalista, livre, por meio do modelo negocial semelhante, guardadas as devidas proporções, ao praticado pelos mercadores, desde a Idade Média, sobretudo mediante as relações entre comerciantes no plano internacional, em suas hansas. As chamadas negociações coletivas levavam a um modo coletivo de soluções de conflitos, como na solução entre empresas (comerciantes) divergentes, no plano internacional do medievo, em que o deslinde se dava por negociação direta, ou por meio da mediação, ou de solução pela arbitragem, na própria jurisdição dos mercadores.

A chamada negociação coletiva trabalhista, feita no domínio privado, pela conciliação, mediação ou arbitragem, mesmo que com algum tipo de participação ou chancela estatal, passa a ganhar corpo no desenvolvimento do Direito do Trabalho, prevalecendo, em muitos locais, as normas provenientes desta negociação sobre as regras legais.

Os conflitos coletivos trabalhistas passam a ser, assim, resolvidos, em geral, por negociação coletiva, um modo de ser adequado ao sistema capitalista — negocial. Esta forma de desenvolvimento do Direito do Trabalho, somada às concessões por meio leis, por certo permitiu que o sistema capitalista não fosse derrotado pelo modelo proveniente do socialismo real, estatizante, que se instalaria em grande parte do mundo, a partir da Revolução Bolchevique, na Rússia.

A arbitragem, assim, passa a ser comum, no domínio do Direito do Trabalho, em especial no coletivo. E, no plano individual, desde o surgimento dos *Conseils de prud'hommes*[(867)], em 1806, as causas trabalhistas principiaram a ser solucionadas por meio de um procedimento bem mais simplificado, muitas vezes com a participação de juízes leigos, no ambiente da empresa ou em locais menos formais.

Como se viu, os comerciantes foram até o plano internacional, consagram os seus direitos e fizeram-nos reconhecidos na cidade e, depois, na nação. Após, a burguesia no poder do Estado nacional — classe majoritária na dominação dos Estados ocidentais europeus — concedeu, no pla-

(867) Contudo, desde Luís XI, em 1424, em Paris, foram criados estes conselhos, para solucionar os conflitos entre patrões e operários, em fábricas de seda. Estes conselhos tinham sido extintos em 1776, mas foram revigorados em 1806. Na Alemanha, Brasil, México e em outros países foram criados órgãos judiciais especiais para a solução dos conflitos trabalhistas. In: NASCIMENTO, Amauri Mascaro. *Curso de direito processual do trabalho*. 15. ed. São Paulo: Saraiva, 1994. p. 17-18.

no interno, o direito de liberdade de trabalho e outros direitos trabalhistas, como consequência do princípio da liberdade, desde o início apregoado. Seguia, a burguesia, com seu ideário, por meio dos Estados nacionais, para o plano internacional, e define, mediante convenção internacional, o segundo direito de liberdade (antes, se tinha consagrado o de religião, embora não em toda a sua extensão, em Vestfália), ao decretar o fim da escravidão, e, com isso, a liberdade de trabalho.

Assim, o sistema das liberdades foi incrementado no concerto europeu, que evitou maiores guerras na Europa e terminou por possibilitar, mesmo que este não fosse o seu propósito inicial, a disseminação desse modelo nos vários Estados existentes e nos que surgiram durante o século XIX, desaguando no sistema de liberdade de trabalho, com a extinção da escravidão no plano internacional.

Em verdade, os direitos sociais, além das conquistas provenientes da negociação direta entre sindicatos de empregados e os patrões, foram sendo, passo a passo, regulamentados no Direito interno dos Estados europeus — não mais previstos em meras leis esparsas, sobretudo a partir da segunda metade do século XIX, em Estados da Europa e nos EUA.

No plano internacional, a Conferência de Berlim, realizada em 1890[(868)], foi a primeira Conferência Internacional do Trabalho — com sugestões para a criação de uma repartição internacional para realizar estudos e estatísticas acerca do trabalho, e com resoluções no intuito de regulamentar, no âmbito internacional, medidas para proibir, em certas condições, o labor no interior das minas, o trabalho dominical e a utilização do trabalho de crianças e adolescentes; e regular o das mulheres — deu o impulso inicial do tratamento internacional do tema.[(869)] Some-se a isso, como já se disse, o documento internacional que pôs fim à escravidão, que foi definido pelo Ato Geral da Conferência de Bruxelas em 1890.

Em 1901, houve a criação da Associação Internacional para a Proteção Legal dos Trabalhadores, também em Bruxelas. Em 1905, quinze Estados participaram da Conferência de Berna, seguida por conferência diplomática, em 1906, que resultaram em duas convenções sobre proteção dos trabalhadores nas atividades em contato com fósforo branco e sobre a proibição do trabalho noturno das mulheres.[(870)]

Após a Primeira Guerra, com o término do concerto europeu, em que pese as iniciativas pacifistas entre as nações, com a criação da Sociedade das Nações, a cooperação mais marcante que prevaleceu foi a decorrente do surgimento da Organização Internacional do Trabalho, talvez pela preocupação do mundo ocidental com as Revoluções Socialistas e, também, pelo interesse do mundo socialista em ver ampliados os direitos dos trabalhadores no lado Ocidental, coincidindo, neste aspecto, as intenções das nações.

O Tratado de Versalhes (1919), com a criação da Organização Internacional do Trabalho — OIT[(871)], intensificou a generalização dos direitos sociais, que terminaram, em especial no aspecto

(868) DELGADO, Maurício Godinho. *Curso de direito do trabalho*. 7. ed. São Paulo: LTr, 2008. p. 93.

(869) Nada obstante, a ideia de uma legislação internacional do trabalho vem do industrial inglês Robert Owen que, em 1818, dirigiu escritos com esta proposta aos soberanos dos Estados da Santa Aliança, reunidos em Aix-la--Chapele. Em 1855, por iniciativa oficial do Cantão suíço de Graris, foi proposta uma verdadeira legislação industrial internacional. In: NASCIMENTO, Amauri Mascaro. *Curso de direito do trabalho*. 22. ed. São Paulo: Saraiva, 2007. p. 92. No mesmo sentido: FERRARI, Francisco de. *Derecho del trabajo*. 2. ed. Buenos Aires: Depalma, 1976, v. I, p. 386.

(870) NASCIMENTO, Amauri Mascaro. Ob. cit., p. 92-3.

(871) A Constituição da Organização Internacional do Trabalho foi a adotada em 1919 e emendada em 1922, 1934 e 1945. A Constituição da OIT foi revista, praticamente substituída, na década de 1940. Os fins e objetivos da Organização foram definidos na 26ª reunião da Conferência Internacional do Trabalho, em Filadélfia, no ano de 1944. O texto substitutivo da Constituição anterior foi aprovado em Montreal, em 1946, e sua vigência teve início em 20 de abril de 1948. O Brasil, por exemplo, ratificou o instrumento de emenda da Constituição da OIT em 13 de abril de 1948, conforme Decreto de Promulgação n. 25.696, de 20 de outubro de 1948. Brasil e Portugal são membros fundadores da OIT.

trabalho, por serem adotados no plano interno, em diversos ordenamentos jurídicos, em particular dos Estados do mundo Ocidental — Europa, América e, também, Oceania.

O desenvolvimento do Direito Internacional, no plano do Direito do Trabalho, desde a criação da OIT, tem sido muito frutífero. Sucessivas convenções internacionais foram adotadas por diversos Estados do mundo. Mesmo com a extinção da Sociedade das Nações(872), a Organização Internacional do Trabalho continuou existindo, já sob os auspícios da ONU. E alcançou notável desenvolvimento após a Segunda Grande Guerra, bem maior que no período entre guerras. Um dos objetivos da OIT é promover a cooperação técnica internacional, para aprimoramento das relações de trabalho no mundo.

Relevante nesse desenvolvimento para o Direito Internacional do Trabalho, a criação, em 1926, pela Conferência Internacional do Trabalho, de um inovador sistema de controle de aplicação das normas, que ainda existe até hoje, mais aprimorado. Para isso, instituiu-se uma Comissão de peritos, que teve a sua primeira sessão em 1927, composta por juristas independentes, com a missão de examinar os relatórios dos governos sobre a aplicação das convenções por eles ratificadas. Anualmente, a Comissão apresenta seu relatório à Conferência. Hoje, esta Comissão é composta por 21 membros, que são personalidades eminentes no mundo jurídico-social, e são independentes dos governos.

Nada obstante, a partir de 1948, após a adoção da Convenção n. 87, sobre liberdade sindical, intensificaram-se as iniciativas do aprimoramento do exercício desse direito, com a criação de comitê especial tripartido — o Comitê da Liberdade Sindical (1950), para a promoção da plena aplicação deste direito no mundo do trabalho. Este comitê tratou de mais de dois mil casos nas últimas cinco décadas. O procedimento se inicia com a apresentação de uma queixa, por qualquer governo ou organização de empregadores ou de trabalhadores contra um Estado-membro. São dois órgãos envolvidos nesses mecanismos: a Comissão de Investigação e de Conciliação e o Comitê de Liberdade Sindical, que se reúne em março, maio e novembro.(873) A perspectiva de

(872) ALLEN, Robin QC; CRASNOW, Rachel; BEALE, Anna. *Employment law and human rights*. 2. ed. Oxford: Oxford University Press, 2007. p. 17.

(873) Em relação às demais matérias, o procedimento interno de controle de aplicação das normas internacionais do trabalho na OIT se desenvolve da seguinte maneira: (1) cada Estado-membro apresenta um relatório periódico sobre as medidas adotadas, nos planos prático e jurídico quanto à cada Convenção ratificada; (2) ao mesmo tempo, remete cópias destes relatórios às organizações de empregadores e de trabalhadores, que também podem apresentar informações; (3) a Comissão de Peritos examina o relatório e apresenta o seu à Conferência Internacional do Trabalho, em reunião anual, que analisa-o por meio da Comissão da Conferência para a aplicação das Convenções e Recomendações — órgão tripartido, constituído por representantes dos governos, dos empregadores e dos trabalhadores. Além destes mecanismos de controle regular, as organizações de trabalhadores e de empregadores podem instaurar processos contenciosos, designados de reclamações, contra um Estado-membro, fundamentados nas convenções ratificadas por este. Caso a reclamação seja admitida pelo Conselho da Administração da OIT, é nomeado um Comitê Tripartido, para examinar a matéria, que deve apresentar relatório ao Conselho com as suas conclusões. Admite-se, também, a apresentação de questão (queixa), por qualquer país-membro, junto ao Bureau Internacional do Trabalho, contra qualquer Estado-membro, para que seja verificada a situação de cumprimento insatisfatório de qualquer Convenção. Nesta hipótese, o Conselho pode criar uma Comissão de Inquérito (art. 28 da Constituição da OIT), para analisar o caso e apresentar relatório. Se entender cabível, a Comissão de Inquérito emite recomendações sobre as medidas que entende devam ser adotadas. Se os governos não aceitarem, o caso pode ser submetido ao Tribunal Internacional de Justiça (art. 29.2). A decisão, nos termos do art. 31, será inapelável, podendo a Corte, na forma do art. 32, confirmar, alterar ou anular as conclusões ou as recomendações eventuais da Comissão de Inquérito. Se o relatório da Comissão de Inquérito ou a decisão da Corte Internacional de Justiça for favorável ao referido governo, o Conselho de Administração deverá imediatamente recomendar que qualquer medida já tomada pela OIT contra o Estado-membro seja revogada. Em seu art. 37, 1, a Constituição da OIT define que quaisquer questões relativas à interpretação da Constituição e das convenções ulteriores concluídas pelos Estados-membros, em cotejo com a Constituição da OIT, podem ser resolvidas, nos termos do item 2 do art. 37, por Tribunal instituído pela Organização Internacional do Trabalho. A respeito do funcionamento do Comitê de Peritos e seus ulteriores, ver: NOVITZ, Tonia. The internationally recognized right to strike: a past, present and future basis upon which to evaluate remedies for unlawful collective action? In: *The international journal of comparative labour*

um maior controle postula a previsão de maiores poderes sancionatórios. Em verdade, em uma ocasião, a OIT adotou uma resolução, que poderia ter o efeito de sanções econômicas palpáveis, contra um Estado — Miamar, em razão de trabalho forçado.[(874)]

Como se vê, o sistema de controle, em tema de Direito Internacional do Trabalho, tem se desenvolvido bastante, embora tenha perdido protagonismo nos dias atuais, quanto à proteção da liberdade sindical, direito fundamental que, salvaguardado, possibilita o alcance de, praticamente, todos os demais direitos trabalhistas. Não resta dúvida que as decisões da Organização Internacional do Trabalho, em Genebra, causam impacto no mundo do trabalho, havendo alguma força sancionatória[(875)] em suas decisões, que são, em alguns casos, jurisdicionais ou quase-jurisdicionais, quanto aos Estados signatários das convenções.[(876)]

Ao que se vê, antes mesmo da Declaração Universal dos Direitos Humanos, o Direito do Trabalho já havia sido afirmado no plano internacional, sendo a Organização Internacional do Trabalho mais antiga que a própria ONU. Ademais, as ações da OIT começaram a ter eficácia, no plano internacional global, há mais tempo do que outras jurisdições relacionadas aos direitos humanos em geral, mesmo as de caráter regional, que também tutelam a liberdade de trabalho, como um direito humano.

Süssekind assegura que o art. 37 da Constituição da OIT prevê dois procedimentos para a solução de questões ou dificuldades, relativas à interpretação da própria Constituição e das convenções adotadas pela Conferência da OIT. Tais controvérsias, por previsão do § 1º do antedito artigo, devem ser submetidas ao Tribunal Internacional de Justiça. Há, no entanto, a faculdade de o Conselho de Administração da OIT propor à Conferência a aprovação de regras para instituir um tribunal com a incumbência de solucionar, rapidamente, qualquer questão relacionada com a interpretação de uma convenção. No § 2º, há a prescrição de que as sentenças proferidas pelo tribunal mencionado, na interpretação de convenções internacionais, serão comunicadas aos membros da Organização.[(877)]

---

law and industrial relations, Volume 30, setembro de 2014, p. 361-7. A esse respeito, ver, também: SÜSSEKIND, Arnaldo; MARANHÃO, Délio; VIANA, Segadas; TEIXEIRA, Lima. *Instituições de direito do trabalho*. 16. ed. São Paulo: LTr, 1996. p. 1450-9.

(874) NOVITZ, Tonia. Ob. cit. p. 362. Sobre isso, diz PAUWELYN: "A case in point is the Resolution of the International Labour Conference recommending action against Myanmar for grave breaches of the ILO´s Forced Labour Convention. There, the conclusion that ILO rules had been breached was made by an independent Commission of Inquiry set up under the ILO Constitution. The subsequent ILO recommendation was the very first case where sanctions were called for under Article 33 of the ILO Constitution since the ILO´s creation in 1919". In: PAUWELYN, Joost. Human Rights in WTO Dispute Settlement. In: COTTIER, Thomas; PAUWELYN, Joost; BÜRG, Elisabeth (Editors). *Human rights and international trade*. Oxford: Oxford University Press, 2005, pp. 218/219.

(875) TORRES, Guillermo Cabanellas de. *Compendio de derecho laboral*. 3. ed. Buenos Aires: Heliasta, 1992, tomo I, p. 304.

(876) VALTICOS afirma que a OIT, apesar de a Comissão de Peritos não ser um tribunal, sua função tem caráter jurisdicional. In: VALTICOS, Nicolas. *Derecho internacional del trabajo*. Madri: Technos, 1977. p. 76. Sobre o tema, ver a importante contribuição que está em: CRIVELLI, Ericson. *Direito internacional do trabalho contemporâneo*. São Paulo: LTr, 2010. p. 76-89, em que o autor afirma não haver função jurisdicional. SÜSSEKIND defende que a Comissão tem funções "quase-judiciárias". In: SÜSSEKIND, Arnaldo. *Direito internacional do trabalho*. São Paulo: LTr, 1987. p. 232. Sobre este assunto, PORTELA afirma: "A Comissão de Peritos não é órgão jurisdicional. Entretanto, suas atividades assemelham-se às do Judiciário, visto que se fundam em norma jurídica, são levadas à cabo por personalidades independentes, que cumprem papel similar ao dos magistrados, e adotam procedimentos que seguem os princípios gerais aplicados à prestação jurisdicional". In: PORTELA, Paulo Henrique Gonçalves. *Direito internacional público e privado*. 7. ed. Salvador: JusPodivm, 2015. p. 472-3.

(877) SÜSSEKIND, Arnaldo; MARANHÃO, Délio; VIANA, Segadas; TEIXEIRA, Lima. Ob. cit., p. 1450-1. A respeito de função jurisdicional na OIT se destaca, também, o seu Tribunal Administrativo, que tem como função julgar as controvérsias entre os agentes internacionais e as respectivas organizações. O Tribunal Administrativo da OIT aprecia reclamações apresentadas por servidores acerca de seus contratos de trabalho, e sobre pensões e indenizações, em caso de invalidez e aposentadoria. Este Tribunal possui jurisdição que ultrapassa os limites da OIT, uma vez que diversas organizações internacionais aceitaram a sua jurisdição, a saber: Organização das Nações Unidas para

As jurisdições de caráter regional supranacional, que tutelam o trabalho, alcançam tal objetivo com bastante eficácia. Isto é feito tanto no Tribunal Europeu dos Direitos do Homem, como na Corte Interamericana de Direitos Humanos, dos quais se falará mais no tópico seguinte. Em verdade, a liberdade de trabalho e outros direitos trabalhistas são salvaguardados, quanto ao seu respeito no plano internacional, também por meio da ação de outras estruturas supranacionais, como a União Europeia (UE).

Moreira aponta que a UE tem uma missão de fazer valer os direitos fundamentais dos trabalhadores, de qualquer parte do mundo, por meio das suas relações comerciais externas, usando o seu poder econômico e comercial para promover, também, valores que lhe são caros, auxiliando para o aprimoramento do poder normativo do mundo, contribuindo para a construção de uma democracia social de mercado em escala universal, diminuindo a assimetria entre o avanço da globalização dos mercados e o atraso da globalização dos direitos laborais. Para isso, ele propõe a adoção de cláusulas laborais, em tratados de comércio com Estados fora da UE, com défice laboral. Deste modo, tais cláusulas consubstanciariam um *upgrade* dos meios de efetivação da condicionalidade dos direitos fundamentais dos trabalhadores, na política de comércio da UE. Com esta previsão, estabelecer-se-ia um roteiro vinculativo de reformas em matéria de proteção de direitos dos trabalhadores, na ordem jurídica dos Estados que pactuassem tratados de comércio com a UE e que estão, no seu plano interno, permitindo intoleráveis condições de trabalho.

O autor sobredito afirma que determinados países em desenvolvimento ou emergentes, que exportam para a UE, são denunciados por terem péssimas condições de trabalho, em especial por permitirem o trabalho infantil, o labor sem salubridade e segurança, longas jornadas de trabalho, ausência de proteção social, salários miseráveis, discriminação no emprego etc. O exemplo prático da aplicação de sua tese é o plexo de exigências feitas pelo Parlamento europeu para a ratificação de tratado do comércio com a Colômbia e o Peru, em que foi exigida condição adicional para aprovar o acordo: reformas internas em matéria de proteção de direitos dos trabalhadores. Tais déficits representam um instrumento frequente de *dumping* social das exportações de determinados países e podem ser combatidos por meio dessas cláusulas.(878) Este caminho, ao que parece, também está sendo seguido pelos Estados Unidos. (879)

4.6. Os direitos individuais — a ONU, o Tribunal Penal Internacional e os Tribunais europeu e americano dos direitos humanos

Os chamados direitos de liberdade já estavam consagrados no Direito inglês desde o século XVII. Esta concretização se deu, passo a passo, na evolução histórica das fórmulas jurídico-políticas inglesas. Não foram declarados, unissonamente, em um instrumento jurídico único, mas em vários, que se sucederam no processo histórico, a consagrarem os direitos e garantias fundamentais do homem,(880) em sua primeira dimensão — os direitos civis e políticos. As concessões das

---

a Agricultura — FAO, Organização Meteorológica Mundial — OMM, Organização Mundial da Saúde — OMS, a UNESCO, a União Internacional das Telecomunicações — UIT, e Agência Internacional de Energia Atômica — AIEA. In: CRETELLA JÚNIOR, José; CRETELLA NETO, José. Tribunais administrativos internacionais. In: *R. Dir. Adm.* Rio de Janeiro, 240, abr./jun. 2005, p. 172-5.

(878) MOREIRA, Vital. *Trabalho digno para todos*: a cláusula laboral no comércio externo da União Europeia. Coimbra: Coimbra Editora, 2014, pp. 11 e 240.

(879) Ob. cit., p. 218.

(880) Sobre a expressão direitos humanos e direitos fundamentais, ensina SARLET: "... não devemos esquecer que, na sua vertente histórica, os direitos humanos (internacionais) e fundamentais (constitucionais) radicam no reconhecimento, pelo direito positivo, de uma série de direitos naturais do homem, que assumem uma dimensão pré-estatal e, para alguns, até mesmo supralegal". In: SARLET, Ingo. *A eficácia dos direitos fundamentais*. 10. ed. Porto Alegre: Livraria do Advogado, 2010. p. 36. Assim, a expressão direitos fundamentais é mais comum quanto aos direitos previstos na Constituição de um determinado Estado soberano. In: ALEXY, Robert. *Teoria dos direitos funda-*

liberdades fundamentais, assim, se deram, na Inglaterra, em etapas, sobretudo até o final do século XVII, razão pela qual, quiçá, não tenha havido uma revolução em solo inglês para implantá-los.

As liberdades individuais foram declaradas, pela primeira vez, em um documento que de uma certa forma foi universal,[881] na Declaração dos Direitos do Homem e do Cidadão, de 26.8.1789. A Declaração francesa teve pretensões universais, embora tenha sido veiculada pela representação do povo francês. Deste modo, não se trata de um documento internacional, no sentido técnico da expressão, proveniente de um tratado, ou produzido por uma organização internacional ou no plano internacional. Foi uma Declaração nacional. Contudo, ao declarar, em seu art. 1º, que "os homens nascem e são livres e iguais em direitos", não se fez meramente uma afirmação quanto aos franceses ou aos de origem francesa, mas a todo homem. Por meio desta Declaração, firmou-se que todo homem é livre e igual, independentemente de sua origem ou qualquer outra condição.

A Declaração francesa ganhou o mundo, sendo o seu texto, ou parte dele, reproduzido em diversas declarações de outros Estados, sobretudo na Europa, América e Oceania, e em alguns da África e da Ásia. Em verdade, em todas as democracias do mundo, praticamente, a Declaração das liberdades individuais foi feita guardando as mesmas linhas que a francesa.[882]

Antes do fim da Segunda Guerra, o presidente Roosevelt, no discurso do Estado da União, no Congresso americano, em 6 de janeiro de 1941, apresentou a sua visão de um mundo baseada em quatro essenciais liberdades: de pensar e se expressar; de adorar; de vontade; de temer. Para ele, liberdade é a supremacia dos direitos humanos em todo lugar.[883]

Ao término da Segunda Guerra, que se encerrou cerca de 25 anos depois da Primeira, com dezenas de milhões de execuções na guerra, com o extermínio de milhões de judeus no Holocausto, com centenas de milhares de mortos pelas explosões nucleares em Hiroshima e Nagasaki, as nações se reuniram para criar a Organização das Nações Unidas. Em princípio, no pós-guerra, surgiu uma visão internacional diferente, dirigida por ideais democráticos e pelo desejo de prevenir os abusos de Estados totalitários no futuro.[884] Com a ascensão e decadência do nazismo, viu-se que a tese de defesa de uma soberania estatal ilimitada merecia sofrer alteração, passando, a partir daí, a entender-se que a soberania estatal não é um conceito absoluto, em particular pelas atrocidades cometidas contra os judeus, devendo a soberania passar por algum tipo de limitação, a partir dos direitos humanos.

---

mentais. São Paulo: Malheiros, 2008. p. 29. A terminologia direitos fundamentais se tornou comum, primeiramente, entre os alemães, e a expressão direitos humanos, entre anglo-americanos e latinos. In: BONAVIDES, Paulo. Ob. cit., p. 560. Na verdade, KELSEN, ao definir a Constituição como norma fundamental, trouxe, em definitivo, esta expressão para a temática constitucional. In: KELSEN, Hans. *Teoria pura do direito*. 4. ed. São Paulo: RT, 2006. p. 103. A expressão direitos humanos é a preferida nos documentos internacionais. In: SILVA, José Afonso da. Ob. cit., p. 176. Para MIRANDA, "por direitos fundamentais entendemos os direitos ou posições jurídicas activas das pessoas enquanto tais, individual ou institucionalmente consideradas, assentes na Constituição, seja Constituição formal, seja Constituição material...". In: MIRANDA, Jorge. *Manual de direito constitucional*. 3. ed. Coimbra: Coimbra Editora, Tomo IV, 2000. p. 10.

(881) Em verdade, a primeira declaração de direitos, no sentido moderno da expressão, foi a Declaração do Bom Povo de Virgínia de 1776. Contudo, como já se ressaltou no texto, em razão de sua divulgação, internacionalização e bandeira ideológica, a francesa teve um cunho mais universalizador.

(882) As declarações de direitos do homem, em cada Estado, foram sendo formuladas, a princípio, em textos que não integravam a Constituição, não possuindo o que a técnica jurídica compreendeu como garantias. Todavia, tal modo de previsão parece atestar que as nações entendiam tais direitos como natural do homem, ou seja, transcendentes do domínio nacional. In: SILVA, José Afonso da. Ob. cit., p. 167. Sobre o processo de internacionalização dos direitos humanos, ver: PIOVESAN, Flávia. *Direitos humanos e o direito constitucional internacional*. 13. ed. São Paulo: Saraiva, 2012. p. 175-224.

(883) FREEMAN, Michael. *Human rights*. 2. ed. Cambridge/Main, 2011. p. 38.

(884) FARRELL, Brian. Habeas corpus and the drafting of the universal Declaration of Human Rights. In: *Journal of the History of international law*. Leiden: Martinus Nijhoff Publishers, 2009, v. 11, number 11, p. 81.

Ao que parece, nesse intuito, foi criado o Tribunal de Nuremberg — 1945-1946, dando-se um valioso impulso ao movimento de internacionalização dos direitos humanos. Como diz *Piovesan*, os aliados chegaram a um consenso, com o acordo de Londres de 1945, para a convocação de um Tribunal Militar Internacional, para julgar os criminosos pelos crimes praticados durante a guerra, dentre eles os perpetrados contra a humanidade.(885) De lá para agora, tem-se desenvolvido amplamente o Direito Penal Internacional, com a jurisdição do Tribunal Penal Internacional permanente, com sede na Haia, cujo estatuto entrou em vigor em 1 de julho de 2002, subscrito por 120 Estados, com competência para processar e julgar os crimes contra a humanidade.(886) Hoje, esse tribunal já conta com 122 Estados partes, distribuídos por todos os continentes da terra: 34 Estados da África; 27 Estados da América Latina e Caribe; 25 Estados da Europa Ocidental; 18 Estados da Europa do Leste; 18 Estados da Ásia e Pacífico. O tribunal tem a composição de 18 juízes, com mandato de nove anos.

O Tribunal Penal Internacional, em regra, é acionado quando, havendo prática de crimes contra a humanidade, de guerra, genocídio ou agressão, as juridições nacionais não tratam dos crimes, não responsabilizando os culpados, individualmente. A via do Tribunal Penal Internacional se dá como último acesso jurisdicional. O Estatuto de Roma dispõe que é dever de cada Estado parte exercer a sua jurisdição penal para apurar os crimes contra a humanidade, de genocídio, de guerra e de agressão. A função do Tribunal Penal Internacional é complementar, em caso de não atuação da jurisdição estatal.

Apesar de não ter competência quanto a Estados, mas no que se refere à responsabilização de indivíduos, ao que se vê, pretende-se, em princípio, que toda e qualquer autoridade de Estados soberanos esteja debaixo da lei, a saber, da lei internacional de proteção da humanidade, dos direitos humanos, em especial em aspectos relevantes quanto à vida, em nuances relativas ao genocídio, a crimes de guerra e de agressão.

Varela acentua o emblemático caso do presidente do Sudão, OmarAl-Bashir, em que o tribunal expediu, contra um chefe de Estado em exercício, indiciado por crimes de guerra, genocídio, crimes contra a humanidade e homicídios praticados contra a população civil na região de Darfur, objetivando destruir três grupos tribais por sua designação étnica, mandado de prisão, endereçado a todos os Estados signatários do Estatuto de Roma.(887) Assim, em princípio, a execução da ordem somente pode ser cumprida nos territórios dos Estados partes, dos que aderirem à jurisdição do Tribunal Penal Internacional ou de Estado que aceite a sua jurisdição, mas podem ser expedida contra qualquer praticante dos crimes tipificados no Estatuto de Roma.

Com a Carta das Nações Unidas, em 26 de junho de 1945, definiu-se, em seu art. 1º, 3, que é propósito ou finalidade da Organização das Nações Unidas a promoção e o estímulo ao respeito aos direitos humanos e às liberdades fundamentais para todos, sem distinção de raça, sexo, língua ou religião, sendo obrigação de cada Estado parte a promoção e a proteção dos direitos humanos (art. 55).

Dando continuidade a este desiderato, a ONU aprovou a primeira declaração de direitos humanos feita no plano internacional, envolvendo Estados de todos os continentes do mundo, a Declaração Universal dos Direitos do Homem (DUDH), de 10 de dezembro de 1948, objetivando afirmar a prioridade e a centralidade dos direitos humanos. Nada obstante, tais Direitos são enfocados, desde a Carta das Nações Unidas, como uma dimensão da cooperação entre os Estados-membros da ONU, ou seja, como uma questão de interesse da comunidade internacional. O tratamento dos direitos humanos em tais termos (cooperação) redundou na conclusão

---

(885) PIOVESAN, Flávia. Ob. cit., p. 185-8.

(886) MACHADO, Jónatas. Ob. cit., p. 456-463.

(887) VARELA, Marcelo. *Direito internacional público*. 6. ed. São Paulo: Saraiva, 2016. p. 499.

de que eles não tiveram a elevação à qualidade de normas fundamentais da ordem jurídica internacional. A DUDH, assim, não possui valor jurídico vinculativo direto e imediato quanto aos Estados-membros da ONU, uma vez que não houve, na ocasião, consenso para isso, limitando-se a proclamar os direitos, sem definir as sanções e as responsabilidades pelo descumprimento de tais preceitos. Contudo, a Declaração é vinculativa quanto aos próprios órgãos da ONU e suas agências especializadas, e tem um padrão de moralidade internacional indutor de alteração de normas estatais que lhe são contrárias e de comportamentos favoráveis à sua aplicabilidade no plano nacional.[(888)]

No intuito de avançar em direção ao fortalecimento da DUDH, a ONU, a partir de 1952, iniciou o tratamento dos direitos humanos por meio de um complexo sistema de tratados multilaterais, em que os Estados signatários reconhecem como incondicionais, absolutos e categóricos os padrões relacionados aos direitos humanos, a impor-lhes uma conduta no sentido de respeitá-los. Ao invés de estabelecer regras criando direitos e obrigações entre os Estados pactuantes, estabeleceram-se regras nas relações entre os Estados e os seus nacionais e residentes, no respectivo território. Assim, foram assinados o Pacto Internacional dos Direitos Civis e Políticos (PIDCP) e o Pacto Internacional dos Direitos Econômicos, Sociais e Culturais (PIDESC), em 1966, que entraram em vigor em 1976. O objetivo é conferir força jurídica vinculativa aos direitos humanos. Especialmente, o PIDCP foi bastante aplicado, de modo que vários Estados tomaram as medidas internas necessárias, nos planos legislativo, judiciário e administrativo, para prevenir a violação da norma internacional. A doutrina tem enfocado que estes instrumentos internacionais têm criado direito consuetudinário, em tema de direitos humanos, que vinculariam até os Estados-membros não signatários.[(889)]

Quanto aos que assinaram as convenções precitadas, em especial a de direitos civis e políticos, comprometeram-se em respeitá-las e garanti-las a todos os indivíduos em seu território, e sujeitarem à sua jurisdição os direitos reconhecidos nas convenções. Os direitos referentes à convenção de direitos civis e políticos são os seguintes: vida, liberdade, segurança, igualdade em juízo, liberdade de reunião, de casar e formar uma família, liberdade de associação, pensamento e de religião, e de votar. Ambas as convenções previram um sistema de relatórios periódicos, submetendo ao Comitê de Direitos Humanos da ONU as medidas que têm sido adotadas para dar efeito aos direitos humanos reconhecidos. O Comitê é formado por 18 membros eleitos pelas partes contratantes, os quais, depois de escolhidos, não representam mais qualquer dos Estados signatários das convenções. O Comitê estuda os relatórios e emite pareceres, informando o que é apropriado a cada Estado parte no tema relatado. Também, há o Comitê de direitos econômicos,

---

(888) MACHADO, Jónatas. Ob. cit. p. 400-2. Sobre este assunto, ver também: DING, Nguyen Quoc; DAILLIER, Patrick; e PELLET, Alain. *Direito internacional público*. Lisboa: Fundação Calouste Gulbenkian, 1999. p. 601. DAILLIER, Patrick; PELLET, Alain. *Droit international public*. 6. ed. Paris: LGDJ, 1999. p. 647. CAMPOS, Julio D. González; RODRÍGUEZ, Luiz I. Sánchez; MARIA, Paz Andrés Sáenz de Santa. *Curso de derecho internacional publico*. 6. ed. Madrid: Civitas, 1998. p. 724. SCHERMERS, Henry G.; BLOCKKER, Niels. *International institutional law*. 3. ed. Hague/London/Boston: Martinus Nijhoff Publishers, 1995. p. 1244. VELASCO, Manuel Diez de. *Instituciones de derecho internacional público*. 11. ed. Madrid: Technos, 1997. p. 529. COMBACAU, Jean; SUR, Serge. *Droit international public*. 3. ed. Paris: Montrchresstien, 1997. p. 678. CONFORTI, Benedetto. *Diritto internazionale*. 4. ed. Milano: Editoriale Scientifica, 1995. p. 57. CUNHA, Joaquim da Silva; PEREIRA, Maria a Assunção do Vale. *Manual de direito internacional público*. Coimbra: Almedina, 2000. p. 451. ALLAND, Denis. *Droit international*. Paris: PUF, 2000. p. 574. TOMAS, Antonio Fernandez. *Derecho internacional publico*: casos y materiales. 3. ed. Valencia: Tirant lo blanch, 1995. p. 48. ESPADA, Cesário Gutiérrez. *Derecho internacional público*. Madrid: Editorial Trotta, 1995. p. 618. WALLACE, Rebeca M. M. *International law*. 3. ed. London: Sweet e Maxwell, 1997. p. 207-8. POCAR, F. Codification of human rights law by the United Nations. In: NANDASIRI, Jasentuliyana; BOUTROS-GHALI, Boutros (Editors). *Perspectives on international law*. London: Kluwer Law International, 1995. p. 140. BAPTISTA, Eduardo Correia. *Direito internacional público* — conceito e fontes. Lisboa: Lex, v. I, 1998. p. 110-111. BRITO, Wladimir. *Direito internacional* público. Coimbra: Coimbra Editora, 2014. p. 378.

(889) MACHADO, Jónatas. Ob. cit., p. 402-3. Também: WALLACE, Rebeca M. M. *International law*. 3. ed. London: Sweet e Maxwell, 1997. p. 208-9.

sociais e culturais, composto por 18 *experts* em direitos humanos, que apresenta seus relatórios ao Conselho Econômico e Social.(890)

O art. 41º da Convenção de direitos civis e políticos prevê a reclamação entre Estados. Tal dispositivo não é compulsório para os Estados, e dele podem participar Estados que não ratificaram a Convenção. Trata-se de uma possibilidade opcional de peticionar entre Estados sobre este tema. Um Estado pode aceitar o direito de outro ou outros Estados formular reclamação contra o primeiro para o Comitê de Direitos Humanos. As condições para esta via são: a recíproca aceitação de aplicação do art. 41, a respeito de violação de direitos humanos e terem sido exauridos os remédios locais para tratar da matéria, sem êxito. O Comitê, em 12 meses, submete um relatório indicando os fatos e a solução adequada. Caso não seja apontada uma solução, o Comitê pode indicar uma Comissão de Conciliação *ad hoc*. O relatório desta Comissão pode ser aceito ou não. Em verdade, não há previsão ou referência a procedimentos judiciais. Contudo, a solução do art. 41 tem sido adotada por dezenas de Estados.(891)

O Comitê é competente, também, para receber e levar em consideração reclamações individuais de vítimas de violações por um Estado parte da Convenção, que tenha optado nesse sentido. A reclamação não deve ser anônima; deve se relacionar a direito previsto na Convenção; não deve ter como objeto matéria em apreciação em algum fórum internacional; e os remédios domésticos devem ter sido exauridos, salvo o transcurso de tempo não razoável em sua aplicação. A norma não faz referência a uma corte, nem prevê uma função conciliadora, funcionando o Comitê simplesmente para receber e examinar as reclamações, e, subsequentemente, enviar suas conclusões ao Estado e ao indivíduo. (892)

Em 1993, foi criado o posto de Alto Comissário de Direitos Humanos, para promover e proteger direitos civis, culturais, econômicos, políticos e sociais. (893) Ademais, há um importante órgão engajado no exame de alegações de violações de direitos humanos: o Conselho de Direitos Humanos, composto por 47 representantes de Estados, escolhidos pela maioria, de maneira a trazer equilíbrio na distribuição geográfica de seus membros. Este Conselho examina graves ofensas aos direitos humanos, reveladas por um consistente padrão de análise da violação. O Conselho tem poder para realizar investigações contra Estados em particular, diante da alegação de violação de direitos humanos. O Conselho funciona em uma reunião principal de, pelo menos, 10 semanas. Foi introduzida, em razão da Resolução 1.503, a possibilidade de atuar mais efetivamente na prevenção contra a discriminação e na proteção de minorias, o que se dá por meio de procedimentos, que examinam as mais variadas matérias relacionadas aos direitos humanos, por meio de mecanismos independentes de investigação e controle.

Os esforços internacionais têm sido muitos, por meio da ONU, desde a sua criação, para universalizar a aplicação efetiva dos direitos humanos no mundo, destacando-se a Conferência de Viena, de junho de 1993 — Conferência Mundial de Direitos Humanos, em que se adotou um programa de ação, ao lado de uma declaração de direitos humanos. A Conferência identificou particularidades quanto a grupos vulneráveis de indivíduos, como mulheres, minorias, crianças, refugiados, indígenas, prisioneiros e pessoas com deficiência. O programa enfatiza a necessidade de constante revisão e avaliação das medidas tomadas pela comunidade internacional. Ainda como fruto dessa Conferência, foi a Declaração dos direitos humanos para a educação.(894)

---

(890) WALLACE, Rebeca M. M. *International law*. 3. ed. London: Sweet e Maxwell, 1997. p. 209-211.

(891) Ob. cit., p. 212-3.

(892) Ob. cit., p. 213-4.

(893) Ob. cit., p. 214-5.

(894) Ob. cit., p. 209.

Foram concluídas várias outras Convenções, que objetivaram a garantia dos direitos humanos, sob os auspícios da ONU, a saber: Convenção sobre genocídio (1948); Convenção para a eliminação de todas as formas de discriminação racial (1966); Convenção para supressão e punição do crime de Apartheid (1973); Convenção para a eliminação de todas as formas de discriminação contra a mulher (1979); Convenção contra a tortura e outros cruéis, desumanos ou degradantes tratamentos ou punições (1984); Convenção dos direitos das crianças (1989); Convenção dos trabalhadores migrantes (1990). Em relação a todas elas, há previsão de submissão, em caso de violação, pelo menos, a relatório de relevante Comitê.(895)

Apesar da multiplicidade de convenções internacionais em matéria de direitos humanos, com uma correspondente multiplicação de mecanismos de controle,(896) inclusive não convencionais, provenientes do Conselho Econômico e Social ou da prática da Comissão de Direitos Humanos, como diz *Martins*, não há, em nível universal, um mecanismo judicial específico para assegurar a proteção dos direitos humanos em geral, uma vez que o Tribunal Internacional de Justiça, por não admitir a legitimidade processual ativa dos indivíduos, não se presta à adequada proteção dos direitos humanos.(897)

Deste modo, os mecanismos desenvolvidos na ONU, em tema de proteção dos direitos humanos, sob o ponto de vista individual, ainda não alcançaram o estabelecimento de uma jurisdição internacional universal nessa matéria.

Nada obstante, ao lado dos esforços no plano global para dar força vinculativa aos direitos humanos reconhecidos na DUDH e em instrumentos internacionais posteriores, estão as ações mais contundentes realizadas no plano regional, com destaque para os sistemas europeu e americano de proteção dos direitos humanos.(898) Nestes sistemas, foi desenvolvida uma jurisdição

---

(895) WALLACE, Rebeca M. M. Ob. cit., p. 214-5.

(896) Os mecanismos convencionais são: a) os relatórios periódicos; b) as comunicações interestaduais; c) as comunicações individuais; d) a investigação confidencial; e) as visitas periódicas. In: MARTINS, Ana Maria Guerra. *Direito internacional dos direitos humanos*. Coimbra: Almedina, 2012. p. 180.

(897) Ob. cit., p. 179-180.

(898) SINKONDO, Marcel. *Droit international public*. Paris: Ellipses, 1999. p. 220; VERHOEVEN, Joe. *Droit international public*. Bruxelles: Larcier, 2000. p. 305-6. Em um grau bastante inferior de desenvolvimento jurídico, encontra-se o sistema africano de proteção internacional dos direitos humanos. Os trabalhos realizados até hoje, em grande parte são fruto das ações da Comissão de Direitos Humanos da ONU, a partir de 1978. A Organização de Unidade Africana (OUA), criada pela Carta de 25 de maio de 1963, transformou-se na União Africana em 2002. Em 27 de junho de 1981, a Carta Africana de Direitos do Homem e dos Povos foi formalmente adotada pela Conferência dos Chefes de Estado e de Governo da UA. A Comissão Africana dos Direitos do Homem e dos Povos tem funcionado, sendo que a maior parte de suas ações se relacionam às violações do direito a não ser submetido a tortura ou a tratamentos ou penas desumanas ou degradantes (art. 5º da CADHP), do direito a não ser submetido à prisão ou detenção arbitrárias (art. 6º da CADHP) e do direito ao julgamento justo (art. 6º da CADHP). Contudo, os processos à Comissão se resumem, praticamente, a comunicações e a relatórios, sem força jurisdicional. In: MARTINS, Ana Maria Guerra. Ob. cit., p. 307-8. Em 10 de junho de 1998, foi aprovado o Protocolo Adicional relativo à criação do Tribunal Africano de Direitos Humanos e dos Povos, que entrou em vigor em 24 de janeiro de 2004, criando o sistema jurisdicional de controle da aplicação dos direitos humanos na África. Em princípio, os indivíduos não têm legitimidade para provocar a jurisdição do Tribunal. O Tribunal tem competência para conhecer os processos que digam respeito, em especial, à interpretação e aplicação da CADHP e do Protocolo que cria o TADHP. São duas as competências do Tribunal: (1) consultiva — emissão de pareceres, a pedido de um Estado-membro ou de uma organização reconhecida pela UA, sobre questão jurídica, em especial, relativa à Carta; (2) contenciosa — (a) indireta — depois de passar pela ComADHP, o Tribunal examina as queixas da Comissão, dos Estados que se queixaram à Comissão, do Estado cujo nacional é vítima de violação de direitos humanos e de organizações intergovernamentais africanas; (b) direta (sem passar pela Comissão) — caso algum Estado reconheça, por declaração adicional, a jurisdição do Tribunal, quanto a qualquer demanda, poderão ser ingressadas as queixas individuais ou por organizações não governamentais diretamente ao Tribunal, que poderá, porém, encaminhar, primeiro, o litígio à Comissão. Nada obstante, tal tribunal até hoje não começou a funcionar. In: Ob. cit., p. 300-311. Ver, sobre o funcionamento das Cortes internacionais na África: ROMANO, Cesare P. R. The shadow zones of international judicialization. In: *The Oxford Handbook of International Adjudication*. Oxford: Oxford Universtity Press, 2014. p. 98-99. No mundo árabe ou islâmico, pela falta de

efetiva e eficaz de proteção dos direitos humanos, com caráter internacional. Tal desenvolvimento tem sedimentado o chamado Direito Internacional dos Direitos Humanos.

O primeiro tribunal de justiça regional criado foi o Tribunal de Justiça Centro-Americano. Houve previsão de acesso individual direto aos particulares, sempre que o lesado tivesse esgotado todos os meios de defesa dos seus direitos em uma ordem jurídica interna de um Estado.(899) Contudo, este tribunal não teve efetividade em seu tempo.

Ainda em território americano, a Declaração Americana dos Direitos e Deveres do Homem foi a primeira declaração de direitos humanos após a Segunda Guerra (antes mesmo da DUDH), já trazendo em seu bojo um catálogo de direitos civis e políticos, ao lado de direitos econômicos, sociais, culturais, e de deveres.(900)

Após a Segunda Guerra, em 1948, já em solo da Europa, no Congresso europeu, convocado pelo Comitê Internacional de Movimento para a Unidade Europeia, realizado na Haia, em maio de 1948, foi aprovada proposta de elaboração no futuro de uma Carta dos Direitos Humanos e de criação de um Tribunal de Justiça. Depois de várias tratativas, em 5 de maio de 1949, foi criado o Conselho da Europa, por Bélgica, França, Holanda, Luxemburgo, Reino Unido, Dinamarca, Irlanda, Itália, Noruega e Suécia, que reafirmou, no âmbito europeu, os ideais proclamados na Carta das Nações Unidas, dentre eles os princípios das liberdades individual e política.

Mais adiante, foi criado o primeiro tribunal com jurisdição efetiva de âmbito regional, o Tribunal Europeu dos Direitos do Homem — TEDH. O Tribunal foi instituído no âmbito do Conselho da Europa, em 1959. Hoje, ele é composto por 48 Estados. A sua criação se deu na forma estabelecida no art. 19º e seguintes da Convenção Europeia para a Proteção dos Direitos do Homem e das Liberdades Fundamentais, conhecida como Convenção Europeia dos Direitos do Homem — CEDH (de 4 de novembro de 1950, em vigor desde 3 de setembro de 1953).(901) Os protocolos da CEDH e a Carta Social Europeia também trataram de direitos humanos e têm importância para a análise do Direito europeu dos direitos humanos no âmbito dos Estados que participam do Conselho da Europa. Em especial, quanto à aplicação da CEDH, esta não é feita na íntegra a todos os Estados do Conselho da Europa, a haver uma "certa geometria variável na sua aplicação", em face da ratificação tardia de alguns protocolos por parte dos Estados e pelas reservas feitas por alguns, a constituir uma diferenciação em sua aplicação no tempo e no espaço, que não é uniforme.(902)

O Tribunal Europeu dos Direitos do Homem tem competência sobre todos os casos que se refiram à interpretação e aplicação da CEDH e dos seus protocolos adicionais (art. 32º da CEDH). A competência é consultiva (art. 47º da CEDH) ou contenciosa, pronunciando-se a Corte sobre petições interestaduais (art. 33º da CEDH) e individuais (art. 34º da CEDH, em razão de alteração proveniente do Protocolo 11). Qualquer Estado parte pode recorrer ao TEDH por violação de norma da Convenção por outro. O Estado não age para defender seus direitos ou em razão de reciprocidade, mas para efetivar, objetivamente, a norma da Convenção, no território ou nas ações de outro Estado parte. Pelo art. 34º da CEDH, pessoas singulares, grupos particulares e organizações não governamentais (sindicatos, sociedades comerciais, associações religiosas, associações

---

democracias fortes na região, como diz ROMANO, a Corte Árabe de Justiça (1945) ou a Corte Islâmica de Justiça (1987), nunca começaram a funcionar. Não há, por outro lado, iniciativas de integração jurisdicional, salvo as referidas, na Ásia, quanto à proteção dos direitos humanos. In: ROMANO, Cesare P. R. Ob. cit., p. 116-118.

(899) BRITO, Wladimir. Ob. cit., p. 484. MIRANDA acentua que o "o Direito Internacional regional mais antigo vem a ser o Direito interamericano, de base mais consuetudinária do que convencional". *Curso de Direito Internacional Público*. Ob. cit., p. 27.

(900) MARTINS, Ana Maria Guerra. Ob. cit., p. 295.

(901) BRITO, Wladimir. Ob. cit., p. 485.

(902) MARTINS, Ana Maria Guerra. Ob. cit., p. 195.

com fins sociais e caritativos, aldeias de grupos minoritários etc.) podem provocar a jurisdição do TEDH. Não há restrições quanto à nacionalidade, residência, estado civil e à capacidade (mesmo sem tutor ou curador) dos indivíduos quanto ao seu direito de petição, o que significa dizer que um Estado pode ser acionado por violações à Convenção dentro de seu território, não só por seus nacionais, mas também pelos de outro, ou mesmo por nacionais de Estados que não integram o Conselho da Europa, até por refugiados ou apátridas. A ação não é popular, mas de vítima, ainda que indireta (pessoa que sofreu um prejuízo, devido à violação de direitos de um terceiro), de violação ou potencial violação de direito previsto na CEDH.[(903)]

A vítima deve peticionar ao TEDH em até seis meses a contar da data da decisão interna (nacional) definitiva (art. 35º da CEDH). Assim, exige-se que a provocação, que não pode ser anônima, do TEDH seja após a movimentação, no plano nacional, da jurisdição interna, até que esta seja esgoda.[(904)] Isto se dá em prestígio do princípio dos esgotamentos dos meios internos (art. 35º, 1, da CEDH), em favor da proteção das soberanias nacionais contra os processos internacionais intempestivos. Deste modo, firma-se o caráter complementar e subsidiário do sistema supranacional de proteção dos direitos humanos[(905)], tanto para as petições individuais, como para as interestaduais, considerando-se que os sistemas nacionais estão mais próximos para se pronunciar sobre os temas. Antes de ser o processo julgado (art. 38º, 1, da CEDH), em uma relação jurídico-processual em que se garante, na instrução e em toda ela, o contraditório e a igualdade das partes, tenta-se a solução amigável (art. 38º, 1, da CEDH). A decisão final será lavrada em acórdão (art. 45º da CEDH), que deve ser fundamentado, declarando se as medidas nacionais impugnadas são ou não compatíveis com a Convenção, não anulando, em qualquer hipótese, as decisões nacionais. Há a possibilidade de deferir-se indenização ao indivíduo que teve seus direitos violados (art. 41º da CEDH), sendo este direito subsidiário, pois é prioritária a reparação efetiva dos prejuízos causados. No caso de procedência do pedido, o art. 43º da CEDH prevê a devolução do processo para o Tribunal Pleno, para reexame do julgado pelas Seções, objetivando assegurar a coerência e a uniformidade da interpretação da CEDH.[(906)]

Apesar de ter a autoridade de caso julgado, com definitividade (art. 44º, 1, da CEDH), o acórdão do Tribunal Pleno não tem eficácia *erga omnes*, não valendo como título executivo nos territórios dos Estados condenados (art. 46º, 1, do TEDH), pois o TEDH considera que os Estados têm a escolha dos meios para se conformar com as obrigações previstas nas decisões, sendo da competência do Comitê de Ministros velar pela execução do acórdão (art. 46º, 2, da CEDH). Os Estados, em geral, cumprem os acórdãos, alterando a sua legislação, se necessário, na sequência das decisões que lhes são desfavoráveis no TEDH.[(907)]

Ressalte-se que a efetividade dos direitos humanos, por meio da jurisdição precitada, em relação aos Estados que compõem o Conselho da Europa, refere-se ao plexo de direitos civis e políticos. No campo dos direitos econômicos, sociais e culturais, o sistema de controle adotado é, nessa esfera, o previsto na Carta Social Europeia, ou seja, o sistema de relatórios e reclamações coletivas,[(908)] que ainda não tem força jurisdicional.

---

(903) MARTINS, Ana Maria Guerra. Ob. cit., p. 258-260.

(904) KLABBERS, Jan. *International law*. Cambridge: Cambridge University Press, 2013. p. 155-6.

(905) A respeito: Acórdãos do Tribunal Europeu dos Direitos do Homem, que garantiram o direito substantivo subjetivo individual a um efetivo remédio nos tribunais nacionais, de forma gradual, como se vê nos acórdãos proferidos nos casos: Klass *versus* República Federal da Alemanha (1978); Silver e outros *versus* Reino Unido (1983); e Abdulaziz, Cabales e Balkandali *versus* Reino Unido (1985), em que o TEDH começou a reconhecer o caráter autônomo do art. 13 da CEDH. In: CANÇADO TRINDADE. *The acess of individuals to international justice*. Oxford: Oxford University Press, 2011. p. 66-7.

(906) MARTINS, Ana Maria Guerra. Ob. cit., p. 260-4.

(907) Ob. cit., p. 264. Sobre dificuldades do TEDH, ver: CASSESE, Antonio. *The human dimension of international law*. Oxford: Oxford University Press, 2008. p. LXXVIII-LXXIX.

(908) MARTINS, Ana Maria Guerra. Ob. cit., p. 271-2.

O outro sistema regional com grande relevância na tutela dos direitos humanos é o americano. A Organização dos Estados Americanos (OEA), hoje com 25 Estados partes, foi criada pela Carta de Bogotá, em 30 de abril de 1948, em vigor desde 13 de dezembro de 1951, com revisões pelos protocolos de Buenos Aires (1967), Cartagena das Índias (1985), Washington (1992) e Manágua (1967). Após a Carta da OEA, foram aprovados importantes documentos, por meio de resoluções,(909) que trataram de direitos humanos no espaço americano, a saber: a Declaração Americana de Direitos do Homem e a Carta Interamericana de Garantias Sociais. Não obstante, não criaram obrigações para os Estados, não representando instrumentos vinculativos, quanto às obrigações jurídicas imediatas, mas significativos compromissos, com um norte ético e político.(910)

Contudo, mais adiante, foi criado um sistema jurídico, originário da Convenção Americana de Direitos Humanos (CADH) — Pacto de São José da Costa Rica, aprovado em 22 de janeiro de 1969, que entrou em vigor em 1978. Além dos direitos civis e políticos, a Convenção prevê que os Estados devem alcançar, progressivamente, a plena realização dos direitos sociais, econômicos e culturais, promovendo medidas legislativas para atingir este intento. Em 1988, a Assembleia Geral da OEA aprovou o Protocolo Adicional Geral (de São Salvador, em vigor desde 1999), relativo aos direitos sociais, econômicos e culturais.(911)

No que se refere aos direitos e liberdades individuais, a Convenção previu (art. 1º) a obrigação não só de os Estados partes respeitarem os direitos garantidos, mas de assegurarem o seu livre e pleno exercício, com a responsabilidade de não violarem os direitos individuais, cumprindo um dever negativo, mas também de tomarem medidas positivas, concretas, afirmativas, necessárias e razoáveis, para assegurarem o pleno exercício dos direitos previstos na Convenção.(912)

Há a previsão de um aparato de monitoramento de implementação dos direitos enunciados pela Convenção, por meio da Comissão Interamericana de Direitos Humanos e da Corte Interamericana de Direitos Humanos, em funcionamento desde 1979. A Comissão foi criada em 1959, está em funcionamento desde 1960, e é o primeiro organismo efetivo de proteção dos direitos humanos no continente americano. A principal função da Comissão é fazer recomendações aos governos dos Estados partes, com a previsão de medidas adequadas que devem praticar para a proteção dos direitos humanos, preparando estudos e relatórios e solicitando informações sobre as ações concretizadas para a efetiva aplicação da Convenção. A Comissão também submete relatório anual à Assembleia Geral da OEA e realiza, dentre outras, importante função conciliadora entre Estados e grupos sociais que apontem violações dos direitos humanos de seus membros. Outrossim, a Comissão intervém em casos urgentes para solicitar ao governo, contra o qual tenha sido apresentada uma queixa, que suspenda a ação impugnada e informe sobre os atos nesse sentido. A Comissão, também, examina comunicações (arts. 41 e 44) de denúncias a violações de direitos previstos na Convenção encaminhadas por indivíduos, grupos de indivíduos ou entidades não governamentais.(913)

Para a admissibilidade da petição pela Comissão, devem ter sido esgotadas as medidas judiciais cabíveis no sistema interno, salvo injustificado retardo processual ou de não ter sido provido o devido processo legal. Também aqui, em sede de proteção de direitos humanos na América, aplica-se o princípio de se permitir primeiro que cada Estado tenha a possibilidade de reparar as

---

(909) GOUVEIA, Jorge Bacelar. *Manual de direito internacional público*: introdução, fontes, relevância, sujeitos, domínio, garantia. 3. ed. Coimbra: Almedina, 2008. p. 636.
(910) MARTINS, Ana Maria Guerra. Ob. cit., p. 274.
(911) PIOVESAN, Flávia. Ob. cit., p. 325.
(912) Ob. cit., p. 326.
(913) Ob. cit., p. 327-8.

violações à Convenção, por meio de seu próprio sistema jurídico — princípio dos esgotamentos dos meios internos.(914)

Admitida a petição (art. 41 da Convenção), a Comissão solicitará informações ao Estado denunciado. Após, correrá a instrução, para a apuração dos fatos, se preciso. A seguir, a Comissão se empenhará na solução amistosa. Caso assim não se resolva o litígio, elaborará relatório propondo, se assim entender necessário, recomendações ao Estado parte, que terá o prazo de três meses para efetivá-las. Nesses três meses, o caso pode ser solucionado pelas partes ou encaminhado à Corte Interamericana de Direitos Humanos. Passados os três meses, sem a solução das partes ou o encaminhamento à Corte, a Comissão, por maioria absoluta dos seus sete membros, emitirá a sua conclusão e fixará prazo para sua efetivação. Vencido o prazo, verificando-se que não foram tomadas as medidas, será encaminhada a conclusão em seu relatório anual à Assembleia.(915)

Como mencionado, o caso, no período de três meses da data de recebimento do relatório pelo Estado denunciado, pode ser submetido à jurisdição da Corte Interamericana de Direitos Humanos, com sede em São José da Costa Rica. Todavia, não está prevista a legitimidade individual direta para provocar a jurisdição dessa Corte (art. 61). O que pode acontecer é de o caso originário na Comissão, suscitado por indivíduo, ser encaminhado à Corte, por decisão da maioria dos membros da Comissão (art. 44 do novo Regulamento da Comissão, de 1º de maio de 2001), com a informação de que o Estado parte não cumpriu as recomendações do informe aprovado (art. 50 da Convenção). Atualmente, está a se interpretar no sentido de que, presentes os requisitos mencionados, não havendo solução espontânea ou amistosa, a Comissão deve encaminhar, de forma direta e automática, o caso à Corte, não sendo facultativa a remessa pela Comissão, na hipótese de descumprimento, pelo Estado parte, das medidas previstas no relatório da Comissão, para a reparação da violação aos direitos humanos de um determinado indivíduo.(916)

A Corte Interamericana é composta por sete juízes nacionais dos Estados partes da OEA, por eles eleitos. A competência da Corte (arts. 1º e 2º de seu estatuto) é consultiva(917) (por qualquer Estado americano, parte ou não na Convenção) — interpretação das disposições da Convenção Americana e de tratados de direitos humanos dos Estados americanos (inclusive realizando um controle de convencionalidade das leis nacionais) — e contenciosa, solucionando controvérsias originadas na aplicação da Convenção — denúncias de violação por um Estado parte. Na aplicação da Convenção, a interpretação, assim como na Corte Europeia, é dinâmica e evolutiva, de maneira a considerar o contexto temporal da interpretação, em que pode haver a expansão de direitos.(918)

No aspecto contencioso, a jurisdição da Corte limita-se aos Estados partes da Convenção, que reconheçam expressamente sua jurisdição.(919) A Corte tem competência para examinar as denúncias contra Estados partes de violação de direito humano albergado na CADH, inclusive com a possibilidade de deferir medidas provisórias (cautelares). Reconhecida a violação, decidirá pela adoção de medidas para a necessária restauração do direito hostilizado, inclusive com a possibilidade de condenação no pagamento de uma justa compensação à vítima, sendo esta previsão um título executivo, na forma dos procedimentos internos de execução do Estado parte condenado. A decisão da Corte tem força jurídica vinculante e obrigatória, cabendo, ao Estado, a adoção das medidas adequadas para o imediato cumprimento do *decisum*.(920)

---

(914) PIOVESAN, Flávia. Ob. cit., p. 229-330.
(915) Ob. cit., p. 331.
(916) Ob. cit., p. 332-3.
(917) PERRIN, Georges J. *Droit international public*: sources, sujets, caractéristiques. Zurich: Schulthess Polygraphischer Verlag, 1999. p. 693-4.
(918) PIOVESAN, Flávia. Ob. cit., p. 335-6.
(919) O Estado brasileiro reconheceu a jurisdição da Corte Interamericana de Direitos Humanos em 3 de dezembro de 1998, por meio do Decreto-Legislativo n. 89. Outros 24 Estados partes também já reconheceram tal jurisdição.
(920) Ob. cit., p. 337-341.

Não obstante o sistema americano de tutela dos direitos humanos não ser tão desenvolvido quanto o europeu,[921] centenas de decisões por ele já foram tomadas e cumpridas por Estados partes, sobre indivíduos desaparecidos, assassinatos de pessoas não processados, proteção de pessoas ligadas a organizações de direitos humanos, proteção de presos, deferimento de indenizações de danos morais e materiais por sequestros; retificação de decisão por condenação por traição à pátria, por violação à liberdade de pensamento e expressão, e por imposição de pena de morte.

Uma das decisões com maior repercussão no aprimoramento dos direitos humanos no continente americano relaciona-se aos direitos dos povos indígenas, ao examinar a Corte o caso da comunidade indígena Mayagna Awas Tingni contra a Nicarágua.[922] A Corte reconheceu, à comunidade, e, por conseguinte, aos povos indígenas em situações equivalentes, em razão da tradição comunitária, o direito à propriedade coletiva da terra. Definiu-se como um direito fundamental e básico à sua cultura, à sua vida espiritual, à sua integridade e à sua sobrevivência econômica, não se tratando de uma mera possessão para a produção, mas de um elemento material e espiritual do qual devem gozar plenamente, até mesmo como legado para a sua preservação cultural e para as gerações futuras.[923]

4.7. O direito ambiental e a jurisdição internacional

Além da jurisdição relativa aos direitos humanos, ou seja, os individuais, bem como os sociais, acima examinados no que se refere a um deles, o do trabalho, tem se desenvolvido internacionalmente o viés da proteção do meio ambiente, em parte pela jurisdição internacional. Sabe-se que a preocupação com o meio ambiente na História do Direito é um fenômeno recente. Já no século XX, em 1923, foi realizado em Paris o Primeiro Congresso Internacional para a Proteção da Natureza.[924]

A doutrina aponta que a primeira demanda internacional sobre o tema do meio ambiente se deu no caso relativo à Fundição Trail (Trail Smelter). Foram feitas várias queixas de pessoas e empresas situadas no Estado de Washington (EUA), em razão de fumaça tóxica de dióxido de enxofre expelida em sua direção, causando danos a pessoas, animais e propriedades lá localizados. A poluição era proveniente de uma fundição de cobre e de zinco, localizada na cidade de Trail, na Colúmbia Britânica (Canadá). Foram prolatadas sentenças condenatórias em tribunais canadenses e americanos, mas o problema de poluição não era resolvido. O conflito terminou sendo levado, por provocação dos EUA, à arbitragem internacional, contra o Canadá. Os Estados Unidos assumiram, como seu, o direito das vítimas, postulando uma série de reivindicações contra o Canadá, por meio de um tribunal *ad hoc*. A sentença, publicada em 11 de março de 1941, estabeleceu que nenhum Estado tem o direito de usar seu território de modo que emanações de poluentes provenientes dele causem danos no território de outro Estado. Segundo *Mazzuoli*, esta doutrina

(921) PIOVESAN, Flávia. Ob. cit., p. 321.

(922) Ob. cit., p. 350. Ver sentença de 1 de fevereiro de 2000, relativa ao caso da Comunidade Mayaga (Sumo) Awas Tingni vs. Nicarágua. In: <http://corteidh.or.cr/docs/casos>. No caso Xákmok Kásek vs. Paraguai (2010), a Corte condenou o Estado do Paraguai por afrontar o direito à vida, à propriedade comunitária e à proteção judicial. In: ob. cit., p. 203. Ver: Sentença de 24 de agosto de 2010, Comunidade Indígena Xámok Kásec vs. Paraguai. In: <http://corteidh.or.cr/docs/casos>. Acesso em: 13 set. 2013.

(923) Ob. cit., p. 350.

(924) FIORILLO destaca que a reflexão em torno dos direitos metaindividuais, dentre os quais o Direito Ambiental, somente se acentuou após a Segunda Guerra Mundial. Segundo ele, estes direitos passaram a ser considerados melhor "a partir da necessidade processual de compô-los". In: FIORILLO, Celso Antonio Pacheco. *Curso de direito ambiental brasileiro*. 10. ed. São Paulo: Saraiva. 2009. p. 2. Nada obstante, antes disso, na primeira metade do século XX, o Direito Ambiental passou a ser mencionado na ordem jurídica dos Estados ocidentais como sendo da competência exclusiva dos mesmos. In: MACHADO, Paulo Affonso. *Direito ambiental brasileiro*. 17. ed. São Paulo: RT, 2009. p. 114.

foi a base da formulação do princípio do art. 21 da Declaração sobre o Meio Ambiente Humano de Estocolmo (1972), reafirmada como o princípio 2 da Declaração do Rio de Janeiro (Conferência das Nações Unidas sobre Meio Ambiente e Desenvolvimento — ECO-92, com a participação de 175 Estados).(925)

Em verdade, a hecatombe nuclear de Hiroshima e Nagasaki fez despertar um sentimento na humanidade quanto à sensação de suas limitações e dependência do meio ambiente e de perspectivas de aniquilação da terra, o habitat natural do ser humano. Desde meados do século XX, as preocupações com o meio ambiente têm sido trazidas para a seara jurídica e o seu aprimoramento tem se dado, no plano internacional, por meio da ONU(926) e da diplomacia bilateral ou multilateral.

O desenvolvimento do Direito Internacional do Meio Ambiente traz em seu bojo uma perspectiva complementar ao catálogo de direitos, para incluir os direitos relacionados ao meio ambiente. Com esse evolver, Constituições nacionais passaram a enunciar o direito à proteção do meio ambiente. Esse impulso tem trazido um certo concerto das nações no sentido de garantir o meio ambiente sadio e equilibrado, que passou a ser uma prioridade da agenda internacional moderna. Além das Conferências das Nações Unidas sobre Meio Ambiente e Desenvolvimento, o tema também foi objeto de preocupação da Conferência Mundial das Nações Unidas sobre Direitos Humanos, realizada em Viena em junho de 1993.(927)

Contudo, os litígios internacionais sobre meio ambiente, em geral, são resolvidos por negociação direta entre os Estados, ou por tribunais arbitrais, haja vista que não há, com competência universal, uma Corte internacional estabelecida. Excepcionalmente, algumas demandas, como por exemplo as relacionadas a questões nucleares, têm sido julgadas pelo Tribunal Internacional de Justiça.

Quanto ao uso dos mares, o Tribunal Internacional do Direito do Mar tem competência para examinar litígios que tenham este objeto ou pelo menos relação com ele. A Convenção das Nações Unidas sobre o Direito do Mar (1982) previu o Tribunal Internacional do Direito do Mar, que tem tido uma atuação, com efetividade, sobretudo a partir de 1997. Como diz *Machado*, o TIDM (ITLOS) "tem jurisdição sobre OI´s, indivíduos e pessoas coletivas, o que constitui uma vantagem", quando comparado, por exemplo, com o Tribunal Internacional de Justiça. Apesar disso, não tem havido, até hoje, um grande número de processos nesse Tribunal. *Rothwell* afirma que a Convenção das Nações Unidas sobre o Direito do Mar pode ser caracterizada, legitimamente, como um multilateral instrumento de proteção do meio ambiente para os oceanos. Ele destaca o caráter do ITLOS para resolver disputas ambientais relacionadas aos mares.(928)

---

(925) MAZZUOLI, Valério de Oliveira. *Curso de direito internacional público*. 9. ed. São Paulo: RT, 2015. p. 1078-1080.
(926) Ob. cit., p. 1080-1083. A terceira conferência ambiental das Nações Unidas (Cúpula Mundial sobre Desenvolvimento Sustentável) foi realizada em Joanesburgo, na África do Sul, em setembro de 2002, com representantes de 190 Estados. Merecem destaque sobre o tema as seguintes Convenções internacionais: (1) a Convenção-Quadro das Nações Unidas sobre Mudança do Clima, em Nova York, em 9 de maio de 1992; (2) o protocolo de Quioto à Convenção-Quadro das Nações Unidas sobre Mudança do Clima, de 14 de dezembro de 1997, por ocasião da Terceira Conferência das Partes da Convenção-Quadro das Nações Unidas sobre Mudança do Clima; (3) a Convenção sobre Diversidade Biológica, adotada na cidade do Rio de Janeiro, em 5 de junho de 1992. In: ob. cit., p. 1084.
(927) Ob. cit., p. 983 e TRINDADE, Antônio Augusto Cançado. *Direitos humanos e meio-ambiente*: paralelo dos sistemas de proteção internacional. Porto Alegre: Sergio Antonio Fabris, 1993. p. 23-38. ODA afirma que já são centenas de convenções internacionais que tratam de meio ambiente. In: ODA, Shigeru. Foreword. In: KISS, Alexander; SHELTON, Dinah; ISHIBASHI (Editors). *Economic globalization and compliance with international environmental agreements*. Hague/London/New York: Kluwer Law International, 2003. p. XIII.
(928) ROTHWELL, Donald R. Conflict resolution and the law of the sea: reconciling interation between LOS Convention and Environmental Instruments. In: KISS, Alexander; SHELTON, Dinah; ISHIBASHI (Editors). *Economic globalization and compliance with international environmental agreements*. Hague/London/New York: Kluwer Law International, 2003. p. 255-269.

Regularmente, o TIDM tem tido a sua jurisdição provocada para tratar de extensões de fronteiras marinhas entre Estados. Contudo, nele também tramitam demandas relacionadas ao meio ambiente marinho, sobretudo quando envolvem a pesca. Como exemplo, pode-se citar o caso sobre a conservação e a exploração sustentável dos estoques de peixe-espada no Sudoeste do Oceano Pacífico, entre Chile e União Europeia.(929)

Como já se disse acima, com base em ensinamento de *Machado*, existem duas Câmaras permanentes no Tribunal, "com competências especializadas nos domínios das pescas e do ambiente marinho". As decisões do TIDM são executáveis nos mesmos termos das sentenças e despachos do Supremo Tribunal do Estado parte em cuja execução for requerida.(930)

Contudo, como aponta *Kiss*, em razão da globalização econômica, preocupações comuns têm surgido para a humanidade. Em sendo a biosfera o único conhecido lugar no universo de sobrevivência humana, conclui-se que ela não pode ser salvaguardada sem a solidariedade e a cooperação das nações. A partir dos fins dos anos 60 do século XX, segundo ele, a humanidade passou a ter consciência do perigo do esgotamento de determinados recursos naturais e a responsabilidade de todos, inclusive dos indivíduos, não só dos Estados, organizações internacionais e ONGs, para o exercício de uma certa administração sobre esses meios naturais. Por outro lado, o valor de algo, em termos econômicos, depende de sua utilidade: se tem em mãos ou não. Assim, deve ser reavaliada, em termos econômicos, a natureza, tão necessária para a humanidade, com a salvaguarda dos recursos naturais, que são limitados, até porque virão gerações de seres humanos pela frente. O conceito de recursos naturais foi progressivamente estendido, além de minerais, flora e fauna, proteção do mar contra o despejo de óleo, do ar, solo e ecossistemas, e, mais recentemente, a camada de ozônio, a biodiversidade, com a extensão do conceito para dimensões planetárias: a inteira biosfera, e as implicações com mudanças climáticas globais. E a proteção tem que ser reconhecida por lei — uma modalidade normativa muito importante para tanto, e por razões óbvias, pelo Direito Internacional Público, já que é a globalização uma das causas da maior depredação ambiental.(931)

A proteção do meio ambiente: da natureza com os seus recursos naturais e todas as implicações que há nisso, tem que ser, portanto, avaliada pelo Direito sob o ponto de vista econômico, merecendo ser tratada nessa área do Direito a matéria. A interpretação contra a regulação do meio ambiente nesta escala parte da premissa de que "não é regulado o livre-comércio através do mundo". Merece ser reconsiderada, para pensar-se, por outro lado, como menciona *Kiss*, que o comércio internacional pode contribuir, também, para auxiliar na proteção ambiental, para o bem-estar da humanidade, e lhe trazer melhorias, como um todo, em várias direções. Assim, deve haver uma comum preocupação, diz ele, um "*intérêt général*", do livre-comércio pelo meio ambiente. E a falta disso vem sendo sentida, e cobrada a solução, desde 1994, na Carta de Marraquexe — a falta de mecanismos que venham a fazer esta aproximação. Assim baseada em mecanismos de mercado, já que tem se aceito que o mercado regule o funcionamento de toda a sociedade, em um contexto de globalização. Deste modo, pensa-se, por exemplo, na imposição de tarifas, como

(929) Case 7. In: <http: itlos.org>. Acesso em: 18 mar. 2017.

(930) MACHADO, Jónatas. Ob. cit., p. 707 e 712. Sobre o desenvolvimento da cidadania ambiental, que certamente transcende o âmbito nacional, ver: CORIOLANO, Carolina Pires; AZEVEDO, Kerley Mara Barros Câmara; ALVES, Isabella Faustino. O papel da cidadania ambiental na efetividade da tutela jurídica ao meio ambiente. In: BENJAMIN, Antonio Herman; IRIGARAY, Carlos Teodoro; LECEY, Eladio; CAPPELI, Sílvia. *Florestas, mudanças climáticas e serviços ecológicos*. São Paulo: Instituto O Direito por um Planeta Verde, 2010, v. 1, p. 519-528. Ver também: CANOTILHO, José Joaquim Gomes; LEITE, José Rubens Morato (Org.). *Direito ambiental brasileiro*. 2. ed. São Paulo: Saraiva, 2008. p. 381.

(931) KISS, Alexandre. Globalization and Common Concern of Humanity. In: KISS, Alexander; SHELTON, Dinah; ISHIBASHI (Editors). *Economic globalization and compliance with international environmental agreements*. Hague/London/New York: Kluwer Law International, 2003. p. 3-4. O autor mencionado diz: "with the emergence of this understanding, another universal value of humanity, protection of the human environment, emerged and became recognized as part of the common concern of humanity". In: Ob. cit., p. 4.

retaliação, no caso de descumprimento de obrigações ambientais.[932] Todavia, na prática, as decisões do Órgão de Solução de Conflitos da OMC, sobretudo do Órgão de Apelação, não privilegiam a questão ambiental, mas apenas o livre-comércio. Nos casos em que foram tratados de assuntos em que são refletidas questões ambientais, prevaleceram as decisões com base nas melhorias do comércio, ao que parece, em detrimento do meio ambiente,[933] muito embora autores defendam e, inclusive, digam que há no sistema da OMC esta possibilidade, sobretudo por meio de retaliações comerciais, por violação de regras ambientais previstas em tratados bilaterais.[934] Contudo, não se tem sentido, em um nível mundial, na OMC, decisões jurisdicionais que auxiliem na proteção do meio ambiente.

A jurisdição internacional, pelo menos em caráter supranacional, está a se desenvolver na União Europeia, em que as decisões em matéria ambiental são tomadas pelo Tribunal de Justiça da UE.[935] O mesmo, em caráter incipiente, está a ocorrer nos outros sistemas de integração econômica regional.[936]

Loon destaca que o desenvolvimento jurisdicional da proteção do meio ambiente, diretamente no plano internacional, está a se dar nas Cortes de proteção dos direitos humanos, de caráter regional, e em jurisdição interna, por meio do evolver do Direito Internacional Privado.

Segundo ele, o reconhecimento do *link* entre direitos humanos e meio ambiente é realizado pela ONU. A partir daí, há, por exemplo, decisão da Corte de Justiça da Comunidade Econômica dos Estados do Oeste Africano, aplicando a Carta Africana de Direitos Humanos, em que a Corte definiu que a Nigéria violou suas obrigações para com um nigeriano, por nada fazer para evitar a poluição do Delta do Níger com óleo. O mesmo tem acontecido na Corte Europeia de Direitos Humanos, a qual tem possibilitado o acesso à sua jurisdição em caso de prejuízos ambientais, por grupos vulneráveis como crianças ou mulheres,[937] causados por atores privados, inclusive em casos transfronteiriços, e na Corte Interamericana de Direitos Humanos, em que, casos relacionados ao ambiente, movidos por populações indígenas, são decididos.[938] Estas Cortes têm interpretado as respectivas Convenções no sentido de fortalecer a proteção das questões ambientais.[939]

Em termos da litigância civil transnacional, tem-se encontrado uma via para reparações dos efeitos adversos da atividade econômica, quando estes se consumam em matéria ambiental.

---

(932) KISS, Alexandre. Ob. cit., p. 8-11.

(933) CHARNOVITZ, Steve. WTO Dispute Settlement as a model for international governance. In: KISS, Alexander; SHELTON, Dinah; ISHIBASHI (Editors). *Economic globalization and compliance with international environmental agreements*. Hague/London/New York: Kluwer Law International, 2003. p. 3-4. O autor mencionado diz: "with the emergence of this understanding, another universal value of humanity, protection of the human environment, emerged and became recognized as part of the common concern of humanity". In: Ob. cit., p. 252-3.

(934) CHAZOURNES, Laurance Boisson de. The use of unilateral trade measures to protect the environment. In: KISS, Alexander; SHELTON, Dinah; ISHIBASHI (Editors). *Economic globalization and compliance with international environmental agreements*. Hague/London/New York: Kluwer Law International, 2003. p. 181-192.

(935) KRÄMER, Ludwig. Dispute Resolution in Environmental law — Can EU be a model? In: KISS, Alexander; SHELTON, Dinah; ISHIBASHI (Editors). *Economic globalization and compliance with international environmental agreements*. Hague/London/New York: Kluwer Law International, 2003. p. 276.

(936) ZHANG, Ruosi. Can Regional Economic Integrity be reconciled with environmental protection in developing countries? In: KISS, Alexander; SHELTON, Dinah; ISHIBASHI (Editors). *Economic globalization and compliance with international environmental agreements*. Hague/London/New York: Kluwer Law International, 2003. p. 105-121.

(937) Ver, e.g.: ECtHR, 9 de dezembro de 1994, "application 16798/90, Lopez Ostra v. Spain"; 30 de novembro de 2004, "application 48939/99, Öneryildiz v. Turkey"; e em 24 de julho de 2014, "applications 60908/11, 62110/11, 62129/11, 62312/11 and 623338/11, Bricant and Others v. Malta". In: LOON, Hans van. The global horizon of private international law. In: Recueil des Cours 380 (2015), p. 84-5.

(938) Ver, e.g.: IACtHR, 28 de novembro de 2007, Saramka v. Suriname, e, em 27 de junho de 2012, Povos Indígenas Kichwa de Sarayaka v. Equador, nas quais a Corte aceitou o coletivo direito dos indígenas em matérias ambientais. In: Ob. cit., p. 85.

(939) LOON, Hans van. The global horizon of private international law. In: *Recueil des Cours 380* (2015), p. 84-5.

As pessoas afetadas têm várias possibilidades, como diz *Loon*. As ações judiciais, de cidadãos, inclusive por *class actions*, são movidas com o objetivo de pagamento de indenizações ou para reduzir ou obstruir atividades, que possam prejudicar o meio ambiente. Também, por meio de "*public interest litigation*", baseada em Direito nacional para a reparação por ilícitos, Direito Constitucional, Direito Regional ou Direito Internacional Público. Combinando estes diferentes corpos de leis, podem ter "ações em camadas". No caso de lesões ao meio ambiente, além das fronteiras nacionais ou de prejuízos ambientais localizados em diferentes Estados, a ação é ajuizada contra uma companhia transnacional na corte de seu *home State* ou na de um terceiro Estado, no qual faça negócios, medida bastante aceita nos Estados Unidos. Neste caso, o que justifica a competência é a *corporate legal structure* ou a *economic organization* da companhia. Nestas hipóteses, o Direito Internacional privado provê remédios por meio das fronteiras para reparar ou suspender prejuízos ambientais. O mesmo ocorre na União Europeia, que tem, segundo o autor mencionado, "*highlighted the role of private international law in cross-border civil litigatiion in environmental cases*".[940]

O desenvolvimento do Direito de proteção do meio ambiente, por meio da jurisdição, tem sido razoável, em razão desse caráter desenvolvido pelas jurisdições internacionais, seja no ITLOS, seja nas Cortes Internacionais de Direitos Humanos, seja, ainda, nos Tribunais de integração regional, em que os Estados podem ser, de alguma maneira, responsabilizados. Contudo, não há um evolver maior da responsabilização ambiental em relação aos Estados, em razão da OMC não desenvolver, praticamente, jurisprudência a respeito, favorável à proteção do meio ambiente. Todavia, no que se refere aos danos ambientais praticados pelas empresas transnacionais, importante papel têm desempenhado as Cortes da União Europeia e as nacionais, com destaque às americanas, em que os ilícitos ambientais no plano internacional são facilmente conectados com a jurisdição interna americana, havendo a reparação dos danos. Deste modo, a jurisdição dos Estados nacionais também exerce importante papel na proteção do meio ambiente, como destaca *Aragão*.[941]

4.8. O Estado Regulador Internacional e a jurisdição

Não obstante as características da regulamentação das relações comerciais no plano dos Estados, no que se refere aos demais domínios, praticamente, sob a nuance pública, predomina a desregulamentação. Todavia, em face da crise de 2008, as críticas a essa situação, em função das suas suscetibilidades, são grandes. Há um risco de contágio muito grande da economia global, em crises imprevisíveis que se sucedem, pela desregulamentação e por falta de jurisdição em diversos campos.

Na visão keynesiana, uma das causas da Primeira Grande Guerra foi econômica — guerra por mercados externos, sendo certo que a Primeira Guerra foi, em última instância, também uma das causas da Segunda, em razão, principalmente, do grande rancor alemão pelos pesados encargos a que se submetera em face do término da Primeira. Nesse ponto, Roosevelt[942] fez uma *mea culpa*, ao dizer que o protecionismo causou problemas para o mundo. Assim, hoje — em que pese o crescimento do nacionalismo, há ainda uma tendência global para a abertura da economia e para a adoção da economia de mercado, o que traz riscos. *Stiglitz* diz que "a rápida liberalização dos

---

(940) LOON, Hans van. Ob. cit., p. 86-8. LOON diz que dos dois lados do Atlântico, as ações ambientais têm sido enquadradas como ações por ilícitos civis. O ATS — Alien Torts Act nos Estados Unidos dá aos estrangeiros o direito de reivindicar por violações do Direito Ambiental. In: Ob. cit., p. 89.

(941) ARAGÃO, Alexandra. O abc da justiciabilidade do dever de prevenir as alterações climáticas. Início do fim da irresponsabilidade coletiva? In: *Revista Cedoua*, n. 35, ano XVIII, p. 109-158.

(942) KRUGAN, Paul. Prefácio ao Livro Teoria geral do emprego, do juro e da moeda. In: KEYNES, John. *Teoria do emprego, do juro e da moeda*. Lisboa: Relógio D´Água Editores, 2010. p. 13-30.

mercados de capitais sem ser acompanhada da respectiva regulamentação pode ser perigosa",[(943)] a propugnar por um certo padrão de governança global nesse cenário.

Mostrando que nem a mão invisível do mercado, nem a mão pública foram suficientes para resolver os problemas econômico-sociais, SILVA preleciona que há a necessidade de adoção de sistema econômico dinâmico, capaz de gerar progresso social e calcado no dinamismo das liberdades econômicas, a atuar disciplinado "pela regulação pública setorial e num quadro compromissório" de economia global.[(944)] Para isso, faz-se necessário um esquema de multinível normativo, semelhante ao já vigente na União Europeia, no sentido de uma *smart regulation*,[(945)] que considere os serviços de interesse econômico geral como instrumentos de promoção da coesão social, no espaço de integração econômica, como um regime com pretensões de constituir uma cidadania social, com derrogações ao sistema de concorrência pura e de distanciamento do Estado ou da atuação da esfera pública no plano internacional.[(946)]

O expandir do Estado Regulador para a arena global, por meio de uma regulação plástica (adaptável a cada parte do território terrestre, pelas suas condições de desenvolvimento) e com fórmulas flexíveis de regulação (contratos, parcerias) por organismos internacionais (públicos ou privados — com funções administrativas de regulação), com o estabelecimento do livre-mercado e regulação social, dando-se créditos às nações que abrirem mercados e cumprirem metas sociais — proteção do meio ambiente; extinção do trabalho infantil, trabalho escravo contemporâneo (degradante), do *dumping* social etc., pode redundar, salutarmente, na aplicação de fundos internacionais para a garantia de efetivação de serviços de interesse econômico geral em países subdesenvolvidos, a trazer-lhes benefícios sociais e econômicos substanciais, bem como a toda humanidade.

Assim, a *good regulation*[(947)] certamente ultrapassará fronteiras nacionais e não significará uma *light regulation*[(948)], mas, por óbvio, deve considerar liberdade de iniciativa, livre concorrência e direito do trabalho; propriedade privada e responsabilidade social; utilização de recursos naturais e preservação do meio ambiente; acúmulo de riqueza e distribuição da renda; suprimento das necessidades dos habitantes da terra, respeito aos direitos humanos, pluralismo e olhar voltado às gerações futuras; regulação, adaptação e desregulação, quando precisas.

Ademais, na arena internacional, os corpos não eleitos desempenham um papel também amplo. Existiam, em 2007, mais de 70 corpos internacionais não eleitos — dentre eles a OECD, com composição universal ou intercontinental. Há uma conjugação deles com redes internacionais de oficiais nacionais não eleitos.[(949)]

Os corpos postos à parte dos eleitos politicamente desempenham, cada vez mais, como se disse, uma mais ampla função na vida das pessoas que antes, tendo, a cada dia e muitas vezes, um maior impacto em seu cotidiano do que os próprios órgãos eleitos. Basta citar, como exem-

---

(943) STIGLITZ, Joseph. Ob. cit., p. 309.
(944) SILVA, Suzana Tavares. *Direitos fundamentais na arena global*. Coimbra: Imprensa da Universidade de Coimbra, 2011. p. 108.
(945) Comissão (EU), Normativa inteligente na União Europeia, COM Comissão (EU), Smart Regulation. In: COM (2010) 543 final, 8 de outubro de 2010: http://ec.europa.eu/governance/better_regulation/documents/com_2010_0543_en.pdf. Acesso em: 9 abr. 2014).
(946) TAVARES, Suzana. Ob. cit., p. 127.
(947) DELLIS, George. Can you teach an old public law system new tricks? The greek experience on good regulation: From Parody to tragedy without (yet) a Deus ex Machida. In: AUBY, Jean-Bernard; PERROUD, Thomas (Editors). *Regulatory impact assessment*. Seville: Global Law Press and Instituto Nacional de Administración Pública, 2013. p. 181.
(948)Vital Moreira critica a utilização do modelo da Nova Zelândia (*light regulation*) na União Europeia. In: MOREIRA, Vital. As entidades de regulação sectorial. In: MARQUES, Maria Manuel Leitão; MOREIRA, Vital. *A mão visível*: mercado e regulação. Coimbra: Almedina, 2003. p. 182.
(949) VIBERT, Frank. Ob. cit., p. 5-6.

plo, nas democracias mais desenvolvidas, as questões decididas por estes corpos relacionadas aos bancos no plano internacional (FATF).[950] As ações desses corpos vão afetar a qualidade de vida das pessoas em seu dia a dia, inclusive quanto a oportunidades e perspectivas. Destaca-se, ademais, o impacto das ações destes corpos, no plano internacional, ainda mesmo quando determinados corpos não eleitos de um Estado agem afetando pessoas além das fronteiras nacionais.[951] A sua legitimidade está em observar as normas que lhes são aplicáveis, como já se falou acima. Assim, é essencial atentar-se para o desenvolvimento apropriado dessas normas, para que os corpos não eleitos alcancem a sua própria forma de legitimação. E este desafio é ainda maior nos corpos não eleitos internacionais, sobretudo privados, que regulam atividades importantes para todas as pessoas do globo.[952]

Os embriões do modelo de regulação do Estado regulador, no sentido de um monopólio do poder de normatização de uma determinada atividade, surgem no plano internacional, como se verá a seguir. O que se destaca, neste ponto, é que o modo de ser das estruturas orgânicas das agências americanas caracteriza-se por uma separação de poderes imanente, guardadas as devidas proporções, mesmo na regulação. A seguir, ver-se-á como este sistema se estrutura em sede internacional.

4.8.1. A jurisdição na regulação internacional privada

Examinando-se alguns setores da economia ou relacionados à tecnologia, parece que se chega a uma compreensão de que o Estado nacional estaria se retirando da regulação ou dela está ausente. É que a administração pública, em muitos países, em geral, está em constante atraso quanto ao estado do conhecimento em determinados setores, não havendo como o ente público dispor de recursos, em algumas áreas, para contar em seus quadros com profissionais com a especialização necessária para o trato de determinados temas, ou fazer os investimentos para que possa ter a estrutura para o exame das temáticas novas abordadas, de acordo com a exigência de certos domínios da revolução tecnológica, que não para.[953]

Na verdade, o que se observa não é simplesmente a retirada do Estado nacional de determinado ou determinados setores da economia por vontade própria, mas a sua retirada por falta de condições mesmas, por impossibilidade de qualificação, em áreas que nunca regulou ou em que não mais se tornou possível estabelecer regras de seu desenvolvimento, no intuito de trazer benefícios nacionais, a satisfazer o interesse público. Outrossim, pelo modo como esta regulação se formou inicialmente, sem a participação de entidades de direito público, este regulador independente se perpetuou quase que à margem dos Estados e das organizações internacionais, sendo que, depois, os Estados se aproximaram para contar com o conhecimento ou serviços em determinadas áreas que refogem ao domínio estatal, em certas fases de seu desenvolvimento.

Assim, em alguns aspectos, certos setores da economia ou do setor tecnológico são autorregulados,[954] no todo ou em parte, sendo que a associação dos próprios operadores realiza

---

(950) O FATF — *The Financial Action Task Force; The Financial Stability Forum*, que congrega bancos centrais, ministros de finanças e reguladores financeiros para desenvolver padrões que conduzam à estabilidade do sistema financeiro internacional e para ajudar a coordenar ações de emergência, quando necessárias. In: Ob. cit., p. 5.

(951) Ob. cit., p. 6-8.

(952) Ob. cit., p. 15-6.

(953) Na verdade, a ideia de Estado regulador vem, em especial na Europa, de retirada do Estado para deixar a economia se desenvolver por meio de uma maior liberdade de concorrência. In: MOREIRA, Vital; MAÇÃS, Fernanda. *Autoridades reguladoras independentes* — estudo e projeto de lei-quadro. Coimbra: Coimbra Editora, 2003. p. 17. Também: MONCADA, Luís Cabral de. *Direito econômico*. 4. ed. Coimbra: Coimbra Editora, 2003. p. 44-6.

(954) Sobre autorregulação, embora no aspecto da regulação profissional, ver MOREIRA, Vital. *Autorregulação profissional e administração pública*. Coimbra: Almedina, 1997. Sobre *self-regulation* em setores econômicos ou tec-

a regulação. E, em muitos aspectos, esta regulação é quase que inteiramente internacional. Deste modo, o mercado, mesmo que interno, recorre, por exemplo, a normas técnicas ISO, vigentes em matéria de certificação de qualidade em nível global, para se regular.(955) Estas normas são elaboradas, primeiramente, no plano internacional, fruto de uma regulação privada, ou seja, não controlada, diretamente, pelos Estados ou por organizações internacionais. Ademais, determinados domínios da internet, ante as suas características óbvias, em especial pelo seu surgimento internacional — o que é comum nas situações em foco — e por sua finalidade — a instituição de uma rede global -, em vários aspectos possui uma regulação internacional, ou melhor, uma autorregulação no plano internacional.

Internamente, esta autorregulação também pode ocorrer, em alguns Estados, por razões de política econômica, mas o que se está a tratar, neste passo, mais propriamente, é a autorregulação internacional realizada em determinados domínios, em especial, no da ICANN — Corporação da Internet para a Atribuição de Nomes e Números e no da ISO — Organização Internacional de Normalização (Padronização). Talvez estes exemplos possam demonstrar, em um determinado aspecto, a forma em que a jurisdição, sob o ponto de vista da regulação internacional nos setores da economia e da tecnologia, ou seja, quanto a determinadas matérias, está se formando, o que, por certo, pode passar pelo confronto com modelos internos para que se tenha uma ideia exata sobre o processo de surgimento da jurisdição internacional nesses domínios, o que não será feito aqui, em que a abordagem será mais restrita ao âmbito internacional.

Se, de um lado, no campo da internet, há uma tendência a uma regulação administrativa interna por parte dos Estados nacionais(956), em determinados domínios da internet, as matérias que surgem para o trato jurídico, em muitos matizes, são quase que inteiramente internacionais. Trata-se de um exemplo de *global administrative law*, uma vez que tal setor, assim como outros, surgiu na sociedade civil e se espalhou por todo o mundo, por cima dos Estados.

A discussão perpassa pelos temas de risco de não funcionamento da concorrência ou pela geração de oligopólio no plano internacional, com as implicações nacionais dessa questão. Ainda, discute-se o fato de certas entidades independentes internacionais estarem atreladas a algum Estado, o que lhes prejudicaria a independência e poderia, em algum senso, afetar a segurança interna de algumas nações.

Ademais, problemas surgem relacionados ao mercado de produtos transgênicos ou outros relativos à pesquisa biogenética, em que a força das multinacionais de determinados setores tem o poder de impedir a circulação de informação completa sobre os efeitos derivativos da sua utilização, a médio e longo prazo. Em verdade, a própria falta de conhecimento, muitas vezes, impede qualquer tentativa de heterorregulamentação, sendo impossível avaliar os vínculos e submeter a regras determinada atividade, em especial para ajustá-las a certos fins éticos, bem como afirmar as responsabilidades e as consequências provenientes de condutas irregulares no agir empresarial.(957)

---

nológicos, MAJONE esclarece: "This mode of regulation has a long tradition among the crafts and the professions, but in recent times it has extended into many other areas such as technical standardization, industrial safety, and financial services. Self-regulation offers a number of important advantages with respect to government regulation [...]. A self-regulatory organization (SRO) can normally command a greater degree of expertise and technical knowledge of practices within the relevant area than public agency". In: MAJONE, Giandomenico. *Dilemmas of European Integration* — the ambiguities & pitfalls of integration by stealth. Oxford: Oxford University Press, 2009. p. 102.

(955) ORTEGA, Luis. L'evoluzione delle basi costituzionali del Diritto Amministrativo. In: D'ALBERI, Marco. *Le nuove mete del Diritto Amministrativo*. Bologna: Il Mulino, 2010. p. 177.

(956) A esse respeito: GONÇALVES, Pedro. Regulação Pública de conteúdos da internet em Portugal. Contributo para a compreensão da designada solução provisória de litígios pela administração pública no âmbito do Decreto-Lei n. 7/2004, de 7 de janeiro. In: *Revista de Direito Público da Economia*. Belo Horizonte: Fórum, ano 2, n. 6, abr./jun. 2004, p. 181-199.

(957) ORTEGA, Luis. Ob. cit, p. 177.

Quanto às novas tecnologias da comunicação, em especial as relativas à internet e à informática, as quais trazem uma evolução considerável dos conceitos de espaço e tempo, a realizar novas formas de conexões entre organizações e entre organizações e pessoas, em relações instantâneas, o Estado nacional se movimenta para lhes dar alguma regulação no plano interno, em razão de sua proximidade com muitos dos utentes, contudo, como mencionado, existem situações globais, que refogem aos domínios de incidência da regulação nacional. As questões mais variadas que se põem à mesa conduzem a uma administração em rede, em razão da organização do serviço assim estar funcionando, sendo que um cidadão de um determinado Estado vai precisar, em inúmeras situações, aviar os seus reclamos, em casos de violações, a uma outra administração da rede, havendo a necessidade, como diz *Ortega*, de recurso a um sistema autônomo e programado em grande parte fora da rede nacional, para processar estas reclamações. Em verdade, a vontade e as ações de determinados sujeitos nessa área é manifestada em planos obscuros, sendo que as consequências quanto a uma eventual responsabilidade extracontratual são difíceis de atribuir (*digital gap*), para responsabilizações, no caso de organizações em forma de rede.

Nada obstante, as organizações relacionadas às novas tecnologias, no plano internacional, estão estabelecidas com base em padrões de notável progresso, sendo eficazes e eficientes, também no âmbito administrativo — estado regulador, em suas três nuances: normativa, administrativa e de resolução de conflitos. No plano nacional, as lacunas estão sendo solucionadas, já com alguma regulação interna independente, inclusive no sentido de prover-se de entidades independentes quanto aos operadores. No internacional, tem-se desenvolvido um sistema de Direito Regulador, em sua maior expressão, por autorregulação, ou seja, no plano interno do operador dos serviços.

A regulação da internet é discutida em face das suas implicações em vários domínios da vida humana, o que inclui questões econômicas, jurídicas, sociais, culturais, antropológicas, éticas, religiosas etc.(958) Com efeito, as tentativas de regulação desse setor por meio do Direito Internacional Público até agora não vingaram. A atuação da ONU, no sentido de assumir uma posição facilitadora da participação dos utentes (indivíduos) de cada país, em um plano global, com direitos nessa área, a tornar mais aberto o sistema internacional relacionado à internet, tem levado a iniciativas relacionadas à discussão da regulação do ciberespaço, em algumas nuances. Nesse sentido, foi realizada, em 2015, pelas Nações Unidas, a Conferência sobre o Ciberespaço, com a participação de representantes da sociedade civil e de chanceleres de diversos países, sendo realizadas, nesse intuito, três edições — Londres, Budapeste e Seul. Assim, desde 2011, iniciativas como o evento especial sobre Cibersegurança e Desenvolvimento e o Fórum — que reuniu Estados, organismos internacionais, sociedade civil, técnicos em informação e representantes de empresa — sobre Governança na Internet (IGF) têm trazido a público a discussão do tema da regulação nesse setor. Nada obstante o pequeno progresso sobre o assunto, no intuito de promover a governança digital foi criada a denominada *United Nations E-government Devenlopment Database* (UneGovDD).(959)

Contudo, no plano internacional, destaca-se, como mencionado, a autorregulação, realizada, em especial, a partir do *Internet Corporation for Assigned Names and Numbers* — ICANN, responsável pela regulação de recursos críticos para a rede mundial de computadores, uma vez que a ausência deles ou funcionamento inadequado pode desconfigurar a internet, trazendo males em todos os níveis, esferas e setores da vida individual, civil, pública e empresarial. Em que pese o seu caráter de funcionamento no plano internacional, esta entidade é privada e foi estabelecida

---

(958) Sobre repercussões da *internet*, por exemplo, no setor das telecomunicações paralelas, ver: FARACO, Alexandre Ditzel. Dinâmica da inovação da *internet* e regulação do poder econômico. In: *Revista de Direito Público da Economia*. Belo Horizonte: Fórum, ano 6, n. 22, abr./jun. 2008, p. 9-30. Na propriedade industrial, ver: ARATA JUNIOR, SEITI. O equilíbrio do poder na regulação da internet. In: *Revista da Associação Brasileira da Propriedade Intelectual*. Rio de Janeiro, n. 53, jul./ago. 2001, p. 3-17.

(959) GARCIA, Bruna Pinotti. Subpolítica reflexiva no contexto da mundialização informativa aplicada à regulação supranacional da internet. In: *Revista de Direito, Estado e Telecomunicações*. 2016; 8(1), p. 169.

no Estado norte-americano da Califórnia, sem fins lucrativos. Seu objeto social é: administrar o sistema de nomes de domínio, decidindo quais nomes de domínio e o momento em que devem ser adicionados à raiz da rede; gerenciar o sistema de números IP (*Internet Protocol Adress*) — que permite a comunicação entre todos os usuários da rede no mundo, exercida por meio de um conjunto de regras procedimentais mediante sinais de controle, que dão ensejo à transmissão ou recuperação de dados e possibilitam aos computadores se comunicarem entre si; e atuar autoritativamente quanto aos servidores-raiz (*root servers*). Ao lado do IP, que identifica a máquina e possibilita a sua comunicação, há o DNS (*Domain Name System*), que associa o IP a um Sistema de Nomes de Domínio. O DNS é o sistema que permite um nome de domínio, por meio do qual se localiza determinada página na internet. Ademais, a ICANN é responsável por fixar os preços cobrados pelos *registries* e pode definir a separação vertical entre os *registries* (administradores das bases de domínio) e os *registrars* (executores do registro junto ao usuário final).(960)

Sabe-se que as principais entidades no plano internacional responsáveis pela internet terminaram por se aglutinar na ICANN, sendo elas incumbidas da gerência dos mencionados recursos. Em seu bojo, estão a IANA — *Internet Assigned Numbers Authority* e o IETF — *Internet Engineering Task Force*. Nela, também estão as seguintes entidades: (1) *Adress Supporting Organization*; (2) *Generic Names Supporting Organization*; (3) *Country Code Name Supporting Organization*; (4) *At-Large Advisory Committee*; (5) *Governamental Advisory Committee*; (6) *Root-Server System Advisory Committee*; (7) *Security and Stability Advisory Committee*; e (8) *Technical Liaison Group*. O financiamento da ICANN vem dos administradores das bases de domínio e dos executores do registro junto ao usuário final, que integram o sistema de nomes de domínio e endereços na internet. O *Governamental Advisory Commitee* é o órgão no qual participam os governos dos diversos Estados do mundo, para interação.(961)

A legitimação da ICANN(962), embora não se enquadre em nenhuma categoria com função de coordenação internacional de recurso comum, advém, segundo seus defensores, da comunidade da internet, por meio de um processo "de baixo para cima" (*botton-up*), uma vez que tem assegurada, a grosso modo, em seu bojo, a representação de todos os interessados na governança da internet, sendo as decisões tomadas por consenso entre todos os seus participantes, em tese. Contudo, sabe-se, esta visão não é concreta, não sendo ela constatada no exame do desenvolver das ações efetivas dessa entidade. O que predomina em sua prática é a definição dos direitos de propriedade nos identificadores da internet e a regulação de seu consumo e fornecimento. Seu regime é extremamente informal, prevalecendo a presença da iniciativa privada, que coordena, tecnicamente, os participantes da internet, por meio da sua regulação, que se dá por meio da celebração de contratos com os usuários — *registries* e *registrars*.(963)

Nada obstante, a ICANN atua no controle do fornecimento de nomes de domínio à internet, além de estipular os direitos de uso dos nomes de domínio e de monitorar a cooperação com os órgãos de controle. Nesse sentido, fiscaliza a observância dessas regras. Na verdade, suas perspectivas regulatórias são importantes, definidas em seu ato fundador e em seu estatuto, no sentido de determinar as políticas e as circunstâncias em que os nomes de domínio genérico são acrescentados ao sistema de nomes de domínio. São os programas de expansão, que muitas vezes geram controvérsia, como, por exemplo, em relação aos de conteúdo adulto.(964)

---

(960) BIANCHI, José Flávio. Internet e regulação: a ICANN à luz da teoria da regulação. In: *Revista de Direito, Estado e Telecomunicações*, 2016; 8(1), p. 135-9.
(961) Ob. cit., p. 140.
(962) O documento público que lhe dá sustentabilidade foi lavrado entre a IANA e o Departamento do Comércio dos Estados Unidos. In: Ob. cit., p. 142.
(963) Ob. cit., p. 141.
(964) Ob. cit., p. 146.

No domínio da proteção dos direitos de propriedade intelectual, há, na ICANN, um procedimento específico — o *Uniform Dispute Resolution Policy* (UDP), diante de árbitros particulares, que deve ser, obrigatoriamente, adotado para todos os *registers* e *registrars*, em razão de previsão expressa nos contratos adotados. Por meio dele, uma pessoa, localizada em qualquer país do mundo, pode contestar a utilização de certo nome de domínio por arguição de infração a direito de propriedade intelectual. No que tange à resolução de conflitos, há um caso marcante na ICANN. Relacionou-se ao programa de expansão de domínio genérico, iniciado em 2011, especificamente quanto ao pedido apresentado pela Amazon EU S.a.r.l para o domínio "AMAZON". Logo que o pedido para criação do domínio ponto-amazon foi feito, oito países da América do Sul, liderados por Peru e Brasil, em razão da localização territorial da Floresta Amazônica, se opuseram ao registro, aduzindo ser a Floresta Amazônica uma herança cultural dos países amazônicos, sustentando que tal nome não poderia ser utilizado no domínio genérico porque dificultaria os governos na veiculação de campanhas de conscientização e de interesse público e de mecanismos de preservação ambiental. O *Governamental Advisory Committee*, em reunião em Durban, na África do Sul, em 2013, acolheu o pedido dos governos sul-americanos e, ao final, o contencioso foi solucionado pelo ICANN no sentido de indeferir o registro do nome pretendido — houve recurso a painel de objeções, ainda pendente.[965]

Mesmo sendo uma corporação privada, não pertencente à administração pública norte-americana ou de qualquer outro Estado do mundo, nem a qualquer órgão ou organização internacional de direito público, trata-se de agência reguladora, no plano internacional, dos recursos críticos da internet, fundamentais para o funcionamento desse setor em qualquer casa, empresa, localidade ou país do mundo, com repercussões em toda a economia e governos sobre a terra. Apesar de ser uma entidade privada, recebendo muitas críticas por isso, a ICANN tem se utilizado de procedimentos claros, transparentes e, ao que parece, justos, o que tem lhe dado uma certa legitimidade.[966]

Além da regulação da internet, no plano internacional, com a jurisdição que exerce sobre os conflitos que lhe são pertinentes, decididos na ICANN, por meio, principalmente, da arbitragem, totalmente independente, tem-se um desenho de uma regulação em moldes semelhantes, nos quadros da ISO — Organização Internacional de Normatização.

Sabe-se que a ciência, a tecnologia e a indústria expandiram-se para novas áreas, bastante delicadas, sendo exemplos os programas espaciais, de energia atômica, a indústria petroquímica e a militar. Tais setores exigem que, em suas ações, em qualquer momento dos processos que envolvam, não existam falhas. Nesses setores, precipuamente, iniciou-se o desenvolvimento dos sistemas de garantia de qualidade, o que incluiu o controle de qualidade nas fases de concepção, planejamento, não só na de fabricação, pelos riscos envolvidos. Nada obstante, foi no setor militar, em razão da Guerra Fria e da corrida armamentista, basicamente, em que adveio o primeiro conhecido programa, a saber: as normas MIL-O-9858-EUA, que inspiraram sistemas posteriores, como o BS5750 (Reino Unido — gestão de sistemas de qualidade). A garantia de qualidade foi estendida, posteriormente, a outros setores, sendo que, mais tarde, em razão de exigências crescentes, em especial por parte de clientes, em particular de indústrias, o modelo foi se generalizando a outras áreas.[967]

Existiam, na prática, plexos de ferramentas de controle de qualidade que determinadas indústrias impunham a seus fornecedores, o que representava a existência de modelos próprios, multifacetados, e trazia problemas a esses, diante das diferenças de requisitos que tinham de

---

(965) BIANCHI, José Flávio. Ob. cit., p. 147-151.

(966) Ob. cit., p. 152.

(967) GOULÃO, Maria Luisa Henriques. ISO 14001 — Perspectivas e abordagens. *Dissertação de Mestrado em Ciências empresariais na Faculdade de Economia da Universidade de Coimbra*. Coimbra, maio de 1999, p. 19-20.

atender, dependendo do comprador do serviço ou do produto. Em 1986, este problema começou a ser ultrapassado com a publicação pela ISO das normas de garantia de qualidade — Normas da série ISO 9000. Em verdade, a ISO foi fundada em 1947, em Genebra, com o objetivo de promover, em todo o mundo, o desenvolvimento da normalização e atividades relacionadas, no sentido de simplificar as trocas internacionais de produtos e serviços, a desenvolver a cooperação ao nível das atividades intelectuais, científicas, ecológicas e econômicas. Hoje, a ISO tem 163 países que lhe são filiados, tornando-se a entidade responsável, no plano internacional, pela elaboração de normas em diferentes áreas. A sua atividade de regulação começou, propriamente, em 1951, com a *Standard reference temperature for industrial lenght measurement*, possuindo milhares de conjuntos de normas publicadas.(968)

As normas da série ISO 9000, que já tinham sido precedidas por normas definidoras de conceitos (ISO 8402), trouxeram a configuração regrativa dos sistemas de qualidade — modelo de garantia da qualidade na concepção/desenvolvimento, produção, instalação e assistência pós-venda; e modelo de garantia de qualidade na inspeção e ensaios finais. Várias outras vieram, nessa sequência, trazendo normas de suporte, para a correta implementação do modelo de garantia da qualidade, como regras relativas à gestão da qualidade, sobre auditores, controle do equipamento, medição e manual de qualidade, e efeitos econômicos da qualidade. Já na série 14000, foram estabelecidas normas de um modelo de gestão ambiental segundo o qual as empresas devem se organizar, como forma de definir e atingir seus objetivos de política ambiental.(969) São muitas as regulações da ISO, como a 50001, para a eficiência no setor da energia e outras.

A ISO é uma organização internacional não governamental e independente, ainda que mais de 70% de seus membros sejam autoridades nacionais de padronização pública, todavia, suas decisões não são submetidas à deliberação diplomática ou à ratificação, sendo que seu sistema de votação opera fora dos canais diplomáticos tradicionais, e seus *standards* são preparados, muitas vezes, por comitês técnicos de *experts*, em votação não presencial. Em seguida, se não mais que 25% dos membros do Conselho não fizerem objeções ao texto, ele será considerado aprovado e será publicado como padrões internacionais. Em verdade, o seu corpo de *experts* tem, globalmente e em geral, a melhor *expertise* técnica nos assuntos abordados, a operar sob condições de transparência e de responsabilidade pública. Assim, como diz SAND, padrões técnicos mundiais para medições ambientais, *e.g.*, são regularmente desenvolvidos e atualizados pela ISO.(970)

A solução dos conflitos na ISO, em especial quando são negadas ou retiradas certificações de qualidade, não resolvidas por meio de minuciosos procedimentos internos de correções de tarefas e de oportunidades de identificação e retificação de problemas, bem como de tentativas de negociação ou mediação, dá-se mediante conselhos, como o *Forest Stewardship Council*. Mantida a decisão, há a possibilidade do *processing appeals*, sendo enviada a impugnação a um *Appeals Panel*. As decisões são sempre realizadas por pessoas independentes da direção e dos que tomaram a medida administrativa de denegação da certificação. A certificação — imprescindível, hodiernamente, no mundo empresarial — é impugnável apenas nos procedimentos internos da organização, quando diz respeito às suas ações no plano global da certificação.

---

(968) GOULÃO, Maria Luisa Henriques. Ob. cit., p. 32-33.

(969) Ob. cit., Anexo A.

(970) SAND, Peter H. *Transnational environmental law — lessons in global change*. Hague/London/Boston: Kluwer Law International, 1999, pp. 14, 56-57, 260, 322-3. SAND diz, a respeito do processo decisório da ISO: "*See the certificate scheme promoted by the Forest Stewardship Council; the forest sector guidelines (ISO/TR 14061) developed by the International Organization for Standardization; the Framework Agreement on Tropical Timber signed at The Hague on 25 June 1993 between several Dutch ministries, timber trade associations, trade unions and non-governmental organizations; and the 'timber certification proposals' developed by Initiative Tropenwald in Berlin on the basis of a joint 1992 Declaration on the Protection of Tropical Forests, signed by German timber industries, traders and trade unions*". In: ob. cit., p. 352-3.

A regulação da qualidade da prestação de serviços, produção e venda de bens e a da internet traz em si uma jurisdição para a solução dos problemas delas decorrentes no plano internacional. A submissão a estas jurisdições se dá por imposições contratuais, sendo certo que os contratantes já preveem, nesse plano, que a solução dos litígios decorrentes dos contratos será realizada pelos procedimentos de solução de conflitos previstos nos estatutos, regulamentos ou outras normas internas das entidades independentes referidas ou mesmo na forma de resolução de litígios prevista nos contratos celebrados.

Em verdade, há uma certa influência, nesses setores, do modelo americano acima examinado. *Vicente* chega a classificar esta forma de solucionar conflitos como uma categoria que não corresponde nem à arbitragem nem à mediação — meios extrajudiciais de resolução de conflitos. Seria, esta forma de solução extrajudicial de conflitos, uma espécie que não se enquadraria, ao que parece, nem na jurisdição do Judiciário, nem na arbitragem extrajudicial.[(971)] Ao que se vê, é uma solução jurisdicional administrativa de conflitos, de natureza privada. Claro que o autor mencionado faz a sua análise examinando o modelo americano, que acima se abordou, em que os juízes administrativos examinam os litígios nas entidades administrativas independentes nos Estados Unidos da América. Contudo, ao enfocarem-se as classificações sobre as resoluções das entidades em menção — ICANN e ISO, que são pessoas jurídicas de direito privado que atuam no âmbito internacional, exercendo parcela do poder administrativo regulador internacional, que é legitimamente praticado, em face da respeitabilidade internacional e com eficácia nos Estados nacionais que elas congregam, chegar-se-ia a uma categoria de jurisdição administrativa privada.

Nada obstante, vê-se uma forma anglo-saxônica de ser ou funcionar, ou, pelo menos, americana, nessa jurisdição, em um *compact regulatory* mais característico, em que funções administrativas propriamente ditas, normativas e jurisdicionais são exercidas dentro destas entidades independentes internacionais privadas, mas que são desempenhadas, pelo menos no que se refere à função jurisdicional, que é o que interessa abordar mais propriamente, de uma forma independente, no que se refere às cúpulas destas entidades de regulação ou quanto aos demais operadores dos serviços e bens que lhes dizem respeito.

Como diz ***Breger***, estudiosos e operadores do Direito têm sofrido perturbações para situar as agências reguladoras dentro da teoria da separação dos poderes, que está na raiz da estrutura de governo norte-americana. A doutrina da separação dos poderes é convencionalmente entendida de acordo com as lições de Montesquieu e de Madison. Para o autor sobredito, que é norte-americano, na Europa, a doutrina da separação dos poderes sempre foi compreendida como a separação

---

(971) Segundo VICENTE: "Além da arbitragem e da mediação, mencionem-se, ainda, como meios de resolução extrajudicial de litígios, os procedimentos para este efeito levado a cabo pelas agências administrativas independentes. Trata-se de agências federais criadas sobretudo a partir dos anos 30, no quadro do denominado *New Deal* promovido pelo Presidente Franklin Roosevelt (embora a constituição da primeira delas, a *Interestate Commerce Comission*, remonte 1887), às quais competem, não raro, importantes funções jurisdicionais. Essas agências ascendem hoje a várias dezenas, incluindo-se entre elas, por exemplo, a Federal Trade Commission (competente em matéria de concorrência), *Federal Securities and Exchange Commission* (competente no domínio da bolsa e dos valores mobiliários), a *Federal Communications Commission* (competente na área das telecomunicações) e o *National Labour Relations Board* (competente na área das relações laborais). A sua independência relativamente ao poder executivo é assegurada através da restrição dos fundamentos de exoneração dos titulares dos respectivos órgãos pelo Presidente dos Estados Unidos. Em princípio, as decisões tomadas pelos órgãos destas agências estão sujeitas a recurso para os tribunais judiciais. A Constituição dos Estados Unidos não impõe, todavia, a consagração dessa possibilidade, que nem sempre existe. Revela-se aqui a inexistência, no Direito deste país, de uma reserva de jurisdição equivalente à que vigora nos sistemas romano-germânicos. O que não é, afinal, senão um corolário da circunstância de a Constituição americana não adotar um sistema de estrita separação de poderes, mas antes, como se viu acima, de interdependência e controle recíproco dos poderes constituídos. O exercício de poderes jurisdicionais pelas agências administrativas encontra-se, em todo o caso, sujeito à observância por estas da *due process clause* consagrada na V e XIV emendas à Constituição norte-americana". In: VICENTE, Dário Moura. *Direito comparado*. 3. ed. Coimbra: Almedina, 2016, v. I, p. 306-7.

do Judiciário do controle do Executivo. A separação de poderes nos Estados Unidos, a seu ver, se refere ao complexo de *checks and balances* para que seja assegurado que qualquer dos três ramos — Legislativo, Executivo e Judiciário — não vai dominar os outros. Quanto à classificação das agências reguladoras, a jurisprudência da Suprema Corte as têm definido como uma entidade que cabe dentro do ramo Executivo, todavia, com funções associadas a todos os poderes.[(972)]

Com efeito, ao examinar-se mais a história da regulação nos Estados Unidos, vê-se que, desde cedo, em especial a partir de 1929, o setor privado, por meio da *National Recovery Admnistration* (NRA), formada por representantes dos diversos setores industriais, elaborou o código de concorrência desleal para as empresas. Também, estabeleceram-se condições de trabalho e salários aos trabalhadores; preços razoáveis no mercado; corretas relações entre empresas similares. O NRA estabeleceu um sistema de planificação econômica privada. Mesmo tendo sido declarado inconstitucional, Roosevelt conseguiu, no seu mandato seguinte, reeditar, praticamente, a sua política econômica, até em razão de novos nomes na Suprema Corte.[(973)]

Esta é a razão de, hoje, falar-se na regulação de responsabilidades, o que inclui a jurisdição no bojo da regulação, como diz *Philipsen*.[(974)] Não se sabe, ainda, se se está diante de uma tendência na regulação internacional,[(975)] por meio de entidades independentes, contudo, os dois exemplos, que não são os únicos, podem demonstrar, talvez, em mais um aspecto, como a jurisdição, no plano internacional, está se formando.

O Estado, no plano interno, e o poder internacional, muitas vezes, por meio da ação dos próprios operadores, em determinados setores da economia ou da tecnologia, permitem que eles se organizem no sentido de estabelecer o funcionamento desses setores. Mediante um modelo negocial, sobretudo por contratos, estes operadores, reunidos em uma entidade quase que associativa, definem uma jurisdição, que assegura a paz e, ao fim e ao cabo, o próprio funcionamento do setor. Assim, a regulação por contratos termina por subsistir, em parte ou grande parte, em razão da jurisdição, que é aceita pela comunidade internacional. Esta forma, em unidades feudais, parece estar se dirigindo a uma composição sistemática mais visível em uma unidade em rede, o que se verá mais à frente.

4.9. A jurisdição e sua importância para o livre-comércio, para formação e proteção dos direitos individuais, sociais e do meio ambiente, e para a regulação no plano internacional

Como se viu acima, tem se desenvolvido a proteção da liberdade de iniciativa, das liberdades individuais, do Direito do Trabalho e do meio ambiente no plano internacional. E quando se fala de proteção se diz, obviamente, da existência da correspondente jurisdição para a salvaguarda desses direitos, quando violados, pois direito proclamado, sem a sua efetiva garantia, é uma mera declaração: uma simples folha de papel escrita, como diz *Lassalle*.[(976)]

---

(972) BREGER, Marshall J. *The modern Independent Agency in the United States*. In: VICENTE, Dário Moura; BREGER, Marrshall J. *Direito comparado* — perspectivas luso-americanas. Coimbra: Almedina, 2010, v. II, p. 63-70.

(973) PRADA, Valentín Vásquez. *História económica mundial*. Barañáin: Ediciones Universidad de Navarra, 1999. p. 292.

(974) PHILIPSEN, Neils J. P. Regulation of accountants. In: BERGH, Roger J. Van; PACCES, Alessio. *Regulations and economics*. Cheltenham/Northampton: Edward Elgar, 2012. p. 715-736.

(975) Um outro modelo de regulação no plano internacional, com uma jurisdição dentro do Estado Regulador, independente, pode ser encontrado no *Codex Alimentarius*. Sobre as ambiguidades dessa regulação, ver: ROMI, Raphaël. Codex Alimentarius: de l'ambivalence à l'ambiguïté. In: *Revue Juridique de L'Environnement. Limonge*, 2001, n. 2, p. 201-214.

(976) LASSALLE, Ferdinand. *Que é uma Constituição?* 2. ed. São Paulo: Kairós, 1985. p. 61-2.

As liberdades individuais, no plano internacional, parecem ter surgido, inicialmente, fora do âmbito dos detentores do poder político, primeiro no meio dos comerciantes, antes de qualquer declaração formal de direitos. E esta liberdade foi desenvolvida, anteriormente, no plano internacional, pela prática dos mercadores, com reflexos na ordem jurídica local. A liberdade dos comerciantes não se cingiu ao direito de ir e vir, de propriedade e de comprar e vender (contratar), garantidos internacionalmente por jurisdição própria, mas estendeu-se à liberdade religiosa, já que, para eles, pouco importava este aspecto na vida das pessoas com as quais estavam a negociar. Este desenvolvimento parece ter impactado o Direito europeu, com reflexos, inclusive, em Vestfália.

Observa-se, ademais, que a jurisdição relativa aos direitos individuais tem se desenvolvido, em alguns aspectos, mesmo sem a presença de uma organização internacional, de natureza pública, que lhes faça valer. Basta examinar a liberdade dos comerciantes e o seu desenvolvimento no curso da história e a solução das controvérsias internacionais entre privados no comércio internacional, como acima exposto.

Assim sendo, o direito de propriedade, com nuance internacional, a liberdade de contratar e de ir e vir foram formados como um costume internacional, garantido pela prática de cortes arbitrais, no plano internacional. Passo a passo, a dimensão desses direitos, em sede internacional, é definida (e ampliada) por estas decisões internacionais, que, simplesmente, têm como certa, hoje, a aplicação de princípios processuais, como o devido processo legal, baseado no contraditório e no direito de defesa. Estes direitos são definidos, em última análise, no plano internacional, por cortes privadas, independentemente da existência, nesse plano, de autoridades normativas ou administrativas permanentes.

Por outro lado, como se pode ver na tutela do Direito do Mar, este foi, inicialmente, consolidado como costume internacional, sedimentado nas decisões de cortes, também arbitrais, no plano internacional, por privados. Mais modernamente, há jurisdição internacional pública formada, efetiva, que garante o direito de liberdade no mar, sem que exista, hoje, uma autoridade internacional de natureza executiva e legislativa permanente nessa área. Assim, a jurisdição no mar, inclusive incluindo, em alguns aspectos, a preservação do meio ambiente marinho, tem se formado, sendo este espaço público, por excelência, internacional. O princípio da liberdade nos mares se firmou desde cedo e se consolidou independentemente da pretensão de limitá-lo, tendo sido bastante importante a prática dos mercadores e navegadores nesse sentido, que envolvia um costume de ter uma jurisdição, independentemente do Estado ou de uma instância pública internacional.

No que tange aos direitos humanos em geral, a maior obra da ONU foi reconhecê-los como sendo direitos de qualquer homem, independentemente de sua origem ou condição. Nada obstante este reconhecimento, no plano das Nações Unidas, com eficácia global, estes direitos, em especial os individuais, não possuem um tribunal permanente com jurisdição internacional que os possa salvaguardar universalmente. Embora se reconheça o seu substancial valor, inclusive para o convencimento das nações, das deliberações das Nações Unidas nesta área, não há, ainda, uma Corte competente para as demandas, com jurisdição mundial permanente, para analisar as violações dos direitos humanos não dirimidas no âmbito nacional. Há, por certo, um apoio a este desenvolvimento, em razão da criação do Tribunal Penal Internacional, com competência quanto aos crimes contra a humanidade, estabelecido em 2002, mas longe se está de uma jurisdição que albergue a proteção contra as violações dos direitos e liberdades individuais, o que inexiste, também, na jurisdição do Tribunal Internacional de Justiça da ONU.

Quanto aos direitos humanos não protegidos — não efetivados por jurisdição — no âmbito da jurisdição da Organização das Nações Unidas (Tribunal Internacional de Justiça), observa-se um amplo desenvolvimento da sua proteção, com a formação de jurisdições supranacionais na

Europa e na América, sobretudo, e de forma incipiente na África, em que há uma certa efetividade na proteção de direitos humanos, quando estes não foram assegurados no âmbito nacional. Neste aspecto, o Tribunal Europeu dos Direitos do Homem (TEDH) e a Corte Interamericana de Direitos Humanos exercem jurisdição internacional efetiva sobre amplos espaços internacionais. Esta jurisdição é exercida, na Europa, pelo TEDH, antes mesmo da existência de instâncias legislativas e executivas permanentes no mesmo âmbito. O mesmo acontece no continente americano, em que a jurisdição da Corte Interamericana de Direitos Humanos se formou antes da existência de um Parlamento americano ou da configuração de um poder executivo supranacional no continente.

Por seu lado, no que se refere aos direitos econômicos, sociais e culturais no plano internacional, verifica-se alguma tutela do Direito do Trabalho, em razão do amplo desenvolvimento da Organização Internacional do Trabalho. Do mesmo modo, em uma jurisdição bastante eficaz, no plano econômico, especificamente no comercial entre os Estados, no seio da Organização Mundial do Comércio — OMC, estrutura-se uma jurisdição por meio do Órgão de Solução de Controvérsias da OMC, responsável, em grande parte, pela diminuição, quiçá, de conflitos maiores entre os Estados, já que as guerras, muitas delas, no passado, foram causadas por questões econômicas, sendo hoje, tais conflitos, em boa medida, solucionados por uma jurisdição técnica, que aplica o Direito do Comércio Internacional e o ajuda a construir, dentro da Organização Mundial do Comércio.

Não se pode deixar de mencionar, como se disse acima, a jurisdição, também internacional, que tem se dado no âmbito de organizações privadas, em razão da regulação internacional de determinadas atividades, sem a participação direta dos Estados ou de organizações internacionais de caráter público na formação dessa jurisdição, tanto no domínio da internet, como no das padronizações técnicas, em caráter global. Questões entre Estados e privados têm sido dirimidas, em particular por problemas motivados em face do uso da internet.

Ademais, o desenvolvimento internacional e o efetivo reconhecimento e aplicação dos direitos econômicos, sociais e culturais têm alcançado uma grande relevância e eficácia na União Europeia, que se estudará, adiante, com destaque à jurisdição supranacional do Tribunal de Justiça da UE.

Como acentua *Martins*, na Conferência de Viena, em 1993, a Assembleia Geral das Nações Unidas proclamou o caráter indivisível e interdependente de certos direitos, realçando que a plena realização dos direitos civis e políticos não é possível sem o gozo dos direitos econômicos, sociais e culturais.(977)

Por agora, cumpre registrar que a jurisdição internacional tem se ampliado na proteção dos direitos individuais, dos direitos sociais (trabalho) e de direitos difusos (meio ambiente). Existem algumas jurisdições efetivas, mesmo que em relação a matérias específicas ou em relação a espaços internacionais regionais, para a tutela de tais direitos.

Merece especial destaque ao fato de que os direitos de livre-comércio, livre navegação, livre trabalho e de liberdade em geral têm se desenvolvido, primeiro, no plano internacional, por meio de garantias jurisdicionais, e espalhado-se por várias regiões e países do mundo. Em especial, em razão do uso de espaços comuns, sob jurisdição, em parte, internacional, como o mar e o espaço aéreo, e até da exploração interplanetária, o que parece estar conduzindo os homens de várias nações a um padrão diferente de convivência, com o efetivo respeito das liberdades de todos. Esta implicação traz, também, o desenvolvimento do Direito Ambiental Internacional, com jurisdição internacional, até agora, permanente, nos domínios do mar, mas que se estende em regiões da terra e, em especial, por meio da arbitragem internacional ou da jurisdição do Tribunal Internacional de Justiça, nos casos consensuais levados até ele por Estados, bem como, e fundamentalmente, pela jurisdição nacional exercida em caráter internacional, neste aspecto.

---

(977) MARTINS, Ana Maria Guerra. Ob. cit., p. 268.

Como diz *Trindade*, os mecanismos de implementação (*enforcement*) do sistema de valores internacionais (os direitos humanos) são importante elemento da ordem internacional, sendo certo que, no atual estágio de desenvolvimento, a ordem internacional tem a aplicação de seus principais valores feita de forma difusa por várias estruturas institucionais, reconhecendo-se o importante papel desempenhado pelos tribunais internacionais e também pelos tribunais nacionais nesse desiderato, para que seja conferida uma unidade e coerência às distintas comunidades normativas.(978)

Registra-se, aqui, mais uma vez, a aventura dos mercadores, os quais conquistaram, no plano internacional, os seus direitos, que foram, em seguida, consolidados nos burgos, que se tornaram locais de liberdade para todos, e, à frente, levados às nações ocidentais e, destas, para regiões inteiras do globo, em especial na Europa e na América. Esta escalada e descida, nos dias atuais, ainda parece ter profunda relevância, na evolução dos direitos humanos, sempre acompanhados, para serem efetivos, de uma instância jurisdicional que lhes dê guarida e completa formação, independentemente, muitas vezes, de centros permanentes normativos ou administrativos de poder, embora estes, ao que parece, venham, ao mesmo tempo, ou na sequência do desenrolar da história.

---

(978) TRINDADE, Otávio Augusto Drummond Cançado. *A Carta das Nações Unidas*: uma leitura constitucional. Belo Horizonte: Del Rey, 2012. p. 41.

CAPÍTULO 5

A importância da jurisdição para a formação das estruturas supranacionais de poder

5.1. A integração regional

Nada obstante os esforços realizados no sentido de se obter a eficácia de uma Comunidade das Nações que reflita o anseio dos povos, com efetividade universal, as ações nessa direção não lograram o êxito esperado, por muitos fatores, em especial por causa da Guerra Fria. Contudo, ao mesmo tempo em que as atuações das nações no âmbito internacional foram bastante intensas no propósito de fortalecer a ONU, os Estados, sobretudo os mais desenvolvidos jurídico-politicamente, também iniciaram, na mesma toada, diálogos de ordem regional, no intuito de construir laços mais fortes, com alguns exemplos respaldados em instituições supranacionais.

Ao que parece, a formação de uma Sociedade das Nações que tenha efetividade, ou seja, uma realidade palpável, é uma via de mão dupla, ou melhor, uma via de várias mãos, o que será discutido com mais vagar mais adiante. A sua construção, ao que se vê, está sendo realizada por várias frentes. Ao mesmo tempo se tem uma formulação de cúpula, e uma atuação nas regiões do globo, além de outras vias de construção do tecido societário internacional, que também serão abordadas mais à frente.

Cabe destacar que, se, por um lado, após a Segunda Grande Guerra, muitas iniciativas foram realizadas no intuito de fortalecer a ONU, por outro lado, ações regionais, ainda com mais força, foram empreendidas para ampliar as relações entre as nações de algumas regiões da terra, sobretudo na Europa e na América[979], muito embora o movimento de integração neste último continente ainda seja bastante claudicante.

Por razões de ordem prática, os estudos que se seguirão neste capítulo centrarão foco na Europa e na América. Contudo, a integração regional, embora em estágio bastante incipiente, também ocorre em outras regiões do globo. No entanto, os passos dados na Europa e no continente de maior influência da cultura europeia, a América, foram em maior número e mais efetivos, subjazendo daí a importância desse estudo, com este corte, quiçá para o alcance de um dos elementos para a montagem deste complexo mosaico em que se está a constituir a sociedade internacional.

Europa e América, conquanto sejam dois continentes que têm bastante similaridade cultural, as aproximações nacionais no interior das mencionadas regiões, historicamente, têm-se dado de modo diferente, em especial porque a Europa tem sido marcada por guerras em seu continente, pelo menos até o final da Segunda Guerra, ao passo que, na América, poucos foram os episódios de conflitos armados entre as nações dela integrantes.

O presente capítulo desenvolve o tema dentro do Direito da Integração, ramo do Direito Internacional Público que aborda as integrações regionais. Claro que o enfoque, no Direito da Integração, em geral, é maior sobre as fases em que o Direito se desenvolve, em cada região.

---

(979) Existem outras iniciativas, como a APEC — Foro de Cooperação Ásia-Pacífico, bloco que abrange países asiáticos, norte-americanos, sul-americanos (Peru e Chile) e da Oceania, que não serão estudadas nesse aqui. Quanto à ALCA — Área de Livre Comércio das Américas, proveniente de negociações que também trariam em seu bojo o compromisso com a democracia, a erradicação da pobreza e com o desenvolvimento sustentável, as negociações não avançaram.

Husek as define como as seguintes: (1) zona de livre-comércio — objetivando a circulação de todos os produtos sem gravames aduaneiros, quando produzidos e consumidos no território da zona; (2) união aduaneira — permanece a zona de livre-comércio, criando-se uma tarifa externa comum para a negociação com os demais países; (3) mercado comum — são derrubadas as fronteiras entre os participantes, havendo livre circulação de bens, de pessoas, livre prestação de serviços, liberdade de capitais e liberdade de concorrência; (4) união econômica e monetária — agrega-se ao mercado comum a coordenação da economia, como moeda comum; (5) união política — instituições jurídico-políticas comuns.(980)

Todavia, não é propriamente o objetivo deste estudo tal enfoque específico (fases), mas, nesse evolver, destacar a jurisdição, que também tem tido um papel fundamental e, pelo seu grau de permeabilidade supranacional, talvez possa demonstrar o nível de integração entre as nações dessas regiões. Assim, analisar-se-á, a seguir, a integração regional na Europa e na América, com ênfase na jurisdição, com o objetivo de se constatar, nas estruturas organizativas jurídico-políticas supranacionais desses dois continentes, se a integração é maior ou menor a partir da análise jurisdicional, e se a jurisdição tem servido para aprofundar ou não esta integração.

5.2. A União Europeia

5.2.1. Os primeiros passos rumo à integração — a CECA

Na Europa ocidental, após a Segunda Guerra, a atuação dos Estados foi firme não só para a busca da convivência pacífica entre as nações, mas também para uma aproximação mais efetiva, que assegurasse, de fato, que o flagelo da guerra não mais atingiria os seus cidadãos. O projeto de aproximação se inicia em várias frentes, mas a ação política internacional, entre os europeus ocidentais, da parte continental, foi dirigida, em especial, por esforços comuns de ordem econômica, até porque estavam, ainda, devastados em face da guerra.(981)

Um dos principais marcos para a ideia de União Europeia foi o discurso de Winston Churchill, na Universidade de Zurique, em 16 de setembro de 1946, em que ele propugnou a construção de uma Europa unida. A ideia dele era a de "uma espécie de Estados Unidos da Europa". Em suas palavras: "o primeiro passo para a recriação da família europeia tem de passar por uma parceria entre a França e a Alemanha". Deste modo, a reconciliação entre a Alemanha e a França se avizinhava como essencial, fazendo-se necessário, nessa visão, que estes dois países construíssem uma

---

(980) HUSEK, Carlos Roberto. *Curso de direito internacional público*. 12. ed. São Paulo: LTr, 2014. p. 230-1. VARELA define essas fases como modalidades de integração regional: "MODALIDADES DE INTEGRAÇÃO. Existem cinco gradações de integração reconhecidas pelo direito internacional, cada uma incorporando os benefícios da anterior: a) zona de preferência tributária: os tributos são reduzidos entre os membros; b) zona de livre-comércio: não há tributos para parte importante de produtos; c) união aduaneira: há uma tarifa externa comum; d) mercado comum: livre circulação de pessoas e capitais; e) união econômico-monetária: integração da política monetária e econômica". In: VARELLA, Marcelo D. *Direito internacional público*. 6. ed. São Paulo: Saraiva, 2016. p. 381.

(981) O primeiro ato dessa caminhada talvez tenha sido o tratado de Dunquerque, entre a França e o Reino Unido, em 1947, que concluía uma aliança entre as nações mencionadas. Neste tratado também foi prevista a assistência técnica entre os Estados citados, contra uma eventual agressão alemã, bem como foram estabelecidos princípios de cooperação recíproca visando o interesse geral e o desenvolvimento econômico. In: REINER, Lúcio. *Parlamento europeu* — história, composição e objetivos. In: <http://camara.leg.br/a-camara/documentos-e-pesquis/estudos-e-notas-tecnicas/arquivos-pdf/pdf/3006192.pdf>. Acesso em: 4 out. 2017. Efetivamente, segundo VALÉRIO, a "OECE foi a que desempenhou um papel mais central no arranque no projeto de integração europeia, particularmente no domínio económico. Na verdade, foi no seu contexto que se desencadearam iniciativas de cooperação, não só para utilização da ajuda americana, como era objeto explícito da organização, mas também no que respeita a todos os aspectos da vida económica, em especial nos domínios monetários e comercial". In: VALÉRIO, Nuno. *História da União Europeia*. Lisboa: Presença, 2010. p. 69.

confederação adequada a garantir a comunhão de destinos. Tal confederação não incluiria o Reino Unido, já membro e líder da *Commonwealth*.[(982)]

Campos enfoca este desiderato, com destaque no Congresso da Haia (1947), em que estiveram presentes, dentre os 775 delegados de 24 Estados europeus, alguns dos principais nomes que atuariam, efetivamente, para a construção da unidade europeia, dentre eles: Schuman, de Gasperi, Monnet, Spaack, Reynaud e Blum. Nesse Congresso, muitos propugnaram pelo surgimento de uma federação na Europa. Ao final, mesmo divididos quanto aos objetivos finais da unidade, enfatizou-se o necessário desencadeamento de uma forte política de cooperação entre os Estados.[(983)]

Nessa direção, a unidade da Europa, segundo *Martins*, vai se construir, de uma forma mais pragmática, pela via da cooperação intergovernamental, que respeita a soberania dos Estados. Este modelo vai afirmar-se em diversos planos: econômico, defesa e político (criação de organizações internacionais europeias). Contudo, a integração mesma se inicia um pouco mais tarde, propriamente no plano econômico, "implicando transferências de soberania dos Estados para uma entidade comum", por meio da via comunitária.[(984)]

É inegável que partiu da França, por meio da Declaração Schuman[(985)], de 9 de maio de 1950, a atitude propulsora, de modo eficaz, do processo de integração regional. A Declaração destaca a necessidade de uma Europa unida, para a concretização, no futuro, de um projeto de unidade global. Para o primeiro passo, acentua a necessária união entre França e Alemanha, eliminando-se a oposição secular entre as duas nações, criando-se a solidariedade de fato entre estes dois Estados. Nesse sentido, ele propôs que o processo se iniciasse mediante uma ação em domínio limitado, mas, segundo ele, decisivo: a produção franco-alemã do carvão e do aço debaixo de uma autoridade comum, em uma organização aberta a outros países da Europa. O objetivo inicial era a criação de bases comuns para o desenvolvimento econômico, que seria "a primeira etapa da Federação Europeia" e modificaria "o destino de regiões há muito dedicadas ao fabrico de armas de guerra, de que foram sempre as principais vítimas". Na Declaração, ele ressaltou que a solidariedade de produção demonstraria que a guerra entre estas duas nações se tornaria não só impensável, mas também impossível. Com isso, lançar-se-iam os fundamentos da unificação econômica, sob condições de igualdade, elemento fundamental para a produção industrial "de todos os países que dela vierem a fazer parte". A produção alcançada teria o propósito de beneficiar as nações europeias, mas também estaria "ao dispor do mundo inteiro, sem distinções nem exclusões, contribuindo para a melhoria do nível de vida e para o progresso pacífico" das nações.

Shuman declara que os compromissos seriam objeto de um tratado, no qual se preveria, em caso de diferendos, a solução a adotar, bem como as vias necessárias para impugnar as decisões da Alta Autoridade. Para demonstrar os fins pacíficos da organização, a Declaração propugnou que um representante da ONU elaboraria relatório anual das atividades da Alta Autoridade que seria criada, para expressar e salvaguardar os seus fins pacíficos.

Nesse sentido, como diz *Rocha*[(986)], o compartilhamento de recursos naturais representaria uma guinada para a celebração da paz. Assim, a Comunidade Europeia do Carvão e do Aço

---

(982) MARTINS, Ana Maria Guerra. *Manual de direito da União Europeia*. Coimbra: Almedina, 2014. p. 66.

(983) CAMPOS, João Mota. *Direito comunitário*. Lisboa: Calouste Gulbenkian, 1997, v. I, p. 41 e seguintes. No mesmo sentido, ver: ROCHA, Luiz Alberto G. S. *Estado, democracia e globalização*. Rio de Janeiro: Forense, 2008. p. 111. Segundo MARTINS, chegou-se a propugnar, no Congresso da Haia referido, uma eleição por sufrágio direto e universal de uma assembleia constituinte. In: MARTINS, Ana Maria Guerra. Ob. cit., p. 67.

(984) Ob. cit., p. 68-9. É inegável que o BENELUX já tinha, desde cedo, uma união aduaneira, mas a pequena área de extensão desses Estados parece não lhes permite ser o embrião da União Europeia, embora tenham tido influência também importante no processo de formação.

(985) SCHUMAN, Robert. *Declaração Schuman*. In: <http://europa.eu/european-union/about-eu/symbols/europe-day/schuman-declaration.pt>. Acesso em: 13 set. 2018. Robert Schuman era o então Ministro das Relações Exteriores da França. A Declaração foi escrita por Jean Monnet.

(986) ROCHA, Luiz Alberto G. S. *Estado, democracia e globalização*. Rio de Janeiro: Forense, 2008. p. 104.

(CECA) foi criada por meio do tratado de Paris, de 18 de abril de 1951, e teve, como primeiro presidente de seu órgão executivo, Jean Monnet, e foi integrada pela França, Alemanha, Luxemburgo, Holanda, Bélgica e Itália. O tratado estabeleceu uma Alta Autoridade, uma Assembleia, um Conselho de Ministros e um Tribunal de Justiça, sendo a Comunidade dotada de personalidade jurídica própria. A Alta Autoridade foi criada com um perfil independente. O tratado estabeleceu, entre as nações signatárias, o mercado comum do carvão e do aço, para a expansão econômica e aumento do emprego. As instituições deveriam velar pelo abastecimento regular do mercado comum, garantindo a igualdade de acesso às fontes de produção, a preços baixos, e com a melhoria das condições dos trabalhadores. Instaurou-se a livre circulação de tais produtos, sem direitos aduaneiros nem encargos, proibindo-se práticas discriminatórias, subvenções, auxílios, encargos especiais ou medidas restritivas. A CECA atuava regulando a produção quanto aos produtos que lhe diziam respeito, inclusive quanto aos preços e à livre concorrência, e interferia na política de salários e mobilidade de mão de obra, o que levou à alteração, em cada Estado parte, da política de imigração, para possibilitar a contratação de trabalhadores estrangeiros.[(987)]

Para o respeito do Direito Comunitário e sua aplicação uniforme por todos os Estados-membros, criou-se, no tratado de Paris, o Tribunal de Justiça da Comunidade Europeia do Carvão e do Aço.[(988)] O Tribunal iniciou, solenemente, suas funções em 10 de dezembro de 1952, em Luxemburgo, sob a presidência de Massimo Pilotti, e foi composto por sete juízes e com a participação de dois advogados-gerais. Em 1954, foram prolatados os seus primeiros acórdãos: França/Alta Autoridade e Itália/Alta Autoridade.[(989)]

O Tribunal tinha competência para assegurar a observância jurídica: aplicação e interpretação do tratado (art. 31º) e dos regulamentos de execução, sendo a sua jurisdição obrigatória sobre todos os Estados signatários. O tratado de criação da CECA representou, até então, experiência comunitária única e precursora na história da humanidade, em que os Estados, em especial sob o ponto de vista da jurisdição, "abdicaram de poderes a favor de uma entidade comum em setores da sua economia vitais para a época".[(990)]

Na prática, os benefícios provenientes da atuação da CECA foram muitos, com o aumento do comércio do carvão e do aço no território da Comunidade, o que gerou uma certa expectativa de que esta forma organizacional supranacional de determinado setor da produção fosse estendida a outros produtos de relevância comunitária.[(991)]

5.2.2. A Comunidade Econômica Europeia e a Comunidade Europeia de Energia Atômica

Nesse sentido, a Holanda, por meio de memorando ao Conselho da CECA, propôs que fossem feitas discussões sobre a criação de um Mercado Comum com maior amplitude, o que levou à realização da Conferência de Messina, em 1955, com a participação dos ministros de negócios estrangeiros dos Estados partes, formando-se, por conseguinte, um Comitê intergovernamental, presidido por Paul Henry Spaak, incumbido, também, de estudar a criação de uma organização comum para assegurar o desenvolvimento pacífico do uso da energia atômica. O relatório de conclusão da Comissão Spaak foi no intuito de que se formasse um Mercado Comum Europeu, com

---

(987) In: *Tratado que instituiu a Comunidade Europeia do Carvão e do Aço (Tratado CECA)*. In: <http://eur-lex.europa.eu/legal-content/PT/TXT/?uri=LEGISSUM%3Axy0022>. Acesso em: 27 set. 2017.
(988) RAMOS, Rui Manuel Moura. *Estudos de direito da União Europeia*. Coimbra: Coimbra Editora, 2013. p. 337.
(989) In: *Tribunal de Justiça das Comunidades Europeias:* etapas históricas, edifícios e símbolos. In: <http://curia.europa.eu/jcms/upload/docs/application/pdf/2012-08/histoire _pt.pdf>. Acesso em: 27 set. 2017.
(990) MARTINS, Ana Maria Guerra. Ob. cit., p. 73.
(991) ROCHA, Luiz Alberto G. S. Ob. cit., p. 118.

o estabelecimento de uma vasta zona política econômica comum, com uma unidade de produção e expansão contínua, para acarretar o aumento do nível de vida e o desenvolvimento das relações harmoniosas entre os Estados. O relatório foi apresentado aos ministros de negócios dos Estados-membros, tendo sido debatido na Assembleia Comum da CECA, em 11 de maio de 1956, e, posteriormente, aprovado, com o voto contrário da França.[992]

Em 25 de março de 1957, com entrada em vigor em 1 de janeiro de 1958, os tratados de Roma instituem a Comunidade Econômica Europeia (CEE) e a Comunidade Europeia de Energia Atômica (CEEA). Cada Comunidade foi criada com a sua própria autoridade executiva, sendo que a Comunidade Econômica Europeia passou a ter uma Comissão à frente, com menos poder decisório que na CECA, em que a alta autoridade concentrava um poder supranacional maior de ação. Por outro lado, enquanto o tratado de Paris, criador da CECA, era um tratado-regra, os de Roma foram considerados como tratado-quadro, revelando que os esforços de integração estavam apenas começando.[993]O tratado criador da Comunidade Econômica Europeia estabeleceu um mercado e impostos alfandegários externos comuns, prevendo-se uma política conjunta para a agricultura e políticas comuns para a movimentação dos trabalhadores e para os transportes, fundando-se instituições comunitárias para o desenvolvimento econômico.

Em outra frente, a Inglaterra parte para a criação da Associação Europeia de Livre Comércio (AECL, em inglês EFTA), instituída pelo tratado de Estocolmo, integrada por Áustria, Dinamarca, Noruega, Portugal, Reino Unido, Suécia e Suíça. O próprio ato criador da EFTA já demonstra as intenções dos seus membros em alcançar um futuro acordo entre todos os países interessados ("... um passo para um acordo...") em uma cooperação econômica europeia, e em fortalecer a solidariedade por seu destino comum, mesmo que existam visões do caminho de integração que não sejam idênticos. O comunicado que acompanhou o instrumento de criação da EFTA faz menção a se evitar uma nova divisão na Europa, à celebração de um futuro acordo entre os países-membros da Organização Europeia de Cooperação Econômica (OECE), criada em 16 de abril de 1948, e a que os seus signatários estão prontos a iniciar negociações com os membros da CEE. Em 1961, as ações da Inglaterra para o alargamento da CEE, com a sua integração, se iniciam, todavia, sofrem, inicialmente, o veto francês, ao fundamento de que a CEE alcançara um fino conserto comercial, após sucessivas e incansáveis tratativas. A inclusão inglesa importaria em outras tantas negociações, para costurar um novo tecido comunitário. Somente onze anos depois de iniciadas as negociações, chegou-se a um entendimento com a inclusão de Dinamarca, Inglaterra e Irlanda. Em 1979, a Grécia ingressa na CEE, sendo que Portugal em 1985 e a Espanha em 1986.[994]

A fase de implantação das Comunidades vai até 1987, quando se inicia, segundo *Gorjão-Henriques*[995], o período de sedimentação da estrutura comunitária, por meio do Ato Único Europeu (AUE), que preparou a futura criação da União Europeia, consubstanciando significativo avanço no processo de integração, mediante importantes modificações, em especial: (1) simplificação das regras de harmonização das legislações nacionais, com o estabelecimento do princípio do reconhecimento mútuo das normas e regulamentações nacionais; (2) estabelecimento de um processo decisional mais rápido e mais eficaz, com a ampliação do âmbito da votação por maioria qualificada; (3) atribuição ao Parlamento Europeu de um papel mais importante no processo legislativo; (4) reafirmação do propósito de aumentar a capacidade monetária da Comunidade, na perspectiva da união econômica e monetária, da consolidação da base científica e tecnológica, e da

---

(992) ROCHA, Luiz Alberto. Ob. cit., p. 119. O relatório Spaak está disponível em: <http://fd.unl.pt/docentes/ma/jlcv_MA_1365.docx>. Acesso em: 3 jan. 2018.
(993) ROCHA, Luiz Alberto. Ob. cit., p. 120.
(994) Ob. cit., p. 120-4.
(995) GORJÃO-HENRIQUES, Miguel. *Direito comunitário*. Coimbra: Almedina, 2001. p. 32 e seguintes.

harmonização de normas nacionais em matéria de saúde e segurança no trabalho, e de promoção do diálogo entre os parceiros e no empreendimento de ação no domínio do ambiente.[996]

Com o AUE, propugnava-se pela rápida realização de um mercado inteiramente livre, que efetivaria o espaço único europeu para os cidadãos da Comunidade, somente viável com o reforço da capacidade de decisão das Comunidades e com a solidariedade entre os seus Estados-membros, em especial por meio dos meios que dispõem, isto é, dos Fundos Estruturais. O AUE não formou a União Europeia, mantendo a coexistência das três comunidades originárias. Nada obstante, o AUE promoveu "a reforma global e unitária dos tratados comunitários" de até então.[997] Dentre os problemas que se pretendeu solucionar, por meio do AUE, estava o do aumento do contencioso submetido à apreciação do Tribunal de Justiça.[998]

5.2.3. O Tribunal de Justiça das Comunidades Europeias

Sob o ponto de vista da jurisdição, desde a assinatura dos tratados de Roma, em 1957, foi assinada convenção estabelecendo instituições comuns[999], ainda sob a convivência das três Comunidades — CECA, CEE e CEEA, que existiam como três pessoas jurídicas distintas, criando-se o Tribunal de Justiça das Comunidades Europeias (TJCE), comum às três Comunidades, em substituição ao Tribunal de Justiça da CECA. A sede do Tribunal de Justiça das Comunidades Europeias foi definida como sendo, também, em Luxemburgo, onde até então funcionou o Tribunal de Justiça da CECA.

Desde cedo, o Tribunal de Justiça das Comunidades Europeias auxiliou no sentido de fazer avançar o processo europeu de integração. O acórdão Van Gend & Loos[1000] (1963) trouxe, em seu bojo, a conclusão judicial de que o tratado que instituiu a Comunidade Econômica Europeia criou uma nova ordem jurídica, em favor da qual os Estados partes limitaram os seus direitos soberanos e a ela sujeitaram os seus nacionais.[1001] *COUTINHO* destaca que o Tribunal de Justiça das Comunidades Europeias, com esta decisão, fez a declaração de independência do Direito das Comunidades face à autoridade dos Estados-membros, inaugurando o processo pretoriano de transformação de instrumentos de Direito Internacional numa ordem autônoma, da qual advém direitos que podem ser invocados judicialmente pelos particulares. Para o autor mencionado, o Tribunal de Justiça foi o epicentro desse processo, sendo chamado de "herói solitário da integração

(996) ROCHA, Luiz Alberto G. S. Ob. cit., p. 124.

(997) Ob. cit., p. 125-6.

(998) RAMOS, Rui Manuel Moura. Ob. cit., p. 338.

(999) Desde os tratados de Roma, Tribunal de Justiça e Assembleia eram órgãos comuns às três comunidades, o que não acontecia com os demais órgãos de poder. Segundo MARTINS, com o chamado tratado de fusão, assinado em Bruxelas em 8 de abril de 1965, foi instituído o Conselho único e a Comissão única, passando a ser o quadro institucional das Comunidades um só, sendo que a Assembleia e o Tribunal de Justiça, como se disse, eram únicos desde 1958. In: MARTINS, Ana Maria Guerra. Ob. cit., p. 81.

(1000) RAMOS afirma que, por meio da decisão mencionada, "visando a garantir acima de tudo o efeito útil das disposições dos Tratados, o Tribunal proclamaria assim o princípio do efeito direto das regras de direito comunitário, ao afirmar que, independentemente da legislação dos Estados-Membros, as normas dos Tratados eram suscetíveis de gerar direitos que entram no patrimônio jurídico dos particulares quando impusessem obrigações bem definidas, claras e incondicionais, tanto aos particulares como aos Estados-Membros e às instituições comunitárias (acórdão Van Gend & Loos)...". In: RAMOS, Rui Manuel Moura. Ob. cit., p. 340-1.

(1001) Acórdão de 5 de fevereiro de 1963, Van Gend Loss v Netherlands Inland Revenue Administration. In: <http:eur-lex.euorpa.eu/legal-content>. Acesso em: 13 set. 2013. Comentário In: COUTINHO, Francisco Pereira. *Os tribunais nacionais na ordem jurídica da União Europeia*. Coimbra: Coimbra Editora, 2013. p. 23. Quanto ao acesso dos nacionais à jurisdição do Tribunal de Justiça, cedo se assentou a jurisprudência da corte nesse sentido, por meio do acórdão Humblet, de 1960, em que houve "a primeira afirmação da potencial existência de um direito dos particulares à indemnização pelos danos decorrentes da violação estadual das suas obrigações comunitárias". In: GOMES, José Luís Caramelo. *O juiz nacional e o Direito Comunitário*. Coimbra: Almedina, 2003. p. 18.

europeia". Com efeito, a transformação da ordem jurídica foi garantida por um conjunto de decisões tomadas na década de 60 do século XX, as quais reconheceram o efeito direto e o primado das normas comunitárias.[(1002)]

O Tribunal de Justiça, como se disse, em seus primórdios, reconheceu que os tratados comunitários criaram uma nova ordem jurídica, firmando, nesse desiderato, segundo *D´Arcy*, jurisprudência, desde os primeiros anos da CEE, destacando-se, nesse sentido, dois de seus mais famosos acórdãos, como o já citado Van Gend & Loos, e também o Costa c/ENEL, de 15 de julho de 1964.[(1003)]

No período que vai de 1965 até 1985, sobretudo, o Tribunal de Justiça, em razão de sua competência bem mais ampla que a dos tribunais internacionais em geral, desempenhou um papel decisivo no processo de construção europeia, em especial porque, nesse interregno, o Conselho era impedido de agir pela exigência de unanimidade, o que não ocorria no Tribunal.[(1004)] Além disso, a Assembleia, na CECA, tinha apenas poder de controle e, nas Comunidades, inicialmente, consultivo, sendo que a competência do Parlamento permaneceu diminuta — limitando-se a ser consultado no procedimento legislativo e a aprovar o orçamento — até 1979, quando este órgão passou a reclamar por mais poderes e a ter os seus membros eleitos mediante sufrágio universal em cada Estado-membro.[(1005)]

Em verdade, depois que a Comunidade se tornou uma união aduaneira, em 1 de julho de 1968, o processo de integração foi mais lento, sendo que os Estados tenderam a recriar obstáculos às importações, para a proteção da produção nacional. Nesse passo, foi decisiva a atuação do Tribunal, por meio de sua jurisprudência, contribuindo, decisivamente, para a supressão de várias restrições à livre circulação de mercadorias.

O Tribunal de Justiça se utilizou, então, das disposições do tratado, que proibiam, entre os Estados-membros, os direitos aduaneiros ou os encargos com efeito equivalente. Do mesmo modo, a jurisprudência do Tribunal de Justiça superou interpretações ou aplicações normativas que possibilitavam a adoção de restrições quantitativas à importação ou à exportação ou medidas de efeito equivalente, entre os Estados partes. O Tribunal, segundo *D´Arcy*, "deu-se os meios jurídicos para ir contra as tendências protecionistas".[(1006)]

Como diz *Ramos*, o Tribunal prossegue na formulação dos princípios estruturantes da ordem comunitária, ao afirmar, designadamente, que, ao aplicar o Direito Nacional, em especial as disposições de uma lei de transposição de uma diretiva, as jurisdições nacionais deveriam interpretá-las à luz do texto e da finalidade da diretiva apreciada.[(1007)]

Com as adesões de outros Estados, na construção europeia já referida acima, foi aumentando o número de processos. Com isso, procurou-se aliviar o Tribunal de Justiça[(1008)] e também instaurar-se um segundo grau de jurisdição.

(1002) COUTINHO, Francisco Pereira. Ob. cit., p. 23 e 29.

(1003) D´ARCY, François. *União Europeia*: instituições, políticas e desafios. Rio de Janeiro: Konrad Adenauer Sfiftung, 2002. p. 80. RAMOS cita o texto do acórdão Costa/ENEL, 1964 — princípio do primado: "a integração no direito de cada Estado-membro das disposições de fonte comunitária, e, mais geralmente, do espírito e dos termos do Tratado têm como corolário a impossibilidade para os Estados de fazer prevalecer, contra uma ordem jurídica aceite por eles na base da reciprocidade, uma medida unilateral que não poderá assim ser oponível aos particulares". In: RAMOS, Rui Manuel Moura. Ob. cit., p. 341.

(1004) D´ARCY, François. Ob. cit., p. 87.

(1005) MARTINS, Ana Maria Guerra. Ob. cit., p. 73 e 369.

(1006) D´ARCY, François. Ob. cit., p. 107.

(1007) Acórdão Van Colson, 1984 — princípio da aplicação conforme. In: RAMOS, Rui Manuel Moura. Ob. cit., p. 341.

(1008) RAMOS, Rui Manuel Moura. *Estudos de direito da União Europeia*. Coimbra: Coimbra Editora, 2013. p. 125. O aumento das ações também se deveu às decisões do Tribunal de Justiça no sentido de facilitar o acesso à

Nesse diapasão, o AUE em vigor desde 1 de julho de 1987, que modificou os tratados de Paris e de Roma, autorizou o Tribunal de Justiça a pedir ao Conselho que lhe associasse um órgão jurisdicional de primeira instância, o que foi feito, tendo sido criado o Tribunal de Primeira Instância das Comunidades Europeias.(1009) A este atribuiu-se competência sobre parte do contencioso mais ligada ao domínio da economia, antes competência direta do Tribunal de Justiça, que foi, até então, um Tribunal de única e última instância.

Seguiu-se, portanto, concretizando um modelo europeu de jurisdição no plano supranacional, em que, diferentemente das debilidades do secular modelo do Direito Internacional Público, as regras do Direito Comunitário foram sendo impostas progressivamente, uma vez que as violações à ordem jurídica das Comunidades eram dirimidas em sede jurisdicional, de modo efetivo, sendo cumpridas pelos seus Estados-membros componentes.(1010)

Enquanto na CECA, o papel do Tribunal de Justiça era o de controlar a atuação da Alta Autoridade, protegendo os Estados-membros e os particulares de suas decisões e recomendações, no período das Comunidades, o Tribunal de Justiça teve a sua competência alargada, passando a ter a missão genérica de garantir o respeito do Direito, na interpretação e aplicação do tratado, mas também a de controlar a atuação das instituições das Comunidades, apreciando a validade dos atos legislativos das instituições comunitárias, bem como suas omissões, e garantindo a separação dos poderes entre o Conselho, a Comissão e o Parlamento Europeu, com a assecuração de que o procedimento legislativo adotado estava adequado.(1011)

Com efeito, no tratado que instituiu a Comunidade Europeia do Carvão e do Aço, cabia à alta autoridade a competência específica de garantir a realização dos objetivos do TCECA (art. 8º), estando nas suas mãos amplos poderes para sancionar os Estados-membros que descumprissem o tratado, suas decisões e recomendações. Assim, o Tribunal de Justiça funcionava como um órgão recursal das decisões da alta autoridade da CECA. Já com o tratado que instituiu a Comunidade Econômica Europeia, a Comissão, que desempenhava poderes de fiscalização, tinha poderes menores que os da alta autoridade da CECA. No caso de não aplicação das regras do tratado, a ação de incumprimento no Tribunal de Justiça, contra um Estado-membro, era o principal mecanismo de controle.(1012)

Contudo, esta ação revelou-se ser insuficiente para garantir o cumprimento dos tratados pelos Estados-membros, que, nada obstante a jurisdição obrigatória do Tribunal de Justiça, praticamente não manejavam a ação de incumprimento uns contra os outros, caminho também seguido, guardadas as devidas proporções, pela Comissão, em razão, sobretudo, de sua independência política diminuta, somando-se a isso o fato de a decisão do Tribunal ser meramente declaratória, não sendo acompanhada de sanção pecuniária, carecendo de maior eficácia, sendo esta a razão de, até 1970, terem sido movidas apenas 27 ações por incumprimento, todas elas propostas pela Comissão.(1013)

---

jurisdição. A propósito, o acórdão Walrave (1974), em que, pela primeira vez, o Tribunal de Justiça se pronunciou sobre os efeitos horizontais das normas dos tratados que instituíram as Comunidades Europeias. O litígio opunha um treinador de ciclismo e a União Ciclista Internacional, sendo decidido pela aplicabilidade dos arts. 39º e 49º do TCCE às relações entre particulares. In: GOMES, José Luís Caramelo. Ob. cit., p. 43-44.

(1009) O Tribunal de Primeira Instância foi criado pela decisão do Conselho 88/591/CECA, CEE, Euratom de 24 de outubro de 1988, e instalado em 25 de setembro de 1989. In: RAMOS, Rui. Ob. cit., p. 118.

(1010) COUTINHO, Francisco Pereira. Ob. cit., p. 25.

(1011) Ob. cit., p. 25-6.

(1012) Ob. cit., p. 26.

(1013) Ob. cit., p. 27-8. Mesmo nesta fase, em que a decisão não era acompanhada de uma sanção, havia o cumprimento das decisões do Tribunal de Justiça. Como exemplo, diz SAMTLEBEN, analisando os processos 7/68 e 48/71 — Comissão *versus* Itália —, tem-se o caso em que "a Itália tentou recolher uma taxa especial de exportação para objetos de arte ou arqueológicos, essa atitude deu motivo para uma ação perante o tribunal que na sua sentença fi-

5.2.4. A União Europeia e o Tribunal de Justiça

O AUE, como se disse, fez a primeira revisão de fundo dos tratados comunitários, mas não criou a União Europeia. Foram os ventos promissores provenientes da queda do muro de Berlim (10 de novembro de 1989) que parecem ter trazido novo impulso à integração.[1014] Assim, com a assinatura do tratado da União Europeia, em Maastrich, em fevereiro de 1992, institui-se a União Europeia (art. A), que passou a ter a missão de "organizar de forma coerente e solidária as relações entre os Estados-membros e entre seus respectivos povos".

Houve a transformação da Comunidade Econômica Europeia em Comunidade Europeia (CE), criando-se uma nova cidadania (art. B). O tratado de Maastrich representa o fio condutor das maiores reformas e dos movimentos de integração europeia que se seguiram, dando as principais configurações da União Europeia, que estão presentes ainda hoje.

Com a criação da União, tem-se ampliada a capacidade externa da instituição. No tratado do Porto (1992), o Espaço Econômico Europeu é definido, com a participação de quatro outros países, integrantes do EFTA, prevendo-se, em seu seio, a livre circulação de bens (mercadorias), serviços, pessoas e trabalhadores, e capitais (quatro liberdades), com base nas regras de criação da Comunidade Europeia.[1015]

Inicia-se, nessa época, um estágio máximo de união financeira (união monetária), com data para entrar em vigor. Contudo não foi conferida à União Europeia uma personalidade jurídica de Direito Internacional.[1016]

A União Europeia surgiu com uma estrutura tripartida (pilares): Comunidades europeias, Política Externa e de Segurança Comum (PESC) e Cooperação Judiciária e em matéria de Assuntos Internos (CJAI). O controle jurisdicional do Tribunal de Justiça se aplicava no âmbito das comunidades, quanto aos outros dois pilares predominava o método intergovernamental, a cargo do Conselho Europeu ou ao Conselho e aos Estados-membros, sendo que os atos adotados não se aplicavam diretamente nas ordens jurídicas nacionais e o Tribunal de Justiça não os controlava.[1017]

No tratado de Maastrich, segundo *Ramos*, limitou-se a obrigatoriedade da utilização do pleno do Tribunal de Justiça aos casos em que um Estado-membro ou uma instituição parte assim solicitasse. Reconheceu-se a legitimidade, ativa e passiva, do Parlamento Europeu no quadro do recurso de anulação e, passiva, por omissão. Ademais, definiu-se: "pôr fim à restrição da competência do Tribunal de Primeira Instância às ações propostas por pessoas singulares ou coletivas", e remeteu-se "a fixação dessa competência para uma decisão do Conselho, a ser aprovada por unanimidade, a pedido do Tribunal de Justiça e após consulta do Parlamento Europeu e da Co-

---

nal declarou que a Itália estava violando as regras do tratado. Na maioria dos casos — e são muitos — uma sentença deste tipo é suficiente para que o Estado vencido se conforme com a decisão do tribunal e retire as medidas incriminadas. Mas o que ocorre se ele insistir na sua posição e continuar violando o direito comunitário? O tratado da Comunidade Europeia, respeitando a soberania dos Estados-membros, antes não tinha previsto meios de execução contra o Estado renitente. Assim, precisamente o caso mencionado, quatro anos depois da sentença do tribunal, as autoridades italianas continuavam recolhendo a taxa obsoleta. Então, a Comissão intentou uma nova ação em Luxemburgo, alegando agora que a Itália estava violando o tratado por não respeitar a sentença do tribunal. Ainda durante o curso deste processo, o governo italiano por Decreto-Lei levantou a taxa que deu origem a este conflito". In: SAMTLEBEN, Jürgen. A solução de controvérsias na União Europeia e no Mercosul. In: HOFMEISTER, Wilhelm; TREIN, Franklin (Orgs). *Anuário Brasil-Europa*: solução de controvérsias, arbitragem comercial e propriedade intelectual. Rio de Janeiro: Konrad Adenauer Stiftung, 2002. p. 70-1.

(1014) ROCHA, Luís Alberto G. S. Ob. cit., p. 126-7.

(1015) GORJÃO-HENRIQUES, Miguel. Ob. cit. p.. 62.

(1016) ROCHA, Luís Alberto G. S. Ob. cit., p. 126-7.

(1017) MARTINS, Ana Maria Guerra. Ob. cit., p. 171-2.

missão". Previu-se, como medida de apoio, a possibilidade de imposição de sanções pecuniárias aos Estados que não executassem as decisões do Tribunal de Justiça.(1018)

Em 1995, houve o alargamento da Comunidade Europeia, com o ingresso de Áustria, Finlândia e Suécia, e, na sequência, em Amsterdã, pautou-se pela valorização do supranacional, aumentando-se as possibilidades de decisão por maioria qualificada no Conselho Europeu e as esferas de co-decisão entre Parlamento europeu e o Conselho. Nessa mesma toada, incrementou-se a comunitarização judiciária.(1019) Nesse sentido, alargou-se a competência do Tribunal de Justiça aos seguintes domínios: (1) em matéria de vistos, asilo, imigração e outras referentes à livre circulação de pessoas, bem como ao acervo proveniente dos acordos de Schengen; (2) ao terceiro pilar (cooperação judiciária), embora com restrições; (3) à garantia do cumprimento das condições relativas à cooperação reforçada; (4) à matéria de proteção dos direitos fundamentais no âmbito do pilar comunitário.(1020) Desde o tratado de Amsterdã, a análise meramente tripartida da União deixou de fazer sentido: de um lado as Comunidades e, de outro, os pilares intergovernamentais, passando-se a uma perspectiva mais uniforme, em que as características das Comunidades se transmitiam à União. A partir daí se inicia um percurso em direção à unidade, da coerência e da uniformização de procedimentos, mecanismos e instituições, aproximando-se os pilares intergovernamentais do comunitário.(1021)

Para *Ramos*, o tratado de Nice, de 26 de janeiro de 2001, em vigor em 1 de fevereiro de 2003, o qual alterou o TUE e os que instituem as Comunidades Europeias, trouxe "a mais significativa modificação do sistema jurisdicional", até então, "verificada no plano do direito primário". A revisão implementada objetivava concretizar o processo de alargamento a leste e a sul, criando condições para o funcionamento eficiente de uma União integrada pelo maior número de Estados. Com a reforma em setores da armadura institucional das Comunidades e da União, para a garantia do seu funcionamento possível, *Ramos* diz que, "uma vez concretizado o alargamento, cabe no entanto referir que o mesmo se podia dizer da necessidade de repensar o funcionamento do sistema jurisdicional comunitário".(1022)

(1018) RAMOS, Rui. Ob. cit., p. 118-9. RAMOS acentua, sobre a restrição de competência do Tribunal de Primeira Instância: "que doravante apenas tinha que respeitar o limite das questões prejudiciais introduzidas de acordo com o artigo 177º, e já não o dos processos apresentados por Estados-membros ou por Instituições Comunitárias". In: Ob. cit., p. 119. MARTINS, por sua vez, destaca as seguintes inovações institucionais no Tribunal de Justiça com o tratado de Maastrich: "— a consagração da legitimidade ativa e passiva do PE e do BCE para o recurso de anulação e para a ação de omissão (arts. 173º, § 3º, e 175º, § 1º, do TCE); — o alargamento do objeto do recurso de anulação aos atos adotados em conjunto pelo PE e pelo Conselho (art. 173º, § 1º, do TCE); — a possibilidade de invocação da exceção de ilegalidade em relação aos atos adotados em conjunto pelo PE e pelo Conselho (artigo 184º do TCE); — a modificação introduzida no processo por incumprimento, no art. 171º do TCE, no que diz respeito à obrigação de executar o acórdão que declara o incumprimento e em relação à aplicação de sanções ao Estado que não cumpre um acórdão que anteriormente declarou o incumprimento". In: MARTINS, Ana Maria Guerra. Ob. cit., p. 109. Desde 1991, no acórdão Francovich, o Tribunal de Justiça já havia definido o princípio da responsabilidade dos Estados pela violação do Direito Comunitário. Diz RAMOS: "as violações caracterizadas do direito comunitário traduzidas no desrespeito, pelos Estados, de regras que permitam identificar direitos atribuídos aos particulares geram na esfera jurídica destes o direito a serem indemnizados pelos danos decorrentes dessa violação". In: RAMOS, Rui Manuel Moura. Ob. cit., p. 341.

(1019) ROCHA, Luís Alberto G. S. Ob. cit., p. 134.

(1020) MARTINS, Ana Maria Guerra. Ob. cit., p. 123.

(1021) Ob. cit., p. 173. Diz MARTINS: "no domínio da PESC [...], o reforço da capacidade de ação externa da União da sua identidade, o que implicou a revisão global das normas do segundo pilar. Com efeito, as normas adotadas em Massctrich tinham-se revelado inadequadas para atingir o principal desiderato nelas inscrito. A afirmação da União na cena internacional. O terceiro pilar da União, isto é, a CJAI também sofreu [...] profundas alterações. Por um lado, procedeu-se à comunitarização de certas matérias nele enquadradas — as disposições relativas aos vistos, asilo, imigração e outras políticas relativas à livre circulação de pessoas passaram para os antigos arts. 61º e 62º do TCE e, por outro lado, manteve-se o que restava da CJAI no âmbito intergovernamental — as disposições relativas à CPJP mantiveram-se no TUE (antigos arts. 29º e 42º)". In: Ob. cit., p. 172-3.

(1022) RAMOS, Rui Manuel Moura. Ob. cit., p. 113-5.

Ademais, o aumento constante da demanda no Tribunal de Justiça da União Europeia e no Tribunal de Primeira Instância causou o alongamento dos prazos processuais, com um aumento da duração dos processos, resultando em dano aos direitos dos submetidos à jurisdição comunitária. Essa situação acentuava-se contrária, com o movimento de ingresso de novos processos — os referentes à interpretação da Convenção de Bruxelas II e os relativos às disposições do tratado da CE (aspectos externos da livre circulação de pessoas), à exigência, pela natureza dos interesses, de um tratamento particularmente rápido das causas.(1023)

Dentre as modificações trazidas pelo tratado de Nice, além das definições da composição do Tribunal com um juiz por Estado-membro e de funcionamento em seu seio de seções ou grande seção, não foram veiculadas grandes inovações no Tribunal de Justiça, mas trouxeram um novo desenho ao sistema jurisdicional comunitário, sintetizadas na lição de *Ramos*, nas seguintes: (1) a função de garantir o respeito do direito na interpretação e aplicação do tratado deixou de ser exclusiva do Tribunal de Justiça, sendo que o Tribunal de Justiça e o Tribunal de Primeira Instância passaram a partilhar, no âmbito de suas respectivas competências, desta responsabilidade; (2) foi possibilitada a criação de câmaras jurisdicionais adstritas ao TPI, nova instância nele integrada; (3) alterações de relevo na competência do Tribunal de Primeira Instância(1024); (4) permissão ao Conselho de criação, por meio de deliberação unanimitária e mediante proposta da Comissão e após consulta ao Parlamento Europeu e ao Tribunal de Justiça, ou do Tribunal de Justiça e após consulta ao Parlamento Europeu e à Comissão, de câmaras jurisdicionais, para conhecer, em primeira instância, de certas categorias de recursos em matérias específicas, de acordo com a competência que lhe forem conferidas, com recurso ao TPI, limitados às questões de direito ou a matérias expressamente previstas; (5) permissão ao Conselho, mediante deliberação por unanimidade e após consulta da Comissão e do Parlamento Europeu, para aprovar disposições destinadas a atribuir ao Tribunal de Justiça competência para decidir sobre litígios ligados à aplicação dos atos adotados com base no tratado que crie títulos comunitários de propriedade industrial.(1025)

Segue-se, passo a passo, na complexificação do sistema jurisdicional comunitário, com a participação de novos atores e de novos órgãos, transferência de competências, fortalecimento da competência do TPI, reforço ao papel das seções do Tribunal de Justiça, reconhecimento da possibilidade de expansão da competência do TPI sem maiores limitações. O TPI aparece também, então, nitidamente, como um tribunal de apelação e com limitações à contestação das suas decisões — processo de filtragem para reapreciação das decisões do TPI pelo Tribunal de Justiça.(1026)

Com esta reforma, concentrou-se no TPI a competência para a grande maioria dos recursos diretos e possibilitou-se a liberação deste órgão jurisdicional quanto a certas matérias, que versem sobre contencioso da função pública comunitária e do direito da propriedade industrial, com a possibilidade de atribuição a câmaras, com a previsão de recursos para o TPI.(1027)

(1023) RAMOS, Rui Manuel Moura. Ob. cit., p. 116-7.

(1024) Com o tratado de Nice, a competência do Tribunal de Primeira instância foi fixada "para conhecer em primeira instância dos recursos referidos nos artigos 230º (recurso de anulação), 232º (recurso por omissão), 235º (acções de indemnização), 236º (litígios relativos à função pública comunitária) e 238º (litígios em que a competência da jurisdição comunitária resulta de uma cláusula compromissória constante de um contrato de direito público ou de direito privado, celebrado pela Comunidade ou por sua conta), com exceção dos atribuídos a uma câmara jurisdicional e dos que o Estatuto reservar para o Tribunal de Justiça". As decisões do Tribunal de Primeira Instância continuaram a ser objeto de recurso para o Tribunal de Justiça, limitado às questões de direito. Com a criação das câmaras jurisdicionais, o Tribunal de Primeira Instância passa a ter competência para conhecer dos recursos contra as decisões destes órgãos, sendo o julgamento do recurso pelo tribunal impugnável, excepcionalmente, por recurso ao Tribunal de Justiça. O Tribunal de Primeira instância recebeu competência para conhecer das questões prejudiciais, em matérias determinadas pelo Estatuto, podendo o Tribunal remetê-las ao Tribunal de Justiça — suscetíveis de afetar a unidade ou coerência do direito comunitário. In: MARTINS, Ana Maria Guerra. Ob. cit., p. 134.

(1025) Ob. cit., p. 135-8.

(1026) Ob. cit., p. 139-140.

(1027) RAMOS, Rui Manuel Moura. Ob. cit., p. 134.

Como disse *Ramos*, o tratado de Nice preparou o alargamento da União Europeia, diminuindo a sobrecarga do Tribunal de Justiça, tendo-se uma preocupação essencial em manter a lisibilidade do sistema, a sua compreensão aos destinatários, a transparência, garantindo a aplicação uniforme da ordem jurídica comunitária.(1028)

Após Nice, o processo de integração prosseguiu com a adesão de mais dez Estados-membros, com a assinatura do tratado de Atenas, em 16 de abril de 2003, em vigor a partir de 1 de maio de 2004, passando a União a contar com 25 integrantes.

Contudo, o processo de integração foi impactado negativamente por não ter vingado o TECE — tratado que estabelecia uma Constituição para a Europa. Nada obstante a sua fórmula final ter sido assinada em Roma, em 29 de outubro de 2004, o art. IV-447º previa a sua ratificação pelas altas partes contratantes, de acordo com as normas constitucionais de cada Estado-membro. Em 2005, foram realizados referendos, dois no sentido da ratificação — Luxemburgo e Espanha, mas França e Holanda tiveram resultados contrários.

O Conselho Europeu, em junho de 2005, adotou uma declaração de pôr em reflexão sobre o que fazer diante do impasse. Em junho de 2006, o mesmo Conselho decidiu, por um lado, prolongar o período de reflexão, e, por outro, a pedido da presidência, apresentar relatório no primeiro semestre de 2007, para amplas consultas a todos os Estados-membros, de avaliação sobre o TECE e os desdobramentos futuros. No outono de 2006, 16 Estados+membros tinham ratificado o TECE. Todavia, na sequência dos resultados negativos na França e na Holanda, alguns Estados-membros (República Checa, Dinamarca, Irlanda, Polônia, Portugal, Suécia e Reino Unido) optaram por suspender o seu processo de ratificação, levando a Europa a uma profunda crise político-institucional.(1029)

Em 1 janeiro de 2007, Bulgária e Romênia tornaram-se membros da União Europeia, momento em que 18 Estados-membros tinham ratificado o TECE, mas os Estados que tinham suspendido o processo de ratificação não mudaram de posição. Concluiu-se que a ratificação do TECE por todos os Estados-membros seria impossível, mas definiu-se, por consenso, que seria necessário fortalecer a União Europeia, tornando-se imprescindível o alcance de um novo tratado, no intuito de ultrapassar a crise(1030)

O mandato da Conferência Intergovernamental (CIG), apresentado no Conselho Europeu de Bruxelas, em 21 e 22 de junho de 2007, estabeleceu a base jurídica exclusiva e os termos em que a CIG deveria desenvolver os seus trabalhos, com o objetivo de rever os tratados existentes, não de criar um texto constitucional. Assim, o mandato assumiu expressamente que o Tratado da União Europeia e o Tratado sobre o Funcionamento da União não teriam caráter constitucional, o que iria refletir sobre a terminologia utilizada em todos os textos dos tratados. Não seria, assim, usado o termo Constituição. Nada obstante, a palavra Comunidade deveria desaparecer, sendo substituída pela expressão União, que passaria a ter personalidade jurídica.(1031)

Sob a presidência portuguesa, a CIG de 2007, com um mandato claro definido pelo Conselho Europeu, passou por várias negociações, acerca do tratado de Lisboa, relacionadas, algumas delas, com o Tribunal de Justiça. Logo em 2008, a primeira grande vicissitude, quando a Irlanda realizou referendo com resultado negativo. Em 2009, o Conselho Europeu se reuniu, concluindo, em cinco parágrafos, acerca da Irlanda e do tratado de Lisboa, esclarecendo sobre pontos importantes para aquele país, sobretudo sobre as preocupações do povo irlandês a respeito do tratado, em especial no que se refere ao direito à vida, família, educação, taxação, segurança e defesa, além de outros aspectos relevantes para as aspirações irlandesas. Tais deliberações abriram caminho para um novo

(1028) RAMOS, Rui Manuel Moura. Ob. cit., p. 127.
(1029) MARTINS, Ana Maria Guerra. Ob. cit., p. 161-2.
(1030) Ob. cit. p. 161-2.
(1031) Ob. cit. p. 162-4.

referendo na Irlanda, dessa vez com resultado positivo. A República Checa também teve dificuldades para ratificar o tratado, em razão da Carta dos Direitos Fundamentais, sendo tudo contornado por meio de uma deliberação similar à referida, pelo Conselho Europeu, o que levou à ratificação Checa em 1 de dezembro de 2009.[(1032)]

O tratado de Lisboa procurou ultrapassar, como diz *Martins*, a ambivalência de que a União Europeia sofria, conferindo-lhe uma estrutura unitária, sendo que a União sucedeu às Comunidades, que desapareceram, e aos pilares intergovernamentais, integrados à União, que passou a ter personalidade jurídica: suscetibilidade de ser titular de direitos e de estar adstrita a obrigações, que podem provir do Direito Interno ou do Direito Internacional — personalidade jurídica interna e personalidade jurídica internacional.

É por meio da personalidade jurídica internacional que se desfruta do direito de: celebrar tratados internacionais (*jus tractum*), de legação (*jus legationis*), de participar de organizações internacionais, de reclamar internacionalmente e de possuir responsabilidade internacional.[(1033)]

Desde o caso AETR, o Tribunal de Justiça já havia reconhecido personalidade jurídica internacional à Comunidade. Esta dispunha, em cada um dos Estados-membros, da mais ampla capacidade jurídica, reconhecida às pessoas coletivas, podendo adquirir ou alienar bens móveis e imóveis. O Tribunal, no caso precitado, reconheceu-lhe personalidade jurídica internacional, definindo que a Comunidade tinha capacidade de estabelecer relações com Estados terceiros, na extensão dos objetivos definidos no tratado de sua constituição, possuindo, portanto, capacidade jurídica internacional.[(1034)]

A afirmação da personalidade jurídica da Comunidade não resolvia o problema relativo a se saber se a União Europeia possuía, igualmente, subjetividade internacional, haja vista que ambas — CE e UE — eram realidades diferentes para o Direito Internacional, já que, até antes de Lisboa, apenas se reconhecia a subjetividade internacional da União para celebrar tratados internacionais em um único caso: acordos de adesão com os novos Estados-membros, sendo, em todas as outras matérias, a sua representação pelas Comunidades. Até então, não se conseguia extrair do tratado, de um modo definitivo, a conclusão de que a União Europeia, por si só, tinha personalidade jurídica internacional. Mesmo com os avanços do tratado de Amsterdã, que, em seu art. 24º, permitiu que o Conselho celebrasse acordos internacionais nos domínios dos pilares intergovernamentais, não se resolveu a questão, pois houve intensa cizânia interpretativa, sem definição, sobre, se assim agindo o Conselho, se o fazia em nome dos Estados-membros ou da União. Embora com o tratado de Nice, com a permissão da aprovação de certos acordos internacionais pelo Conselho por maioria qualificada, aos quais estariam vinculadas as instituições da União, não se solucionou o problema, uma vez que não se previu expressamente a personalidade e a capacidade jurídicas internacionais da União Europeia.

Como se disse, somente em Lisboa se definiu, expressamente, a personalidade jurídica internacional da União Europeia, no artigo 47º do TUE, passando a gozar, a partir de então, dos direitos e prerrogativas inerentes à subjetividade internacional, restando clarificado, para os Estados terceiros, com quem se estava a negociar, já que antes sempre pairava a dúvida: se com a União ou com as Comunidades. Assim, firmou-se que a União tinha capacidade para celebrar tratados internacionais, mesmo ainda havendo uma complexidade quanto à repartição de atribuições entre a União e os seus Estados-membros, bem como pela participação da União ao lado de Estado-membros na negociação e assinatura de acordos, chamados mistos. Apesar disso, várias convenções internacionais já foram celebradas pela União, sendo esta reconhecida

---

(1032) MARTINS, Ana Maria Guerra. Ob. cit., p. 164-5.

(1033) Ob. cit., p. 175.

(1034) In: Ac. de 31.3.71, Comissão c. Conselho, proc. 22/70. In: Ob. cit., p. 174.

pelos seus parceiros como sujeito de Direito Internacional, inclusive participando de organizações internacionais. Contudo, ainda existe uma certa desconfiança quanto à participação da União nessas organizações, até mesmo na ONU, tanto por Estados como pelas próprias organizações, em razão de, muitas vezes, haver interesses conflitantes entre a União e alguns de seus Estados partes. Na ONU, por exemplo, seus interesses podem conflitar com os de Estados-membros que têm assento permanente no Conselho de Segurança ou com outros dos seus Estados-membros que defendem a neutralidade. Para as organizações internacionais, diz *Martins*, a configuração da União Europeia surge bicéfala ou até pluricéfala, quanto a determinadas matérias, como segurança[1035], o que destoa dos padrões internacionais, ainda apegados a conceitos estritos de soberania.

Ademais, em razão do disposto no art. 19º do TUE, o direito de reclamação internacional da União sofre limitação, uma vez que este dispositivo preceitua a exclusividade da jurisdição do Tribunal de Justiça. É notório que o Tribunal não aceita a criação, por convenções internacionais, de tribunais com jurisdição sobre a União ou a sujeição da União à jurisdição de tribunais existentes, *v.g.*, o TEDH.[1036]

Não obstante esta unificação formal, não foi acompanhada da uniformização do controle jurisdicional dos tribunais da União. Isto significa que resquícios da precedente estrutura tripartida permanecem, do ponto de vista material, encontrando respaldo nos tratados. Todavia, não foi mantido o sistema dos pilares, mas houve a consagração de regimes jurídicos distintos, de acordo com as matérias.[1037]

Com efeito, o art. 2º do TUE prevê que a União funda-se nos valores que elenca, dentre eles, o do Estado de direito, que é reforçado pela adoção do princípio do primado[1038] do direito da União sobre os Direitos dos Estados-membros. O Estado de direito, como valor fundamental, impõe a existência de tribunais independentes e imparciais, que assegurem, efetivamente, o respeito à ordem jurídica e o acesso à justiça. Desse modo, todo o Direito (ato ou norma jurídicos), como preceitua *Martins*, deve se encontrar sujeito ao controle jurisdicional. Tal princípio não é afetado simplesmente pelo fato de haver certos domínios subtraídos à jurisdição do Tribunal ou mesmo com jurisdição adiada, até porque os Estados-membros da União têm, eles mesmos, como valor fundamental, o Estado de direito, sendo, em verdade, este um requisito para ingresso de um Estado na União Europeia: somente o Estado, que tem em sua ordem jurídica interna, esta característica, pode ingressar na União.[1039]

O Tribunal de Justiça ocupa um lugar essencial, uma vez que ele é fundamental para garantir o respeito pela regra de direito. O Tribunal, para isso, declarou que os tratados constituíam a carta

---

(1035) MARTINS, Ana Maria Guerra. Ob. cit., p. 175-182.

(1036) Ob. cit., p. 181-2.

(1037) Ob. cit., p. 173-4.

(1038) Segundo CANOTILHO e MOREIRA, falando sobre o art. 8º da CRP, este "localiza a regra de colisão entre o direito da União e o direito interno no plano do direito constitucional português, podendo dizer-se que a aceitação do primado da ordem jurídica da União resulta de uma "decisão constituinte" do povo português, formalizada numa lei de revisão nos termos constitucionalmente previstos". In: CANOTILHO, J. J. Gomes e MOREIRA, Vital. Anotação ao art. 8º. In: *CRP Constituição da República Portuguesa Anotada*, Coimbra: Coimbra Editora, 2007. p. 265. A prevalência do Direito Originário e do Direito Derivado da União Europeia sobre as normas internas, incluindo as constitucionais, conduz à não aplicação destas no caso concreto, mas não à sua invalidade, conforme jurisprudência do Tribunal de Justiça. In: MARTINS, Ana Maria Guerra. Ob. cit., p. 515. RAMOS afirma que o Estado português deu, em sua Constituição, "o último passo que poderia dar, ao assumir que a recepção na ordem interna do direito da União deixava de decorrer por força exclusiva dos preceitos da ordem constitucional portuguesa, passando antes a resultar dos termos definidos pelo próprio direito da União. Trata-se assim de uma cláusula aberta, implicando uma ampla e dinâmica remissão também para os termos em que o tema possa vir a ser futuramente considerado pelo direito da União no seu todo, com a única ressalva do respeito pelos princípios fundamentais do Estado de direito democrático...". In: RAMOS, Rui Manuel Moura. Ob. cit., p. 285.

(1039) MARTINS, Ana Maria Guerra. Ob. cit., p. 198-204.

constitucional de base de uma comunidade de direito (acórdão Les Verts, 1986). Mesmo com a não aprovação dessa ideia constitucional, o princípio da regra de direito continua claro, a ser efetivado por meio da atuação da jurisdição, que não se esgota nos tribunais da União Europeia: Tribunal de Justiça da União Europeia[(1040)] (assim nominado a partir das mudanças provenientes de Lisboa), Tribunal Geral[(1041)] — nome que recebeu o Tribunal de Primeira Instância desde Lisboa — e por tribunais especializados, o que atualmente inclui apenas o Tribunal da Função Pública -[(1042)] mas se espraia pelos tribunais e juízes nacionais.

5.2.5. O papel dos tribunais nacionais na jurisdição da União Europeia

Enquanto o Tribunal de Justiça, o Tribunal Geral e o Tribunal da Função Pública formam a jurisdição da União Europeia propriamente dita, os tribunais nacionais são os tribunais comuns da União Europeia.[(1043)] A compreensão dos juízes e tribunais nacionais como Justiça comum da União Europeia é a fórmula que assegura a eficácia da ordem jurídica da União, com uma sólida garantia jurisdicional, de modo que todos os destinatários dessa ordem — Estados e particulares — respeitem as suas normas. Os juízes e tribunais nacionais são, portanto, os que, de início, aplicam as normas e os atos da União — disposições diretamente aplicáveis ou que desfrutem de efeito direto nos litígios decorrentes das relações entre particulares ou entre estes e os Estados-membros.[(1044)]

Nesse sentido, com base nos princípios do primado do Direito da União e da aplicabilidade direta do Direito da União, o juiz nacional teve, e tem, um papel preponderante para a eficácia

---

(1040) Sobre a competência contenciosa do Tribunal de Justiça, diz RAMOS: "cabe ao Tribunal de Justiça, e para além da apreciação em recursos das decisões do Tribunal de Primeira Instância, o julgamento das ações interpostas pela Comissão ou pelos Estados-membros destinados a verificar o incumprimento, por parte de qualquer dos Estados-membros, das obrigações que lhe incumbem por força dos Tratados acima referidos, aí incluída a possibilidade de os sancionar pecuniariamente, a solicitação da Comissão, quando eles não tomarem as medidas necessárias para a execução de um acórdão do Tribunal que declare verificado o não cumprimento de qualquer das obrigações resultantes dos Tratados. Compete-lhe igualmente fiscalizar a legalidade dos atos adotados pelas instituições quando estes sejam arguidos de incompetência, violação de formalidades essenciais, violação de regras dos Tratados ou de qualquer norma relativa à sua aplicação e desvio de poder, declarar a violação dos Tratados pelas Instituições quando estas (em desconformidade com os tratados) se abstiverem de se pronunciar, conhecer dos litígios relativos à reparação dos danos causados pelas Instituições das Comunidades ou pelos seus agentes no exercício das suas funções, decidir sobre os litígios entre as Comunidades e os seus agentes, e, quando exista respectivamente compromisso ou cláusula compromissória, sobre qualquer diferendo entre os Estados-membros relacionado com o objeto dos Tratados, ou sobre contratos de direito público ou de direito privado celebrados pelas Comunidades ou por sua conta". E mais, com as jurisdições nacionais, a: "possibilidade (reenvio prejudicial) de, a pedido destas, se pronunciar, a título prejudicial, sobre a interpretação e a validade (e, quanto a esta última, a título exclusivo — acórdão FotoFrost, 1987) dos atos das Instituições e do Banco Central Europeu e a interpretação dos estatutos dos organismos criados por atos do Conselho, desde que estes atos assim o prevejam". In: RAMOS, Rui Manuel de Moura. Ob. cit., p. 339-340.

(1041) O tratado de Lisboa definiu a competência do Tribunal Geral, no art. 256º do TFUE, sem se distanciar do tratado de Nice, como já mencionado: para, em primeira instância, conhecer dos recursos de anulação, de omissão, das ações de responsabilidade, dos recursos de funcionários e dos recursos com fundamento em cláusula compromissória, com exceção dos da competência de tribunal especializado. In: Ob. cit., p. 403.

(1042) Segundo MARTINS, o Tribunal da Função Pública tem como objetivo: "— melhorar o funcionamento do sistema judicial da União Europeia, através do descongestionamento do Tribunal de Primeira Instância; — permitir a adaptação às particularidades do contencioso em causa", e competência "para conhecer, em primeira instância, dos litígios entre a União e os seus agentes, com fundamento no artigo 270º do TFUE, incluindo os litígios entre qualquer órgão ou organismo e o seu pessoal, relativamente aos quais seja atribuída competência ao Tribunal de Justiça da União Europeia (art. 1º do Anexo I ao Estatuto)". In: ob. cit., p. 404-5.

(1043) Nesse sentido, RAMOS afirma: "os tribunais nacionais, verdadeiros tribunais comuns da aplicação do direito comunitário, e a quem cabe a decisão de todas as questões suscitadas pela garantia da efetivação dos direitos reconhecidos pela ordem jurídica comunitária sempre que uma tal competência não tenha sido expressamente atribuída aos referidos tribunais comunitários". In: RAMOS, Rui Manuel Moura. Ob. cit., p. 339.

(1044) Ob. cit., p. 339.

interna desse Direito. Desde o caso Simmenthal (ou antes no caso Rheinmulen — 1974) já havia se firmado que o juiz nacional tinha como incumbência assegurar o pleno efeito das normas comunitárias, mesmo que para isso tivesse que deixar, se necessário, inaplicadas, por sua própria autoridade, qualquer disposição normativa nacional contrária à norma comunitária.(1045) No acórdão Heylens, o Tribunal de Justiça se pronunciou apontando no sentido de consagrar o direito dos particulares, seguindo-se as regras processuais nacionais, de impugnarem, por ação judicial, uma regulamentação contrária ao Direito Comunitário. A jurisprudência do TJ ampliou esta solução, por meio do acórdão Deville.(1046)

O juiz nacional pode ordenar medidas provisórias, segundo *Ramos*, a propósito de um ato nacional fundado em um regulamento comunitário cuja legalidade é contestada, ou a propósito de um ato nacional fundado em um regulamento comunitário objeto de um reenvio prejudicial de aplicação de validade, conforme decidiu o Tribunal de Justiça no acórdão Atlanta, em 1995. Por meio desta fórmula, o Tribunal de Justiça tem afirmado os princípios estruturantes da ordem jurídica da União, bem como a autonomia dessa ordem em seu relacionamento com as dos Estados-membros.(1047)

Para *Ramos*, o reenvio prejudicial foi o gérmen, presente no sistema comunitário, para o seu desenvolvimento, um evolver eventualmente imprevisto, não perceptível, inicialmente, aos observadores. Esses passos importantes foram dados com a utilização desse mecanismo pelos juízes nacionais, que tinham que aplicar o Direito Comunitário internamente.(1048)

O mecanismo do reenvio prejudicial, originariamente criado no âmbito do TCECA, impulsionou esse sistema. O art. 41º dispunha que, sempre que um particular questionasse a validade de uma deliberação da CECA em um tribunal de um Estado-membro, este deveria colocar uma questão perante o Tribunal de Justiça. Esta fórmula continuou a ser adotada e também foi prevista no TFUE, em seu art. 267º — e, desde o Tratado de Lisboa, igualmente, no art. 19º, n. 3, al. b), TUE, tem sido fundamental para a capilarização e para a transformação da ordem jurídica da União.(1049)

No quadro desenvolvido desde as Comunidades, cedo se percebeu a importância do Tribunal de Justiça, um tribunal supranacional, que poderia apreciar o Direito e as políticas nacionais, naquilo que se relacionavam com a criação de um mercado comum. Nisso, ficavam em cheque os supremos tribunais, que desenvolviam a jurisprudência do Direito Nacional, e agora assumiam um novo papel, de fazer prevalecer as normas da União sobre as nacionais, inclusive as constitucionais. Este envolvimento, como se disse, foi impulsionado pelos juízes nacionais, que, massivamente, recorriam ao processo de reenvio prejudicial, permitindo ao Tribunal de Justiça desenvolver a sua jurisprudência, num quadro de descentralização, em que os tribunais dos Estados funcionam, ao mesmo tempo, como tribunais da União. Segundo *Coutinho*, o processo de

---

(1045) Acórdão de 9 de março de 1978. In: GOMES, José Luís Caramelo. Ob. cit., p. 14-15. Segundo RAMOS, já no acórdão Van Duyn, de 1974, o Tribunal de Justiça assentou: "...que também as regras de direito derivado que enunciam obrigações não sujeitas a qualquer reserva ou condição e que, pela sua natureza, não necessitem de intervenção de qualquer ato, quer das Instituições comunitárias quer dos Estados-membros, produzem em favor dos particulares direitos que eles podem fazer valer em justiça num Estado-membro e que as jurisdições nacionais devem salvaguardar". RAMOS acentua que "a coerência do sistema de proteção exige que o juiz nacional possa ordenar quer a suspensão de um ato administrativo nacional fundado num regulamento comunitário a cuja legalidade é contestada (acórdão Zuckerfabrik, 1991) [...]". In: RAMOS, Rui Manuel Moura. Ob. cit., p. 340-1. Ver: Acórdão de 4 de dezembro de 1974, Decisão a título prejudicial, pedido dirigido pela Alta Corte de Justiça da Inglaterra. In: <http://eur-lex.euorpa.eu/legal-content>. Acesso em: 13 set. 2013.

(1046) GOMES, José Luís Caramelo. Ob. cit., p. 17. O acórdão Heylens é de 15 de outubro de 1987. Sobre o princípio do primado, a importante decisão: Ver: Acórdão de 15 de julho de 1964, Flaminio Costa v. ENEL. In: <http://eur-lex.euorpa.eu/legal-content>. Acesso em: 13 set. 2013.

(1047) RAMOS, Rui Manuel Moura. Ob. cit., p. 341 e 343.

(1048) Ob. cit., p. 379.

(1049) COUTINHO, Francisco Pereira. Ob. cit., p. 28-9.

integração jurídica na União foi produto de um diálogo jurisprudencial, centrado nas decisões do TJ e na sua aplicação pelos tribunais nacionais.[(1050)] O juiz nacional de um Estado-membro dirige-se ao Tribunal de Justiça da UE, solicitando a declaração sobre o alcance e sentido da norma da União Europeia em questão, sendo que o Tribunal limita-se a fixar a interpretação da norma, que é, então, obrigatória (a interpretação) para o tribunal solicitante, mas a aplicação aos fatos e a decisão final cabem ao tribunal nacional. Nessa hipótese, depois de decidido, o Tribunal de Justiça não funciona como um tribunal de recurso, para evitar a ingerência nos tribunais nacionais.[(1051)]

Nesse sentido, cabe enfatizar, aqui, o papel do juiz nacional, que, ao colocar as questões prejudiciais, oportuniza ao Tribunal de Justiça desenvolver o Direito da União e, por último, o juiz nacional aplica a jurisprudência assim assentada, atribuindo às suas decisões a força semelhante às normalmente proferidas no interior dos Estados, na ordem jurídica nacional, contudo, dando às decisões sobre questões relativas à aplicação do Direito da União Europeia uma neutralidade e legitimidade ainda maiores, o que, em uma verticalização de baixo para cima, em razão de suas decisões a respeito do Direito da União, conduziu o Tribunal de Justiça a assimilar, também, por jurisprudência própria, os princípios fundamentais das ordens jurídicas nacionais. Assim, o desenvolvimento dessa ordem jurídica decorreu de uma interação complexa, de "influências cruzadas"[(1052)], em que as autoridades dos Estados-membros não puderam invocar o seu próprio Direito para se eximir do cumprimento do Direito da União.[(1053)]

O papel dos juízes nacionais, na dinâmica que animou o processo de integração jurídica, é, assim, inquestionável, proporcionando a construção da ordem jurídica da União Europeia. Este modo de agir se deu, como se disse, por meio de duas vias jurisdicionais: (1) efetuando reenvios e (2) aplicando o Direito da União, com o acolhimento da jurisprudência do Tribunal de Justiça, mesmo quando contrária ao Direito Nacional. Apesar de vários argumentos serem propostos para dar a razão da motivação dos juízes nacionais, parece que a explicação normativa, embora não exclusiva, é a mais razoável para justificar este movimento. É que o Tribunal de Justiça recorreu a raciocínios jurídicos e a processos hermenêuticos de reconhecimento do Direito, de modo semelhante ao realizado pelos juízes nacionais. Tal proceder revestiu, como diz *Coutinho*, a jurisprudência do Tribunal de Justiça e lhe deu autoridade e legitimidade, que conduziram à sua aplicação pelos juízes nacionais.[(1054)]

5.2.6. O acesso dos particulares à justiça para a aplicação do Direito da União Europeia

Como diz *Ramos*, enquanto para o acesso ao Tribunal Europeu dos Direitos do Homem, com sede em Estrasburgo — que não integra, como se sabe, a jurisdição da União Europeia e admite o acesso direito do particular à sua jurisdição, mas exige que o interessado esgote todas as vias internas para ultrapassar ou pôr em causa a decisão ou o ato nacional que é atacado, ou seja, esgote, primeiro, a jurisdição nacional, só tendo acesso à jurisdição do TEDH depois de serem esgotadas todas as vias internas por meio das quais esse mesmo objetivo poderia ser alcançado –, o acesso à jurisdição própria da União Europeia: Tribunal de Justiça, Tribunal Geral e Tribunal da Função Pública — não depende da provocação anterior da jurisdição nacional. Os tribunais da

(1050) COUTINHO, Francisco Pereira. Ob. cit., p. 32-4. COUTINHO demonstra o grande aumento do uso do mecanismo do reenvio prejudicial, enquanto houve uma reduzida utilização das ações de incumprimento, no que se refere à utilização da medida pelos Estados-membros. In: Ob. cit., p. 35.

(1051) SAMTLEBEN, Jürgen. Ob. cit., p. 76.

(1052) Ob. cit., p. 34-5.

(1053) WEILER, Joseph. *Journey to an unknown destination*: a retrospective and prospective of the European court of Justice in the arena of political integration. In: Journal of common market studies, 31, 4, 1993. p. 422.

(1054) COUTINHO, Francisco Pereira. Ob. cit., p. 59-61.

União Europeia foram criados com uma lógica diversa e tiveram um desenvolvimento de percurso completamente diferente, sendo distintos os termos em que se põe o acesso dos particulares.(1055)

Desde suas origens comunitárias, em Paris (1951) e em Roma (1957), os países fundadores conceberam o Tribunal de Justiça como um tribunal com competência para a solução dos diferendos entre os Estados e a organização. O Tribunal não foi, inicialmente, criado para acesso aos particulares, mas configurou-se à maneira da tradição internacional, para a composição de conflitos entre os Estados e a organização, em especial os decorrentes da adaptação das esferas de competência recíproca, e depois como um órgão para arbitrar os conflitos de competência entre as instituições das Comunidades.(1056)

Contudo, passo a passo, desenvolveram-se as possibilidades de acesso do particular à jurisdição propriamente dita das Comunidades, hoje, da União Europeia, ou seja, dos tribunais de Justiça, Geral e da Função Pública. Com isso, garantiu-se ao particular ver controlados os atos praticados pelas instituições da União Europeia, em desconformidade com a ordem jurídica da União — tratados ou atos que causam danos a sua esfera jurídica, objetivando a neutralização desses atos ou a reparação dos prejuízos daí decorrentes. Ora, os atos praticados pelas instituições da União Europeia devem ser, como se viu, julgados nos tribunais propriamente ditos da União Europeia, não nos de nível nacional. São os tribunais da União Europeia, portanto, responsáveis pelo controle jurisdicional dos atos das instituições da União.(1057) Trata-se de incidência do princípio da aplicação uniforme, segundo *Ramos*, o que exige que a interpretação e aplicação de qualquer regra da União deve ser definida pelo órgão jurisdicional da UE, para que se garanta a interpretação uniforme de sua ordem jurídica.(1058)

Por óbvio, não se está a tratar aqui, como preceitua *Ramos*, do controle jurisdicional dos conflitos interinstitucionais, desde o início submetidos ao Tribunal de Justiça, mas sim ao controle dos atos que lesem particulares, que lhes criem consequências negativas, para os quais o sistema jurisdicional da União Europeia franqueia o acesso para postularem sua anulação ou indenização dos prejuízos. Este acesso foi definido de forma diferente, quanto aos particulares, em especial em matéria de anulação, sendo distinta a posição jurídica dos particulares e a dos outros sujeitos — instituições e Estados.

Nesse aspecto, enquanto as instituições e os Estados-membros têm acesso privilegiado, não precisarão demonstrar o interesse em agir, os particulares têm um regime restritivo. Assim, para que o particular possa propor um recurso de anulação e contestar um ato da União Europeia, necessitará provar que foi direta e individualmente afetado pelo ato impugnado. Tal requisito foi previsto no intuito de não permitir que o Tribunal seja assoberbado. O Tribunal de Justiça, e depois o TPI, hoje Tribunal Geral, definiu que o particular tem que demonstrar que o ato da União Europeia (não um ato nacional decorrente), que produz efeitos no patrimônio jurídico do particular, impactou a sua esfera jurídica a ponto de causar-lhe modificação danosa, sendo esta situação provocada imediatamente pelo ato da UE. Claramente, tal situação pode ser alegada por aqueles que foram destinatários de atos concretos e identificados da UE, mas também pode ser demonstrada por qualquer afetado individualmente, mesmo que por meio de um ato genérico, se for comprovada a afetação individual à semelhança de um eventual destinatário, ou seja, de forma análoga a este. Tal critério foi estabelecido na jurisprudência do Tribunal de Justiça há mais de cinquenta anos. Trata-se, portanto, de demonstrar, na hipótese, uma afetação individual pelo ato

---

(1055) RAMOS, Rui Manuel Moura. Ob. cit., p. 377-8.

(1056) Ob. cit., p. 378.

(1057) Ob. cit., p. 379.

(1058) RAMOS, Rui Manuel Moura. *Das comunidades à União Europeia*: estudos de direito comunitário. Coimbra: Coimbra Editora, 1994. p. 99.

da UE de maneira radicalmente distinta e mais prejudicial que a de todos os outros destinatários do mesmo ato, como leciona *Ramos*.[(1059)]

Ademais, o acesso à justiça pelos particulares, para a eficácia do Direito da União Europeia, também se dá, como mencionado acima, por meio do acesso à jurisdição nacional, competente para a realização efetiva desse Direito, em alguns aspectos. Os particulares, pois, têm direito ao juiz, sob o ponto de vista processual, sendo que este acesso está garantido pelas vias de Direito interno, aptas à proteção jurisdicional dos direitos subjetivos dos particulares, inclusive quanto à proteção provisória (princípio da proteção provisória), contra atos nacionais eventualmente contrários ao Direito da União. Os particulares, em razão do efeito útil do Direito da União, têm o direito de obter junto à jurisdição nacional a proteção, inclusive provisória, como já se mencionou, contra atos puramente nacionais ou de execução, pela autoridade nacional, de atos da União Europeia, eventualmente inválidos.[(1060)]

Por certo, havendo conflitos surgidos entre a ordem jurídica nacional e a ordem jurídica da União Europeia, com afetação ao particular, a solução de tal conflito se dará, como já se disse, na jurisdição nacional, encontrando-se a solução mais adequada. Nada obstante não haja hierarquia entre o Tribunal de Justiça e o tribunal ou juiz nacional, não tendo aquele competência para anular ou declarar a nulidade ou a inexistência de uma norma estadual que contrarie uma da União Europeia, nem sirva o Tribunal de Justiça como um tribunal de revista de sentenças proferidas pelos juízes dos Estados-membros, ainda assim não há uma relação meramente horizontal ou bilateral entre o Tribunal de Justiça e os tribunais nacionais. Como se viu, o desenvolvimento da jurisprudência do Tribunal de Justiça com base no reenvio prejudicial tornou multilaterais ou, em um certo sentido, vertical as relações.[(1061)] Deste modo, violado o direito do particular fulcrado no Direito da União Europeia, em razão do Direito do Estado-membro ou de sua omissão em fazer valer aquele direito por meio de ato normativo estatal, o particular poderá acionar o Estado-membro na jurisdição nacional, com o objetivo de ver efetivado o seu direito.

Os poderes do juiz nacional na aplicação do Direito da União Europeia estão limitados por este mesmo Direito e, também, pelo Direito interno, em razão do princípio da autonomia processual e institucional dos Estados membros. Segundo este princípio, compete a cada Estado-membro a definição a respeito da jurisdição competente para apreciar as demandas dos particulares ao fundamento de que houve, por parte do Estado, violação da ordem jurídica da UE, com impacto em seu patrimônio jurídico. Ao mesmo tempo, cabe ao Estado-membro a configuração, em sua própria ordem jurídica, da regulação das formas processuais de ação em juízo destinadas a salvaguardar aqueles direitos, violados pelo próprio Estado.[(1062)]

Em razão do balizamento dado pela jurisprudência do Tribunal de Justiça, a autonomia institucional e processual do Estado-membro não poderá resultar em uma inexistência de uma via de direito capaz de tutelar, jurisdicionalmente, os particulares, não se aceitando que haja limitação da jurisdição nacional, na apreciação da matéria de fato e de direito, a ponto de serem os poderes jurisdicionais menos favoráveis que os existentes para a apreciação dos feitos que tenham por finalidade a invalidação ou reparações de danos produzidos exclusivamente com base na ordem jurídica interna. A jurisdição nacional terá que ser moldada de maneira que não seja tolhida a liberdade da jurisdição nacional no conhecimento das questões, relacionadas à violação da ordem jurídica da UE pelos Estados.[(1063)]

(1059) RAMOS, Rui Manuel Moura. *Estudos de Direito da União Europeia*. Coimbra: Coimbra Editora, 2013. p. 380-1.
(1060) GOMES, José Luís Caramelo. Ob. cit., p. 171-3.
(1061) MARTINS, Ana Maria Guerra. Ob. cit., p. 540.
(1062) GOMES, José Luís Caramelo. Ob. cit., p. 174-5.
(1063) Ob. cit., p. 176.

Tratando-se de acesso dos particulares, o art. 267º do TFUE é, segundo *Martins*, a última esperança de aplicação adequada do Direito da União Europeia aos particulares, inclusive em litígios contra Estado-membro, em processo em que o juiz nacional é o juiz comum do Direito da União.(1064)

Com efeito, os particulares se utilizam do sistema jurisdicional nacional para a obtenção da articulação entre o Direito da União Europeia e o Direito interno, sendo tarefa do juiz nacional assegurar a proteção jurídica decorrente do efeito direto do Direito da União Europeia. Os particulares, assim, acionam o Estado-membro, com base no desrespeito ao Direito da União, sendo que a solução jurisdicional pode ser alcançada por meio da fixação de uma indenização pecuniária aceitável, quando, por exemplo, a lesão se der por não se ter feito a transposição do Direito da União pelo legislador do Estado-membro.

Por outro lado, caso as pessoas singulares ou coletivas não possam impugnar diretamente os atos de alcance geral da UE, podem invocar a invalidade de tais atos diretamente nos juízos nacionais, que não poderão declarar por si a invalidade, mas suscitar uma questão prejudicial ao Tribunal de Justiça.(1065)

5.2.7. A jurisdição e a integração na União Europeia

Ao se analisar o funcionamento da jurisdição na União Europeia, vê-se que esta tem desempenhado um papel de desenvolvimento do Direito da União. E isto tem se dado de maneira progressiva, no curso da história, com a devida prudência que caracteriza a atividade jurisdicional, mesmo em fases em que houve: (1) um grande engessamento do processo de regulamentação, pela não edição de normas jurídicas, com todas as suas características peculiares, pelos órgãos da União competentes, tendo em vista que estes estavam vinculados a procedimentos restritivos de atuação, como a exigência de unanimidade; (2) uma resistência de Estados-membros, sem pretender adequar suas ordens jurídicas ao Direito Comunitário; (3) uma oposição de setores sociais, que não aceitavam ser afetados pela existência do mercado comum. Nessas fases, o Tribunal de Justiça, em especial diante de uma falta de regras comuns mais claras sobre a incidência e abrangência do Direito Comunitário, tomou decisões no sentido de auxiliar no processo de integração. Várias de suas decisões serviram de base para inclusões de previsões em tratados, vigentes na União Europeia, como exemplos: (1) a consideração de determinados princípios como parte integrante do Direito Comunitário — art. 6º, 1 e 2 (ex art. F) do TUE; (2) o reconhecimento da legitimidade ativa para agir no Tribunal das instituições comunitárias (Parlamento, Tribunal de Contas e Banco Central) — § 3º do art. 230º do Tratado da Comunidade Europeia. Assim, O Tribunal de Justiça preencheu um hiato de normatização, que depois seguiu seus passos.(1066)

Por esta razão, no cenário jurídico europeu, desde cedo se discute a função constitucional do Tribunal de Justiça. Com alguma semelhança às atividades das Cortes Constitucionais nacionais dos Estados democráticos, em que são definidas essencialidades da Constituição em um sentido material, o Tribunal de Justiça constituiu, de um modo muito significativo, o Direito Comunitário e possibilitou o seu evolver, ao destravar obstáculos jurídicos em face do não funcionamento a contento dos demais poderes, ou melhor, das demais funções essenciais do poder jurídico-político, no plano da União — Parlamento e funções executivas.

(1064) MARTINS, Ana Maria Guerra. Ob. cit., p. 543.

(1065) Ob. cit., p. 543.

(1066) BASTOS JÙNIOR, Luiz Magno P. *O papel do Tribunal de Justiça Europeu no processo de integração e a questão da mutação de competência*. In: <http://periodicos.ufsc.br/index.php/sequencia/article/viewFile/15419/13992>, p. 142-3.

Em que pese algum recuo europeu no processo de integração, com a não aprovação de uma Constituição para a União Europeia, o tratado de Lisboa acentuou a integração. E o fez com base na legitimidade advinda, sobretudo, da jurisdição. Em um período em que ainda falta a supremacia da Constituição na União Europeia, o tratado de Lisboa incluiu declaração a respeito do primado do Direito da União sobre o Direito dos Estados-membros: "a Conferência lembra que, em conformidade com a jurisprudência do Tribunal de Justiça da União Europeia, os Tratados e o direito adotado pela União com base nos Tratados primam sobre o direito dos Estados-membros, nas condições estabelecidas na referida jurisprudência". A definição, portanto, da supremacia do Direito da União sobre o Direito dos Estados-membros, não obstante não ser constitucionalizada em um documento escrito, é legitimamente aceita e aplicada internamente nos Estados-membros, em grande medida, em face da definição jurisdicional proveniente do Tribunal de Justiça da União Europeia, o que representa uma função de integração, de grande relevância, a demonstrar a legitimação da ordem jurídica europeia em função de seus procedimentos comuns, em especial, os jurisdicionais.

Na União Europeia, não resta dúvida, a integração institucional, praticamente, se iniciou, em grande parte, a partir da jurisdição e é maior, ainda hoje, sob o ponto de vista institucional, na jurisdição, tendo em vista as suas deliberações, seu funcionamento, no dia a dia. Ademais, a jurisdição tem servido para aprofundar o processo de integração e mesmo para definir os princípios estruturantes da União Europeia[(1067)] e a dar legitimidade, em momentos de crise, à unidade estabelecida, desempenhando papel que também lhe é inerente, nas democracias. Nesse sentido, consolidadas estão importantes competências do Tribunal de Justiça da União Europeia, destacando-se a de arbitrar a tensão entre os demais órgãos de poder da UE, demarcando suas atribuições e competências; e, em uma jurisdição integradora, supranacional, a delimitar as competências entre a União e os Estados-membros; a revisar a normatização comunitária em razão dos tratados;[(1068)] e a examinar os casos que são trazidos à sua apreciação pelos cidadãos e pessoas coletivas, diretamente, ou por meio da jurisdição nacional.

O fato de não ter um poder de revisão de julgados, no que se refere às jurisdições nacionais, não parece enfraquecer a jurisdição do Tribunal de Justiça; ao contrário, antes demonstra uma forma mais harmônica de atuar, em meio a jurisdições concorrentes. Este modo de funcionar, em equilíbrio, possibilita uma melhor coordenação entre esferas jurisdicionais, o que se verá mais adiante. O desempenho do Tribunal de Justiça da UE exerce bem este desiderato, não atuando de forma inflexível, mas permitindo uma evolução progressiva do processo de integração, ao fazer definições, passo a passo, favoráveis ao processo de integração e sem permitir, por suas ações, crises institucionais causadas pelo exercício de suas atribuições.

5.3. A América

Como se disse inicialmente, na Europa e na América têm sido desenvolvidas as fórmulas regionais mais efetivas de integração. Após a análise da integração europeia, com enfoque na jurisdição, cabe destacar, agora, a integração no continente americano, nesse mesmo viés.

Em verdade, há bastante tempo, a integração regional tem sido buscada na América, onde há exemplo histórico de prática regional de integração, por intermédio de instituições jurídico-políticas comuns. Sabe-se, como diz *Accioly*, que o primeiro tribunal permanente de caráter

---

(1067) WEATHERILL diz que, no estudo das fontes do Direito na União Europeia, é preciso incluir os princípios partilhados pela Corte de Justiça, em especial quanto aos princípios gerais da União Europeia. In: WEATHERILL, Stephen. *EU law*. 6. ed. Oxford: Oxford University Press, 2003. p. 33. Para STEINER & WOODS, o Tribunal delineia os princípios para a União, observando o Direito da União e de todos os Estados-membros. In: STEINER, Josephine; WOODS, Lorna. *Textbook on EC Law*. 8. ed. Oxford: Oxford University Press, 2003. p. 35.
(1068) Ob. cit., p. 145.

internacional — supranacional — foi a Corte Centro-Americana de Justiça, criada em 1907, composta por cinco juízes, um de cada país centro-americano, com sede, inicialmente, em Cartagena, a qual foi transferida, posteriormente, para São José da Costa Rica. A sua jurisdição poderia ser provocada por particulares — indivíduos e pessoas coletivas, e funcionou de 1908 a 1918, período no qual julgou dez casos, dentre eles cinco relativos a indivíduos.[1069]

No âmbito da Organização dos Estados Americanos, que congrega 35 Estados, não se tem alcançado uma integração regional caracterizada por instituições comuns executivas e legislativas, envolvendo a todos os Estados que a integram, nada obstante, na proteção dos direitos humanos, como se viu no capítulo anterior, tenha havido um desenvolvimento efetivo da função jurisdicional, com o surgimento da Corte Interamericana de Direitos Humanos, com sede em São José da Costa Rica, com jurisdição bastante ampla.

A integração regional efetiva, com o desenvolvimento de integração de instituições mais amplas, além das jurisdicionais, parece ser mais característica na América do Sul. Não obstante, dentro da Associação Latino-Americana de Livre Comércio, criada em 1960, por meio do Tratado de Montevidéu, para o estabelecimento de uma zona de livre-comércio a ser gradualmente transformada em uma união aduaneira, chegou-se à conclusão, diante da heterogeneidade dos países, em razão da discrepância do desenvolvimento econômico entre eles, a partir dos de menor desenvolvimento econômico, ser ideal a sub-regionalização, o que foi aquiescido pelos parceiros de maior desenvolvimento. Nesse sentido, em 14 de abril de 1967, por meio da Declaração dos Presidentes da América (Punta del Este), deu-se impulso ao movimento nascente, recomendando-se o ajustamento de novos acordos sub-regionais no âmbito da ALALC, como ensina *Cançado Trindade*.[1070]

Assim sendo, é no Mercosul, na chamada Comunidade Andina, na Comunidade Centro-Americana e na Comunidade Caribenha em que se têm desenvolvido sistemas regionais (ou sub-regionais) de integração: processos jurídico-políticos, como diz *Varella*, de aproximação entre Estados de uma mesma região geográfica, que possibilitem a criação de estruturas comuns de poder.[1071]

Na América do Norte, por seu lado, houve um processo de negociações econômicas consideráveis, envolvendo Canadá, Estados Unidos e México, com o T-MEC[1072], embora ainda represente apenas uma zona de livre-comércio.

(1069) ACCIOLY, Hildebrando; SILVA, G. E. do Nascimento e; CASELLA, Paulo Borba. *Manual de direito internacional público*. 23. ed. São Paulo: Saraiva, 2017. p. 838. A Corte de Justiça Centro-Americana foi criada por Costa Rica, Guatemala, Honduras, Nicarágua e El Salvador. In: ELAINI, Cristina Gonzaga da Silva. *Direito Internacional em expansão:* encruzilhada entre comércio internacional, direitos humanos e meio ambiente. São Paulo: Saraiva, 2016. p. 130.

(1070) CANÇADO TRINDADE, Antônio Augusto. *Direito das organizações internacionais*. 6. ed. Belo Horizonte: Del Rey, 2014. p. 339-349.

(1071) VARELLA, Marcelo D. *Direito internacional público*. 6. ed. São Paulo: Saraiva, 2016. p. 381. Em razão do relativo desenvolvimento do processo de integração, sobretudo por meio de sub-regiões sul-americanas, em 2004, os Presidentes dos países da América do Sul iniciaram negociações para estabelecer a União das Nações Sul-Americanas — UNASUL, consubstanciando-se o projeto por meio do Tratado Constitutivo da União das Nações Sul-Americanas, firmado em Brasília, em 2008. No entanto, não se deu qualquer passo subsequente no intuito de criar, entre os signatários, uma zona de livre-comércio, uma união aduaneira ou um mercado comum. Sobre os esforços para uma unidade latino-americana, ver: WENDPAP, Friedmann e KOLOTELO, Rosane. *Direito Internacional*. Rio de Janeiro: Elsevier, 2007. p. 159.

(1072) Estados Unidos, Canadá e México assinaram tratado, no início de outubro de 2018, para substituir o NAFTA. O T-MEC — Tratado México-EUA-Cánadá permite a continuidade do livre-comércio entre estes Estados e somente foi acertado, por exigência do Canadá, após conservar-se o sistema de solução de conflitos resultantes da aplicação do novo tratado à semelhança do NAFTA, bem como por mudanças no Poder Judiciário mexicano, que passou a ter uma justiça trabalhista mais técnica e mais possibilidades de se recorrer à arbitragem.

Nesse processo de integração, tanto no Mercosul, como na Comunidade Andina, bem como na América do Norte, destaca-se a criação de Tribunais, ou mesmo o desenvolvimento de mecanismos de solução de controvérsias, para a garantia de maior segurança jurídica nas relações, sobretudo, econômicas. Tal desenvolvimento da jurisdição parece permitir a evolução das relações comerciais e da interdependência desses países, gerando confiança.

5.3.1. O Mercosul

Como já se disse acima, práticas institucionais de aproximação já foram realizadas na América no passado distante, como a do Tribunal Centro-Americano, no início do século XX, e, desde o século XIX, a da Confederação Perpétua entre as Repúblicas da Colômbia, Peru, América Central e México, e pela organização da Grã-Colômbia, a unir Colômbia, Peru, Venezuela e Equador. Esta última realizada, como menciona *Guerra*, por meio de tratado, o da união latino-americana — o Tratado da União.(1073)

No início do século XX, foram feitas tentativas de integrar Argentina, Brasil e Chile, o chamado Bloco ABC, mas não se logrou êxito. Em 1948, na ONU, foi criada uma Comissão Econômica para a América Latina (CEPAL), no intuito de ser instituída uma união aduaneira latino-americana. Em 18 de fevereiro de 1960, no tratado de Montevidéu, constituiu-se a Associação Latino-Americana de Livre Comércio (ALARC), com o objetivo de instituição de uma zona de livre-comércio.(1074) Em 1967, em declaração assinada por presidentes, previu-se a criação, de forma progressiva, de um mercado comum, no prazo de 15 anos, a contar de 1970. Em 1980, a ALARC(1075) foi substituída pela Associação Latino-Americana de Integração (ALADI), que ainda existe e tem sede em Montevidéu. Contudo, as tentativas integradoras, provenientes dessas associações, não foram bem-sucedidas.

Em meados dos anos 80, com a concretização do processo de redemocratização, com a superação de desconfianças e hostilidades históricas, Brasil e Argentina começaram a negociar no sentido de promover o comércio bilateral, com a retirada de barreiras aos fluxos comerciais entre ambos. Nesse propósito, firmaram-se instrumentos, como a Ata de Iguaçu (1985), o Programa de Integração e Cooperação Econômica Brasil-Argentina (PICAB — 1986).(1076) Somente em 1988, com o Tratado de Integração, Cooperação e Desenvolvimento, assinado por Brasil e Argentina, tem-se o passo inicial mais consistente de um processo de integração na América do Sul, havendo a previsão de formação de um espaço econômico comum em dez anos e a eliminação de obstáculos aduaneiros e a gradual liberação do comércio entre esses países. Em 1990, em declaração conjunta, os presidentes da Argentina e do Brasil (Ata de Buenos Aires) confirmam o Mercado Comum, até 31 de dezembro de 1994, reduzindo os prazos inicialmente previstos. De início, foram estabelecidas metodologias, com a previsão de baixar tarifas generalizadas e a eliminar barreiras não tarifárias.

Com os atos anteriores efetivos de aproximação praticados pela Argentina e pelo Brasil, outros países do Cone Sul(1077)– Uruguai e Paraguai — também aderem ao projeto, e, em 26 de março

---

(1073) GUERRA, Sidney. *Curso de direito internacional público*. 11. ed. São Paulo: Saraiva, 2017. p. 372-5.

(1074) Os membros da associação eram Argentina, Bolívia, Brasil, Chile, Colômbia, Equador, México, Paraguai, Peru, Uruguai e Venezuela.

(1075) Sobre ALALC ver: SOARES, Orlando. *Curso de direito internacional público*. Rio de Janeiro: Científica, 1979. p. 135.

(1076) PORTELA, Paulo Henrique Gonçalves. *Direito internacional público e privado*. 7. ed. Salvador: JusPodivm, p. 1011-2.

(1077) Com a ressalva do Chile, que não é membro do Mercosul, mas apenas associado, desde 1996. O Mercosul, até hoje, tem como membros (partes): Argentina, Brasil, Paraguai e Uruguai. Os seguintes Estados são considerados associados: Chile, Peru, Colômbia, Equador, Guiana e Suriname. Os Estados associados firmaram acordos de livrede 1991, celebram o Tratado de Assunção[(1078)], com o objetivo de estabelecer, de forma progressiva, um mercado comum, que favoreça (art. 1º) "a livre circulação de bens, serviços e fatores de produção entre os países". No tratado, destacam-se os seguintes princípios: reciprocidade de direitos e obrigações entre os Estados partes (art. 2º); transparência (art. 4º); paridade em relação aos produtos comercializados (art. 7º); *pacta sunt servanda* (art. 8º, b); e não discriminação (art. 8º, d).[(1079)] Também em 1991, foi criada a Comissão Parlamentar Conjunta do Mercosul, por iniciativa de deputados e senadores dos Estados partes.

Em 5 de agosto de 1994, foi aprovada a Tarifa Externa Comum (TEC), a ser aplicada às exportações de extrazona, a partir de 1 de janeiro de 1995. Em 17 de dezembro de 1994, o Protocolo de Ouro Preto estabeleceu as bases institucionais do Mercosul[(1080)], por meio da previsão dos seguintes órgãos: Conselho do Mercado Comum; Grupo Mercado Comum; Comissão de Comércio do Mercosul; Comissão Parlamentar Conjunta; Foro Consultivo Econômico e Social; e Secretaria Administrativa do Mercosul. O art. 34 do Protocolo de Ouro Preto definiu que o Mercosul tem personalidade jurídica de Direito das Gentes, adquirindo capacidade para praticar os atos necessários para adquirir bens móveis e imóveis, comparecer em juízo, conservar fundos e fazer transferências (art. 35), em suma, para praticar todos os atos para a realização de seus objetivos.[(1081)]

O Conselho do Mercado Comum é sua principal estrutura administrativa, sendo responsável pela tomada de decisões sobre o processo de integração e de conduzir as deliberações políticas. Embora composto pelos ministros das relações exteriores e da economia de cada Estado, nas suas reuniões decisivas, os próprios presidentes da república de cada país lideram as negociações.[(1082)]

O Conselho tem as seguintes funções: velar pelo cumprimento do Tratado de Assunção, de seus protocolos e dos acordos firmados em seu âmbito; formular políticas e promover as ações necessárias à conformação do mercado comum; exercer a titularidade da personalidade jurídica do Mercosul; negociar e firmar acordos em nome do Mercosul com terceiros países, grupos de países e organizações internacionais; manifestar-se sobre as propostas que lhe sejam elevadas pelo Grupo Mercado Comum; realizar reuniões de ministros e pronunciar-se sobre os acordos que lhe sejam remetidos em decorrência dessas reuniões; criar, modificar ou extinguir os órgãos que entender pertinentes; esclarecer, quando necessário, o conteúdo e o alcance de suas decisões em

-comércio com o bloco, obtendo vantagens nas relações econômicas e comerciais com os membros, objetivando a criação de zonas de livre-comércio, todavia, os associados, embora, quando convidados, participem das reuniões, não têm direito a voto. Os Estados associados à ALADI podem aderir ao Mercosul, desde que celebrem acordos de livre-comércio com o bloco e adotem a democracia como regime político. A Bolívia está em processo de adesão como Estado parte. A Venezuela fez parte do Mercosul, tendo ingressado no Bloco em 12 de agosto de 2012, mas foi notificada da cessação do exercício de seus direitos inerentes à condição de Estado parte do Mercosul, em razão do descumprimento de compromissos assumidos no Protocolo de Adesão ao Mercosul, sendo que, em 5 de agosto de 2017, a Venezuela foi notificada da suspensão de todos os seus direitos e obrigações inerentes à sua condição de Estado parte do Mercosul, em conformidade com o disposto no segundo parágrafo do artigo 5º do Protocolo de Ushuaia. São dois os Protocolos de Ushuaia, assinados, respectivamente, em 24 de julho de 1998 e 20 de dezembro de 2011, sobre compromisso com a democracia no Mercosul. In: <http://mercosul.gov.br/saiba-mais-sobre-o-mercosul>. Acesso em: 4 jan. 2018.

(1078) REZEK, Francisco. *Direito internacional público*. 13. ed. São Paulo: Saraiva, 2011. p. 313. JO, Hee Moon. *Introdução ao direito internacional*. 2. ed. São Paulo: LTr, 2004. p. 299. NEVES, Gustavo Bregalda. *Direito internacional público e direito internacional privado*. 3. ed. São Paulo: Atlas, 2008. p. 148. REIS, Jair Teixeira. *Resumo de direito internacional e comunitário*. 4. ed. São Paulo: LTr, 2015. p. 97.

(1079) GUERRA, Sidney. Ob. cit., p. 376-7.

(1080) O Tratado de Assunção estabeleceu um quadro institucional provisório, prevendo apenas quatro órgãos: Conselho Mercador Comum; Grupo Mercado Comum; Comissão Parlamentar Conjunta; e Secretaria Administrativa. In: SEITENFUS, Ricardo. *Direito internacional público*. 5. ed. Porto Alegre: Livraria do Advogado, 2016. p. 176-7.

(1081) PORTELA, Paulo Henrique Gonçalves. Ob. cit., p. 1016.

(1082) VARELLA, Marcelo D. Ob. cit., p. 390.

matéria financeira e orçamentária; homologar o regimento interno do Grupo Mercado Comum. Este, por sua vez, é o órgão executivo do Mercosul e é formado por quatro membros titulares e quatro membros suplentes de cada Estado, devendo estar sempre representado por funcionários do Ministério das Relações Exteriores, da Economia e dos bancos centrais. A Comissão de Comércio é o órgão que assiste ao Grupo Mercado Comum, velando pela aplicação dos instrumentos de política comercial comum acordados pelos Estados-membros, para o funcionamento da união aduaneira, e acompanhando e revisando os temas e matérias relacionados com o comércio no Mercosul e com outros países. O Foro Consultivo Econômico e Social é o órgão representativo dos setores econômicos e sociais, com função de natureza consultiva, sendo composto por um número igual de representantes de cada Estado. A Secretaria Administrativa é órgão de apoio operacional e técnico, que presta os serviços necessários aos órgãos do Mercosul, com sede permanente em Montevidéu[(1083)], desde 15 de dezembro de 1997.

Em 6 de outubro de 2003, foi criada a Comissão de Representantes Permanentes do Mercosul (CRPM), a funcionar em Montevidéu, como órgão do Conselho do Mercado Comum (CMC), cujo presidente pode, sob mandato do Conselho, exercer a representação exterior do bloco. Em 2005, em substituição à Comissão Parlamentar Conjunta, foi assinado o protocolo constitutivo do Parlamento do Mercosul, também com sede em Montevidéu: unicameral e integrado por representantes eleitos por sufrágio universal, direto e secreto, em cada Estado parte. A sessão inaugural do Parlamento se deu em 14 de dezembro de 2006. A principal função do Parlamento é emitir opiniões sobre os diferentes aspectos do processo de integração, que não vincula o Conselho, o qual poderá aceitá-las ou não. O Parlamento, assim, apenas propõe e avalia as propostas de normas.[(1084)] A composição atual do Parlamento (outubro de 2010), segundo critério de representação cidadã, observa atribuição de pesos diferenciados na representação das populações dos Estados: critério de proporcionalidade atenuada, o que se verifica ao se comparar a população do Brasil e Argentina, sendo a brasileira cinco vezes maior. A representação atual é a seguinte: Brasil — 37 deputados; Argentina — 26 deputados; Paraguai e Uruguai — 18 deputados cada. A composição final das bancadas será: Brasil — 75 deputados; Argentina — 43 deputados; Paraguai e Uruguai — 18 deputados cada. Este ajuste na composição das bancadas está condicionado à realização de eleições diretas em cada Estado parte, sendo que, atualmente, apenas Paraguai e Argentina realizam eleições diretas para a sua representação no Parlamento do Mercosul.[(1085)]

5.3.1.1. A jurisdição no Mercosul — o Tribunal Permanente de Revisão

No Tratado de Assunção, estabeleceu-se, em seu Anexo III, um sistema provisório para a resolução de controvérsias, baseado em negociações diretas intergovernamentais, que poderiam ser submetidas ao Grupo de Mercado Comum, o qual teria um prazo de 60 dias para formular a recomendação da solução da controvérsia. Caso não solucionado o litígio, poder-se-ia levar a controvérsia ao Conselho do Mercado Comum, para que adotasse as recomendações pertinentes para a resolução da controvérsia. Contudo, este método provisório revelou-se insuficiente, havendo um compromisso, no Anexo III mencionado, de se adotar um sistema definitivo para solução de controvérsias até 31 de dezembro de 1994.

Desde o Protocolo de Brasília, de 17 de dezembro de 1991, o Mercosul dispõe de um sistema autônomo de solução de controvérsias, embora tenha sido criado também em caráter provisório. Originalmente, foi concebido com duas modalidades de solução de litígios: (1) negociações diplomáticas e no seio das instituições, em especial no âmbito do Grupo Mercado Comum e da

(1083) GUERRA, Sidney. Ob. cit., p. 378-9.
(1084) VARELLA, Marcelo D. Ob. cit., p. 391-2.
(1085) In: <http://mercosul.gov.br>. Acesso em: 4 jan. 2018.

Comissão de Comércio; e (2) recurso à arbitragem, por intermédio de tribunais *ad hoc*, com a nomeação dos árbitros a partir de listas propostas pelos Estados partes. A fórmula criada pelo Protocolo de Brasília vigeu até 2004, tendo servido para orientar a solução de nove controvérsias entre Estados, sobre questões de diversas índoles.

Com o Protocolo de Olivos, de 18 de fevereiro de 2002, foi revogado o Protocolo de Brasília (mas que continuou com eficácia por mais dois anos), ficando previsto o estabelecimento de cláusula de eleição de foro, a obrigar a parte que provoca o sistema autônomo de solução de controvérsias a renunciar a outros sistemas, como o da OMC, não havendo vedação, no bloco, ao recurso a outro sistema, mas apenas a que se evite a provocação concomitante de sistemas diversos, para se evitar a prolatação de sentenças contraditórias.(1086)

Outra inovação do Protocolo de Olivos foi a criação do Tribunal Permanente de Revisão (TPR), com sede em Assunção, no Paraguai, modificando-se a sistemática do Protocolo de Brasília, uma vez que neste as decisões do Tribunal Arbitral *ad hoc* eram inapeláveis. O Tribunal é composto por cinco árbitros, cada um com um suplente, sendo um indicado por cada membro e um por consenso. O TPR é uma instância jurisdicional permanente, para garantir a correta interpretação, aplicação e cumprimento dos instrumentos jurídicos fundamentais do processo de integração. O Tribunal pode funcionar como única instância ou como tribunal recursal em relação aos pronunciamentos dos Tribunais Arbitrais *Ad Hoc* (arts. 19, 23 e 17 do Protocolo de Olivos). No art. 3º do Protocolo de Olivos, há a previsão de recorrer-se ao Tribunal Permanente de Revisão, para a obtenção de Opiniões Consultivas, ou mesmo para que os Estados-membros provoquem o procedimento para o deferimento de medidas excepcionais de urgência (art. 2º do DEC. n. 23/04 do CMC).(1087)

O sistema de solução de controvérsias do Mercosul é interestatal. Nos conflitos interestatais, a solução da controvérsia se inicia com um período obrigatório, de no mínimo quinze dias, de tentativa de solução direta entre as partes. Após, podem, de comum acordo, solicitar a intervenção do Grupo Mercado Comum, que terá 30 dias para recomendar sobre a solução do litígio, ou, caso não queiram esta via ou não alcancem nela a conciliação, podem iniciar o contencioso arbitral, em um Tribunal Arbitral *Ad Hoc* — formado para cada disputa — ou no Tribunal Permanente de Revisão. Caso se escolha o Tribunal *Ad Hoc*, este tem 60 dias para analisar o caso e proferir a decisão, podendo, durante a instrução, qualquer parte requerer uma medida cautelar. Se uma das partes não ficar satisfeita, pode recorrer ao TPR. A decisão deste é irrecorrível, podendo, no máximo, ser objeto de esclarecimento. A parte vencida deve implementar a decisão em, no máximo, 30 dias, após o trânsito em julgado.(1088)

Sob o ponto de vista do indivíduo, há a possibilidade de conflito entre um particular e um Estado dentro do sistema do Mercosul, classificando-se, como *Varella*, este sistema de solução

---

(1086) SEITENFUS, Ricardo. Ob. cit., p. 177. Sobre o Protocolo de Olivos e as soluções de controvérsias no Mercosul, ver: STAMTLEBEN, Jürgen. A solução de controvérsias na União Europeia e no MERCOSUL; e BARRAL, Welber. O protocolo de Olivos e as controvérsias no MERCOSUL. LABRANO, Roberto Ruiz. O protocolo de Olivos: novo sistema de controvérsias no MERCOSUL. KLOR, Adriana Dreyzin de. O Protocolo de Olivos. In: HOFMEISTER, Wilhelm; TREIN, Franklin (Orgs.). *Anuário Brasil-Europa*: solução de controvérsias, arbitragem comercial e propriedade intelectual. Rio de Janeiro: Konrad Adenauer Stiftung, 2003.

(1087) Dispõe o art. 2º: "Qualquer Estado Parte poderá recorrer ao Tribunal Permanente de Revisão (TPR) sob o procedimento estabelecido na presente decisão sempre que se cumpram os seguintes requisitos: a) que se trate de bens perecíveis, sazonais, ou que por sua natureza e características próprias perderem suas propriedades, utilidade e/ou valor comercial em um breve período de tempo, se foram retidos injustificadamente no território do país reclamado; ou de bens que estivessem destinados a atender demandas originadas em situações de crise no Estado Parte importador; b) que a situação se origine em ações ou medidas adotadas por um Estado Parte, em violação ou descumprimento de normativa MERCOSUL vigente".

(1088) VARELLA, Marcelo D. Ob. cit., p. 392-3.

como misto. Assim, pessoas físicas ou jurídicas podem acionar o sistema, todavia, com muitas limitações. Nesse sentido, qualquer particular pode reclamar perante a Seção Nacional do Mercosul, em virtude de sanção ou aplicação, por qualquer dos Estados-membros, visando elidir medidas legais ou administrativas de efeito restritivo, discriminatório ou de concorrência desleal, que sejam contrárias ao Tratado de Assunção ou ao Protocolo de Ouro Preto ou a outras normas vigentes no Mercosul. Há, na Seção, um juízo prévio de admissibilidade, que, aceito o pedido, envia-o para o Grupo Mercado Comum, que fará novo exame e, admitindo-o, formará um grupo com seis especialistas que formularão laudo sobre o pedido. Caso este grupo indique a violação do Direito do Mercosul, um Estado parte pode requerer a punição do Estado infrator.(1089)

Analisando-se as decisões nos tribunais do Mercosul, no período de funcionamento apenas dos tribunais arbitrais *ad hoc*, vê-se, desde a primeira decisão, em 1999, em que se discutiu a validade de licenças de importação — restrição não tarifária imposta pelo Brasil, apontadas, no caso, como uma restrição indevida ao comércio intrazona, produzindo um efeito inibidor, gerando incerteza e insegurança, a afetar o desenvolvimento das correntes de trocas. No laudo de resolução do diferendo, o primeiro do Mercosul, o Tribunal julgou favoravelmente ao demandante (Argentina), definindo a sua decisão com base nos fins e princípios do sistema do Tratado de Assunção, a favorecer a integração das partes envolvidas no litígio, aplicando, por conseguinte, as regras cabíveis à situação em julgamento, postas pelas partes previamente, por meio do Tratado precitado.(1090) A solução obtida foi aquela, segundo os árbitros, que melhor atendeu à finalidade do bloco e à principiologia estabelecida no Tratado de Assunção, julgando-se pela incompatibilidade do regime de licenciamento, posto discricionariamente por um Estado parte, com o conjunto normativo do Mercosul. Desde o início, a atividade jurisdicional mercosulina foi desenvolvida no sentido de contribuir para a integração (*in dubio pro communitate*) entre os países do bloco, pautando-se sempre na segurança jurídica e na livre circulação de bens, sendo incompatíveis com o sistema medidas unilaterais, portanto, não concertada, de um Estado parte, que vá contra à essência de toda integração entre os países partes, pois integração exige consenso, de acordo com a tomada de decisão em bloco, na forma consagrada no art. 37 do Protocolo de Ouro Preto, respeitando princípios, objetivos, normas e procedimento negociados pelos Estados partes.

Firmou-se, assim, desde o primeiro julgamento, que a jurisdição, hoje desempenhada, sobretudo, pelo Tribunal Permanente de Revisão, dá a este o caráter de ser o intérprete último do plexo normativo do Mercosul. Havendo, assim, dúvida ou divergência entre os Estados partes sobre o alcance legal de alguma medida relacionada com alguma normativa, o TPR é, segundo GONZÁLEZ, a instância legítima para interpretar seu alcance e o enquadramento legal, ou para dar a sua aplicação e a interpretação correta sobre a sua compatibilidade.(1091) A decisão sobredita foi acolhida, sendo definido pelos presidentes que nenhuma medida não tarifária restritiva à livre circulação de mercadorias no bloco poderia ser adotada sem a prévia e coordenada ação de todos os sócios do bloco no mesmo sentido. O primeiro laudo tornou-se uma peça de considerável valor jurídico para o Mercosul.(1092)

A doutrina tem entendido que cada laudo arbitral do Mercosul tem trazido contribuição relevante para o avanço e desenvolvimento do processo de integração, sobretudo para consolidação do mercado comum. Há uma jurisprudência já firmada nesse sentido, que se destaca pela menção nas decisões que se seguem às soluções dadas em casos anteriores, desde o primeiro, ainda na vigência do Protocolo de Brasília, até os posteriores, já com o Protocolo de Olivos. Na primeira

---

(1089) VARELLA, Marcelo D. Ob. cit., p. 392-4.

(1090) GONZÁLEZ, Carlos Hugo Centurión. Aporte del Tribunal Permanente de Revisión al processo de intgegración del MERCOSUR: reflexiones orientadas hacia la sociedade civil del MERCOSUR. In: *Rev. secr. Trib.* Perm. revis. Año 5, N. 9; Marzo 2017; p. 82.

(1091) Ob. cit., p. 83.

(1092) Ob. cit., p. 87.

fase, na vigência do primeiro protocolo, foram dez laudos; na segunda, mais 8 laudos. Embora não sejam muitos os laudos, como diz *González*, foram suficientes para deixar assentada uma interessante jurisprudência, que é invocada em diversas controvérsias, sendo certo que os tribunais, tanto o *ad hoc*, como o TPR, têm auxiliado, em verdade, na construção institucional e normativa do Mercosul. Ao intervir sobre as questões postas, os tribunais põem as coisas no devido lugar, ordenando-as.(1093)

A mais importante das modificações introduzida pelo Protocolo de Olivos foi a de prever a possibilidade de alcançar uma opinião consultiva, que se consubstancia por meio da atuação de um juiz em poder pedir ao TPR uma opinião especializada sobre uma causa em trâmite e sempre que uma norma do Mercosul for invocada. Assim, expressada a opinião consultiva pelo Tribunal, o juiz poderá prolatar a sentença precisa e ajustada ao Direito, segundo a sua livre convicção, porém tomando como referência a muito autorizada voz do TPR. A opinião não é vinculante e a autoridade jurisdicional nacional terá a liberdade de alinhar-se à opinião do Tribunal, sendo difícil ao juiz não a adotar, diante da autoridade do Tribunal. É sensível que há, nas instâncias nacionais, cada vez mais advogados sustentando suas razões com base nos fundamentos esposados no TPR e na jurisprudência do Mercosul. Nas demandas em curso nas jurisdições nacionais, em que se foi agravado por alguma medida adotada por algum Estado parte em que uma norma do Mercosul está em discussão, há a possibilidade de obter-se uma opinião consultiva no TPR, para que, em seguida, o juiz nacional decida.(1094)

É, assim, inegável a incidência do Direito do Mercosul no Direito interno dos países que participam desse processo de integração. Em especial nas operações comerciais entre os Estados partes, no comércio de bens e serviços ou na chamada dimensão social e sócio-laboral do Mercosul, a Declaração Sócio-Laboral do Mercosul foi internalizada na Argentina (Direito supralegal) e aplicada por juízes brasileiros, uruguaios e paraguaios. Tal proceder das Justiças internas deve ser o mesmo, no que se refere à aplicação do Direito do Mercosul, quando se trata de questões relativas ao trânsito de caminhões de cargas e ao transporte de passageiros e a toda a complexa atividade de transporte entre os países partes, bem como questões sobre transporte de produtos agressivos ao meio ambiente e suas regulamentações, matérias relativas às aduanas quanto a normas fito-zoo-sanitárias, ou ainda quanto aos despachos aduaneiros e às taxas aplicáveis, na zona do bloco. E aqui vale, por império do Protocolo de Olivos, a atuação da Corte mercosulina, diante de controvérsias em que for suscitada a aplicação, interpretação ou não cumprimento de qualquer norma do Mercosul nos âmbitos público e privado, tanto emitindo opiniões consultivas quanto decidindo questões, por meio de laudos. A possibilidade de obtenção de opinião consultiva significa o acesso indireto do cidadão nacional ao Tribunal Permanente de Revisão.(1095)

Mesmo tendo sido utilizada apenas três vezes, a via da opinião consultiva é um caminho que pode gerar frutos para uma maior integração regional e trazer para dentro da Justiça nacional uma compreensão mais adequada do Direito do Mercosul, disseminando, no plano interno, o Direito mercosulino. Assim, sempre que um nacional entender que uma norma interna não é compatível com alguma norma do Mercosul poderá acionar, por meio da opinião consultiva, requerida diante do juiz da causa, a Corte do Mercosul, para dirimir a questão relativa à compatibilidade da regra interna.

(1093) GONZÁLEZ, Carlos Hugo Centurión. Ob. cit., p. 89.

(1094) Ob. cit., p. 90. Sobre a primeira decisão do TPR a respeito de opinião consultiva, a respeito de seu caráter não vinculante, no Mercosul, ver: ARROYO, Diego P. Fernández. La respuesta del Tribunal Permanente del MERCOSUR a la primera "consulta interpretativa": escoba nueva siempre barre más menos. In: ACCIOLY, Elizabeth (Coordenadora). *Direito no século XXI*, em homenagem ao Professor Werter Faria. Curitiba: Juruá, 2009. p. 123-141.

(1095) GONZÁLEZ, Carlos Hugo Centurión. Ob. cit., p. 93-4.

Cabe destacar que os laudos, segundo o Protocolo de Olivos, são obrigatórios para as partes, que devem cumpri-los. Assim é que, no capítulo IX do PO, em seu art. 31, há a previsão das medidas compensatórias, mais conhecidas como medidas de retaliação, em que o Estado que for afetado pelo descumprimento de um laudo pode solicitar autorização ao Tribunal para aplicar medidas retaliativas contra o Estado remisso, para que este venha a respeitar o resultado do laudo. Todavia, não há relato de caso nesse sentido, tendo sido as decisões observadas ou a situação solucionada de algum modo.

A importância da jurisdição para a integração no Mercosul é tão grande que há a previsão no Protocolo de Olivos, em seu art. 54, de que a denúncia desse Protocolo significa denunciar, por conseguinte, o Tratado de Assunção. Não aceitar ou não se submeter às soluções jurisdicionais significa não fazer parte do bloco.[(1096)]

5.3.2. A Comunidade Andina

Em um dado momento, os países andinos ficaram insatisfeitos com o andamento da ALALC. Para eles, seria inviável e ineficaz, como diz *Cançado Trindade*, um processo de integração consistente meramente na abertura de mercados, e por isso partiram para uma integração sub-regional, mais consentânea com os interesses desses países. Com a Declaração de Bogotá, de 16 de agosto de 1966 — presidentes da Colômbia, Chile e Venezuela, e representantes dos presidentes do Peru e Equador, iniciaram-se as negociações para acelerar a integração entre esses países, constituindo-se uma Comissão Mista de representantes governamentais, o que foi corroborado pela ALALC, em 1967, como já referido.[(1097)]

Em 1967, a Comissão Mista realizou três reuniões, tendo se acertado as bases do acordo sub-regional, ratificada pelos chanceleres da ALALC, que autorizaram a formação do novo grupo sub-regional — Grupo Andino. Em novembro de 1967, a Comissão Mista reuniu-se em Lima, com a participação da Bolívia, que se incorporou ao grupo, tendo sido definida a estrutura básica do instrumento financeiro do Grupo — a Corporação Andina de Fomento (CAF), tendo sido o acordo assinado em Bogotá em fevereiro de 1968.[(1098)]

Nada obstante este passo, divergências acerca dos interesses econômicos entre os países participantes fizeram com que as deliberações seguintes sofressem alguns entraves, contrários ao estabelecimento de instituições comuns. Todavia, em 26 de maio de 1969, assinou-se o Acordo de Cartagena, com a ausência da Venezuela[(1099)]. O acordo visou à criação de um mercado comum na região andina da América do Sul. Foram criados, no plano institucional, dois órgãos principais —

(1096) GONZÁLEZ, Carlos Hugo Centurión. Ob. cit., p. 98-9. Nada obstante esta importância formal da jurisdição, até hoje foram poucas as decisões do Tribunal Permanente de Revisão, que se consubstanciam, basicamente, nas seguintes, além das três opiniões consultivas: — Laudo n. 01/2005, de 20 de dezembro de 2005, em Recurso de Revisão apresentado pela República do Uruguai contra o laudo arbitral do Tribunal Arbitral *Ad Hoc*. In: <http://tprmercosur.org/docum/laudo>; — Laudo Complementar n. 01/2006, de 13 de janeiro de 2006, em Embargos de Declaração opostos pela República Argentina. In: <http://tprmercosur.org/docum/laudo>; — Laudo n. 02/2006, de 6 de julho de 2006, em Recurso de Revisão apresentado pela República Argentina contra decisão do Tribunal Arbitral *Ad Hoc* (controvérsia original promovida pela República Oriental do Uruguai). In: <http://tprmercosur.org/docum/laudo>; — Laudo n. 01/2007, de 8 de junho de 2007, em Pronunciamento sobre excesso na aplicação de medidas compensatórias, em controvérsia entre Uruguai e Argentina. In: <http://tprmercosur.org/docum/laudo>; — Laudo n. 01/2008, de 25 de abril de 2008, em Divergência sobre o cumprimento do Laudo n. 1/05, iniciado pela República Oriental do Uruguai. In: <http://tprmercosur.org/docum/laudo>; — Laudo n. 01/2012, de 9 de juho de 2012, em procedimento excepcional de urgência, solicitado pela República do Paraguai. In: <http://tprmercosur.org/docum/laudo>. Acesso em: 13 set. 2018.

(1097) CANÇADO TRINDADE, Antônio Augusto. Ob. cit., p. 349.

(1098) Ob. cit., p. 350.

(1099) O Chile deixou o Pacto Andino em 1976 e a Venezuela em 2006.

a Comissão e a Junta; e órgãos auxiliares — o Comitê Consultivo e o Comitê Assessor Econômico e Social. A Comissão, que decide por maioria de 2/3 de seus membros, é o órgão máximo, composta pelo Presidente de cada país, cabendo-lhe a formulação da política geral e zelar por seu cumprimento. A Junta, órgão técnico, composta por três nacionais de qualquer país latino-americano, tem a faculdade de iniciativa e proposta e de zelar pelo cumprimento do acordo e das decisões da Comissão. A Comissão reúne-se na sede da Junta, em Lima.[1100]

O Grupo Andino, como menciona *Cançado Trindade*, é bem mais que uma simples união aduaneira. Nele, destaca-se a liberação do comércio sub-regional (caráter geral de seu programa de liberação), a programação do desenvolvimento industrial e dos investimentos estrangeiros e a harmonização das políticas econômicas e dos programas gerais de desenvolvimento.[1101]

Em 1976, os representantes plenipotenciários dos integrantes do Grupo lavraram o Protocolo de Lima, adicional ao Acordo de Cartagena, dando a este atualização, complementada pelo Protocolo de Arequipa, de 1978. No ano seguinte, os presidentes dos países andinos, reunidos em Cartagena, comemorando 10 anos do acordo de fundação, expediram o Mandato de Cartagena, por meio do qual declararam que o futuro dos países andinos é uno e indivisível, firmando que a integração sub-regional não se tratava apenas de uma empresa econômica, mas de alcance cultural, sendo feita menção ao plano de se efetivar formas de organização política, assegurando a participação popular, para atingir o desenvolvimento solidário. Nesse desiderato, foram feitas recomendações no sentido de serem criados novos órgãos: Conselho Andino; Parlamento Andino; e o Tribunal de Justiça, que foram criados a seguir, por meio de tratados, ainda no ano de 1979, completando-se o quadro institucional do Grupo Andino.

Nada obstante todos os esforços, em décadas, somente em 1993, os países andinos eliminaram entre si as tarifas aduaneiras e formaram, finalmente, uma zona de livre-comércio, com a livre circulação das mercadorias entre seus países, permitindo o comércio intracomunitário e o seu crescimento, maior geração de empregos e desenvolvimento. Foram liberalizados os serviços, em especial os de transporte, em suas diferentes modalidades. Com o Protocolo de Trujilo, em 1996, institucionalizou-se o Sistema Andino de Integração (SAI).[1102] Em 1997, foram feitas reformas no Acordo de Cartagena, fazendo com que o Conselho Presidencial Andino e o Conselho Andino de Ministros das Relações Exteriores integrem a estrutura institucional. Deu-se passo decisivo, criando-se a Comunidade Andina (CAN), que substituiu o Pacto Andino. Em 2007, na Cimeira de Tarija, os presidentes da Comunidade Andina acordaram impulsionar uma maior integração regional, que propugnasse um acertamento mais equilibrado entre os aspectos sociais, culturais, econômicos, políticos, ambientais e comerciais.

5.3.2.1. O Tribunal de Justiça da Comunidade Andina

O Tribunal de Justiça da Comunidade foi previsto no art. 6º do Acordo de Cartagena. Nasceu em 28 de maio de 1979, com a subscrição do Tratado de Criação do "Tribunal de Justiça do Acordo de Cartagena". Depois de um longo processo de ratificação e de gestões para sua instalação, na cidade de Quito, iniciou suas atividades em 2 de janeiro de 1984. Com o Protocolo de Cochabamba, de 28 de maio de 1996, seu nome foi substituído para Tribunal de Justiça da Comunidade Andina. É um órgão judicial de caráter permanente, supranacional e comunitário, instituído para declarar a validade do Direito Comunitário e assegurar sua interpretação e aplicação uniforme em todos os países-membros. O Tribunal é integrado por um magistrado de cada país parte.[1103]

(1100) CANÇADO TRINDADE, Antônio Augusto. Ob. cit., p. 351-2.

(1101) Ob. cit., p. 352-3.

(1102) GOLDBAUM, Sérgio; LUCCAS, Victor Nóbrega. Comunidade Andina de Nações. São Paulo: FGV, Textos para discussão 309, abril de 2012, p. 8. Disponível em: <http://researchgate.net/profile. Sergio_Goldbaum/publication/241758305_Comunidade_Andina_Nacoes/links/5420ª8200cf241a65a1e4>. Acesso em: 8 jan. 2018.

(1103) In: <http://comunidadandina.org/Seccion.aspx?id=29&tipo=SAtitle=tribunal>. Acesso em: 5 jan. 2018.

O Tribunal tem as seguintes funções ou conhece das seguintes ações, recursos ou matéria: (1) de nulidade; (2) de incumprimento; (3) de interpretação prejudicial; (4) recurso por omissão ou inatividade; (5) função arbitral; (6) ação laboral. Foi desenvolvido, no bojo do Tribunal, por meio de suas sentenças e decisões, a compreensão e aplicação do ordenamento jurídico comunitário, ao interpretar e aplicar o Direito Comunitário. Os princípios do efeito direto, da aplicação imediata e da supremacia do Direito Comunitário Andino foram sedimentados por meio da atuação do Tribunal, pelas suas decisões. Trata-se de órgão jurisdicional que tem tido uma demanda considerável. Até 2010, conheceu de 1813 medidas objetivando a interpretação prejudicial, solicitadas por juízes nacionais, bem como: 116 ações de incumprimento contra os países-membros, 50 ações de nulidade, 9 processos laborais e 6 recursos por omissão ou inatividade dos órgãos comunitários, sendo considerada a terceira Corte internacional mais ativa do mundo, após a Corte Europeia de Direitos Humanos e o Tribunal de Justiça da União Europeia.[(1104)]

O modelo de atuação do Tribunal parece ter sido transplantado da União Europeia, em especial pelas interpretações prejudiciais. Estas conclusões foral alcançadas por *Carneiro*, após estudar, segundo a ordem cronológica, 285 decisões, entre 1987 e 2012 (grande parte delas são sobre marcas e patentes[(1105)]), do Tribunal de Justiça da Comunidade Andina, que se encontravam disponíveis na página oficial do TJA na internet, até 2014, sendo hoje apenas consultadas com o número do processo. No que tange às interpretações prejudiciais, tem-se como mecanismo processual próprio do Direito Comunitário, havendo a consulta ao Tribunal de Justiça quando o fundamento jurídico do pedido, na ação ajuizada perante o juiz ou tribunal nacional, tratar de medidas dos Estados no intuito de dar aplicação aos normativos comunitários. No sentido de assegurar a interpretação e aplicação uniforme do Direito Comunitário em toda área de integração, os juízes de primeira instância e os tribunais em última ou única instância remetem a questão ao Tribunal de Justiça Andino, que tem competência para a adequada interpretação do Direito em discussão. Esta interpretação é feita pelo TJA e produz efeito vinculante.[(1106)]

Segundo *Carneiro*, o quadro de pesquisa do TJA revela que a integração existente na Comunidade Andina é aberta e evidencia uma forma de proceder que favorece os valores do livre-comércio e um agir consentâneo com as relações comerciais estabelecidas com as empresas dos Estados Unidos e da União Europeia.[(1107)]

5.3.3. O Sistema de Integração Centro-Americana — SICA

A história da tentativa de integração na América Central é antiga. Em 22 de novembro de 1824, na cidade da Guatemala, subscreveu-se a Constituição da República Federal Centro-Americana, firmada por Costa Rica, Nicarágua, Honduras, El Salvador e Guatemala. Já nesta Constituição estava prevista a Corte Suprema de Justiça, que desapareceu quando foi dissolvida a federação regional, entre 1838 e 1840. Houve outros intentos federalistas, no final do século XIX e também nas primeiras décadas do século XX, mas não lograram êxito.

(1104) In: <http://comunidadandina.org/Seccion.aspx?id=29&tipo=SAtitle=tribunal>. Acesso em: 6 jan. 2018. Ver também: <http://tribunalandino.org.ec>.

(1105) CARNEIRO, Cynthia Soares. O transplante das interpretações jurisprudenciais para o Tribunal de Justiça Andino. In: *Rev. secr. Trib. Perm.* revis. Año 5, n. 9; Marzo 2017; p. 101-7.

(1106) CARNEIRO, Cynthia Soares. O transplante das interpretações jurisprudenciais para o Tribunal de Justiça Andino. In: *Rev. secr. Trib. Perm. revis.* Año 5, n. 9; Marzo 2017; p. 101-7. Segundo a autora mencionada, "no processo originário, ajuizado perante uma instância nacional, no polo ativo encontra-se, quase invariavelmente, uma empresa multinacional com sede em países europeus ou nos Estados Unidos. A Comunidade Andina tem adotado o modelo de integração comercial aberta, ao ampliar o livre-comércio aos tradicionais parceiros extracomunitários. No polo passivo, como réus na disputa ou como parte interessada na decisão do órgão local, estão empresas locais". In: ob. cit., p. 108.

(1107) Ob. cit., p. 111-2.

Mais recentemente, a integração dos países continentais da América Central começou dentro da Organização dos Estados Centro-Americanos — ODECA, que declarou a necessidade de integração, tendo em vista fazerem parte de uma região geograficamente única e indivisível, por possuírem uma identidade comum, uma mesma história e uma vontade de constituírem uma mesma nação no futuro. Esta Organização foi criada em 1951 por Costa Rica, El Salvador, Guatemala, Honduras e Nicarágua. No ano de 1960, a ODECA previu o Mercado Comum Centro-Americano (MCCA), no intuito de estabelecer uma união aduaneira. Contundo, somente em 1991, foi criado o Sistema de Integração Centro-Americana (SICA), que tem como fundamentos a paz, a liberdade, a democracia e o desenvolvimento regional, por meio do Protocolo de Tegucigalpa, que, em verdade, atualizou a Carta da Organização dos Estados Centro-Americanos.[(1108)]

No Protocolo de Tegucigalpa definiu-se a estrutura institucional do Sistema, baseada, sobretudo, nas seguintes: Secretário Geral, Comitê Executivo, Comitê Consultivo, Parlamento Centro-Americano, Corte Centro-Americana de Justiça e Foro de Vice-presidentes. No Protocolo, em seu art. 4º, foi estabelecido, na alínea "g", que a segurança jurídica das relações entre os Estados-membros e a solução pacífica das controvérsias é um dos princípios fundamentais do Sistema de integração. No art. 6º, estabeleceu-se que os Estados se obrigam a se abster de adotar medidas unilaterais que ponham em perigo a consecução dos propósitos e o cumprimento dos princípios fundamentais do SICA. No art. 12, está definido que o Parlamento é um órgão de planejamento, análise e recomendação, não tendo, propriamente, uma função legislativa.

5.3.3.1. A Corte Centro-Americana de Justiça

No que se refere à jurisdição, já se disse acima, que a primeira experiência internacional, sob o ponto de vista jurisdicional, de um tribunal internacional permanente de justiça, deu-se na América Central. Ao se examinar o site da Corte Centro-Americana de Justiça, observa-se que se pretende estabelecer uma história comum com a da Corte original. Esta foi crida pelos Tratados de Paz y Amistad de Washington, em que se estabeleceu uma Corte de Justiça Centro-Americana. Os Tratados foram subscritos em 20 de dezembro de 1907, como mencionado, entre Costa Rica, El Salvador, Guatemala, Honduras e Nicarágua, estabelecendo a Corte que funcionou por dez anos. O Tribunal chamava-se Corte de Cartago, cidade da Costa Rica em que funcionou, tendo sua primeira sede destruída por um forte terremoto no ano de 1910, quando foi transferida para São José. Contudo, em razão do término da vigência dos Tratados mencionados, em 1918, a Corte de Cartago foi extinta. As tentativas posteriores de retorno da Corte não frutificaram, por várias razões.

Somente com a instituição do SICA, foi, finalmente, recriada a Corte Centro-Americana de Justiça, em funcionamento na cidade de Manágua. No art. 12 do Protocolo de Tegucigalpa, também assinado pelo Panamá, foi definido que a Corte Centro-Americana de Justiça tem como função primordial a de garantir o respeito ao Direito, na interpretação e aplicação do Protocolo referido. Em seu art. 35, definiu-se que toda controvérsia na aplicação ou interpretação do Protocolo de Tegucigalpa e nos demais instrumentos deverão submeter-se à Corte Centro-Americana de Justiça. A Corte foi integrada, inicialmente, por um representante de cada país — o presidente do Poder Judiciário de cada um dos Estados-membros, e hoje é composta por magistrados das mais altas cortes por eleições em cada Estado, entre seus pares, com mandato de dez anos, com possibilidade de recondução. A competência da Corte é: conhecer, como instância única, dos conflitos de ordem jurídica que surjam entre os Estados-membros; elaborar e emitir opiniões sobre projetos de unificação da legislação centro-americana quando for solicitado pela Conferência de Ministros

---

(1108) In: Instrumentos juríços del Sistema de Integración Centroamericana. Secretaria Geral del Sistema de Integración Centroamericana. 3. ed. El Salvador: 2011. p. 19. Disponível em: <portal.ccj.org.ni/ccj/nomaritiva/>. Acesso em: 6 jan. 2018. O Panamá também assinou o Protocolo, passando a integrar o Sistema.

de Relações Exteriores ou pelo Conselho Executivo. A competência do Tribunal se exerce com a exclusão da de qualquer outro tribunal, para conhecer dos conflitos entre os Estados e dos litígios entre as pessoas naturais e jurídicas domiciliadas na área jurisdicionada contra um Estado ou contra qualquer dos organismos do SICA, em conflito versando sobre o Direito de Integração. Também, o Tribunal tem competência para examinar conflitos entre os poderes ou órgãos fundamentais dos Estados, sobre a aplicação do Direito relativo à integração regional. Ademais, a Corte tem competência para conhecer das consultas que lhe formulem, assim como emitir recomendações, que propicie a emissão de leis uniformes.

Na exposição de motivos do Estatuto do Tribunal de Justiça Centro-Americano, registra-se que "a soberania estatal resta limitada ao submeter-se à jurisdição da Corte, o que implica que os Estados acatem suas decisões". Ainda aqui, menciona-se que a jurisdição da Corte revisa e controla, mediante procedimento jurisdicional, os atos dos Estados-membros e dos órgãos dos SICA que se relacionem às Convenções e Tratados vigentes entre os Estados partes. No art. 3º do Estatuto, está previsto que as decisões da corte resolverão o litígio com a autoridade de coisa julgada e terá efeito vinculante a todos os Estados, órgãos e organizações que sejam parte do SICA e também para os sujeitos de Direito Privado. Assim, no art. 22 do Estatuto está definida a competência da Corte para: conhecer as ações de nulidade e de incumprimento dos acordos dos organismos do SICA e resolver (alínea "k") toda consulta prejudicial requerida por todo juiz ou Tribunal Judicial que estiver conhecendo de um caso pendente de decisão, encaminhada para obter a aplicação ou a interpretação uniforme das normas que conformam o ordenamento jurídico do SICA, criado pelo Protocolo de Tegucigalpa e por seus instrumentos complementares e atos derivados do mesmo.[1109]

O Tribunal tem servido para impulsionar a integração jurídica do bloco, dando mais certeza à aplicação do Direito Comunitário nos países-membros. A integração centro-americana parece ter avançado a ponto de haver quem considere seu sistema o mais avançado fora do continente europeu, em especial em razão de suas estruturas jurisdicionais.[1110]

5.3.4. A Comunidade do Caribe

O processo de integração no Caribe se iniciou em 1958, com a constituição da Federação das Índias Britânicas, findada em 1962. O processo de integração, não obstante o fim da Federação precitada, continuou, na medida em que outras ilhas foram se tornando independentes, sendo que, em 1965, assinou-se o Tratado para constituir a Associação de Livre Comércio Caribenha (CARIFTA), no Acordo de Dickeson Bay (Antígua e Barbudas).

Em outubro de 1972, os líderes caribenhos transforam a CARIFTA, e previram estabelecer a Comunidade do Caribe, criada em 1973, hoje formada por 15 Estados e 5 territórios da região caribenha. A Comunidade do Caribe e Mercado Comum (CARICOM)[1111] foi fundada pelo Tratado de Chaguaramas (Trinidad e Tobago), de 4 de julho de 1973. O bloco visa a promoção do livre-comércio, do movimento de trabalhadores e do trânsito de capitais na região, bem como coordenar ações relativas à agricultura, à indústria e à política externa entre os seus países-membros

---

(1109) Há uma jurisprudência considerável, de litígios entre privados, em matéria de concorrência desleal e de uso do nome comercial, havendo consulta prejudicial dos interessados. Exemplo: Expediente n. 5, de 28 de setembro de 2005. In: <protal.ccj.org.ni/ccj/prejudiciales/>. Acesso em: 8 jan. 2017.

(1110) NYMAN-METCALF, Katrin; PAPAGEORGIDOOU, Ioannis. Regional integration and courts of justice. In: *Antwerpean*: Intersentia, 2005. p. 14-21. No mesmo sentido, MAZZUOLI destaca a importância da Corte de Justiça Centro-Americana. In: Por un Tribunal de Justicia para UNASUR: La necessidad de una corte de justicia para América del sur sobre los paradigmas del Tribunal de Justicia de la Unión Europea y de la Corte Centroameriana de justicia. In: *Rev. secr. Trib. Perm. revis.* Año 2, n. 4; Agosto 2014; p. 189-217.

(1111) MELLO, Celso D. Albuquerque. *Curso de direito internacional público*. 15. ed. Rio de Janeiro: Renovar, 2004. p. 762.

e é de relevante importância, haja vista integrar e fazer coexistir, em seu bojo, nacionais de origem ameríndia, europeia (inglesa, francesa, holandesa e espanhola), africana, indiana, meso-oriental e asiática, havendo alto grau de mestiçagem (negros, mulatos, caboclos, crioulos e brancos), com diversidade de línguas (espanhol, inglês, francês, holandês) e dialetos (creole, papiamento e saranan tongo), o que mostra ser a experiência importante para a humanidade, embora englobe uma população de cerca de quatorze milhões de pessoas apenas. A área abrangida, em especial o espaço marítimo, é importante e estratégico para todo o mundo.[1112] Por outro lado, trata-se de um Direito Comunitário envolvendo experiências de *Civil* (*v.g.*, Suriname) e *Common Law* (*e.g.*, ilhas de língua inglesa), havendo precedente da Corte que leva a uma forma de proceder mais parecida com o *Common Law — stare dicises*.[1113]

Com o estabelecimento da CSME (*Caricom Single Market and Economy*) — Mercado e Economia Comum do Caribe, em 1999, o Direito de Integração na região se desenvolveu grandemente, caracterizado pela vigência na região de quatro liberdades: de estabelecimento, de prover serviços, de movimento de capitais e de movimento dos nacionais da CARICOM.

5.3.4.1. O Tribunal de Justiça do Caribe

A Corte Caribenha de Justiça, com sede em Trinidad e Tobago, tem raízes nas experiências jurisdicionais da Federação das Índias Britânicas.[1114] A Corte foi criada no Tratado de Barbados, em 14 de fevereiro de 2001, substituindo o Judicial Committee of the Privy Council, ou Privy Council, tribunal britânico formado por membros da Câmara dos Lords, em Londres, que era competente para examinar as causas em último grau de recurso para o Caribe — países de língua inglesa. No ato de instituição da Corte, os Estados-membros da Comunidade ressaltaram, na exposição de motivos, a importância da Corte para aprofundar o processo de integração. Em julho de 2001, em Nassau, Bahamas, o Tratado de Chaguaranas foi emendado por nove protocolos — o Tratado de Revisão, ampliando a competência da Corte. O objetivo principal do Tratado de Revisão foi a integração econômica da região. Assim, o TJC surge com o objetivo de dar o fundamento de Direito Comunitário ao processo de integração econômica, por meio da CSME. A Corte foi inaugurada em 16 de abril de 2005.

O art. 216 do Tratado de Revisão e o art. XVI do Acordo prescrevem que os Estados-membros reconhecem a jurisdição original da Corte como compulsória (competência internacional), *ipso facto*, e sem necessidade de acordo especial. A Corte tem, no art. 2º, do ato de constituição, competências originárias e recursais, sendo as decisões do Tribunal consideradas finais, não cabendo mais recursos. O Tratado prevê a jurisdição compulsória da corte para receber as disputas concernentes à interpretação e aplicação de suas normas, incluindo, (1) disputa entre Estados-membros; (2) disputa entre Estado membro e a Comunidade; (3) referências das Cortes nacionais de Estados-Membros ao Acordo; (4) aplicações às pessoas do Direito Comunitário. As cortes nacionais não têm competência para tratar de matérias relativas ao Direito Comunitário, sendo estas sempre da competência da Corte Caribenha de Justiça. Assim, o efeito direto significa que

---

(1112) MARTÍ, José. Morfologia do processo de integração do Caribe. Primeira parte. In: Boletim Informativo da Associação Latino-Americana de Integração, n. 21, dezembro de 2015. In: <http://aladi.org/boletin/português/2015/noviembreDiciembre/articulo.htm>. Acesso em: 6 jan. 2018.

(1113) NELSON, Rolston. The Caribbean Court of Justice and de Caricom Simgle Market and Economy. P. 11. Prescreve o art. 221 do Tratado de Revisão e o art. XXII do Acordo: "Judgements of the Court shall constitute [be] legally binding precedents for parties in proceedigns before the Court unless such judgements have been revised in accordance with Article 219".

(1114) BYRON, Dennis. The Caribbean Court of Justice and the evolution of caribbean development. In: 15th Annual Salises Conference Hyatt Regency Hotel. Port of Sapin, Trinidad, 23rd april 2014. Disponível em: <http://caribbeancourtofjustice.org/wp-content/upload/2014/04/The-CCJ-and-the-Evolution-of-Caribbean-Devenlpment.pdf>. Acesso em: 6 jan. 2018.

o Direito Comunitário impera não dentro da ordem legal nacional, mas dentro da ordem legal internacional do Caribe.

Quanto à execução das medidas da Corte Caribenha de Justiça, dispõe o art. XXVI do Acordo, que a legislação dos Estados-membros será ajustada para que a jurisdição dos Estados partes possa agir em auxílio à Corte, que, em algum julgamento, decreto, ordem ou sentença determine que seus atos serão executados por qualquer corte e/ou autoridade no território de alguma parte contratante, do mesmo modo que se executa julgado, decreto, ordem ou sentença de uma Corte Superior de Estado parte contratante. O mesmo se dá quanto a atos de instrução processual.(1115)

No que tange à competência de apelação, somente é aplicável aos Estados que aderirem, funcionando como Corte de apelação dos Estados da CARICOM que assim desejarem, tanto em matéria civil, como em matéria penal.(1116)

Em artigo no site do Tribunal, Nelson, juiz da Corte, expõe que o Tribunal terá alguns instrumentos para encontrar seu caminho e mapa para seu curso, como os princípios e regras do Direito Internacional, o *case-law* do Tribunal de Justiça da União Europeia e escritos acadêmicos de Direito Internacional e de Direito da União Europeia.(1117)

Cançado Trindade preceitua que a Corte Caribenha de Justiça é um dos onze tribunais internacionais que participaram do diálogo entre os Tribunais desse naipe. Na reunião, foi retirado um Comunicado, em 5 de outubro de 2007, reafirmando os princípios e propósitos da Carta das Nações Unidas, ressaltando que o Direito de Integração representa um progresso grandioso para a humanidade.(1118)

5.3.5. O T-MEC — Tratado México, Estados Unidos e Canadá

O *North American Free Trade Agreement* regeu a zona de livre-comércio, que abrange o Canadá, Estados Unidos e México, entre 1994 e 2018, sendo substituído pelo T-MEC — Tratado México, EUA e Canadá, como amplamente noticiado pela imprensa internacional. O NAFTA resultou da evolução das relações comerciais e da interdependência econômica na região.(1119) *Abott* menciona que o processo regional de integração econômica na América do Norte continuou mesmo com as crises na década de 1990, trazendo substancial movimentação comercial entre os países envolvidos. Nada obstante, o Tratado não conduziu, a seu ver, a ganhos quanto ao trânsito dos trabalhadores.

O NAFTA não gerou instituições políticas comuns envolvendo os três países signatários do Tratado, mas quase que somente regras relativas a procedimentos para resolver disputas referentes à sua aplicação, por painéis. Ressalte-se que os Estados Unidos retiraram as questões relacionadas ao NAFTA de sua jurisdição interna. O NAFTA, embora uma área de livre-comércio, que prescreveu o livre movimento de serviços e capital, não gerou tarifas comuns aplicáveis a bens originados de países fora do seu território de incidência. No entanto, o NAFTA eliminou, substancialmente,

---

(1115) NELSON, Rolston. The Caribbean Court of Justice and the CARICOM Single Market and Economy. In: <http://ccj.org/publications/papers-speeches>. Acesso em: 6 jan. 2018, p. 1-9.
(1116) WIT, Jacob. The role of the Caribbean Court of justice (CCJ) in the private sector´s life. In: <http://ccj.org/publications/papers-speeches>. Acesso em: 6 jan. 2018. p. 3.
(1117) Ob. cit., p. 3.
(1118) CANÇADO TRINDADE, Antônio Augusto. *Os tribunais internacionais contemporâneos*. Brasília: Fundação Alexandre Gusmão, 2013. p. 55
(1119) Segundo MATTOS, inicialmente, houve "a liberalização comercial entre Estados Unidos e Canadá, de 1988, e resultou no plano de iniciativa para as Américas, de 1990, com o fim de aproximar os EUA da América Latina, conforme plano do então Presidente Bush". In: MATTOS, Aderbal Meira. *Direito internacional público*. Rio de Janeiro: Renovar, 1996. p. 418.

todas as tarifas e regulações restritivas ao comércio e trocas entre os seus signatários, e fez cair todas as barreiras quanto aos serviços em um número substancial de setores.(1120)

O Capítulo XI do NAFTA estabeleceu um regime de proteção dos investimentos estrangeiros efetuados na região por privados de um dos Estados contratantes. Tratou-se de um regime de investimento que protegeu os investidores e favoreceu, por isso, a sua realização. Foram previstas regras quanto aos investimentos: tratamento nacional; tratamento da nação mais favorecida; *standard* mínimo de tratamento; proibição de exigência de desempenho; plena segurança e proteção; livre transferência de benefícios e outros pagamentos internacionais associados aos investimentos; e as garantias no caso de expropriação.(1121)

No NAFTA, foram estabelecidos, em seu Capítulo XIX, mecanismos relacionados à legislação *antidumping* e de medidas compensatórias. Exemplo disso, a imposição de tarifas adicionais de importação a determinado produto, permitida pela legislação *antidumping*, quando vendido por um preço considerado abaixo da cotação de mercado ou do custo de produção. A imposição de tarifas adicionais à importação se dava, assim, quando a cadeia de produção estivesse sendo subsidiada ou artificialmente mantida. Não eram estabelecidas, no Tratado, normas substantivas a respeito, mas se estipulou que o Estado parte tinha discricionariedade para implementar sua legislação, desde que não estivesse em colisão com os acordos da OMC e o próprio NAFTA.(1122)

Com o Tratado entre México, Estados Unidos e Canadá (T-MEC), que veio, como se disse, em substituição ao regramento anterior, observa-se um certo nível de integração entre as nações signatárias, por meio da adoção, em determinado espaço supranacional, de mecanismos alternativos de resolução de litígios, sem os quais o comércio entre estes Estados seria dificultado. O T-MEC foi apenas no ano de 2020 aprovado pelo Parlamento americano, trazendo em seu bojo o evolver importante da adoção de fórmulas de resolução de conflitos como pressuposto para a aproximação entre os Estados partes, para permitir as transações comerciais privadas no plano internacional.(1123)

Em verdade, para que o T-MEC fosse confirmado no Parlamento americano, reformas foram previamente feitas no México quanto ao seu sistema Judiciário e, ao mesmo tempo, no que se referem às condições laborais de trabalhadores dos setores da economia abrangidos pelo tratado. Assim, uma Justiça mais técnica e a generalização da possibilidade de solução de conflitos por meios alternativos de resolução de litígio são constatados como pressupostos para a própria assinatura do tratado: a prévia modificação de regramentos, no sentido de ajustar o sistema nacional de justiça, inclusive com a adoção da arbitragem, para permitir alguma integração supranacional.

(1120) ABOTT, Frederick M. The North American Integration Regime and its implications for the World Trading System. In: WEILER, J. H. (Editor). The EU, The WTO and the NAFTA — towards a Common Law of International Trade. Oxford: Oxford University Press, 2000, pp. 169-171. Embora não tenha avançado no tema da circulação de trabalhadores, o NAFTA tratou do assunto em seus arts. 101, 102, 1601 a 1608, prevendo uma certa facilitação à transferência temporária de mão de obra de um país para o outro, quanto aos signatários do Tratado.

(1121) BERNARDES, Gabriel Faria; RIGONI, Giuliana Magalhães. Acordo de Livre-Comércio da América do Norte — NAFTA. In: OLIVEIRA, Bárbara da Costa Pinto; SILVA, Roberto Luiz (Orgs.). *Manual de direito processual internacional.* São Paulo: Saraiva, 2012. p. 289.

(1122) Ob. cit., p. 294.

(1123) A partir daqui, sobre o T-MEC, segue-se bem de perto o nosso: FERNANDES JÚNIOR, Raimundo Itamar Lemos. Os meios pacíficos de resolução de litígios, o Tratado entre México, Estados Unidos e Canadá (T-MEC) e a *Online Dispute Resolution* (ODR). In: MONACO, Gustavo Ferraz de Campos; LOULA, Maria Rosa. *Direito internacional e comparado*: trajetória e perspectivas, v. II — Homenagem ao professor catedrático Rui Manuel Moura Ramos — Direito Constitucional, Direito da Nacionalidade, Direito Internacional Público e Direito Europeu. São Paulo: Quartier Latin, 2021. p. 451-474.

5.3.5.1. Os mecanismos de solução de controvérsias na América do Norte

O Tratado entre México, Estados Unidos e Canadá, em seu capítulo 31, disciplina a solução de controvérsias decorrentes da execução do tratado.(1124) No artigo 31.1, há a previsão de cooperação entre as partes para que cheguem a um acordo sobre a interpretação e a aplicação do T-MEC, realizando todos os esforços, mediante cooperação e consultas, para alcançar uma solução mutuamente satisfatória sobre questão que possa afetar o funcionamento ou a aplicação do tratado.

Inicialmente, o T-MEC prevê a solicitação de consultas (artigo 31.4) relacionadas com sua interpretação e aplicação. As consultas serão respondidas em breve prazo, inclusive poderão ser formuladas por meio tecnológico. As partes envidarão esforços para chegar a uma solução mutuamente satisfatória do assunto posto em análise.

Caso não resolvida a questão por meio da consulta, o artigo 31.5, em seu item 1, dispõe que, nos prazos previstos, a parte interessada poderá solicitar uma reunião da Comissão de Livre Comércio, devendo esta ocorrer em até dez dias depois da solicitação (item 2). Ao fim desta fase, a Comissão poderá fazer recomendações. As partes poderão optar, dentro da Comissão, por recorrer a bons ofícios, conciliação, mediação ou outro procedimento de solução de controvérsias.

Segundo o artigo 31.6, poderá ser estabelecido painel pela Comissão, sendo o procedimento iniciado por demandante (Estado parte). O painel, ao final, emitirá constatações e determinações, e as recomendações solicitadas de maneira conjunta, com os seus fundamentos. Os painelistas serão escolhidos por consenso das partes signatárias do tratado, em um número de 30 (artigo 31.8), que poderão ser reeleitos, e serão definidos de acordo com a especialidade — laboral, meio ambiente ou outra área. O painel será integrado por cinco membros. O presidente do painel será escolhido por acordo entre as partes ou, caso não se chegue ao consenso, sorteia-se a parte que escolherá o presidente. Caso a parte litigante não indique dois membros para o painel, estes serão escolhidos por sorteio, que não recairá sobre cidadão do país parte na controvérsia.

O artigo 31.11 dispõe que as partes têm direito a, pelo menos, uma audiência ante o painel, podendo apresentar opiniões orais. Cada parte terá uma oportunidade de apresentar comunicação inicial e uma réplica por escrito. Salvo acordo em contrário, a audiência será realizada na capital da parte demandada. Todos os documentos relacionados com a controvérsia serão apresentados (artigo 31.12) pelas partes litigantes, por meios eletrônicos. O painel tem a função de fazer uma avaliação objetiva (artigo 31.13) da questão e apresentar informe que (1) contenha as constatações de fato e determinações sobre se a medida em análise é incompatível com as obrigações do tratado ou (2) que faça outra determinação solicitada, ou (3) uma recomendação, se as partes litigantes solicitaram conjuntamente a solução da controvérsia, estabelecendo, na decisão, os fundamentos.

A decisão do painel será, em princípio, por consenso, ou, caso este não se alcance, por maioria. A decisão será lavrada sem a presença das partes, não sendo revelada a identidade dos painelistas que votaram com a maioria ou com a tese minoritária. O painel apresentará um informe preliminar (artigo 31.17) em até 150 dias da data de designação do último painelista. Pode haver decisão em caso de urgência, tratando-se de mercadorias perecíveis, em que o *decisum* preliminar se dará em até 120 dias. A parte poderá, em 15 dias, apresentar observações escritas sobre o informe preliminar, que pode ser reconsiderado.

O painel, em até 30 dias depois do informe preliminar, apresentará o informe final, que, nos termos do artigo 31.18, será cumprido dentro de 45 dias da recepção da decisão, que atestou a incompatibilidade da medida impugnada com as obrigações de uma parte com o tratado. A resolução da controvérsia poderá compreender a eliminação da desconformidade ou a anulação do desacordo,

---

(1124) Análises feitas com base no texto em espanhol. In: <https://www.gob.mx/t-mec>. Acesso em: 9 mar. 2020.

ou o estabelecimento de uma compensação mutuamente aceitável ou outro remédio que as partes litigantes concordem. Caso a parte vencida não cumpra o informe final, no prazo de 45 dias, a parte vencedora poderá suspender a aplicação à parte demandada dos benefícios de efeito equivalente à desconformidade ou à anulação do desacordo. O painel poderá ser provocado novamente, se a parte vencida entender que os benefícios suspensos são manifestamente excessivos.

Como se viu até aqui, acentuou-se o procedimento de solução dos conflitos entre os Estados partes do T-MEC, em painéis, que representam a instância necessária, verdadeira jurisdição internacional, para a resolução das disputas entre as partes. No que tange aos procedimentos internos de solução de controvérsias comerciais privadas, o artigo 31.20 dispõe que, quanto aos relativos à interpretação do tratado nas instâncias judiciais e administrativas, se uma questão de interpretação ou aplicação do tratado surge em um procedimento judicial ou administrativo interno de um Estado parte, em que este considere ser devida a sua intervenção, ou se o tribunal ou órgão administrativo solicitar opiniões de um Estado parte, este notificará aos outros dessa controvérsia. Ciente também a Comissão, esta procurará acordar a resposta adequada, que será apresentada oportunamente pela parte em que está localizado o tribunal ou o órgão administrativo. Quanto aos direitos dos particulares, o artigo 31.21 dispõe que não é possível conceder direito de ação contra outra parte, com o fundamento de que a medida desta é incompatível com o Tratado.

Por sua vez, no artigo 31.22, há a previsão de meios para a solução de controvérsias entre particulares. No item 1 desse artigo, define-se que cada Estado parte fomentará, facilitará e promoverá o uso da arbitragem, da mediação e da resolução de disputas *online* e de outros procedimentos de prevenção e solução de controvérsias internacionais entre particulares na zona de livre-comércio. Para tal fim, cada parte disporá de procedimentos adequados que assegurem a observância dos acordos de arbitragem e o reconhecimento e execução dos laudos arbitrais e ajustes conciliatórios naquelas controvérsias e para facilitar e promover os procedimentos de mediação (item 2), com a aplicação, por cada parte, das disposições da Convenção sobre o reconhecimento e execução das sentenças arbitrais estrangeiras — Convenção de Nova Iorque de 1958, ou da Convenção Interamericana sobre arbitragem comercial internacional (Panamá, 1975).

Um Comitê Consultivo de Controvérsias Comerciais Privadas será estabelecido e mantido pela Comissão. O Comitê informará e recomendará à Comissão sobre temas gerais no que diz respeito à disponibilidade, ao uso e à eficácia da arbitragem, da mediação e da solução de controvérsias *online*. No que se refere à solução de controvérsias *online*, a Comissão das Nações Unidas para o Direito Mercantil Internacional (CNUDMI) — Grupo de Trabalho III de sua Secretaria (Solução de Controvérsias *online*), em seu 32º período de sessões — de 30 de novembro a 4 de dezembro de 2015,[(1125)] emitiu Notas Técnicas sobre a solução de controvérsias *online*. Embora não vinculante, a nota técnica descreve uma opinião internacional abalizada, diante de um grande número de operações transfronteiriças por meio da internet, suscitando o debate sobre o uso dos meios que a tecnologia da informação oferece para resolver as controvérsias derivadas dessas operações. A sucinta análise que se fará a seguir é baseada nas notas técnicas mencionadas.

Os meios de resolução de controvérsias *online* (*Online Dispute Resolution* — ODR) — decorrentes de operações entre consumidores e empresas e entre empresas, em razão de contratos de compra e venda e contratos de serviços — oferecem uma opção simples, rápida, com o mínimo de gastos, flexível e eficaz para a resolução desses litígios, quanto a operações de pequena quantia. O sistema facilita a comunicação, que se dá de um modo eficiente, com o fim de obter um resultado sem necessidade de estar presente fisicamente em uma reunião ou audiência.

Nesse sentido, os princípios regedores do processo ODR são: equidade, transparência, prestação de contas e respeito às garantias processuais. Tais meios são adequados desde que haja a

(1125) In: <www.uncitral.org>. Acesso em: 9 fev. 2020.

transparência necessária como garantia às partes. Para que haja transparência, há que se conhecer toda relação contratual que possa existir entre o administrador ODR e um determinado provedor, para que o usuário do serviço possa estar informado sobre eventuais conflitos de interesse. As informações deverão estar disponíveis em site da *web* do administrador, facilmente visível. A independência do administrador, também importante para a garantia das partes, é constatada pela adoção de um código de ética para os seus terceiros neutros, a orientá-los em relação aos conflitos de interesse. Os terceiros neutros devem ser selecionados e capacitados pelo administrador.

O começo do processo se dá com o envio pelo demandante ao administrador, pela plataforma ODR, do aviso de demanda, que é informada pelo administrador ao demandado. Em seguida, o administrador comunica ao demandante a contestação do demandado. Aí começa a primeira etapa, uma negociação por meios tecnológicos, em que demandante e demandado negociam diretamente por meio da plataforma. Fracassada a negociação direta, passa-se à segunda etapa — solução facilitada. Nesta, o administrador nomeia um decisor neutro (terceiro neutro), que se comunica com as partes, para que cheguem a uma solução. Não alcançando, começa a terceira e última etapa do processo em que se chega à decisão.

A tecnologia da informação e das comunicações deve ser utilizada no processo ODR, a fim de facilitar a solução da controvérsia, devendo contar com um sistema que permita gerar, enviar, recibar, armazenar, trocar ou processar as comunicações (por meios eletrônicos, magnéticos, óticos ou similares) — a plataforma ODR. Esta deve administrar-se e coordenar-se. A entidade que leva a cabo esta tarefa de administração e coordenação se denomina "administrador ODR". O processo está sujeito às mesmas normas relativas às garantias processuais que se aplicam ao processo fora da rede (físico).

5.4. A integração regional e a jurisdição

Ao se analisar a integração regional na Europa e na América, vê-se que ela começou, no que tange às estruturas institucionais mais clássicas, com uma separação orgânica, em termos de organização das funções essenciais, mais claramente por meio da jurisdição. Mesmo no T-MEC, no qual, como se viu, não foram gerados arcabouços institucionais complexos, um sistema eficaz de solução dos conflitos foi instituído, por meio da arbitragem internacional, imparcial e independente, a qual garante, eficazmente, a continuidade do regime, produzindo a confiança mínima para o seu prosseguimento, nada obstante não tenha redundado em uma fórmula jurídico-política acurada entre os Estados-partes.

A experiência europeia, no que tange à integração institucional nos moldes já referidos, também principiou por fórmulas jurisdicionais, que foram trazendo a confiança inicial necessária, em razão do funcionamento adequado. A jurisdição firmou os princípios e trouxe legitimidade para o processo de integração, criando as bases para os avanços que se sucederam, até ser criada a União Europeia, que continuou a se desenvolver, juridicamente, por meio do Tribunal.

O estudo de casos julgados pelo Tribunal de Justiça da União Europeia, já no período das Comunidades, demonstra uma função judiciária no intuito de facilitar a integração das jurisdições nacionais com a jurisdição da União. Isto decorre do importante papel desempenhado pelo Tribunal de Justiça na experiência da integração europeia e na modulação da Comunidade. Como se viu atrás, por meio de várias menções a decisões, a jurisdição do Tribunal de Justiça tem, por sua jurisprudência, dado uma maior unidade ao sistema e possibilitado o seu prosseguimento no intuito de aprofundar os padrões de integração, em especial quando outras instituições não funcionam no sentido de permitir este avanço.

Sobre isso, *Ramos*, em sistemática análise de casos, em parte de sua obra, a demonstrar esta contribuição do Tribunal de Justiça, desde cedo, no exercício de sua jurisdição. Além dos já referidos acima, por ele também analisados, muitas contribuições foram dadas pelo Tribunal, no sentido da integração. Ao examinar o acórdão, de 7 de fevereiro de 1973, entre Comissão *versus* República Italiana, processo n. 39/72, vê-se que a Comissão demonstrou a sua irresignação contra o Estado italiano, pela sua passividade, ao não cumprir obrigação que lhe foi imposta por regulamento do Conselho, relacionado à aplicação de um regime de incentivos quanto ao abate de vacas e à não comercialização de leite, de forma correta e nos limites previstos, a ponto de evitar o excesso na produção desses itens. A decisão da Corte estabeleceu, sobre a incidência de regras comunitárias, "que os prazos precisos para o seu cumprimento, é rigorosamente imperativo, pois que a eficácia das medidas introduzidas pode depender significativamente da sua execução simultânea nos Estados-membros". O Tribunal, na ocasião, definiu, de modo claro, que "é interdita a adoção de medidas de execução dos regulamentos que os desnature, ou que se abstenham de considerar as indicações relevantes de todos os atos comunitários pertinentes". O Tribunal de Justiça definiu que o regulamento vigora a partir de sua publicação no Diário Oficial das Comunidades Europeias e não depende de decretos nacionais para entrar em vigor. Principalmente, a decisão versou sobre a aplicação das regras comunitárias, não admitindo que alegações de dificuldades nacionais em sua concretização sejam razão para se opor à sua aplicação total ou parcial. *Ramos* destaca que o Tribunal foi mais longe, ao fundamentar a decisão na obrigação, que todo Estado-membro deve ter, na solidariedade, consubstanciada no dever de não romper, por interesse nacional isolado, "o equilíbrio entre as vantagens e os inconvenientes que para si decorrem da participação nas Comunidades".(1126)

Outro caso enfocado por *Ramos*, como o Acórdão de 31 de março de 1971, Comissão *versus* Conselho, Processo n. 22/70, em que a Comissão apresentava a sua reprovação ao Conselho, por este "ter deliberado que a negociação e conclusão do Acordo Europeu relativo ao trabalho das tripulações de veículos que efetuam os transportes rodoviários internacionais era da competência dos Estados-membros". A Comissão pedia a anulação da decisão, sob a alegação de que a competência era comunitária. A decisão do Tribunal foi no sentido de que a decisão final sobre o assunto cabia ao Conselho, não havendo nulidade a declarar.(1127)

Ademais, *Ramos* trata da questão prejudicial suscitada pelo Tribunal Administrativo de Hesse, Processo n. 25/70. O problema arguido na jurisdição alemã foi em torno da legalidade dos comitês de gestão, órgãos criados, no domínio da política agrícola, pelo Conselho, composto por representantes dos Estados-membros e da Comissão, e que se pronunciavam sobre a forma do exercício dessa competência, uma vez que, "em certos casos, e verificados certos condicionamentos, o parecer de tal órgão poderia levar à adoção, pelo Conselho, de medidas diferentes das decididas pela Comissão". Por meio da jurisdição de reenvio, foi sustentado que as relações interinstitucionais eram afetadas, ao limitar-se o poder de decisão da Comissão, até porque o Conselho também poderia anular o ato da Comissão, o que também entrava em conflito com os próprios poderes do Tribunal. Diante do caso, coube ao Tribunal, "afastar a ideia de que suas competências eram atingidas com o processo dos comitês de gestão, uma vez que qualquer ato, fosse quem fosse o autor, estaria sempre sujeito a controle jurisdicional". Do mesmo modo entendeu que a atuação de tais órgãos não atingiam o equilíbrio institucional.(1128)

(1126) RAMOS, Rui Manuel Moura. *Das comunidades à União Europeia*: estudos de direito comunitário. Coimbra: Coimbra Editora, 1994. p. 105-6. Ver: Acórdão de 7 de fevereiro de 1973, Comissão das Comunidades Europeias v. República Italiana. In: <http://eur-lex.euorpa.eu/legal-content>. Acesso em: 13 set. 2013.

(1127) Ob. cit., p. 107-8. Ver: Acórdão de 31 de março de 1971, Comissão das Comunidades Europeias v. Conselho das Comunidades Europeias. In: <http://eur-lex.euorpa.eu/legal-content>. Acesso em: 13 set. 2013.

(1128) Ob. cit., p. 109-110. Ver: Acórdão de 17 de dezembro de 1970, pedido de decisão a título prejudicial do Tribunal Administrativo de Hesse. In: <http://eur-lex.euorpa.eu/legal-content>. Acesso em: 13 set. 2013.

No caso Meroni *versus* Alta Autoridade da Ceca, acórdão de 13 de junho de 1958, Processo 9/56, em que uma sociedade italiana pretendia a anulação de uma decisão da Alta Autoridade, que lhe impôs o pagamento de determinada quantia, ao analisar o caso, o Tribunal assentou um conjunto de princípios, na decisão, dentre eles a obrigação de fundamentar os atos comunitários. Por outro lado, O Tribunal decidiu, ao analisar delegação de poderes, que esta está adstrita ao âmbito das competências vinculadas, não podendo ser praticada por um ato discricionário. O Tribunal, então, por ter sido malferida esta formalidade, anulou a decisão da Alta Autoridade.[(1129)]

Foram estas e muitas outras decisões do Tribunal[(1130)] em que o princípio da regra de direito, do equilíbrio institucional, das definições de competências de forma horizontal e vertical entre os órgãos da União, e também entre a União e os Estados-membros, foram consolidadas, garantindo, por meio de decisões sopesadas e adequadas, a evolução sistemática da União e do processo de integração. Como diz RAMOS, já na passagem da jurisdição das Comunidades para a da União, "o Tribunal exerce sobretudo uma função propriamente contenciosa, que se vai traduzir no controlo dos atos, quer das instituições comunitárias quer dos Estados, agindo agora como uma jurisdição de natureza múltipla", ou seja, através dela se conectam várias ordens jurisdicionais, dando-lhes integração.[(1131)]

Por outro lado, o processo de integração na América, como mencionado, é claudicante, dando-se, com alguma consistência, em certas regiões do continente. Na América Central e na América do Sul, as instituições existentes, supranacionais, exercidas de um modo permanente, em um padrão tradicional de análise, são jurisdicionais, haja vista que as funções legislativas, no que se refere ao Parlamento, por exemplo, são, praticamente, informativas ou consultivas. Os chamados Parlamentos quase que somente visam a fortalecer a cooperação interparlamentar e apoiar o processo de harmonização das legislações internas, a incorporar, ao Direito interno, as normas do Bloco. As executivas intergovernamentais funcionam, em geral, muito incipientemente.[(1132)]

Contudo, tanto na CAN, como na CARICOM e na Comunidade Centro-Americana, parece que a integração tem se aprofundado mais, em razão da maior competência do Tribunal de Justiça de cada Comunidade. Quanto mais limitado o poder jurisdicional, menor a integração, como ocorre no T-MEC, em que não há um tribunal permanente, e no Mercosul, em que a competência do Tribunal Permanente de Revisão é muito acanhada.[(1133)]

Ademais, vê-se que, quando a jurisdição nacional passa a fortalecer, com uma maior eficácia comunitária, a jurisdição do sistema supranacional, como ocorreu na União Europeia e está a se desenvolver, na América, em especial, na CAN e na CARICOM, o Direito Comunitário capilariza-se

---

(1129) RAMOS, Rui Manuel Moura. Ob. cit., p. 111-2. Ver: Acórdão de 13 de junho de 1958, Meroni & Co v. Alta Autoridade da CECA. In: <http://eur-lex.euorpa.eu/legal-content>. Acesso em: 13 set. 2018.

(1130) Acórdão de 22 de maio de 1985, Parlamento *versus* Conselho, Processo n. 13/83; Acórdão de 3 de julho de 1986, Conselho *versus* Parlamento, Processo n. 34/86; Acórdão de 27 de fevereiro de 1962, Comissão *versus* República Italiana, Processo n. 10/61; Acórdão de 18 de maio de 1962, Cartéis de venda do carvão do Ruhr *versus* Alta Autoridade da CECA, Processo n. 13/60; Acórdão de 14 de maio de 1974, J. Nold, Kohlen und Banstoffgrosshandlung *versus* Comissão, Processo n. 4/73; Acórdão de 5 de fevereiro de 1963, questão prejudicial interposta pela Tarifcomissie de Amsterdão, Processo n. 26/62; Acórdão de 12 de dezembro de 1972, Questão Prejudicial submetida pelo College Van Beroep Voor Het Bedijsfsleven, da Haia, Processos ns. 21, 22, 23 e 24/72; Acórdão de 6 de outubro de 1970, Questão Prejudicial suscitada pelo Finanzgericht de Munique, Processo n. 9/70; Acórdão de 4 de dezembro de 1974, Questão Prejudicial suscitada pela Chancery Division da High Court of Justice, Processo n. 41/74; Acórdão de 15 de julho de 1964, Questão Prejudicial submetida pelo juízo de conciliação de Milão, Processo n. 6/64. In: Ob. cit., p. 113-141.

(1131) Ob. cit., p. 65.

(1132) Sobre o Parlamento do Mercosul e a necessária adequação interna no Direito brasileiro, ver: JUCÁ, Francisco Pedro. *Parlamento do MERCOSUL*: alterações necessárias à Constituição Brasileira de 1988. São Paulo: LTr, 2002.

(1133) Prova disso é que, desde sua instalação, até hoje, o Tribunal Permanente de Revisão proferiu apenas seis acórdãos, chamados de laudos, a saber:

nas sociedades nacionais, criando-se uma cultura nacional própria à aproximação entre as nações, por meio da relação entre a jurisdição do Tribunal de Justiça da Comunidade e a do juiz nacional, sendo que este respeita e aplica o Direito Comunitário ou o Direito da União, como no caso da União Europeia, em que se vê a magistratura nacional observando o Direito da União, por meio dos mecanismos judiciais que trazem ligação (integração) sistemática jurisdicional.[(1134)]

O estudo de casos da Corte Andina de Justiça — são quase quatro mil — demonstra, de modo claro, que esta integração está a ocorrer, de maneira institucional, entre justiça nacional de cada Estado parte e a jurisdição da Corte. O aprofundamento da integração regional dá-se, sobretudo, por meio do procedimento das Interpretações Prejudiciais (IP), relativas ao Direito de integração. Já houve IP suscitada pela Corte Constitucional da Colômbia em questão relativa ao patrimônio indígena. Nesses processos, é definida a consulta pela jurisdição nacional, como obrigatória, mesmo se tratando de árbitros do Tribunal de Arbitragem, pois estes são, no caso, os "juízes nacionais".[(1135)] Na CARICOM, a integração chegou ao ponto de, em uma grande medida, a jurisdição do Tribunal da Comunidade significar a jurisdição de Suprema Corte para determinados Estados, e em relação a certas matérias.

Deste modo, analisando-se o processo de integração regional, na Europa e na América, constata-se que se inicia, quanto à criação de instituições supranacionais, de um modo mais claro, no que se refere ao exercício permanente de funções essenciais, por meio da jurisdição, sendo esta, pelo menos em grande parte, pelo seu modo natural de agir, responsável pela continuidade, pelo aprofundamento e pela legitimidade do processo de integração. Em verdade, nas regiões em que a jurisdição supranacional mais se desenvolve fora da Europa, no caso da CAN e da CARICOM, as próprias decisões judiciais, e os mecanismos utilizados, revelam uma forte influência europeia, o que pode estar a revelar uma tendência na integração regional.

Além do equilíbrio entre as instituições integrantes de poder do sistema supranacional, a jurisdição, como diz *Ramos*, realiza funções essenciais ao balanço, institucional e jurisdicional, vertical e horizontalmente,[(1136)] que redundam em um avanço no processo de integração. Claro que esta característica é mais desenvolvida na União Europeia, que se mostra, quiçá, como um caminho para as outras regiões e até, talvez, para o sistema global.

(1134) Esta importante invocação, proveniente ainda do período das Comunidades Europeias, MELLO enfatiza. In: MELLO, Celso A. *Responsabilidade internacional do Estado*. São Paulo: Renovar, 1995. p. 196.

(1135) Como exemplo, o 156-IP-2011. Ver: CARNEIRO, Cynthia Soares. Ob. cit., p. 111.

(1136) Ob. cit., p. 109.

CAPÍTULO 6

A jurisdição e a unidade jurídico-política internacional

6.1. A formação da jurisdição no plano internacional e suas perspectivas

São vários os caminhos que a jurisdição está a percorrer no plano internacional: em instâncias públicas, privadas e mistas; judiciais e arbitrais; na cooperação entre Estados; na integração supranacional; e na esfera da regulação. Esta formação aponta para a unidade? Ou melhor, a análise da jurisdição revela um caminho para uma unidade jurisdicional no plano internacional? Esta interligação da jurisdição pode implicar numa unidade das demais funções essenciais do poder político internacional.

A pluralidade de ordens, com uma pluralidade de plexos normativos, que existem na esfera internacional, está a impor uma necessária fragmentação da jurisdição? Esta fragmentação é uma tendência[(1137)] ou, em outras palavras, o cerne da razão do desenvolvimento da função jurisdicional no plano internacional?

A seguir, procurar-se-ão analisar esses problemas, que se afiguram como intrincados. De início, de um modo mais sintético e sistemático, expor-se-ão como e onde a jurisdição está se formando, com base nas análises anteriores. Depois, abordar-se-ão aspectos, partindo-se da construção efetuada pela Teoria Geral do Direito, em especial da chamada teoria pura, com algum enfoque em seus desdobramentos, bem como analisar-se-ão as formulações a respeito efetuadas por juristas funcionalistas, para procurar um caminho para a integração, uniformidade ou unidade jurídico-política, com ênfase na jurisdição. Ao final, tentar-se-á analisar a perspectiva de desenvolvimento de uma unidade da jurisdição no plano internacional, acentuando-se o seu modo de construção, em rede, o que parece estar a se dar no presente tempo.

6.2. A jurisdição internacional e a formação do sistema jurídico-político global: alguns de seus contributos fundamentais

Com base em tudo o que foi analisado até aqui, é irrefutável o papel da jurisdição no existir e no evolver das fórmulas jurídico-políticas, em verdade, para o da humanidade mesma, desde tempos remotos. Os autores concordam em dizer que o estabelecimento da função de julgar foi fundamental para que o homem saísse de um estado em que predominava a vingança privada para um estágio em que seus conflitos passaram a ser definidos, com alguma organização, nas *gens* e nas tribos, por pessoa ou grupo de pessoas que davam a solução da disputa, como garantia da paz. Após períodos de conflitos sem resolução ou mesmo de relações continuadas no tempo sem meios de definição da solução de conflitos, exatamente para que estas relações continuassem a existir, evitando-se a guerra, a violência ou o rompimento, são estabelecidas fórmulas de estruturação da função de julgar que permitem a continuidade e o desenvolvimento das interações entre pessoas,

---

(1137) RAMOS aponta a fragmentação como uma característica do presente estado das instituições jurisdicionais internacionais. In: RAMOS, Rui Manuel Moura. Introduction. In: VICENTE, Dário Moura (Ed.). *Towards a universal justice?* Putting international courts and jurisdiction into perspective. Leiden/Boston: Brill Nijhoff, 2016, p. 4-5.

grupos de pessoas e até entre nações. A organização dessa função, nesse sentido, parece ter sido a primeira forma de autoridade conhecida.[(1138)]

A estruturação da função de julgar, que ocorreu, portanto, cedo na história, ou ainda na pré-história da humanidade, tem permitido construções sociais mais aprimoradas, como as chamadas cidades, em que, de início, o Direito costumeiro imperava, nas quais não havia legislador, nem poder executivo nos padrões atualmente conhecidos, em que um rei aparecia com funções judicantes de causas maiores, e possibilitava a unidade social, em um período histórico em que esta figura — o *rex* — era mais um entre os outros *pater familias*, embora, em razão dessa função que se tornou proeminente, ser chamado como *primus inter pares*. Ao que parece, semelhantemente, nos dias atuais, centros internacionais de poder vão se formando, ou pelo menos se desenvolvendo, em torno de unidades de jurisdições — em particular de arbitragem. Em volta deles, parecem operar os atores envolvidos em uma atividade ou com um interesse em alguma matéria, que se relaciona a este centro.

Com a aproximação entre as cidades, a jurisdição continuou a exercer papel decisivo, a ponto de permitir a paz, uma vez que tribunais foram definidos para permiti-la, o que levou à criação de autoridades com maior extensão de poder e ao aparecimento de fórmulas políticas mais desenvolvidas. Na época dos Impérios, em especial da mais distante Antiguidade, a jurisdição se caracterizava pela preservação do processo decisional das lides pelo Direito do povo conquistado — e também por suas autoridades judiciárias (locais), e isso foi um fator decisivo para uma maior respeitabilidade do poder imperial, que era exercido sobre cidades-estados, as quais, em geral, possuíam Direito costumeiro e um *rex* que recebeu poderes que se concentraram com o tempo e por tradição, em especial para dar segurança, para a organização para a guerra e com a função original de julgar causas maiores. O Império surgiu como um novo centro jurisdicional — com cidades-estados com seus reis em sua extensão — para decisões mais importantes ainda e agiu, em princípio, como preservador das culturas de cada região, permitindo-lhes ter a sua própria jurisdição. As primeiras leis escritas parecem ser compilações daquilo que, geralmente, os juízes decidiam, como o chamado Código de Hamurabi, em uma época em que os juízes eram árbitros e pessoas comuns (não oficiais). Assim, de alguma forma, por tribunais arbitrais, nos dias de hoje, está a se formar o Direito, sobretudo no domínio da *Lex Mercatoria*.

O Império Romano também foi um sistema jurídico-político em que a jurisdição preservou as características apontadas, sobretudo das jurisdições locais, todavia, terminou por consolidar-se um sistema em que a função de julgar se aprimorou, por meio de uma justiça oficial e de um processo caracterizado pelo contraditório e pela ampla defesa, em uma feição mais desenvolvida. O Direito dos estrangeiros foi delineado, destacando-se o necessário acesso à jurisdição, que foi a marca de seu desenvolvimento. À semelhança desse avanço, destaca-se o modo plural dos dias atuais, de respeito às jurisdições locais, nacionais, regionais e, de forma plural, às cortes com competências em várias matérias, em parte do globo, o que parece facilitar a integração e a convivência pacífica entre os povos, e até mesmo dentro dos territórios de Estados nacionais.

Na Idade Média, vê-se que a jurisdição se sedimentou e teve, quiçá, como característica máxima, sua fragmentação, sendo o poder de julgar dividido em unidades territoriais sem fim, sem que existisse, em princípio, uma ligação forte entre estas unidades. A jurisdição fossilizou o sistema medieval, conservando-o fragmentado. Somente com as mudanças ocorridas na jurisdição, em especial com a transformação da jurisdição comum em justiça do rei na Inglaterra e as possibilidades recursais na França, por exemplo, com acesso às cortes, os reis, que tinham controle praticamente sobre os territórios apenas de seus próprios feudos, vislumbraram a possibilidade de dominar todas as terras de seu reino, que, de início, era somente um território sujeito à honorabi-

(1138) BENSON, Bruce L. *Justicia sin Estado*. Madrid: Union Editorial, 2000. p. 26 e seguintes.

lidades, e que só alcançava unidade em períodos de guerra, ou pela atividade judicial do rei quanto às chamadas causas maiores. A modificação do sistema judicial os fez perceber que, da mesma forma que a Justiça havia se interligado, em cadeias hierárquicas, guardadas as devidas proporções, outros aspectos também poderiam ser unificados, como a tributação.

Nada obstante, a forma de organização da jurisdição feudal original e tradicional, que perdurou praticamente por toda a Idade Média, em unidades paralelas, assemelha-se, em parte, à organização do sistema jurídico internacional atual, em que a jurisdição, de modo quase que completamente independente, atende ao centro jurídico ao qual se relaciona, de modo fechado, sem nenhuma ligação com os outros. A regulação, também, parece estar caminhando assim na esfera internacional, com uma organização jurisdicional interna, em um complexo regulatório, em que as três funções essenciais ao Estado estão presentes, estruturando-se a função jurisdicional de maneira independente. Ainda não se assistiu, pelo menos no plano internacional em toda a terra, a ligação, por meio de cortes com uma jurisdição compulsória mais ampla[(1139)] e jungida a um órgão superior hierarquicamente, no plano internacional, o que é uma reivindicação antiga dos autores de Direito Internacional Público.

Durante a Idade Média, assim, os requisitos para o surgimento do Estado Nacional se completaram quando houve a unificação da função jurisdicional. O Estado Nacional, deste modo, se configura como aquele que tem a jurisdição unificada de baixo para cima, de forma independente, mesmo que, ainda, o rei, em princípio, a ela estivesse praticamente imune. É uma característica da jurisdição, praticamente desde sempre, esta independência e imparcialidade, mesmo que vícios possam ser enfocados, este existir não infirma a regra. O acesso à jurisdição independente, promovida pelos pares, árbitros ou juízes imparciais, era a liberdade existente desde cedo na história humana, desde a Idade Média, ou mesmo antes, no tempo dos Impérios.

Em verdade, o incremento e o aperfeiçoamento do Estado Nacional, com a Constituição, também na jurisdição se escorou, já que a chamada separação dos poderes veio a sedimentar a separação das funções essenciais do Estado, em que a jurisdição ganhou mais independência (não supremacia) ainda quanto às demais. O Judiciário, ou a organização da jurisdição, que já garantia o direito ao processo (daquele tempo) às pessoas em conflito entre si desde cedo no Estado Nacional, e mesmo antes, como já se viu, e assim lhe deu característica, recebeu mais a atribuição de salvaguardar os direitos dos indivíduos inclusive contra o rei, ou seja, contra o Estado. O Estado Constitucional teve como uma de suas características principais a de que a jurisdição também controlaria o rei, garantindo o direito dos cidadãos previsto na Constituição, configurando-se, a partir de então: o Estado da separação dos poderes (das funções, em órgãos definidos).

A evolução do Estado Nacional, após os aportes que lhe foram trazidos pelo Direito da Inglaterra e da França, em particular com o sistema de freios e contrapesos e a estruturação de maneira independente das funções essenciais do Estado, veio a ter grande contribuição americana, a partir do controle de constitucionalidade das leis. Esta definição deu ao Poder Judiciário importante acréscimo de função, uma vez que passou a ser responsável por papel relevantíssimo no Estado Constitucional, que pautou a evolução democrática moderna por décadas e ainda tem, hodiernamente, relevância fundamental na garantia dos direitos dos cidadãos no plano interno e na eficácia da Constituição, como fator de unidade de cada nação, ao desempenhar, o Judiciário, a jurisdição constitucional. O Tribunal Constitucional, responsável pela Justiça Constitucional, é, como diz *Correia*, a pedra angular de todo o sistema jurisdicional nacional, ou seja, de todos os demais juízes e tribunais dentro do território do Estado.[(1140)]

(1139) O´CONNELL, Mary Ellen; VANDERZEE, Lenore. The history of international adjudication. In: ROMANO, Cesare P. R., ALTER, Karen; SHANY, Yuval (Eds.). *The Oxford Handbook of International Adjudication*. Oxford: Oxford University Press, 2014. p. 41.

(1140) CORREIA, Fernando Alves. *Justiça constitucional*. Coimbra: Almedina, 2016. p. 123.

Em especial, o desenvolvimento do Estado Constitucional, além de ter uma estrutura jurisdicional que lhe garante a supremacia da Constituição, de uma lei maior, veio a lhe dar também o caráter de Estado dos direitos humanos, que, em cada território nacional, em que uma Constituição democrática foi adotada, foram erigidos como padrões civilizatórios mínimos de convivência, merecendo atenção e garantia de todos, não só nas relações com o Estado, mas também em seu aspecto horizontal, no relacionar entre indivíduos e privados em geral. Em certa medida, esta parece ser a vertente que mais avança no plano dos Estados, não só pelo aprimoramento das fórmulas jurídico-políticas dos diversos Estados Nacionais, mas sobretudo em face dos padrões que são vistos no plano internacional como essenciais para todos, chamados de direitos humanos, consubstanciados na Declaração Universal dos Direitos do Homem, que, para alguns, não é um *soft law*, mas sim um *hard law*,[(1141)] em especial pela eficácia que tem em cortes internacionais que reúnem mais de setenta Estados, sobretudo na Europa e na América, em que este Direito (dos direitos humanos) é aplicado, no plano internacional, havendo, quanto a ele, *enforcement*, o que traz proteção eficaz a cerca de um terço da população do globo, mesmo na esfera internacional. Ademais, por meio da jurisdição internacional em matéria penal, por intermédio da Corte Penal Internacional, acentua-se a responsabilidade de todos, não só Estados, mas sobretudo daqueles que exercem funções de autoridade no âmbito nacional, no respeito ao ser humano, pena de serem sancionados, enquanto indivíduos (os praticantes dos delitos tipificados), nessa Corte, que pretende ter jurisdição sobre todo o globo e, atualmente, jurisdiciona a maior parte do território global e afeta aos indivíduos infratores, para a proteção do ser humano em geral, com intensa repercussão da garantia dos direitos humanos.[(1142)]

Se no domínio dos Estados Nacionais, a jurisdição foi fundamental para a configuração dessa fórmula jurídico-política, por meio da unificação do poder, e, com o incremento da nuance constitucional, em que a jurisdição controla o processo de nomogênese jurídica e de aplicação do Direito à luz da Constituição, por certo, no plano internacional, a aproximação entre os povos tem se iniciado, ou pelo menos se aperfeiçoado, sob o ponto de vista do poder, por meio da jurisdição, mesmo que esta seja exercida em favor do nacional de outro país (um estrangeiro), por uma Justiça nacional. Mediante relações diplomáticas, os Estados iniciaram os seus contatos no intuito de resolverem questões judiciais de interesse de pessoas que eram estrangeiras para o órgão que daria a solução definitiva do conflito ou que aplicaria, no âmbito nacional, uma decisão originariamente da jurisdição externa, resolvendo questões que transcendiam os territórios de uma nação, mesmo que estes atos fossem configurados como de Direito interno, sendo inegável seu caráter internacional. A cooperação judiciária, nesses termos, foi a primeira fórmula em que se pode contemplar, de algum modo, alguma ação conjunta do exercício do poder, entre Estados, no plano internacional, de maneira que, a partir da Idade Média, as soluções nesse sentido começaram e ganharam maior impulso com a Paz de Vestfália, e o reconhecimento internacional da existência dos Estados Nacionais. Hoje, com o incremento da cooperação judiciária, cresce o contato direto entre as Justiças de vários Estados, na maioria dos casos, independentemente da via diplomática.

Contudo, antes mesmo dessa aproximação entre os Estados, por meio da cooperação judiciária, ou da mera cooperação para fins judiciários, para resolver, sobretudo, questões de interesses individuais ou privados, os indivíduos, principalmente mercadores, ultrapassaram, a partir do final da Idade Média, as fronteiras da jurisdição dos feudos em que residiam ou das cidades incipientes em que moravam, conquistando direitos individuais no plano internacional, que foram garantidos por meio do delineamento de jurisdições específicas e privadas que lhes eram salvaguar-

---

(1141) TEUBNER, Gunther. *Nuovi conflitti costituzionali*. Milano-Torino, 2012. p. 29-33. Esta distinção será desenvolvida mais adiante.

(1142) Sobre esse assunto, ver: SVACEK, Ondrej. The International Criminal Court and Human Rights: Achievements and Challenges. In: VICENTE, Dário Moura (Ed.). *Towards a universal justice? Putting international courts and jurisdiction into perspective*. Leiden/Boston: Brill Nijhoff, 2016. p. 206-221.

dadas. Este modo de ser dos mercadores fez surgir, no plano internacional, antes mesmo que na arena interna, os direitos de liberdade e de acesso à justiça, em dimensões que transcendiam a sua localidade ou reino original. Esta justiça internacional, realizada entre os pares comerciantes, era a verdadeira garantia da liberdade e permitiu que os mercadores parassem de ser meros vendedores ambulantes, em razão da confiança criada pela existência de uma justiça imparcial, no plano internacional. Guardadas as devidas proporções, até hoje esta justiça e este Direito existem no plano internacional, a *Lex Mercatoria*, e têm sido desenvolvidos, como se disse acima, como um Direito decorrente, principalmente, da atuação das cortes arbitrais nessa área. Um Direito que é classificado, para uns, como costumeiro ou, em outro prisma, como *soft law*, mas que, para outros, em face da eficácia, como verdadeiro *hard law*, o que se analisará mais adiante.

A atividade dos mercadores também influenciou o incremento da ação dos navegadores. Nesse meio, na mesma medida, foram desenvolvidas cortes internacionais privadas, que trouxeram paz e desenvolvimento nesses domínios. O evolver nessa área foi tão intenso que há, hoje, jurisdição internacional pública nesse meio, para garantir a liberdade nos mares, por meio do Tribunal Internacional do Direito do Mar.

Nada obstante a vida do comércio privado internacional e a cooperação judiciária internacional, que atendem, mais diretamente, a direitos individuais, privados, a relação entre os Estados, em si, não foi pautada por procedimentos pacíficos de solução dos conflitos. Algumas experiências na arbitragem internacional, realizadas até então, entre Estados, pareciam mostrar o caminho a seguir.[(1143)] Tanto que o de comum que foi criado nessa área, em caráter permanente, a partir do século XX, ainda na primeira década, iniciou-se pela definição do Tribunal Internacional das Presas e do Tribunal Permanente de Arbitragem, e, depois da Primeira Grande Guerra, do Tribunal Permanente de Justiça Internacional. Tais estruturas internacionais comuns indicavam o caminho a percorrer, contudo, por não se ter adotado esta via, na prática, a guerra generalizou-se durante grande parte da primeira metade do século XX, distanciando as nações, que antes se aproximavam nas relações intersubjetivas ou entre privados.

Após a Primeira Guerra Mundial, como se disse, a Sociedade das Nações foi criada contendo, em seu bojo, um órgão judicial independente — O Tribunal Permanente de Justiça Internacional. Em face dos interesses totalitários de algumas nações, não foi possível o progresso institucional de unidade internacional, sendo certo que este Tribunal foi pouco utilizado e não foi escolhido como instância jurisdicional pela maior parte das nações. Contudo, deixou uma jurisprudência em favor da paz, do Direito e da aproximação dos povos, embora pequena sob o ponto de vista quantitativo e de sua efetividade, foi substancial, sob o aspecto qualitativo.

Apenas no final da Segunda Grande Guerra, o pensamento contrário ao totalitarismo predominou no Ocidente, com a criação da ONU e, dentro dela, o Tribunal Internacional de Justiça. Ao invés do caminho da guerra, a via da paz, que perpassa, obrigatoriamente, pelo funcionamento de uma jurisdição independente para a solução de disputas, de forma legítima, em face do procedimento organizado adequadamente. A mera existência dessa corte, em uma organização baseada nos direitos humanos e no respeito aos povos em sua diversidade, já se configurou como um avanço para a humanidade.

(1143) Segundo RIBEIRO, "in fact, if the creation of international jurisdictions of very different scopes and aims is a post Second World War tendency, its roots date back to the beginning of the XIXth century. Modern international arbitration was a development of international law in the XIXth century, with remarkable successes, such as the Jay Treaty Arbitrations and the Alabama Arbitration, which led many people to believe that the ideal substitute for war could be found, and led to the creation of the Permanent Court of Arbitration". In: RIBEIRO, Manuel de Almeida. Foreword. In: VICENTE, Dário Moura (Ed.). *Towards a universal justice? Putting international courts and jurisdiction into perspective*. Leiden/Boston: Brill Nijhoff, 2016. p. XI.

Para que haja paz, há que se ter jurisdição, saindo-se do primitivismo jurídico, no plano internacional. Com ela, abre-se mão, em geral, do recurso à guerra, a maior mazela que assolou a humanidade, sobretudo na primeira metade do século XX. Ainda que não se tenha uma organização do poder da forma comum, como há no Direito Interno, em que as funções essenciais estão estruturadas de maneira clara e independente ou por meio de um sistema de freios e contrapesos, determinados espaços precisam ser adequadamente organizados, juridicamente, para que haja paz ou favoreçam o surgimento dela. Todavia, independentemente de uma organização mais refinada, o benefício da jurisdição internacional é destacado, mesmo por meio de tribunais *ad hoc*,[(1144)] a trazer avanços para a ordem pública internacional e a exigir um certo respeito à regra de direito, ainda não tão bem delineada.

E o equacionamento dos litígios, entre Estados, contra Estados, ou, no plano internacional, mesmo envolvendo privados, no tocante a questões econômicas em sentido lato, acentuando-se o comércio entre privados na esfera internacional, o comércio entre os Estados e o investimento em solo estrangeiro, tem representado grande desenvolvimento nas relações, aproximações e justiça entre as nações, uma vez que há Direito, proveniente de vários tipos de fontes (tratados; *soft law*; costumes, inclusive privados; regulações, inclusive privadas etc.) e há jurisdição. Destacam-se: os tribunais arbitrais privados na *Lex Mercatoria*; os tribunais arbitrais, de natureza pública; os painéis, no ICSID; o Órgão de Solução de Controvérsias da Organização Mundial do Comércio; os órgãos de solução de litígios na regulação privada no plano internacional. Se, no passado, o maior motivo das guerras foram as discórdias econômicas, parece que a humanidade tem equacionado suas principais desavenças por meio de decisões nessa área, ainda que existam longos espaços e matérias a alcançar por jurisdição internacional.

Com efeito, não há dúvida que a jurisdição é essencial para que haja paz e alguma unidade jurídica, revelando-se como a primeira função desenvolvida na interação dos povos, por meio da arbitragem na *Lex Mercatoria* e da cooperação judiciária entre os Estados. Nada obstante, ela se constitui como importante mecanismo no desenvolver das fórmulas jurídicas, dando-lhes relevante impulso. Basta ver o caso da Organização Mundial do Comércio, quando se compara o antes e o depois da existência do Órgão de Solução de Controvérsias.[(1145)] Praticamente não havia respeito às deliberações na sistemática anterior, panorama que mudou após a jurisdição internacional estabelecida e o consequente *enforcement*.

Por outro lado, a jurisdição, como se viu ao analisá-la na Idade Média, também cristaliza os espaços jurídicos, o que é bem notado no âmbito internacional em geral, em que os centros de poder se assemelham a estruturas sem comunicação e isso se radicaliza nos domínios da regulação, nos quais o complexo regulatório almeja se bastar e desenvolver um Direito imune à jurisdição (parece pretender ser um Direito não passível de impugnação) ou ao menos à jurisdição que não lhe seja adrede. Ademais, o recuo da jurisdição ou a atuação da jurisdição, em determinada medida, contribui, exatamente, ao não tratar de certos temas, preservando-os quanto ao chamado mérito, o que auxilia no desenvolvimento do Direito, seja pelo costume, seja pelo *soft law* ou mesmo por meio da regulação da economia. Trata-se de importante papel da jurisdição para o desenvolvimento social do Direito, ao permitir que a sociedade, ou partes dela, possa alcançar soluções de um modo legítimo, com base em vários fatores de criação do Direito, envolvendo aspectos técnicos e de consenso ou, ao menos, de neutralização do dissenso.

(1144) Nesse sentido, o Tribunal Internacional Criminal para Ruanda e o Tribunal Internacional Criminal para a antiga Iugoslávia. In: ROMANO, Cesare P. R.; ALTER, Karen; SHANY, Yuval. Mapping international adjudicative bodies, the issues, and players. In ROMANO, Cesare P. R.; ALTER, Karen; SHANY, Yuval: (Eds.). *The Oxford Handbook of International Adjudication*. Oxford: Oxford University Press, 2014. p. 19-20.

(1145) VARELLA, Marcelo. *Direito internacional público*. 6. ed. São Paulo: Saraiva, 2016. p. 461-478.

O *soft law*, como se enfocará à frente, no espaço internacional, onde é mais característico e onde iniciou o seu desenvolvimento, termina por ser *hard law*, em determinada nuance, quando a jurisdição é criada. Nada obstante, há uma jurisdição adequada aos tempos, que não restringe a continuidade do processo de formação do Direito no plano internacional, a permitir a gênese suave do Direito, em espaços que não convivem com poderes legislativo (órgãos normativos) e executivo (órgãos de execução), ou mesmo em que os centros criadores do Direito e de execução são diferentes dos tradicionais, havendo de se ter uma formação jurídica em moldes distintos dos comuns. Ressalta-se que este modo de ser do *soft law* foi transplantado para o Direito Interno, inspirado no Direito Internacional, o que faz perceber-se a importante contribuição dessa categoria jurídica (*soft law*) para a evolução do Direito e a relevância da jurisdição para a sua formação e desenvolvimento.

Têm-se, até aqui, delineados aspectos fundamentais da jurisdição internacional: (1) trouxe relativa paz ao comércio internacional entre privados, garantindo, de forma incipiente, a primeira liberdade, no plano internacional, por meio dos mercadores, e possibilitando o aumento das relações, internacionalmente, entre privados; (2) significou o primeiro estágio de aproximação entre as nações, por meio da cooperação judiciária, inicialmente por meio de órgãos estatais diplomáticos que lhe deram efetividade, e continua a ser desenvolvida como fórmula jurídica fundamental de acesso à justiça no plano externo para as pessoas de praticamente todas as nações quanto aos seus próprios interesses privados, e como mecanismo de aproximação entre os Estados para atuação em conjunto em diversas áreas da Justiça: civil, penal, trabalhista etc., dando início a fórmulas incipientes de integração supranacional, antes de qualquer outra nas esferas do legislativo e do executivo; (3) funciona como um importante elemento de paz, ao possibilitar a resolução dos principais litígios de natureza econômica de interesse das nações, mesmo que originariamente ligados a privados, na atuação dos Estados, por meio do Órgão de Solução de Litígios da OMC, por exemplo; (4) representa importante contributo para o respeito aos direitos humanos, seja pela existência dos tribunais regionais de Direitos Humanos, seja pela instituição de uma Corte Penal Internacional, com jurisdição sobre indivíduos infratores, em delitos que afligem, diretamente, a humanidade e, em última instância, os direitos humanos, antes mesmo da implantação de um governo global e de um parlamento internacional em padrões convencionais permanentes; (5) se configura como relevante centro de nomogênese jurídica, em lugares em que não há núcleos permanentes de formação do Direito, ou mesmo nestes, se delineia como fundamental fator de produção jurídica e aperfeiçoamento do Direito; (6) tem desempenhado um papel de permitir o desenvolvimento do costume ou do *soft law* no plano internacional, imunizando a atuação de determinados atores (não invalidando seus costumes ou o seu Direito suavemente criado), para o desenvolvimento natural e salutar do Direito em determinadas áreas na esfera internacional.

Em que pese as contribuições apontadas, em uma visão da base, do alto, ou mesmo do centro, parece que a jurisdição internacional é composta por jurisdições paralelas que não têm qualquer vinculação entre si. Não haveria, assim, que se falar em jurisdição internacional, mas em jurisdições internacionais. Nessa ótica, um ápice de unidade não existe nem mesmo quanto à jurisdição decorrente do Direito Internacional Público clássico, com aspiração para jurisdicionar toda a terra, já que nesse, no Direito decorrente dos tratados, são desenvolvidas jurisdições independentes, que não se vinculam, não havendo um órgão jurisdicional de superior hierarquia. Tribunal Internacional de Justiça, Tribunal Penal Internacional, Órgão de Solução de Conflitos da OMC, Tribunal Internacional do Direito do Mar, painéis do ICSID, todos parecem atuar de forma independente entre si. Deste modo, mesmo quando o Direito decorre, em última análise, dos tratados com objetivo de vigorar em toda a terra não há uma estruturação unitária ou que dê alguma unidade à função jurisdicional, em um sistema hierárquico.[1146]

(1146) WEBB destaca a horizontalidade desse sistema, em que faltam instituições executivas e legislativas clássicas e uma função jurisdicional mais compulsória. In: WEBB, Philippa. *International judicial integration and fragmentation*. Oxford: Oxford University Press, 2013. p. 4.

Do mesmo modo, no plano privado ou da regulação pública internacional, os tribunais da *Lex Mercatoria* e os tribunais de autoridades reguladoras, estas em cada setor da economia internacional, ou em determinadas atividades, também atuam como unidades paralelas, que não se vinculam a um vértice ou mesmo a um centro recursal jurisdicional, ou a algum que exerça controle de definição última de uma determinada matéria, à luz de uma ordem jurídica superior.

Nada obstante, os contributos acima apontados são inegáveis e somam-se a eles um aspecto que será enfocado mais adiante, exatamente a respeito desta interligação ou relacionar entre as jurisdições, em um complexo que parece sem qualquer contato. Antes, porém, enfatizar-se-á, mais ainda, a formação da jurisdição em vários espaços, setores ou matérias no plano internacional, para que, em seguida, se possa falar nesse relacionar e de que forma ele se configura.

6.3. *Espaços, setores e matérias em que está a se formar a jurisdição internacional*

6.3.1. A formação da jurisdição internacional no comércio privado transnacional

A arbitragem transnacional, definida a via por convenção de arbitragem, é a jurisdição natural dos litígios do comércio internacional privado. Os tribunais da arbitragem transnacional não são criados pelo Direito de um Estado, mas de forma autônoma, por associações de comerciantes. Os seus estatutos (dos órgãos de arbitragem) definem sua linha de autonomia, a aplicar Direito autônomo, em geral relacionado a cada contrato, dito como violado, ou o Direito decorrente do exame de vários litígios de semelhante teor, decididos pelo mesmo órgão arbitral ou órgãos arbitrais alinhados, de modo uniforme.

O desenvolvimento dessa arbitragem se dá de forma setorial ou em centros de arbitragem, com os seus próprios regulamentos. As decisões de arbitragem, nessa seara, têm gerado uma jurisprudência arbitral e dela decorre um costume jurisprudencial, que integra a chamada *Lex Mercatoria*, a qual é observada pelos interessados, que transitam por este setor da economia mundial.

Os árbitros se consideram vinculados a determinadas regras da convenção de arbitragem, à liberdade das partes quanto à definição do Direito material aplicável e aos usos do comércio, atribuindo-se grande valor a certos princípios gerais do direito[(1147)] e aos fundamentais processuais — contraditório e igualdade das partes.

Tal jurisdição, bastante eficaz, baseia-se, como se disse, na autonomia das partes e tem tido papel importante para a criação de um Direito em uma seara em que os Estados ou mesmo as Organizações Internacionais de natureza pública ainda não conseguiram enredar.

Trata-se de jurisdição privada, mas efetiva, haja vista que as suas decisões são cumpridas, praticamente, de modo espontâneo entre os participantes. Em determinada medida, cumpri-las significa garantir a atuação ou a continuidade de particpação em determinados meios comerciais internacionais, em razão da confiança estabelecida. Deste modo, no comércio internacional, a jurisdição está sendo formada, em certa medida, de modo privado, por meio da arbitragem internacional, num meio em que o Direito também é formado.[(1148)]

(1147) GALGANO, Francesco. *Lex mercatoria*. Bolonha: Il Mulino, 2001. p. 242.

(1148) Diz PINHEIRO: "Transnational arbitral tribunals are in a different position: besides not being created by the law of a country nor being part of its political organization, they have relevant legal connections to more than

6.3.2. A formação da jurisdição internacional por meio da cooperação judiciária

Acima já se falou do contributo da jurisdição para a aproximação dos povos, por meio da cooperação judiciária. Aqui, pretende-se destacar que a cooperação judiciária está a desenvolver importantíssimo papel na aproximação das jurisdições nacionais e, nesse processo, dando-lhes, cada vez mais, um aspecto de jurisdição internacional. Em determinadas regiões da terra, em especial na Europa e na América, os tratados internacionais de cooperação judiciária já configuram as sentenças judiciais prolatadas nos Estados signatários praticamente com a qualidade de títulos executáveis em qualquer dos Estados partes, à semelhança das sentenças nacionais proferidas em cada um deles. Do mesmo modo, atos processuais concertados são praticados, inclusive em matéria penal.

A cooperação judiciária, assim, desenvolve-se para fazer esta conexão quanto a atos judiciais, e permitir a efetividade da jurisdição no território de outro Estado, ainda que se compreenda que estes atos processuais foram internalizados e são atos do Estado que os pratica, portanto, nacionais. Em certo sentido, e isso já se comentou acima, parece que o vértice da hierarquia se inverte, passando a ser outro Estado-membro a assumir o cume da pirâmide da organização jurisdicional, ao dar cumprimento a atos processuais originários de outros países ou a realizar ato que fará prosseguir a marcha processual de um feito que tem a sua tramitação originária e principal em um outro Estado.

Ademais, em razão de crimes transnacionais, do trânsito constante de pessoas, de trabalhadores, das situações transfronteiriças, atos conjuntos precisam ser praticados entre Estados, de um modo concertado, levando o aparelho judicial e policial a atuarem em conjunto, gerando práticas comuns, muitas delas jurisdicionais.

Nesse sentido, a cooperação judiciária configura-se como legítimo ato de co-operação, no sentido etimológico do termo, de operar em conjunto, sendo inegável a interligação da jurisdição, ainda que preservados os agentes e o caráter, sob o ponto de vista das nomenclaturas internas, como exercício de jurisdição nacional. A cooperação judiciária, e seu reforço, por certo está a representar e indicar um caminho claro de evolução da ligação entre as jurisdições nacionais, que deixa de ser uma mera *comitas gentium* e passa a ser uma obrigação, por costume internacional pelo menos, e por força de um acentuado número de tratados nesse sentido, portanto, um ato praticamente automático dos sistemas internos de jurisdição, que atuam no sentido de dar solução e andamento aos encaminhamentos que lhes são trazidos por órgãos de jurisdição de outros Estados. O exemplo europeu demonstra que o evolver da cooperação, em especial da judiciária, funcionou, quiçá, como um pressuposto para o desenvolvimento de fórmulas jurisdicionais integradas, de forma supranacional.

6.3.3. A formação supranacional da jurisdição

Quando se analisa o Direito Regional de Integração e a temática dos direitos humanos, ainda que não se conclua por existir uma formação piramidal ou uma estruturação da jurisdição entre pirâmides interligadas, há um certo escalonamento, em algum aspecto semelhante às formas in-

---

one country and, therefore, no country holds exclusive jurisdiction to define their legal framework". E mais: "Transnational arbitration is also in contact with standards that are formed in the community of international trade operators and may be faced with claims of applicability of supranational standards, either international or from a regional community". In: PINHEIRO, Luís de Lima. *The confluence of transnational rules and national directives as the legal framework of transnational arbitration*. In: VICENTE, Dário Moura (Ed.). *Towards a universal justice? Putting international courts and jurisdiction into perspective*. Leiden/Boston: Brill Nijhoff, 2016. p. 384-5.

ternas de interligação da jurisdição, o que se analisará mais adiante. Aqui, cabe destacar que, em determinadas matérias, o Direito se integrou em certas regiões do globo, não havendo, em muitas situações, órgãos legislativos e executivos permanentes que lhe dê eficácia ou densificação, mas, estruturas jurisdicionais.

Por meio da análise dos sistemas de integração econômica — União Europeia, por exemplo, vê-se que grandes faixas do território do globo são regidas pelo Direito de Integração (relativo a cada Região), sendo que a integração passa a abranger outros temas, não apenas a economia em um sentido estrito. Embora com um funcionamento diferente das estruturas jurisdicionais dos Estados federais ou unitários, a jurisdição do Direito de Integração termina por se estruturar de modo a representar uma forma superior de solução de determinados conflitos quanto ao Direito que aplica, com a sua jurisdição incidindo além das fronteiras de um determinado Estado. Este sistema de algum modo lembra a visão desenvolvida pelo positivismo, em pirâmides interligadas, ou, ao menos, em um sistema de coordenação em um multinível jurisdicional, em que está acima para resolver as questões jurídicas fundamentais do Direito de Integração, dando-lhe unidade, o chamado tribunal da União, com destaque para o Tribunal de Justiça da União Europeia. Esta fórmula, ainda que com limitações, tem sido adotada em outros continentes, sobretudo na América Latina e no Caribe, muito embora com resultados ainda acanhados. Quando se analisa o sistema da União Europeia, vê-se que este se desenvolveu a ponto de criar também órgãos legislativos e executivos comuns (supranacionais) de grande impacto e legitimidade, com autoridade sobre vinte e oito Estados Nacionais.

Em uma estruturação semelhante, com uma supremacia jurídica dentro do território de muitos Estados Nacionais, ou em uma organização multinível da jurisdição por coordenação, o sistema judicial de proteção dos direitos humanos tem se desenvolvido de modo similar, seja na Europa, seja na América Latina, estando no vértice ou centro do sistema de proteção dos direitos humanos, em cada continente referido, respectivamente, a Corte Europeia de Direitos Humanos e a Corte Interamericana de Direitos Humanos. Depois de se analisar a violação de um direito humano no plano interno de um determinado Estado, como se viu atrás, em dados casos, havendo negativa de protegê-lo, o indivíduo pode levá-lo, observados os requisitos das respectivas convenções, às cortes internacionais europeia ou interamericana. O número de ações nesse sentido é relativamente grande, tanto na Europa, quanto na América. A eficácia dessas Cortes é comprovada e irrefutável, tendo influenciado, inclusive, a mudança de legislações internas, para proteger efetivamente ou acentuar a proteção dos direitos humanos.[1149]

Assim sendo, em determinadas regiões do globo, a jurisdição obteve integração supranacional, com a criação e funcionamento de órgãos supranacionais de jurisdição, antes ou ao mesmo tempo que o nascimento de órgãos legislativos e executivos permanentes de caráter supranacional. Basta ver o caso dos Tribunais de direitos humanos na Europa e Interamericano, que não convivem com parlamentos ou com órgãos executivos de igual envergadura, nos vastos territórios que jurisdicionam.

Ainda que se critique a visão piramidal, ao afirmar-se que nem mesmo na União Europeia esta figura se aplica, ante a existência de ordens jurídicas nacionais e supranacional sem que se

(1149) Sobre o acesso à Corte regional de direitos humanos, no caso de violação ocorrida sob a jurisdição de algum Estado-membro, ver: MAZZUOLI, Valério de Oliveira. *Os sistemas regionais de proteção dos direitos humanos*: uma análise comparativa dos sistemas interamericano, europeu e africano. São Paulo: RT, 2011. p. 16. Analisando as simetrias e assimetrias entre o sistema europeu e o interamericano de proteção dos direitos humanos, MAZZUOLI afirma: "Sob o aspecto formal, é nítido que ambos os sistemas regionais se fundamentam em Convenções que têm, para além de uma identidade substancial, uma mesma estrutura formal. Essa analogia estrutural deve-se ao fato de ter sido a Convenção Americana inspirada na Convenção Europeia, que lhe é anterior". In: MAZZUOLI, Valério de Oliveira. Ob. cit., p. 96.

contemple este modelo, mas em posições paralelas, transversais ou em multinível, por certo, na parte de integração do Direito, de algum modo, esta vislumbra-se, pelo menos, a verticalidade da composição em um certo aspecto, na interligação jurisdicional desde a base dos juízes nacionais dos 28 Estados-membros da União Europeia, na aplicação do Direito da União, ainda que as definições jurisdicionais sejam realizadas de modo diferente que o da tradicional aplicação do Direito Interno, inclusive do Direito Constitucional.

Quando se trata de analisar sistemas interligados em multinível normativo em uma estrutura supranacional complexa, com ordens nacionais paralelas, e a vigência, em caráter vertical e/ou transversal, em uma outra composição ou em uma figura que se possa pensar em multinível normativo, do Direito da União, vê-se que as matérias (Direito da União) sempre serão resolvidas, por exclusiva competência, dentro do sistema supranacional (Direito de Integração), mesmo que atuem os juízes nacionais, que, nesse passo, funcionam como juízes da União. Por outro lado, o sistema constitucional (Direito Constitucional) de cada nação continua com o seu funcionamento tradicional, quanto ao Direito Interno, o que mais demonstra o acoplamento de ordens jurídicas, em que o elo de ligação é pela jurisdição e se dá por meio do encadeamento de órgãos judiciais que permitem a interpretação e aplicação do Direito com a uniformidade exigida a partir do ápice, no caso, em matéria Constitucional, o Tribunal Constitucional do Estado Nacional; e em matéria de integração, do centro, o Tribunal da União. Contudo, na base ou extremidades, os juízes nacionais são aqueles que primeiro, em princípio, se debruçam sobre as questões relacionadas a cada ordem jurídica referida, tanto o Direito Constitucional, como o Direito da União.

Além disso, quanto aos direitos humanos, estes mesmos juízes e a jurisdição nacional inteira funcionam como premissa necessária para o esgotamento da jurisdição interna, sem a solução que o Direito (direitos humanos) exija em cada continente mencionado, para o ajuizamento de medida no centro do sistema jurisdicional nessa matéria, o Tribunal de Direitos Humanos, que, por último, decide sobre um tema de direitos humanos amesquinhado na Justiça interna, de cada Estado Nacional na Europa ou na América.

O fato de existirem varas especializadas nacionais ou que decidam em única instância, ou mesmo tribunais ou órgãos jurisdicionais que tratem de matéria em unidades isoladas dentro de um determinado Estado, ainda que de natureza privada, também não os imuniza quanto à jurisdição, seja nacional, quanto ao aspecto constitucional, seja supranacional, no que se refere às questões relacionadas ao Direito de Integração ou aos direitos humanos.

Ainda que não se aceite, repita-se, a forma piramidal ou de pirâmides conectadas em ascendência até o vértice, o escalonamento ou a interligação, nessas matérias, é irrefutável, em temas que a jurisdição tem o poder para fazer existir a unidade do Direito, assim constituído.

Os níveis alcançados de unidade, nesse sentido, são consideráveis, destacando-se estes ramos do Direito, sendo de interesse aqui acentuar o plano supranacional, ressaltando-se, por exemplo, na CARICOM, ainda que jurisdicione Estados de pequenas dimensões, que a Corte supranacional tende a ser a Suprema Corte dos Estados interligados. Por outro lado, nesses tribunais regionais, em especial nos de direitos humanos, apresenta-se como um aspecto capital o acesso da pessoa (indivíduo) às Cortes.(1150) Ademais, muitos países se unem em regiões do globo para ter o mesmo Direito, em vários aspectos, sobre si. É um fato que foi perpetrado, sobretudo, pela existência de órgãos de poder supranacionais, com destaque aos jurisdicionais, que parecem iniciar, sustentar e incrementar o processo de unidade. Contudo, como se verá mais à frente, a forma de relação, como a da conexão das unidades de jurisdição, na órbita internacional, não se está se dando, ao que parece, de um modo hierárquico.

(1150) CANÇADO TRINDADE, Antôno Augusto. *El ejercicio de la función judicial internacional* — memorias de la Corte Interamericana de Derechos Humanos. Belo Horizonte: Del Rey, 2011. p. 109.

6.3.4. A formação da jurisdição internacional por meio da ONU; ou em determinados setores ou matérias em Direito Internacional Público, por meio de tratados multilaterais, com perspectiva de jurisdição global

Como se disse, no que se refere à jurisdição internacional propriamente dita, sob o ponto de vista da clássica aplicação do Direito dos tratados, envolvendo as nações, foram desenvolvidas unidades jurisdicionais que, em si mesmas consideradas, representam uma jurisdição unitária e independente, pelo menos em certa medida, quanto aos Estados que a integram.

A jurisdição do Tribunal Internacional de Justiça, que é órgão da ONU, tem como objetivo solucionar as controvérsias entre Estados, na resolução dos conflitos relacionados à interpretação e aplicação do Direito dos Tratados. Esta jurisdição somente incide quanto a Estados e quando estes concordam a respeito, por meio da expressa previsão nos tratados ou em compromissos assumidos nesse sentido. Este tribunal tem relevância, embora haja limitações à sua atuação, por não ser ainda uma instância jurisdicional a resolver as lides entre os Estados de modo obrigatório. Nada obstante, países como Canadá, México, Colômbia, Paraguai, Uruguai, Alemanha, Suécia, Espanha, Portugal, Madagascar, Austrália e Nova Zelândia têm a jurisdição do TIJ como compulsória.

A Corte Penal Internacional, por sua vez, embora não seja um Tribunal integrante do sistema da ONU, mas com estreita relação com o Conselho de Segurança, tem jurisdição internacional compulsória em matéria penal sobre indivíduos, vigorando nos territórios dos países que assim se comprometeram no tratado de Roma (1998). Sua jurisdição é compulsória em mais Estados que a do Tribunal Internacional de Justiça, já que toda a América do Sul, Oceania e grande parte da América do Norte e Central, Europa e África[(1151)] adotaram a jurisdição desta Corte sobre si, ou seja, sobre seus cidadãos, inclusive autoridades, ou sobre todo indivíduo que neles transitem, submetendo os que tenham praticado crimes contra a humanidade, de genocídio, de guerra e de agressão, que tem, como se disse, jurisdição compulsória quanto a estas matérias.

O Tribunal Internacional do Direito do Mar tem personalidade jurídica de direito internacional público, tratando-se de um órgão judicial previsto na Convenção das Nações Unidas sobre o Direito do Mar — Convenção de Montego Bay, sendo o acesso à sua jurisdição restrito aos Estados (art. 20º, § 1º, do Estatuto do TIDM), ainda quanto a Estados que não sejam parte na Convenção do Direito do Mar, havendo acordo especialmente para este fim, e a Organizações Internacionais que tenham capacidade para celebrar tratados internacionais. A jurisdição desse Tribunal abrange a maior parte dos países do mundo e tem desenvolvido uma importante jurisprudência quanto ao Direito do Mar e o exercício da liberdade nesse espaço. Em vários casos, por meio de medidas cautelares (provisórias) foram liberadas embarcações e tripulações ilegalmente retidas. A jurisdição do tribunal já tem sido utilizada, inclusive, para a verificação de fronteiras marítimas, o que lhe faz crescer em importância.[(1152)]

O Órgão de Solução de Litígios da Organização Mundial do Comércio se apresenta como uma das instâncias jurisdicionais internacionais com maior eficácia e abrangência, dentre os órgãos de jurisdição global. São poucos os Estados que não lhe são submetidos. Além de microestados, apenas Coreia do Norte, Turcomenistão e Eritreia não fazem parte do sistema da OMC, pelo menos como observadores, sendo poucos os Estados que não estão submetidos ao Órgão de Solução de Conflitos. As decisões da OMC são cumpridas com bastante eficácia, sendo raros os

---

(1151) Ainda que países africanos tenham saído dessa Corte em 2017, ela ainda continua representativa na África.

(1152) MURPHY, Sean D. International judicial bodies for resolving disputes between states. In: ROMANO, Cesare P. R., ALTER, Karen; SHANY, Yuval (Eds.). *The Oxford Handbook of International Adjudication*. Oxford: Oxford University Press, 2014. p. 202.

casos em que os Estados que venham a ser condenados optam por retaliações (as sanções praticadas, em último caso). Participar desse sistema é fundamental para que um país se integre ao mundo do comércio entre os Estados, essencial para o desenvolvimento de cada nação.

Ao lado da regulação do comércio entre Estados, há a regulação das relações entre privados (empresas estrangeiras ou transnacionais) e Estados, nas chamadas operações de investimento, a envolver Estados e privados (investidores) de outras nações, em geral por meio de Tratados Bilaterais de Promoção e Proteção de Investimentos (TBIs) e em convenções multilaterais — *e.g.*, NAFTA e Carta de Energia (ECT). Foi estabelecida, por meio de convenção internacional, capitaneada pelo Banco Mundial, a Convenção Sobre a Solução de Controvérsias Relativas aos Investimentos entre Estados e nacionais de outros Estados. Esta Convenção criou o ICSID — Centro Internacional para Resolução de Conflitos sobre Investimentos, prevendo-se, em seu art. 25, a submissão dessas disputas, de comum acordo, inclusive quando previsto em contrato, para a solução de disputas relacionadas ao descumprimento de obrigações assumidas, em geral por prejuízo causado por Estado à empresa investidora, em face de nacionalizações de parques industriais ou de mudanças de condições contratuais, de modo unilateral ou por culpa de Estado, ou por meio de medidas políticas ou tributárias (ou até mesmo judicial nacional) que tragam lesão ao equilíbrio contratual original. O ICSID funciona como tribunal arbitral na solução desses diferendos, dando resolução às controvérsias entre os sujeitos mencionados. O ICSID é parte integrante do Grupo Banco Mundial, sendo uma instituição autônoma, multilateral e especializada. Em 2016, detinha o consentimento de 153 Estados-membros, a assegurar o cumprimento e a execução de suas sentenças arbitrais (laudos).[(1153)]

A jurisdição pública, decorrente do Direito dos tratados, acima referida, possui grande eficácia, sendo, em geral, as decisões cumpridas pelos Estados que venham a ser condenados nas sentenças dos órgãos jurisdicionais referidos. Os legitimados para agir, em geral, no polo ativo e passivo, são os Estados — salvo no ICSID (os investidores privados) e no TPI (no polo passivo, os autores de crimes tipificados), o que demonstra uma limitação da jurisdição propriamente pública no plano global, com menor acesso aos indivíduos ou privados, salvo, indiretamente, como se mencionará adiante. Contudo, no campo da regulação, como se verá, desenvolve-se uma legitimidade para agir privada.

6.3.5. A formação da jurisdição internacional na regulação privada e pública de determinadas atividades

Como se viu alhures, determinados setores da economia ou tecnológicos são autorregulados por privados, no todo ou em parte, sendo que a associação dos próprios operadores ou o operador mesmo realiza a regulação. Em muitos aspectos, esta regulação é quase que inteiramente internacional. Deste modo, o mercado, mesmo que no espaço nacional, recorre, por exemplo, a normas técnicas ISO, vigentes em matéria de certificação de qualidade em nível global, para se regular. Estas normas são elaboradas no plano internacional, fruto de uma regulação privada, ou seja, não controlada propriamente, ou estritamente, pelos Estados ou por organizações internacionais públicas. Ademais, determinados domínios da internet, ante as suas características óbvias, em especial pelo seu surgimento internacional — o que é comum nas situações em foco — e por sua finalidade — a instituição de uma rede global, em vários aspectos possui uma regulação internacional, ou melhor, uma autorregulação no plano internacional.

(1153) Ver a respeito: KLYKOVA, Kristina. Features of international investment arbitration. In: RIBEIRO, Marilda Rosado de Sá (Org.). *Direito internacional dos investimentos*. Rio de Janeiro: Renovar, 2014. p. 181-214.

No âmbito dessa regulação internacional, tem se desenvolvido a jurisdição, em um chamado compacto regulatório, no qual as funções de normatizar, executar e julgar os litígios se encontram em conjunto dentro das chamadas entidades reguladoras. E se estas entidades são independentes, dentro delas desenvolve-se, por exigências práticas, uma jurisdição também independente, por meio da qual são examinados litígios muitas vezes técnicos, sobre os quais seria difícil deslindar por meio da jurisdição sem esta feição.

Nos domínios da internet (ICANN) e da certificação de qualidade (ISO), duas entidades reguladoras, de natureza privada, no plano internacional, surgiram e, dentro delas, foram criados painéis para solucionar conflitos. Na ICANN, por exemplo, em razão de litígios relativos à internet, como já se viu acima, demandas, inclusive envolvendo Estados e privados, têm surgido, exigindo soluções imparciais sobre temas relevantes para toda a sociedade mundial. Desse modo, a jurisdição internacional, de maneira eficaz, tem sido desenvolvida dentro dessas entidades, com decisões de bastante efetividade e importância, embora se questione a natureza privada da instituição reguladora e muitos almejem o controle público de suas atividades.

Por outro lado, existem setores da economia mundial que sofrem regulação pública, aos quais já se referiu atrás, como a Organização Mundial do Comércio. Contudo, como diz SILVA, está a emergir um Direito Administrativo Internacional à margem da recepção dos regimes jurídicos internacionais. O Direito Administrativo aplicado pelas organizações internacionais, por meio do qual são formados regimes jurídico-administrativos de base setorial, tem normas imediatamente operativas nos sistemas jurídicos nacionais, a ponto de fundar direitos subjetivos oponíveis aos Estados. Estes regimes são salvaguardados por jurisdições próprias, de âmbito internacional. Em face disso, forma-se um Direito Administrativo Internacional, em que as decisões se subordinam às regras e princípios típicos do Direito Administrativo Nacional: "transparência, participação, contraditório, obrigação de fundamentação expressa, justiciabilidade dos direitos e interesses, controle por incumprimento". Estas entidades estão fundadas nos princípios gerais concretizadores do Estado de Direito, vinculando os Estados aderentes, limitando o seu poder decisório.

O Direito Administrativo Internacional aplicado pelas organizações internacionais, de natureza pública, se assenta numa estrutura organizatória complexa, com "órgãos próprios (ex. OMC, OIT), executivos e/ou jurisdicionais (ex. *Dispute Settlement Body* da OMC), como esquemas procedimentais e processuais (ex. *Agreement on the Aplication of Sanitary and Phytosanitary Measures* e *Agreement on Government Procurement* — OMC)". O impacto crescente das decisões judiciais fundadas em *global administrative law*, em sede internacional, e com reflexo na *domestic administratative regulation*, leva os Estados, setorialmente, a aplicar princípios jurídicos de harmonização, permitindo um nível adequado de confiança aos agentes econômicos no contexto da globalização.[1154]

6.4. A tentativa de unidade por meio da ordem jurídica

Viu-se, até aqui, em quais espaços, órgãos e entidades está se formando a jurisdição internacional. A partir de agora, ver-se-á o que disse a Teoria do Direito, tanto no aspecto dogmático,

---

(1154) SILVA, Suzana Tavares da. *Um novo Direito Administrativo?* Coimbra: Imprensa da Universidade de Coimbra, 2010. p. 25-26. Sobre esse assunto, em um prisma do Direito ao Desenvolvimento, ver: BULAJIC, Milan. Principles of international development law — progressive development of the principles of international law relating to the new international economic order. 2. ed. Dordrecht/Boston/London: Martinus Nijhoff Publishers, 1993. Sobre regulação pública nos setores das telecomunicações, eletricidade, gás natural, água e resíduos líquidos, ver: BERGH, Roger J. Van e PACCES, Alessio. *Regulations and economics*. Cheltenham/Northampton: Edward Elgar, 2012. Sobre métodos alternativos de enforcement em regulação na União Europeia, ver: GHEUR, Charles; PETIT, Nicolas (Ed.). *Alternative enforcement techniques in EC competition law*: settlements, commitments and other novel instruments. Bruxelas: Bruylant, 2009. p. 259-260, em que se conclui pela imprescindibilidade da jurisdição, por diversas razões. Sobre a necessidade de interação do *administrative global law* com as leis estaduais e municipais, ver: PRAKASH, Aseem; HART, A (ed.). *Globalization and governance*. London/New York: Routledge, 2000. p. 285.

como no sociológico, acerca da jurisdição internacional, ou mesmo sobre a unidade do sistema jurídico no plano internacional, no intuito de se obter unidade, com destaque na jurisdição.

Tem-se, em verdade, o enfoque do tema, neste passo, com amparo na teoria pura do Direito, que terminou, por anos, por ser aceite como a mais científica em termos de dogmática jurídica, nada obstante outros pensamentos, talvez de igual impacto, também tenham se firmado na seara do Direito.

Kelsen se propôs, de início, a analisar se a ordem internacional e as ordens jurídicas nacionais são todas partes de um único sistema jurídico. Para isso, principiou por definir se o Direito Internacional é ou não Direito, ou seja, se pode ser descrito em termos de regras de Direito, partindo da premissa de que uma regra de Direito é um juízo hipotético que faz de um ato coercitivo, da interferência imposta na esfera de interesses de um sujeito, a consequência de certo ato desse mesmo ou de outro sujeito. O ato coercitivo que a regra de Direito estabelece como consequência é a sanção (característica essencial da ordem jurídica, em sua opinião) — a reação da comunidade jurídica contra a conduta antijurídica.(1155)

Assim, o Direito Internacional existiria como Direito se a interferência imposta na esfera de interesses de um Estado em relação ao outro (ato coercitivo) for permitida apenas como uma reação contra um ato antijurídico (delito);(1156) se o ato coercitivo empreendido puder ser interpretado como uma reação da comunidade jurídica internacional. Deste modo, para se considerar o Direito Internacional como um sistema de normas jurídicas, que prescrevem determinadas condutas para os Estados (e indiretamente para os indivíduos), há que existir as correspondentes sanções para o caso de infração dessas regras. Todavia, ele pergunta: há sanção de Direito Internacional? Para ele, existe, segundo o Direito Internacional, a previsão de sanção (reação contra um delito internacional) como consequência de um ato antijurídico, *e.g.*, tanto por meio de uma interferência limitada na esfera de interesses do Estado infrator, por meio das represálias, como na interferência até certo ponto ilimitada, na hipótese de guerra. Em caso de violação, e dependendo da situação, a reação pode, *v.g.*, ser de um modo como de outro, para coibir o ilícito, ou seja, a violação do Direito Internacional.(1157)

Continuando o seu raciocínio, afirma que a guerra nunca garante que apenas o malfeitor será atingido pelo mal que se espera que uma sanção imponha. Por outro lado, a guerra não será uma reação contra um mal se a parte que sofreu esse mal for a mais fraca. Em princípio, só haverá sanção no plano jurídico se existir uma organização para executar o ato de coerção com poderes superiores ao do malfeitor. Contudo, segundo ele, não há um tribunal internacional para decidir esta questão. Assim, não se teria, em princípio, como saber se o Direito Internacional foi efetivamente violado, a não ser por acordo das partes, não havendo como a lide ser resolvida de modo uniforme, não sendo examinada a matéria, nesse caso e a seu ver, pela ciência do Direito, mas só pelos governos, que decidirão cada situação, mesmo que similares, de modo diferente, concluindo pela insuficiência técnica do Direito Internacional, o qual diz ser um Direito primitivo (a vingança — *vendetta* — é sua característica mais peculiar, ou seja, a iniciativa individual, de cada Estado, parece caracterizá-lo), pela ausência de um órgão particular encarregado de aplicar normas jurídicas

---

(1155) KELSEN, Hans. *Teoria geral do Direito e do Estado*. São Paulo: Martins Fontes, 1990. p. 321. Sobre a explicação de KELSEN quanto ao Direito Internacional na Teoria Geral do Direito e do Estado, ver: CÂMARA FILHO, José Sette. Hans Kelsen e a teoria pura do Direito Internacional. In: *Revista da Faculdade de Direito da UFMG*, 1948, v. 1, p. 78-113. In: direito.ufmg.br. Acesso: em 21 jan. 2018.

(1156) Segundo KELSEN, desde os romanos, com seu *ius fetiale*, só eram consideradas guerras justas as empreendidas por motivo de defesa ou por motivo de vingança. In: Ob. cit., p. 328. Em verdade, no Direito Internacional tradicional, tem-se como princípio a não intervenção de um Estado em outro, sendo preconizada a independência externa e interna dos Estados, somente admitindo-se o recurso à guerra em caso de violação do Direito Internacional. In: KELSEN, Hans. *Teoria geral do Direito e do Estado*. São Paulo: Martins Fontes, 1990. p. 325-6.

(1157) Ob. cit., p. 322-8.

a um caso concreto, ou seja, de uma autoridade distinta das partes envolvidas e interessadas. Não há um tribunal nem um poder executivo centralizado. Assim, configura-se como uma ordem social que não progrediu além do princípio da iniciativa individual e, por isso, deixa muito a desejar. Todavia, reconhece o estado jurídico dessa ordem descentralizada como uma ordem jurídica, interpretando-a como uma ordem segundo a qual o ato coercitivo é um monopólio da comunidade, sendo que os próprios elementos individuais (Estados) sujeitos a ela é que assim a consideram.(1158)

Segundo *Kelsen*, a ordem internacional é imperfeita, havendo, assim, impropriedades técnicas no Direito Internacional geral. Contudo, não obstante esta imperfeição, trata-se de Direito, no mesmo sentido que o Direito Nacional, ainda que, a seu ver, o Direito Internacional seja confessadamente primitivo, embora este seja o primeiro passo na linha de evolução do Direito. O Direito Internacional contém, em verdade, potencialidades de evoluir, na sua opinião.(1159)

Com esta conclusão, de que o Direito Internacional é Direito, *Kelsen* afirma que, como tal, existem matérias que são definidas apenas pelo Direito Internacional (pressupõem uma determinada concepção de relação dos Estados), já que cabe ao Direito Internacional definir que há: igualdade entre os Estados; que existem, cada qual, dentro de sua própria esfera; determinar, *v.g.*, os elementos do Estado (esfera de existência: territorial — em uma parte do globo; pessoal — em uma parte da humanidade; e uma particular ordem jurídica nacional — eficaz, como ordem coercitiva); a validade temporal da ordem jurídica nacional; bem como regulamentar a conduta mútua dos Estados, sendo proibida a interferência de um na esfera do outro, sob pena de violar-se o Direito Internacional. Estas delimitações não se dão por meio da ordem jurídica dos Estados, mas por meio do Direito Internacional. Por meio delas, permite-se a coexistência de numerosos Estados. Esta seria, a seu ver, a função essencial do Direito Internacional.(1160)

Apesar disso, o Direito Internacional não impõe obrigações apenas a Estados. Para *Kelsen*, todo Direito é regulamentação da conduta humana, que é a única realidade social a que as normas jurídicas podem se referir: a relações entre seres humanos. Assim, o Direito Internacional regulamenta a conduta de indivíduos de modo indireto, por meio da mediação das ordens jurídicas nacionais.(1161) Nesse sentido, o Direito Internacional delega ao Direito Nacional — no que

---

(1158) KELSEN, Hans. Ob. cit., p. 329-331. Nesse sentido, KELSEN diz: "numa comunidade primitiva, o homem que vinga o assassinato do seu pai, agindo contra quem ele considera o assassino, não é, ele próprio, considerado um assassino, mas um órgão da comunidade. Porque, precisamente por meio desse ato, ele executa um dever jurídico, uma norma da ordem social que constitui a comunidade. É essa norma que lhe dá o poder, e apenas a ele, sob certas circunstâncias, e apenas sob essas circunstâncias, de matar o suspeito do assassinato. Esse mesmo homem não estaria atuando como órgão ou instrumento da sua comunidade, mas somente como um assassino, se essa mesma ação da sua parte fosse movida por outras circunstâncias, que não as estabelecidas pela ordem jurídica da sua comunidade, se ele não agisse meramente como um vingador. A distinção entre o assassinato, como um delito, e o homicídio, como um cumprimento de um dever de vingança, é da maior importância para a sociedade primitiva. Significa que matar só é permitido se o matador atuar como um órgão da sua comunidade, se a sua ação for empreendida na execução da ordem jurídica. O ato coercitivo é reservado à comunidade e, consequentemente, é um monopólio dessa comunidade. A descentralização da aplicação do Direito não impede que o ato coercitivo como tal seja estritamente monopolizado". Assim, o homem primitivo distingue o ato de matar como delito do ato de matar como sanção, sendo necessário, a seu ver, para se compreender o Direito Internacional, distinguir a guerra como delito da guerra como sanção. In: Ob. cit., p. 31-2. Sobre uma análise da obra de KELSEN com enfoque no estudo sobre a guerra, ver: MAZZARESE, Tecla. Guerra, paz y Derecho Internacional en Kelsen. In: *El Derecho en red*: Estudios em homenaje al profesor Mario G. Losano. Madrid, 2006, pp. 839-860.

(1159) KELSEN, Hans. *Teoria geral do Direito e do Estado*. São Paulo: Martins Fontes, 1990. p. 333.

(1160) Ob. cit., p. 340-1.

(1161) Ob. cit., p. 333-8. KELSEN aponta que, excepcionalmente, o Direito Internacional impõe obrigações diretamente a indivíduos (o Estado prejudicado pode, ele mesmo, processar e punir os delinquentes) — pirataria, bloqueio internacional, contrabando de guerra e participação de civis em atos de guerra, quebra ou dano de cabo submarino; e confere direitos diretamente a indivíduos — Tratado de Versalhes e outros tratados que autorizaram nacionais das potências aliadas e associadas a exigir compensação pelos danos causados por medidas de guerra extraordinárias da parte da Alemanha, prevendo a instituição de tribunais e arbitragem mistos perante os quais esses nacionais poderiam mover ações contra a Alemanha. In: Ob. cit., p. 338-9.

são as normas internacionais consideradas incompletas — a complementação das normas internacionais, por normas das ordens jurídicas nacionais.[1162] A previsão do Direito Internacional, devidamente recepcionada pelo Direito interno, faz com que o Direito Nacional não regulamente mais arbitrariamente a mesma matéria, já que o Estado Nacional está obrigado a cumpri-la, como contratante, pelo tratado internacional. Isto significa, a seu ver, que "a competência material de um Estado, o seu poder de regulamentar qualquer matéria que deseje, é limitada pelo Direito Internacional". A ordem jurídica nacional, assim, é limitada apenas pela ordem jurídica internacional.[1163]

De um lado, a ordem jurídica internacional necessita da complementação necessária das ordens jurídicas dos Estados, e, de outro, a comunidade internacional é constituída por Estados,[1164] que seriam órgãos dela, sendo a ordem jurídica internacional criada por Estados. Esta atuação dos Estados, no plano internacional, possibilita o surgimento do Direito Internacional. Este Direito configura-se, para o autor mencionado, uma ordem jurídica superior à dos Estados, a qual torna possível a criação de normas válidas para a esfera de dois ou mais Estados — normas internacionais. Sobretudo por meio de sua regra *pacta sunt servanda*, o Direito Internacional estabelece a norma que obriga os Estados a respeitarem os tratados, e a se conduzirem da forma neles prevista. Assim, assegura que não deve ser considerado como incidente, neste aspecto, o dogma da soberania absoluta, que leva à conclusão de que meramente os Estados individuais criam o Direito Internacional por meio de tratados, mas que é, em verdade, a comunidade internacional, por meio dos Estados individuais como seus órgãos, que cria o Direito Internacional.[1165]

Para *Kelsen*, há unidade do Direito Nacional e do Direito Internacional. Filiando-se à teoria monista, assevera que a análise do Direito Internacional demonstra que a maioria de suas normas são incompletas, as quais recebem a complementação devida no Direito Nacional. Por conseguinte, o Direito Internacional e o Direito Nacional seriam apenas partes de uma ordem jurídica universal. Nesse sentido, a partir do ponto de vista do Direito Internacional, vê-se a conexão com o Direito Nacional e, por conseguinte, com uma ordem jurídica universal.[1166]

Enquanto o Direito Nacional é uniestatal, assegura, o Direito Internacional é interestatal. A diferenciação entre o Direito Nacional e o Internacional não está, em sua visão, na matéria tratada por cada um, mas diz respeito à criação, já que aquele é criado por um Estado apenas e este é criado por mais de um Estado, o que se aplica tanto para o Direito Internacional consuetudinário, como para o Direito Internacional contratual. Todas as matérias reguladas pelo Direito Nacional, em tese, podem sê-las pelo Direito Internacional, não sendo a recíproca verdadeira.[1167]

Para demonstrar que a ordem jurídica nacional e a ordem jurídica internacional formam um sistema normativo universal (monismo), o autor precitado[1168] vai se escorar em sua teoria geral do Direito, a chamada teoria pura. Assim, vislumbra a necessidade de se procurar saber se uma norma ou um conjunto delas pertence a uma ordem jurídica. Para isso, perquire qual o fundamento para que várias normas formem um único sistema normativo: as normas pertencem a uma mesma ordem se derivam a sua validade da norma fundamental.[1169]

(1162) KELSEN, Hans. Ob. cit., p. 339-340.

(1163) Ob. cit., p. 341-2.

(1164) Sobre o conteúdo necessário do Direito Internacional e a contribuição de KELSEN para esta definição, ao considerar a sociedade internacional como uma sociedade de Estados, baseada em normas que integram sua estrutura, e ao delimitar os respectivos âmbitos do poder dos Estados, assegurando a pacífica coexistência entre eles, ver: CAMPOS, Julio D. González; RODRÍGUEZ, Luiz I. Sánchez; MARIA, Paz Andrés Sáenz de Santa. *Curso de derecho internacional publico*. 6. ed. Madrid: Civitas, 1998. p. 77.

(1165) KELSEN, Hans. *Teoria geral do Direito e do Estado*. São Paulo: Martins Fontes, 1990. p. 344-5.

(1166) Ob. cit., p. 352.

(1167) Ob. cit., p. 353-5.

(1168) Sobre o pensamento de KELSEN a respeito de monismo, ver MACHADO, Jónatas. Ob. cit., p. 137-9.

(1169) KELSEN, Hans. *Teoria geral do Direito e do Estado*. São Paulo: Martins Fontes, 1990. p. 357, p. 356.

Analisando o sistema nacional, conclui que uma norma é válida não por força de seu conteúdo, mas porque é criada por uma forma determinada, ou seja, por uma forma fixada por uma norma fundamental pressuposta. A norma fundamental de uma ordem jurídica não é uma norma material, mas é aquela da qual decorrem as normas postas: positivas. A Constituição de uma comunidade é que determina como devem ser produzidas as normas jurídicas que a constituem, sendo que a norma fundamental lhe é pressuposta, "quando o costume através do qual a Constituição tenha surgido ou o ato constituinte (produtor da Constituição) posto consciente por determinados indivíduos são objetivamente interpretados como fatos produtores de normas". A norma fundamental — "fundamental da criação jurídica" — configura-se como o ponto de partida do processo de criação do Direito positivo. Esta norma não é posta pelo costume ou por ato de um órgão jurídico, não sendo uma norma positiva, mas pressuposta — a instância constituinte original, que não recebe este poder de uma norma posta por uma autoridade superior.[(1170)]

Em sua visão, uma norma somente pode ter como fundamento de validade uma outra norma e, ao fim e ao cabo, ao se chegar na última norma posta, alcança-se o fundamento de validade desta por meio de uma norma pressuposta, a saber: "devem ser postos atos de coerção sob os pressupostos e pela forma que estatuem a primeira Constituição histórica e as normas estabelecidas em conformidade com ela". As normas de uma ordem jurídica nacional têm, portanto, este fundamento de validade comum — norma fundamental, um pressuposto lógico-transcendental.[(1171)]

Retornando a análise para o cotejo entre o Direito Nacional e o Direito Internacional, *Kelsen* pretende deslindar se as normas de ambos derivam a sua validade de normas diferentes ou da mesma norma fundamental. Para ele, se a ordem jurídica nacional for considerada sem referência ao Direito Internacional, o fundamento de validade da ordem jurídica do Estado é a norma hipotética que qualifica os Pais da Constituição como a autoridade criadora do Direito. Contudo, considerando o Direito Internacional, vê-se que essa norma lógico-transcendental pode ser tida como derivada de uma norma positiva da ordem jurídica internacional: o princípio da eficácia. É este que, segundo o Direito Internacional, confere aos Pais da Constituição o poder de funcionar como os primeiros legisladores de um Estado. Assim, a primeira constituição histórica é válida porque a ordem internacional, por meio do princípio referido, determina não apenas a esfera, mas também o fundamento de validade das ordens jurídicas nacionais.[(1172)]

(1170) KELSEN, Hans. *Teoria pura do direito*. 7. ed. Lisboa: Almedina, 2008. p. 220-1. KELSEN diz: "se se pergunta pelo fundamento de validade desta lei penal, tem-se como resposta: a lei penal vale porque foi ditada pela corporação legislativa e esta recebe de uma norma da Constituição estadual o poder de fixar normas gerais. Se se pergunta pelo fundamento de validade da Constituição estadual, na qual se funda a validade de todas as normas gerais e a validade das normas individuais produzidas com base nestas normas gerais, quer dizer, se se pergunta pelo fundamento de validade das normas que regulam a criação das normas gerais enquanto determinam através de que órgãos e de que processos as normas gerais devem ser criadas, seremos talvez conduzidos a uma Constituição estadual mais antiga. Quer dizer: fundamentamos a validade da Constituição estadual existente no fato de ela ter surgido de conformidade com as determinações de uma Constituição estadual anterior pela via de uma alteração constitucional constitucionalmente operada, o que, por sua vez, significa: de acordo com uma norma positiva estabelecida por uma autoridade jurídica. Assim se chega finalmente a uma Constituição estadual que é historicamente a primeira, a qual já não surgiu por um processo idêntico e cuja validade, portanto, não pode ser reconduzida à de uma outra precedente de uma norma positiva fixada por uma autoridade jurídica, mas é uma Constituição estadual que surgiu revolucionariamente, quer dizer, rompendo com uma Constituição anteriormente existente, ou, então, veio a surgir com validade para um domínio que anteriormente não era abrangido pelo domínio de validade de uma Constituição estadual e de uma ordem jurídica estadual sobre ela apoiada". Após chegar-se aí, a validade desta Constituição, a aceitação de que ela constitui uma norma vinculante, tem de ser pressuposta, para que seja possível interpretar os atos postos em conformidade com ela, como a criação ou aplicação de normas jurídicas gerais válidas. In: Ob. cit., p. 221-2.

(1171) Ob. cit., p. 223-230.

(1172) KELSEN, Hans. *Teoria geral do Direito e do Estado*. São Paulo: Martins Fontes, 1990. p. 357.

Com isso, segundo o pensamento kelseniano, a ordem jurídica internacional encontra o seu fundamento último de validade em uma norma fundamental, que é, em final instância, o fundamento de validade das ordens jurídicas nacionais.[(1173)] A norma superior pode definir o processo segundo o qual as normas inferiores deverão ser criadas ou conferir a uma autoridade o poder de criar normas inferiores de acordo com o seu arbítrio, o que demonstra, nesta última hipótese, que o Direito Internacional forma a base da ordem jurídica nacional, ao estipular que um indivíduo ou grupo de indivíduos capazes de obter obediência permanente à ordem coercitiva por eles estabelecida devem ser considerados autoridades jurídicas legítimas. Assim, é o Direito Internacional quem define o fundamento de validade das ordens jurídicas nacionais.[(1174)]

Nesse sentido, *Kelsen* compreende o Direito Internacional moderno como aquele que estabelece a existência do Estado em todos os seus aspectos, conforme o princípio da eficácia. Por meio deste princípio, o Direito Internacional determina o fundamento de validade de todas as ordens jurídicas nacionais. Assim, a fonte do Direito nacional é o Direito Internacional. E qual é, em sua visão, a fonte, ou seja, a norma fundamental do Direito Internacional? Para responder a esta indagação, o autor faz um percurso semelhante ao realizado para encontrar a norma fundamental do Direito Nacional. Deste modo, construindo o seu raciocínio, enfoca que o Tribunal Internacional, por exemplo, funciona de acordo com a sua regra de criação — o tratado, sendo as suas decisões válidas porque nela baseadas. O tratado, por seu turno, tem validade por força da norma geral que obriga os Estados a se conduzirem de acordo com ele, em razão da norma comumente definida como *pacta sunt servanda*. Esta é a norma do Direito Internacional geral, sendo esta criada pelo costume constituído pelos atos dos Estados, e é, por isso, a norma fundamental, a norma que aprova o costume como fato criador de normas: "os Estados devem se conduzir como têm se conduzido de costume". Este Direito Internacional consuetudinário configura-se como o primeiro estágio do Direito Internacional. O seguinte se caracteriza pela criação de normas por tratados. O terceiro é formado por normas, que são alcançadas após a atuação de determinados órgãos, estabelecidos por tratados, como o Tribunal Internacional de Justiça. O papel dos tribunais internacionais e comunitários para que se chegue à conclusão de determinados princípios é ressaltado.[(1175)]

Sob a ótica de *Kelsen*, caso se conceba que o Estado existiu antes de uma ordem jurídica internacional, a relação histórica entre as ordens jurídicas nacionais e a ordem jurídica internacional não exclui a relação lógica, persistindo o fundamento de validade. O princípio da eficácia, nessa fase da história, antes de uma ordem internacional, seria uma norma hipotética, fruto do pensamento jurídico, e não uma norma de Direito positivo (o que é nos dias atuais, a seu ver). Sua concepção, nesse sentido, monista, leva à conclusão de que o Direito Internacional existe ou é pressuposto como existente quanto ao Direito Nacional, sendo, em relação a este, uma ordem superior, não havendo, para ele, por conseguinte, que se falar em Estado soberano, pois a ordem jurídica dos Estados Nacionais forma, juntamente com a do Direito Internacional, uma ordem jurídica universal, como partes de um único sistema normativo. Sobre haver normas nacionais em contradição com normas de Direito Internacional, assegura que não afeta a unidade do sistema, haja vista que existe a possibilidade, também, de haver norma nacional inconstitucional, o que não atinge a integridade sistemática da ordem jurídica nacional.[(1176)]

(1173) Sobre uma crítica à visão de mera validez, com base na norma fundamental em KELSEN, ver: VELASCO, Manuel Diez de. *Instittuciones de derecho internacional público*. 11. ed. Madrid: Technos, 1997. p. 82.

(1174) KELSEN, Hans. *Teoria geral do Direito e do Estado*. São Paulo: Martins Fontes, 1990. Ob. cit., p. 357.

(1175) Ob. cit., p. 358-9. WEATHERILL, ao tratar de fontes do Direito na União Europeia, afirma que: "general principles, as the contriubition of the judicial institution". In: WEATHERILL, Stephen. *EU law*. 6. ed. Oxford: Oxford University Press, 2003. p. 33. Sobre a força do costume, inclusive o pensamento de que o costume é a fonte da norma internacional *pacta sunt servanda*, ver: CONFORTI, Benedetto. *Diritto internazionale*. 4. ed. Milão: Editoriale Scientifica, 1995. p. 6.

(1176) KELSEN, Hans. *Teoria geral do Direito e do Estado*. São Paulo: Martins Fontes, 1990. p. 359-360.

Ao analisar a teoria pluralista, que considera que o Direito Internacional e o Direito Nacional são sistemas jurídicos distintos, o autor sobredito enfoca que, nessa visão, as normas de Direito Internacional não podem ser efetivadas diretamente pelos órgãos de um Estado, em especial por seus tribunais, que somente aplicam Direito Nacional. Para ter eficácia no plano interno, a norma prevista em um tratado deve primeiro ser transformada em Direito Nacional por meio de um ato legislativo. Ocorre que esta exigência não se dá sempre no Direito positivo nacional. Segundo aponta, existem Estados que não têm este modelo, sendo os seus tribunais competentes para aplicar diretamente o Direito Internacional, sobretudo quando o tratado em apreciação foi concluído pelo governo nacional. Além disso, existem normas de Direito Internacional que não são destinadas mesmo à aplicação direta nos Estados. Por outro lado, há previsão em Constituição, como a da Alemanha da época em que escreveu sua obra, no sentido de definir pela primazia do Direito Internacional. Nesse caso, estatutos que violem o Direito Internacional são examinados de modo idêntico ao caso de violação da Constituição.(1177) Deste modo, a chamada transformação do Direito Internacional em Nacional não é definição doutrinária, mas é resolvida pelo ordenamento jurídico nacional de cada Estado. Sendo assim, a teoria pluralista, a seu ver, merece crítica.(1178) Para ele, pois, trata-se de simples mediação, quando exigida, sendo o sistema um só.

A dicotomia Direito Internacional e Direito Nacional, a seu ver, somente tem sentido para uma melhor compreensão do Direito, pois não há como se admitir a existência de dois sistemas de normas jurídicas válidas simultaneamente. Assim, para quem defende a supremacia do Direito Nacional, não poderia aceitar outro sistema nacional, a menos que houvesse um Direito Internacional que estabelecesse uma conexão entre eles.(1179)

Kelsen revela que a teoria pluralista(1180) termina por ser monista, mas invertendo a ordem das normas, passando o ordenamento nacional a ser superior ao internacional, pois este recebe validade por meio da ordem jurídica do Estado. Deste modo, o Direito Internacional é parte do Direito Nacional, sendo a unidade de ambos estabelecida pela teoria pluralista, não pela análise do Direito positivo. Na verdade, a teoria pluralista, segundo o autor mencionado, parece meramente pretender, de forma política, garantir a soberania absoluta do Estado, que, na obra kelseniana, deixou de existir, passando a ser relativa em face do Direito Internacional, que não tem a sua validade dependente do reconhecimento do Direito estatal.(1181)

Analisando-se a relação entre o Direito Internacional e o Direito Nacional, ela se dará, a seu ver, de duas maneiras ou tipos: (1) O Direito Internacional pode ser superior ao Direito Nacional; (2) O Direito Nacional pode ser superior ao Direito Internacional.(1182) Nada obstante, o pensamento keslseniano termina admitindo, pelo menos teoricamente, a viabilidade de outra ordem: "O Direito internacional pode ser superior ao Direito nacional ou vice-versa; ou então o Direito Internacional pode ser coordenado ao nacional". A seguir explica: "A coordenação pressupõe uma terceira ordem superior a ambas. Como não existe nenhuma ordem superior a ambas, elas devem estar numa relação de superioridade e inferioridade. De todo excluída é a possibilidade

---

(1177) KELSEN afirma que "os que aceitam a hipótese do Direito Internacional, porém, estão igualmente incorretos quando sustentam que o Direito Internacional se sobrepõe ao Direito nacional, que uma norma de Direito Nacional é sempre nula se contradiz uma norma de Direito Internacional. Esse seria o caso apenas se existisse uma norma positiva que fornecesse um meio de anular uma norma de Direito Nacional por causa da sua não-conformidade a uma norma do Direito Internacional. De qualquer modo, o Direito Internacional geral não contém qualquer norma nesse sentido". In: Ob. cit., p. 375.

(1178) Ob. cit., p. 361-8.

(1179) Ob. cit., p. 368.

(1180) Sobre o uso ideológico das expressões monismo e pluralismo, ou dualismo, ver: BROTÓNS, Antonio Remiro; CORTADO, Rosa M. Riquelme; DÍEZ-HOCHLEITNER, Javier; CALATAYUD, Esperanza Orihuela; DURBÁN, Luis Pérez-Prat. *Derecho internacional*. Madri: MacGraw-Hill, 1995. p. 357.

(1181) KELSEN, Hans. *Teoria geral do Direito e do Estado*. São Paulo: Martins Fontes, 1990. p. 369-374.

(1182) Ob. cit., p. 362.

de existirem lado a lado, mutuamente, independentes, sem estarem coordenadas por uma ordem superior".[1183] Talvez se o autor tivesse desenvolvido mais este assunto, poderia ter alcançado um viés monista, mesmo com três ordens existindo para fins didáticos, todavia, este desenvolvimento, ainda positivista, foi empreendido por outro autor, que teve uma visão mais plural da ordem jurídica, como se verá a seguir.

6.5. A unidade do ordenamento jurídico em uma visão plural

Bobbio, no primeiro capítulo de sua obra Teoria do Ordenamento Jurídico, assegura que seu livro "está ligado diretamente à problemática de *Kelsen*, da qual constitui ora um comentário, ora um desenvolvimento".[1184] Seu pensamento, todavia, desvinculou-se um pouco do kelseniano, pois a sua teoria, de algum modo, percorreu as ciências empíricas, recorrendo a fatos, mesmo que elaborando proposições sobre normas, e ainda que sendo o autor referido um jurista positivista da Escola Analítica Italiana.

Uma de suas maiores contribuições para o desenvolvimento da teoria geral do Direito, segundo *Ferraz Júnior*, relaciona-se com as investigações de *Bobbio* sobre sanção. Ao enfrentar o tema da definição do caráter da norma jurídica, ele conclui que é "a resposta à violação". A violação da norma exige uma resposta, sendo a sanção definida como um expediente que busca salvaguardar a lei das ações contrárias. A sanção jurídica, nesse sentido, é a resposta externa e institucionalizada, não dizendo respeito à validade da norma, mas à sua eficácia, sendo um expediente voltado para obter-se uma menor violação das normas ou que as consequências desta sejam menos graves. Com isso, rechaçou-se a ideia de que o Direito seja um mero regulador da força.

Para ele, diferentemente do pensamento kelseniano, que destacava a sanção apenas como uma forma repressiva (punitiva), coube acentuar a existência das sanções positivas (recompensas; prêmios), em face da função estatal, hoje, menos repressora, e mais produtora, interventora ou regulamentadora, no que tange ao mercado. A teoria jurídica tradicional da sanção, assim, é limitada, ao ignorar o papel assistencial, regulador ou até empresarial do Estado, ao não entender a relação entre Direito, Estado e sociedade, uma vez que há uma função promocional do ordenamento jurídico, com um incremento do número de normas de organização, em que as sanções positivas são relevantes, em meio a técnicas de encorajamento e desencorajamento. A sanção não é apenas ameaça, mas também promessa. Este enfoque revela uma nova forma de encarar o Direito, que, na visão tradicional do Estado protetor e repressor, tinha uma feição conservadora, ao passo que, na do Estado promocional, é visto como um conjunto de regras com uma função implementadora de comportamentos, assumindo um papel modificador e criador. Contudo, estes prismas não são, sob o ponto de vista teórico, opostos, mas apenas reveladores de aspectos importantes, ambos enfrentados pelo autor mencionado, sob as nuances estrutural e funcional.[1185]

Com acento no enfoque funcionalista, abre-se espaço, diferentemente da visão anterior, para indagações, também de alta relevância, que se voltam, dentro da Ciência Jurídica, a questionamentos filosóficos, sociológicos, econômicos e políticos. Um pensar, ainda sistemático, com estruturas diversificadas, em que o escalonamento é uma das possibilidades.[1186]

Nesse diapasão, *Bobbio*, para completar a teoria do ordenamento jurídico, diz ser necessário tratar do problema das relações entre ordenamentos, ou de questões que nascem no exterior

(1183) KELSEN, Hans. Ob. cit., p. 362.
(1184) BOBBIO, Norberto. *Teoria do ordenamento jurídico*. 10. ed. Brasília: UNB, 1999. p. 22.
(1185) FERRAZ JÚNIOR. Tércio Sampaio. Apresentação — o pensamento jurídico de Norberto Bobbio. In: BOBBIO, Norberto. *Teoria do ordenamento jurídico*. 10. ed. Brasília: UNB, 1999. p. 6-16.
(1186) Ob. cit., p. 17.

de um ordenamento. Para isso, faz-se imprescindível desenvolver uma teoria das relações entre ordenamentos jurídicos. Segundo ele, esta questão foi pouco tratada do ponto de vista da teoria geral do Direito. E "a primeira condição para que se possa falar de relações entre os ordenamentos é que os ordenamentos jurídicos existentes são mais do que um". Esta constatação não é realizada apenas como uma ficção para efeitos didáticos. Nesse sentido, afirma que o ideal de um ordenamento jurídico único, prestigiado pelo Direito Romano e pelo Direito Natural, relaciona-se com a ideologia de um Direito universal. Para ele, o monismo jurídico não prevaleceu (embora continue como exigência moral ou prático-política[(1187)]), haja vista que o historicismo jurídico predominou, sendo ultrapassada a concepção do Direito Natural, único, pelo Direito de tantas nações ou povos, que erigiram os seus Direitos Nacionais. A existência de "poderes soberanos e independentes é um fato". Não há apenas um, mas muitos ordenamentos jurídicos, porque há muitos Estados Nacionais e inexiste um poder soberano universal. Como consequência inevitável dessa constatação, tem-se o pluralismo jurídico.[(1188)]

A primeira fase do pluralismo, que ele define como nacional, é sequenciada pela institucional. Nesta, tem-se que há muitos ordenamentos jurídicos, de muitos e variados tipos. Para ele, existe ordenamento jurídico onde há uma instituição, ou seja, um grupo social organizado. Com isso, o problema se torna complexo, pois se trata de examinar o relacionamento entre ordenamentos, com base em uma teoria institucional pluralista, que não aborda apenas o relacionar entre ordenamentos estatais, mas compreende as relações entre ordenamentos estatais e não-estatais, uma vez que existem ordenamentos: acima do Estado; estatais; abaixo do Estado; ao lado do Estado etc.[(1189)]

Como pressuposto de sua teoria acerca da pluralidade de ordenamentos jurídicos, *Bobbio* estabelece que há pluralidade de fontes do Direito. Segundo ele, é impossível ao Poder Legislativo (muitas vezes partilhado dentro de territórios, entre o centro de poder federal, dos estados-membros e de autonomias locais; à qual o autor chama de limitação interna do poder), por meio de vários instrumentos (Constituição, leis etc.) dentro dos Estados, formular todas as normas necessárias para regular a vida social. O ordenamento jurídico é complexo e as normas num ordenamento real afluem de diversos canais. Em verdade, a própria sociedade, por meio de costumes e de normas provenientes de contratos (poder de negociação — autonomia privada) também regula juridicamente as relações sociais. O autor mencionado esclarece que existem normas que valem em uma dada sociedade desde antes de ter se erigido um determinado Estado sobre ela, como é o caso de certos costumes. Ademais, há determinadas estratificações normativas que precedem à existência do Estado e são por ele reconhecidas. Estas normas anteriores trazem uma limitação, a seu ver,

---

(1187) Em suas palavras: "o universalismo como tendência nunca morreu, e nestes últimos anos, sobretudo depois da Segunda Guerra Mundial e da criação da Organização das Nações Unidas, está mais vivo do que nunca. O universalismo jurídico ressurge hoje não mais como uma crença num eterno Direito natural, mas como vontade de constituir um Direito positivo único, que recolha em unidade todos os Direitos positivos existentes, e que seja produto não da natureza, mas da história, e esteja não no início do desenvolvimento social e histórico (como o Direito natural e o estado de natureza), mas no fim. A ideia do Estado mundial único é a ideia-limite do universalismo jurídico contemporâneo; é uma unidade procurada não contra o positivismo jurídico, com um retorno à ideia de um Direito natural revelado à razão, mas através do desenvolvimento, até o limite extremo, do positivismo jurídico, isto é, até a constituição de um Direito positivo universal". In: BOBBIO, Norberto. Ob. cit., p. 164-5.

(1188) BOBBIO, Norberto. Ob. cit., p. 161-2.

(1189) Ob. cit., p. 163-4. Cedo BOBBIO percebeu que o positivismo kelseniano, nesse aspecto, precisava ser repensado, em razão da evolução social e econômica de cada Estado. FARIA, a respeito diz: "Simultáneamente, esos câmbios contribuyen a la erosión del monismo jurídico, otro principio básico constituído y consolidado en torno al Estado-nación, y abren camino al adventimiento de una situación de efectivo pluralismo normativo. Es decir: se abre camino a la existência de distintos ordenamientos jurídicos autónomos en un mismo espacio geopolítico y que se interpenetran constantemente, lo que sitúa al pensamento jurídico ante problemas nuevos de difícil integración en los conceptos, premisas y categorias convencionales". In: FARIA, José Eduardo. *El Derecho en la economía globalizada*. Madri: Trotta, 2001. p. 15.

exterior ao ordenamento jurídico (choque com uma realidade pré-constituída), à qual o poder soberano deve prestar contas. A multiplicação de fontes é, assim, uma característica do ordenamento jurídico.[(1190)]

Nada obstante sua visão plural,[(1191)] o autor antedito assegura que, embora complexo, o ordenamento jurídico é algo unitário. Se não o fosse, não haveria ordenamento jurídico. Nesse ponto, a ideia kelseniana de norma fundamental é adotada como verdadeira, sendo o ordenamento jurídico uma construção escalonada, hierárquica, piramidal (com mais ou menos andares). Assim, as normas inferiores dependem das superiores, até se chegar a uma norma suprema, que não depende de nenhuma que lhe é superior, sendo que sobre esta repousa a unidade do sistema, o seu vértice. Cada ordenamento tem a sua norma fundamental, que dá unidade a todas as outras normas e faz das normas de várias proveniências um conjunto unitário. De norma em norma positiva, vai-se até as normas constitucionais e dessa até a norma fundamental. As normas de produção jurídica vão se encadeando de cima para baixo, em normas de poder e de dever. Uma norma atribui o poder de estabelecer normas jurídicas e, ao mesmo tempo, o dever de outras pessoas obedecerem-na. Os conceitos de poder (de prever obrigações para outrem) e dever (àquele que está sujeito ao poder) são correlatos.[(1192)]

Nesse viés, as normas constitucionais não são as normas mais altas do sistema. Há uma norma fundamental que lhes é superior, bem como ao ordenamento jurídico. É que toda norma pressupõe um poder normativo. Há um poder normativo que precede às normas constitucionais: o poder constituinte, sendo este o poder último, supremo, originário, num ordenamento jurídico. Ora, *Bobbio* diz que todo poder normativo pressupõe uma norma jurídica que o autoriza a produzir normas jurídicas, essa norma é a norma fundamental, sendo esta a norma que atribui aos órgãos constitucionais poder para fixar normas válidas e impõe a todos aqueles aos quais se referem às normas constitucionais o dever de obediência. Eis a formulação da norma fundamental: "O poder constituinte está autorizado a estabelecer normas obrigatórias para toda a coletividade". Em síntese bem apertada, é "aquela que impõe obedecer ao poder originário do qual deriva a Constituição". A norma jurídica que produz o poder constituinte é a norma fundamental. Ela, portanto, não é expressa, mas pressuposta, para fundar o sistema normativo, para que suas normas sejam unificadas. Somente há esta *redutio ad unum* se a norma com a existência, no ápice do sistema, for uma norma única, da qual todas as outras, direta ou indiretamente, derivem.[(1193)]

E qual é o fundamento da norma fundamental? Para responder, a seu ver, há que se transcender o ordenamento jurídico positivo, e se tomar um ordenamento jurídico mais amplo, o ordenamento cósmico, ou o ordenamento humano de uma forma geral, do qual o ordenamento jurídico é uma parte, ou seja, desde que se faça a operação de inserir o ordenamento jurídico em um sistema mais amplo.[(1194)]

Bobbio, procurando desenvolver a teoria kelseniana, assegura que, como as normas de um ordenamento estão dispostas em ordem hierárquica, vários ordenamentos podem estar relacionados entre si, de um superior para o inferior. Nesse sentido, a pirâmide se prolonga de um ordenamento jurídico para outro, ou seja, fora do ordenamento jurídico original. Em um certo tipo, são subordinados a um ordenamento superior, e este por sua vez a outro e assim sucessivamente.

(1190) BOBBIO, Norberto. Ob. cit., p. 37-4. BOBBIO diz que fonte do Direito "são aqueles fatos ou atos dos quais o ordenamento jurídico faz depender a produção de normas jurídicas". In: BOBBIO, Norberto. *Teoria do ordenamento jurídico*. 10. ed. Brasília: UNB, 1999. p. 45.

(1191) Sobre a introdução do elemento da pluralidade, na tendência dos pensadores kelsenianos, ver: CASANOVAS, Pompeu. *Gènesi del pensament jurídic contemporani*. Barcelona: Biblioteca universitária — Ediciones Proa, 1996. p. 302.

(1192) BOBBIO, Norberto. *Teoria do ordenamento jurídico*. 10. ed. Brasília: UNB, 1999. p. 46-57.

(1193) Ob. cit., p. 58-62.

(1194) Ob. cit., p. 63-5.

Tem-se uma imagem de pirâmide dos ordenamentos. A classificação deles é feita com base no diferente grau de validade que um tem em relação ao outro.(1195)

As relações entre eles podem ser de coordenação — entre Estados soberanos (regime pactório de autolimitação recíproca) — e de subordinação — entre o ordenamento estatal e os ordenamentos sociais (associações, sindicatos, partidos, igrejas etc.).(1196)

Em um segundo critério, sua classificação do relacionamento entre ordenamentos jurídicos considera a diferente extensão recíproca dos respectivos âmbitos de validade: (a) de exclusão total — um não se sobrepõe ao outro; (b) de inclusão total — um se sobrepõe totalmente ao outro: (c) de exclusão parcial — um se sobrepõe em parte ao outro.(1197)

Sob um outro aspecto, os ordenamentos podem ser observados, para se verificar as relações entre si, a respeito de qual a validade que um ordenamento atribui às regras de outros ordenamentos com os quais entra em contato. As situações, nesse relacionar, podem ser de indiferença (não se importa), recusa (proíbe-o) e absorção (recepciona-o: incorporando-o; ou acolhendo a sua regulação - reenvio).(1198)

Ponto importante na teoria de *Bobbio* é a aceitação do relacionamento entre o ordenamento jurídico estatal e os ordenamentos jurídicos menores, como o ordenamento da integridade profissional (elaborado pelos próprios atores sociais), cuja vida se desenvolve no interior do ordenamento estatal e "se entrelaça de várias maneiras com ele". Ele chama de ordenamentos parciais, dizendo que o próprio Estado tem o seu, pois nem mesmo os Estados totalitários alcançaram um ordenamento total. Assim, o ordenamento jurídico do Estado não é um bloco compacto.(1199)

Nesse sentido, diz que é preciso avançar na compreensão do Direito, reconhecendo a importância da teoria pura do Direito, permanecendo de pé o pensamento kelseniano sobre a estrutura do ordenamento jurídico. Segundo ele, a contribuição da teoria pura foi tão grande que mesmo a maior obra posterior, a de *Hart*,(1200) prosseguiu no mesmo caminho, buscando na estrutura específica do ordenamento jurídico, que tem, segundo este último autor, como característica, a união de normas primárias e secundárias, na determinação do conceito de Direito. Todavia, como se disse no início desse tópico, *Bobbio* adota, também, uma visão funcionalista, propugnando que o Direito não pode mais ser concebido como apenas uma forma de controle social, mas "como forma de controle e direção social". Nada obstante a sua visão mais funcionalista e de pluralismo de ordenamentos jurídicos — interna e externamente, ele se identifica com *Kelsen*, para defender a supremacia do Direito Internacional, embora não tenha desenvolvido seu pensamento nessa seara.(1201)

(1195) BOBBIO, Norberto. Ob. cit., p. 165.

(1196) Ob. cit., p. 166.

(1197) Ob. cit., p. 166-8.

(1198) Ob. cit., p. 169.

(1199) Ob. cit., p. 170-3. Em verdade, BOBBIO termina por evidenciar, em seu pensamento, que o pluralismo jurídico se revela como um ponto crucial da polêmica contra o Estado moderno. Sobre a importância das problematizações e uma análise do positivismo, em especial do Direito como problema, ver: RUSSO, Eduardo Angel. *Teoría general del derecho*. Buenos Aires: Abeledo-Perrot, 1997. p. 11 a seguir.

(1200) HART, H. L. A. *O conceito de direito*. São Paulo: Martins Fontes, 2009. Sobre esse autor, MACHADO ensina: "elaborou um outro modelo positivista assente na validação das normas jurídicas primárias por normas secundárias. Estas, versando imediatamente sobre aquelas, abrangem as regras de reconhecimento (*rules of recognition*), expressas ou tácitas, as regras de adjudicação ou aplicação e as regras de revisão ou modificação. De resto, este autor duvidava da verdadeira qualidade jurídica do direito internacional, desde logo pela ausência de poderes legislativos e de jurisdição na comunidade internacional e pela dificuldade em reconhecer o respetivo direito". In: MACHADO, Jónatas. Ob. cit., p. 35. HART, como MACHADO acentua, reconheceu, várias décadas atrás, a necessidade da jurisdição internacional: "*compulsory jurisdiction*". A respeito de seu pensamento, inclusive de sua visão sobre o Direito Internacional, ver: HART, Herbert L. A. Ob. cit., p. 229-253.

(1201) BOBBIO, Norberto. *Da estrutura à função*. Barueri: Manole, 2007. p. 195 e 209-210.

6.6. A visão funcionalista

O positivismo jurídico, de modo bastante rigoroso, compreendeu a organização normativa do Estado moderno, em um momento de incremento da centralização do poder no plano interno, sendo bastante preciso para descrever, em seu tempo, a forma hierárquica de organização do ordenamento jurídico estatal da época, chegando ao ponto de teorizar o relacionar desse ordenamento com outros ordenamentos existentes, com incidência dentro do território do Estado, mesmo que em ordenamentos menores, ainda que este relacionar tenha sido abordado como em ordenamentos que se encadeiam de forma hierárquica. O positivismo, assim, definiu bem este modelo de ordenamento jurídico e de relacionar, dentro do Estado — de seu território. Nada obstante as tentativas do desenho da fórmula jurídica no plano internacional, a tentativa positivista não pôde alcançar maiores horizontes, em razão da proeminência ainda muito sensível do Direito do Estado Nacional, em tempos de mera cooperação no plano internacional

O desenvolvimento social e econômico levou o positivismo jurídico até o limiar do funcionalismo, como mencionado acima, ao analisar-se o pensamento de dois de seus principais expoentes. Contudo, embora preservadas algumas nuances fundamentais que apontaram sobre a estrutura do Direito, não foi possível ir mais adiante. Certamente, se os autores comentados tivessem vivido nos presentes dias, suas teorias teriam prosseguido por caminhos mais longos, quiçá, diferentes em alguns aspectos, ou mais atuais. Apesar disso, é inegável que este pensamento serviu, em grande parte, para descrever e fundamentar a ordem jurídica estatal de seu tempo — e o relacionar desta no plano interno, com várias nuances epistemológicas que resistem até hoje.

O apontar para a funcionalidade do Direito, por óbvio, realizado pelos dois juristas precitados, embora mais por *Bobbio*, o que se deve ao tempo mais próximo de nossos dias em que este se debruçou a pensar o Direito, demonstra o encadeamento que parece seguir a análise do fenômeno jurídico. Como disse *Luhmann*,[1202] o positivismo tradicional indicou "o caráter estatuído do direito" (teoria estrutural). Faz-se, pois, mister uma visão sociológica da positividade — leia-se, funcional. O ordenamento jurídico, para este último autor, é uma construção de alta complexidade, em que é considerado não apenas o legalmente permitido, mas também as ações legalmente proibidas. Trata-se de um macrossistema altamente complexo e estruturado. Como estrutura[1203] de um sistema social, tem por função a de regular a complexidade (a mutabilidade) do sistema — complexidade estruturalmente possibilitada (contingente).[1204]

Nesse sentido, a noção de fonte do Direito recebe críticas fortes, a ponto de serem investigados os processos fatuais que levam ao surgimento das concepções normativas generalizadas, sendo impossível, para ele, precisar a determinação das causas da lei ou da decisão do juiz. Assim, a sua análise não se refere a uma reconstituição da causalidade histórica em termos genéticos, para se encontrar o momento em que o legislador ou o juiz decidiu, uma vez que isso sempre existiu. Para *Luhmann*: "O fato histórico da decisão legislativa não constitui um indício suficiente para a positividade do Direito daí resultante". O critério adequado, a seu ver, está "na experimentação constante e atual do Direito". Deste modo, "o fator historicamente novo da positividade do Direito é a legalização de mudanças legislativas".[1205]

(1202) A visão sociológica de LUHMANN propõe, como diz FERRAZ JÚNIOR, "uma análise do direito a partir de uma percepção unitária". In: FERRAZ JÚNIOR, Tércio Sampaio. Apresentação. In: LUHMANN, Niklas. *Legitimação pelo procedimento*. Brasília: UNB, 1980. p. 1.

(1203) Sobre estrutura, em LUHMANN, FERRAZ JÚNIOR assegura: "O direito é visto, então, como uma estrutura que define os limites e as interações da sociedade. Como estrutura, ele é indispensável, por possibilitar uma estabilização de expectativas nas interações. Ele funciona como um mecanismo que neutraliza a contingência das ações individuais, permitindo que cada ser humano possa esperar, com um mínimo de garantia, o comportamento do outro e vice-versa". In: Ob. cit., p. 1.

(1204) LUHMANN, Niklas. *Sociologia do direito I*. Rio de Janeiro: Tempo Brasileiro, 1985. p. 12-5.

(1205) LUHMANN, Niklas. *Sociologia do direito II*. Rio de Janeiro: Tempo Brasileiro, 1985. p. 5-11.

O Direito vigente a cada tempo é o resultado de uma seleção, a qualquer momento modificável. O Direito positivo é caracterizado pela contingência,[(1206)] que, segundo o autor mencionado, "exclui outras possibilidades, mas não as elimina", e isto também não afeta o seu caráter normativo. Tudo isso aumenta a complexidade do Direito, em face das necessidades de uma sociedade funcionalmente diferenciada. Todavia, a estrutura não é problematizada nas situações por ela organizadas, mas, em outras situações — momentos, papéis ou pessoas, torna-se objeto de decisão, tendo um caráter variável, sendo delimitadas, de forma perceptível, institucionalizadas, essas situações. Deste modo, a positivação do Direito se delineia como um tratamento contraditório das estruturas, baseado na diferenciação dos sistemas. O bom Direito, segundo ele, parece não residir no passado, mas no futuro em aberto: "o Direito não mais pretende uma vigência eterna", haja vista que deve estar disponível no tempo, o que possibilita um alto grau de detalhamento das normas jurídicas frente a circunstâncias que rapidamente mudam e são diferentes. O Direito torna-se, para *LUHMANN*, a cada dia mais, "um instrumento de mudança planificada da realidade". Ele enfatiza que as culturas anteriores à era atual não tiveram essa pretensão.[(1207)]

Esta problematização o conduz a observar o âmbito das possibilidades na dimensão social. Somente por meio da minimização da participação individual[(1208)] é que podem ser produzidas mudanças rápidas e visíveis, com a disseminação ampla do Direito. Não se compreende ainda esta ampliação de horizontes, uma vez que a função do Direito tem sido restrita à manutenção de padrões comportamentais vigentes. Para ele, "a qualidade do Direito surge e modifica-se a partir da confrontação" de outras possibilidades, em que a diferenciação de expectativas puramente normativas conduz a uma estabilização de expectativas problemáticas, sendo que essa consolidação "prossegue ao longo do desenvolvimento do Direito e alcança, com a positivação do Direito, dimensões globais". O Direito, assim, "não mais restringe o desenvolvimento social" — qualquer estrutura eventualmente necessária pode ser codificada, mas serve "como instrumento do desenvolvimento social, como mecanismo de definição e distribuição de chances e de resolução de consequências funcionais problemáticas".[(1209)]

No plano da estrutura, *LUHMANN* diz que a positivação do Direito agora busca a sua congruência, estabelecendo seu equilíbrio, ao referir-se "ao sistema social que gera a redução da complexidade do Direito". O surgimento de formas de fortalecimento da seletividade no processo

---

(1206) Diz LUHMANN: "Com complexidade queremos dizer que sempre existem mais possibilidades do que se pode realizar. Por contingência, entendemos o fato de que as possibilidades apontadas para as demais experiências poderiam ser diferentes das esperadas; ou seja, que essa indicação pode ser enganosa por referir-se a algo inexistente, inatingível, ou a algo que após tomadas as medidas necessárias para a experiência concreta (por exemplo, indo-se ao ponto determinado), não mais lá está. Em termos práticos, complexidade significa seleção forçada, e contingência significa perigo de desapontamento e necessidade de assumir-se riscos". In: LUHMANN, Niklas. *Sociologia do direito I*. Rio de Janeiro: Tempo Brasileiro, 1985. p. 45-6.

(1207) LUHMANN, Niklas. *Sociologia do direito II*. Rio de Janeiro: Tempo Brasileiro, 1985. p. 5-11.

(1208) Para entender a teoria proposta por LUHMANN, FERRAZ JÚNIOR explica: "estão pressupostas algumas categorias teóricas fundamentais. A primeira delas é a complexidade. Para entendê-la é preciso explicar duas outras, a de sistema e a de mundo circundante. Isto porque, lembremos, a sociedade é um sistema e o homem concreto faz parte de seu mundo circundante. Pois bem, sistema é para Luhmann um conjunto de elementos delimitados segundo o princípio da diferenciação. Os elementos ligados uns aos outros, excluem outros elementos do seu convívio, formam em relação a estes, um conjunto diferenciado. Todo sistema pressupõe, portanto, um mundo circundante com o qual se limita. O mundo é, por hipótese o que não pertence ao sistema. Ora, se o sistema é um conjunto estruturado, o mundo é, em relação a ele, complexidade, isto é, um conjunto aberto e infinito de possibilidades. Ou seja, todo sistema é uma redução seletiva de possibilidades em comparação com as possibilidades infinitas do mundo circundante. Como as possibilidades selecionadas do sistema podem ou não ocorrer, diz-se que o sistema é sempre contingente. Aquilo que garante o sistema contra a contingência das possibilidades escolhidas é a estrutura do sistema. Nestes temos: a sociedade é um sistema de interações sempre ameaçado pela contingência; a sociedade escolhe interações baseadas, por exemplo, na reciprocidade, mas o indivíduo concreto, que faz parte do mundo circundante, introduz na sociedade a contingência de seu arbítrio. Aí aparece o direito como uma das estruturas sociais que garantem as expectativas sociais contra a contingência a que estão sujeitas". In: Ob. cit., p. 3.

(1209) LUHMANN, Niklas. *Sociologia do direito II*. Rio de Janeiro: Tempo Brasileiro, 1985. p. 7-12.

decisório jurídico permite que seja suficiente um nível mais baixo de indiferenças. Nesse sentido, o conceito da reflexividade da normatização — "um processo é aplicado a si mesmo ou a processos do mesmo tipo". Depois, é utilizado em termos definitivos, como, por exemplo, "a normatização do estabelecimento de normas". Com efeito, "a vantagem desse arranjo reflexivo" é a elevação da capacidade seletiva produzida pelo processo: capacidade de considerar um número maior de possibilidades e com matérias de maior complexidade. Para ele, "a reflexividade do efeito seletivo contida em toda norma evidencia-se, torna-se disponível e é ela mesma normatizada". Essa normatização pode ou não assumir a forma de uma hierarquia. Assim, "ela amplia o âmbito das normatizações possíveis" e "possibilita a compatibilização da segurança e da expectabilidade com uma maior liberdade da normatização" e da possibilidade de alterar normas. Ela mobiliza de forma ampla um complexo normativo, mas o mantém sob controle.[(1210)]

O seu pensamento propõe que seja construída uma teoria geral do Direito, em conexão com a Sociologia do Direito, para definir a identidade da normatização jurídica, mantida nos processos reflexivos,[(1211)] alcançando-se quais conotações de sentido são fundamentais "para que se trate de normatizações jurídicas de normatizações jurídicas". Deixar, assim, em aberto "o processo através do qual o Direito se torna reflexivo", com maior "potencial de absorção da complexidade e dos maiores riscos da estrutura, diferenciando-se apenas pelo tipo de processo cujo efeito é potencializado". Com isso, poder-se-ão verificar os problemas da positivação do Direito e alcançar conclusões, a partir da teoria geral dos mecanismos reflexivos. Estes são caracterizados nas particulares ameaças resultantes "da inserção da complexidade e da contingência nas estruturas sistêmicas". Como mecanismos "imprescindíveis para a manutenção do nível alcançado da complexidade social", somente devem ser pensados em ordenamentos reflexivos. É nesse patamar que se têm garantias de ordenamento suficientemente instituidoras e "capazes de orientar o processo de constante variação estrutural". Assim, a consideração acerca da estabilização de mecanismos reflexivos em sistemas sociais possibilita a observação da problemática da positivação do Direito. Estes mecanismos "não podem ser inseridos em qualquer sistema indeterminadamente", mas fazem exigências à estrutura sistêmica, em especial à complexidade já absorvida pelo sistema, bem como outras relativas "às reservas de possibilidade de adaptação e substituição" previstas em suas partes, e, ainda, a outros mecanismos reflexivos.[(1212)]

O questionamento quanto às condições e aos problemas em consequência da positivação do Direito, por meio de mecanismos reflexivos, forneceu a *Luhmann* a compreensão da diferenciação e especificação funcional do Direito. Somente se alcançam vantagens na reflexividade se os processos são aplicáveis a si mesmos ou a processos semelhantes. Contudo, a instauração de mecanismos reflexivos exige "um certo isolamento contra a interferência de processos diferentes", o que somente ocorre, "na realidade social, através da diferenciação e da especificação de sistemas sociais parciais correspondentes. Nesse sentido, tem-se que a reflexividade correlaciona-se com a diferenciação funcional": torna-se necessária por força da diferenciação. Esta regra se aplica ao sistema econômico, científico, familiar, educacional, político e, também, ao Direito positivo.[(1213)]

Para a normatização do estabelecimento de normas, atingindo-se seu objetivo final, *Luhmann* diz que se exige a especificação "do processo de fixação de expectativas normativas, ao ponto de estabelecer-se", também, normas que "normatizem o estabelecimento de normas".

(1210) LUHMANN, Niklas. Ob. cit., p. 12-4.

(1211) TEUBNER explica: "reflexivo, no sentido de que orienta as respectivas normas e processos em função dessa situação social, o direito aumenta a sua eficácia regulatória; todavia, e malgrado toda a reflexibilidade possível, o direito mantém-se um sistema autopoiético operando num universo de sistemas autopoiéticos fechados, sendo por isso impossível pensar em romper com a clausura". In: TEUBNER, Gunther. *O direito como sistema autopoiético*. Lisboa: Fundação Calouste Gulbenkian, 1994. p. 195-6.

(1212) LUHMANN, Niklas. *Sociologia do direito II*. Rio de Janeiro: Tempo Brasileiro, 1985. p. 14-5.

(1213) Ob. cit., p. 16-8.

Nesse sentido, "a diferenciação e autonomização funcional do Direito positivo é alcançada e mantida através de longas cadeias decisórias", que se dão "pela instauração de processos em um sistema jurídico diferenciado". Os processos, aqui, significam "sistemas sociais de tipo especial, institucionalizados de forma tipológica, realizados de modo único para a seleção de decisões coletivamente vinculativas. Tais processos servem de sustentação da diferenciação do Direito", de início, no aspecto da aplicação, liberando-o de vários papéis e formulando normas jurídicas específicas, seguindo o seu programa decisional. Esses processos, mais adiante, vão atingir "o plano legislativo do estabelecimento do Direito", exercendo uma função consciente na construção da norma. Foi o desenvolvimento desses processos que marcou a transição do Direito das grandes culturas antigas para o Direito positivo. Somente a existência permanente desses processos, como "padrões comportamentais solidamente institucionalizados", vai permitir "a sustentação do Direito em si mesmo", em razão do elevado risco de uma diferenciação.(1214)

O Direito, em sua concepção, não surge a partir de si mesmo sem um estímulo externo, mas somente se vai tornar Direito o que passar por um filtro de um processo que por ele seja reconhecido. Embora diferenciado, o Direito tem a ver com as outras estruturas, regulamentações e formas de comunicação social. Ele não está solto no ar, mas recebe dos outros âmbitos funcionais aquelas vinculações e aqueles estímulos essenciais para a sua função especial. Todavia, "o Direito está mais consequentemente adequado à sua função específica de estabelecer a generalização congruente de expectativas comportamentais normativas".

A institucionalização de processos juridicamente estruturados para todos os aspectos do processo decisório jurídico é um pré-requisito. Outro é a reestruturação entre o Direito e a força física. O processo de normatização vai se organizando cada vez mais, de modo discriminado, tornando-se indireto, reflexivo, sendo maior a segurança da suposição de que o Direito em vigor poderá ser imposto. O Direito depende essencialmente da disponibilidade abstrata da força física, não sendo a questão da coercibilidade, da possibilidade de imposição, "um problema a ser considerado nos processos decisórios de aplicação do Direito", sendo esta questão tratada como um tema supostamente solúvel em qualquer caso, mesmo que ainda haja "uma seletividade específica do aparato de execução". A imposição, ou seja, a coerção, não é o único motivo de obediência do Direito, ao contrário, "a generalização social e material de expectativas comportamentais" é acentuada, sendo a sua congruência assegurada pela indiferença quanto à motivação individual — possibilidade de imposição irresistível. Contudo, "o Direito é gerado em processos decisórios de cunho jurídico", administrando-se sua alta complexidade. Assim, "a coercibilidade física impõe-se ao próprio Direito" nesse patamar, sendo intrinsecamente considerada ao criar-se novo Direito. Assim, as novas criações jurídicas consideram esse limite de coercibilidade, sendo excluídas da esfera de normatização jurídica uma série de normas ou condutas possivelmente desejáveis. Não afeta a coercibilidade o fato de que nem todo Direito seja realizado tal qual está escrito, mas que a vigência do Direito está conectada com uma previsão, indireta, da sua eventual imposição.(1215)

(1214) LUHMANN, Niklas. Ob. cit., p. 18-9. No livro Sociologia do Direito I, LUHMANN explica: "Desta forma uma constituição de Estado de direito exclui mais ou menos efetivamente numerosos modos comportamentais, abrindo, porém, e exatamente por isso, o caminho para outros modos comportamentais, como por exemplo ações constitucionais que de outra forma não seriam possíveis, por dependerem da estrutura (sendo contingentes). Com isso a estrutura pode aumentar a complexidade de um sistema social no sentido de que, apesar da limitação recíproca das possibilidades, no total dispõe-se de mais possibilidades para uma escolha sensata. É exatamente a exclusão estratégica de possibilidades que, vista em termos evolutivos, constitui o meio para a construção de ordenamentos mais elevados, que não podem consentir com toda e qualquer possibilidade, mas, exatamente por isso, garantindo sua heterogeneidade". In: LUHMANN, Niklas. *Sociologia do direito I*. Rio de Janeiro: Tempo Brasileiro, 1985. p. 13.

(1215) LUHMANN, Niklas. *Sociologia do direito II*. Rio de Janeiro: Tempo Brasileiro, 1985. p. 19-22. Sobre a aceitação das decisões e o respeito ao Direito, LUHMANN assegura: "a legitimidade depende, assim, não do reconhecimento voluntário, da convicção de responsabilidade pessoal, mas sim, pelo contrário, dum clima social que institucionaliza como evidência o reconhecimento das opções obrigatórias e que as encara, não como consequência duma decisão pessoal, mas sim como resultados do crédito da decisão oficial". In: LUHMANN, Niklas. *Legitimação pelo procedimento*. Brasília: UNB, 1980. p. 34.

O âmbito do Direito possível, segundo *Luhmann*, cresce "em consequência da diferenciação e da especificação funcional, e da positivação". Limitar o Direito também provoca uma ampliação do Direito possível. Deste modo, "a diferenciação e a especificação funcional aumentam a complexidade da sociedade", apresentando-se "muito mais possibilidades de experimentação e de ação e, portanto, também muito mais possibilidades imagináveis de normatização". Estão, entretanto, "entrelaçadas a diferenciação, a especificação funcional e a positivação do Direito", que representam apenas "aspectos diferentes do mesmo evento". A diferenciação mais acentuada permite que o Direito tenha uma maior variabilidade: "uma estrutura variável por excelência", o que não exclui interdependência e reciprocidade entre as diversas esferas funcionais, sendo que "elas têm que ser especificamente programadas", decididas, mas partindo da variabilidade independente. A dissociação de funções, que são separadamente realizáveis, é um requisito para a plena positivação do Direito. Cada função realiza-se sem referir-se ao Direito, que é mutante. Faz-se, portanto, necessário que estejam à disposição outros sistemas capacitados e adaptáveis. A diferenciação do Direito positivo conduz à conclusão de que ele não é "idêntico à totalidade das expectativas normatizadas congruentemente", diante da sua definição funcional. Esta referência funcional conduz à não-identidade, em face da análise sob condições estruturais complexas e de rápida mutabilidade.(1216)

A proposta de *Luhmann* procura teorizar o Direito e seu funcionamento autopoiético. O seu pensamento efetua um exame funcional da realidade jurídica, atribuindo maior peso às funções do Direito na estrutura social. O seu modelo baseia-se na distinção entre sistema e ambiente, e na autopoiese. Há uma relativa autonomia entre o sistema em relação ao seu entorno, ainda que haja alguma dependência, o que vai levar à conclusão de que o sistema é ao mesmo tempo fechado e aberto. Um dos principais pontos de seu exame foi o conceito de paradoxo. O estudo da contradição foi realizado, tendo ele compreendido-a a partir da percepção de antagonismo e aporia, que são próprios das relações humanas.(1217)

O conceito de *autopoiesis*(1218) parte de uma combinação desse sistema como autorrreferenciado, com as noções da teoria geral dos sistemas. Nesse sentido, a sociedade é examinada funcionalmente, a partir da relação e da diferenciação entre sistema e ambiente, não sendo suficiente a análise do sistema em si. O que ocorre pertence ao sistema ou a vários ao mesmo tempo. São sistemas funcionais operacionalmente autônomos(1219) (subordina suas transformações à sua própria organização) no interior da sociedade, que é o sistema abrangente. Assim, são compreendidas as organizações, com destaque em suas dependências e condicionantes do entorno, na manutenção de suas estruturas. Na verdade, o conhecer depende da estrutura do ser, em sua organização, em sua totalidade. O sistema produz suas operações a partir de outras tantas operações. É um sistema autorreferencial, sendo os seus elementos por ele produzidos e reproduzidos, em uma interação circular. As relações lhe garantem a existência.(1220)

(1216) LUHMANN, Niklas. *Sociologia do direito II*. Rio de Janeiro: Tempo Brasileiro, 1985. p. 22-27.
(1217) Sobre isso, o importante artigo: FOLLONI, André; CABRERA, Michelle Gironda. Relações entre o direito e o ambiente social em Niklas Luhmann e Gunther Teubner. In: *Universitas JUS*, 2015, v. 26, n. 2, p. 66. No dizer de ANTUNES, "este, de resto, segundo LUHMANN, o paradoxo do Direito moderno e da sua autonomia funcional: "o sistema jurídico é aberto porque é fechado e é fechado porque é aberto". In: ANTUNTES, José Engrácia. Prefácio. In: TEUBNER, Gunther. *O Direito como sistema autopoiético*. Lisboa: Fundação Calouste Gulbenkian, 1994. p. XXVIII.
(1218) Segundo FOLLONI e CABRERA, "LUHMANN ampara-se no conceito de autopoiesis (palavra que deriva do grego *autos*, que etimologicamente quer dizer ´por si próprio´ e *poiesis*, que traduz ´criação, produção´." São sistemas que por si mesmos produzem suas estruturas, bem como os elementos dos quais são constituídos, no emaranhado deles. In: Ob. cit., p. 68.
(1219) NEVES, Marcelo. *Entre Têmis e Leviatã*: uma relação difícil: o estado democrático de direito a partir e além de Luhmann e Habermas. São Paulo: Martins Fontes, 2006. p. 60.
(1220) FOLLONI, André; CABRERA, Michelle Gironda. Ob. cit., p. 68.

A organização autopoiética é caracterizada por produzir-se a si mesma, de modo contínuo. Seus componentes estão dinamicamente relacionados numa rede de interações. Tais organismos são autônomos, especificando aquilo que lhe é próprio. Apesar disso, sofrem interferências exteriores, essencial para a sua retroalimentação, pois o sistema não é separado de seu ambiente, mas dele se distingue. O sistema mantém a sua identidade, uma unidade, no espaço. Assim, toda a explicação é realizada dentro dele, ao produzir operações a partir de outras operações, sendo que é a sua comunicação que vai gerar comunicação. Há uma preocupação, como mencionado, com a sua autorreferência, organizando-se, reproduzindo-se e enlaçando-se por suas próprias operações, ou seja, por suas próprias interações, sem um comando central ou externo: é auto-organizado. Sua unidade decorre da unidade de seus elementos, de seus processos operacionais que os reúne. Seus limites estão no próprio sistema, dando-lhe existência, por meio de sua autonomia e da constância das relações entre seus elementos constitutivos.[(1221)]

Além da noção de autorreferência do sistema, são importantes as definições de reflexividade e de reflexão. Tais noções se relacionam à distinção do antes e depois e sistema e ambiente. Reflexividade se dá quanto a processos sistêmicos da mesma espécie. Na reflexão, que pressupõe reflexividade, a operação é realizada pelo próprio sistema, a quem se atribui a operação autorreferencial, ao referir-se a si mesmo — em sua totalidade, não apenas a elementos de *per si*.[(1222)]

A dicotomia aberto-fechado é pensada em termos de clausura operativa do sistema. A ideia de autorreferenciabilidade do sistema estará intacta enquanto ele estiver aberto e adaptável ao ambiente em seu entorno, que o envolve. Assim, unidade, reflexividade e autorreferencialidade estarão assentes no sistema.[(1223)]

A partir da noção de sistema, *Luhmann* o diferencia de seu entorno. *Teubner*, desenvolvendo o pensamento luhmanniano, enfoca a ideia de que o Direito produz a si mesmo. E isto se dá na medida em que ele consiste em uma rede de processos de produção, a todo instante, de novos componentes. O Direito tem mecanismos e operações pelos quais produz normas, interpretações e relações de poder. E estas reproduzirão mais do mesmo. O Direito, com base nessa *autopoiesis*, é um sistema que se auto-organiza. Para ele, o Direito é, em grande parte, indeterminado e autônomo, um sistema autorreprodutivo, não tendo, até certa medida, causas fixas ou regulares. É intermitente, indeterminável e imprevisível. Segundo *Folloni* e *Cabrera*, o Direito é um sistema que se desenvolve regulando sua própria forma de desenvolvimento. É um sistema constituído por atos particulares a gravitar em torno da distinção legal/ilegal. Para *Luhmann*, há um nível diferenciado de autonomia, mas há transmutações causais entre sistema jurídico e sistema social. [(1224)]

A *autopoiesis* do Direito é forjada com base em três elementos fundamentais, dentro e no processo de relações circulares: (1) auto-observação, ou seja, comunicação reflexiva, por meio da qual observa os seus componentes — elementos, estruturas, processos, limites, identidade e meio envolvente; (2) autoconstituição — ele mesmo define-se, e coloca em operação o conjunto de componentes sistêmicos; (3) autorreprodução — ser capaz de reproduzir-se, por meio da produção circular e recursiva, por seus próprios elementos, de novos elementos. Ao se auto-organizar, o sistema jurídico é, ao mesmo tempo, enquanto sistema autopoiético, autônomo e dependente. Autônomo porque se auto-observa, autoconstitui-se e se autorreproduz. O sistema jurídico tem capacidade para se organizar e para alterar a si mesmo, espontaneamente (autorregulação), as suas próprias estruturas. É autônomo porque tem capacidade de criar seus próprios conceitos e ações,

(1221) FOLLONI, André; CABRERA, Michelle Gironda. Ob. cit., p. 69.

(1222) Ob. cit., p. 69.

(1223) Ob. cit., p. 70. Para TEUBENER, quanto à característica da autorreferência, que ele define como uma compreensão nova e visceral, "o Direito determina-se a ele mesmo por autorreferência, baseado na sua própria positividade". In: TEUBNER, Gunther. *O direito como sistema autopoiético*. Lisboa: Fundação Calouste Gulbenkian, 1994. p. 2.

(1224) FOLLONI, André; CABRERA, Michelle Gironda. Ob. cit., p. 70-1.

como também de juridificação dos processos e de criar novos institutos jurídico-doutrinais. Mas esta autonomia tem que ser analisada, por ser um sistema autopoiético, como uma consequência da interação entre abertura e clausura do sistema jurídico.(1225)

A teoria sistêmica, com base em sua definição de *autopoiesis*, preocupa-se com a capacidade de explicação das configurações institucionais concretas do Direito. Assim, o processo jurídico de reflexão traz a definição de autolimitação do Direito, no contexto de seus vínculos com a realidade social. Na perspectiva da reflexividade, o Direito é um sistema dentro de um ambiente. Reconhece-se, quanto ao sistema jurídico, seus limites de capacidade de regulação, em relação a outros sistemas sociais. Mesmo o ambiente tendo existência real, permanece inacessível às suas operações, já que o sistema jurídico somente se opera por sua construção intrassistêmica.(1226)

Em verdade, toda observação que se faça da sociedade se inicia e termina dentro dela. A auto-organização é referencial dos sistemas sociais. Eles mesmos constituem-se com base em seus próprios elementos. O Direito é uma estrutura e a sociedade o sistema, havendo uma relação de interdependência recíproca.(1227)

Com efeito, toda interação duradoura pressupõe normas. A fundamentação funcional da imprescindibilidade das normas em sistemas sociais, todavia, é dilatada, já que a estrutura de sistemas sociais se constitui de expectativas normativas, que excluem estruturas de outros tipos. A discussão da relação em torno das estruturas normativas e outras, por exemplo, cognitivas, é diluída no questionamento sobre as relações recíprocas entre os diversos sistemas analíticos parciais (cultural, social etc.).(1228)

Ao Direito, é cabível controlar o binômio lícito-ilícito, por intermédio de seu sistema funcional peculiar — os seus próprios programas (Constituição, leis etc.). O sistema jurídico deve ter capacidade de assimilação e compreensão de fatores ambientais externos, mas não é determinado por eles. Segundo *Neves*, o controle de lícito-ilícito leva ao seu fechamento conceitual. Contudo, este sistema é normativamente fechado, mas cognitivamente aberto.(1229)

A teoria sistêmica do Direito está interessada nas conexões entre variáveis legais e extralegais, que falam de unidade do sistema legal, mesmo esta unidade não sendo claramente percebida. A concepção de *Luhmann* de contradição, caos e redução de verdades simplificadoras é escorada nas chamadas ciências da complexidade, em que se trabalha com a contingência. São analisadas diversas formas de ação em que os resultados não se podem prever com exatidão. A característica da sociedade contemporânea, complexa, não é a necessidade, mas a contingência. Para a compreensão desses sistemas, em face de seus problemas complexos, necessário se faz entender de variáveis, mas muitas vezes são lidados com problemas imprevisíveis. Leva-se em conta, como mencionado, certo grau de contradição, relacionado a diferenças entre situações e interesses ainda desconhecidos em seus aspectos particulares, o que só é atingível com íntima vinculação com estruturas cognoscíveis do mundo circundante.(1230)

O ponto de partida da teoria sistêmica é a diferença entre sistema e entorno. É seu ponto de partida e de chegada. Ele não é, nesse aspecto, independente de seu entorno, uma vez que se

---

(1225) FOLLONI, André; CABRERA, Michelle Gironda. Ob. cit., p. 71. Sobre autonomia, TEUBENER explica: "esta concepção de autonomia, muito embora não incorreta, refere apenas um dos aspectos deste conceito (a capacidade do sistema de criar as suas próprias regras), deixando de fora outros aspectos igualmente importantes, tais como a capacidade do sistema para gerar as suas próprias operações originárias ou para produzir a sua identidade". In: Ob. cit., p. 72.

(1226) FOLLONI, André; CABRERA, Michelle Gironda. Ob. cit., p. 72.

(1227) Ob. cit. p. 71.

(1228) LUHMANN, Niklas. Sociologia do Direito I. Ob. cit., p. 30-1.

(1229) NEVES, Marcelo. Ob. cit., p. 80. Ver, a esse respeito, a explicação de FOLLONI, André; CABRERA, Michelle Gironda. Ob. cit. p. 72.

(1230) FOLLONI, André; CABRERA, Michelle Gironda. Ob. cit. p. 73. Ver: LUHMANN, in: Ob. cit. p. 94.

constitui justamente ao traçar limites que o distinguem do que pertence ao ambiente.[1231] A sociedade, para ele, somente é concebível, substancialmente, por meio de mecanismos de operações próprias — o sistema autopoiético. A unidade da sociedade prevalece na diferença entre indivíduo e sociedade.[1232]

Evoluindo na análise fundada na relação entre partes e todo (modelo sistemático) para o modelo sistêmico — fundado na diferença entre sistema e ambiente e na noção de *autopoiesis*, esta teoria compreende a sociedade como um ambiente formado por vários sistemas complexos, interligados e autônomos, abertos e fechados, sendo o Direito um desses sistemas, que se diferencia do ambiente em razão de seu código de comunicação com o qual opera — lícito/ilícito.[1233]

6.7. A visão de Luhmann do Direito Internacional

Diante destes pressupostos, e, por óbvio, na continuidade da análise com base em *Luhmann* e *Teubner*, há a uma formulação teórica dessa visão sobre o Direito Internacional. Nesse sentido, a teoria funcionalista, em especial no viés luhmanniano, parte do exame da sociedade mundial e de seus problemas jurídicos. Há uma crescente discrepância, para *Luhmann*, "entre o sistema da sociedade, que aspira a uma unidade global, e o Direito positivo", já que este é, em geral, estatuído com vigência dentro de um determinado território.[1234]

Nada obstante, *Luhmann* diz que há um sistema social abrangente, uma sociedade mundial, uniforme, que envolve todas as relações entre as pessoas globalmente, sem que haja uma correspondência de sua unificação política mundial. O Direito continua sendo formado por sistemas políticos locais e controlado por seus processos decisórios. Contudo, existem problemas que "só podem ser resolvidos no plano da sociedade mundial". A sua problematização não pode ser realizada nos sistemas políticos parciais, que não dão a solução sob a forma de Direito.

A seu ver, a sociedade mundial já está constituída em muitos de seus aspectos importantes, sendo que, nesse sentido, não é apropriado falar em multiplicidade de sociedades. Para a existência da sociedade, prossegue, diferentemente do que pensou a teoria clássica, não é preciso a sua integração política. Ainda assim, há, em escala mundial, uma interação, vislumbrada na constituição de possibilidades universais de comunicação e paz, com as suas exceções regionais.

Luhmann aponta aspectos dessa concatenação da sociedade mundial: a possibilidade de morte de toda a humanidade de uma só vez; as relações econômicas que ligam todas as partes do planeta; as possibilidades de comparação em escala mundial; as interdependências decorrentes que transmitem perturbações e crises; as inovações de cunho político que são analisadas e adotadas em vários locais; as organizações de âmbito mundial que examinam universalmente qual tema deve ser tratado em cada lugar; as regras que se formam, expectáveis quanto a desconhecidos estrangeiros, nas rotas do tráfego mundial; a ciência e a técnica, com suas possibilidades, implicações e desempenhos reais, contam com expectativas generalizadas de reconhecimento e de aplicação, quando possível; em todos os locais, eletricidade vale como eletricidade, dinheiro como dinheiro, e homem como homem; o respeito pelas grandes potências das relações de poder

---

(1231) FOLLONI, André; CABRERA, Michelle Gironda. Ob. cit. p. 73.

(1232) *Id., ib.* A respeito, FERRAZ JÚNIOR explica que a sociedade é um sistema estruturado de ações significativamente relacionadas, o que exclui do sistema social o homem concreto, que passa a fazer parte do ambiente e vice-versa. A conexão de sentido que junge as ações do sistema social não são as mesmas do ser humano concreto. O homem concreto precisa da sociedade para viver, mas isto não significa que faça parte dela. In: FERRAZ JÚNIOR, Tércio Sampaio. Apresentação. In: LUHMANN, Niklas. *Legitimação pelo procedimento*. Brasília: UNB, 1980. p. 1.

(1233) FOLLONI, André; CABRERA, Michelle Gironda. Ob. cit. p. 74.

(1234) LUHMANN, Niklas. *Sociologia do direito II*, ob. cit., p. 155.

nas pequenas potências. Em todos esses planos, diz, há um rápido crescimento de coerências, em escala mundial.(1235)

Contudo, a produção política das decisões globais e a racionalidade política, para *Luhmann*, parecem permanecer em limites restritos. Os motivos para isso se situam na transição para a diferenciação funcional do sistema social. As esferas funcionais da religião, da economia, da educação, da pesquisa, da política, das relações íntimas, do turismo, "do lazer, da comunicação de massas, se desdobram autonomamente", rompendo as limitações do território social às quais, inicialmente, estavam sujeitas. Assim, todo sistema parcial estabiliza frente a outros, nos limites intrassociais, como também exige um outro dimensionamento da sociedade. Estes limites são ampliados, a partir das perspectivas "de sua função específica e da lógica própria de sua autopreservação e do seu desenvolvimento autônomo". O desenvolver da diferenciação é bastante visível na religião, em que foram estabelecidos limites entre as esferas política e religiosa. Na caracterização da sociedade moderna é visível a existência de limites e divergências quanto aos interesses de seus sistemas parciais. Por isso, é comum "sistemas parciais postularem os mesmos limites externos da sociedade". Mesmo nas sociedades regionais já não é mais possível pensar que as delimitações sociais permanecem idênticas, sem qualquer transição da ação política para a pesquisa, para o planejamento econômico, para a ação educadora, para o lazer etc., sendo certo que as delimitações territoriais não são apropriadas para excluir pessoas de todas as atividades.(1236)

Em especial, o setor da ciência assumiu lugar de proeminência em todos os sistemas parciais — universalidade: princípio de sua estruturação e desempenho. Com isso, não podem existir limites territoriais às sociedades. A multiplicidade de sociedades estranhas, com contatos de vizinhança, dilui-se, sendo o conjunto de todas as funções captado globalmente. O princípio da diferenciação social constitui a sociedade mundial, ou melhor, esta é consequência dele, da estabilização eficaz desse princípio. Trata-se de um processo, em que o desenvolvimento científico, econômico, técnico e a positivação do Direito não são fatores autônomos. A mesma mudança estrutural possibilita a diferenciação do Direito.(1237)

No atual estágio de desenvolvimento, afirma *Luhmann*, para os problemas sistêmicos que são postos, estes têm que ser resolvidos no plano global. A problemática, agora, segundo ele, relaciona-se à questão se, tão logo as sociedades estejam reunidas em uma sociedade mundial, essa concentração eliminará o pluralismo das formas e das possibilidades sociais, em que o desenvolvimento, até então, se apoiava. Com a constituição da sociedade mundial, a multiplicidade das possibilidades independentes parece não ser mais relevante, "enquanto segurança contra catástrofes ou desenvolvimentos regressivos", sendo necessários, a partir de então, estruturas e mecanismos internos, com elasticidade, à sociedade. Mecanismos variados, diferenciados, e que decorrem da intensa difusão de inovações.(1238)

A política, a seu ver, no plano mundial, discrepa das necessidades globais, dos problemas estruturalmente condicionados da sociedade mundial. Ao diferenciar-se e especializar-se funcionalmente, tem sido "incapaz de tematizar os problemas que se colocam em escala mundial", consequentes da diferenciação funcional. Apenas os registra (reage), mas não decide. A existência do Estado mundial, segundo ele, fará com que deixe de faltar à sociedade global o momento constitutivo do conceito de sociedade: a propriedade de uma corporação (coletividade) atuante, em

---

(1235) LUHMANN, Niklas. Ob. cit., p. 155.
(1236) Ob. cit., p. 155-6.
(1237) LUHMANN diz: "essa tese está relacionada à conclusão geral da teoria dos sistemas, de que frente à crescente complicação estrutural, as dimensões do sistema não podem mais ser escolhidas indiscriminadamente, e as variações nas dimensões, ou seja, o crescimento ou a redução, são assim superadas como modos de adaptação, tendo que ser substituídas pela elasticidade estrutural". In: Ob. cit., p. 156.
(1238) Ob. cit., p. 157.

lugar de uma produção de decisões vinculativas em sistemas políticos estatais, sem a ação social global, que possibilite uma seleção com legitimação. Trata-se de "deficiência de organização ou de um subdesenvolvimento da sistematicidade do sistema". No entanto, essa "abertura e indeterminação estrutural do sistema", globalmente considerado, parecem ser uma condição para o seu desenvolvimento. Isto afigura ser uma compensação para o risco de só existir agora uma única sociedade, sendo necessário o surgimento de uma estrutura "fraca", que seja compatível com as situações possíveis do sistema.[(1239)]

Na atualidade, no plano mundial, ao que parece, política e Direito, que são as estruturas com mais capacidade de ação do sistema, continuam a ser mais fatores de risco do desenvolvimento social que, em princípio, de desenvolvimento. No contexto do evolver social, o Direito, por seus mecanismos normativos, tem a função de categorizar a expansão de incertezas sustentáveis e estabilizar conquistas (mesmo que, a seu ver, periclitantes e improváveis). A função do Direito fundamentava-se: (1) na possibilidade de extrapolação contrafática de expectativas; e (2) no entrelaçamento condicional de estados de coisas contingentes. O inesperado tornava-se expectável. Essa normatividade jurídica das expectativas apresentava a possibilidade de sobreviver aos riscos, com chances de inovação cultural. A política, nessa combinação, incrementou seu desempenho, com a criação de estruturas de expectativas muito complexas e artificiais e evolutivamente improváveis.[(1240)]

Com isso, Direito e política, diz *Luhmann*, passaram a ser os mais importantes fatores de risco da evolução social — estabilização de estruturas de expectativas altamente contingentes referentes a sistemas políticos consolidados. É o que está no caminho da transição ao sistema da sociedade mundial: a capacidade elevada e superdesenvolvida de desempenho da normatização jurídico-política. Somem-se a isso as tradições jurídicas e as concepções conceituais e dogmáticas do Direito supraestatal. O Direito relaciona-se com a política de modo antagônico, limitada esta relação a poucos pontos, não se oferecendo para a transformação dos problemas da sociedade mundial em princípios jurídicos, mas são condicionados pela permanência de sociedades regionais. Uma contradição, haja vista que a sociedade mundial, por este pensamento, só pode ser vista como sistema internacional.[(1241)]

Essa concepção, sustenta *Luhmann*, predominante no século XIX, concebia que indivíduos se encontrassem no mundo, enquanto pesquisadores em viagem, mercadores ou capitalistas, mas seus interesses sociais permaneciam em suas nações, nas quais poderiam defendê-los politicamente. O sistema então predominante, quanto à compreensão da sociedade mundial, "dependia que seus problemas fossem representados e concretizados enquanto interesses privados dentro dos sistemas políticos regionais". O que não era solucionado neles, não tinha resolução. A superação desse modelo, no século XX, veio com a reinserção do Direito Internacional Público na política. Mas, no seu entender, esse modelo deve fracassar, pelas características imanentes à forma política de solucionar problemas. Assim, a fixação de mecanismos normativos, político-jurídicos, das sociedades ocidentais seria uma especialização malograda do desenvolvimento da humanidade, a não permitir a continuada evolução, no sentido de sua maior complexidade. Para ele, a "cura" da incapacidade política para esse avanço não vem politicamente, nem mesmo por meio da democracia.[(1242)]

(1239) LUHMANN, Niklas. Ob. cit., p. 158-9.

(1240) Ob. cit., p. 159.

(1241) Para LUHMANN, o *ius gentium*, inicialmente um direito de circulação de estrangeiros, mais tarde foi filosoficamente interpretado como um direito que colocava o homem enquanto homem, independentemente da associação política a que estivesse vinculado, sendo um direito da sociedade mundial, mas sem estar à disposição da política, por constituir um Direito Natural. Por outro lado, com o advento do Estado moderno, essa acepção perde relevância, a seu ver, uma vez que, nos limites de determinados territórios, o Direito estatal é capaz de vincular e justificar todos os seres humanos enquanto seres humanos. Com a evolução do Direito Internacional Público e do Direito Internacional Privado, LUHMANN diz que, a partir do século XVII, pensa-se em um Direito entre Estados, "que só obriga e justifica os Estados com respeito a seus órgãos". In: Ob. cit., p. 160.

(1242) Ob. cit., p. 161-2.

Segundo ele, a pesquisa, a difusão de desenvolvimentos técnicos, a economia, o comércio, a imprensa, o turismo e as negociações diplomáticas são campos de interação que inauguram contatos em escala mundial e são um estilo não normativo de expectativas, baseado em auto-evidências civilizatórias e assimilados cognitivamente. A sociedade mundial, assim, constitui-se, em princípio, em atitudes de expectativas cognitivas. Poderia, então, haver uma evolução dos mecanismos normativos aos cognitivos. O autor mencionado considera que isso não significa que as expectativas cognitivas tomem o lugar das normativas. Embora não veja o definhar do Estado e o recuar do Direito, especula se o próprio Direito não se modifica com a consolidação de uma sociedade mundial, com a atribuição de primazia "ao estilo cognitivo dos contatos humanos". O impacto disso pode ser observado com referência à positividade do Direito e quanto à função do Direito — o modo pelo qual ocorre a generalização congruente de expectativas. A inserção de mecanismos cognitivos na estrutura em si normativa do Direito parece marcar o desenvolvimento da sociedade mundial.(1243)

A formação de estruturas universais e seus problemas regem, a seu ver, o Direito posto em vigência, não como normatização abrangente de Direito superior, supraestatal, suprapositivo, mas por um dinamismo da sociedade mundial, que estabelece ensejos de assimilação, a não admitir aleatoriedade para a solução de problemas. As exigências de assimilação e limitações de soluções têm um grau de detalhamento variado, a depender do adensamento das estruturas da sociedade mundial. Este detalhar não é previsível, existindo "muitas constelações úteis para a relação entre o sistema da sociedade mundial e seus sistemas parciais". A continuidade do desenvolvimento não depende, a seu ver, da fidelidade do Direito positivo a pressupostos suprapositivos de expectativas humanas globais, mas está em relevância a capacidade de solucionar problemas, que, analisados, tem-se a decisão de inseri-las no sistema jurídico — categorias e instituições.(1244)

O próprio sentido de Direito, para *LUHMANN*, passa por mudança, quanto à positividade, com a inserção de resultados de assimilação. A concepção clássica do Direito como comando sancionado dos órgãos estatais não capta esta mudança no modo de ser do Direito. O conceito de ciência do Direito moldado à base da vigência em termos de se/então parece não ser apropriado, para captação "do modo como o Direito preenche a sua função e seu sentido é experimentado". É o conceito de generalização congruente de expectativas que vai permitir a formulação de hipóteses nesse contexto, mesmo que inseguras e de difícil controle, em termos empíricos. Nada obstante, "o Direito só surge quando expectativas são generalizadas nas três dimensões": temporal (vigência; primado da orientação normativa, para dar segurança; que permite projetar o futuro); social (mecanismos institucionais; reconstrução da paz, *e.g.*); e material (conteúdo) - ainda que com pesos diferentes, observando-se os problemas de cada sociedade.(1245)

A predominância das estruturas de expectativas cognitivas nas interações em escala mundial pode colocar em dúvida a normatividade, em face do ritmo crescentemente acelerado da mudança e quando se avalia que o Direito deve passar (ou depende de) por processos de assimilação: ele seria capaz de sustentar o contato com os desenvolvimentos estruturais da sociedade mundial? O ponto focal da experiência do Direito seria deslocado à experiência material, assumindo o Direito a forma de modelos comportamentais normatizados. Estes alcançáveis por meio da solução de problemas reconhecidos, que seriam desenvolvidos, testados e colocados em vigor e, conforme as experiências, modificados. A função da normatividade seria de assegurar a constância das expectativas, na medida das circunstâncias. A fundamentação do Direito seria baseada na crítica funcional.(1246)

(1243) LUHMANN, Niklas. Ob. cit., p. 162.
(1244) Ob. cit., p. 163.
(1245) Ob. cit., p. 164-5.
(1246) Ob. cit., p. 165.

Luhmann assegura que, em determinadas áreas do Direito recém estatuídas, já se observa esta mudança de estilo. Mas ele pergunta (e não responde): diante disso, como o Direito poderá adequar-se à constituição e dinâmica de um sistema social uniforme, abrangendo o globo terrestre. Segundo ele, o Direito Internacional Público, em seu Direito consuetudinário, no Direito do poder ou no Direito organizacional, não tem respostas para a concepção de um Direito mundial hierarquicamente superior.(1247) Este refletir foi continuado por *Teubner*, como se verá a seguir.

6.8. A visão de TEUBNER: Direito Global

Segundo *Teubner*, o pluralismo é um conceito jurídico chave. Não se trata do pluralismo concebido pela antropologia jurídica tradicional, por meio do qual as diferentes ordens jurídicas são compreendidas como entidades separadas, a coexistirem num mesmo espaço político. Trata-se, em verdade, de uma concepção de diferentes espaços jurídicos sobrepostos, que se interpenetram e misturam. O presente tempo é, assim, de legalidade porosa ou de porosidade jurídica de uma rede múltipla de ordens jurídicas. Assim, a vida jurídica é constituída pela interseção de diferentes ordens jurídicas, pela sua interlegalidade, como diz *Teubner*, usando uma expressão de *Santos*(1248) (Mais atualizada ainda é a expressão de *Loureiro*(1249): internormatividade). Este é outro conceito jurídico chave, que significa a contrapartida ao pluralismo jurídico. Em um processo altamente dinâmico, uma vez que os espaços jurídicos não são sincrônicos, há uma mistura desigual e instável de códigos jurídicos. Nesse ponto, ganha importância a doutrina clássica do Direito dos conflitos, internacional privatista, com as nuances dadas pela teoria dos sistemas. A justiça passa a desempenhar um papel não vertical, mas, em resposta à crescente diferenciação funcional nas sociedades atuais, desenvolve um papel no sentido de estabelecer um equilíbrio horizontal entre exigências internas (positivadas) e as de uma multiplicidade de sistemas autopoieticamente fechados.(1250)

O Direito Internacional opera de forma fechada, em seu próprio ambiente. As suas subdivisões poderiam ser entendidas da mesma maneira, como sistemas autônomos, funcionais e autorreferentes. O Direito Internacional é pensado como emergente dos processos globalizantes fragmentados, não regulados pela política oficial. Ainda assim, seria um Direito autopoiético, autorregulado e autorreferencial. Para diferenciá-lo do Direito Interno e do Direito Internacional oficial, *Teubner* o chama de Direito Global, um Direito desvinculado, desacoplado dos centros oficiais de poder, mas há a sua vinculação a setores sociais até certo ponto autônomos quanto à ação estatal. Este Direito tem características: advir de um alto nível de profissionalização; sua especialização; sua autorregulação; e sua padronização técnica.(1251)

(1247) LUHMANN, Niklas. Ob. cit., p. 165.

(1248) A expressão é baseada em SANTOS. Segundo explica TEUBNER, SANTOS diz: "...I return to the new type of world legality I identified above while discussing the scale of the law. The new international commercial contracts as well as the proliferation of charters, codes of ethics, codes of conduct or of fair practices covering the activities of multinational corporations and international economic and professional associations in fields so diverse as transfers of technology, stock markets, publicity, sales promotion, market studies, insurance, technical assistance, turn-key contracts, etc. — all these new forms of world legality create a transnational legal space which often conflicts with the national state legal space". In: SANTOS, Boaventura de Sousa. Law: a map of misreading. Toward a postmodern conception of law. In: *Journal of Law and Society*, v. 14, n. 3, 1987, p. 293.

(1249) LOUREIRO, João Carlos. *Adeus ao Estado Social?* A segurança social entre o crocodilo da economia e a medusa da ideologia dos "direitos adquiridos". Coimbra: Wolters Kluwer e Coimbra Editora, 2010. p. 65. O autor referido faz menção da conexão em rede em um constitucionalismo global. In: ob. cit., p. 65-71.

(1250) TEUBNER, Gunther. *O direito como sistema autopoiético*. Lisboa: Fundação Calouste Gulbenkian, 1994. p. 216-244. Sobre a doutrina clássica do Direito dos conflitos, o relevante artigo: BATIFFOL, Henri. Coordination des systèmes nationaux. In: *Recueil de Cours*, 1967, I, Tome 120, p. 169-189.

(1251) A respeito, ver: CASTANHEIRA, Fernando Henrique. Fragmentação do Direito Internacional e *law making* no campo jurídico internacional contemporâneo. In: *Revista da SJRJ*, Rio de Janeiro, n. 25, 2009, p. 69.

Utilizando-se do conceito de reflexividade, conclui que o Direito Global opera por mecanismos de circularidade, sendo que o contrato cria seus próprios mecanismos de autointerpretação e autossolução de dissídios. Há uma distinção entre produção jurídica organizada e espontânea, a qual produz o equivalente funcional da separação do direito contratual-judicial e do ordenamento contratual com autonomia privada. A partir de um sistema reflexivo, a *Lex Mercatória* advém do regramento privado e das decisões de cortes arbitrais, em que se termina por estabelecer uma hierarquia de normas e a fixação de centros decisionais.[(1252)]

Para *Teubner*, o processo de difusão desse Direito Internacional é um efeito da fragmentação multidimensional da própria sociedade mundial. Não obstante, ele permanece um sistema, apresentando congruência, sob a ótica de sua totalidade dinâmica: um sistema autônomo-funcional, a reproduzir as restrições e vinculações de sua autopoiese, com uma unidade estrutural, compreendido na sociedade. Esta concepção propugna uma relação *ad hoc*, sem hierarquia definida. A compreensão de processos comunicativos das decisões judiciais nos casos concretos é que vai permitir alcançar os parâmetros para a aplicação de normas (lei geral ou especial). As decisões ocorrem em única instância, fora dos conceitos de hierarquias tradicionais.[(1253)]

Ao analisar a fragmentação do Direito no campo internacional, que ele aponta ser o reflexo efêmero da multidimensional fragmentação da sociedade global (jurídica, política, econômica e cultural), conclui não haver um metanível no qual os conflitos sejam resolvidos. E a fragmentação tende a se intensificar. Ele propõe, do mesmo modo que *Luhmann*, ao menos uma fraca compatibilidade normativa dos fragmentos. Com as comunidades políticas cada vez mais heterogêneas, suas fronteiras porosas, a concepção de soberania e ordem internacional muda, a partir da noção de complexidade e descontinuidade — relação *ad hoc* e não hierárquica. Imperativos hierárquicos formais do positivismo não apreendem quando e a forma pela qual as racionalidades políticas e institucionais entram em conflito. Para encontrar compatibilidade entre estes processos, deve-se fazer a análise compreensiva de processos comunicativos, entre racionalidades, referentes à decisão judicial no caso concreto. Assim serão determinados os parâmetros para a aplicação das normas geras ou especiais (lei geral ou lei especial).[(1254)]

O processo de fragmentação do Direito Internacional desloca o poder de jurisdição, quanto à prerrogativa de proferir a última palavra sobre que e qual Direito Internacional. Grande parte desse poder é transferido para regimes autônomos ou especiais e para órgãos judiciais e quase judiciais. Dentro do contexto político caracterizado pela fragmentação, a criação de normas tem características próprias. A fragmentação, que ocorre de forma espontânea ou intencional, não é caracterizada por um desenvolvimento como sendo autorregulado. O *law making* do Direito Internacional parece, também, estar fragmentado.[(1255)]

Há uma difusão de regimes e órgãos de solução de conflitos com baixo grau de institucionalização formal. A escolha do regime aplicável é cada vez mais discricionária. O recurso ao *soft law* demonstra um crescente défice de *enforcement*. Além disso, o Direito Internacional parece restringir sua incidência, em razão do direito da regulação, que se apresenta como exceção, mas, em verdade, traduz-se em um modelo em constante expansão. A concepção funcionalista do Direito

---

(1252) CASTANHEIRA, Fernando Henrique. Ob. cit., p. 70. Sobre a *Lex Mercatoria* e outros ordenamentos normativos baseados na autonomia privada, em contraposição ao Direito Internacional tradicional, ver: TEUBNER, Gunther. *Nuovi conflitti costituzionali*. Milano-Torino: Bruno Mondadori, 2012. p. 35.

(1253) CASTANHEIRA, Fernando Henrique. Ob. cit., p. 70-2. Sobre o surgimento de normas *ad hoc*, ver: TEUBNER, Gunther. Ob. cit., p. 38.

(1254) CASTANHEIRA, Fernando Henrique. Ob. cit., p. 72. Sobre a questão da hierarquia, TEUBNER diz: "o controle hierárquico direto deveria ser substituído por formas de regulação contextual". Ver: TEUBNER, Gunther. *O direito como sistema autopoiético*. Ob. cit., p. 281.

(1255) Sobre importantes questionamentos a respeito das situações geradas pela fragmentação: CASTANHEIRA, Fernando Henrique. Ob. cit., p. 73.

da regulação (desvinculada do Estado e de seu aparelho administrativo, baseada numa separação entre Estado e Direito, com novas formas institucionais, procedimentos e princípios de ação diferentes, em que autoridades reguladoras independentes promovem a inter-regulação, ou seja, interação entre as autoridades governamentais e seus sistemas jurídicos estatais e os agentes especializados dos domínios regulados), presente em sistemas internos, constitui uma racionalidade que se incorpora nas relações jurídicas inter e transnacionais. Em verdade, são mais adaptadas a estes. Configura-se, assim, como a mesma racionalidade trans e internacional, bem como nacional e supranacional.(1256)

Concordando com *Luhmann* quanto à globalização, a implicar a diferenciação funcional em todo o planeta — religião, ciência, educação, mídia, saúde, economia, tecnologia etc., menciona que a diferenciação primeiro aconteceu dentro dos Estados nacionais — Europa e Estados Unidos. Contudo, o Direito e a política, que permitam esta evolução globalmente, sofrem barreiras a partir dos Estados nacionais. Para ele, há uma fragmentação radical a ocorrer na sociedade mundial — de um lado, os setores da modernidade operam autonomamente em concorrência com os Estados; de outro, as culturas regionais diversas, em que os fundamentos organizatórios de determinados Estados são diferentes do modelo ocidental. Esta fragmentação é perigosa ao ver do constitucionalismo unitário, sendo certo, para ele, que não se encontram globalmente presentes as premissas que existiam quando do surgimento dos Estados nacionais. A seu ver, a fragmentação apresenta-se como uma instigação, a voltar a sua atenção aos fundamentais conflitos entre os fragmentos. O Direito Constitucional(1257) difuso existente não advém de um Direito unitário, mas apenas do Direito Constitucional das colisões.(1258)

Teubner fala de um Direito Constitucional difuso na globalização, em um pluralismo constitucional, havendo que ser estudado o Direito Constitucional do Direito, para o qual, no plano internacional, se faz necessário abordar o constitucionalismo parcial social nas relações trans-

---

(1256) CASTANHEIRA, Fernando Henrique. Ob. cit., p. 74-5.

(1257) TEUBNER parte de uma compreensão de que existem constituições civis da sociedade mundial. Sobre esse assunto, até para que haja precisão conceitual e terminológica, importantes são as lições de NEVES a respeito do tema: "(...) pretendo afastar-me dessa tendência de sempre identificar a existência de uma nova Constituição quando surge uma ordem, instituição ou organização jurídica na sociedade contemporânea. Partindo da sólida noção de que a Constituição em sentido estritamente moderno, vincula-se ao constitucionalismo que resultou das revoluções liberais dos fins do século XVIII na França e nos Estados Unidos e, de maneira atípica, da evolução político-jurídica britânica, procurarei determinar quais problemas se apresentaram como condição de possibilidade histórica do surgimento do Estado constitucional. Fixados os problemas, cabe indagar qual foi a resposta funcional e normativa que se pretendeu consubstanciar nas constituições do Estado moderno. É exatamente essa relação entre problema e solução de problema que vai viabilizar a fixação do conceito de Constituição do constitucionalismo. Como veremos, dois problemas foram fundamentais para o surgimento da Constituição em sentido moderno: de um lado, a emergência, em uma sociedade com crescente complexidade sistêmica e heterogeneidade social, das exigências de direitos fundamentais ou humanos; de outro, associado a isso, a questão organizacional da limitação e do controle interno e externo do poder (inclusive mediante a participação dos governados nos procedimentos, sobretudo nos de determinação da composição de órgão de governo), que também se relacionava com a questão da crescente especialização das funções, condição de maior eficiência do poder estatal. O fato é que, mais recentemente, com a maior integração da sociedade mundial, esses problemas tornaram-se insuscetíveis de serem tratados por uma única ordem jurídica estatal no âmbito do respectivo território. Cada vez mais, problemas de direitos humanos ou fundamentais e de controle e limitação do poder tornam-se concomitantemente relevantes para mais de uma ordem jurídica, muitas vezes não estatais, que são chamadas ou instadas a oferecer respostas para a sua solução. Isso implica uma relação transversal permanente entre ordens jurídicas em torno de problemas constitucionais comuns. O Direito Constitucional, nesse sentido, embora tenha a sua base originária no Estado, dele se emancipa, não precisamente porque surgiu uma multidão de novas Constituições, mas sim tendo em vista que outras ordens jurídicas estão envolvidas diretamente na solução dos problemas constitucionais básicos, prevalecendo, em muitos casos, contra a orientação das respectivas ordens estatais. Além do mais, surgem permanentemente relações diretas entre Estados para tratar de problemas constitucionais comuns". In: NEVES, Marcelo. *Transconstitucionalismo*. São Paulo: Martins Fontes, 2009. p. XX-XXI.

(1258) TEUBNER, Gunther. *Nuovi conflitti costituzionali*. Milano-Torino, 2012. p. 23-7.

nacionais. Os problemas globais se põem, como problemas constitucionais, e, por óbvio, como preocupação dos nacionais, fora dos confins dos Estados, em processos políticos transnacionais, para além do setor político institucionalizado, nos domínios privados da sociedade mundial. O chamado constitucionalismo moderno está em crise, mais ainda no plano internacional, diante da transnacionalização e privatização da dimensão política.[1259]

Para ele, uma teoria constitucional deveria ser formulada no sentido de superar o necessário centralismo do Estado e da política, ou melhor, a visão de um Estado mundial. Propõe, assim, uma perspectiva que seja sensível ao modo polifônico em que é articulada a autonomia social. Levar, assim, em conta, a questão da constituição em relação não só à política e ao Direito, mas a todos os âmbitos da sociedade. Uma constitucionalização informal, não centrada normativamente ou diretamente sobre os Estados, compreendendo estruturas multivalentes e a mais estratos. Segundo ele, há uma dinâmica centrífuga dos sistemas parciais na sociedade mundial. Ele pergunta: há a possibilidade de, em complemento a tudo o que já foi tradicionalmente aceito, propor algo que o integre? A dinâmica incontrolável dos mercados financeiros globais, o evidente poder das empresas transnacionais, o predomínio da comunidade científica (*experts*) no processo decisional, de discutível legitimidade tradicional, e o caos não reprimido nos espaços sociais globais instigam a reflexão. Some-se a isso a desconstrução do Direito Constitucional no plano interno (a função regulativa se move a um plano transnacional, inclusive por atores não públicos) e a não legitimidade democrática da governança transnacional. Ao tempo em que as tentativas de ordem pública se revelam sem sucesso, há a necessidade de discutir se, então, a constitucionalização deve se dar autonomamente, por uma institucionalização social.[1260]

O problema também já foi exposto no Estado nacional, que o resolveu, até certo ponto, com o equilíbrio entre Constituição estatal, que estende a mão às disposições da constituição política social e a um pluralismo constitucional, em que de fato o Estado respeita as constituições da própria sociedade, mesmo não expressando sua autonomia (o que para *Teubner* está presente), ou seja, que estas constituições parciais são autônomas. O problema da constitucionalização social não é, portanto, um problema, pela primeira vez, da globalização. Mas o problema da constitucionalização dos outros setores sociais se apresenta com base no impulso de uma política transnacional, sobre a base de um regime transnacional que regula o inteiro âmbito, ou quase todo ele, da sociedade, em especial em seu aspecto global. A problemática constitucional internacional é inteiramente nova e as perspectivas não são conhecidas da ótica do Estado nacional, especialmente pela estrutura própria criada no plano global. Discute-se, também, quais as experiências no plano nacional que devem ser transplantadas para o da globalização e se a política deve retirar-se ou ter outro papel nas constituições parciais globais.[1261]

A análise do espaço global demonstra, para ele, que existem, juridicamente falando, a constituição econômica e, até certo ponto, do Direito Internacional. Há, ainda que parcialmente, um ordenamento constitucional transnacional. Existem estruturas constitucionais independentes, em processo de constitucionalização,[1262] que são observadas nas organizações internacionais, nos regimes transnacionais e redes que lhes dão ligação, mesmo que se esteja diante de fragmentação continuada, e seja privado de expressão como se dá por meio de uma Constituição nacional. As matérias do Direito Constitucional, nesse aspecto global, portanto, são: o sistema da política

(1259) TEUBNER, Gunther. Ob. cit., p. 1-6.
(1260) Ob. cit., p. 7-10.
(1261) Ob. cit., p. 11-2.
(1262) TEUBNER aponta que parte dessas instituições constitucionais já existentes podem ser encontradas nas negociações dos anos 40: "la Carta dell´Avana, l´Accordo generale sulle tariffe e il commercio (GATT), Bretton Woods", e em novas, como "del Consenso di Washington (FMI, Banca Mondiale, WTO)" e na discussão mundial em torno dos mercados financeiros. In: Ob. cit., p. 13.

internacional, o Direito Internacional, as organizações internacionais, os regimes transnacionais e as conexões de redes globais.[(1263)]

O desenvolvimento de formas peculiares de governança — intervenções e interações sociais, políticas e administrativas e de estruturas cujos atores sejam públicos ou privados — pretende resolver problemas da sociedade ou criar oportunidades para estas soluções, sendo as mencionadas formas distintas do governo, ou das práticas do governo do Estado-nação. Estão conectadas em redes a burocracia especializada dos diversos Estados com atores da sociedade mundial, empresas transnacionais, associações econômicas, organizações não governamentais e regimes híbridos. Estes atores se apresentam como parte do problema da governança mundial. Em sua perspectiva, torna-se claro que o problema efetivo é a constitucionalização dos espaços de ação independentes na sociedade mundial — de fora da política mundial. Em verdade, os atores envolvidos desenvolvem o processo transnacional nas estruturas políticas de poder, da governança global, e também desenvolvem esses regimes de forma independente, fora da política institucionalizada. De um lado, as constituições setoriais sociais e, de outro, os sistemas parciais da economia, cultura e mídia de massas estão numa dinâmica descontrolada; passariam por autolimitação, sem limitação em uma constituição formal. Sob o ponto de vista de uma constitucionalização, ele aponta que não se trata disso, mas de uma reconstrução radical de um ordenamento constitucional já existente.[(1264)]

Teubner sintetiza os atores do qual advém este Direito Global. Primeiro, este Direito está se formando a partir do mundo dos Estados, por meio das Nações Unidas, em que é superado ou desenvolvido, em uma certa medida, o Direito, que não é compreendido como mero Direito dos tratados. A Carta das Nações Unidas, por exemplo, tem ultrapassado este caráter; assim como outros documentos internacionais, como a Convenção Internacional dos Direitos Humanos, a Convenção contra a Discriminação Racial, e o Estatuto de Roma da Corte Penal Internacional. Ele, porém, delineia que as regras relativas à ONU são regras de uma organização formal, não do globo todo. Em segundo lugar, do mundo dos Estados (inter), advém da ONU um *soft law* relativo ao código de conduta das empresas transnacionais. Também desse meio, ele elenca o Direito proveniente do *global administrative law*, em que, na sociedade internacional, fora da política internacional propriamente dita, um âmbito parcial da sociedade está sendo regulado. O autor mencionado chama essa incidência de restauração do Direito Internacional — de mero tratado dos Estados soberanos a ordenamento jurídico autônomo, em que se cria o seu próprio fundamento na ordem pública transnacional, por meio de suas normas. Assim, constitui-se o *global administrative law*, enquanto ramo do Direito Internacional. No ano de 2004, mais de duas mil autoridades reguladoras globais eram contadas em forma de organizações internacionais ou intergovernativas. O Direito Administrativo, *in casu*, regulamenta os sistemas globais parciais a que se refere.[(1265)]

O Direito Global também se desenvolve, segundo ele, por meio de instituições globais, como característica da fragmentação da constituição desse Direito. São ordenamentos independentes, quanto aos Estados e também quanto às estruturas estatais. Em primeiro lugar, nesse grupo, ele aponta as organizações internacionais, as organizações parciais da ONU, que partem dos ramos do Direito Internacional e do Direito Administrativo Global, como a OIT, a UNICEF, a OMS e a OMC, sendo que esta se destaca, por sua juridificação[(1266)] interna da resolução dos conflitos. Ademais, o Direito Global também se desenvolve por organizações que têm como base o Direito privado, como o ente de gestão da internet — ICANN — e a organização mundial para a norma-

(1263) TEUBNER, Gunther. Ob. cit., p. 13-4.

(1264) Ob. cit., p. 15 -8.

(1265) Ob. cit., p. 27-36.

(1266) Juridificação tem um significado de amplo processo de regulação, que caracteriza o Direito de hoje, e caracteriza bem a OMC e seu Órgão de Solução de Conflitos. Sobre juridificação, ver: TEUBNER, Gunther. Droit et réflexivité: L´auto-réfénce en droit et dans l´organisation. Bruxelas: LGDJ, 1996. Em artigo específico sobre juridificação, o texto traduzido por José Engrácia Antunes: TEUBNER, Gunther. Juridificação: Noções, características, limites, soluções. In: *Revista Direito e Economia*, Coimbra, 14 (1988), p. 17-91.

tização — ISO. Estas organizações privadas desenvolveram estruturas funcionais e representação territorial, formas de divisão de poderes e uma jurisdição, com destaque especial para a ICANN. Ele aponta que, também, no domínio do autocriado Direito da economia global (*Lex Mercatoria*), desenvolveu-se uma hierarquia normativa, cujo ápice se define sob o título de ordem pública da arbitragem internacional, com normas procedimentais e *standards* fundamentais. Tais normas foram autogeradas pela arbitragem internacional.

Nesse sentido, foram desenvolvidos regimes, decorrentes dessas organizações, públicas e privadas, por meio dos processos decisórios internos, que decorrem também de suas relações externas. Há um ponto a mais que ele destaca, ao tratar desses regimes, em especial em face de suas regras e diretivas próprias prevendo comitês de controle, responsabilidade de oficiais de fiscalização, como funções quase-judiciais. O autor também enfoca o Direito da empresa transnacional. Esta veio a criar um espaço jurídico para a constituição da empresa, que toma a forma de vastas interações normativas entre diversos atores coletivos. Uma estrutura normativa em rede fechada. Os *corporate codes* tornaram-se válidos para empresas reunidas em grupos e, superando as fronteiras nacionais, para empresa central e as empresas filhas, em muitos casos compreendem milhares de companhias singulares. Esse Direito, em determinadas circunstâncias, poderia valer até os confins do grupo. Assim, por intermédio de obrigações contratuais, os grupos de empresas vinculam os fornecedores quanto às cadeias de distribuição sob o *standard* dos seus códigos de conduta, utilizando os mecanismos contratuais para introduzir sistemas de vigilância e sanção eficazes. Ele enfoca que a distinção entre centro e periferia é clarificada quando se vê que, ao centro de um regime de regra, se encontra uma ou mais organizações formais dotadas de uma competência profissional de base, mas se desenvolve, ao mesmo tempo, uma periferia que pressiona por interações do centro com seus elementos constitutivos. O seu Direito regula tanto as relações internas da organização formal, dos contratos ou da rede, quanto aqueles externos nas suas aberturas relevantes acerca do ambiente — a interação com o público. Deste modo, ele aponta os regimes transnacionais como regimes regulativos específicos. O poder do trabalho também estaria institucionalizado no Direito da empresa transnacional.[(1267)]

Analisando, na parte em que há uma autoconstituição do Direito Global, TEUBNER explica que ela não passa por meio de uma coletividade organizada formalmente, sendo privada de uma organização formal de todo o sistema. Ele dá o exemplo da *Lex Mercatoria* e da *Lex Sportiva*, em que, segundo ele, foram desenvolvidas normas superiores sem que se observe um regime de uma equivalente organização estatal. Em alguns casos, opera uma organização internacional, na área central de um regime — *Lex Digitalis* (ICANN), por exemplo. Desenvolve-se um regime em torno da identidade coletiva e fora das propriedades de um ator coletivo do tipo estatal.[(1268)]

A forma piramidal dá lugar a uma flexível, das teias ou redes sociais, em que o Direito tem um caráter fragmentário e complexo. Efeitos análogos acontecem no plano internacional. A terminologia do Direito é afetada: regimes em lugar de instituições; padrões regulatórios ao invés de normas; a expressão governança parece ser mais apropriada que governo; conformidade em lugar de obrigatoriedade; ao lado do uso de expressões, com importante significado, como *soft law* e *hard law*.[(1269)]

6.9. *Soft law* e *hard law*

A discussão em torno do *soft law* lembra um pouco a trajetória da temática em volta dos princípios jurídicos. A juridicidade ou a natureza jurídica dos princípios no domínio do Direito passou por fases na

(1267) TEUBNER, Gunther. *Nuovi conflitti costituzionali*. Milano-Torino, 2012. p. 45-58.
(1268) Ob. cit., p. 59-60.
(1269) CASTANHEIRA, Fernando Henrique. Fragmentação do Direito Internacional e *law making* no campo jurídico internacional contemporâneo. In: *Revista da SJRJ*, Rio de Janeiro, n. 25, 2009, p. 63-78.

história.[1270] Na primeira, jusnaturalista, os princípios não tinham normatividade, reconhecendo-se, no entanto, sua dimensão ético-valorativa, que inspirava a ideia de justiça.[1271] É a fase que *Delgado* define como pré-jurídica, em que os princípios gerais do Direito influenciavam no processo de construção do Direito ou davam uma direção coerente na definição da regra, atuando como fonte material, a influenciar a produção da ordem jurídica.[1272] O jusnaturalismo propugnava que o Direito Natural era um conjunto de valores e pretensões legítimas que não decorreriam das normas emanadas do Estado.[1273] Contundo, mesmo o Direito Natural tendo servido de inspiração para a burguesia, após a Revolução Francesa, imperou a visão de que o Direito Positivo esgota o Direito, apartando-o dos valores transcendentes e da moral.[1274]

Nesse sentido, o Código Civil francês não previu a aplicação subsidiária dos princípios gerais do Direito. Com o tempo, predominou o pensamento de ser possível haver lacunas no Direito, com a previsão de completá-las mediante os meios fixados na ordem jurídica, dentre eles, os princípios gerais do Direito, como se vê, na Itália, com o legislador de 1865. Impregnado pelo positivismo, o legislador italiano utilizou a expressão princípios gerais do Direito vigente, ao invés de princípios gerais do Direito, para que o juiz não viesse a aplicar os princípios do Direito Natural. No Código de 1942, passou-se a utilizar a terminologia princípios gerais do ordenamento jurídico do Estado.[1275] Com a previsão dos princípios como meio de integração de lacunas, passou-se para a fase jurídica propriamente dita. Os princípios, por um processo de indução e abstração, deveriam ser inferidos da ordem jurídica.

Há, contudo, uma nebulosidade que permeia e sombreia o entendimento dos princípios, em especial do que sejam os princípios gerais do Direito. *Reale* analisa a matéria, assinalando que existem autores que defendem que os princípios gerais do Direito são princípios gerais do Direito pátrio, válidos de acordo com o sistema normativo vigente em cada nação. Há, no entanto, corrente doutrinária que defende que os princípios gerais do Direito são aqueles comuns ao ordenamento jurídico de todos os povos ou aos que pertencem a determinados sistemas característicos, *v.g.*, *civil law* ou *common law*, abstraídos por comparação, pelo Direito Comparado.[1276] Predomina, todavia, a tese de que os princípios gerais do Direito são extraídos do ordenamento jurídico vigente em um Estado, todavia, nota-se que determinados princípios são aceitos por intermédio do Direito Comparado ou mesmo do Direito Internacional. O exemplo mais contundente, é o princípio da razoabilidade, incorporado ao sistema de vários Estados por influência do Direito norte-americano, com base na interpretação da cláusula do devido processo legal. Não há dúvida, porém, que parece ser cada vez mais insustentável a doutrina que fundamenta os princípios apenas no sistema de Direito nacional, num mundo cada vez mais dominado pela simultaneidade das informações e dos jogos de influências recíprocas das ciências e da tecnologia.[1277]

O debate sobre os princípios, em verdade, somente ganhou corpo quanto à dimensão, ao valor e à função, sobretudo, após o término da Segunda Grande Guerra, com o pensamento constitucional impulsionado pela Declaração Universal dos Direitos do Homem. Os princípios foram sendo positivados, saindo do campo meramente supletivo, passando a ter uma função normativa própria, uma vez que foram expressamente previstos nos textos de muitas Constituições e em leis infraconstitucionais, e, quando não, foram compreendidos como positivados, por implícitos, em cada ordenamento.

Houve, assim, o avanço da importância dos princípios no plano jurídico, em especial pela grandeza que alcançou na seara internacional e, a seguir, no Direito Constitucional, a repercutir no Direito Civil

(1270) Sobre isso, nosso trabalho: FERNANDES JÚNIOR, Raimundo Itamar Lemos. *O direito processual do trabalho à luz do princípio constitucional da razoável duração*. São Paulo: LTr, 2008. p.

(1271) BONAVIDES, Paulo. *Curso de direito constitucional*. 13. ed. São Paulo: Malheiros, 2003. p. 259.

(1272) DELGADO, Mauricio Godinho. *Princípios de direito individual e coletivo do trabalho*. São Paulo: LTr, 2001. p. 17-8.

(1273) BARROSO, Luís Roberto. *Interpretação e aplicação da Constituição*. 6. ed. São Paulo: Saraiva, 2004. p. 348.

(1274) Ob. cit., p. 348-9.

(1275) BOBBIO, Norberto. *Teoria do ordenamento jurídico*. 6. ed. Brasília: UNB, 1990. p. 156-7.

(1276) REALE, Miguel. *Lições preliminares de direito*.12. ed. São Paulo: Saraiva, 1985. p. 302-310.

(1277) Ob. cit., p. 303.

etc., com a previsão expressa de muitos princípios, o que superou paradigmas. Inicia-se, assim, a terceira fase, a chamada pós-positivista,[(1278)] na qual os princípios têm hegemonia axiológica e caráter normativo próprio. O reconhecimento da normatividade dos princípios garante a reaproximação do Direito com a moral, com a ética.[(1279)] Quem capitaneou este movimento foi *Dworkin*, ao rejeitar o dogma de que as obrigações vêm apenas de regras de conduta.[(1280)]

Ao enfatizar-se a temática dos princípios em sede constitucional, esta passou a ter importância para todo o domínio jurídico, superando-se a antítese, no Direito nacional de muitos Estados, de que os princípios se incompatibilizavam com a segurança jurídica, pois compreendeu-se que há total possibilidade de sua real determinação. Em verdade, a segurança jurídica, hoje, exige a definição e o respeito aos princípios jurídicos, que estão positivados, e da necessária compreensão do Direito com fulcro em valores que lhe dão legitimidade, consenso e aceitação, e garantem a vida do Direito, representando a sua verdadeira razão de obediência.

Por muito tempo, a teoria dos princípios ainda não havia sido formulada em Direito, para que a distinção entre regras e princípios fosse bem definida teoricamente.[(1281)] Com o tempo, segundo *Ávila*, "a distinção entre princípios e regras virou moda", acentuando que os trabalhos de Direito Público tratam do tema como se ele dispensasse aprofundamento.[(1282)] Assim, é inegável o caráter normativo, tanto das regras como dos princípios.[(1283)] Hoje, há consenso de que ambos são tipos de normas obrigatórias, imperativas. Em verdade, uma longa evolução se deu até se chegar a este lugar-comum na doutrina, de que as regras e princípios são normas jurídicas — espécies de norma jurídica. Esta é o gênero, aquelas, as espécies.[(1284)]

Ao analisar a articulação entre princípios e regras, *Canotilho* afirma que há um sistema interno de regras e princípios. Ele traz a lume uma classificação minudente dos princípios. Para ele, a "constituição é formada por regras e princípios de diferentes graus de concretização (diferente densidade semântica)".[(1285)]

Alguns autores asseguram, dentre os quais *Dworkin*,[(1286)] que há uma distinção qualitativa ou lógica (forte) ente princípios e regras. Para esta concepção, as diferenças qualitativas se traduzem fundamentalmente em: (1) há uma forma diferenciada de aplicação, sendo os princípios normas jurídicas impositivas de otimização, compatíveis com vários graus de concretização, circunscritas às condições fáticas e jurídicas, enquanto as regras são normas que prescrevem imperativamente uma exigência — impõem, permitem ou proíbem; e (2) há uma diferença no caso de conflito e suas formas de solução, sendo que os princípios convivem conflituosamente; todavia, as regras, em caso de conflito, excluem-se umas às outras, por serem antinômicas.[(1287)]

(1278) BONAVIDES, Paulo. Ob. cit., p. 265.

(1279) BARROSO, Luís Roberto. Ob. cit., p. 350-1.

(1280) DWORKIN, Ronald. Los derechos en serio. 2. ed. Barcelona: Ariel, 1989. p. 80 e 99. Não obstante DWORKIN ter capitaneado este movimento, BONAVIDES acentua que coube a CRISAFULLI, em 1956, de forma categórica e precursora, afirmar a normatividade dos princípios. In: BONAVIDES, Paulo. Ob. cit., p. 257.

(1281) Como exemplo, Jean Boulanger, o primeiro a tratar da distinção por meio de um estudo analítico. In: BONAVIDES, Paulo. Ob. cit., p. 266.

(1282) ÁVILA, Humberto. *Teoria dos princípios*. 3. ed. São Paulo: Malheiros, 2003. p. 18.

(1283) DWORKIN, em seu livro *Levando os direitos a sério*, fala em princípios e regras, como afirmam: PEREIRA, Jane Reis Gonçalves; SILVA, Fernanda Duarte Lopes da. In: PEIXINHO, Manoel Messias; GUERRA, Isabela Franco; NASCIMENTO FILHO, Firly (Orgs.). *Os princípios na Constituição de 1988*. Rio de Janeiro: Lumen Juris, 2001. p. 7.

(1284) Não obstante, mesmo esta tipologia é criticada, todavia, é preferida, uma vez que adotada pela maioria dos juristas nos dias de hoje. Outras tipologias existem. ÁVILA, por exemplo, defende, ao lado das regras e princípios, a existência dos postulados, que seriam normas "imediatamente metódicas, que estruturam a interpretação e aplicação de princípios e regras mediante a exigência, mais ou menos específica, de relações entre elementos com base em critérios". Como exemplo, cita o postulado da proporcionalidade. In: ÁVILA, Humberto. Ob. cit., p. 119-120.

(1285) CANOTILHO, J. J. Gomes. Ob. cit., p. 1173.

(1286) DWORKIN, Ronald. Ob. cit., p. 100.

(1287) PEREIRA, Jane Reis Gonçalves; SILVA, Fernanda Duarte Lopes da. Ob. cit., p. 17-8.

Por outro lado, há os que defendem uma distinção quantitativa ou de grau (fraca) entre princípios e regras. Não há diferença qualitativa, de ordem lógica ou substancial, entre princípio e regra, para essa corrente, mas apenas uma diferença quantitativa, quanto ao maior ou menor grau de generalidade e abstração.[1288] As diferenças são pequenas, apenas no que se refere a estes traços, inclusive ao de fundamentalidade e vagueza, mais característicos nos princípios. Não há, assim, uma grande ou nítida separação ou distinção entre estas categorias normativas.[1289] O pensamento com base na distinção qualitativa entre princípios e regras — não meramente um critério fixado no grau de abstração — iniciou-se em razão da função do princípio como fundamento normativo para a tomada de decisão, para que determinado mandamento seja encontrado. Nesse sentido, o princípio é a norma que estabelece fundamento para uma decisão, enquanto a regra define a decisão em si a ser tomada.

Para *Canaris*,[1290] os princípios diferem das regras por duas características: (1) têm conteúdo axiológico explícito, ao contrário das regras; e (2) recebem, diferentemente das regras, seu conteúdo e sentido por meio de um processo dialético de complementação e limitação. Em suma, a sua fundamentação normativa é axiológica e seu modo de interação é diferenciado.[1291]

Dworkin assegura que, na tradição anglo-saxônica,[1292] as regras são aplicadas ao modo tudo ou nada (*all-or-nothing*). Assim, ou a regra é válida ou não. Caso seja válida, presente a hipótese de incidência, deve ser aceite sua consequência normativa. Quando há colisão entre regras, uma é inválida, ao passo que, no caso de colisão entre princípios, não há essa consequência. Destarte, os princípios têm uma dimensão de peso (*dimension of weight*), de modo que, havendo colisão, o princípio com peso maior relativo se sobrepõe a outro, continuando este último válido. Os princípios contêm apenas fundamentos que devem ser combinados com os fundamentos de outros princípios para a determinação da decisão do caso. Com isso, *Dworkin* não definiu distinção de grau, mas de estrutura lógica, no modo de aplicação e no relacionamento normativo.[1293] Por sua vez, *Alexy*[1294] conceituou princípios jurídicos como uma espécie de norma jurídica, que estabelecem "deveres de otimização aplicáveis em vários graus, segundo as possibilidades normativas e fáticas". As possibilidades normativas se verificam porque sua aplicação depende dos princípios e regras contrapostos; as fáticas, porque o seu conteúdo como norma de conduta é determinado diante dos fatos. Já as regras podem ou não ser realizadas. Quando valem, deve-se fazer o que ela diz. Na hipótese de colisão, a contradição se resolve pela decretação de sua invalidade ou por introdução de uma regra de exceção.[1295]

Segundo *Alexy*, no caso de colisão entre princípios, a solução se dá em função da ponderação entre os princípios colidentes, o que não se verifica por uma determinação imediata de prevalência. A ponderação se realiza diante das circunstâncias concretas, definindo-se a prevalência. As consequências normativas dos princípios, diferentemente das regras, não se dão de forma direta, mas são concretizadas pela aplicação aos casos, por meio de regras de colisão, que terminam definindo o peso de cada princípio. A distinção entre regras e princípios está no modo em que se resolvem as tensões entre princípios. Para *Alexy*, a colisão entre regras se resolve verificando se uma norma está dentro ou fora do sistema (problema do dentro ou fora), enquanto, entre princípios, a solução se dá dentro da mesma ordem jurídica (teorema da colisão).[1296] *Alexy* enfoca que a distinção não se baseia no modo tudo ou nada de aplicação,

---

(1288) PEREIRA, Jane Reis Gonçalves; SILVA, Fernanda Duarte Lopes da. Ob. cit., p. 12.
(1289) Ob. cit., p. 20.
(1290) CANARIS, Claus-Wilhelm. *Pensamento sistemático e conceito de sistema na ciência do Direito*. Lisboa: Fundação Calouste Gulbenkian, 1968, p. 88-9.
(1291) ÁVILA, Humberto. Ob. cit., p. 27.
(1292) DWORKIN, Ronald. Ob. cit., p. 75.
(1293) Ob. cit., p. 77. A matéria é bem explicitada em: ÁVILA, Humberto. Ob. cit., p. 28.
(1294) ALEXY, Robert. *Teoria dos direitos fundamentais*. São Paulo: Malheiros, 2008. p. 90.
(1295) ÁVILA, Humberto. Ob. cit., p. 28-31.
(1296) Ob. cit., p. 29.

mas na diferença quanto à colisão e quanto à obrigação que instituem, haja vista que as regras definem obrigações absolutas — não superadas por outras normas, e os princípios prima facie - podem ser afastados no caso por princípios colidentes.[(1297)]

Para *Ávila*, merecem critica os critérios usualmente empregados para a distinção entre regra e princípio, nos seguintes termos: (1) o critério do caráter hipotético-condicional, embora não se vislumbre frontalmente nos princípios, pode ser verificado por interpretação, haja vista que o princípio pode ser (re) lido, de modo que venha a possuir uma hipótese de incidência seguida de uma consequência; (2) o critério do modo final de aplicação — em verdade, as regras não têm um modo absoluto de aplicação tudo ou nada, mas podem ser objeto de superação por razões não imaginadas pelo legislador para os casos normais, podendo, tanto quanto aos princípios como às regras, envolver a consideração de aspectos específicos, abstratamente desconsiderados, havendo regras que contêm expressões cujo âmbito de aplicação não é total e previamente delimitado; (3) o critério do conflito normativo — não há se falar que somente no caso de princípios se pondera, aplicando-se o de maior peso, uma vez que o conflito de regras também pode ser resolvido, concretamente, aplicando-se a regra de maior peso, continuando, abstratamente, as duas regras válidas.[(1298)] Nesse sentido, aponta os seguintes critérios para a distinção: (1) critério quanto ao modo como prescrevem o comportamento - enquanto as regras são normas imediatamente descritivas, que estabelecem obrigações, permissões e proibições mediante a descrição da conduta a ser adotada, os princípios são normas imediatamente finalísticas, as quais estabelecem um estado de coisas, para cuja realização é necessária a adoção de determinados comportamentos; (2) critério do modo de justificação exigida - a interpretação e aplicação das regras exigem correspondência entre a construção conceitual da descrição normativa e a construção conceitual dos fatos, enquanto a interpretação e aplicação dos princípios demandam uma correlação entre o estado de coisas posto como fim a ser promovido e os efeitos decorrentes da conduta considerada necessária para a sua promoção; e (3) critério do modo como contribuem para a decisão - os princípios abrangem apenas parte dos aspectos relevantes que importam, ao lado de outras razões, para a decisão, não gerando uma solução específica, enquanto as regras têm a aspiração de gerar, para o conflito, uma solução específica.[(1299)]

Importante conclusão alcançada por este pensamento é que norma não é o mesmo que dispositivo ou texto normativo. A norma é alcançada pela interpretação do dispositivo, do texto. É o resultado da reflexão sobre o texto do dispositivo. Este (o texto) é o objeto da interpretação e a norma o resultado. *Ávila* constata que não há correspondência entre norma e dispositivo, uma vez que existem normas sem dispositivo — *v. g.*, princípios da segurança e certeza jurídica - e existem dispositivos que não veiculam normas jurídicas - *v. g.*, o que porventura informa o local da aprovação, os participantes na aprovação, a intenção do legislador ao legislar etc. Por outro lado, em um só dispositivo, diversas normas podem ser encontradas - *e. g.*, dispositivo que preceitua expressamente que a instituição ou aumento de tributo se dá exclusivamente mediante lei (art. 150, I, da Constituição Federal brasileira), do qual se extrai, também, o

---

(1297) Ob. cit., p. 30.

(1298) Ob. cit., p. 58.

(1299) ÁVILA, Humberto. Ob. cit., pp. 120-1. ÁVILA conceitua:" regras são normas imediatamente descritivas, primariamente retrospectivas e com pretensão de decidibilidade e abrangência, para cuja aplicação se exige a avaliação da correspondência, sempre centrada na finalidade que lhes dá suporte e nos princípios que lhes são axiologicamente sobrejacentes, entre a construção conceitual da descrição normativa e a construção conceitual dos fatos. Os princípios são normas imediatamente finalísticas, primariamente prospectivas e com pretensão de complementariedade e de parcialidade, para cuja aplicação demanda uma avaliação da correlação entre o estado de coisas a ser promovido e os efeitos decorrentes da conduta havida como necessária à sua promoção". O aspecto retrospectivo se dá na medida em que as regras descrevem uma situação de fato conhecida pelo legislador. O prospectivo se refere a um estado de coisas a ser construído. In: ÁVILA, Humberto. Ob. cit., p. 67 e 119. Um conceito de princípios muito mencionado na doutrina é o de ALEXY, a saber: "los principios son mandatos de optimizaciòn mientras que las reglas tienen el carácter de mandatos definitivos. En tanto mandatos de optimización, los principios son normas que ordenan que algo sea realizado en la mayor medida posible, de acuerdo con las possibilidades jurídicas e fácticas". In: ALEXY, Robert. *El concepto y validez del Derecho*. 2. ed. Barcelona: Gedisa, 1997. p. 162.

princípio da legalidade, da tipicidade, da proibição de regulamentos independentes e da proibição de delegação normativa, e, em outro sentido, pode se extrair uma só norma de vários dispositivos — ex.: princípio jurídico da proporcionalidade, que é definido, por abstração, de vários dispositivos que trazem em seu bojo a determinação de um modo de ser ou proceder proporcional. Por tudo isso, conclui-se não haver correspondência biunívoca entre texto e norma, podendo-se encontrar um e não o outro e vice-versa: haver dispositivo sem prescrição normativa (mesmo sendo exceção).[1300]

Todas estas considerações, que parecem ser excessivas, dispõem-se a demonstrar que o pensamento jurídico demora a compreender determinadas categorias como normativas, ou mesmo para definir o que seja ou não norma. Como se disse acima, a compreensão do que seja *soft law*[1301] passa, *mutatis mutandis*, pelas mesmas dificuldades por que passou o tema dos princípios jurídicos. *Teubner* diz que verificar a substância de determinados instrumentos de *soft law* é extremamente indeterminado. Por exemplo, a chamada *Lex Mercatoria*, que consiste, ao invés de refinadas regras de Direito Privado, em amplos princípios que mudam de aplicação de caso para caso, por isso alguns negam que seja Direito, uma vez que procuram a um corpo de regras com a essência de uma ordem legal heterônoma. Contudo, não obstante as tentativas de codificar o Direito Econômico Global, a *softness* da *Lex Mercatoria* é notável. Ela é mais um Direito de valores e princípios que um Direito de estruturas e regras. Segundo ele, isso não é uma deficiência, mas uma característica típica do Direito Global, que compensa a sua falta de força executiva, haja vista que este Direito é mais flexível e adaptado às mudanças e às circunstâncias, o que o torna mais adequado para uma unificação global do Direito. Em caso de desvios, este Direito é mais resistente. A sua estabilidade vem da "suavidade". *Soft law* não se confunde com *weak law*.[1302] Todavia, uma visão que radicalize o positivismo jurídico pode concluir na inexistência de *soft law*.[1303]

(1300) ÁVILA, Humberto. Ob. cit., p. 22-3.

(1301) Em face do previsto na Convenção de Viena, de 1969, em que foram definidas as diretrizes para a formulação de tratados e, em razão do disposto no art. 38 do Estatuto da Corte Internacional de Justiça, com a definição das fontes do Direito Internacional, a doutrina tem analisado as relações internacionais, bem como a expansão das atividades de atores internacionais que frequentemente produzem diferentes formas de acordos, que não estão capitulados nas hipóteses do art. 38, mas que representam caminho significativo para o Direito Internacional, produzido entre Estados ou entre Estados e organizações internacionais, dos quais advêm acordos não convencionais, como base dessas relações. Depois desses estudos, das comparações formuladas, estes acordos ou esse Direito foi sendo nominado como: acordo de cavalheiros; acordos informais; textos políticos; extralegal ou não-legal acordos; acordos desprovidos de força legal; não obrigatórios acordos; entendimentos internacionais; e instrumentos de *soft law*. Contudo, o uso da expressão *soft law* tornou-se comum, para designar todos os instrumentos internacionais não elencados no art. 38 (as mencionadas, a contrário sensu, são *hard law*), sendo que ela se tornou mais aceitável entre os autores da área. In: EZEDU, Martin-Joe. *From a soft law process to hard law obligations: the Kimberley process and contemporary international legislative process*. In: European journal of law reform. V. 16, 2014, issue 1, p. 112-3. A difusão da expressão se deu a partir do texto escrito por TAMMES, em que este fez a definição de *soft law* como um conceito guarda-chuva. In: TAMMES, A. J. P. *Soft Law*. In: *Essays on international & comparative law in honour of judge Erades*. Hague: Martins Nijhoff Publishers, 1983, pp. 187-195. Seguindo, com rigor, a nomenclatura de *soft* e *hard law*, de acordo com o art. 38 referido, a Declaração Universal dos Direitos do Homem é *soft law*, por exemplo, mesmo sendo um instrumento que tem uma profunda função na feitura dos tratados e na formação do costume internacional. In: OLIVIER, Michele. *The relevance of soft law as a source of international human rights*. In: The comparative and international law journal of southern Africa. Volume XXXV, n. 3, November 2002. p. 290.

(1302) TEUBNER, Gunther. Global Bukowina: Legal pluralism in the world society. In: TEUBNER, Gunther (Ed.). *Global Law without a state*. Aldershot, Brookfield, Singapore e Sydney: Darmouth, 1996. p. 21. A expressão soft law foi primeiramente utilizada no Direito Internacional e no Direito Comunitário. In: PARDO, José Esteve. Prólogo. In: SARMIENTO, Daniel. *El soft law administrativo:* un estudio de los efectos jurídicos de las normas no vinculantes de la Administración. Navarra: Thompson/Civitas, 2008. p. 20. Segundo PARDO, "en esos espacios supraestatales, las fórmulas y realizaciones del soft law se orientan ordinariamente a reducir o superar el déficit de ejecución que acompaña en ocasiones a los acuerdos internacionales o de las Instituciones comunitarias cuando éstas requieren del apoyo y colaboriación de otros agentes en el desarrollo de políticas económicas, sociales, educativas y culturales, allí donde la acción de la Unión Europea es menos intensa". In: Ob. cit., p. 20.

(1303) É o que chama a atenção o trabalho: TERPAN, Fabien. Soft law in the European Union — The changing nature of EU law. In: *Europenan Journal* — Review of European Law in Context, V. 21, Issue 1, January 2015, p. 70.

Os primeiros documentos internacionais que representam *soft law* tiveram origem logo após a Segunda Grande Guerra, em geral comunicados conjuntos, memorandos de entendimento, declarações finais e outros tipos de *standards* considerados, em sua maior parte, não vinculativos. Contudo, o *soft law* não deve ser confundido com meros acordos que, em tese, vinculam apenas os cavalheiros signatários, embora se tenha a percepção de que o *soft law* não tem claro caráter vinculativo e que suas normas são privadas de sanções jurídicas, diferentemente do *hard law*, que obriga e as consequências do descumprimento são evidentes, gerando mais certeza e confiança aos que lhe são vinculados. Em geral, *soft law* e *hard law* são diferenciados em sua intensidade, aqui entendida como o caráter vinculativo das normas, e quanto à precisão das mesmas. O *soft law* é composto por normas mais flexíveis e tem uma imposição, de fato, menos consistente. O *hard law* é Direito que exige, para a sua mudança, um processo mais formal e dificultoso, o que conduz a uma adaptação menos tranquila a novas realidades. O *soft law* é mais facilmente negociável e, por conseguinte, modificável, sendo menos aflitivo à soberania dos Estados, o que, em determinadas circunstâncias, o torna mais atrativo. As negociações, em geral não sujeitas a quaisquer ratificações, no que se refere ao *soft law*, conduzem a definições mais ousadas e, dada a sua flexibilidade, a sua aplicação é adequada à realidade de cada interessado.[1304]

Em algumas matérias, os envolvidos em sua aplicação têm o *soft* e o *hard law* como alternativa, podendo optar pelo caminho a seguir. Em um outro senso, *soft* e *hard law* são complementares, já que o *soft law* pode converter-se em *hard law*. Para alguns, estabelece-se uma tendência nesse sentido. Por outro lado, o *hard law* (previsto em um quadro genérico em convenção, *e.g.*) pode ser influenciado pelo *soft law* (densificador, em seus *standards*, daquele quadro geral), ficando mais abrangente e, ao final, é tornado o *soft law* também obrigatório. Em verdade, tem-se que ambos terminam por se complementar. O *soft law* também pode gerar consensos (pela cumplicidade e confiança criadas entre os envolvidos que o adotam; bem como nas lacunas técnicas — dada a credibilidade de quem o formula), consagrado, posteriormente, por *hard law*. Ademais, quando os tratados (em princípio, *hard law*) trazem disposições genéricas (*soft law*), outras disposições de *soft law* não contidas no tratado podem aclarar o significado das normas menos precisas. *Hard law* e *soft law* são estratégias de regulação diferentes, coexistindo e complementando-se, muitas vezes, ainda que, na prática, possam existir situações em que as normas de um e de outro estejam em aparente antagonismo.[1305]

Esse Direito (*soft law*), em princípio, depende de arranjos governamentais para ser implementado, sendo considerado *soft law*, em contraposição ao *hard law*, que advém da ação intergovernamental. Em geral, tais regimes (de *soft law*) são conceituados como se não fossem Direito, embora com alguma força regulatória. Chamado de conceito guarda-chuva para o fenômeno normativo, de um lado ele restringe a vontade e a liberdade de seus destinatários, mas, de outro, não representa uma genuína obrigação internacional. *Snyder*[1306] define *soft law* como regras de

(1304) SILVA, Manuel Pereira da. Conceito de retribuição e comentários sobre princípios e normas de *hard* e *soft law*. Lisboa: dissertação de mestrado apresentada à Universidade Autônoma de Lisboa — publicação do autor, 2016. p. 101-3. SARMIENTO afirma que *soft law* "es Derecho suave, o débil, principalmente porque no es obligatorio y a no tener la función de prescribir tampoco va acompañado de una reacción por parte del ordenamiento cuando es incumplido. No es parámetro de validez de otras normas, ni admite su impugnación". In: SARMIENTO, Daniel. *El soft law administrativo*: un estudio de los efectos jurídicos de las normas no vinculantes de la Administración. Navarra: Thompson/Civitas, 2008. p. 27.

(1305) Ob. cit., p. 105-8. PARDO diz: "las soluciones del soft law pueden integrarse de lleno en el instrumentario propio de hard law o llenar de contenido unas determinaciones legales y normativas que de outro modo quedarían vacías. En sentido opuesto, la regulación característica del derecho duro, coercitivo si fuera el caso, puede tomar um rumbo claro hacia fórmulas de soft law. La relación entre estos dos modelos es así fluida, intercambiable, reversible. In: PARDO, José Esteve. Prólogo. In: SARMIENTO, Daniel. *El soft law administrativo*: un estudio de los efectos jurídicos de las normas no vinculantes de la Administración. Navarra: Thompson/Civitas, 2008. p. 16.

(1306) SNYDER, Francis. Soft law and institutional practice in European Community. In: MARTIN S. (Ed.). *The Construction of Europe*: Essays in honor of Emile Noël. Dordrecht: Kluwer Academic Publishers, 1994. p. 197-8.

conduta que, em princípio, não têm força legal de vinculação, mas efeitos práticos. É uma nova forma de prescrição normativa internacional.(1307)

Mesmo desprovidas de sanção, o caráter jurídico do *soft law* é inafastável, haja vista que, pelo menos, produz efeito a longo prazo, em um processo gradual, exercendo pressão sobre os destinatários. O *soft law* tem sido uma importante fonte de Direito Internacional, em especial quanto a questões que geram forte controvérsia.(1308)

Com efeito, há casos que demonstram a superação da dicotomia *soft* e *hard law*, sobretudo no plano internacional, em particular quando o *soft law* advém de atores não estatais, ou de estatais juntamente com não estatais. Em determinada medida, a força jurídica do regime desse *soft law* se assemelha à que vem dos tratados e o vácuo de regulação internacional possibilita a eficácia da atuação normativa desses atores não estatais, como a sociedade civil informal internacional, organizações não governamentais, entidades do comércio internacional e corporações multinacionais. Um exemplo de instrumento de *soft law* é a tripartite *Declaration of principles concerning multinational enterprises and social policy*. Tal regime tem quase um *status* de tratado. Em verdade, há um ponto de vista na política econômica global de que prevalecem os regimes regulatórios no setor da iniciativa privada e a participação desta, nesse sentido, é agora comum. Parece ser interesse dos Estados o fortalecimento de não estatais atores, o que ocorre, também, no domínio do meio ambiente,(1309) e sempre foi comum no do trabalho.

A criação de expectativas é um elemento chave de todas as leis, sendo certo que, através do *soft law*, as partes criam a expectativa de que seriam respeitadas ou que elas, para isso, cumpririam sua previsão. O cumprimento do *soft law* é reforçado pelos princípios do *estoppel* e da boa-fé, e até mesmo, para alguns, do *pacta sunt servanda*.(1310)

É muito comum o *soft law* no campo do Direito do Trabalho, por exemplo, como se vê nas recomendações da OIT, sendo, por outro lado, as convenções, devidamente ratificadas, consideradas *hard law*.(1311) Contudo, o *soft law* tem se expandido, assumindo amplos espaços do Direito Público

---

(1307) EZEDU, Martin-Joe. From a soft law process to hard law obligations: the Kimberley process and contemporary international legislative process. In: *European journal of law reform*. V. 16, 2014, issue 1, p. 104-116.

(1308) SILVA, Manuel Pereira da. Ob. cit., p. 109.

(1309) EZEDU, Martin-Joe. From a soft law process to hard law obligations: the Kimberley process and contemporary international legislative process. In: *European journal of law reform*. V. 16, 2014, issue 1, p. 104-116.

(1310) Ob. cit., p. 104-116.

(1311) SILVA, Manuel Pereira da. Ob. cit., p. 110 e seguintes. Sobre o *soft law* em Direito do Trabalho, BLANPAIN e COLUCCI, após analisarem instrumentos das Nações Unidas, da OIT, da OECD e do NAFT, comentam que eles têm um importante impacto quanto a *labour standards*, por múltiplas razões. Primeiro, porque as diretrizes deles provenientes são resultado de consenso entre governos, empresas e trabalhadores, em especial na OIT e na OECD. Deste modo, estas diretrizes (*guidelines*) e princípios são bastante adotados no dia a dia das empresas multinacionais, sendo amplamente aceitos pelos atores envolvidos. Segundo, os autores mencionados enfocam princípios de Direito Internacional do Trabalho que foram adotados pela ONU (e já aceitos pela maioria das nações do mundo), e têm se difundido entre as multinacionais, que também os têm adotado, mas que, sobretudo, têm se capilarizado entre os Estados nacionais. O Direito Internacional do Trabalho, por meio de princípios (*core labour standards*), é adotado por pontos de contato nas nações, em especial nas relações com as multinacionais, sintetizados nos seguintes: (1) liberdade de associação e direito à barganha coletiva; (2) eliminação do trabalho infantil; (3) abolição do trabalho forçado e compulsório; (4) eliminação da discriminação na ocupação e no emprego. Estes princípios relacionados ao trabalho fazem parte do chamado *global compact* (1999), que são os dez princípios de consenso a serem adotados por todas as nações e empresas, incluindo, além dos trabalhistas, princípios de direitos humanos e relativos ao meio ambiente, fulcrados na Declaração Universal dos Direitos do Homem, na Declaração de Princípios e Direitos Fundamentais no Trabalho e na Declaração do Rio de Meio Ambiente e Desenvolvimento. Embora se esteja, em parte, no domínio da *soft law*, os autores mencionados afirmam que tais padrões estão disseminados pelo mundo. In: BLANPAIN, R. e COLUCCI, M. The globalization of labour standards — the soft law track: global compact, ILO principles, NAFTA agreement, OECD Guidelines. Hague: Kluwer law international, 2004, pp. 127 e seguintes. Sobre o modo de ser do *soft law*, basta ver a Declaração Tripartite de Princípios concernentes às Empresas Multinacionais e Política Social da OIT, em seu item 7: "*This Declaration sets out principles in the fields of employment, training,*

interno. Nesse domínio, parece que o *soft law* somente pode existir se houver antes ou também um *hard law*, neste obtendo aquele relevância e significação. O *soft law* aparece para cobrir insuficiências e limitações do Estado moderno, em que o policentrismo social leva a alcançar decisões e consensos em espaços e frentes muito diferentes, não havendo um centro regulador e decisório único (mas um movimento centrífugo), para que sejam buscados consensos e referências que não podem ser oferecidos pelo sistema formalizado e articulado de Direito Público. Mesmo no Direito Administrativo dos Estados, um Direito reconhecido como muito formalizado, em que se contempla o uso da coação, de potestades e privilégios, está presente o *soft law*, nas mais diversas manifestações e fórmulas: desde as normas técnicas, até as certificações e creditações do sistema de qualidade, passando pelos códigos de conduta ou de boas práticas, as cartas de serviços e variada gama de informes, recomendações, instruções, informações, acordos normativos publicados no Diário Oficial e outras formas que têm sido desenvolvidas. Este Direito adquire um protagonismo muito destacado na resolução das questões que aparecem.[(1312)]

Sarmiento, ao falar do *soft law* administrativo, afirma que este desfruta de ampla aceitação por todos, sendo cumprido em níveis que causariam inveja a algumas normas de *hard law*, destacando que os tribunais têm demonstrado uma reiterada predisposição a dar-lhe efeito no mundo do Direito. O *soft law* tem, inclusive, condicionado diretamente a aplicação de outras normas. Segundo ele, "*son normas que non son normas, pero nadie se atreveria a afirmar que su existência va desnuda de efectos jurídicos*".[(1313)]

Como diz *Teubner*, no mundo dos Estados, as regras propriamente públicas também não têm as condições necessárias para dar impulso à formação jurídica da sociedade no plano internacional, nem têm a proeminência em muitas situações. No campo da constituição da empresa transnacional, muitas relações têm sido estabelecidas entre atores coletivos estatais e privados a respeito desse assunto. Por outro lado, o Direito Internacional formulado pela ONU (quanto às empresas multinacionais) nesse sentido é considerado *soft law*, não se configurando como normas vinculativas. A autonomia das empresas transnacionais tem sido tamanha que tem conduzido os horizontes acerca do tema: é o verdadeiro *hard law* nesse aspecto, embora se tenha, como entendimento comum, que a regra estatal, ou pública, tem hierarquia (é superior), ou seja, as normas provenientes do domínio público são consideradas, tradicionalmente, *hard law*. Em especial, no domínio societário. Emana, no entanto, do Estado *hard law* no âmbito do Direito de participação, do Direito do Trabalho, do Direito da regulamentação, como normas vinculantes munidas de sanção, havendo um amplo leque normativo institucional. As regras provenientes da empresa transanacional, ao contrário, eram consideradas somente *soft law*, não sendo reconhecidas como autêntica norma jurídica. Somente vinculavam com o reconhecimento do Estado. Tal perspectiva se inverte, em face da proeminência do Direito da empresa transnacional proveniente de formula-

---

conditions of work and life and industrial relations which governments, employers and workers organizations and multinational enterprises are recommended to observe on a voluntary basis; its provisions shall not limit or otherwise affect obligations arising out of ratification of any ILO Convention". In: Ob. cit., p. 131.

(1312) PARDO, José Esteve. Ob. cit., p. 16-8. O autor aponta que o *soft law* tem duas procedências no Direito Administrativo: atos do próprio Direito interno e fontes extramuros, que, pela prática (Direito informal), podem acabar por integrar-se. Ademais, ele menciona que o Direito Penal, quando recorre a *standards* de conduta profissional, nos delitos de perigo, também se depara com certas soluções, determinações e referências próprias de *soft law*: delitos vinculados ao manejo do aparato tecnológico, quando exige um forte potencial de risco. O mesmo se diga quanto ao Direito Ambiental. In: Ob. cit., p. 18. CUNHA diz que "...recomendações, diretrizes, prescrições, mandamentos, comandos, ordens, mandados, princípios, normas, leis, regras, são diretivas (ou orientações) de comportamento", sendo que as recomendações não são imperativas. In: CUNHA, Sérgio Sérvulo da. *Princípios constitucionais*. São Paulo: Saraiva. 2006. p. 49.

(1313) SARMIENTO, Daniel. *El soft law administrativo*: un estudio de los efectos jurídicos de las normas no vinculantes de la Administración. Navarra: Thompson/Civitas, 2008. p. 28.

ção autônoma. Enquanto isso, no plano internacional, as normas da ONU, como se disse, são *soft law* e as das empresas multinacionais, *hard law*, em um certo sentido.[1314]

Quanto à hierarquia, a normatização nos códigos de conduta da empresa transnacional não se insere nas categorias tradicionais. Há, a seu ver, uma inversão da hierarquia entre o Direito estatal e o Direito Privado. Nesse aspecto, os *corporate codes* públicos são *soft law*, e os privados são *hard law*. Como exemplo, as normas provenientes da ONU, a esse respeito, já citadas. Os códigos internos das empresas transnacionais mesmo sendo privados são juridicamente válidos, altamente vinculantes e dispõem de sanções efetivas. Reconhece-se caráter jurídico aos ordenamentos normativos privados dos atores transnacionais.[1315] Como se disse, o *soft law* dos poderes públicos é brando e o dos poderes privados é intenso[1316] (poderia, nesse sentido, ser chamado *hard law*), pois mais vinculativo nos ambientes em que vigora.

A respeito da evolução do uso do *soft law* no plano interno dos Estados, em especial no plano do Direito Administrativo, *Sarmiento* aponta que ela se deu, em parte, porque a Administração e mesmo o Legislativo não mais suportavam a atuação do Judiciário no sentido legiferante. Segundo ele, a forma tradicional de legislar conduz a riscos e incertezas, uma vez que o Judiciário, diante de normas formais rígidas, com pretensão de exatidão, de um modo, a seu ver, equivocado, passa a adotar outro tipo de norma (não prevista entre as fontes constitucionais e legais), que ele mesmo (o Judiciário) fixa, por meio de suas decisões, como resposta, quiçá, a uma necessidade de flexibilidade. Em razão desse modo de agir do Judiciário, por interesse da Administração, nascem instrumentos atípicos com conteúdo normativo, em resposta à necessidade de flexibilidade por parte dos reguladores. Por outro lado, como se disse, trata-se de uma técnica de imunidade, pelo menos que pretende ser, ante a atuação jurisdicional. São os instrumentos mencionados acima, como Cartas de Serviço ou outros que a Administração baixa ou os edita por entidade reguladora, como os chamados compromissos de qualidade. Com isto, o legislador renuncia a especificar todos os elementos integrantes do serviço, bem como a Administração, por meio de renúncia ao poder regulamentar, pois, se assim fizesse, correria o risco de ver, finalmente, os tribunais a determinar o conteúdo do serviço. As disposições de *soft law* têm uma clara vocação de vinculatoriedade, embora suas obrigações sejam de difícil invocação. Com isso, os tribunais, em tese, não as poderiam enunciar, uma vez que não são atos nem disposições gerais, nem utilizá-las como parâmetro de julgamento.[1317]

Além da desconfiança mencionada, o *soft law* de Direito Público interno vem justificado pela lentidão do Judiciário, a ensejar a criação de instrumentos de justiça arbitral, que se torna uma realidade para aqueles que podem financiar mecanismos privados de solução de conflitos. Segundo o autor mencionado, a instituição arbitral surge por esta razão tanto no plano nacional, da regulação, como no internacional. O *soft law* nasce, no campo público interno, com a pretensão de subtrair do Judiciário uma atribuição, mas termina por criar uma jurisdição específica, especializada. No plano privado, surge para a fixação de um resultado determinado a um caso concreto, ao amparo da complexidade técnica, como resultado de um processo privado de regulação, demonstrando-se, mais uma vez, o caráter brando do *soft law* público e forte do privado. Em ambas as situações, segundo *Sarmiento*, vê-se que o Estado e os privados não se sentem, por estas razões, confortáveis na Justiça estatal tradicional.[1318]

O *soft law* estatal, por meio de atos atípicos de regulação, com normas sem caráter obrigatório, permite a integração de todos os atores da realidade política e social, sem que suas disposições

---

(1314) TEUBNER, Gunther. Ob. cit., p. 29-30.
(1315) Ob. cit., p. 31-2.
(1316) SARMINENTO, Daniel. Ob. cit., p. 43.
(1317) Ob. cit., p. 42.
(1318) Ob. cit., p. 42-4.

gerem uma resposta desde as instâncias administrativas e jurisdicionais tradicionais. Esta obra, para o autor mencionado, decorre do *soft law*. Os tempos de hoje exigem um maior protagonismo de instrumentos mais débeis de regulação, em oposição às tradicionais proposições prescritivas e sancionatórias. Não se enfatiza tanto a resultados uniformes, mas a criação de espaços de comparação de experiências e conhecimento, onde os atores se submetam a políticas com o fim de melhorá-las, em colaboração com todas as partes implicadas. Para isso, põem-se em marchas políticas caracterizadas por ductilidade normativa, temporalidade e adaptação a mudanças.[(1319)]

Contudo, ao que se vê, a transformação do *soft law* em *hard law* passa, ou, pelo menos, tem como elemento importante, pela atuação da função jurisdicional, inclusive em órgãos arbitrais ou de outro matiz. Isto se dá, sobretudo, no âmbito internacional, no Direito da economia global (*Lex Mercatoria*), em que, como mencionado, desenvolveu-se uma hierarquia normativa, em cujo ápice está a ordem pública da arbitragem internacional, com normas procedimentais e *standards* fundamentais, sendo que tais normas foram autogeradas pela arbitragem internacional. Mesmo no plano do Direito interno, como já se tratou em capítulo anterior, a tendência tem sido a criação de uma "justiça" dentro da regulação, para que a jurisdição fale a língua do Direito aplicável. No campo do Direito do Trabalho, no plano internacional, por exemplo, todo o *soft law*, que se torna *hard law* pela prática efetiva das empresas transnacionais, ou pela adoção de tais princípios no Direito Interno de cada Estado, sempre passa por um fortalecimento por meio da criação de estruturas que lhe densificam. Basta ver que na *Tripartite Declaration of principles concerning multinational enterprises and social policy* há a previsão de que as multinacionais, e mesmo as empresas nacionais, devem permitir mecanismos de processar as queixas dos trabalhadores em um procedimento apropriado, o que se vê na prática. É muito importante tal previsão, como mencionado na Declaração precitada, porque estas empresas poderão operar em determinados países em que não sejam adotados os princípios de liberdade ou mesmo do livre acesso à jurisdição. Ademais, devem prever, juntamente com as organizações de trabalhadores — com igual representação, mecanismos adequados para prover a arbitragem voluntária, para que sejam resolvidas disputas entre empregadores e trabalhadores.[(1320)]

Os centros jurídicos se agregam com maior vigor com a jurisdição. Mesmo em espaços em que o Direito parece se aproximar dos costumes, seja na *Lex Mercatoria*, seja onde o *soft law* é mais desenvolvido e até proeminente, por exigências de flexibilidade ou simplesmente por falta de poder público, a jurisdição é constituída e serve de fator importante para a eficácia do *soft law*, para a formação de um novo *soft law* ou mesmo de conversão do *soft* em *hard law*, ou ainda, diretamente, para a criação do *hard law*. Em verdade, a jurisdição também é criada ou modificada em função do Direito técnico ou das nuances do Direito a ser aplicado.

Em um outro sentido, a jurisdição formal recua, para permitir, em determinado momento ou fase, a formação do *soft law*, que permite o consenso possível e o prosseguimento do processo de unificação, que tem dificuldade de se realizar sob as fórmulas tradicionais. Este é o caso da União Europeia, em que, até 1990, predominou a normatização por *hard law*, com alguma normatização por *soft law*, sendo que, após, tem se desenvolvido o *soft law*, com uma diminuição considerável da produção de normas de *hard law*. A orientação do *soft law*, no plano intergovernamental, tem sido longe do Parlamento e do Tribunal de Justiça da União Europeia. Este *soft law* transita em um nível baseado na participação de uma ampla variedade de atores, tanto públicos quanto privados.[(1321)]

(1319) SARMINENTO, Daniel. Ob. cit., p. 58.

(1320) BLANPAIN, R.; COLUCCI, M. *The globalization of labour standards* — the soft law track: global compact, ILO principles, NAFTA agreement, OECD Guidelines. Hague: Kluwer law international, 2004. p. 138-9.

(1321) TERPAN, Fabien. Ob. cit., p. 87-8. TERPAN, analisando o *soft law* na União Europeia, faz importante análise do *soft law*, que, em verdade, revela a dificuldade de classificação de uma determinada norma ou de um determinado documento como *soft law*. Segundo ele, existem: normas vinculativas com uma dimensão suave; e normas não

Contudo, é a atuação da jurisdição tradicional, ou seja, da União, ou mesmo dos juízes nacionais, que tem deixado de fora o controle do *soft law* e permitido o progresso das fórmulas jurídicas de um modo diferente, ante as dificuldades do processo de integração pelos meios tradicionais.(1322)

O sistema europeu e o Direito Internacional parecem apontar para um repensar do Direito, como diz *Walker*, em que seja possível o relacionamento entre múltiplos níveis de governo em não hierárquicos termos e, ao mesmo tempo, uma fértil interação, dentro do mais inclusivo debate político.(1323) É nesse sentido, europeu, mais adiantadamente, e global, mais incipientemente, que a jurisdição desempenha papel fundamental na aproximação entre os Estados e no contexto de relações plurais no âmbito internacional, como um dos elementos da formação de estruturas supranacionais, internacionais e globais.

6.10. A unidade em rede

Segundo *Kelsen*, a unidade do sistema jurídico, a partir do plano internacional, firma-se, por último, na norma hipotética: "os Estados devem se conduzir como têm se conduzido de costume". Ele destacou o princípio do *pacta sunt servanda* e o princípio da eficácia internacional, ressaltou a força e a importância do costume internacional para a construção da unidade jurídica internacional e esclareceu pontos essenciais para a estruturação do Direito Internacional.

Contudo, tal elemento e os princípios por ele apontados não são suficientes para configurar a unidade do sistema jurídico-político internacional. *Kelsen* não visualizou que a coordenação de ordens jurídicas distintas tem um papel importante nesse elo. Nada obstante, ele afirmou, em sua monumental obra, que a coordenação pressupõe uma terceira ordem superior a ambas — à nacional e à internacional, deixando um rastro ao pensamento que se seguiu após ele.

Como em sua época, as relações internacionais de poder não haviam evoluído a ponto de se contemplar uma ordem superior a ambas, numa relação de superioridade e inferioridade, e também por ele excluir, *a priori*, a possibilidade de existirem, lado a lado, mutuamente, independentes, sem estarem coordenadas de modo hierárquico por uma ordem superior, ordens estatais e/ou outras ordens na esfera internacional, ele não formulou uma concepção de coordenação, uma vez que as condições para concebê-la, à época, não se faziam presentes e a sua teoria não aceitava a unidade de ordens paralelas ou em outros planos não hierárquicos, por coordenação. Segundo ele, a falta de um tribunal com jurisdição internacional era um dos fatores para demonstrar o baixo grau de desenvolvimento dessa ordem jurídica internacional.

Bobbio desenvolveu o pensamento kelseniano, ao dizer que a unidade não é construída em uma única ordem, mas por intermédio de uma pluralidade, em um sistema jurídico caracterizado pela coordenação. Esta fórmula, da pluralidade, é muito mais clara no âmbito nacional e possível, e até visível, na esfera internacional de hoje. A imprescindibilidade do costume jurídico no âmbito internacional e a pluralidade de ordens jurídicas, em unidade alcançável por coordenação, é uma contribuição grandiosa para a compreensão da formação do sistema jurídico-político internacional, chegando, o seu pensamento, ao limiar da teoria funcionalista.

---

vinculativas, com relevância legal. Por outro lado, sob o ponto de vista da obrigação, existe *soft law:* com *hard obrigation* e *soft enforcement; hard obrigation* e *no enforcement; soft obrigation* e *hard enforcement; soft obrigation* e *soft enforcement;* e *no obrigation* e *soft enforcement.*

(1322) SARMIENTO, Daniel. Ob. cit., p. 210-6. O autor mencionado explica as razões da impugnabilidade do *soft law* e como tem sido decidas as demandas quando a matéria é levada à Justiça, decidindo-se por ressarcimento, quando cabível, e não pela invalidade do *soft law*.

(1323) WALKER, Neil. European Constitutionalism and European Integration. In: *Public law*: summer 1996. p. 290.

Foi o funcionalismo que ressaltou, de modo analítico, a necessidade de coordenação entre ordens jurídicas na seara internacional, para se caminhar rumo a um Direito de uma sociedade mundial. Segundo *LUHMANN*, esta sociedade já existe, com várias diferenciações em subsistemas — religião, ciência, economia, tecnologia, por exemplo, mas não há um Direito no âmbito internacional que responda aos problemas jurídicos dessa sociedade, nesse plano, sendo, a maior parte dessas questões resolvidas nos Estados ou, excepcionalmente, entre os Estados. Não há, portanto, um Direito complexo, sistêmico, capaz de dar-lhe funcionalidade jurídica internacional. Contudo, não parece, para ele, estar a surgir uma ordem hierárquica para dar resposta e solução aos problemas que necessitam ser solvidos, mas um sistema de coordenação. Nada obstante, existem muitas constelações úteis para a relação entre o sistema da sociedade mundial e seus sistemas parciais, para configurarem um sistema que seja capaz de solucionar os problemas jurídicos, com poder de decisão.(1324)

Para *TEUBNER*, partindo das ideias de *LUHMANN*, o Direito é um sistema e tem a sua unidade derivada da característica fundamental de autorreferencialidade das suas operações e processos — por isso pode se organizar e se reproduzir.(1325) O modelo autopoiético parte de uma clausura operacional, que torna efetivamente impossível a participação de um sistema na *autopoiesis* do outro sistema. Embora o meio envolvente tenha uma existência real, permanece inacessível às operações do sistema, que opera por meio de sua própria construção intrassistêmica.(1326) Há, assim, uma clausura sistêmica — natureza fechada do sistema jurídico.(1327)

Segundo ele, um dos maiores problemas da visão autopoiética(1328) do Direito é o das inter-relações entre organizações — o dilema da tensão da unidade e diversidade.(1329) Ademais, no campo do Direito Privado, em especial, o novo Direito é flexível, a elaborar categorias jurídicas que não aspiram a uma consistência jurídica universal. Este processo de diferenciação interna do Direito acompanha o de diferenciação funcional da sociedade, e tornou a *summa divisio* ultrapassada. A fragmentação do Direito Privado é acompanhada da multiplicação de ramos jurídicos, não havendo, segundo ele, unidade dogmático-conceitual daquele. A prática jurisprudencial parece reorganizar o império do Direito, em direção a uma unidade jurídica, diante da multiplicidade de esferas jurídicas funcionais. Os conflitos entre matérias do Direito surgem, nesse contexto, à semelhança dos conflitos sistêmicos de tipo específico: entre diferentes sistemas jurídicos nacionais de base territorial. Sobre estes, foi desenvolvida uma doutrina sólida e especializada: o Direito Internacional Privado. *TEUBNER* propõe que este capital intelectual e de experiências do Direito de Conflitos do Direito Internacional Privado seja transposto e aplicado aos conflitos entre sistemas funcionais, inclusive entre subsistemas funcionais da sociedade mundial.(1330)

No plano global, há uma parte, segundo ele, substancial do Direito já globalizada,(1331) por meio de processos transnacionais, (1332) sem a mediação dos Estados, havendo uma demanda interna pela definição jurídica desse Direito no plano nacional. Apresenta-se aí o problema da coordenação, que se configura de maneira aguda, diante da tendência centrífuga da regulação, sem

---

(1324) LUHMANN, Niklas. *Sociologia do direito II*. Ob. cit., p. 163-4.

(1325) TEUBNER, Gunther. *O direito como sistema autopoiético*. Ob. cit., p. 28-31.

(1326) Ob. cit., p. 150.

(1327) Ob. cit., p. 149.

(1328) Para TEUBNER, "o Direito constitui um sistema autopoiético de segundo grau, autonomizando-se em face da sociedade, enquanto sistema autopoético de primeiro grau, graças à constituição autorreferencial dos seus próprios componentes sistemáticos e à articulação destes num hiperciclo". In: Ob. cit., p. 53.

(1329) Ob. cit., p. 61.

(1330) Ob. cit., p. 200-215.

(1331) Segundo TEUBNER: "le relazioni politiche internazionali, il diritto internazionale e il diritto internazionale privato vengono sostituiti solo lentamente dai processi politici e giuridici transnazionali". In: TEUBNER, Gunther. *Nuovi conflitti costituzionali*. Ob. cit., p. 23.

(1332) Sobre o caráter transnacional da *lex mercatória* e da *lex sportiva*, fiel à sua visão transconstitucional, ver: NEVES, Marcelo. Ob. cit. p. 197.

que haja quem controle os conflitos entre essas ordens. Ademais, no plano externo, a coordenação dos sistemas autônomos implica na limitação da escolha a partir desse patamar, todavia, em razão da autonomia nesse âmbito, o problema se acentua. Há aí um conflito, dentro do Direito do sistema social autônomo global (composto de sistemas parciais) e entre este e os sistemas nacionais. A nuance nova é que os sistemas parciais autônomos no plano internacional não são ligados ou confinados a territórios. O problema é relevante, por não haver uma instituição político-jurídica em que se apoiem esses processos, sendo que o Direito de base estatal também lhes obstaculiza. Mesmo assim, os processos de globalização do Direito e os processos jurídicos nacionais parecem seguir em frente à deriva, uns dos outros, de forma independente.(1333) Pelo menos, no que diz respeito à chamada Constituição social, o que inclui direitos sociais, econômicos e regulador.

Nesse contexto, *Teubner* conclui, com base na *Lex Mercatoria* e na *Lex Sportiva*, que não há a necessidade de uma organização formal capaz de agir, à semelhança do Estado. A autoconstituição dessas regras não passa por meio de uma coletividade organizada formalmente, haja vista que, enquanto sistema comunicativo, é privado de uma organização formal do sistema inteiro. Surgem normas sem que haja a necessidade da participação de uma organização estatal ou pública. Em outros casos, como na *Lex Digitilalis*, ou mesmo no regime das multinacionais, em que na área central opera uma organização, em um regime transnacional, sem as propriedades de um ator coletivo do tipo estatal ou público.(1334)

Não há, assim, a seu ver, uma terceira instância na globalização. Os regimes transnacionais fazem concorrência com o Estado e com atores públicos. A solução não se dá pelo poder político, mas funcionalmente, por outros sistemas funcionais. O Direito na globalização é fragmentado, a haver regimes transnacionais especializados em concorrência, a ensejar colisões, como, na exemplificação de *Teubner*:(1335)

1. Normas de dois ou mais regimes jurídicos internacionais colidem no mesmo caso. Por exemplo, o conflito entre sistema internacional dos direitos humanos e o direito humanitário internacional de guerra.

2. Uma instância judicial de um regime jurídico se encontra a dever escolher se aplica ou não a norma de um outro regime. Por exemplo, um painel da OMC é posto diante de uma norma de direito ambiental internacional.

3. A mesma questão de direito é levada diante de diferentes instituições de composição de conflitos, como no caso Peixe Espada, pendente na OMC e no Tribunal Internacional do Direito do Mar (ITLOS).

4. Tribunais Internacionais distintos interpretam a mesma norma de modo diferente. Por exemplo: a Corte Internacional de Justiça e o Tribunal Internacional para a Ex-Iugoslávia, que estão em desacordo sobre condições que permitam imputar a um Estado a conduta de atores não estaduais.

Diante desse quadro, sob o ponto de vista da globalização, segundo ele, não há que se falar em um Estado mundial ou, nesse plano, na estrutura supranacional da União Europeia (já que esta tem uma corte centralizada para decidir os conflitos entre as constituições social, econômica e política, o que não há no plano global). A opção, para ele, é a via de uma Constituição global

(1333) TEUBNER, Gunther. Nuovi conflitti costituzionali. Ob. cit., p. 25-6. TEUBNER excepciona a União Europeia, em que há, supranacionalmente, um diálogo social entre Comissão e as representações sindicais dos trabalhadores e das associações econômicas, mas acentua que o mesmo não se dá em escala global, em que o Direito da ONU se configura como *soft law*, todavia, determinadas organizações satélites da ONU, como OIT, OMS e UNICEF têm dado importantes passos no desenvolvimento dessa Constituição Social parcial. In: ob. cit., p. 26-28.

(1334) Ob. cit., p. 60-1.

(1335) Ob. cit., p. 175-6.

sem Estado mundial, que assuma o dever de coordenar as forças centrífugas nessa comunidade, que não se trata de uma comunidade de Estados soberanos, mas de atores políticos e sociais e, ao mesmo tempo, uma comunidade de Direito dos indivíduos. Não se trata, também, de um controle da sociedade, mas de uma coordenação dos seus sistemas parciais, a nível mundial.[(1336)] Ao que parece, essa coordenação sintetiza o seu conceito necessário de Constituição, para o momento.

A coordenação, para ele, não deve ser feita pelo mercado de capitais, nem pela política internacional, nem por uma instância hierárquica para resolver os conflitos constitucionais. Na sociedade mundial sem vértice e sem centro (já que este só existe na União Europeia) resta um único modo para tratar os conflitos constitucionais: a solução heterárquica. O advento de uma *network* de interlegalidade, composta de Direito Constitucional Nacional, Direito parcial local, Direito Europeu (ou Direito de Integração, em cada região do globo onde haja) e constitucionalismo transnacional.[(1337)] Está-se, para *Teubner*, diante de um cenário de múltipla constitucionalidade. Não há a Constituição única, mas "colisão", que não se refere a um caso isolado, mas entre regimes. Assim, a sociedade moderna global não conhece qualquer instância superior ou central. Todos os esforços se concentram em resolver colisões. A solução heterárquica dos conflitos pode se dar de dois modos: (1) internalizar os conflitos nos processos decisionais que se colidem — elementos de outros regimes são reconstruídos na forma de uma constituição própria; (2) externalizar os conflitos em tratativas inter-regimes. Deste modo, os conflitos são movidos nas fórmulas próprias internas de colisão dos regimes ou na sua cooperação — ação cooperativa: com mais chances de consenso, sendo a função do Direito estruturar o procedimento de cooperação. Este deve ser o modo de proceder do metaconstitucionalismo, alcançando-se a mínima integração dos direitos dos regimes.[(1338)]

Não há, segundo ele e como já se frisou, uma instância terceira, vindo daí o debate, sobre conflitos normativos que têm lugar entre regimes jurídicos transnacionais, a objetivar desenvolver um Direito das colisões sob medida. Com esta nova problemática, são delineadas noções que lhe são adaptadas, partindo-se, como se disse, das normas de colisão do Direito Internacional e das de Direito Internacional Privado, para dar-se a solução adequada às colisões relativas aos conflitos entre regimes. Contudo, estes Direitos são modelados como nas colisões entre ordenamentos nacionais e não sobre aquele sistema ortogonal, que envolve regimes transnacionais.[(1339)]

Teubner acentua que existem colisões heterárquicas que não podem ser resolvidas por uma terceira instância, tanto entre Direitos Nacionais, quanto entre Direitos dos regimes transnacionais. Por certo, os instrumentos conceituais do Direito Internacional Privado são, em princípio, como se disse, o ponto de partida para regular as relações entre os regimes, contudo, precisam de adaptações e desenvolvimentos, para orientá-los às peculiaridades dos Direitos dos regimes transnacionais. A primeira, segundo propõe, refere-se à solução dos conflitos entre regimes setoriais com base na associação funcional. A repartição das competências e as diretivas normativas em matéria de decisão não deverão ser deduzidas do relativo ordenamento jurídico territorial, mas pela associação funcional ao regime. Aplica-se o que tenha uma conexão mais estreita com o caso, tendo em vista que a constituição transnacional regula um singular setor social funcional, a possuir princípios que representam os critérios de tal setor. Em uma gestão do pluralismo jurídico, ele propõe esta solução para o entrave relativo às colisões nessas hipóteses e sugere que o Direito Constitucional das colisões que deve ser criado preste atenção a tal diferença, a permitir o balanceamento interno dos regimes funcionais.[(1340)]

(1336) TEUBNER, Gunther. Ob. cit., p. 177.
(1337) Ob. cit., p. 178-9.
(1338) Ob. cit., p. 179-180.
(1339) Ob. cit., p. 181.
(1340) Ob. cit., p. 182-3.

Ainda analisando a visão tradicional dos direitos das colisões, pensada de um modo meramente horizontal, ele aduz que, havendo uma questão envolvendo Direito transnacional, devem ser introduzidos elementos de contextualização para compensar os limites dessa visão, com a aplicação de princípios concorrentes ou contrastantes. Todavia, ele reitera, tais normas não estão formadas, não há nenhum terceiro foro, neutro, com parâmetros e procedimentos próprios. As normas de uma ordem pública transnacional são apenas projeções dos regimes em conflito. Contudo, em face da *comitas* do DIP, assume importante papel, nas colisões constitucionais (regimes internacionais parciais já constituídos), o princípio da tolerância constitucional: reconhecimento recíproco da outra constituição, bem como direta aplicação de outro Direito Constitucional (parcial, repita-se). Este reconhecimento e aplicação, em verdade, consubstancia-se na interpretação da ordem pública transnacional comum dependente, ligada sempre aos movimentos da própria perspectiva constitucional transnacional, ou vem-se, do modo oposto, a negar que o outro ordenamento constitucional está de acordo com a ordem pública transnacional, não realizando a sua aplicação.[(1341)]

Teubner, também, propõe-se a definir que há uma conexão em redes normativas. Analisando a União Europeia, ele afirma que se trata de uma estrutura complexa de governança multinível. Não há como resolver as colisões em uma mera perspectiva horizontal, nem por meio de métodos hierárquicos do federalismo. Resta um tratamento heterárquico. Assim, o Direito de colisão dos Estados singulares reelabora as colisões normativas horizontais entre os Direitos Nacionais e, ao mesmo tempo, as verticais, com as normas de Direito Europeu, bem como, ainda, reagindo às colisões diagonais que surgem entre as matérias normativas distintas dos diversos planos.

Joerges, na visão do supranacionalismo deliberativo que propõe, conceitua o Direito Europeu como uma espécie de conflito de leis. Um Direito que responde a verdadeiros conflitos, recorrendo a princípios e regras aceitáveis para todas as unidades políticas interessadas.[(1342)] Acentua-se a importância da metodologia do Conflito de Leis para a renovação do debate em torno de uma constitucionalização na União Europeia.[(1343)]

Canotilho, analisando os Estados de Constituição democrática, sobretudo os integrantes da União Europeia, chega à definição da existência de uma interconstitucionalidade entre esses. Em verdade, de uma estruturação em "rede de interconstitucionalidade", havendo uma abertura das constituições democráticas, sem que cada uma perca a sua identidade, para uma articulação entre si, em favorecimento de uma formação de uma rede de Constituições, a considerar os vários espaços internos, as diferenças culturais. Este modelo faz abrir castelos e relativizar princípios estruturantes clássicos dos ordenamentos, como o da hierarquia. A interconstitucionalidade expressa interorganizatividade, sendo que os textos constitucionais dos Estados democráticos, em particular os da União Europeia, "recentram na rede", o que implica a possibilidade de observações de outras descrições nacionais e supranacionais. No caso dos Estados da União Europeia, esta interconstitucionalidade procura articular o reconhecimento das identidades nacionais com a formação de uma identidade cultural europeia (cfr., CRP, artigo 7º/5). A partir dos textos constitucionais, reentra-se em formas organizativas superiores, não só da União Europeia, mas também em tratados e convenções internacionais, desde a Carta das Nações Unidas à Convenção Europeia dos Direitos do Homem. A rede estabelecida na União Europeia, segundo ele, de acordo com o art. 6º do Tratado da União Europeia, garante o respeito "dos direitos fundamentais (...) tal como resultam das tradições constitucionais comuns dos Estados-membros, enquanto princípios gerais do direito comunitário".[(1344)]

(1341) TEUBNER, Gunther. Ob. cit., p. 184-7.

(1342) JOERGES, Christian. *Supranacionalismo deliberativo* — uma defesa. In: Regulação econômica e democracia: o debate europeu. São Paulo: Revista dos Tribunais, 2017. p. 118.

(1343) JOERGES, Christian.Constitutionalism in postnational constellations: Contrasting social regulation in the EU and in WTO. In: JOERGES, Christian; PETERSMANN, Ernest-Ulrich (Ed.). *Constitutionalism, multilevel trade governance and social regulation*. Oxford and Portland: Hart Publishing, 2006. p. 493.

(1344) CANOTILHO, José Joaquim Gomes. Ob. cit., pp. 1423-1430.

Ramos destaca, ao se debruçar sobre a evolução do Direito das Comunidades à União Europeia, uma característica na relação entre o Tribunal e as ordens jurídicas nacionais, ao acentuar que não há "qualquer vinculação entre ele e as jurisdições nacionais".[(1345)] Para *Teubner*, este modelo de integração europeia oferece indicação para a solução dos conflitos entre regimes transnacionais. Não têm sucesso nesse meio os métodos apenas horizontais tradicionais e os desenvolvidos nas federações, baseados em vínculos hierárquicos de um ordenamento jurídico supraordenado. A estrutura reticular presente, tanto na União Europeia quanto nos regimes transnacionais, exige uma forma diferente de Direito de conflitos, mais ainda nas relações transnacionais, por inexistir um Direito Comunitário ao centro, como na UE. Na globalização, também foram produzidas novas formas de redes jurídicas, expostas a colisões horizontais, verticais (não hierarquizadas, obrigatoriamente) e diagonais, sem, todavia, uma corte central, ou um Direito ao centro, ou estruturas integradas com centralidade.[(1346)]

A relação heterárquica transnacional existente entre os diversos planos semiautônomos de uma governança multinível tem, a seu ver, na teoria da *network* — combinação peculiar de simples relações bilaterais e de dependência multilateral generalizada — um adequado instrumento conceitual. Esta perspectiva é resultado, segundo *Teubner*, de uma frágil coexistência de diversos ordenamentos normativos nos nós (Estados ou regimes transnacionais) da rede, em contraste um com outro ou outros nós. As *networks* podem oferecer uma resposta institucional às colisões normativas, com a transformação das contradições externas em imperativos internos dos nós da rede, que podem ser reciprocamente compatíveis, dependendo das circunstâncias, formando-se uma estrutura paradoxal de interdependência interinstitucional. As conexões em rede traduzem as contradições externas, que se manifestam em colisões normativas, na perspectiva dos nós singulares, representando internamente as relações entre diversos planos e subsistemas, entre nós, entre nós e rede em geral. Cada nó desenvolve, na globalização, os próprios direitos, sob a perspectiva dos quais dirimirão os conflitos entre normas.[(1347)]

Na globalização, há uma diferenciação no modo pelo qual é organizada a verticalização das suas estruturas essencialmente heterárquicas. É uma das nuances, segundo ele, da *network*, o estabelecimento assimétrico interno, que representa relações verticais (não horizontais), mas heterárquicas. Esta verticalização é uma das estratégias mais bem-sucedidas do pluralismo ordenado,[(1348)] ou melhor, coordenado, em que não há, obrigatoriamente, ou quase sempre não há, qualquer subordinação entre ordens.

A diferença da UE — quando comparada ao sistema transnacional, como já se disse, é que ela tem um centro, ou seja, um nó central, o Direito da União, com o seu Tribunal. Mas este (o centro) é apenas um *primus inter pares* (um nó também), não significando que ele atrai para si, mas são os mesmos nós da rede a resolverem de forma descentralizada as colisões normativas. Cada nó é responsável pelo que deve acolher na sua perspectiva interna: tanto de outro nó, como de um ordenamento complessivo.[(1349)]

Como já se disse, na globalização, não há centro na *network* — não se desenvolveu um Direito Comunitário global autônomo. Todavia, se cria, também, um plano de coordenação — a estrutura da *network* que conecta os nós, que emerge das interações descentralizadas dos nós. O inteiro processo de produção normativa das colisões para a sua solução deve realizar-se inteiramente no interior dos mesmos regimes. A seu ver, na lógica da *network*, cabe a cada regime

---

(1345) RAMOS, Rui Manuel Moura. *Das comunidades à União Europeia*: Estudos de Direito Comunitário. Coimbra: Coimbra Editora, 1994. p. 62.

(1346) TEUBNER, Gunther. *Nuovi conflitti costituzionali*. Ob. cit., p. 187-8.

(1347) Ob. cit., p. 188-9.

(1348) Ob. cit., p. 189.

(1349) Ob. cit., p. 190.

transnacional o dever de combinar reciprocamente duas reivindicações contraditórias. Por um lado, se tem a autonomia e a reflexão descentralizada dos nós, e, por outro, o processo formulado autonomamente, que lhes rende compatibilidade com as normas dos outros regimes. Contudo, novamente, *TEUBNER* assegura que esta definição não se deu até o presente momento. No entanto, ele informa que existe também a possibilidade de cooperação entre os regimes autônomos.[(1350)]

Além dos conflitos entre normas mencionadas, ele destaca, também, o que envolve o Direito de grupos indígenas. Nesse âmbito social não é formado um sistema jurídico diferenciado funcionalmente. As normas se entrelaçam a sistemas de interações religiosas, políticas, econômicas e a saberes tradicionais. Nessas colisões interculturais, ele acentua que a situação se caracteriza pela participação de normas fundamentais indígenas, do reconhecimento delas, sob a forma de esferas, que são baseadas em direitos fundamentais, a limitar a tendência expansiva do regime funcional proeminente da comunidade maior.[(1351)]

TEUBNER, como visto, aponta a necessidade premente, para a unidade do sistema jurídico global, da configuração de um Direito de Conflitos, satisfatório e adequado, para que haja uma coordenação eficaz entre regimes transnacionais e sistemas jurídicos nacionais, de maneira que se alcance a clausura do sistema jurídico no plano mundial, com o desenvolvimento do Direito Global, e que haja, por meio dele, uma coordenação dos sistemas jurídicos parciais, a envolver os Estados Nacionais, o Direito Internacional Público e os regimes transnacionais parciais, de diversos matizes. Esta coordenação, em uma configuração ortogonal, reticular, heterárquica, por meio do Direito dos Conflitos entre regimes ou sistemas jurídicos ainda não foi configurada. Este Direito dos Conflitos daria a unidade necessária, segundo ele, para romper a força centrífuga, a fragmentação que se acentua, dia a dia, no plano global, com o surgimento de novos regimes transnacionais parciais.[(1352)]

6.11. A unidade do poder em rede pela jurisdição

Para *CASSESE*, no entanto, os juízes e tribunais no plano global estão fazendo esta ponte, regulando as relações entre ordenamentos jurídicos, em razão do tráfego jurídico intenso, criando um sistema autônomo, estabelecendo a sua própria rede de caráter iterativo e a introduzindo em novos espaços. Assim, "os juízes introduzem pontos de conexão ou convergência, regras de compromisso ou regras de reconhecimento entre os distintos ordenamentos jurídicos, orientadas pelo mútuo respeito e o reconhecimento (*judicial comity*)".[(1353)]

Em verdade, dentro da perspectiva sistêmica, em sua complexidade, vê-se que a diferenciação funcional sempre levará ao surgimento de novos regimes jurídicos ou mesmo ao surgimento de autonomias estatais. Não se percebe, assim, que o surgimento desse Direito de Conflitos, embora não se negue a sua importância e necessidade para diversos fins, irá possibilitar a diminuição da fragmentação, que está a ocorrer e se acentuar,[(1354)] inclusive com o surgimento de novos Estados ou mesmo autonomias dentro de Estados, bem como de regimes jurídicos transnacionais, no plano externo.

(1350) TEUBNER, Gunther. Ob. cit., p. 191.

(1351) Ob. cit., p. 204-5.

(1352) Sobre esse assunto, JOERGES diz que a perspectiva de TEUBNER de um modelo constitucional de "auto-coordenação heterárquica inspirada pelo direito privado" seria, de fato, inapropriada, visto que o conceito de TEUBNER de direito constitucional privado é, a seu ver, inadequado. In: JOERGES, Christian. Supranacionalismo deliberativo — uma defesa. In: *Regulação econômica e democracia:* o debate europeu. São Paulo: Revista dos Tribunais, 2017. p. 119.

(1353) CASSESE, Sabino. Los *Tribunales ante la construción de um sistema jurídico global*. Sevilla: Editorial Derecho Global, 2010. p. 127.

(1354) CASSESE diz que "há mais de 190 e dois Estados e se pode falar de mais de dois mil regimes legais setoriais que operam além das fronteiras nacionais (os mais recentes relativos à governança do mar, do meio ambiente, da agricultura, dos alimentos, do trabalho etc.)", mas "os juízes intervêm fazendo pontes, que interconectam os ordenamentos nacionais, supranacionais e globais". In: Ob. cit., p. 124-5.

Movimentos separatistas, como o catalão atual, são prova dessa tendência de fragmentação. O número de Estados no mundo parece aumentar a cada dia e o aumento de autonomias territoriais, dentro de Estados, também. Esta tendência se faz não só sob os auspícios de um Direito supostamente de uma nação dominada, com mais autonomia ou assunção, mas por outras fórmulas de fragmentação, como territórios em ilhas, mesmo entre povos com idêntica feição nacional. O surgimento de regimes transnacionais setoriais, autonomias territoriais e novos Estados representa o resultado de diferenciações funcionais e culturais, que se consolidam e demonstram o evolver da humanidade. Não se vislumbra nisso um retrocesso. A fragmentação, nesses planos, não parece ser, assim, um problema.

Nada obstante, a existência de uma fórmula jurídica que de algum modo una (coordene) essas esferas é imprescindível, o que é justificado, por razões óbvias, pelas necessidades da humanidade em alcançar o seu desenvolvimento e interação de um modo mais adequado e eficaz, com o compartilhamento de experiências, tecnologia, conhecimento científico, recursos naturais e, sobretudo, de conviver. Segundo *Luhmann*, esta sociedade já existe. Contudo, não tem um Direito que lhe una. Em verdade, a perspectiva, acentuada por *Teubner*, quando olha para o Direito que mais liga as pessoas no plano internacional, é contratual, ou seja, de um Direito, também, cada vez mais fragmentado. Isso se dá, segundo ele, até mesmo no plano nacional.

Analisando-se a experiência europeia, parece que o caminho a seguir é delineado. Bem cedo, entre os Estados, desenvolveu-se uma cooperação, antes mesmo da existência de um Direito Internacional Privado. A cooperação implicava em ações diplomáticas conjuntas, bilaterais ou multilaterais, para resolver lides iniciadas em um Judiciário nacional determinado. A solução, mesmo sendo considerada um ato de soberania de um Estado (no plano interno) em favor de outro ou de um nacional de outra nação, era resolvida, em uma outra perspectiva, internacionalmente, por exemplo, com a prisão e extradição de presos ou o reconhecimento e execução de uma sentença prolatada no território de outro Estado. Esta cooperação, que se intensificou a cada passo, tornou-se frequente, com o desenvolvimento posterior do Direito Internacional Privado, um Direito comum a muitas nações europeias e, depois, também comum a muitas nações do globo. Contudo, na Europa, este Direito, combinado com o livre acesso dos estrangeiros à justiça nacional, implicou em um incremento da aproximação das pessoas entre estes Estados europeus, de uma forma não vista em qualquer lugar da terra.

Ao mesmo tempo em que os cidadãos de muitos dos diversos países europeus (e até de fora da Europa) tinham acesso individual à Justiça dentro da Europa, como verdadeiro mecanismo de unidade entre estas nações, no nível interestatal não havia, praticamente, qualquer fórmula que favorecesse à solução de conflitos. Em razão desse envolvimento das pessoas e dos povos de diversas nações europeias, as relações entre os Estados também se desenvolveram, a ponto de se considerarem iguais (os Estados) e de verem a necessidade de um equilíbrio entre eles. Todavia, não constituíram fórmulas de soluções de conflitos satisfatórias, para resolver seus diferendos e possibilitar a paz, com instituições comuns de caráter permanente. A criação do Tribunal Internacional das Presas e do Tribunal Permanente de Arbitragem — as primeiras estruturas permanentes entre Estados, de modo concertado, que foram criadas — não atingiu os objetivos, já que o primeiro não chegou a funcionar e o segundo não solucionou tantos ligítigios como se esperava. Talvez este tenha sido um dos motivos fundamentais das guerras que se seguiram.[1355] Sem Justiça, não há paz, não há civilização, não há relações que permaneçam e se aprofundem ou que se resolvam

(1355) A falta de tribunais no plano internacional, aliás, parece ter sido sentida por KANT como causa e até necessidade para que as guerras ocorressem entre os Estados, ao dizer: "Visto que o modo como os Estados perseguem o seu direito nunca pode ser num tribunal externo, o processo, mas apenas a guerra...". In: KANT, Imanuel. *A paz perpétua e outros opúsculos*. Lisboa: Edições 70, 1979. p. 145.

de modo a neutralizar dissensos, a fazer permanecer a normalidade da vida, sem que a violência e o mero recurso à força sejam o único meio para dar fim aos conflitos, que muitas vezes, por esta razão mesma, se perpetuam sem solução.

Os passos seguintes, na metade do século XX, sempre foram no sentido de criação de Tribunais (em especial depois do fim da Guerra Fria), necessários para a paz, ainda que estes não tenham servido totalmente aos fins que inicialmente se pensava, tiveram importante contributo simbólico e mesmo por meio de decisões efetivas, tanto o Tribunal Permanente de Justiça Internacional, na Sociedade das Nações, criado um pouco antes, como o atual Tribunal Internacional de Justiça da ONU. Contudo, a eficácia dessa jurisdição foi e continua a ser reduzida. Foi em solo europeu, após a Segunda Grande Guerra, na CECA, que se estabeleceu o primeiro Tribunal comum com efetividade nas relações entre os Estados, de modo permanente. A máxima é: não basta o acesso, de algum modo, à justiça, aos nacionais de um Estado em outro, é preciso uma Justiça permanente para que haja uma relação adequada entre os Estados, a resolver as disputas entre as nações. Como se viu alhures, o Tribunal da CECA foi ampliando, passo a passo, as suas competências, tendo se tornado, ao fim, o Tribunal de Justiça da União Europeia e, bem antes deste, proferiu decisões importantíssimas no sentido de favorecer a integração entre os Estados que jurisdicionava, mesmo sem a existência de uma Constituição supra-nacional a aplicar.

Passo a passo, com isso, antes da criação de estruturas executivas e legislativas gerais, em um espaço europeu ainda maior, os direitos humanos foram reconhecidos e são aplicados em seu sistema judicial, inclusive, em último caso, pelo Tribunal Europeu de Direitos Humanos. Do mesmo modo, o acesso à Justiça da União Europeia também foi dado ao cidadão, que tem, em um último plano, o Tribunal de Justiça da União Europeia.

A unidade do poder internacional, observando a Europa, e em uma certa medida também a América — esta com défice na integração econômica, parece advir, em grande medida, da existência da jurisdição, antes ou ao mesmo tempo, mas com um desenvolvimento mais acentuado de sua organização, que a estruturação das demais funções essenciais — Legislativo e Executivo. Assim, o poder se unifica, com a existência, pelo menos, de uma jurisdição eficaz. Em geral, esta unificação conduz a um desenvolvimento das demais funções, inclusive de sua estruturação orgânica.

O processo de unidade, embora esta palavra pareça não ser a mais adequada, começa pela atuação do juiz nacional ou da jurisdição nacional (mesmo que por vias diplomáticas), em temas comuns de Direito Privado e em algumas questões de Direito Penal, a que se pode chamar de cooperação judiciária internacional.

A seguir, passa para as relações entre Estados, possibilitando uma integração ainda maior, em princípio econômica, em regiões do Globo, com a criação de estruturas jurisdicionais eficazes (para resolver conflitos entre os Estados), que geram confiança, aproximação e até, em certa medida, o surgimento de um Direito comum proveniente, em grande parte, dos Tribunais Internacionais de Direito de Integração, que também se tornam acessíveis a indivíduos e a privados. Este processo se dá em conjunto com o reconhecimento do direito de acesso aos nacionais, individualmente, a instâncias jurisdicionais internacionais, ainda em caráter regional, para a solução de conflitos que não foram solvidos no plano interno, em tema de direitos humanos.

O evolver prossegue, com a criação de estruturas judiciais, no plano internacional, para resolver conflitos provenientes da regulação da economia e de matérias específicas, por privados ou de forma pública transnacional, na arena global, com a criação de estruturas para solucionar conflitos, por meio de tribunais de arbitragem privada, dirimindo questões de interesse de privados (*e.g.*, *Lex Mercatoria* Internacional), ou públicos (*e.g.*, Órgãos de Solução de Conflitos da OMC). Os órgãos jurisdicionais solucionam matérias de interesses de privados, como no caso de investimentos internacionais, em órgãos mistos, ou entre Estados, como na OMC.

Nesse amálgama, os juízes nacionais participam, aplicando também o Direito Internacional, sobretudo em tema de direitos humanos, em um processo comunicativo, que se inicia e termina, por meio dos juízes, de baixo para cima, de cima para baixo, de um lado para o outro, transversalmente e em círculo. Os juízes nacionais (em especial os juízes constitucionais) têm um notável peso específico na determinação dessas relações.(1356)

Como diz *Cassese*, "os juízes e tribunais são o fato de coesão entre ordenamentos e sistemas no espaço global", realizando um diálogo, a construir as normas relativas às relações entre ordenamentos jurídicos. Segundo ele, "os tribunais não deixam espaços vazios: antes, eles os completam, estabelecendo laços entre ordenamentos diferentes". Para ele, há uma delegação de poder da comunidade internacional aos tribunais e estes a aproveitam para "criar circuitos secundários através da expansão de sua rede e para reconstruir o sistema". Assim, "os órgãos judiciais estendem o princípio do Estado de Direito e o princípio da legalidade por novos territórios".(1357)

Para *Ramos*: "O que é novo, a este respeito, em comparação com a situação que conhecemos nos sistemas internos, é o fato de que dentro destes últimos há uma arquitetura piramidal que dá a palavra final a uma entidade jurisdicional. Na sociedade internacional, tal constituição não apenas falta, mas também a definição das regras essenciais que seriam parte dela é, na situação atual, deixada aos tribunais". E acrescenta, quanto aos juízes: "Eles são, portanto, chamados, em certo sentido, a ler a constituição da sociedade internacional".(1358)

A existência desses tribunais ou órgãos decisionais arbitrais permanentes, inclusive em áreas jurídicas em que não há Estado, ou mesmo em que não há uma estrutura pública internacional de poder permanente de caráter legislativo ou executivo, mostra que as unidades de poder existentes no plano internacional são, proeminentemente, jurisdicionais. Conjuntamente ou depois, e passo a passo, podem ser ou são desenvolvidas as outras funções essenciais do poder, adensando a unidade desses núcleos de poder e mesmo o Direito, que passa por fases, de *soft* para *hard law*.

Diante da já existente sociedade global, como diz *Luhmann*, estes núcleos, em princípio com a sua unidade realizada pela função jurisdicional, sempre pautada em um processo decisional que tem acima o costume, a regulação, um determinado regime jurídico já consolidado, ou uma Constituição Internacional simbólica, tende a expandir a sua capilarização, para as outras unidades.

A rede, portanto, tem, inicialmente, em cada nó, a jurisdição, que é "engrossada" pelo desenvolvimento do poder na unidade, por meio do surgimento e do desenvolvimento das funções executivas e legislativas (normativas), em fórmulas muitas vezes distintas das tradicionais. O Direito existente, com o seu desenvolvimento, *hard law* quanto ao seu próprio núcleo (nó) e *soft law* quanto aos demais nós, tende a se expandir como um fio de ligação, que se encontra, na pluralidade de nós, na pluralidade do Direito, pela interdisciplinariedade do Direito ou pelas conexões sem fim da rede de ligações existentes (Direito Econômico, Direito Ambiental, Direito do Trabalho etc.), dentro do nó e entre eles, de forma transversal ou diagonal, cabendo à jurisdição, também com

---

(1356) CASSESE, Sabino. *Los Tribunales ante la construción de un sistema jurídico global*. Sevilla: Editorial Derecho Global, 2010. p. 128. O amálgama mencionado é esclarecido por CASSESE: "Em primeiro lugar, deve ter-se em conta que o termo tribunal (*court*) não alude a uma, senão a realidades muito diferentes. Quando falamos dos tribunais no contexto do espaço jurídico global, devemos evitar fáceis generalizações e abstermo-nos de fazer referência a Direito e à cultura nacional, que são, a sua vez, muito distintos entre si (...). No contexto global existem tribunais ad *hoc*; membros permanentes de órgãos judiciais e membros designados para conhecer de um só assunto concreto; tribunais plenos e genuínos e órgãos quase-judiciais. Os juízes implicados procedem de nações e culturas diversas, se bem que haja elementos comuns entre eles. Em todo caso, os juízes não formam uma comunidade epistêmica única, senão um grupo de comportamento unitário". In: Ob. cit., p. 128.

(1357) Ob. cit., p. 131-2.

(1358) RAMOS, Rui Manuel Moura. Introduction. In: VICENTE, Dário Moura (Ed.). *Towards a universal justice? Putting international courts and jurisdiction into perspective*. Leiden/Boston: Brill Nijhoff, 2016. p. 7-8. RAMOS diz: "They are therefore called, in a certain sense, to read the constitution of international society". In: Ob. cit., p. 8, nota 14.

as suas diferenciações funcionais (competências com interdisciplinariedade) fazer as interligações necessárias, para a unidade total do sistema transnacional, com as devidas capilarizações nacionais, realizadas por juízes nacionais (ou pela jurisdição nacional, mesmo que por órgãos diplomáticos).

Quando se olha para a figura de uma rede em geral, esta parece ser uma unidade bem clara: nós e fios que se ligam, de maneira a configurar um todo. Mas na rede transnacional e global que se forma, tendo, inicialmente (ou ao mesmo tempo), a jurisdição em cada nó, redes se justapõem, por meio de nós (de jurisdição) que lhes interligam, em um multinível jurisdicional. A relação entre estas redes é, sim, heterárquica: vertical e horizontal, o que não exclui que, em determinados níveis ou espaços, estruturas hierárquicas[(1359)] ou assemelhadas tenham sido formadas, como acentua *Lenaerts*, no caso da União Europeia, e que estão presentes também na Comunidade Caribenha, na Comunidade Andina ou nos Tribunais Internacionais de Direitos Humanos, na América ou na Europa. Em outros pontos da rede, verticalidades são postas sem hierarquias e formas em rede são compostas de modo ortogonal ou em círculo, entre regimes, jurisdições internacionais, justiça privada transnacional e a participação da jurisdição nacional, já integrada por suas constituições ou em cooperação.

Todavia, ainda assim, parece que estas redes não se juntam, por meio de qualquer nó. Trata-se de mero engano aos olhos, que não podem ver multidimensionalmente. De modo flexível, um nó (de jurisdição) vai atuar em cooperação, ligando e internalizando o Direito, que vem como um fio, e é recepcionado e aplicado, dando-se clausura sistemática.

Acerca da composição de cada nó, este pode ser de um fio só de uma determinada cor (a cor da Justiça), ou, dependendo do desenvolvimento jurídico-político da unidade, o nó se adensa com outro fio, e com mais outro, que se justapõem em conjunto ou com o tempo (com as cores das funções permanentes executivas e legislativas - normativas). Este ou estes fios do nó seguem como Direito, como mencionado, incialmente como *soft law* e, depois, mediante a reflexividade do nó seguinte, como *hard law*, internalizado nesse outro nó e assim, sucessivamente, já com outros adensamentos (*hard law*) ou apenas com o seguimento de um *soft law* proveniente deste último nó em uma direção aparentemente incerta, mas que alcançará seu desenvolvimento, até a a unidade sistêmica, por nova unidade de jurisdição que surgirá, ou por outra já existente que lhe jurisdicionará.

A unidade, assim, do sistema jurídico-político global se dá, de um modo inicial ou em conjunto, por meio da participação da jurisdição, que está estabelecida como um nó funcional, e depois orgânico, da rede jurídico-política internacional, em que o Direito, de modo reflexivo, segue e transita, de unidade em unidade (nó em nó), em uma composição em rede, que serve à causa da sociedade global. Em alguns nós, como na União Europeia (Judiciário, Executivo e Legislativo em rede orgânica e funcional multinível, em conjunto com as nações), o desenvolvimento jurídico-político foi bem maior. Em outros, como no da jurisdição internacional criminal, ainda não alcançou o desenvolvimento almejado pela sociedade global.

A rede que se pode contemplar, por meios digitais (uma figura de múltiplas dimensões e níveis), ou em uma especulação detida, não está completa, ou seja, não está acabada. Ela está em desenvolvimento constante e, em algumas situações, passa por paralisações, reduções ou recuos. Todavia, o progresso vem em seguida, com a constituição e ampliação constante dessa rede, embora em processo lento, como a história da humanidade. O Direito (por costume, por *soft law*), como

---

(1359) Aliás, LENAERTS destaca que a delimitação vertical do poder para o juiz é um aspecto essencial do sistema constitucional plural dos Estados Unidos da América e da ordem jurídica da Comunidade Europeia, hoje União Europeia. Sem contestação, a existência de alguns recursos ou medidas para a Corte Suprema e ao Tribunal de Justiça da Comunidade Europeia tem levado a um desenvolvimento cruzado das relações entre a ordem jurídica comum e os Estados. In: LENAERTS, Koen. *Le juge et la constitution aux États-Unis D´Amérique et dans l´ordre juridique européen*. Bruxelas: Bruylant, 1988. p. 710.

já se disse, segue o fio (ou os fios da rede), até encontrar ou formar um novo nó, uma jurisdição, que lhe vai dar unidade e permitir-lhe o desenvolvimento, em uma racionalidade reflexiva.

Ao que parece, a jurisdição internacional, mais ou menos como diz *Weiler*, quanto a determinados domínios, está a garantir a *rule of law* em transnacionais regimes, em que as disputas são resolvidas em um misto de justiça e diplomacia.[(1360)] O procedimento é organizado, observando-se o devido processo legal e a imparcialidade do juiz, o que o legitima e permite a aceitação das decisões,[(1361)] em uma atuação jurisdicional, segundo *Rawls*, que reflita a boa-fé e as injunções como justificadas pelo Direito.[(1362)] A jurisdição parece, de algum modo, diminuir as apreensões, como a de *Habermas*, nesse período de "transição do clássico Direito dos povos para o da sociedade dos cidadãos cosmopolitas".[(1363)]

A jurisdição é, assim, o passo fundante, que conduz, em conjunto com outros fatores que não cabem aqui tratar, à configuração de uma maior unidade do poder, essencial para a causa da humanidade, para que haja paz e para que o recurso à guerra, à violência ou à mera força seja excluído como opção legítima[(1364)] para a solução dos diferendos entre as nações, de modo que o evolver da humanidade seja cada vez mais acentuado, em direção a uma sociedade global com menos barreiras, embora diferenciada e diversificada. A jurisdição é uma das maiores causas da confiança e um dos princípios da civilização, que conduz à interação e à unidade, na pluralidade, entre pessoas, grupos e nações, capaz de fazer surgir, como passo fundante, o Direito, numa sociedade global em que o homem possa ter um meio eficaz de exigir os seus direitos e em que todas as pessoas, em especial as autoridades, também possam ser responsabilizadas por seus atos, o que, certamente, as levará a agir de modo mais adequado às necessidades dos seus representados.

Em um ambiente difuso, com regimes jurídicos transnacionais, costumes internacionais, Estados, regulação internacional, *Lex Mercatoria* etc., carece-se da jurisdição para dar a força de unidade ao Direito no plano global, que é estabelecida em rede, em função da jurisdição, a interligar as unidades fragmentadas, por meio de coordenação e cooperação, para dar o caráter de sistema ao Direito, na arena internacional. A jurisdição surge, assim, como esta força de conexão em rede, em um sistema jurídico complexo, em que a unidade dela advém e, a partir dela, desenvolve-se, para formações mais aperfeiçoadas, a contemplar, passo a passo, procedimentos mais organizados e legítimos quanto à normatização e execução do Direito.

(1360) WEILER, J. H. H. Epilogue: Towards a Common Law. In: WEILER, J. H. H. (Ed.). *The EU, the WTO, and the NAFTA — towards a Common Law of International Trade?* Oxford: Oxford University Press, 2001. p. 2002.

(1361) LUHMANN, Niklas. *Legitimação pelo procedimento*. Brasília: UNB, 1990. p. 51 e seguintes.

(1362) RAWLS, John. *O direito dos povos*. São Paulo: Martins Fontes, 2004. p. 87.

(1363) HABERMAS, Jürgen. *Era das transições*. Rio de Janeiro: Tempo Brasileiro, 2003. p. 17.

(1364) Parece responder à indagação de MORIN, de como frear as supostas onipotências, em favor da humanidade. In: MORIN, Edgar. *Para onde vai o mundo?* Petrópolis: Vozes, 2010. p. 38.

Conclusão

Diante do estudo desenvolvido, chega-se a um conjunto de conclusões.

1. Em primeiro lugar, examinando-se as fontes doutrinárias, vê-se que, nos primórdios da história humana, a função que se destacava era a de julgar, realizada, nas primeiras sociedades, pelo *pater familias* ou por um conselho, em geral de anciãos. Com o tempo, as ligações entre grupos sociais — *gens*, fratrias e tribos — fizeram-se por meio de conselhos, que reuniam, respectivamente, os líderes dos conselhos menores, que tratavam de litígios que transcendiam a cada unidade, realizando julgamentos, para a pacificação de cada grupo social respectivo. As atribuições dadas, nesse tempo, aos principais líderes, relacionavam-se à função de julgar e, eventualmente, a uma liderança para conflitos bélicos (batalhas) entre *gens*, fratrias ou tribos. As relações entre tribos, que se desenvolveram, também tinham a função de julgar como fator preponderante de aproximação, nos conselhos, que se reuniam para decidir os conflitos, a trazer a paz.

2. A origem da cidade-estado, por meio desse evolver, deu-se a partir das junções com essa finalidade: pacificar os conflitos, o que gerou núcleos urbanos como sede desses conselhos, para os quais compareciam, em suas reuniões, os líderes de cada tribo circunvizinha. Entre eles, sobressaiu-se um a coordenar os trabalhos, chamado *rex*. A função dele era, precipuamente, a de julgar, juntamente com os demais líderes, os conflitos com relevância intertribal. Com o tempo, funções judicantes específicas lhe foram atribuídas, em razão de determinados conflitos. Não havia a função de legislar — já que imperavam os costumes — e nem um líder ou órgão social para executar normas, que eram cumpridas voluntariamente por cada indivíduo, em sua respectiva coletividade, em face dos costumes vigentes.

3. As cidades-estados se uniram, no tempo da Antiguidade oriental, seguindo esta mesma fórmula, com a criação de uma espécie de confederação, em que o rei e o conselho das cidades-estados desempenhavam, precipuamente, a função de julgar. Estes Impérios tinham em seu rei um juiz, com esta função mais proeminente, dadas as suas atribuições de coordenar o Conselho entre as cidades-estados, pacificando conflitos. As chamadas leis da época eram compilações dos julgamentos, como o Código de Hamurabi. O rei, simplesmente, tornou público o que era julgado reiteradamente da mesma maneira.

4. O processo de formação social no Ocidente obedeceu a este mesmo trajeto. Tanto na Grécia, como em Roma, a função de julgar foi o fator de unidade, na origem das sociedades e em seu desenvolvimento, a trazer a paz, a confiança, a permitir a formação das cidades, a ampliação das relações, a extensão dos contatos entre cidades-estados e a expansão de seu domínio. O maior aprimoramento da função jurisdicional em Roma possibilitou, ao Império Romano, uma maior expansão. Com a constituição de uma jurisdição ampla para os estrangeiros em todo o Império, de uma forma bastante harmônica, conviveu a jurisdição romana, ao lado das jurisdições locais, o que possibilitou uma maior estabilidade e a ampliação da dominação.

5. Com a Idade Média, foi justamente a fragmentação da jurisdição que fossilizou o sistema em feudos, em unidades jurisdicionais, que não se comunicavam sob este aspecto. Existiam jurisdições pessoais, em um patamar mais elevado, em degraus, todavia, a interligação, nos estamentos que se formaram, era bastante fraca, a conviverem ao lado da jurisdição eclesiástica. No alto da *Respublica Christiana*, sobre vastos territórios europeus, estava a jurisdição do Papa, a arbitrar conflitos entre os reis e príncipes e a dar alguma unidade em meio a fragmentos intermináveis. Em que pese esta fragmentação da jurisdição ter sido a característica precípua dessa fase histórica, este modo de conviver, com jurisdições sobrepostas e independentes, dá indícios para formações mais aprimoradas. Todavia, não foi a lei ou um executor delas que deu alguma unidade ao poder na Idade Média, mas a jurisdição, seja no feudo, seja por meio da arbitragem papal. A falta de uma jurisdição forte impediu a integração.

6. Na Idade Média, uma importante jurisdição no plano internacional entre privados se desenvolveu, quando os mercadores, em suas relações comerciais, constituíram uma jurisdição própria, para a solução dos conflitos entre eles. Esta jurisdição auxiliou no aprimoramento das trocas internacionais na época e permitiu uma maior confiança e evolução nas relações entre eles. Este sistema fortaleceu os comerciantes, que influenciaram os núcleos urbanos a desenvolverem a sua jurisdição, em padrões bem mais evoluídos que os da justiça feudal.

7. Ainda na Idade Média, a jurisdição vai se integrando na mão de determinados reis, a partir do século XI, primeiro na Inglaterra, depois, na França. A justiça real foi envolvendo, praticamente, toda a jurisdição, no território de cada reino. Foi esta integração — uma jurisdição integrada — que fez ver ao monarca que eram necessárias, em especial no continente, leis, e, na Inglaterra, a definição do sistema de expedição de *writs*, por suas Cortes, para que os julgamentos também fossem uniformes, estabelecendo-se o sistema do *common law*. O rei e outros órgãos em sua volta foram alargando as suas funções, a partir da centralização da jurisdição. Ao término desse processo, os Estados Nacionais estavam formados.

8. Com o fortalecimento dos Estados Nacionais, houve, passo a passo, a diminuição do poder secular do Papa. A Paz de Vestfália inaugura a fase da história em que os Estados Nacionais, desde o prisma dos outros Estados, são reconhecidos como iguais. Não há mais jurisdição externa sobre eles. Em cada um impera o monopólio da função jurisdicional e das demais funções essenciais do Estado.

9. Com esse respeito mútuo, baseado na igualdade entre eles, o intercâmbio entre os Estados, sobretudo europeus, se intensifica, a fazer crescer as trocas comerciais. As relações, portanto, a envolver privados, de Estados diferentes, aumentam e, por conseguinte, os conflitos intersubjetivos também. Para a solução deles, que transcendem as fronteiras de um Estado Nacional, vai se desenvolver, de um lado, a resolução de conflitos entre comerciantes em jurisdição privada no plano internacional e, de outro, a cooperação judiciária entre os Estados, em princípio somente por meio de relações diplomáticas, depois a envolver a participação de órgãos judiciais de Estados distintos, para a resolução de conflitos entre indivíduos. Esta cooperação foi a primeira forma de cooperação institucional e sistemática entre Estados e representou significativo contributo para a paz entre as nações.

10. Nada obstante este relacionar no campo privado, com as soluções até certo ponto desenvolvidas para a composição dos conflitos intersubjetivos, nas disputas diretas entre os Estados, durante essa fase, salvo o excepcional uso da arbitragem, não se desenvolveu uma fórmula jurisdicional eficaz para a resolução desses diferendos, o que levou a humanidade a uma escalada de guerras.

11. Ao final das Grandes Guerras, as Organizações Internacionais criadas — Sociedade das Nações e Organização das Nações Unidas — trouxeram, em seu bojo, cada uma, um Tribunal Internacional, que não teve, em cada tempo, o êxito esperado em sua atuação, tendo em vista a pequena adesão à sua jurisdição internacional. Contudo, apesar da inexistência de poderes legislativo e executivo no plano internacional, as Cortes, em caráter permanente, trouxeram, em si, um grande significado simbólico, apontando para a necessidade de uma jurisdição compulsória entre os Estados, a ressaltar a importância da jurisdição internacional para a paz.

12. A partir de então, a fase de mera "co-ordenação" entre os Estados é ultrapassada, para instituir-se um dever de "co-operação", já bem desenvolvido e, cada vez mais aprimorado, no que se refere à cooperação judiciária, que hoje alcança evoluções grandiosas no reconhecimento e execução de atos e sentenças judiciais estrangeiras, e no combate a determinados crimes transnacionais.

13. Ao aprimorar-se a cooperação entre os Estados, estes, em especial os mais desenvolvidos nesse desiderato, começam, em regiões da terra, a procurar uma maior integração econômica, com a criação de instituições comuns. Os tribunais criados nessas regiões, em particular na União Europeia, são permanentes e desenvolvem, desde o início, papel similar ao desempenhado no exercício da função jurisdicional dos Estados. Enquanto as funções legislativas e executivas surgem nos sistemas de integração e são exercidas com bastante dificuldade, em razão de sua estrutura intergovernamental, a jurisdição tem, em geral, um modo de ser característico, no sentido de aprofundar a integração, superando obstáculos, auxiliando na garantia do processo de integração, tanto no que se refere ao funcionamento de suas instituições próprias, quanto na integração das instituições nacionais ao sistema supranacional, sobretudo jurisdicionais.

14. Praticamente no mesmo passo, em especial na Europa e na América, extensas regiões continentais são jurisdicionadas pelos Tribunais Internacionais de Direitos Humanos, que têm jurisdição efetiva, dando solução a um grande número de conflitos, que não foram resolvidos pelo sistema jurisdicional nacional, de acordo com as regras de direitos humanos convencionadas. Aqui, é ainda menos evoluída a organização quanto às funções legislativas e executivas das regiões, no que se refere a estes direitos.

15. Ao lado do desenvolvimento dessa jurisdição regional — supranacional, há o surgimento de vários outros tribunais ou de órgãos que exercem função jurisdicional ou quase-jurisdicional global, em especial: quanto ao comércio entre os Estados; quanto ao Direito do Investimento Internacional; no que se refere ao Direito do Mar; no que tange ao Direito Penal Internacional, nos delitos tipificados. Há, no exercício da jurisdição de cada órgão ou tribunal quanto a tais temas, uma jurisdição eficaz, para a solução dos conflitos da competência de cada um. Vê-se, ademais, jurisdição surgir em áreas da regulação internacional privada, em especial nos domínios da internet e no setor da qualidade, em que painéis funcionam para solucionar conflitos, alguns deles entre Estados e privados.

16. A multiplicação de órgãos de jurisdição, na esfera internacional, ou a fragmentação da jurisdição, não significa que o sistema jurisdicional nesse plano está se enfraquecendo, ao contrário, demonstra que a jurisdição está alcançando, mais e mais, espaços e espécies diferentes de conflitos, trazendo confiança e paz, necessários para o desenvolvimento, em nuances distintas.

17. Além dessas várias esferas de jurisdição no âmbito internacional, ao lado da cooperação judiciária, da jurisdição no contexto da *Lex Mercatoria* e da regulação privada, constata-se que muitos tribunais nacionais aplicam o Direito Internacional internamente, de maneira a dar-lhe eficácia, no plano nacional.

18. Deste modo, em rede que envolve cortes e órgãos — públicos, privados e mistos, que exercem jurisdição supranacional e global, bem como os juízes e tribunais de muitas nações, a jurisdição internacional está em unidade e em expansão. A mera existência da jurisdição significa a junção em uma rede, em que, em especial, os princípios do processo são aplicados, com independência e imparcialidade.

19. A seguir, as estruturas e funções executivas e legislativas vão se conformando também, em uma marcha mais lenta, mas na mesma direção, a uma unidade sobre o mesmo espaço ou matéria em que a jurisdição já se firmou, sendo que a conexão, com outras unidades, continua a ser feita pela jurisdição, inicialmente.

20. A rede ou as redes jurisdicionais não são formadas, em princípio, hierarquicamente, mas seguem uma relação horizontal de cooperação e coordenação, ou uma vinculação vertical heterárquica, em que multiníveis jurisdicionais se ligam sem hierarquia, mas com uma conexão eficaz, com base em princípios que foram bem delineados pela própria atividade jurisdicional, como se vê no exemplo de formação da União Europeia.

Jurisprudência citada

I — Jurisprudência do Tribunal Internacional de Justiça

— Julgamento de 20 de dezembro de 1974, contencioso entre Austrália e França (Caso dos Testes Nucelares). In: Reports of judgements. Disponível em: <http://icj.org>. Cit. nota n. 662.

— Julgamento de 20 de dezembro de 1974, contencioso entre Austrália e França (Caso dos Testes Nucelares). In: Reports of judgements. Disponível em: <http://icj.org>. Cit. nota n. 662.

— Opinião Consultiva Opinião Consultiva de 1 de fevereiro de 2012, exarada por provocação do Fundo Internacional de Desenvolvimento Agrícola acerca de decisão do Tribunal Administrativo da OIT no Julgamento n. 2867. Disponível em: <http://icj.org>. Cit. nota n. 665.

II — Jurisprudência do Tribunal Internacional do Direito do Mar

— Julgamento de 1 de julho de 1999, contencioso entre São Vicente e Granadinas v. Guiné (Caso n. 2). Disponível em: <http://itlos>. Cit. nota n. 782.

— Julgamento de 18 de dezembro de 2004, contencioso entre São Vicente e Granadinas v. Guiné (Caso n. 13). Disponível em: <http://itlos>. Cit. nota n. 782.

III — Jurisprudência do Órgão de Solução de Controvérsias da OMC

— Decisão de 9 de setembro de 1997, Contencioso entre as Comunidades Europeias e diversos outros Estados acerca do regime de importação, venda e distribuição de Bananas — Bananas III (DS27). Disponível em: <http://wto.org>. Cit. nota n. 759.

— Decisão de 3 de maio de 2005, Contencioso entre Brasil e Estados Unidos da América sobre os subsídios ao algodão (DS267). Disponível em: <http://wto.org>. Cit. nota n. 763.

IV — Jurisprudência do Trbunal Europeu dos Direitos do Homem

— Acórdão de 6 de setembro de 1978, proferido no caso Klass *versus* Repúlbica Federal da Alemanha. In: case-law references of the European Court of Human Rights. Disponível em: <http://hudoc.echr.coe.int>. Cit. nota n. 848.

— Acórdão de 25 de março de 1983, proferido no caso Silver e outros *versus* Reino Unido. In: case-law references of the European Court of Human Rights. Disponível em: <http://hudoc.echr.coe.int>. Cit. nota n. 848.

— Acórdão de 28 de maio de 1985, proferido no caso e Abdulaziz, Cabales e Balkandali *versus* Reino Unido (1985). In: case-law references of the European Court of Human Rights. Disponível em: <http://hudoc.echr.coe.int>. Cit. nota n. 848.

V — Jurisprudência da Corte Interamericana de Direitos Humanos

— Sentença de 1 de fevereiro de 2000, proferida no caso Comunidade Mayaga (Sumo) Awas Tingni vs. Nicarágua. Disponível em: <http://corteidh.or.cr/docs/casos>. Cit. nota n. 865.

— Sentença de 24 de agosto de 2010, proferida no caso Comunidade Indígena Xámok Kásec vs. Paraguai. Disponível em: <http://corteidh.or.cr/docs/casos>. Cit. nota n. 865.

VI — Jurisprudência do Tribunal de Justiça das Comunidades Europeias

— Acórdão de 13 de junho de 1958, Meroni & Co, Indústria Metalúrgica S.P.A. v. Alta Autoridade da CECA. Disponível em: <http://eur-lex.euorpa.eu/legal-content>. Cit. nota 1073.

— Acórdão de 5 de fevereiro de 1963, Van Gend Loss v. Netherlands Inland Revenue Administration. Disponível em: <http://eur-lex.euorpa.eu/legal-content>. Cit. nota 945.

— Acórdão de 15 de julho de 1964, Flaminio Costa v. ENEL. Disponível em: <http://eur-lex.euorpa.eu/legal-content> Cit. nota 990.

— Acórdão de 17 de dezembro de 1970, Decisão a título prejudicial, pedido dirigido pelo Tribunal Administrativo de Hesse. Disponível em: <http://eur-lex.euorpa.eu/legal-content>. Cit. nota 1072.

— Acórdão de 31 de março de 1971, Comissão das Comunidades Europeias v. Conselho das Comunidades Europeias. Disponível em: <http://eur-lex.euorpa.eu/legal-content>. Cit. nota 1070.

— Acórdão de 7 de fevereiro de 1973, Comissão das Comunidades Europeias v. República Italiana. Disponível em: <http://eur-lex.euorpa.eu/legal-content>. Cit. nota 1071.

— Acórdão de 4 de dezembro de 1974, Decisão a título prejudicial, pedido dirigido pela Alta Corte de Justiça da Inglaterra. Disponível em: <http://eur-lex.euorpa.eu/legal-content>. Cit. nota 989.

VII — Jurisprudência do Tribunal Permanente do Mercosul

— Laudo n. 01/2005, de 20 de dezembro de 2005, em Recurso de Revisão apresentado pela República do Uruguai contra o laudo arbitral do Tribunal Arbitral *Ad Hoc*. Disponível em: <http://tprmercosur.org/docum/laudo>. Cit. nota n. 1039.

— Laudo Complementar n. 01/2006, de 13 de janeiro de 2006, em Embargos de Declaração opostos pela República Argentina. Disponível em: <http://tprmercosur.org/docum/laudo>. Cit. nota n. 1039.

— Laudo n. 02/2006, de 6 de julho de 2006, em Recurso de Revisão apresentado pela República Argentina contra decisão do Tribunal Arbitral *Ad Hoc* (controvérsia original promovida pela República Orental do Uruguai). Disponível em: <http://tprmercosur.org/docum/laudo>. Cit. nota n. 1039.

— Laudo n. 01/2007, de 8 de junho de 2007, em Pronunciamento sobre excesso na aplicação de medidas compensatórias, em controvérsia entre Uruguai e Argentina. Disponível em: <http://tprmercosur.org/docum/laudo>. Cit. nota n. 1039.

— Laudo n. 01/2008, de 25 de abril de 2008, em Divergência sobre o cumprimento do Laudo n. 1/05, iniciado pela República Oriental do Uruguai. Disponível em: < http://tprmercosur.org/docum/laudo>. Cit. nota n. 1039.

— Laudo n. 01/2012, de 9 de juho de 2012, em procedimento excepcional de urgência, solicitado pela República do Paraguai. Disponível em: <http://tprmercosur.org/docum/laudo>. Cit. nota n. 1039.

Bibliografia

ABADE, Denise Neves. *Direitos fundamentais na cooperação jurídica internacional.* São Paulo: Saraiva, 2013.

ABAGNANO, Nicola. *Dicionário de filosofia.* São Paulo: Martins Fontes, 2000.

ABBOTT, Kenneth W.; SNIDAL, Duncan. The Governance Triangle: Regulatory Standards Institutions and The Shadow of the State. In: MATTLI, Walter; WOODS, Ngaire [Eds.]. *The Politics of Global Regulation.* Princeton University Press, 2009.

ABOTT, Frederick M. The North American Integration Regime and its implications for the World Trading System. In: WEILER, J. H. (Editor). *The EU, The WTO and the NAFTA* — towards a Common Law of International Trade. Oxford: Oxford University Press, 2000.

ACCIOLY, Hildebrando; SILVA, G. E. do Nascimento e; CASELLA, Paulo Borba. *Manual de direito internacional público.* 23. ed. São Paulo: Saraiva, 2017.

ADEODADO, João Maurício Leitão. *O problema da legitimidade*: no rastro do pensamento de Hannah Arendt. São Paulo: Forense Universitária, 1989.

________. *Uma teoria retórica da norma jurídica e do direito subjetivo.* São Paulo: Noeses, 2011.

AGOSTINHO. *A cidade de Deus* — Parte II. São Paulo: Vozes, 1990.

ALBUQUERQUE, Ruy de. *As represálias*: estudo de História do Direito Protuguês. Lisboa: Dissertação de Doutoramento em Ciências Histórico-Jurídicas na Faculdade de Direito de Lisboa, 1972, v. I.

ALEXY, Robert. *El concepto y la validez del derecho.* 2. ed. Barcelona: Gedisa, 1997.

________. *Teoria dos direitos fundamentais.* São Paulo: Malheiros, 2008.

ALLAND, Denis. *Droit international.* Paris: PUF, 2000.

ALLEN, Robin QC; CRASNOW, Rachel; BEALE, Anna. *Employment law and human rights.* 2. ed. Oxford: Oxford University Press, 2007.

ALMEIDA, Francisco Manuel Lucas Ferreira de. *Direito processual civil.* 3. ed. Coimbra: Almedina, v. I, 2019.

ALMEIDA, João Ferreira de (Tradutor). *Bíblia sagrada.* Rio de Janeiro: Vida, 1999.

ANDRADE, José Carlos Vieira de. Os direitos dos consumidores como direitos fundamentais na Constituição portuguesa de 1976. In: *Boletim da Faculdade de Direito da Universidade de Coimbra*, v. LXXVIII. Coimbra: Coimbra Editora, 2002.

________. *Os direitos fundamentais na Constituição Portuguesa de 1976.* 3. ed. Coimbra: Almedina, 2004.

ANTUNES, José Engrácia. Prefácio. In: TEUBNER, Gunther. *O direito como sistema autopoiético.* Lisboa: Fundação Calouste Gulbenkian, 1994.

ARAGÃO, Alexandra. Benjamin Davy — Essential injustice: when legal institutions cannot resolve environmental and land use disputes. In: *Revista do Centro de Estudos de Direito do Ordenamento do Urbanismo e do Ambiente.* A. 3; n. 6; vol. 2 (2000).

ARATA JUNIOR, Seiti. O equilíbrio do poder na regulação da internet. In: *Revista da Associação Brasileira da Propriedade Intelectual.* Rio de Janeiro, n. 53, jul./ago. de 2001.

ARBIX, Daniel do Amaral. *Resolução online de controvérsias* — tecnologias e jurisdições. USP: Tese de Doutorado, 2015. In: <https://www.gob.mx/t-mec>. Acesso em: 9 mar. 2020.

ARENDT, Hannah. *Origens do totalitarismo.* São Paulo: Companhia das Letras, 1989.

________. *O que é política?* 7. ed. Rio de Janeiro: Bertrand Brasil, 2007.

________. *Entre o passado e o futuro*. 6. ed. São Paulo: Perspectiva, 2009.

________. *A condição humana*. 11. ed. São Paulo: Forense Universitária, 2010.

________. *A promessa da política*. 3. ed. Rio de Janeiro: Difel, 2010.

ARISTÓTELES. *A política*. 2. ed. Brasília: UNB, 1988.

ARROYO, Diego P. Fernández. La respuesta del Tribunal Permanente del MERCOSUR a la primera "consulta interpretativa": escoba nueva siempre barre más menos. In: ACCIOLY, Elizabeth (Coord.). *Direito no Século XXI*, em homenagem ao Professor Werter Faria. Curitiba: Juruá, 2009.

ARRUDA, José Acácio. *Breve história do júri criminal inglês*. p. 35. Disponível em: <http://confrariadojuri.com.br/artigos/inglaterra.pdf>. Acesso em: 21 ago. 2017.

ÁVILA, Humberto. *Teoria dos princípios* — da definição à aplicação dos princípios jurídicos. 3. ed. São Paulo: Malheiros, 2003.

BALENA, Gianpiero. La circolazione delle decisioni giurisdizionali in Europa: la legge 218/95. In: Roma e America. Diritto Romano Comune. *Rivista di Diritto dell´integrazione e unificazione del Diritto in Europa e in America Latina*. 9/2000.

BALULA, Severino Martins. *Reconhecimento das sentenças estrangeiras* — dissertação para Licenciatura em Ciências Histórico-Jurídicas na Faculdade de Direito da Universidade de Coimbra. Coimbra, 1949.

BAPTISTA, Eduardo Correia. *Direito internacional público* — conceito e fontes. Lisboa: Lex, v. I, 1998.

BLANPAIN, R.; COLUCCI, M. *The globalization of labour standards* — the soft law track: global compact, ILO principles, NAFTA agreement, OECD Guidelines. Hague: Kluwer law international, 2004.

BARRAL, Welber. O protocolo de Olivos e as controvérsias no MERCOSUL. In: HOFMEISTER, Wilhelm; TREIN, Franklin (Orgs.). *Anuário Brasil-Europa*: Solução de controvérsias, arbitragem comercial e propriedade intelectual. Rio de Janeiro: Konrad Adenauer Stiftung, 2003.

________. Arbitragem e jurisdição. In: CASELLA, Paulo B. (Coord.). *Arbitragem, lei brasileira e praxe jurisdicional*. 2. ed. São Paulo: Atlas, 2014.

BARROCAS, Manuel Ferreira. *Manual de arbitragem*. 2. ed. Coimbra: Almedina, 2013.

BARROSO, Luís Roberto. *Interpretação e aplicação da Constituição*. 6. ed. São Paulo: Saraiva, 2004.

________. *O controle de constitucionalidade no Direito brasileiro*. 7. ed. São Paulo: Saraiva, 2016.

BATIFFOL, Henri. Coordination des systèmes nationaux. In: *Recueil de Cours*, 1967, I, Tome 120.

BAUMAN, Zygmunt. *Vida líquida*. 2. ed. Rio de Janeiro: Zarhar, 2009.

BELTRÃO, Jane Felipe; OLIVEIRA, Assis da Costa. Povos indígenas e cidadania: inscrições constitucionais como marcadores sociais da diferença na América Latina. In: *Revista de Antropologia*, São Paulo, USP, 2010, v. 53, n. 2.

BENOÎT, Pellistrandi. *As relações internacionais de 1800 a 1871*. Lisboa: Edições 70, 2017.

BENSON, Bruce L. *Justicia sin Estado*. Madrid: Union Editorial, 2000.

BERALDO, Leonardo de Faria. *Curso de arbitragem nos termos da Lei n. 9.307/96*. São Paulo: Atlas, 2014.

BERGH, Roger J. Van; PACCES, Alessio. *Regulations and economics*. Cheltenham/Northampton: Edward Elgar, 2012.

BERNARDINI, Piero. *L´Arbitrato Internazionale*. 2. ed. Roma: Giuffrè, 1994.

BERNARDES, Gabriel Faria; RIGONI, Giuliana Magalhães. Acordo de Livre-Comércio da América do Norte — NAFTA. In: OLIVEIRA, Bárbara da Costa Pinto; SILVA, Roberto Luiz (orgs). *Manual de direito processual internacional.* São Paulo: Saraiva, 2012.

BEVILÁQUA, Clóvis. *Direito público internacional* — a synthese dos princípios e a contribuição do Brazil — Tomo II. Rio de Janeiro: Livraria Francisco Alves, 1911.

BIANCHI, José Flávio. Internet e regulação: a ICANN à luz da teoria da regulação. In: *Revista de Direito, Estado e Telecomunicações*, 2016; 8(1).

BIGOLIM, Giovani. *A reserva do possível como limite à eficácia e efetividade do direito social.* Disponível em: <http://evistadoutrina.trf4.jus.br/index.htm?http://www.revistadoutrina.trf4.jus.br/artigos/edca0001/giovani_bigolin.htm>. Acesso em: 15 set. 2018.

BLOCH, Marc. *Introdução à história*. Lisboa: Europa-América, 1997.

________. *A sociedade feudal.* Lisboa: Edições 70, 2009.

BOBBIO, Norberto. *Teoria do ordenamento jurídico*. 6. ed. Brasília: UNB, 1990.

________. *A era dos direitos*. Rio de Janeiro: Campus, 1992.

________. *Da estrutura à função*. Barueri: Manole, 2007.

BONAVIDES, Paulo. *Curso de direito constitucional.* 13. ed. São Paulo: Malheiros, 2003.

________. *Teoria do Estado*. 6. ed. São Paulo: Malheiros, 2007.

BONIFÁCIO, Artur Cortez. *O direito constitucional internacional e a proteção dos direitos humanos*. São Paulo: Método, 2008.

BOURDEAU, François. *Historie du droit administratiff.* Paris: PUF, 1995.

BOUZON, Emanuel. Propriedade e economia na antiga Babilónia até ao império de Hammurabi. In: *Revista do Instituto Oriental da Universidade de Lisboa*, 2003, n. 13.

BRASSEUL, Jacques. *História económica do mundo*: das origens aos *subprimes*. 2. ed. Lisboa: Texto e grafia, 2010.

BREGER, Marshall J. *The modern Independet Agency in the United States*. In: VICENTE, Dário Moura; BREGER, Marrshall J. *Direito comparado* — perspectivas luso-americanas. Coimbra: Almedina, 2010, v. II.

BRITO, WLADIMIR. *Direito internacional público*. 2. ed. Coimbra: Coimbra Editora, 2014.

________. *Teoria geral do processo*. Coimbra: Almedina, 2019.

BROTÓNS, Antonio Remiro; CORTADO, Rosa M. Riquelme; DÍEZ-HOCHLEITNER, Javier; CALATAYUD, Esperanza Orihuela; DURBÁN, Luis Pérez-Prat. *Derecho internacional.* Madri: MacGraw-Hill, 1995.

BULAJIC, Milan. *Principles of international development law* — progressive development of the principles of international law relating to the new internatioinal economic order. 2. ed. Dordrecht/Boston/London: Martinus Nijhoff Publishers, 1993.

BYRON, Dennis. The Caribbean Court of Justce and the evolution of caribbean development. In: *15th Annual Salises Conference Hyatt Regency Hotel.* Port of Sapin, Trinidad, 23rd april 2014. Disponível em: <http://caribbeancourtofjustice.org/wp-content/upload/2014/04/The-CCJ-and-the-Evolution-of-Caribbean-Devenlpment.pdf>. Acesso em: 6 jan. 2018.

CAETANO, Marcelo. *História do direito português.* 4. ed. Lisboa/São Paulo: Verbo, 2000.

________. *Manual de direito administrativo*. 10. ed. Coimbra: Almedina, 2010, v. I.

CÂMARA FILHO, José Sette. Hans Kelsen e a teoria pura do Direito Internacional. In: *Revista da Faculdade de Direito da UFMG*, 1948, v. 1, p. 78-113. In: <direito.ufmg.br>. Acesso em: 21 jan. 2018.

CAMILLI, Enrico Leonardo; CLARICH, Marcello. *Poteri quasi-giudiziali dele autorità independente.* In: D'ALBERTI, Marco; PAJNO, Alessandro. *Arbitri dei mercado — Le autorità independenti e l'economia.* Roma: Il Mulino, 2010.

CAMINHA, Pero Vaz. A Carta de Pero Vaz de Caminha. Ministério da Cultura — Fundação Biblioteca Nacional — Departamento Nacional do Livro. Disponível em: <http://objdigital.bn.br>. Acesso em: 28 nov. 2015.

CAMPOS, João Mota. Introdução — Um texto jurídico indispensável. In: Um instrumento de integração europeia — a Convenção de Bruxelas de 1968 sobre competência judiciária, reconhecimento e execução de sentenças. *Boletim de Documentação e Direito Comparado*, n. 22, 1985.

________. *Direito comunitário.* Lisboa: Calouste Gulbenkian, 1997, v. I.

CAMPOS, Julio D. González; RODRÍGUEZ, Luiz I. Sánchez; MARIA, Paz Andrés Sáenz de Santa. *Curso de derecho internacional publico.* 6. ed. Madrid: Civitas, 1998.

CANNATA, Carlos Augusto. *Historia de la ciencia juridica europea.* Madrid: Technos, 1996.

CANARIS, Claus-Wilhelm. *Pensamento sistemático e conceito de sistema na ciência do direito.* Lisboa: Fundação Calouste Gulbenkian, 1968.

CANÇADO TRINDADE, Antônio Augusto. *Princípios de direito internacional contemporâneo.* Brasília: UNB, 1981.

________. *Direitos humanos e meio ambiente*: paralelo dos sistemas de proteção internacional. Porto Alegre: Sergio Antonio Fabris, 1993.

________. *El ejercicio de la función judicial internacional*: memorias de la Corte Interamericana de Derechos Humanos. Belo Horizonte: Del Rey, 2011.

________. *The access of individuals to internacional justice.* Oxford: Oxford Press, 2011.

________. *Repertório da prática brasileira do direito internacional público*: período 1919-1940. Brasília: Fundação Alexandre Gusmão, 2012.

________. *Os tribunais internacionais contemporâneos.* Brasília: Fundação Alexandre Gusmão, 2013.

________. *Direito das organizações internacionais.* 6. ed. Belo Horizonte: Del Rey, 2014.

CANOTILHO, José Joaquim Gomes; LEITE, José Rubens Morato (Org.). *Direito ambiental brasileiro.* 2. ed. São Paulo: Saraiva, 2008.

CANOTILHO, J. J. Gomes; MOREIRA, Vital. *Constituição da república portuguesa anotada.* Coimbra: Coimbra Editora, 2007.

CANOTILHO, J. J. Gomes. *Direito constitucional e teoria da Constituição.* 7. ed. Coimbra: Almedina, 2010.

CAPPELLETTI, Mauro; GARTH, Bryant. *Acesso à justiça.* Porto Alegre: Sérgio Antônio Fabris, 1991.

CARACCIOLO, Luciano Barra. *Funzione amministrativa e amministrazione neutrale nell'ordinamento U.S.A.: Profili comparativi con l'esperienza italiana.* Torino: G. Gianppichelli Editore, 1997.

CARAMELO, António Sampaio. *O reconhecimento e execução de sentenças arbitrais estrangeiras.* Coimbra: Almedina, 2016.

CARBASSE, Jean-Marie. *Histoire du droit.* 3. ed. Paris: Puf, 2015.

CARDIM, Pedro. A prática diplomática da Europa do Antigo Regime. In: RODRIGUES, Luís Nuno; MARTINS, Fernando. *História e relações internacionais*: temas e debates. Lisboa: Colibri, 2004.

CARDOSO, Ciro Flamarion. *Antiguidade oriental*: política e religião. São Paulo: Contexto, 1997.

________. Antiguidade oriental: política e religião, p. 29. In: WOLKMER, Antonio Carlos (Org.). *Fundamentos de história do direito.* 2. ed. Belo Horizonte: Del Rey, 2002.

CARNEIRO, Athos Gusmão. *Jurisdição e competência.* 18. ed. São Paulo: Saraiva.

CARNEIRO, Cynthia Soares. O transplante das interpretações jurisprudenciais para o Tribunal de Justiça Andino. In: *Rev. secr. Trib. Perm.* revis. Año 5, n. 9; Marzo 2017.

CARVALHO, Jorge Morais; PINTO-FERREIRA, João Pedro; CARVALHO, Joana Campos. *Manual de resolução alternativa de litígios de consumo.* Coimbra: Almedina, 2017.

CASANOVAS, Pompeu. *Gènesi del pensament jurídic contemporani.* Barcelona: Biblioteca universitária — Ediciones Proa, 1996.

CASSESE, Antonio. *The human dimension of international law.* Oxford: Oxford University Press, 2008.

CASSESE, Sabino. *Los tribunales ante la construción de um sistema jurídico global.* Sevilla: Editorial Derecho Global, 2010.

________. *When legal orders collide*: the role of courts. Sevilla: *Global Law Press*, 2010.

CASTANHEIRA, Fernando Henrique. Fragmentação do Direito Internacional e *law making* no campo jurídico internacional contemporâneo. In: *Revista da SJRJ*, Rio de Janeiro, n. 25, 2009.

CÍCERO, Márcio Túlio. *Das leis* (Livro II). São Paulo: Cultrix, 1967.

________. Da República. Disponível em: <http://ebooksbrasil.org/elibris/darepublica.html>. Acesso em: 12 set. 2018.

CIOTOLA, Marcello. Princípios gerais de Direito e princípios constitucionais. In: PEIXINHO, Manoel Messias; GUERRA, Isabela Franco; NASCIMENTO FILHO, Firly (Orgs.). *Os princípios na Constituição de 1988.* Rio de Janeiro: Lumen Juris, 2001.

COMBACAU, Jean; SUR, Serge. *Droit international public.* 3. ed. Paris: Montrchresstien, 1997.

COMPARATO, Fábio Konder. *A afirmação histórica dos direitos humanos.* 4. ed. São Paulo: Saraiva, 2005.

CONFORTI, Benedetto. *Diritto internazionale.* 4. ed. Milano: Editoriale Scientifica, 1995.

CONFRARIA fala da necessária avaliação de legalidade, custos etc., que a regulação traz. CONFRARIA, João. 2. ed. Lisboa: Universidade Católica Editora, 2011.

CORREIA, Fernando Alves. *Justiça constitucional.* Coimbra: Almedina, 2016.

CORIOLANO, Carolina Pires; AZEVEDO, Kerley Mara Barros Câmara; ALVES, Isabella Faustino. O papel da cidadania ambiental na efetividade da tutela jurídica ao meio ambiente. In: BENJAMIN, Antonio Herman; IRIGARAY, Carlos Teodoro; LECEY, Eladio; CAPPELI, Sílvia (Orgs.). *Florestas, mudanças climáticas e serviços ecológicos.* São Paulo: Instituto O Direito por um planeta verde, 2010, v. 1.

COSTA, Mário Júlio de Almeida. *História do direito português.* 5. ed. Coimbra: Almedina, 2012.

COULANGES, Fustel. *A cidade antiga.* São Paulo: Martin Claret, 2009.

COZZETTO, Fausto. O reino de França. In: ECO, Umberto (Org.). *Idade Média.* Alfragide: Dom Quixote, 2015, v. IV.

CRETELLA JÚNIOR, José. *Administração indireta brasileira.* 2. ed. Rio de Janeiro: Forense, 1987.

CRETELLA JÚNIOR, José; CRETELLA NETO, José. Tribunais administrativos internacionais. In: *R. Dir. Adm. Rio de Janeiro*, 240, abr./jun. 2005.

CRIVELLI, Ericson. *Direito internacional do trabalho contemporâneo.* São Paulo: LTr, 2010.

CUNHA, Antônio Geraldo da. *Dicionário etimológico nova fronteira da língua portuguesa.* Rio de Janeiro: Nova Fronteira, 1982.

CUNHA, Joaquim da Silva; PEREIRA, Maria Assunção do Vale. *Manual de direito internacional público.* Coimbra: Almedina, 2000.

CUNHA, Sérgio Sérvulo da. *Princípios constitucionais*. São Paulo: Saraiva, 2006.

D´ARCY, François. *União Europeia*: instituições, políticas e desafios. Rio de Janeiro: Konrad Adenauer Sfiftung, 2002.

D'ALBERTI, Marco. *Il valore dell'independenza*. In: D'ALBERTI, Marco; PAJNO, Alessandro. *Arbitri dei mercado — Le autorità independenti e l'economia*. Roma: Il Mulino, 2010.

DAILLIER, Patrick; PELLET, Alain. *Droit international public*. 6. ed. Paris: LGDJ, 1999.

DALLARI, Dalmo. *Elementos de teoria geral do Estado*. 32. ed. São Paulo: Saraiva, 2013.

DE MASI, Domenico. *O ócio criativo* — Entrevista a Maria Serena Palieri. 7. ed. Rio de Janeiro: Sextante, 2000.

________. *A economia do ócio*. 3. ed. São Paulo: Sextante, 2001.

________. *O futuro do trabalho*. 10. ed. Rio de Janeiro: José Olympio, 2010.

DEL´OLMO, Florisbal de Souza. *Curso de direito internacional privado*. 10. ed. Rio de Janeiro: Forense, 2014.

DELGADO, Gabriela Neves. *Direito fundamental ao trabalho digno*. São Paulo: LTr, 2006.

DELGADO, Mauricio Godinho. *Princípios de direito individual e coletivo do trabalho*. São Paulo: LTr, 2001.

________. *Curso de direito do trabalho*. 7. ed. São Paulo: LTr, 2008.

DELLIS, George. *Can you teach an old public law system new tricks? The greek experience on good regulation: From Parody to tragedy without (yet) a Deus ex Machida*. In: AUBY, Jean-Bernard and PERROUD, Thomas (Editors). *Regulatory impact assessment*. Seville: *Global Law Press and* Instituto Nacional de Administración Pública, 2013.

DIMOULIS, Dimitri; MARTINS, Leonardo. *Teoria geral dos direitos fundamentais*. 3. ed. São Paulo: RT, 2011.

DING, Nguyen Quoc; DAILLIER, Patrick; PELLET, Alain. *Direito internacional público*. Lisboa: Fundação Calouste Gulbenkian, 1999.

DOBERSTEIN, Arnoldo Walter. *O Egito antigo*. Porto Alegre: EDIPUCRS, 2010.

DOLINGER, Jacob; TIBURCIO, Carmen. *Direito internacional privado* (Parte Especial) — Arbitragem Comercial Internacional. Rio de Janeiro: Renovar, 2003.

DUGUIT, Léon. *Manuel de droit constitutionnel*. 4. ed. Paris: E. de Boccard Éditeur, 1923.

DUPUY, René-Jean. *O direito internacional*. Coimbra: Almedina, 1993.

DWORKIN, Ronald. *Los derechos en serio*. 2. ed. Barcelona: Ariel, 1989.

________. *Domínio da vida*: aborto, eutanásia e liberdades individuais. 2. ed. São Paulo: Martins Fontes, 2009.

ECO, Umberto (Direção). *Idade Média*: Bárbaros, cristãos e muçulmanos. Capítulo Introdução à Idade Média. 3. ed. Alfragide: Dom Quixote. 2014.

ELAINI, Cristina Gonzaga da Silva. *Direito internacional em expansão*: encruzilhada entre comércio internacional, direitos humanos e meio ambiente. São Paulo: Saraiva, 2016.

ELIAS, Norbert. *O processo civilizador*: formação do Estado e civilização. Rio de Janeiro: Zahar, 1993, v. 2.

ELLIOT, Heather. *Public regulation in the United States: an overview*. In: VICENTE, Dário Moura; BREGER, Marrshall J. *Direito comparado* — perspectivas luso-americanas. Coimbra: Almedina, 2010, v. II.

ENGELS, Friederich. *A situação da classe trabalhadora em Inglaterra*. Lisboa: Avante, 1975.

________. Prefácio à edição inglesa de 1892 de a condição da classe operária em Inglaterra. In: MARX ENGELS — Obras escolhidas em três tomos. Lisboa: Edições Avante, 1985, Tomo III.

________. *A origem da família, da propriedade privada e do Estado*. São Paulo: Centauro, 2002.

EZEDU, Martin-Joe. *From a soft law process to hard law obligations: the Kimberley process and contemporary international legislative process*. In: European Journal of Law Reform. V. 16, 2014, issue 1.

FARACO, Alexandre Ditzel. Dinâmica da inovação da internet e regulação do poder econômico. In: *Revista de Direito Público da Economia*. Belo Horizonte: Fórum, ano 6, n. 22, abr./jun. 2008.

FARIA, José Eduardo. *Poder e legitimidade*. São Paulo: Perspectiva, 1978.

________. *El derecho en la economía globalizada*. Madri: Trotta, 2001.

FARRELL, Brian. Habeas corpus and the dafting of the universal Declaration of Human Rights. In: *Journal of the History of international law*. Leiden: Martinus Nijhoff Publishers, 2009, v. 11, number 11.

FAULHABER, Priscila; MONSERRAT, Ruth (Orgs.). *Tastevin e a etnografia indígena*. Petrópolis: FINEP, 1987.

FEFERBAUM, Marina. *Proteção internacional dos direitos humanos*: análise do sistema africano. São Paulo: Saraiva, 2012.

FERNANDES JÚNIOR, Raimundo Itamar Lemos. *O direito processual do trabalho à luz do princípio constitucional da razoável duração*. São Paulo: LTr, 2008.

FERNANDES JÚNIOR, Raimundo Itamar Lemos. Os meios pacíficos de resolução de litígios, o Tratado entre México, Estados Unidos e Canadá (T-MEC) e a *Online Dispute Resolution* (ODR). In: MONACO, Gustavo Ferraz de Campos e LOULA, Maria Rosa. *Direito Internacional e Comparado:* Trajetória e Perspectivas, V. II — Homenagem ao professor catedrático Rui Manuel Moura Ramos — Direito Constitucional, Direito da Nacionalidade, Direito Internacional Público e Direito Europeu. São Paulo: Quartier Latin, 2021. p. 451-474.

FERNANDES JÚNIOR, Raimundo Itamar Lemos. Os meios alternativos de solução de controvérsias e o processo do trabalho em um cenário pós-reforma trabalhista. In: BRITO, José Claudio Monteiro de; MARANHÃO, Ney; MELO, Sandro Nahmias; NASCIMENTO, Sônia Mascaro (Coords.). *O mundo do trabalho em debate*: estudos em homenagem ao Professor Georgenor de Sousa Franco Filho. São Paulo: LTr, 2019.

FERNANDES, Scarlett. O respeito ao princípio da dignidade humana na evolução do trabalho do homem. *Dissertação de mestrado*. Belém: UNAMA, 2012.

FERNÁNDEZ-LARGO, Antonio Osuna. *Pilares para a fundamentação dos direitos humanos*. Santa Cruz do Sul: EDUNISC, 2006.

FERRAJOLI, Luigi. *Por uma teoria dos direitos e dos bens fundamentais*. Porto Alegre: Livraria do Advogado, 2011.

FERRARI, Francisco de. *Derecho del trabajo*. 2. ed. Buenos Aires: Depalma, 1976, v. I.

FERRAZ JÚNIOR, Tércio Sampaio. Apresentação. In: LUHMANN, Niklas. *Legitimação pelo procedimento*. Brasília: UNB, 1980.

________. *Introdução ao estudo do direito*: técnica, decisão, dominação. São Paulo: Atlas, 1990.

________. Apresentação — o pensamento jurídico de Norberto Bobbio. In: BOBBIO, Norberto. *Teoria do ordenamento jurídico*. 10. ed. Brasília: UNB, 1999.

FERREIRA, Eduardo Paz. Em torno da regulação económica em tempos de mudança. In: *Revista de Concorrência e Regulação*. Ano I, n. I, jan./mar. 2010.

FIORILLO, Celso Antonio Pacheco. *Curso de direito ambiental brasileiro*. 10. ed. São Paulo: Saraiva. 2009.

FIRME, Telma Barros Penna. *O caso José Pereira*. A responsabilização do Brasil por violação de direitos humanos em relação ao trabalho escravo. Disponível em: <http://mpf.mp.br/atuacao-tematica/ccr2/coordenacao/comissoes-e-grupos-de-trabalho/escravidão-contemporantea-migrado-1/doutrina/Responsabizacao%20do%20Brasil%20por%20trabalho%20escravo.pdf>.

FOLLONI, André; CABRERA, Michelle Gironda. Relações entre o direito e o ambiente social em Niklas Luhmann e Gunther Teubner. In: *Universitas JUS*, 2015, v. 26, n. 2.

FRANCO FILHO, Georgenor de Sousa. *Relações de trabalho na Pan-Amazônia* — a circulação de trabalhadores. São Paulo: LTr, 1996.

________. O tratado sobre direitos humanos e a regra do art. 5º, § 3º, da Constituição do Brasil. In: *Direito Internacional*: Homenagem a Adherbal Meira Matos. São Paulo: Quartier Latin, 2009.

FRANCO FILHO, Georgenor de Sousa; MAZZUOLI, Valério (Orgs.). *Direito internacional do trabalho*: o estado da arte sobre a aplicação das convenções da OIT no Brasil. São Paulo: LTr, 2016.

FREEMAN, Michael. *Human rights*. 2. ed. Cambridge/Main, 2011.

FREITAS, Pedro Caridade de. *História do direito internacional público*: da antiguidade à II Guerra Mundial. Cascais: Princípia, 2015.

FUKUYAMA, Francis. *As origens da ordem política*. Rio de Janeiro, 2013.

FUNARI, Pedro Paulo. A cidadania entre os romanos. In: PINSKY, Jaime; PINSKY, Carla (Organizadores). *História da cidadania*. São Paulo: Contexto, 2003.

GALGANO, Francesco. *Lex mercatoria*. Bologna: Il Mulino, 2001.

GALVADA, Christian; LEYSSA, Claude Lucas de. *L´Arbitrage*. Paris: Dalloz, 1993.

GARCIA, Bruna Pinotti. Subpolítica reflexiva no contexto da mundialização informativa aplicada à regulação supranacional da internet. In: *Revista de Direito, Estado e Telecomunicações*. 2016; 8(1).

GENRO, Tarso. A cooperação jurídica internacional e o propósito deste manual. In: Ministério da Justiça — Secretaria Nacional de Justiça — Departamento de Recuperação de Ativos e Cooperação Jurídica Internacional. Manual de cooperação jurídica internacional e de recuperação de ativos: cooperação em matéria civil. 2. ed. Brasília: Artecor Gráfica e Editora Ltda.

GHEUR, Charles; PETIT, Nicolas (Ed.). *Alternative enforcement techniques in EC competition law: settlements, commitments and other novel instruments*. Bruxelas: Bruylant, 2009.

GILLISSEN, John. *Introdução histórica ao direito*. Lisboa: Fundação Calouste Gulbenkian, 1986.

GLOTZ, Gustave. *A cidade grega*. São Paulo: Difel, 1980.

GODINHO, Thiago José Zanini. Arbitragens relativas a operações de investimentos entre Estados e nacionais de outros Estados sob a égide do ICSID. In: OLIVEIRA, Bárbara da Costa Pinto; SILVA, Roberto Luiz (Orgs.). *Manual de direito processual internacional*. São Paulo: Saraiva, 2012.

GOLDBAUM, Sérgio; LUCCAS, Victor Nóbrega. Comunidade Andina de Nações. São Paulo: FGV, Textos para discussão 309, abril de 2012. Disponível em: <http://researchgate.net/profile. Sergio_Goldbaum/publication/241758305_Comunidade_Andina de_Nacoes/links/5420ª8200cf241a65a1e4460/Comunidade-Andina-de-Nacoes.pdf?origin=publication_detail>. Acesso em: 8 jan. 2018.

GOMES, José Luís Caramelo. *O juiz nacional e o direito comunitário*. Coimbra: Almedina, 2003.

GONÇALVES, Pedro; MARTINS, Licínio Lopes. Os serviços públicos económicos e a concessão no Estado Regulador. In: *Estudos de Regulação Pública I*. (Org. Vital Moreira). Coimbra: Coimbra Editora, 2004.

GONÇALVES, Pedro. Regulação Pública de conteúdos da internet em Portugal. Contributo para a compreensão da designada solução provisória de litígios pela administração pública no âmbito do Decreto-Lei n. 7/2004, de 7 de janeiro. In: *Revista de Direito Público da Economia*. Belo Horizonte: Fórum, ano 2, n. 6, abr./jun. 2004.

________. *Entidades privadas com poderes públicos*: o exercício de poderes públicos de autoridade por entidades privadas com funções administrativas. Coimbra: Almedina, 2008.

________. *Reflexões sobre o Estado regulador e o Estado contratante*. Coimbra: Coimbra Editora, 2013.

_________. Direito administrativo da regulação. In: *Estudos em Homenagem ao Professor Doutor Marcelo Caetano*. Coimbra: Coimbra Editora, 2016.

GONZÁLEZ, Carlos Hugo Centurión. Aporte del Tribunal Permanente de Revisión al processo de intgegración del MERCOSUR: reflexiones orientadas hacia la sociedade civil del MERCOSUR. In: *Rev. secr. Trib. Perm.* revis. Año 5, N. 9; Marzo 2017.

GORJÃO-HENRIQUES, Miguel. *Direito comunitário*. Coimbra: Almedina, 2001.

GOULÃO, Maria Luisa Henriques. *ISO 14001* — Perspectivas e abordagens. Dissertação de Mesteado em Ciências empresariais na Faculdade de Economia da Universidade de Coimbra. Coimbra, maio de 1999.

GOUVEIA, Jorge Bacelar. *Manual de direito internacional público*: introdução, fontes, relevância, sujeitos, domínio, garantia. 3. ed. Coimbra: Almedina, 2008.

GOUVEIA, Mariana França. *Curso de resolução alternativa de litígios*. 3 ed. Coimbra: Almedina, 2014.

GRÓCIO, Hugo. *Mare Liberum*. Boston: Brill, 2009.

GROPPALI, Alexandre. *Doutrina do Estado*. São Paulo: Saraiva, 1953.

GUERRA, Sidney. *Curso de direito internacional público*. 11. ed. São Paulo: Saraiva, 2017.

HABERMAS, Jürgen. *Era das transições*. Rio de Janeiro: Tempo Brasileiro, 2003.

HAMILTON, Alexander; MADISON, James; JAY, John. *O federalista*. Campinas: Russel, 2003.

HART, H. L. A. *O conceito de direito*. São Paulo: Martins Fontes, 2009.

HAURIOU, André. *Derecho constitucional e instituiciones politicas*. Barcelona: Ariel, 1971.

HENRY, Claude; MATHEU, Michael. New regulations for public services in competition. In: *Regulation of network utilities* — the european experience. Oxford: Oxford University Press, 2001.

HESPANHA, António Manuel. *História das instituições* — épocas medieval e moderna. Coimbra: Almedina, 1982.

HOBBES, Thomas. *Leviatã ou matéria, forma e poder de um Estado eclesiástico e civil*. São Paulo: Martin Claret, 2014.

HOLANDA, Aurélio Buarque de. *Dicionário Aurélio Escolar da Língua Portuguesa*. Rio de Janeiro: Nova Fronteira, 1988,

HOLZHACKER, Ronald; HAVERLAND (Editors). *European research reloaded: cooperation and europeanized states integration among europeanized states*. Heidelberg: Springer, 2006, XIII.

HOUTTE, Hans Van. *The law of international trade*. London: Sweet & Maxwell, 1995.

HUSEK, Carlos Roberto. *Curso de direito internacional público*. 12. ed. São Paulo: LTr, 2014.

______. *Curso básico de direito internacional público e privado do trabalho*. 4. ed. São Paulo: LTr, 2017.

JARROSSON, Charles. *La notion d´arbitrage*. Paris: Librairie Generale de Droit et de Jurisprudence, 1987.

JAEGUER, Werner. *Paideia* — a formação do homem grego. São Paulo: Martins Fontes, 1995.

JELLINEK, Georg. *Teoria general del Estado*. Buenos Aires: Albatros, 1970.

JO, Hee Moon. *Introdução ao direito internacional*. 2 ed. São Paulo: LTr, 2004.

JOERGES, Christian. Constitutionalism in postnational constellations: Contrasting social regulation in the EU and in WTO. In: JOERGES, Christian; PETERSMANN, Ernest-Ulrich (Ed.). *Constitutionalism, multilevel trade governance and social regulation*. Oxford and Portland: Hart Publishing, 2006.

_________. Supranacionalismo deliberativo — uma defesa. In: *Regulação econômica e democracia*: o debate europeu. São Paulo: Revista dos Tribunais, 2017.

JUCÁ, Francisco Pedro. *Parlamento do MERCOSUL*: alterações necessárias à Constituição Brasileira de 1988. São Paulo: LTr, 2002.

JUSTO, A. Santos. A execução: Direito Romano — pessoal e patrimonial. In: *O Direito*. Ano 125, n. 3/4, jul./dez. 1993.

________. Santos. *Direito romano* — parte geral. Coimbra: Coimbra Editora, 2000.

________. A administração da justiça no Direito Romano. In: Seminário Internacional — O Perfil do Juiz na Tradição Ocidental, Lisboa, 2007. Coimbra: Almedina, 2009. ISBN 978-972-40-3745-5.

________. *Breviário de direito privado romano*. Coimbra: Coimbra Editora, 2010.

KANT, Imanuel. *A paz perpétua e outros opúsculos*. Lisboa: Edições 70, 1979.

________. *Fundamentação da metafísica dos costumes*. Lisboa: Edições 70, 2005.

KARAVITES, Peter. *Diplomatic envoys in the homeric world*. Bruxelles. Revue Internationale des droits de l´antiquité. 3ª série, tome XXXIV, 1987.

KELSEN, Hans. La garantie juridictionnelle de la Constitution (La Justice constitutionnelle). Revue du Droit Public et de la Science Politique en France et a L´Êtranger. Paris: Marcel Giard, 1928, T. XLV.

________. *Teoria geral do direito e do Estado*. São Paulo: Martins Fontes, 1990.

________. *Teoria pura do direito*. 4. ed. São Paulo: RT, 2006.

KEYNES, John Maynard. *The general theory of employment, interest and money*. London: Macmillan, 1936.

________. *As consequências econômicas da paz*. São Paulo: Editora UNB, 2002.

KHAN, L. Ali. *The extinction of nation-states*: a world without borders. Hague/London/Boston: Kluwer Law International, 1996.

KLABBERS, Jan. *International law*. Cambridge: Cambridge University Press, 2013.

KLYKOVA, Kristina. Features of international investment arbitration. In: RIBEIRO, Marilda Rosado de Sá (Org.). *Direito internacional dos investimentos*. Rio de Janeiro: Renovar, 2014.

KOROSEC, Victor. Le code de Hammurabi et les droits antérieurs. Bruxelles. *Revue Internationale des droits de l´antiquité*. 3ª série, tome VIII, 1961.

KRUGAN, Paul. Introdução ao Livro Teoria Geral do emprego, do juro e da moeda. In: KEYNES, John. *Teoria do emprego, do juro e da moeda*. Lisboa: Relógio D´Água Editores, 2010.

LAFARGUE, Paul. O direito ao ócio. In: DE MASI, Domenico. *A economia do ócio*. 3. ed. Rio de Janeiro: Sextante, 2001.

LAFER, Celso. *A reconstrução dos direitos humanos*: um diálogo com o pensamento de Hannah Arendt. São Paulo: Companhia das Letras, 2006.

LALLI, Angelo. *Independenza e controlo giurisdizionale*. In: D'ALBERTI, Marco e PAJNO, Alessandro. *Arbitri dei mercado — Le autorità independenti e l'economia*. Roma: Il Mulino, 2010.

LASSALLE, Ferdinand. *Que é uma Constituição?* 2. ed. São Paulo: Kairós, 1985.

LENAERTS, Koenraad. *Le juge et la constitution aux* États-*Unis D´Amérique et dans l´ordre juridique européen*. Bruxelas: Bruylant, 1988.

LIMA FILHO, Acácio Vaz de. Organização política, jurídica e social do Egito Antigo no antigo Império. In: *Revista da Faculdade de Direito da Universidade de São Paulo*, v. 104, jan./dez. 2009.

LOCKE, John. *Segundo tratado sobre o governo*. 2. ed. São Paulo: Martin Claret, 2006.

LOEWENSTEIN, Karl. *Sovereignty and international co-operation*. In: *American Journal of International Law*, n. 48, (1954).

LONGO, Antoine. *La distintion entre le Droit Administratif et la Science de l´administration en Italie*. In: *Revue du Droit Public et de la Science Politique em France et a L´étranger*. Paris, Chevalier-Marescq, 1894, *Tome premier*.

LOPES, José Alberto Azeredo. *Textos históricos do direito e das relações internacionais*. Porto: Universidade Católica Portuguesa, 1999.

LOPES, José Reinaldo de Lima. *O direito na história*: lições introdutórias. São Paulo: Max Limonard, 2002.

________. *O direito na história*. 3. ed. São Paulo: Atlas, 2009.

LOUGHLIN, Martin. *Foundations of public law*. Oxford: Oxford University Press, 2010.

LOUREIRO, João Carlos. *Adeus ao Estado Social?* A segurança social entre o crocodilo da economia e a medusa da ideologia dos "direitos adquiridos". Coimbra: Wolters Kluwer e Coimbra Editora, 2010.

LUHMANN, Niklas. *Legitimação pelo procedimento juridicamente organizado*. Brasília: UNB, 1980.

________. *Sociologia do direito I*. Rio de Janeiro: Tempo Brasileiro, 1985.

________. *Sociologia do direito II*. Rio de Janeiro: Tempo Brasileiro, 1985.

LUÑO, Antonio Enrique Pérez. *Perspectivas e tendências atuais do Estado Constitucional*. Porto Alegre: Livraria do Advogado, 2012.

LYON-CAEN, Gérard; PÉLISSIER, Jean; SUPIOT, Alain. *Droit du travail*. 19. ed. Paris: Dalloz, 1998.

MAcCORMACK, Geofrey. The law in China under the Tang and Sung Dynasties. *Revue Internationale des droits de l´antiquité*. 3ª série, tome XXXII, 1985.

MACDOWELL, Douglas. Athenian laws about bribery. *Revue Internationale des droits de l´antiquité*. 3ª série, tome XXX, 1983.

MACHADO, Almires Martins. *De direito indigenista a direitos indígenas*: desdobramento da arte do enfrentamento. Dissertação. Belém, UFPA, 2009.

MACHADO, Jónatas. *Direito internacional*. 4. ed. Coimbra: Coimbra Editora, 2013.

MACHADO, Paulo Affonso. *Direito ambiental brasileiro*. 17. ed. São Paulo: RT, 2009.

MAGALHÃES, José Calvet de. *A diplomacia pura*. Lisboa: Bizâncio, 2005.

MAJONE, Giandomenico. *Dilemmas of European Integration* — the ambiguities & pitfalls of integration by stealth. Oxford: Oxford University Press, 2009.

MAQUIAVEL, Nicolau. *O príncipe*. 3. ed. Brasília: UNB, 1987.

MARCOS, Rui Manuel de Figueiredo. *As companhias pombalinas*: contributo para a história das sociedades por ações em Portugal. Coimbra: Almeidina, 1997.

________. *A história do direito e o seu ensino na Escola de Coimbra*. Coimbra: Almedina, 2008.

________. O modo setecentista de julgar em Portugal: uma reflexão em torno do valor dos precedentes judiciais no passado e no presente. In: O *perfil do juiz na tradição ocidental*. Coimbra: Almedina, 2009.

MARCOS, Rui de Figueiredo; MATHIAS, Carlos Fernando; NORONHA, Ibsen. *História do direito brasileiro*. São Paulo: GEN/Forense Universitária, 2015.

MARINONI, Luiz Guilherme. A jurisdição no Estado contemporâneo. In: MARINONI, Luiz Guilherme (Coord.). *Estudos de direito processual civil*. São Paulo: RT, 2006.

MARINONI, Luiz Guilherme; METIDIERO, Daniel. *O projeto do CPC* — Crítica e propostas. São Paulo: RT, 2010.

MARMELSTEIN, George. *Curso de direitos fundamentais*. São Paulo: Atlas, 2008.

MARTÍ, José. Morfologia do processo de integração do Caribe. Primeira parte. In: *Boletim Informativo da Associação Latino-Americana de Integração*, n. 21, dezembro de 2015. Disponível em: <http://aladi.org/boletin/portugues/2015/NoviembreDiciembre/articulo.htm>. Acesso em: 6 jan. 2018.

MARTÍN, Ramón Hernández. *Francisco de Vitoria y su relección sobre los indios* — los derechos de los hombres y de los pueblos. Madrid: Edibesa, 1998.

MARTINS, Ana Maria Guerra. *Direito internacional dos direitos humanos*. Coimbra: Almedina, 2012.

________. *Manual de direito da União Europeia*. Coimbra: Almedina, 2014.

MARX, Karl; ENGELS, Friederich. *Manifesto do partido comunista*. Lisboa: Avante, 1975.

MARX, Karl. Instruções para os delegados do conselho geral provisório. As diferentes questões. In: MARX ENGELS — Obras escolhidas em três tomos. Lisboa: Edições Avante, 1985, Tomo II.

________. *O capital*. Livro 1. O processo de produção capitalista. Rio de Janeiro: Civilização Brasileira: s/d, v. II.

MATTOS, Aderbal Meira. *Direito internacional público*. Rio de Janeiro: Renovar, 1996.

MAZZARESE, Tecla. Guerra, paz y Derecho Internacional en Kelsen. In: *El Derecho en red*: Estudios em homenaje al profesor Mario G. Losano. Madrid, 2006.

MAZZILLI, Hugo Nigro. *A defesa dos interesses difusos em juízo*: meio ambiente, consumidor, patrimônio cultural, patrimônio público e outros interesses. 25. ed. São Paulo: Saraiva, 2012.

MAZZUOLI, Valério de Oliveira. *Os sistemas regionais de proteção dos direitos humanos*: uma análise comparativa dos sistemas interamericano, europeu e africano. São Paulo: RT, 2011.

________. Por un tribunal de justicia para UNASUR: La necessidade de una corte de justicia para América del sur sobre los paradigmas del Tribunal de Justicia de la Unión Europea y de la Corte Centroameriana de jsitcia. In: *Rev. secr. Trib. Perm.* revis. Año 2, n. 4; Agosto 2014.

________. *Curso de direito internacional público*. 9. ed. São Paulo: RT, 2015.

MEDINA, José Mª Chilón; MERCHAN, José Fdº Merino. *Tratado de arbitraje privado interno e internacional*. Madri: Civitas, 1978.

MELLO, Celso A. *Responsabilidade internacional do Estado*. São Paulo: Renovar, 1995.

MELLO, Celso D. de Albuquerque. *Curso de direito internacional público*. 15. ed. Rio de Janeiro: Renovar, 2004.

MELO, Milene Barbosa de. O Tribunal Internacional de Direito do Mar e sua atuação como órgão destinado à solução de conflitos internacionais: estudo de jurisdição internacional. Tese de Mestrado em Ciências Jurídico-Comunitárias, do Curso de 2005/2007.

MENDES, Gilmar; BRANCO, Paulo. *Curso de direito constitucional*. 8. ed. São Paulo: Saraiva, 2013.

MENTXAKA, Rosa. Praedia rustica — praedea urbana: consideraciones sobre los critérios distintivos em el derecho romano clássico. Bruxelles. *Revue Internationale des droits de l´antiquité*. 3ª série, tome XXXIII.

MERCADANTE, Araminta de Azevedo. Arbitragem comercial internacional: características. In: MERCADANTE, Araminta de Azevedo; MAGALHÃES, José Carlos. *Solução e prevenção de litígios internacionais*. São Paulo: Necin Projeto Capes, 1998.

MILL, Stuart. *Sobre a liberdade*. São Paulo: Hedra, 2010.

MIRANDA, Jorge. *Manual de direito constitucional*. 3. ed. Coimbra: Coimbra Editora, Tomo IV, 2000.

________. *Curso de direito internacional público*. 3 ed. Estoril: Principia, 2006.

________. *Manual de direito constitucional*. Tomo I — Preliminares: o Estado e os sistemas constitucionais. 6. ed. Coimbra: Coimbra Editora, 1997.

________. *Teoria geral do Estado*. 4. ed. Rio de Janeiro: Forense, 2015.

MONCADA, Luís Cabral de. *Direito econômico*. 4. ed. Coimbra: Coimbra Editora, 2003.

MONIZ, Ana Raquel. *Estudos sobre os regulamentos administrativos*. Coimbra: Almedina, 2013.

MONTESQUIEU. *Do espírito das leis*. Lisboa: Edições 70, 2011.

MORAES, Alexandre de. *Direitos humanos fundamentais*. 7. ed. São Paulo: Atlas, 2006.

MORAES, Guilherme Peña de. *Direito constitucional* — teoria da Constituição. São Paulo: Lumen Juris, 2003.

MORAES, Maria Celina Bodin de. *Na medida da pessoa humana*. Rio de Janeiro: Renovar, 2010.

MOREIRA, Manoel. *La cultura jurídica guarani*. Buenos Aires: Antropofagia, 2005.

MOREIRA, Vital. *Autorregulação profissional e administração pública*. Coimbra: Almedina, 1997.

MOREIRA, Vital; MAÇÃS, Fernanda. *Autoridades reguladoras independentes* — estudo e projeto de lei-quadro. Coimbra: Coimbra Editora, 2003.

________. As entidades de regulação sectorial. In: MARQUES, Maria Manuel Leitão; MOREIRA, Vital. *A mão visível*: mercado e regulação. Coimbra: Almedina, 2003.

________. *Trabalho digno para todos*: a cláusula laboral no comércio externo da União Europeia. Coimbra: Coimbra Editora, 2014.

MORGAN, Lewis H. *A sociedade primitiva*. Lisboa: Editorial Presença, 1973, v. I e II.

MORIN, Edgar. *Para onde vai o mundo?* Petrópolis: Vozes, 2010.

MORTARA, Ludovico. *Comentario dal códice e dele leggi de procedura civille*. Milão: Casa Editrice Dottor Francesco Vallardi, v. III, 1923.

MOYNIHAN, Daniel Patrick. *On the law of nations*. Harvard: Harvard University Press, 1990.

MURPHY, Sean D. International judicial bodies for resolving disputes between states. In: PASTORE, Cesare P. R. Romano; ALTER, Karen; SHANY, Yuval (Eds.). *The Oxford Handbook of International Adjudication*. Oxford: Oxford University Press, 2014.

MUSI, Aurelio. A formação do Estado Moderno. In: ECO, Umberto (Org.). *Idade Média*. Alfragide: Dom Quixote, 2015.

MUSTILL, Michael J.; BOYD, Stewart C. *The law and practice of comercial arbitration in England*. 2. ed. London and Edinburgh: Butterworths, 1989.

NABAIS, Casalta. O dever fundamental de pagar impostos: contributo para a compreensão constitucional do estado fiscal. Coimbra: Dissertação de Doutoramento na Faculdade de Direito da Universidade de Coimbra, 1997.

NAGELSTEIN, Gustavo. *Decisões da Corte Interamericana de Direitos Humanos*. Disponível em: <http://conteudojuridico.com.br/artigo,decisoes-da-corte-interamericana-de-direitos-humanos,24469.html>. Acesso em: 12 set. 2018.

NASCIMENTO, Amauri Mascaro. *Curso de direito processual do trabalho*. 15. ed. São Paulo: Saraiva, 1994.

________. *Curso de direito do trabalho*. 22. ed. São Paulo: Saraiva, 2007.

NASCIMENTO, Letícia Albuquerque Januário. Os princípios da Convenção das Nações Unidas sobre o Direito do Mar. In: *Estudos jurídicos e políticos*. Florianópolis: UFSC, 2002, v. 23.

NEFF, Stephen C. *A short history of Internacional Law*. In: EVANS, Malcom D. (edit.), *International Law*. Oxford: Oxford University Press, 2003.

________. *Justice among nations*: a history of international law. Massachusetts: Harvard Universiry Press, 2014.

NELSON, Rolston. The Caribbean Court of Justice and the CARICOM Single Market and Economy. Disponível em: <http://ccj.org/publications/papers-speeches>. Acesso em: 6 jan. 2018.

NEVES, Gustavo Bregalda. *Direito internacional público e direito internacional privado*. 3. ed. São Paulo: Atlas, 2008.

NEVES, Marcelo. *Entre Têmis e Leviatã*: uma relação difícil: o estado democrático de direito a partir e além de Luhmann e Habermas. São Paulo: Martins Fontes, 2006.

________. *Transconstitucionalismo*. São Paulo: Martins Fontes, 2009.

NOVITZ, Tonia. The internationally recognized right to strike: a past, present and future basis upon which to evaluate remedies for unlawful colletive action? In: *The international journal of comparative labour law and industrial relations*, v. 30, set. 2014.

NUNES, António José Avelãs. *Neoliberalismo e direitos humanos*. Rio de Janeiro: Renovar, 2003.

________. O estado regulador e o modelo social europeu. In: *Revista Brasileira de Dirito Comparado*. Rio de Janeiro, 2012, n. 40 e 41.

NYMAN-METCALF, Katrin; PAPAGEORGIDOU, Ioannis. *Regional integration and corurts of justice*. Antwerpean: Intersentia, 2005.

O´CONNELL, Mary Ellen; VANDERZEE, Lenore. The history of international adjudication. In: ROMANO, Cesare P. R.; ALTER, Karen; SHANY, Yuval (Eds.). *The Oxford Handbook of International Adjudication*. Oxford: Oxford University Press, 2014.

OGUS, Anthony I. *Regulation* — legal form and economic teori. Oxford: Claredon Press, 1996.

OKAYAMA, Hiroshi. Interstate Commerce Commission and the genesis of Americca's judicialized administrative state. *Journal of the Gilded Age & Progressive Era*; apr. 2016, v. 15.

OLIVIER, Michele. *The relevance of soft law as a source of international human rights*. In: The comparative and international law journal of Southern Africa. V. XXXV, n. 3, nov. 2002.

OPPENHEIM, J. The United States regulatory compact and energy poverty. In: *Energy Research and Social Science*. 1 August 2016, 18:96-108.

ORTEGA, Luis. L'evoluzione delle basi costituzionali del Diritto Amministrativo. In: D'ALBERI, Marco. *Le nuove mete del Diritto Amministrativo*. Bologna: Il Mulino, 2010.

OSCO, Marcelo Fernandez. La ley del ayllu: justicia de acuerdos. In: Tinkazos — *Revista Bolivariana de Ciencias Sociales*. Bogotá, junho de 2001, n. 9.

ORSINI, Adriana Goulart de Sena; ÁVILA, Flávia de; FANTINI, Karine Monteiro de Castro; SILVA, Mathane Fernandes da (Orgs.). *Mecanismos de solução de controvérsias trabalhistas nas dimensões nacional e internacional*. São Paulo: LTr, 2015.

OTERO, Paulo. *Manual de direito administrativo*. Coimbra: Almedina, 2013, vol. I.

PAIXÃO, Cristiano; BIGLIAZZI, Renato. *História constitucional inglesa e norte-americana*: do surgimento à estabilização da forma constitucional. Brasília: UNB, 2008.

PARDO, José Esteve. Prólogo. In: SARMIENTO, Daniel. *El soft law administrativo*: un estudio de los efectos jurídicos de las normas no vinculantes de la Administración. Navarra: Thompson/Civitas, 2008.

PEDUZZI, Maria Cristina Irigoyen. *O princípio da dignidade da pessoa humana na pesrspectiva do direito como integridade*. São Paulo: LTr, 2009.

PEREIRA, Jane Reis Gonçalves; SILVA, Fernanda Duarte Lopes da. In: PEIXINHO, Manoel Messias, GUERRA, Isabela Franco; NASCIMENTO FILHO, Firly (Orgs.). *Os princípios na Constituição de 1988*. Rio de Janeiro: Lumen Juris, 2001.

PRAKASH, Aseem; HART, A (ed.). *Globalization and governance*. London/New York: Routledge, 2000.

PERRIN, Georges J. *Droit International Public*: sources, sujets, caractéristiques. Zurich: Schulthess Polygraphischer Verlag, 1999.

PHILIPSEN, Neils J. P. Regulation of accountants. In: BERGH, Roger J. Van; PACCES, Alessio. *Regulations and economics*. Cheltenham/Northampton: Edward Elgar, 2012.

PINHEIRO, Luís de Lima. *Direito internacional privado*: competência internacional e reconhecimento de decisões estrangeiras. 2. ed. Coimbra: Almedina, 2012, v. II.

________. *Direito internacional privado*: introdução e direito de conflitos — parte geral. 2. ed. Coimbra: Almedina, 2013, v. I.

________. The confluence of transnational rules and national directives as the legal framework of transnational arbitration. In: VICENTE, Dário Moura (Ed.). *Towards a universal justice?* Putting international courts and jurisdiction into perspective. Leiden/Boston: Brill Nijhoff, 2016.

PINTO, Cristiano Paixão de Araújo. Direitos e sociedade no oriente antigo. In: WOLKER, Antonio Carlos (Org.). *Fundamentos de história do direito*. 2. ed. Belo Horizonte: Del Rey, 2002.

PIOVESAN, Flávia. *Direitos humanos e o direito constitucional internacional*. 13. ed. São Paulo: Saraiva, 2012.

________. *Direitos humanos e justiça internacional*. 7. ed. São Paulo: Saraiva, 2017.

PLATÃO. *A República*. Belém: UFPA, 2000.

POCAR, F. Codification of human rights law by the United Nations. In: NANDASIRI, Jasentuliyana; BOUTROS-GHALI, Boutros (Editors). *Perspectives on international law*. London: Kluwer Law International, 1995.

PORTELA, Paulo Henrique Gonçalves. *Direito internacional público e privado*. 7. ed. Salvador: JusPodivm, 2015.

POSNER, Richard. *A Failure of capitalism — The crises of '08 and the descent iinto depression*. Cambridge, Massashusetts and London: Harvard University Press, 2009.

________. *The crisis of capitalist democracy*. Cambridge, Massashusetts and London: Harvard University Press, 2010.

POZZER, Katia Maria Paim. *O Exercício do Direito na Mesopotâmia antiga*. Disponível em: <http://tjrs.jus.br/export/poder_judiciario/historia/memorial_do_poder_judiciario/memorial_judiciario_gaucho/revista_justica_e_historia/issn_1676-5834/v2n3/doc/02-Katia_Pozzer.pdf>. Acesso em: 7 ago. 2015.

PRADA, Valentín Vásquez. *História económica mundial*. Barañáin: Ediciones Universidad de Navarra, 1999.

PROSSNER, Tonny. *The regulatory enterprise: government, regulation and legitimicy*. Oxford: Oxford University Press, 2010.

PROST, Kimberly. *Breaking down the barriers: international cooperation in combating transnational crime*. Disponível em: <http://oas.org/juridico/mla/en/can/en_can_prost.en.html>. Acesso em: 21 maio 2014.

QUEIROZ, Cristina. *Direito internacional e relações internacionais* — Organizações internacionais. Coimbra: Coimbra Editora, 2013.

RAMOS, André de Carvalho. *Processo internacional de direitos humanos*. 3. ed. São Paulo: Saraiva, 2013.

RAMOS, Rui Manuel de Moura. *Direito internacional privado e constituição*: introdução a uma análise das suas relações. Dissertação. Coimbra, 1979.

________. A Convenção de Bruxelas sobre competência judiciária e execução de decisões: sua adequação à realidade atual. In: *Revista de Direito e de Estudos Sociais*. Ano XXXVIII, jan./dez., 1996, n. 1-2-3-4.

________. A permanência do Direito Processual Civil Internacional Português: competência internacional dos tribunais portugueses e reconhecimento das sentenças estrangeiras no tempo de Machado Villela e no Código de Processo Civil atual. In: VARELA, Antunes; AMARAL, Diogo Freitas do; MIRANDA, Jorge; CANOTILHO, J. J. Gomes (Orgs.). AB VNO AD OMNES — 75 anos da Coimbra Editora. Coimbra: Coimbra Editora, 1998.

________. *The adaptation of the portuguese constitucional order to community law.* In: Boletim da Faculdade de Direito. Coimbra, Universidade de Coimbra, 2000, vol. LXXVI.

________. A Carta dos direitos fundamentais da União Europeia e a proteção dos direitos fundamentais. In: *Cuadernos Europeos de Deusto.* Bilbao, n. 25/2001.

________. A cidadania da União — caracterização, conteúdo e desenvolvimento. *Revista de Legislação e Jurisprudência.* Ano 135, jul./ago. 2006.

________. *Estudos de direito da União Europeia.* Coimbra: Coimbra Editora, 2013.

________. Proof and information about foreign law. In: *Boletim da Faculdade de Direito da Universidade de Coimbra*, Vol. XC, Tomo I, 2014.

________. Introduction. In: VICENTE, Dário Moura (Ed.). *Towards a universal justice?* Putting international courts and jurisdiction into perspective. Leiden/Boston: Brill Nijhoff, 2016.

________. *The new EC rules on jurisdiction and the recognition and enforcement of jugements.* In: RAMOS, Rui Manuel de Moura. *Estudos de direito internacional privado e de direito processual civil internacional.* Coimbra: Coimbra Editora, Vol. II, 2007.

________. A arbitragem estrangeira e reconhecimento de sentenças arbitrais estrangeiras no novo direito português de arbitragem. In: CORREA, Fernando Alves; SILVA, João Calvão da; ANDRADE, José Carlos Vieira de; CANOTILHO, José Joaquim Gomes; COSTA, José Manuel M. Cardoso da (Orgs.). *Estudos em homenagem a António Barbosa de Melo.* Coimbra: Almedina, 2013.

RAPOSO, Vera Lúcia Carapeto. *O poder de Eva* — o princípio da igualdade no âmbito dos direitos políticos; problemas suscitados pela discriminação positiva. Coimbra: Almedina, 2004.

RAWLS, John. *Uma teoria da justiça.* São Paulo: Martins Fontes, 2002.

________. *O direito dos povos.* São Paulo: Martins Fontes, 2004.

REALE, Miguel. *Pluralismo e liberdade.* São Paulo: Saraiva, 1963.

________. *Lições preliminares de direito.* 27. ed. São Paulo: Saraiva, 2002.

REDFERN, Alan; HUNTER, Martin. *Droit et pratique de l´arbitrage comercial international.* 2. ed. Paris: LGDJ, 1991.

REIS, Jair Teixeira. *Resumo de direito internacional e comunitário.* 4. ed. São Paulo: LTr, 2015.

REZEK, Francisco. *Direito internacional público.* 13. ed. São Paulo: Saraiva, 2011.

RIBEIRO, Manuel de Almeida. Foreword. In: VICENTE, Dário Moura (Ed.). *Towards a universal justice?* Putting international courts and jurisdiction into perspective. Leiden/Boston: Brill Nijhoff, 2016.

ROCHA, Luiz Alberto G. S. *Estado, democracia e globalização.* Rio de Janeiro: Forense, 2008.

ROMANO, Cesare P. R.; The shadow zones of international judicialization. In: ROMANO, Cesare P. R., ALTER, Karen; SHANY, Yuval: (Eds.). *The Oxford Handbook of International Adjudication.* Oxford: Oxford Universtity Press, 2014.

ROMANO, Cesare P. R., ALTER, Karen; SHANY, Yuval. Mapping international adjudicative bodies, the issues, and players. In: ROMANO, Cesare P. R.; ALTER, Karen; SHANY, Yuval: (Eds.). *The Oxford Handbook of International Adjudication.* Oxford: Oxford University Press, 2014.

ROMI, Raphaël. Codex Alimentarius: de l'ambivalence à l'ambiguïté. In: *Revue Juridique de L'Environnement. Limonge*, 2001, n. 2.

ROSENBLOOM, David H.; KRAVCHUK, Robert S. *Public Aministration* — understanding management, politics, and law in the public sector. 5. ed. Boston: McGraw Hill, 2002.

ROSIVACH, Vincent J. Aphairesis and apoleipsis: a study of sources. *Revue Internationale des droits de l´antiquité.* 3ª série, tome XXXI, 1984.

ROSSEAU, Jean-Jaques. *O contrato social.* 3. ed. Mira-Sintra: Europa-América, s.d.

RUBINO-SAMMARITANO, Mauro. *Il Diritto Dell´Arbitrato.* 3. ed. Milão: CEDAM, 2002.

RUSSELL, Bertrand. O elogio ao ócio. In: DE MASI, Domenico. *A economia do ócio.* 3. ed. Rio de Janeiro: Sextante, 2001.

RUSSO, Eduardo Angel. *Teoría general del Derecho.* Buenos Aires: Abeledo-Perrot, 1997.

SÁ, Djanira Maria Radamés de. *Teoria geral do direito processual civil.* 3. ed. Uberlândia: EDFU, 2005.

SAMTLEBEN, Jürgen. A solução de controvérsias na União Europeia e no Mercosul. In: HOFMEISTER, Wilhelm; TREIN, Franklin (Orgs). *Anuário Brasil-Europa*: solução de controvérsias, arbitragem comercial e propriedade intelectual. Rio de Janeiro: Konrad Adenauer Stiftung, 2002.

SÁNCHEZ, José Luis Meseguer. *Los espacios maritimos en el nuevo Derecho del Mar.* Madrid: Marcial Pons, 1999.

SAND, Peter H. *Transnational environmental law* — lessons in global change. Hague/London/Boston: Kluwer Law International, 1999.

SANTOS, Boaventura de Sousa. *Law*: a map of misreading. Toward a postmodern conception of law. In: Journal of Law and Society, v. 14, n. 3, 1987.

SANTOS, Bruno Carazza dos Santos; VOLPINI, Felipe Neiva. Sistema de solução de controvérsias da Organização Mundial do Comércio. In: OLIVEIRA, Bárbara da Costa Pinto; SILVA, Roberto Luiz (Orgs.). *Manual de direito processual internacional.* São Paulo: Saraiva, 2012.

SARLET, Ingo Wolfang. *Direitos fundamentais sociais*: estudos de direito constitucional, internacional e comparado. Rio de Janeiro: Renovar, 2003.

________. *Dignidade da pessoa humana e direitos fundamentais na Constituição Federal.* 5. ed. Porto Alegre: Livraria do Advogado, 2007.

________. *A eficácia dos direitos humanos.* 11. ed. Porto Alegre: Livraria do Advogado, 2012.

SARMIENTO, Daniel. *El soft law administrativo*: un estudio de los efectos jurídicos de las normas no vinculantes de la Administración. Navarra: Thompson/Civitas, 2008.

SCHELLE, Georges. *Droit des Gens* — Principes et systématique. Primere Parte — Introduction: le milieu intersocial. Paris: Libraier du Recueil Sirey, 1932.

SCHERMERS, Henry G.; BLOCKKER, Niels. *International institutional law.* 3. ed. Hague/London/Boston: Martinus Nijhoff Publishers, 1995.

SCHIZZEROTTO, Gianni. *Dell´arbitrato.* 2. ed. Milão: Giufrè, 1982.

SCHMITT, Carl. O *nomos* da terra no direito das gentes do *jus publicum europaeum.* Rio de Janeiro: PUC Rio, 2013.

SCHUMAN, Robert. *Declaração Shuman.* Disponível em: <http://europa.eu/european-union/about-eu/symbols/europe-day/schuman-declaration.pt>. Acesso em: 13 set. 2018.

SEITENFUS, Ricardo. *Direito internacional público.* 5. ed. Porto Alegre: Livraria do Advogado, 2016.

SEM, Amartya. *A ideia de justiça.* São Paulo: Companhia das Letras, 2011.

SERRA, Antonio Truyol y. *História do direito internacional público.* Lisboa: Instituto Superior de Novas Profissões, 1996.

SHAW, Malcolm. *International law*. 6. ed. Cambridge: Cambridige University Press, 2014.

SHIRLEY, Robert Weaver. *Antropologia jurídica*. São Paulo: Saraiva, 1987.

SIEYÈS, Emmanuel. *A Constituinte Burguesa*: qu´est-ce que le Tiers État? 4. ed. Rio de Janeiro: Lumen Juris, 2001.

SILVA FILHO, Antônio José Carvalho da. Arbitragem e jurisdição: um estudo analítico dos institutos. *Dissertação de Mestrado* (Universidade de Coimbra). Coimbra, 2006.

SILVA, João Nuno Calvão da. *Mercado e Estado*: serviços de interesse económico geral. Coimbra: Almedina, 2008.

SILVA, José Afonso da. *Curso de direito constitucional positivo*. 22. ed. São Paulo: Malheiros, 2003.

SILVA, Manuel Pereira da. Conceito de retribuição e comentários sobre princípios e normas de *hard* e *soft law*. Lisboa: *dissertação de mestrado apresentada à Universidade Autônoma de Lisboa* — publicação do autor, 2016.

SILVA, Ricardo Perlingeiro Mendes da. Cooperação jurídica internacional. In: TIBÚRCIO, Carmen; BARROSO, Luís Roberto (Orgs.). *O direito internacional contemporâneo*. Rio de Janeiro: Renovar, 2006.

SILVA, Suzana Tavares da. *Um novo direito administrativo?* Coimbra: Imprensa da Universidade de Coimbra, 2010.

SILVA, Suzana Tavares da. *Direitos fundamentais na arena global*. Coimbra: Imprensa da Universidade de Coimbra, 2011.

SINKONDO, Marcel. *Droit international public*. Paris: Ellipses, 1999.

SMITH, Adam. *Investigação sobre a natureza e as causas da riqueza das nações*. 3. ed. Lisboa: Fundação Calouste Gulbenkian, 1993, v. I.

SMITH, Loren A. Government procurement in the United States. In: VICENTE, Dário Moura; BREGER, Marrshall J. *Direito comparado* — perspectivas luso-americanas. Coimbra: Almedina, 2010, v. II.

SNYDER, Francis. Soft law and institutional practice in European Community. In: MARTIN S. (Ed.). *The Constrution of Europe*: Essays in honour of Emile Noël. Dordrecht: Kluwer Academic Publichers, 1994.

SOARES, Orlando. *Curso de direito internacional público*. Rio de Janeiro: Científica, 1979.

SOUBIE, André. Bruxelles. Les preuves dans les plaidoyers des orateurs atiques. *Revue Internationale des droits de l´antiquité*. 3ª série, tome XXXII, 1985.

SOUSA, Marcelo Fontana de. *Os direitos fundamentais no Estado Regulador*: aspectos das obrigações de serviço público. Salvador: Academia Juris, 2010.

SOUZA, Estella Libardi de. Povos indígenas e o Direito à diferença: do colonialismo jurídico à pluralidade de Direitos. Trabalho apresentado no Grupo de Trabalho 4 — Diversidade, Identidades e Culturas Latino-americanas no Congresso Internacional de Pluralismo Jurídico e Direitos Humanos, realizado na Universidade Federal de Santa Catarina, Florianópolis, nos dias 20 a 22 de agosto de 2008. Disponível em: <http://egov.ufsc.br/portal/sites/default/files/anexos/33234-42224-1-PB.pdf>. Acesso em: 12 set. 2015.

SOUZA, Raquel de. O Direito Grego Antigo. In: WOLKMER, Antonio Carlos (Org.). *Fundamentos de história do direito*. 2. ed. Belo Horizonte: Del Rey, 2002.

STANZIONE, Pasquale; SATURNO, Angelo. *Il Diritto Privato dela pubblica amministrazione*. Padova: Cedan, 2006.

STEINER, Josephine; WOODS, Lorna. *Textbook on EC Law*. 8. ed. Oxford: Oxford University Press, 2003.

STIGLITZ, Joseph. *Globalização* — a grande desilusão. 3. ed. Liboa: Terramar, 2004.

STRECK, Lênio. Comentários. In: CANOTILHO, J. J. Gomes; MENDES, Gilmar Ferreira; SARLETT, Ingo; STRECK, Lênio. *Comentários à Constituição do Brasil*. São Paulo: Saraiva/Almedina, 2013.

SÜSSEKIND, Arnaldo. *Direito internacional do trabalho*. São Paulo: LTr, 1987.

SÜSSEKIND, Arnaldo; MARANHÃO, Délio; VIANA, Segadas; TEIXEIRA, Lima. *Instituições de direito do trabalho*. 16. ed. São Paulo: LTr, 1996.

SVACEK, Ondrej. The International Criminal Court and Human Rights: Achievements an Challenges. In: VICENTE, Dário Moura (Ed.). *Towards a universal justice?* Putting international courts and jurisdiction into perspective. Leiden/Boston: Brill Nijhoff, 2016.

TAMMES, A. J. P. *Soft Law*. In: *Essays on international & comparative law in honour of judge Erades*. Hague: Martins Nijhoff Publishers, 1983.

TAVARES, André Ramos. *Curso de direito constitucional*. 3. ed. São Paulo: Saraiva, 2006.

TEIXEIRA FILHO, Manoel Antônio. *Sistema dos recursos trabalhistas*. 8. ed. São Paulo: LTr, 1995.

TERPAN, Fabien. Soft law in the European Union — The changing nature of EU law. In: Europenan Journal — *Review of European Law in Context*, v. 21, Issue 1, January 2015.

TEUBNER, Gunther. Juridificação: Noções, características, limites, soluções. In: *Revista Direito e Economia*, Coimbra, 14 (1988).

________. *O Direito como sistema autopoiético*. Lisboa: Fundação Calouste Gulbenkian, 1994.

________. *Droit et réflexivité*: L´auto-réfénce en droit et dans l´organisation. Bruxelas: LGDJ, 1996.

________. Global Bukowina: Legal pluralism in the world society. In: Gunther Teubner (Ed.). *Global Law without a state*. Aldershot, Brookfield, Singapore e Sydney: Darmouth, 1996.

________. *Nuovi conflitti costituzionali*. Milano-Torino: Bruno Mandadori, 2012.

THÉODORIDÈS, Aristide. Le rôle du vizir dans la stèle juridique de Karnak. Bruxeles. *Revue Internationale des droits de l´antiquité*. 3ª série, tome IX, 1962.

________. Une Charte d´immunté d`ancien empire. In: *Revue Internationale des droits de l´antiquité*. 3ª série, tome XXIX, 1982.

TIMBAL, Pierre-Clément; CASTALDO, André; MAUSEN, Yves. *Histoire des institutions publiques et des faits sociaux*. 12. ed. Paris: Précis, 2009.

TOFFOLI, José Antonio Dias; CESTARI, Virgínia Charpinel Junger. Mecanismos de cooperação jurídica internacional no Brasil. In: Ministério da Justiça — Secretaria Nacional de Justiça — Departamento de Recuperação de Ativos e Cooperação Jurídica Internacional. Manual de cooperação jurídica internacional e de recuperação de ativos: cooperação em matéria civil. 2. ed. Brasília: Artecor Gráfica e Editora Ltda, 2009.

TOMAS, Antonio Fernandez. Derecho Internacional Publico: casos y materiales. 3. ed. Valencia: Tirant lo blanch, 1995. ESPADA, Cesário Gutiérrez. *Derecho internacional público*. Madrid: Editorial Trotta, 1995.

TORRES, Guillermo Cabanellas de. *Compendio de derecho laboral*. 3. ed. Buenos Aires: Heliasta, 1992, tomo I.

TORRES, Ricardo Lobo. A metamorfose dos direitos sociais em mínimo existencial. In: SARLET, Ingo Wolfang. *Direitos fundamentais sociais*: estudos de Direito Constitucional, Internacional e Comparado. Rio de Janeiro: Renovar, 2003.

TOURANE, Alan. *Como sair do liberalismo*. Lisboa: Terramar, 1999.

TRINDADE, Otávio Augusto Drummond Cançado. *A carta das Nações Unidas*: uma leitura constitucional. Belo Horizonte: Del Rey, 2012.

TRIUNFANTE, Luís de Lemos. *A cooperação judiciária europeia em matéria penal*: o espaço ibérico em particular. Coimbra: Coimbra Editora, 2013.

VALLADÃO, Haroldo. *O desenvolvimento do Direito Internacional Privado na legislação dos Estados americanos*. Rio de Janeiro: Imprensa Nacional, 1947.

________. *Material de classe de direito internacional privado*. 11. ed. São Paulo: Freitas Bastos, 1980.

VALÉRIO, Nuno. *História da União Europeia*. Lisboa: Presença, 2010.

VALTICOS, Nicolas. *Derecho Internacional del Trabajo*. Marid: Technos, 1977.

VARELLA, Marcelo D. *Internacionalização do Direito*: Direito Internacional, Globalização e Complexidade. Tese de livre-docência apresentada à Universidade de São Paulo, 2012.

________. *Direito internacional público*. 6. ed. São Paulo: Saraiva, 2016.

VASCONCELOS NETO, Diego Valadares Vasconcelos; ANDRADE, Fernanda Rodrigues Guimarães. Mecanismos de não cumprimento e outros meios de solução de controvérsias em Direito Internacional Ambiental. In: OLIVEIRA, Bárbara da Costa Pinto; SILVA, Roberto Luiz (Orgs.). *Manual de direito processual internacional*. São Paulo: Saraiva, 2012.

VELASCO, Manuel Diez de. *Instittuciones de derecho internacional público*. 11. ed. Madrid: Technos, 1997.

VENTURINE, Carlo; FUENTESCA, Maragarita. *El juez en Roma*: funciones y responsabilidad. Madrid: Fundación Coloquio Jurídico Europeo, 2010.

VERHOEVEN, Joe. *Droit international public*. Bruxelles: Larcier, 2000.

VIBERT, Frank. *The rise of the unelected* — democracy and the new separation of powers. Cambridge: Cambridge University Press, 2007.

VICENTE, Dário Moura. *Direito comparado*. 3. ed. Coimbra: Almedina, 2016, V. I.

________. *Da arbitragem comercial internacional*. Coimbra: Coimbra Editora, 1990.

VICENTE, Marta de Sousa Nunes. *A quebra da legalidade material na atividade normativa da regulação económica*. Coimbra: Coimbra Editora, 2012

VILLELA, Álvaro da Costa Machado. *Tratado elementar (teórico e prático) de direito internacional privado*. Coimbra: Coimbra Editora, 1921, Livro I — Princípios Gerais.

VITORIA, Francisco. *Relecciones sobre los índios*. 3. ed. Mardid: Espasa-Calpe, 1975.

VOLCKART, Oliver; MANGELS, Antje. Are the roots of the modern Lex Mercatoria relly medieval? In: *Southern Economic Journal*, 1/1/1999, V. 65, Issue 3.

WALKER, Neil. European Constitutionalism and European Integrtion. In: *Public Law*: summer 1996.

WALLACE, Rebeca M. M. *International law*. 3. ed. London: Sweet e Maxwell, 1997.

WEBB, Philipa. *International judicial integration and fragmentation*. Oxford: Oxford University Press, 2013.

WEBER, Max. *A ética protestante e o espírito do capitalismo*. 3. ed. Lisboa: Editorial Presença, 1990.

WEBER, Max. *Economia e sociedade*. São Paulo: UNB, 2004, V. 2.

________. *Sociologia*. São Paulo: Ática, 2003.

WEILER, Joseph. Journey to an unknown destination: a restrospective and prospective of the European court of Justice in the arena of policitcal integration. In: *Journal of common market studies*, 31, 4, 1993.

________. Epilogue: Towards a Common Law. In: WEILER, J. H. H. (Ed.). *The EU, the WTO, and the NAFTA* — towards a Common Law of International Trade? Oxford: Oxford University Press, 2001.

WEIS, Carlos. *Direitos humanos contemporâneos*. São Paulo: Malheiros, 2006.

WENDPAP, Friedmann; KOLOTELO, Rosane. *Direito internacional*. Rio de Janeiro: Elsevier, 2007.

WEATHERILL, Stephen. *EU law*. 6 ed. Oxford: Oxford University Press, 2003.

WIT, Jacob. *The role of the Caribbean Court of justice (CCJ) in the private sector´s life*. Disponível em: <hhtp://ccj.org/publications/papers-speeches>. Acesso em: 6 jan. 2018.

WOLKMER, Antonio Carlos (Org.). *Fundamentos de história do direito*. 2. ed. Belo Horizonte: Del Rey, 2002.

XAVIER, Luís Paulo. Sobre ordem pública internacional e reconhecimento de sentenças estrangeiras. *Dissertação de Mestrado em Ciências Jurídicas*. Lisboa, 1991

ZERON, Carlos. A cidadania em Florença e Salamanca. In: PINSKY, Jaime; PINSKY, Carla (Organizadores). *História da cidadania*. São Paulo: Contexto, 2003.

ZISKIND, Jonathan R. Legal rules on incest in the ancient near east. *Revue Internationale des droits de l´antiquité*. 3ª série, tome XXXV, 1988.